138억 년 우주, 지구, 생명 그리고 인간 정치에 관하여
현대과학과 노자 도덕경

138억 년
우주·지구·생명 그리고 인간 정치에 관하여

현대과학과 노자 도덕경

여운 이준호 지음

렛츠북

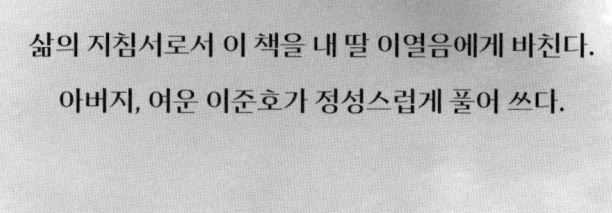

삶의 지침서로서 이 책을 내 딸 이열음에게 바친다.
아버지, 여운 이준호가 정성스럽게 풀어 쓰다.

[차례]

들어가는 말 · 12

동양과 서양의 세계관 차이
동양의 도덕과 서양 윤리의 발전

상편 上篇 - 도경 道經
도(道), 천지 만물의 시작이여!

제1장. 道可道(도가도), 非常道(비상도)	· 46
제2장. 天下皆知美之爲美(천하개지미지위미)	· 54
제3장. 不尙賢(불상현)	· 63
제4장. 道沖(도충)	· 69
제5장. 天地不仁(천지불인)	· 73
제6장. 谷神不死(곡신불사)	· 79
제7장. 天長地久(천장지구)	· 84
제8장. 上善若水(상선약수)	· 87
제9장. 持而盈之(지이영지)	· 97
제10장. 載營魄抱一(재영백포일)	· 107
제11장. 三十輻共一轂(삼십폭공일곡)	· 116
제12장. 五色令人目盲(오색령인목맹)	· 120

제13장. 寵辱若驚(총욕약경)	• 129
제14장. 視之不見(시지불견)	• 137
제15장. 古之善爲道者(고지선위도자)	• 144
제16장. 致虛極(치허극)	• 160
제17장. 太上(태상)	• 165
제18장. 大道廢(대도폐)	• 172
제19장. 絶聖棄智(절성기지)	• 177
제20장. 絶學無憂(절학무우)	• 182
제21장. 孔德之容(공덕지용)	• 193
제22장. 曲則全(곡즉전)	• 199
제23장. 希言自然(희언자연)	• 209
제24장. 企者不立(기자불립)	• 217
제25장. 道法自然(도법자연)	• 222
제26장. 重爲輕根(중위경근)	• 230
제27장. 善行無轍跡(선행무철적)	• 237
제28장. 知其雄(지기웅)	• 249
제29장. 將欲取天(장욕취천)	• 257
제30장. 以道佐人主者(이도좌인주자)	• 264
제31장. 夫佳兵者(부가병자)	• 275
제32장. 道常無名(도상무명)	• 289

제33장. 知人者智(지인자지) · 296

제34장. 大道氾兮(대도범혜) · 302

제35장. 執大象(집대상) · 309

제36장. 將欲歙之(장욕흡지) · 313

제37장. 道常無爲(도상무위) · 319

{ 하편 下篇 – 덕경 德經 }
사람됨의 철학, 덕(德)을 득(得)하다!

제38장. 上德不德(상덕부덕) · 326

제39장. 昔之得一者(석지득일자) · 340

제40장. 反者道之動(반자도지동) · 351

제41장. 上士聞道(상사문도) · 356

제42장. 道生一(도생일) · 366

제43장. 天下之至柔(천하지지유) · 371

제44장. 名與身孰親(명여신숙친) · 374

제45장. 大成若缺(대성약결) · 379

제46장. 天下有道(천하유도) · 385

제47장. 不出戶(불출호) · 388

제48장. 爲學日益(위학일익) · 393

제49장. 聖人無常心(성인무상심) · 397

제50장. 出生入死(출생입사)	• 402
제51장. 道生之(도생지)	• 408
제52장. 天下有始(천하유시)	• 414
제53장. 使我介然有知(사아개연유지)	• 421
제54장. 善建者不拔(선건자불발)	• 427
제55장. 含德之厚(함덕지후)	• 433
제56장. 知者不言(지자불언)	• 439
제57장. 以正治國(이정치국)	• 444
제58장. 其政悶悶(기정민민)	• 452
제59장. 治人事天(치인사천)	• 458
제60장. 治大國若烹小鮮(치대국약팽소선)	• 464
제61장. 大國者下流(대국자하류)	• 469
제62장. 道者萬物之奧(도자만물지오)	• 476
제63장. 爲無爲(위무위)	• 482
제64장. 其安易持(기안이지)	• 489
제65장. 善爲道者(선위도자)	• 497
제66장. 百谷王者(백곡왕자)	• 502
제67장. 天下皆謂我道大(천하개위아도대)	• 506
제68장. 善爲士者不武(선위사자불무)	• 513
제69장. 用兵有言(용병유언)	• 518
제70장. 吾言甚易知(오언심이지)	• 524
제71장. 知不知上(지부지상)	• 528
제72장. 民不畏威(민불외위)	• 531

제73장. 勇於敢則殺(용어감즉살) · 535
제74장. 民不畏死(민불외사) · 539
제75장. 民之饑(민지기) · 544
제76장. 人之生也柔弱(인지생야유약) · 550
제77장. 天之道(천지도) · 561
제78장. 天下莫柔弱於水(천하막유약어수) · 567
제79장. 和大怨(화대원) · 571
제80장. 小國寡民(소국과민) · 576
제81장. 信言不美(신언불미) · 583

부록 · 591
도덕적 인간, 노자가 추구하는 성인(聖人)의 정치란?
노자가 말하는 선(善)과 불선(不善)이란?

참고문헌 · 600

들어가는 말

　　　　　　　　　도덕경에 대한 해석과 이를 설명하는 내용이 학자마다 큰 편차가 있다. 한자 자체가 한 글자가 함의하는 뜻이 여럿이기도 하고, 당시 사용하는 한자의 수도 많지 않아서 하나의 글자가 여러 가지 뜻으로 가차되었기 때문이다. 지난 10여 년간 공부를 통해 얻은 지식으로 새로운 시도에 도전해보았다. 이 글은 여러 대중이 도덕경을 쉽게 읽고 실천철학으로서 교과서가 되기를 바라는 마음과 하나밖에 없는 내 애제자 박찬솔과 하나밖에 없는 내 딸 이열음에게 **노자의 심오한 우주관(道)과 인간으로서 가져야 할 사람됨(德)에 관한 철학 교과서이자 삶의 지침서**로 남겨주고 싶은 스승의 심정과 가난한 아비로서의 간절한 의지이기도 하다.

　　이 책을 쓰기까지 막대한 도움을 준 내 친구이자 매제 정감 조재면, 그의 아내이자 동생 이현주, 평생을 공부할 수 있도록 후원해 준 나의 형 박준영 선생님과 내 평생의 스승 운영 유창식 화백, 마지막으로 내 글을 끝까지 읽어주신 다음카페 '남향명차' 회원님들과 네이버 블로그 '고전 산책'의 소중한 이웃들에게도 감사의 인사를 전한다.

　　주역과 도덕경은 서양의 성경과 다르게 현대과학과 충돌하지 않는다. 신통하게도 서양 과학이 만들어 낸 언어로 이렇게도 저렇게도 통한다. 노자는 그러한 통합을 현묘(玄妙)함이라 했다. 독자들은 이 책에서 동양철학과 현대과학이 어떻게 통섭하는지를 찾아가며 읽어가면 재미있게 읽을 수 있을 것이다. 특히, 인간과 우리의 유전적 사촌 침팬지와 비교하며 글을 썼다.

　　이러한 영감을 준 책이 있다. 침팬지도 인간처럼 권모술수(權謀術數)의 달인이라며 정치하는 침팬지를 흥미진진하게 관찰한 프란스 드 발의 《침팬지 폴리틱스》와 프리초프 카프라(Fritjof Capra, 1939~) 박사의 《The Tao of Physics(물리학의 도)》이다. 이 책은 1975년 미국에서 출간되었는데, 우리나라에는 《현대물리학과 동양사상》이라는 이름으로 범양사에서 번역 출간되었다. 범양사라는 무역회사를 설립한 현 범양그룹 명예회장인 이성범 회장이 과학 대중화를 위한 전문출판사 '범양사'를 1978년 설립하면서 그 첫 번째 과학총서 1호로 선정하여 이성범 회장 본인과 김용정 동국대 명예교수가 공동 번역, 출간한 책이다.

카프라 박사는 오스트리아 빈에서 출생하여 빈대학교에서 이론물리학으로 박사학위를 받았다. 졸업 후 유럽의 여러 대학에서 물리학 교수로 재직하다가 미국에 정착하여 스탠퍼드대학교, UC버클리 연구소에서 '소립자'를 연구했다. 이후 국제적인 생태 문제 연구 조직인 '엘름우드 연구소'를 창설하고 새로운 생태과학의 이론을 정립하여 '신과학운동'을 주도하고 있다. 현재 캘리포니아 버클리에 살고 있다. (yes24 참고)

카프라 박사의 미시세계(소립자)로 발을 들인 현대물리학의 탐구는 기존 과학 이념인 기계론적 우주관의 한계를 드러냈다. 현대물리학을 포섭할 수 있는 새로운 패러다임을 찾게 되면서, 동양사상이 현대과학이 필요로 하는 새로운 패러다임을 제공할 수 있다는 것을 발견하였다. 그는 상대성 이론과 양자물리학을 기반으로 현대물리학에서 나타난 세계관의 변화가 동양사상 특히 《노자 - 도덕경》 속에 담겨있는 세계관과 유사함을 비교하며, 그럼으로써 이후의 기계론적 자연관을 유기체적 자연관으로 바꾸어야 함을 강조하였다. 그런데 이 책의 내용이 쉽지 않다. 소립자 전문가라 양자 세계와 고전물리학에 대한 지식이 기반이 있어야 소화할 수 있는 어려운 책이다. 이런 어려운 책을 읽고 이해하고 설명하기 위해서는 그와 관련된 수많은 책을 읽고 소화해야 한다. 그래서 꾸준한 독서와 암기가 필요하다며, 자연과학자이자 뇌과학자 박문호 박사는 한 분야의 전문가가 되기 위해서는 그와 연관된 3천 권의 책을 읽으라 강조한다. 나는 가난뱅이 작가다. 아니 학자(學者)이다. 학자의 뜻은 한문 그대로 매일 배우는(學) 놈(者)이다. 가난하니 책 사볼 여력이 부족하다.

그리하여 내가 선택한 곳이 바로 여의도 국회 안에 자리한 **'국회도서관'**이다. 대한민국에서 '국립중앙도서관' 다음으로 소장자료가 많은 도서관이다. 현재 800만 권이 넘는 자료를 소장하고 있는 것으로 알고 있다. 쾌적하고 훌륭한 시설에 밥맛까지 좋기로 소문난 그야말로 공부만 하기에는 최고의 연구실이다. 글을 쓰고 있는 지금, 이 순간은 벚꽃이 만개하여 눈을 즐겁게 해준다. 이 자리를 밝혀 국회도서관에 근무하시는 고마운 선생님들이 많이 계시므로 감사 인사를 전한다. 하루에도 정신없이 대출 신청(국회도서관은 다른 도서관과 달리 열람실마다 대출 신청을 한 후 책을 이용할 수 있다)을 하면 찾아서 읽게 해주신 국회도서관 직원 여러분과 때마다 식사를 챙겨주신 도서관 식당 직원 여러분들 그리고 비데 없으면 똥도 제대로 못 싸는 모지(侮之-어리숙한)리를 위해 매일 깨끗하게 청소해 주시는 선생님들께도 감사 인사를 올린다.

나는 내 제자와 딸에게 항시 당부하는 게 있다. 세상에서 가장 존중받고 존경받아야 하는 분들이 남들 뒤처리하시는 분들임을 강조하여 가르쳤다. 지구상에서 인간들이 싸질러놓은 쓰레기와 오물들, 제 것임에도 자신조차 싫어하는 오물들을 처리해 깨끗한 세상을 만드시는 분들이 이 세상에서 가장 존경받고 거기에 상응하는 대우를 받는 것이 당연한 일이라고 가르쳤다. 지구상에서 유일하게 증가한 엔트로피를 낮추는 분들이 바로 세상을 깨끗하게 만드시는 청소 노동자분들이시다. 같은 국회 안에서 국회의원 배지만 달고 제대로 일도 안 하면서, 국민의 혈세를 받아 처먹는 인간쓰레기들보다 천만 배 나은 분들이시다. 노자(老子, Lǎozǐ BC 6세기~BC 5세기)는 그런 인간쓰레기를 청소하는 청소부이시다.

국회도서관에서 국민의 혈세로 마련해 주신 책들로 매일 매일 배우고 익히다 보니 지금은 3천 권을 넘어 4천 권이 넘는 책을 읽은 듯하다. 그리고 그렇게 매일 매일 공부가 쌓이다 보니 우리 우주의 나이가 138억 년이고 우리 우주는 빛의 속도보다 더 빠르게 급가속 팽창 중이며, 이러한 팽창을 주도하는 것이 암흑에너지(Dark Energy)임을 알았다. 은하는 항성들의 연합체이자 별들을 안정적으로 품어 집단을 형성할 수 있게 만들어 주는 또 다른 중력인 아직은 뭔가 모르는 암흑물질(Dark Energy) 때문이고, 태양계와 지구의 나이가 46억 년이며 태양계는 가스와 먼지로 생성되었다는 것을 알았다. 태양계가 속한 자리는 우리은하의 변방에 자리하고 있으며, 2억 5천만 년에 한 번씩 우리은하의 중심을 돌고 있음을 알게 되었다. 우리은하는 4천억 개의 태양 같은 항성(주계열성이라 한다)이 있고, 우리 우주에는 그런 은하가 약 1~2조 개가량 있다는 것을 알게 되었다.

　경이롭고 충격적이었다. 내가 결코 세상의 중심이 아님을 깨달았다. 그리고 인간들이 절대 세상의 중심이 아님을 명심해야 한다. 절로 겸손해지고 절로 고개가 숙이어졌다. 우주 대자연 안에서는 반드시 겸손해져야 하는 것이 도리이자 제 분수를 아는 것이야말로 인간들이 뇌를 폭발적으로 진화한 이유임을 알게 되었다.

　그게 바로 노자가 말한 '**도**(道)'라는 것이다! 세상의 중심은 내가 아니었음을 깨닫고, 안빈낙도(安貧樂道), 안분지족(安分知足)하며 위대한 국회도서관에서 평생 글 읽고 책 쓰기를 업으로 삼았다. 그리고 남들에게도 이러한 정보를 공유하여 위대한 생명의 어머니이신 지구에 폐 끼치지 말고 조용히 살다가 죽어야겠다고 다짐한다. 어차피 죽으면 우리는 자연에 의해 몇 가지 원소로 분해되어 되돌아간다. 그래서 모든 생명은 138억 년 동안 만들어진 원소로 구성된 살아있는 유기체(有機體)이다. 수소 어르신의 나이가 138억 살이기 때문이다.

⊛ 동양과 서양의 세계관 차이

세상은 변화하는가 변화하지 않는가? 자연을 어떻게 인식하고 규정하느냐? 인간들이 세상을 어떻게 이해하는가에 대한 우주론, 자연론, 세계론, 사회론, 인간론에 대한 문제가 같은 시기에 그리스와 황하문명, 인더스강 중심으로 동양과 서양에서 서로의 방식대로 전개되고 있었다.

서양

서양철학의 시작이 언제인가? 아리스토텔레스(BC 384~BC 322)는 탈레스(BC 625~BC 547)를 "철학의 아버지"라고 칭했다. 탈레스는 최초로 "세상은 물로 이루어져 있다"라고 말한 것으로 전해진다. 탈레스 이후로 희랍철학은 '세상이 무엇으로 이루어져 있는가?'라는 명제가 철학의 주요 주제가 된다. 헤라클레이토스(BC 535~BC 475)는 세상은 불로 이루어져 있다고 주장했고, 엠페도클레스(BC 493~BC 430)는 《자연에 대해서》를 통해 세상은 물, 불, 공기, 흙, 4가지 원소로 이루어졌다고 주장했다. 그 후 데모크리토스(BC 460~BC 380)에 의해 현대과학에도 막대한 영향을 미친 '원자론'이 나오게 된다. 이 세계는 원자(原子)들이 모여서 이루어져 있다는 것이었다. 그러다가 서양철학의 절대자 아리스토텔레스에 의해 4원소설로 규정되었다. 뜨겁고 건조한 성질을 지닌 불, 차갑고 건조한 성질을 지닌 흙, 뜨겁고 습한 성질을 지닌 공기, 차갑고 습한 성질을 지닌 물이라고 규정하였다. 더 나아가 세계는 시작도 없고 끝도 없는 영원불변의 세계라고 인식했다. 다시 말해 서양의 우주론은 영원불변의 끝도 없는 우주이어야만 한다. 20세기 최고의 철학자라 칭해지는 루트비히 비트겐슈타인(Ludwig J. J Wittgenstein, 1889~1951)은 《논리 철학 논고》의 서두에서 **"말할 수 없는 것에 대해서 침묵하라"**며 옛 선인을 타이른다. 아리스토텔레스는 너무 많은 말을 했다.

수 세기가 흘러 로마의 황제 콘스탄티누스 대제(272~337)의 정치적 의도(넓은 영토와 서로 다른 민족과 인종을 다스리기 위해서 유일신만큼 좋은 게 없다. 이때부터 유럽의 마너사냥이 시작됐다)로 밀라노칙령을 AD 313년에 선포하였다. 기독교에 대한 박해를 끝낼 뿐 아니라 정식 종교로 인정하였다. 모든 로마시민에게 '여호와'는 증오의 대상에서 신앙의 대상이 되었다. 이 세상 모든 만물은 유대인의 왕이신 절대자이자 조물주 여호와가 창조하신 것으로 통일되었다. 이 역사적 사건 이후 서양은 종교라는 이름으로 끊임없는 전쟁과 살생이 이루어졌다.

14~16세기 르네상스 시대에 이르러 다시 찬란했던 그리스, 로마 시대로 돌아가자며, 그 이전 시기를 스스로 몽매주의(蒙昧主義, obscurantism) 시기, 그 이후를 계몽주의(啓蒙主義, enlightenment) 시기로 분리한다. 계몽주의 시기에 잉글랜드의 화학자이자 물리학자인 존 돌턴(John Dalton, 1766~1844)이 원자설을 다시 제기한다. 이때부터 서양의 현대과학은 원자가 뭔지를 증명함으로써 양자역학이 탄생하게 되었고 인류의 재앙이 된 원자폭탄부터 수소폭탄까지 인류뿐 아니라 지구상에 있는 모든 생명체를 한 방에 보내기 위해 천문학적인 비용을 써가며 군비경쟁의 길로 들어서게 된다.

대한민국의 보수의 탈을 쓴 소인배(小人輩, 털 없는 침팬지)들은 북핵에 맞서 우리나라도 핵을 가져야 한다며, 현실적으로 전혀 불가능한 소리를 당연하다는 듯이 국민을 선동한다. 핵을 보유한 강대국들은 자신들이 필요한 핵 보유 후 다른 나라들이 핵을 보유하지 못하도록 1966년 핵무기의 비확산에 관한 조약(핵확산방지조약, Non-Proliferation Treaty(NPT))을 맺었다. 북한은 NTP 탈퇴 후 핵을 보유했다는 이유로 지금도 강대국으로부터 엄청난 경제적, 정치적 제재(制裁)를 받고 있다. 이를 알면서도 소인배들은 이를 정치적인 이유로 선동하는 것이다. 이게 바로 비도덕 인면수심의 인간들이다. 이런 종류의 인간들은 고대 동양에서는 소인(小人)이라 불렸고, 이들의 유형을 분류한 경전이 바로 공자님 말씀을 모아놓은 말씀자료가 바로 논어(論語)이다. 군자지학(君子之學)과 소인지학(小人之學)의 구분이 공자왈(孔子曰), 맹자왈(孟子曰)이다.

동양

동양의 고전들은 바로 서양과는 다른 우주관, 자연

관, 세계관, 인간관, 정치관을 체계화시켰다. 대표적인 우주관, 자연관, 세계관을 다룬 문헌이 주역(周易)이다. 주(周)나라의 역(周易)이다. 주나라는 BC 1046년 주 무왕 '희발'이 세웠다. 상나라가 막을 내리고 호경, 지금의 시안(西安)에다 도읍지를 정하였다.

주 문왕, 주 무왕, 그리고 주 공단이 주나라의 환경에 맞게 정리한 것을 주역(周易) 또는 역경(易經)이라고 한다. 역(易)이란 세상이 바뀌는 원리이자 계절이 바뀌는 이치를 의미한다. 다시 말해 주나라의 도읍지 호경에서 바라본 계절이 바뀌는 자연 현상에 대한 원리가 된다. 또한 통치자들의 애민 사상이 깃들어 있다. 단군 조선의 가치이념인 인간을 널리 이롭게 한다는 '홍익인간(弘益人間)' 사상과 그 맥을 같이 한다고 볼 수 있다. 어찌 보면 고조선의 철학이리라!

우리나라의 태극기는 1882년 고종의 명으로 구한말 갑신정변과 갑오개혁을 주도한 급진개혁파, 박영효와 통역관 이응준이 만든 것으로 알려져 있다. 이 사실도 알고 보면 힘없는 나라가 피해당하는 수난의 역사다. 피해당한 것은 조선임에도 불구하고, 일본 놈들이 트집을 잡아 적반하장(賊反荷杖-도적놈이 도리어 곤장을 친다)으로 되려 조선에 사죄를 요구하자 고종이 사신들을 급히 파견하면서 나라의 격을 갖추고자 급조하게 된 것이다.

고종 재위 12년인 1875년 9월, 일본 군함 운요호(雲揚號, 운양호)의 불법침입으로 발생한 조선군과 일본군의 충돌 사건이 발생한다. 일본은 흑선(黑船)으로 상징되는 미국의 강제 개항 요구에 의한 많은 적자가 쌓이게 되자, 이에 일본의 명치(明治, 메이지) 정부는 조선과 만주에서 그 적자를 메우려는 치밀한 전략을 짜고 후안무치(厚顏無恥-낯짝이 두꺼워 부끄러운지도 모른다)하게 밀어붙인다. 그러나 조선은 그 속내를 알기에 미온적으로 대처하니, 이에 일본은 조선을 굴복시키고자 군함 30척을 조선 연해에 파견하여 시비를 일으키고, 육전대(해병대)까지 강화도에 상륙시켜 살인·방화·약탈을 자행한다.

첨사였던 이민덕 이하 400~500명에 이르는 수비병은 모두 패퇴(조선군 전사 35명, 포로 16명)하나 일본 측은 단 2명의 경상자를 낼 뿐이다. 그러나 일본은 이 포격전의 책임을 전적으로 조선에 덮어씌워 전권대사의 힐문(詰問-꾸짖고 따짐)과 아울러 무력을 배경으로 개항을 강요한다. 무장인 구로다(黑田) 중장이 주도적으로 이끌어 간 강화도 조약을 논의하는 중에 일본 측은 "운요호에는 일본의 국기가 게양되어 있었는데 왜 포격을 가했는가?" 하고 트집을 잡는다.

그러나 쇄국(鎖國-쇠사슬로 나라를 잠근다)과 사대(事大-작은 나라가 큰 나라를 섬김)의 틀에 빠져있던 조선은 국기(國旗)가 가진 의미와 내용을 미처 이해하지 못하니 국제법을 약삭빠르게 악용한 일본의 덫에 걸리고 만다. 이에 조선 조정에서는 국기제정의 필요성이 거론되고, 1882년 8월 9일 특명전권대사 겸 수신사인 박영효(1861-1939), 김옥균(1851-1894), 서광범(1859-1897) 등 일행이 메이지 마루(明治丸)를 타고 현해탄을 건널 때, 태극사괘(太極四卦)의 도안이 그려진 기를 국기로 할 뜻을 모아 선상에서 급히 만들게 되었다. 하지만 청의 마건충(馬建忠, 1845~1900)이 청나라의 국기를 본받아 조선의 국기를 만들 것을 강요하자 고종은 분개하여 "청색과 적색으로 이루어진 태극원(太極圓)과 사괘(四卦)를 그려 국기로 정한다"라는 명을 내린 바가 있다(출처: 일본 일간지 《시사신보》). 조선의 조정에서는 태극기의 원형이 이미 준비되어 있었던·것으로 수신사 일행은 8월 14일 고베(神戶)에 도착해 니시무라야(西村屋)에 숙박, 그 건물에 태극사괘가 도안된 기를 게양하니 이것이 태극기의 효시이다. (출처: K스피릿, http://www.ikoreanspirit.com)

주역의 태극(太極)과 4괘(卦)를 가져다 도안한 것이다. 태극(太極) 문양은 우주의 만물이 음양(陰陽)으로 만나 태동하고 변화함을 의미한다. 괘(卦)는 규(圭)에서 나왔다. 규(圭)는 커다란 막대로 태양의 그림자를 재는 일종의 자이다. 그림자를 재서 태양의 변화를 나타내는 것이다. 절기마다 태양의 그림자가 달라지므로 이를 24절기로 나눠 그림자가 가장 짧은 시기가 하지(夏至), 가장 긴 시점을 동지(冬至)라고 명한 것이다. 圭(측량할 규)에 卜(점복) 자가 만나 점(占)을 치는 표상인 괘(卦)가 탄생하게 된 것이다. 그러므로 규(圭)는 서양 과학의 표현을 빌리면 **관측(觀測, Observation) 행위**를 한 것이고 괘(卦)는 **관측을 통한 예측(豫測),** 즉 'Prediction'을 한 것이다. 주역은 인생의 길흉화복을 위한 단순히 점을 치는 사주팔자(四柱八字)를 다루는 것인 사주명리학이 아니다. 비옥한 황하 유역의 주를 이루는 농사를 위해 지구의 자전과 공전을 측량하여 정량화, 수량화, 상징화시킨 부호체계이다. 그리하여 '건괘(乾卦) ☰'는 '하늘(天)'을 의미하고, '곤괘(坤卦) ☷'는 '땅(地)'을 의미한다. '감괘(坎卦) ☵'는 물을 의미하고 '리괘(離卦) ☲'는 '불(火)'을 의미하는 것이다. 그리하여 동양사상의 근간은 음양이 조화를 이뤄 우주 만물을 움직이게 하는 원리를 알고자 함에서 시작한 천인합일(天人合一)

의 위대한 사상이다. 그런데 너무나도 무지한 사피엔스들이 제대로 공부하지도 않고 '동양철학'이라고 하면 개인의 길흉화복(吉凶禍福)에 대해 점쳐주는 것으로 알고들 있다. 철학관이 넘쳐났던 눈물의 미아리 고개를 넘지 못하는 이유이다.

우리나라는 서구 유럽이나 일본처럼 근대화 과정을 경험하지 못했다. 너무나도 잔악하고 탐욕스러운 일본제국주의와 서구 열강들의 제국주의에 의해 철저하게 난도질당했기 때문이다. 거기에 지배 권력이었던 안동 김씨의 노론(老論) 세력과 민비(명성황후)의 혈육, 여흥 민씨 일당들의 도덕적 타락으로 매관매직 및 못 살겠다고 들고 일어난 농민을 탄압함으로써 멸망의 길을 재촉했다. 인간의 도덕적 타락은 동서양을 막론하고 나라를 멸하고 인간 세상 자체를 황폐화한다. 이를 우리는 역사를 통해 배워왔다. 지금은 코로나바이러스의 창궐을 통해 반복해서 배우고 있다.

영국의 위대한 철학자이자 수학자, 하버드대학교 철학과 교수를 지낸 알프레드 노스 화이트헤드(Alfred North Whitehead, 1861~1947)는 그의 저서 《이성의 기능(The Function of Reason)》에서 이성의 기능은 인간이 가진 이기심을 줄여서 결과론적으로 엔트로피를 감소시키는 것이 목적이라고 했다. 이성의 기능을 노자의 언어로 해석한다면 사피엔스가 도(道)의 현묘함을 깨우치고 덕(德)을 획득했기에 가능하다는 것이다.

서양의 자사(子思), 애덤 스미스 - 도덕을 말하다

자사(子思, BC 483~BC 402)는 공자의 손자이다. 사서(四書)인 논어, 맹자, 대학, 중용(中庸) 중 중용의 저자로 알려져 있다. 할아버지 공자의 제자인 증자의 제자가 되어 유학의 명맥을 이어나가는 중요한 인물이다. 그런데 중용이라는 책의 내용 중 상당 부분이 사람됨의 철학이자 도덕 교과서이다. 중용이라는 책을 자세히 알고 싶은 독자들은 도올 김용옥의 《중용, 인간의 맛》을 읽어보길 권한다. 도덕(Moral)이 유럽사에서 등장하기 시작한 것이 아마 18세기, 산업혁명 초창기 영국과 독일의 칸트에 의해서이다.

영국에서 경제학이 태동한 여러 이유 중 하나를 꼽자면 식민지 찬탈을 합리화하고, 명분을 획득하기 위한 동인도 회사(1600~1874)의 이론적 기틀을 제공하기 위함이다. 애덤 스미스(Adam Smith, 1723~1790)는 스코틀랜드 출신의 영국의 계몽주의 시대 데이비드 흄과 더불어 가장 위대한 정치경제학자였다. 후대의 여러 분야에 큰 영향을 미친 《국부론(Wealth of Nations)》의 저자이다.

고전 경제학의 대표적인 이론가인 스미스는 일반적으로 경제학의 아버지로 여겨지며 자본주의와 자유무역에 대한 이론적 심화를 제공했다. 그러나 그에게는 경제학 저술인 1776년 출판된 《국부론》보다 먼저 출간된 책이 있었다. 그는 1759년 《도덕감정론(The Theory of Moral Sentiments)》을 출간한 도덕철학자이기도 하다.

성균관대학교 경제학부의 김광수 교수는 애덤 스미스가 교수로 재직했던 글래스고대학교에서 1994년 애덤 스미스의 형이상학과 과학에 관한 연구로 박사학위를 받은 우리나라에서 몇 안 되는 애덤 스미스 전문가로, 2016년 《도덕감정론》을 번역 출간하였다. 두 번을 읽어보았으나 그 내용이 심오하고 난해해서 읽기가 쉽지 않았다. (경제학자 중에서 이 책을 완독한 사람이 몇이나 되는지 궁금하다. 이 책을 읽었다면 경제학이 소인지학(小人之學)으로 가치 추락하지는 않았을 것이다.) 책의 내용을 직접 옮겨본다.

"스미스는 전 생애에 걸쳐 두 권의 저서를 출간했다. 글래스고대학교에서 도덕철학 교수로 재임하는 동안 윤리학 저술로 《도덕감정론》을 출간해 당시 유럽 대중에게 엄청난 호평을 받았다. 스미스의 윤리 이론은 도덕적 선(善)과 좋은 삶이 평범한 인간의 내재적 본성, 사회적 본능인 동감(同感, sympathy)의 작용에 따라 실현되고 점차 고도화된다고 본다. 예부터 동서양의 도덕철학자들은 시대별로 강조점은 조금 달랐을지라도 덕목을 실천하라고 꾸준히 권고해왔다. 물론 이것은 사회공동체의 안녕과 평화를 위한 것일 뿐만 아니라, 개인의 안정과 행복을 도모하기 위해서다. 도덕철학자로서 스미스에게 도덕적 선(善, good)은 사람들의 본성이나 일상생활과 분리된 것이 아니다. 도덕적 선은 평범한 인간의 자질을 초월한 그 무엇이 아니라 각 개인의 본성에 내재되어 있으며 성장성을 지닌 것이다. 그러므로 도덕적 선의 원리는 인간의 본성을 철학적으로 탐구하는 가운데 발견될 수 있고, 덕목은 낮은 차원의 미덕에서부터 높은 차원의 최고선까지 위계를 지닌다. 훨씬 더 많은, 노력과 수양이 필요한 최고선과 숭고한 도덕성은 가장 큰 행복을 주지만 그것만이 유일한 덕목은 아니다. 범부들이 각각의 처지와 환경에 걸맞는 덕목을 실천하는 것이 세상사에서 필요하고 나름대로 중요한 의의를 지닌다. 그러므로 《도덕감정론》의 가장 명시적 목적은 도덕의 세계를 인간 본성에 의거하여 과학적으로 설명하는 것이다. 인간 본성과 세상사를 인과관계에 따라 이해하려는 과학적인 태도를 취했을 때 세상이 비로소 제대로 이해될 수 있을 뿐만 아니라, 더 나아가 덕목을 배양하고 도덕성을 우아하게 가다듬는 데도 유용하다.

널리 알려져 있듯이 스미스에게 자기애와 이기심은 사람들의 행동을 좌우하는 매우 본원적이고 지배적인 힘이다. 생존을 위한 물질 추구와 사회 속의 서로 많은 행위는 이 같은 자기중심적 본능이 주로 작용한 결과로 볼 수 있다. (중략) 스미스가 지적했듯이, 동서고금을 막론하고 세상사에서 인간 고유의 열정이 중의의 습관보다는 과다한 만족을 추구함으로써 수많은 소란스러움과 악덕이 일어났다. 예컨대 세상 사람들은 여전히 기품 있는 덕을 실천하는 사람보다는 재산과 권력을 보유한 사람을 더 부러워하고 승인하며 존경한다. 이러한 비대칭적 승인과 숭배의 인간 성향이 주변의 빈곤과 약자에게 경멸과 무시를 남발하는 태도를 이끌고, 수단과 방법을 가리지 않고 세속적, 물질적 경쟁에서 앞서려는 도덕적 타락을 만들어 낸다." (출처: 애덤 스미스, 《도덕감정론》)

그러므로 인간에게 절대적으로 필요한 것을 도덕감정이라고 보았고, 인간이 인간으로 될 수 있는 것 역시 자기 절제가 스스로 가능한 도덕의 중요성임을 강조하였다. 그러나 경제학은 불필요한 인간의 도덕감정을 외면했다. 인간의 이기적 선택과 결정에 의한 모든 행위를 합리성으로 포장하여 경제학을 소인지학(小人之學)으로 격하시켰다. 애덤 스미스 본인은 마지막까지 도덕철학자로 인정받길 원했다. 《도덕감정론》을 여섯 차례에 걸쳐 수정 보완하였다는 것은 자신이 완벽한 도덕철학자로 남길 바랐다는 것이다. 그러나 그를 따르고 숭상하는 후대의 경제학자들 사이에는 도덕 자체가 걸림돌이자 중요한 문제가 아니기 때문이다. 그저 '**보이지 않는 손**'과 '**시장 지상주의**'만 있으면 되었기 때문이다. 경제학은 도덕이 아닌 이익 추구의 효용(效用, utility)만이 취사선택되었기 때문에 소인지학으로 가치 추락하였다. 그나마 현대의 경제학은 이기적 인간에서 이타적 인간의 출현을 게임이론으로 증명하면서부터 행동경제학(行

動經濟學, behavioral economics)이 출현하였고, 인간은 반드시 이기적이지 않음을 바탕으로 기존 고전 경제학을 벗어나 새로운 경제학의 역사를 다시 써나가고 있다. 그 공로로 2002년 노벨 경제학상 수상자, 이스라엘 국적의 프린스턴대학교의 경제학자 교수이자 신경과학자 대니얼 카너먼(Daniel Kahneman, 1934~)과 그의 동료, 인지, 수학 심리학자인 아모스 트버스키(Amos Tversky, 1937~1996)가 아니었다면 경제학은 이기적인 인간들의 탐욕을 정당화하기 위한 이론적 기틀을 제공해 주는 소인지학으로 영원히 남아있었을 것이다.

국제 통상법 역시 영국과 네덜란드 사이에 식민지 분할권을 놓고 분쟁을 줄이기 위해 태동되었다는 것을 우리는 알아야 한다. 아메리카 대륙의 중남미 국가 중 왜 브라질만 포르투갈어를 사용하는지 아는 사람이 많지 않다. 이는 1494년 6월 7일 스페인의 '토르데시야스'에서 스페인과 포르투갈 사이 유럽 외 지역의 영토 분쟁을 해결하기 위해 맺은 조약 때문이다. 대서양과 태평양 사이에 자기들끼리 분계선을 그어놓고 오른쪽은 포르투갈, 대서양 왼쪽은 스페인이 분할 통치하겠다고 자기들끼리 일방적으로 합의하여 정해놓았다. 자기네들 맘대로 그어진 라인에 브라질 영토가 걸렸기 때문에, 지금까지 브라질만이 포르투갈 언어를 사용하고 있다.

지구상에 일어나는 현대사의 많은 분쟁은 제국주의 식민 지배 시절을 끝낼 무렵 역사와 문화, 종교, 인종을 무시하고 마음대로 국경을 그어놓았기 때문이다. 지도에 자를 대고 자기네들 마음대로 직선으로 그어놓았기에 인종도 언어도 종교도 다른 사람들이 갑자기 한 나라가 되거나 이웃 마을이 다른 나라가 되어버렸다. 그러한 연유로 한나라가 된 사람들끼리 내전과 반란, 독립 요구가 빗발쳐 아비규환(阿鼻叫喚)이 따로 없게 된 것이다. 그런 일들이 아프리카, 아시아 일부 국가에서 지금도 벌어지는 일이다.

2022년 미국이 아프가니스탄을 버린 이유도 마찬가지다. 자국의 이익과 정치적 의도와 맞지 않으면 그냥 무책임하게 내던져 버리는 것이다. 그런 연유로 그 나라 사람들은 미국이 떠난 자리를 차지하기 위해 전쟁을 일으켜 살육이 끊이질 않는다. 기원전 5세기 노자가 도덕경(道德經)을 저술한 이유가 여기에 있다. 제발 나라를 통치하는 사람이면 사람됨의 철학과 도덕을 갖추고 살라고 말이다. 사람뿐만 아니라 한 나라에도 도덕적 국격이 필요함을 강조하였다.

노자와 공자가 살았다고 추정되는 춘추전국시대(BC 770~BC 221)는 바로 그러한 시대적 배경을 가지고 있었다. 태평성대(太平聖代)를 이루었던 주나라의 중앙정부가 시대가 변할수록 힘을 잃자 각각의 제후국들은 청동기에서 벗어나 철제 무기로 무장해 서로 싸우고 죽이고 하는 정글의 법칙이 중원을 지배했던 시기이다. 민중의 삶은 비참하기 짝이 없고 배를 채우기 위해 도적질을 해야만 했던 시절이었다.

왕필(王弼, 226~249)이란 소년 천재가 남긴 도덕경 주해가 송나라 때 활자화된 이후로 1,000년 넘는 시간 동안 위나라 왕필을 통해 노자의 목소리이자 도덕경을 공부하고 때론 종교로 때론 민중 이념으로 전해왔다. 그런데 워낙 오래된 고전이다 보니 고증 문제부터 저자인 노자가 누구인지에 대해 설왕설래가 많았다. 그리고 수많은 학자들이 자신만이 노자의 최고 전문가라 주장하니 처음 접하는 사람들은 저자와 책의 내용에 따라 노자가 왔다 갔다 한다. 아마도 매년 수십 권의 책이 세상에 나오지만 가장 읽지 않는 책 중의 하나이기도 할 것이다.

노자의 도덕경을 공부하고 연구했다면 절대 내가 최고가 될 수 없는 이유다. 학문의 결과는 서로서로 도와가며 이루어 낸 다자, 다학제 간의 유기적 협력의 결과이지 어찌, 나 하나만의 잘남 때문이겠는가! 노자를 역주함에 있어 내가 최고의 권위자라고 스스로 나서는 사람은 도덕경이라는 가르침을 군자지학에서 다시 소인지학으로 끌어내는 사람이다. 학문 세계의 경쟁과 과시는 불가피하겠지만, 뭔가 하나의 잘못된 부분을 일부러 토를 잡아 해당 학자의 인격과 학문 세계 전부를 부정하는 행위는 지능만 높은 침팬지들이 하는 짓이지 무위를 추구하는 군자의 언행은 아닐 것이다.

독일이 낳은 양자역학의 주요 선구자 중 한 사람인 베르너 하이젠베르크는 그의 자서전 《부분과 전체(Der Teil und das Ganze)》에서 부분으로 전체를 판단하는 오류를 범하지 말라 했다. 쉽게 말하면 나무 한 그루를 통해 숲을 보는 오류를 저지르지 말라고 충고한다. 종종 인문학이 세상의 중심이라고 하는 학자입네 하는 소인들이 자연과학을 너무도 쉽게 무시하는 경우를 여러 차례 보았다. 특히 세계적 석학을 비판함으로써 자신의 지위와 권위를 높이고자 하는 숨은 의도와 검게 그을린 속내가 그대로 드러나기 때문이다. 인문학의 역사라 해야 문자가 형성된 4,000년도 안 된 인간 중심의 학문체계다. 그러나 자연은 138억 년 동안 우주라는 거대한 시공간의 **스스로 그러한 흐름**임을 잊지 말아야 한다. 어차피 다들 노자 형님 덕에 먹고 살자고 하는 짓 아닌가! 나만이 도가 뭔지 깨닫고 새롭게 해석했다고 자부하지만 결국 그 도가 내 욕심의 도인가, 노자의 도인가는 다시 한번 가슴 깊게 새겨야 할 것이다. 이런 부분이 내가 답이 없는 인문학과 철학을 싫어하는 이유다. 돈과 계급장이 된다고 하면 우후죽순(雨後竹筍)! 유일무이의 내가 세상의 중심이라는 착각 과시 말이다.

서양의 과학이 세계를 지배한 이유는 바로 수학(누구나 인정하는 통일된 언어체계)이라는 언어를 통해 끊임없는 투쟁과 증명을 통해 이루어 낸 경쟁과 협력의 산물이다. 서양이 왜 세계를 지배하는가? 끊임없는 패권 전쟁으로 싸움 실력을 키웠고, 자국의 이익을 위해서 작은 나라와 힘없는 나라들을 굴복시키기 위해 대포의 사거리와 위력을 증폭시켰기 때문이다. 우리가 왜 작금에 노자의 도덕경을 끄집어내는가? 점점 더 타락해 가는 도덕적 해이(moral hazard) 그리고 시험만 잘 보는 침팬지들이 만들어 낸 권력 카르텔, 돈이면 모든 게 해결된다는 천박한 자본주의자들에게 노자를 통해 참 인간을 만들고자 함이 아니겠는가! 다시 한번 고하지만 6번째 대멸종은 지구상 최상위 포식자인 인간임을 잊지 말아야 한다. 인간의 편리성과 탐욕을 담보로 스스로 자멸의 길로 가고 있는 인류의 무자비함을 막아야 한다. 4월 초임에도 불구하고 3월, 4월, 5월, 6월, 순차적으로 피어야 할 산수유, 개나리, 목련, 조팝나무, 진달래꽃, 벚꽃, 철쭉이 지금 동시에 만개해 있다. 아무것도 모르고 그저 사람들은 좋다고 한다. 세상이 너무 아름답다고 말이다. 그러나 미래학자와 생태학들은 인간의 멸종이 얼마 남지 않았음을 경고하고 있다. 200년 동안 인간들이 지구 온난화를 가속 팽창시켰기에 지구는 이제, 새로운 최상위 포식자를 암암리에 물색하고 있다. 인간의 마지막 남은 인간의 도덕심과 이타심만이 우리 자식들을 좀 더 지구에 머물게 할 수 있는 유일한 길(道)임을 깨우치길 바라는 마음이다.

기원전 213~212년에 진시황이라는 끔찍한 악마가 저지른 분서갱유(焚書坑儒 -유교 관련 책을 불태우고 유학자들을 파묻음) 때문에 후손들이 고생이 많다. 다수의 인문학자가 백서본과 초간본을 통해 새로운 판본을 번역하면서 도덕경의 강자라고 자부하지만, 또다시 새롭게 판본이 발견되지 말라는 보장은 없다. 그것이 여러 판본에서 공통적이게 노자가 말한 본질은 변하지 않았기 때문이다.

도덕경 - 여러 판본의 성립 연대

내가 살펴본 책에서는 판본의 성립에 대한 언급을 접하지 못했었다. 어떤 책에서는 어떤 글씨가 있으나 어떤 책에는 없기도 하고, 왜 그런가 연유를 모르다가 대부분의 번역이 '통행본'이라는 후대에 짜깁기된 왕필본과 하상공본이 여기저기 섞여 있기 때문이었다. 그러던 중 주말마다 이용하는 마포중앙도서관에서 만난《처음부터 새로 읽는 노자 도덕경》의 역자 문성재와《노자, 왜 초간본인가》의 저자 일승 양방웅, 두 사람의 연구로 맥을 찾을 수 있었다. 그러나 두 저자 역시 초간본과 백서에 대한 의견이 달라 어느 한쪽을 일방적으로 수용하기가 어려워 내 임의대로 편집하였다. 두 책에서 발췌 및 인용했음을 밝히면서 아래와 같이 옮겨본다.

1. 죽간본(竹簡本: BC 350~BC 290년경 추정)

"1993년 호북성(湖北省) 형문시(荊門市) 곽점촌(郭店村)에서 전국 시대 초나라 고분(1호분)에서 출간된 죽간본(竹簡本)으로, 곽점본(郭店本)으로 불린다. 정식 발굴 이전에 도굴된 탓에 체제가 서로 다른 갑·을·병 세 벌의《도덕경》죽간이 훼손되고 흐트러진 상태로 발견되었다. 총 2,046자로 왕필본의 2/5 분량에 불과하고 차례나 문장에서도 기존 판본들과 큰 차이를 보이는 것을 보면 일종의 발췌본(拔萃本-책이나 글에서 자신이 필요한 내용을 골라 뽑아내서 쓴 책)이었던 것으로 추정된다. 현존 판본들 중 가장 오래되어 고고학·학술사적 가치는 상당히 높지만, 판본학적(板本學的-도서의 물리적인 형태의 분석적 연구) 의의는 그다지 크다고 할 수 없다."(출처: 문성재 역,《처음부터 새로 읽는 노자 도덕경》) 했다.

그러나 양방웅의《노자, 왜 초간본인가》에서는 초간본(죽간본)을 발굴하여 정리한 학자들은 처음에 분량이 통행본보다 적은 까닭을 죽간이 도굴로 인한 손상이 있었을 것으로 의심하였다. 그러나 최종 연구 결과는 '초간본은 그 자체만으로 완정(完整)하다'라는 것이다.

초간본의 특징을 살펴본다.

1) 초간본에는 형이상학적 난해한 용어가 없다. '현(玄)'이나 '오(奧)' 자와 같은 난해한 용어가 없다.
2) 초간본에는 권모술수의 용어가 없다. 초간본에는 무위(無爲)의 정신이 나타나 있고, 통행본에는 유위(有爲)의 의도가 엿보인다.
3) 초간본에는 유가의 윤리에 어긋나는 글자가 없다. 통행본 63장의 '보원이덕(報怨以德)'과 오행(聖智仁義禮[성지인의예])을 부정하는 글이 초간본에는 없다는 것이다. 저술 당시는 물론이고, 최초의 노자 해설서 한비(韓非, BC 280~BC 233)의 《한비자》〈해로·유로〉가 작성되는 BC 240년까지는 도가와 유가의 갈등이 없었음을 알 수 있다.
4) 초간본은 완정한 것이고, 가장 오래된 고원본(古原本)이다. 초간본을 태사담이 처음 증편 작업한 것이 〈5천 글자 노자〉이고 이사(李斯, BC 284~BC 208)가 〈5천 글자 노자〉를 다시 개작한 것이 백서본(갑)일 것이다. "백서본(갑)으로부터 백서본(을)과 통행본이 나왔을 것이다"라고 주장한다.

양방웅은 노가와 유가는 원래 구분이 없는 하나의 전통 사상이자 철학이었는데 정치적, 파벌적 의도로 후대의 사람들에 의해 글자를 조작, 개작 그리고 첨삭되었다는 주장이다. 그로 인해 도가와 유가가 서로 대립하게 된 이유로서 초간본의 중요성을 강조하고 있다.

2. 백서본(帛書本)

백서(帛書-비단에 쓴 글)는 종이가 발명되기 전 서양에서는 파피루스와 양가죽에 글을 남기듯 동양에서는 종이가 발명되기 이전에는 대나무(竹簡)와 비단에 글을 남겼다. 백서본은 1973년 호남성(湖南省) 장사시(長沙市) 마왕퇴(馬王堆)에서 말안장 모양의 두 개의 언덕에 전한(前漢, BC 202~AD 8) 시대의 무덤 3기를 발굴했는데 거기에서 출토된 유물 중 비단에 적혀있는 여러 백서와 죽간들이 발견된 것이다. 이들 무덤은 장사국(長沙國)의 승상 이창(利倉)과 그의 처 그리고 아들의 묘로 확인되었다.

유적지는 1972~1974년에 발굴되었는데, 대부분 유물이 호남성 박물관에 전시되어 있다. 이곳에서 세상을 뒤집어 놓을 예정인 2종의 노자를 발견하였다.

진나라(BC 221~BC 206) 시절 통일 서체인 소전체(小篆體-진나라 승상 이사가 진나라 이전의 서체인 대전체를 고쳐 만든 서체)로 쓰여진 것을 **백서본 갑**으로, BC 170년 전에 예서체(隷書體)로 쓴 것을 **백서본 을**이라 명명하였다.

특이점은 '갑 본'에는 한 고조(劉邦[유방], BC 247~BC 195)의 이름인 방(邦) 자가 나오지만 '을 본'은 방 자 대신 국(國) 자를 쓰고 있다. '덕경'이 앞에 있고 '도경'이 뒤에 나오므로 《덕도경(德道經)》이라 부른다. 반유가적 분위기가 처음 나온다.

3. 한간본

2009년 해외 화교로부터 북경대학교가 기증받아 소장하고 있는 전한 시대 죽간본이다. 《한서(漢書-전한의 역사를 기록한 책)》〈예문지〉에 육예(六藝), 제자(諸子)로 분류된 여섯 부문의 죽서 전적들이 망라되어 있으며 《도덕경》은 제자로 분류되어 있다. 몇몇 글자를 제외하면 죽간과 글자가 99% 온전한 상태인 데다 4년간 5,300여 자를 복원에 성공하였다. 초간본과 백서본의 결함을 완벽하게 보완한 현존하는 최고의 판본으로 평가받고 있다. 백서본과 마찬가지로 상권은 〈덕경〉, 하권은 〈도경〉으로 구성되어 있다. 노자 상경과 노자 하경이라는 제목이 붙어있다. (출처: 문성재의 같은 책)

4. 엄준본

전한 시대 사람 엄준(嚴遵)이 저술한 《노자지귀(老子指歸)》이다. 기원전 32년에서 기원전 7년 실존한 사람으로 보인다. 〈덕도경〉으로 되어있다. (출처: 문성재의 같은 책)

5. 왕필본

삼국 시대 조조가 세운 위나라의 현학자 왕필(王弼, 226~249)이 《도덕경》에 주석을 붙인 《노자주(老子注)》를 말한다. 총 81장이며, 상권은 〈도경〉, 하권은 〈덕경〉으로 되어있으며 장마다 소제목은 보이지 않는다. 초기에는 필사본으로 전해지다가 당대 이후에 목판 인쇄본으로 간행된 것으로 보이는데, 후대에 여러 차례 가공과 수정이 이루어졌다. 도교 인사들에게 하상공본이 선호된 것과 대조적으로 왕필본은 주로 사대부들에게 선호되어 '통행본(通行本)'으로서 1,700

여 년 동안 지속적으로 필사·판각·전수되면서 절대적인 권위를 누렸다. (출처: 문성재의 같은 책)

6. 하상공본

《노자 하상공장구(老子河上公章句)》를 말한다. 황보밀(皇甫謐, 215~282)의 《고사전(高士傳)》에 따르면 "하상장인은 어느 곳 사람인지 알 수 없으며 스스로 이름을 감추고 황하 기슭에서 살면서 《노자장구(老子章句)》를 지었는데 '하상장인(河上丈人)으로 불렸으며' 하상공(河上公)이라고 하기도 했다"라고 한다. 왕필본과 마찬가지로 총 81장으로 구성되어 있는데, 제1~37장까지는 〈도경〉, 제38~81장까지는 〈덕경〉이라는 제목이 붙어있다. 각 장의 대의를 요약한 소제목이 장마다 붙어있고 몸을 닦고 기운을 연마하는 양생술(養生術)의 견지에서 붙인 주석들이 들어있다. (출처: 문성재의 같은 책)

7. 부혁본

당대 초기의 학자 부혁(傅奕, 555~639)이 항우(項羽, BC 232~BC 202)의 첩이 묻힌 고분에서 발견된 판본을 저본(底本·원본)으로 삼고 당시에 전해지던 몇 가지 판본을 참조해 완성한 《도덕경(道德經)》 고본편(古本編)을 말한다. (출처: 남성재)

8. 경룡비본

당나라 708년 경룡(景龍, 656~710) 2년 역주(易州)의 도교 사원 용흥관(龍興觀)에 세워진 《도덕경》의 내용을 새긴 돌로 만든 비석이다. 비석 앞면에는 〈도경〉, 뒷면에는 〈덕경〉이 새겨져 있다. 앞서 언급한 4대 판본은 최초에는 필사본의 형태로 전해졌으나 지금 보존되어 있는 것은 모두 송대 이후에 간행된 목판본이다. 따라서 경룡비본은 1973년 백서본이 출토되기 전까지는 현존하는 판본들 중 가장 오래된 것으로 알려져 왔다. (출처: 남성재)

🏵 동양의 도덕과 서양 윤리의 발전

도덕은 자발적 자기 길들이기(Self-domestication)이다

인간은 '사회적 동물'이라고 아리스토텔레스가 말했다. 그렇다면 다른 사회적 동물과 인간 동물이 다른 점은 무엇인가?

동물 사회에도 도덕과 윤리가 존재할까? 그렇다면 도덕은 무엇이고, 윤리란 무엇인가? 이 문제는 우리의 머리를 아프게 만드는 주범, 철학과 종교의 주제였다. 과거에는 해답 또한 철학과 종교 안에서 구해야만 했다. 그러나 현대사회에서는 이 문제를 과학의 영역으로 그 주도권을 점차 내주고 있다.

내가 도덕경을 기존의 철학적 종교적 해석을 넘어 과학적으로 역주해야겠다고 마음먹은 이유 중 하나다. 내가 바로 신학과 철학을 전공했고, 이러한 문제를 철학과 종교 안에서 찾으려 했기 때문이다. 그런데 머리만 아프고 복잡하고 어렵고 점점 사람을 미치게 만든다. 사실 답도 없다. 노자가 가르치는 인문학이 자연 속의 무위(無爲)가 아닌 인간 중심의 유위적(有爲的)이고 작위적(作爲的)인 결과라 결론을 내렸다. 그리고 철학과 종교 안에서의 사고가 감춤이 아닌 드러냄, 즉 과시적 학문 추구가 목적이라는 의심도 동시에 들었다. 특히 정치학과 경제학을 다시 공부할 때는 내 생각이 옳았다는 굳건한 확신을 갖게 되었다.

지난 10여 년간 도서관에 앉아 이 문제를 자연과학에서 찾았다. 우연히 인간 본성에 관한 책이 철학 관련 도서 분류 100이 아닌 자연과학 분류 400에 꽂혀있어 우연히 읽은 계기가 나를 자연과학의 세계로 인도한 계기가 되었다. 하버드대학교 생물학과 교수인 에드워드 윌슨의 《인간 본성에 대하여(On Human Nature)》를 숨 가쁘게 읽어 내려갔고, 인간의 모든 문제가 철학과 종교가 아닌 생물학임을 알았다. 모든 생명체는 개체 중심이 아닌 유전자 중심으로 그리고 우리가 이루는 사회는 거대한 사회생물학임을 알았을 때의 충격은 어마어마했다. 에드워드 윌슨 교수의 하버드대학교 박사 과정을 지도했던 제자, 이화여대 최재천 교수는 리처드 도킨스의 《이기적 유전자 (The Selfish Gene)》를 읽고 어마어마한 충격을 받았다는 글을 읽고 아마 그때 내 기분도 같은 마음이 아니었나 커다란 공감을 한 적이 있었다. 에드워드 윌슨 교수는 평생을 자연과학과 인문학이 '통섭(統攝, consilience)'해야 함을 강조한 까닭을 이제는 비로소 뭔지 어렴풋이 짐작한다. 지금은 어떤 문제든 통섭적 사고를 훈련하고 시행하고 있다. 그러니 인문학적 사고 역시 자연과학 안에 들어가 있는 것이다. 지구가 품은 생명의 역사에서 인문학이라 해야 고작 20만 년 아닌가!

1. 도덕과 이타성 - 진사회성

도덕은 인간 진화 과정에서 뇌의 엄청난 확장을 획득하여 지니게 된 사피엔스만이 지닌 사회적 지능이자 사피엔스란 고등 포유류가 지닌 고유의 이타성이다.

찰스 다윈은 《인간의 유래와 성 선택》이라는 저서에서 "나는 인간과 하등 동물의 모든 차이 가운데 도덕 감각, 곧 양심이 단연코 가장 중요하다고 주장하는 저자들의 판단에 당연히 동의한다"라고 밝혔다.

인간이 호모 사피엔스라는 종명이 생긴 이유는 단 하나, 도덕이라는 고등 차원의 지능을 획득했기 때문이다. 그래서 지혜롭고 현명한 인간이라고 명명한 것이다. 도덕이 없는 인간은 하등 동물, 즉 인면수심, 인간의 탈을 쓴 침팬지에 불과하다고 주장하는 이유이기도 하다. 이는 결국 진사회성의 진화이기도 하다.

소수의 인간만이 익명성(匿名性, anonymity)으로 타인을 돕는 이타적인 행위를 한다. 자신을 드러내지 않고 남을 돕는 행위는 도덕적 행위 중에서도 가장 위대하고 놀라운 지성적 행위이다. 노자, 공자, 맹자 같은 선인들이 칭하는 성인, 군자, 스스로 하느님이 아니고서 자기 목숨을 희생하거나 평생 모은 수십억의 재산을 아무 대가 없이 그것도 익명성으로 행할 수 있는가? 이 주제가 그동안 내가 연구하고 공부해 온 핵심 내용이다. 그러다가 결국 노자의 도덕경에 이르게 되었다. 인간의 도덕성이야말로 인류를 멸종에서 구원하고 전염병과 끊임없이 변화하는 지구에서 인류를 지켜줄 유일한 희망이자 사람의 길(道)임을 깨달았기 때문이다. 서양의 철학과 종교가 신(神)에 매달려 자연과 도덕을 외면할 때 2,500년 전 노자는 도법자연(道法自然)의 도와 덕성을 갖춘 인간상을 제시했다. 자기 길들이기는 자기 절제이자 자기 통제이며 공격성을 억누르고 자연과 인간이 부여한 질서를 지키는 것이다. 타인에 의해 강압적이고 타인에 의해 가해지는 억누름이 아니다. 자사의 중용에 나오는 신독(慎獨-홀로 있어도 언행을 삼가다)하는 자만이 인격을 갖춘 사람이자 함께 더불어 살 수 있는 협력적, 평화적, 도덕적, 평등적, 이타적인 사람이라 할 수 있다.

700~600만 년 전 침팬지와 보노보, 그리고 호모 사피엔스의 공통 조상인 사헬란트로푸스 차덴시스(Sahelanthropus tchadensis)에서부터 지금의 현생 인류가 어떻게 도덕심을 획득했을까? 그러나 어떤 인간은 도덕심이라고 찾아볼 수 없는 인면수심의 털 없는 원숭이(naked monkey, 영국의 동물학자, 데즈먼드 모리스, 자신의 저서《털 없는 원숭이》)가 된 이유는 무엇인가?

이를 알 수 있는 학문은 철학과 종교가 아닌 현대과학으로서 진화생물학, 진화인류학, 진화심리학, 유전학, 신경과학, 뇌 과학을 통해서 밝혀지고 있다.

2. 도덕과 유전자

2022년 노벨 생리의학상은 스웨덴 출신의 진화유전학자 스반테 페보(Svante Erick Pääbo, 1955~) 박사가 단독 선정되었다.

그는 1997년 독일의 '막스 플랑크 진화인류학연구소' 공동소장을 역임하면서 고유전학을 창시한 권위 있는 과학자로, 네안데르탈인, 데니소바인 등 고인류의 게놈을 분석 해독해 낸 공로로 노벨 생리의학상을 수상하였다. 유럽인의 유전자에는 네안데르탈인의 유전자가 1~4% 정도 들어있다고 한다. 호모 사피엔스와 네안데르탈인 함께 살았던 몇 만 년 전에는 이종교배가 가능했다는 것을 페보 박사가 밝혀냈다. 또한 페보와 그의 팀은 침팬지, 보노보가 현생 인류와 98.7%의 DNA 염기서열이 같음을 밝혀냈는데, 이는 현생 인류가 98.7%의 공통 유전자로 인해 생물학적으로 다른 한 종의 침팬지임을 의미한다.

《총 균 쇠》의 저자 재레드 다이아몬드(Jared M. Diamond, 1937~) 교수는 호모 사피엔스를 '제3의 침팬지'라 명명했다. 그러한 연유로 영장류학(靈長類學,

primatology)을 전공한 학자들이 인간의 마음을 연구하고 가르치는 심리학 특히 영장류와 공통된 마음의 기원과 행동 양태를 가르치고 있다. 그러한 심리학을 비교 심리학(比較心理學), 그리고 진화심리학(進化心理學)이라 한다. 동물들과 인간의 마음을 비교 연구하고 진화 과정에서 어떤 마음을 얻게 되었는지 연구하는 비교적 최근에 나타난 신학문이다.

유전자와 도덕심의 관계를 에드워드 윌슨 교수는 도덕적 본능의 기본적 기원을 '협동과 배신 간의 역동적 관계'에서 찾는다. 그는 수천 세대를 거쳐 협동을 가능케 하는 유전자들이 전체 인류에게 우세하게 되면서 도덕 감정이라는 본능이 발생했다고 본다. 그런 본능이 각각의 개인들에게 양심, 자존심, 자책감, 공감, 수치심, 겸손, 도덕적 분노 등의 다양한 형태로 경험되고 나아가 명예심, 애국심, 이타성, 정의감, 동정심, 자비심, 구원 등의 보편적 도덕적 코드들을 표현하는 관습의 형성을 통해 문화적 진화를 몰고 간다고 한다. (출처: E. O Wilson, 2005)

기나긴 진화의 과정에서 인간의 마음은 그처럼 특정한 방식으로 편향되었으며, 그 결과 인간의 도덕적 본성, 즉 이타성이 성립하게 된 것이다. 그런 마음의 편향이 기본적으로 유전자가 인지 발달의 신경 회로가 만들어졌고, 그 속에 인간 특유의 종적인 행동을 위한 어림법을 새겨 놓음으로써 가능해졌으며 그 어림법을 '후성 규칙(epigenetic rule)'이라 부른다. (출처: E.O Wilson, 2005, Ruse, 1998)

인간이 갖는 도덕 감정과 인지 능력도 후성 규칙의 산물이다. 도덕은 바로 그런 능력들이 만들어 낸 문화인 것이다. 리처드 도킨스는 이를 문화적 유전자라는 의미로 **밈(Meme)**이라 명명했다. 유전자는 정신 발달의 유전적 규칙성, 즉 후성 규칙을 통해 도덕 문화의 산출과 전달로 연결된다고 한다.

3. 도덕과 공감 능력

우리가 대형 유인원인 침팬지와 보노보와 다른 점은 바로 도덕적 유전자의 유무라고 나는 단정한다. 인면수심의 사람 얼굴을 한 침팬지를 우리는 사이코패스, 즉 반사회성(反社會性, Anti-social)을 가진 인간을 의미한다. 반사회성이란 공감 능력이 제로인 사람들을 일컫는다. 사이먼 배런코언(Simon Baron-Cohen, 1958~)은 케임브리지대학교의 심리학 및 실험심리학과 교수이며 자폐 연구 센터 소장이다. 그는 저서 《공감 제로》에서 **사이코패스** 유형의 또 다른 표현으로 **반사회적 인격 결여** 또는 **극단적 자기애성 인격 결여**라고 한다.

나는 이러한 인간 유형을 영국의 저명한 동물학자 데즈먼드 모리스(Desmond Morris, 1929~)의 유명한 저서 《털 없는 원숭이》에 빗대어 '**털 없는 침팬지**' 또는 '**말하는 침팬지**'라 명명했다. 이들은 사회의 규범이나 규칙을 무시하고 사회 질서를 깨부순다. 공감 제로의 사이코패스는 분노 조절을 하지 못하며 공격성과 폭력성을 지녔다. 이는 법적으로 위배되는 행동은 물론, 도덕적으로 위배되는 행동까지 모두를 포함하는 포괄적인 개념이다. 또한 이러한 유형의 정치인, 경제인, 권력을 자기 맘대로 휘두르는 직업 종에 많이 분포해 있다.

4. 도덕의 기원

마이클 토마셀로(Michael Tomasello, 1950~)는 미국의 발달 및 비교 심리학자이자 언어학자이다. 그는 듀크대학교의 심리학 석좌교수이자 성균관대학교의 석좌교수이기도 하다. 독일의 '막스 플랑크 진화인류학연구소' 2022년 노벨 생리의학상 수상자 스반테 페보와 공동소장을 맡고 있는 세계적인 영장류학자이다. 심리학을 전공하고 영장류의 인지 능력과 문화가 인간과 무엇이 다른가를 비교하는 연구 및 아이들의 언어 습득에 관한 연구에서 큰 업적을 남겼다. 인지과학과 심리철학에 중요한 기여를 한 연구자에게 수여하는 '장 니코드 상(Jean Nicod Prize)' 외에 다수의 학술상을 수상했다. 세계적으로 몇 손가락 안에 꼽히는 다학제적 연구자로 인정받는다. 사회성과 협력에 초점을 두고 인간의 사회적 인지 능력의 기원을 연구했으며, 영장류의 인지 과정의 이해에 큰 공헌을 했다. 구겐하임 재단, 영국 아카데미, 네덜란드 왕립아카데미, 독일 국립과학아카데미 등에서 과학적 업적을 인정받은 영향력 있는 과학자이자 심리학자이다. 저서로는 《생각의 기원》, 《도덕의 기원》이 있다.

2018년, 출간된 그의 저서 **《도덕의 기원**(A Natural History of Human Morality)**》**에서 700만~600만 년 전 침팬지와 보노보의 공통 조상에서 분화되면서 개인 지향성에서 집단지향성 공동지향성으로 진화한 것이 도덕의 기원이며 이타적 본성이 시작된다고 주장한다. 우리는 인간이 가진 본능과 본성을 구분해야 한다. 본능은 이기적이다. 그러나 200만 년 전 불의 사용으로 단백질을 효율적으로 소화함으로써 완벽한 직립보행이 가능해졌고, 정교한 언어의 구사가 가능해졌다. 집단 안에서 평판 기능이 강화되었고, 주로 동굴과 같은 비교적 안전한 집단 거주 공간은 자기 통제 기능(자기 길들이기)을 더욱 강화하는 방향으로 진화시킬 수밖에 없는 환경이었다는 것이 진화인류학자들의 공통적인 견해이다. 아래는 마이클 토마셀로의 상호 의존 가설이다.

〈인간 도덕의 진화에 관한 상호 의존 가설 요약〉

	협력 · 경쟁의 맥락	2인칭 도덕 · 파트너 선택을 수반하는 필수적인 협동적 먹이 찾기 · 약 40만 년 전	'객관적' 도덕 · 문화 속의 삶 · 약 10만 년 전
친사회성	공감 →	관심 →	집단 충성
인지	개인 지향성 →	공동 지향성 · 파트너의 동가성 · 역할에 특유한 이상 →	집단 지향성 · 행위자 독립성 · 객관적인 옳고 그름
사회적 상호작용	서열 우위 →	2인칭 행위 · 상호 존중과 자격 · 2인칭(정당한) 항의 →	문화적 행위 · 정의와 공과 · 제3자 규범 강제
자기규제	행동적 자기규제 →	공동 헌신 · 협력적 정체성 · 2인칭 책임 →	도덕적 자기관리 · 도덕적 정체성 · 의무와 죄의식
합리성	개인적 합리성 →	협력적 합리성 →	문화적 합리성

(출처: 이데아)

5. 도덕과 평판 - 사형 가설

크리스토퍼 보엠(Christopher Boehm, 1931~2021)의 저서 《도덕의 탄생》은 영장류에서 인간으로 어떻게 도덕을 진화시켰는지를 연구한 책이다. 제인 구달 연구 센터의 소장이자 서던캘리포니아대학교 인류학 및 생물 과학 분야의 교수다. 《숲속의 평등》을 포함한 여러 책을 저술한 바 있다.

보엠은 도덕의 기원이 수천 세대에 걸쳐 점진적으로 발생한 인류에게 성적 수치심과 도덕적 수치심의 감각을 포함한 양심을 선사한 자연선택의 결과물로 본다. 보엠의 가설은 이렇다.

"수치심에 따른 양심을 직접 만들어 낸 행위자는 처벌에 의한 사회적인 선택이고, 따라서 사실상 두 종류의 환경이 도덕의 기원을 모양 지우는 데 도움이 되었을 수 있다. 이때 조금 더 먼 곳에는 변화가 심한 자연환경이 있었는데, 이 환경 덕분에 사람들은 풍부한 영양을 제공하는 맛 좋고 덩치 큰 유제류를 사냥할 뿐만 아니라 훌륭한 사냥용 무기를 제작할 재료, 채집할 식물성 식량, 마실 물, 머물 곳을 주었다. 어쩌면 약초를 얻기도 하고 가끔은 스트레스를 받는 시기도 맞았을 것이다.

하지만 이보다 더욱 직접적인 선택의 힘을 제공했던 것은 사회적인 환경이었다. 그리고 이런 사회적인 적소는 부분적으로 인류 자신에 의해 만들어졌다. 처벌에 기초한 본래의 사회적인 선택은 우리에게 양심을 주었지만, 효율적인 무임승차 억압을 제공하는 과정에서 이것은 나중에 지금처럼 강력한 이타주의적 형질이 진화하도록 했다. (중략)

나는 도덕의 기원이 위계적으로 살아가던 생물종에서 열렬한 평등주의자로 변모했던 초기 인류의 주된 정치적 이행과 관련이 있다고 여겼다. 내가 제안했던 이론은 다음과 같이 간단히 진술될 수 있다. 이런 무척 단호한 평등주의를 단단히 자라 잡게 한 것은 원망을 사는 알파 수컷의 행동을 처벌하고 그를 추방했던 정치적으로 통합된 집단의 힘이었다. 그 이유는 막대했는데, 그 이유는 이 방식을 통해 자기 통제 능력은 진화적으로 가치 있게 되었고 인류에게 독특한 방식으로 무임승차자(이기주의자, 소인배)들을 억누르기 시작했기 때문이다."

세계에서 가장 유명한 영장류학자이자 미국 애틀랜타 에모리대학교 심리학과 C.H 캔들러 석좌교수이며 미국에서 가장 유구한 역사와 규모를 자랑하는 여키스 국립 영장류센터 산하 리빙 링크스 센터의 책임자이기도 한 '프란스 드 발(Frans De Wall, 1948~)'은 1982년 그의 첫 번째 저작인 《침팬지 폴리틱스(Chimpanzee Politics)》에서 보엠의 가설에 힘을 실어줄 관찰기록을 남겼다. 아무리 강력한 수컷이라도 동료와 암컷들의 지지와 존경을 받지 못하는 권력자(알파 수컷)는 그 자리를 오래 지탱할 수 없었다고 말한다.

나는 이를 '**평판본능**(評判本能)'이라 명명했다. 본능이란 선천적으로 타고난다. 자유의지 같은 것이 아니라 집단본능의 하나로 무리를 이루는 동물들이

유전자에 각인된 프로그래밍이다. 이것이 도덕의 기초단계이자 호르몬의 작용이라고 주장한다. 평판과 여론은 무리 안에서 가장 중요한 자기 통제 수단이었다.

이를 뒷받침하는 이론으로 하버드대학교 인간 진화생물학과의 리처드 랭엄(Richard Wrangham, 1948~)은 《한없이 사악하고 더없이 관대한 - 인간 본성의 역설(The Goodness Paradox)》에서 자기 스스로 평화적으로 가축화하는 '자기 길들이기(self-domestication)' 등 흥미로운 개념과 풍부한 연구를 바탕으로 인간의 폭력과 이타주의, 전쟁과 협력, 사형과 도덕 등의 중요한 주제들에 다가간다. 특히 인간은 사형 가설을 통해 자기 길들이기를 강화하는 사회적 압력이 작용했다고 한다.

윤리는 강압적 사회 규범(Social norms)이다

1. 사회계약을 통한 윤리 - 강제성

장 자크 루소(Jean-Jacques Rousseau, 1712~1778)는 스위스 제네바 공화국에서 태어난 프랑스의 사회계약론자이자 직접민주주의자, 공화주의자, 계몽주의 철학자이다. 그는 《사회계약론》에서 "우리를 사회체(social body)로 결합하는 약속은 오직 그것이 상호 간에 맺어진 것이기 때문에 **강제성**을 띤다. 그리고 약속의 성질상 우리가 그것을 이행함으로써 남을 위해 일하면, 반드시 우리 자신을 위해 일하는 결과가 된다"라고 말했다.

2. 사회윤리 - 법과 사형

하버드대학교 인간 진화생물학과의 리처드 랭엄(Richard Wrangham, 1948~) 교수는 《한없이 사악하고 더없이 관대한 - 인간 본성의 역설》에서 '자기 길들이기(self-domestication)'가 도덕의 기원이라고 주장한다. 그는 1970년 옥스퍼드대학교에서 동물학을 전공하고 아프리카 탄자니아 곰베 국립 공원에서 제인 구달의 지도하에 침팬지의 행동학을 연구한 결과를 바탕으로 1975년 케임브리지대학교에서 동물학 박사학위를 받았다. 인간의 폭력과 이타주의, 전쟁과 협력, 사형과 도덕 등의 중요한 주제들에 다가간다. 특히 인간은 무리를 이루고 살아가는 사회성 동물이기에 무리 안에서 평화롭게 살아가기 위해서는 공격성과 폭력성을 줄여야 하는 자기 길들이기 또는 자기 가축화 행위를 통해 선해졌다고 주장한다. 만약 무리 안에서 문제를 발생시키면 무리에서 내쫓거나 사형을 시켜 무리의 안정과 질서를 유지했다는 사형 가설을 제기한다. 자발적 자기 길들이기와 동시에 강력한 처벌을 통해 강압적인 사회 규범인 사회윤리가 동시에 작동했다는 주장이다. 결국 사회가 복잡, 다양해지면서 현재 사회는 인간성마저 양극화하여 진화했다고 리처드 랭엄은 주장한다. 성인, 군자와 소인을 구분했던 공자처럼, 현대과학은 인간이 사이코패스와 같은 공감 제로의 인면수심의 털 없는 침팬지들(예: 히틀러, 무솔리니, 프랑코, 스탈린, 피노체트, 윤덕영, 이완용, 이승만, 전두환 등등)과 노자, 공자, 예수, 석가모니와 같은 성인들을 구분한다. 열 길 물속은 알면서 왜 한 길 사람 속은 모를까? 인간을 과학의 대상으로 연구한 시기가 얼마 되지 않아서 그렇다. 에드워드 윌슨의 말대로 인간 그 자체와 인간이 이룬 사회는 사회생물학체계 안에서 거시적 관점으로 인간과 인간사회를 연구해야 한다. 난 인간을 동물학의 연장선에서 '인간 동물학(Human Animalogy)'이라는 학문을 만들고 있다. 기존 인문, 사회과학과 사회생물학을 통섭하는 학문이다. 노자는 에드워드 윌슨보다 2천 년을 넘어선 사회생물학자이기도 하다.

> "Power is Justice!"
> "정의란, 강자 혹은 권력자의 이익이나 그가 설립한 기준에 따르는 것이다."
> – 그리스 소피스트 철학자. 트라시마쿠스(Thrasymachus, BC 459~BC 400)

사피엔스가 농업을 선택함으로써 더 이상 수렵채집을 위한 이동 문화에서 정착 문화로 바뀌었다. 진화 인류학자 크리스토퍼 보엠은 1999년 출간한 《숲속의 평등》에서 수렵채집 사회의 평등주의를 강조했다. 도덕심을 진화시킨 이타적인 인간은 서로 배려하며 작은 것 하나라도 나눠 먹기 시작했다는 것이다. 인간은 숲속이나 초원에서 늘 약한 존재였다. 살기 위해서는 협력해야만 했다.

3. 평판과 여론 - 루소의 딜레마

　루소의 딜레마라 불리는 수렵채집인 이야기를 살펴보자. 수렵채집인 7명이 사슴 사냥에 나섰다. 7명의 수렵채집이 열심히 소통하고 협력해서 사슴 한 마리를 잡으면 사냥에 나선 본인뿐만 아니라 가족들까지 배불리 먹을 수 있다. 그러나 사냥에 실패하면 본인뿐만 아니라 가족들까지 굶어야 한다. 조심성 많은 사슴은 작은 소리에도 민감하여 바스락거리는 소리에도 놀라 도망친다. 7명의 사냥꾼은 어렵게 획득한 언어 능력으로 사전에 사슴을 어떻게 사냥할 것인가 논의한다. 너는 여기를 포위하고 너는 창을 던지고 너는 돌을 던져라. 그러나 단 한 번의 기회에 사슴을 사냥한다는 것은 매우 드문 일이다. 허탕을 치는 날이 더 많기 때문이다. 7명의 사냥꾼 중 한 명이 오늘도 사냥에 실패할 예감이 들면, 자기의 식구만 먹이기 위해 눈앞에 지나가는 토끼를 잡았다고 가정하자. 한 명의 이기적인 사냥꾼이 자신의 이익을 위해 토끼 잡는 소리에 놀라 예민한 사슴은 벌써 도망가고 말았다. 그러므로 나머지 6명은 굶주려야만 했다. 나만 잘 먹고 잘살면 된다는 행위로 인해 나머지 6명과 그의 가족은 굶주리게 되었다. 나머지 6명은 토끼를 잡은 배신자 사냥꾼을 창으로 찔러 죽였다. 일명 무임승차자의 딜레마이다. 무리가 작으면 작을수록 무임승차자가 적다. 노자는 이를 소국과민(小國寡民)을 이상 사회로 본 이유이자, 유발 하라리가 그의 저서 《사피엔스》에서 서술한 뒷담화의 진화다. 말과 소문은 그 무엇보다 빠르다. 토끼를 잡은 배신자 사냥꾼의 소식은 온 부족에게 퍼지게 되고 죽음은 모면했지만, 결국 그와 그의 가족은 무리에서 쫓겨나는 신세가 되었고, 무리에서 벗어나자마자 배신자와 가족들은 하이에나들의 맛있는 저녁 식사가 되었다.

　농업은 필연적으로 잉여생산물이 생기게 된다. 수렵채집을 통한 자연선택에서 사피엔스는 인위적 선택을 하기 시작했다. 야생의 동물들을 가축화하고 가축을 이용해 농업에 활용하니 더욱더 많은 잉여생산물을 생산할 수 있게 되었다. 그러자 계급(Class)이 탄생하기 시작한다. 많은 잉여생산물을 소수가 독점하자 이걸 전문적으로 지킬 무장된 군인들이 필요하기 시작했다. 군인들에게 잉여생산물을 대가로 지불하면서부터 더 많은 잉여생산물을 얻기 위해 더 많은 땅이 필요했다. 한정된 자원을 얻기 위해서는 이웃 나라와 전쟁을 통해 강제로 땅을 빼앗아야만 했다. 합법적으로 대량 살인이 시작된 것이다. 땅이 늘어나니 사람들은 자신을 지켜줄 국가를 섬기는 조건으로 세금이라는 대가를 지불하고 안전을 보장받았다. 대규모 사회, 국가가 탄생하게 되었다. 인구는 점차 늘어나 도시화가 진행된다. 사람이 많이 모이면 모일수록 익명성은 늘어나고 평판 기능은 사라진다. 악성루머와 사실의 왜곡이 일어나지만 옳고 그름은 힘 있는 자들의 입맛에 따라 판가름난다. 힘 있는 자에게 아첨하는 간신배들이 생기고 힘없는 자들을 착취한다. 많은 사람이 힘을 가지길 원했지만, 소수의 기득권을 가진 권력 엘리트들이 그 자리를 쉽게 내줄리 없다. 인간세상은 도덕심을 획득하여 동료와 협력하면서 전 지구에 퍼졌지만 무리가 커지고 사회가 커지면 힘 있고, 잔인하고 사악한 소수에 의해서 지배와 착취당하는 것이 일상화가 되었다. 계급사회란 차별이 정당화되는 시스템이고 법과 정의는 통치자의 권력 유지에 유리한 법이 만들어지게 되고, 인의예지와 같은 사회적 규범이 생기며, 거기에 따른 처벌이 생기게 되었다. 그러한 계급사회는 트라시마쿠스의 말대로 **"정의란, 강자 혹은 권력자의 이익이나 그가 설립한 기준에 따르는 것이다."**

    농업혁명 이후 기후 조건상 농업이 어려운 지역을 제외하고서는 농업을 통해 정착 생활이 일반화되었다. 그러나 농업은 천지자연이 도와주지 않으면 백성들의 굶주림과 통곡 소리가 하늘을 찌르는 법이다. 그러한 상황 속에도 소수를 차지하는 엘리트 계급은 백성들의 피 터지는 통곡 소리를 외면하고 제 놈들 배를 채우고자 백성들을 더욱 착취하고 말을 듣지 않으면 가차 없이 죽여버렸다. 그러한 일들이 수천 년간 사피엔스 사회를 지배했다.

    1789년 프랑스에서 신흥 자본가 계급(부르주아지)들이 무리하게 참전한 미국 독립 전쟁의 여파에 의한 대불황과 기후변화로 인한 기근까지 겹쳐 폭발 직전의 백성들에게 기름을 부었다. 왕족과 귀족들의 사치와 엄청난 세금에 불만을 가진 백성들은 피의 혁명을 일으킨다. 자본주의와 민주주의의 서막이 꿈틀대고 신분 계급제의 불평등에 맞선 최초의 혁명이었다. 프랑스 부르봉 왕가의 마지막 왕인 루이 16세(1754~1793)는 1793년 1월 12일 단두대(guillotine)에 목이 잘려나가는 비운의 최후를 맞았다.

그런데 바다 건너 영국에서 이를 지켜보던 한 남자가 있었다. 그는 이를 심각히 여겨 한 권의 책을 서술한다. 1790년 '프랑스 혁명에 관한 성찰(Reflections on the Revolution in France)'이란 글을 통해 프랑스 혁명을 맹목적 이성이 신의 목소리를 가장한 악마의 행위라 규정한 것이다. 그가 바로 에드먼드 버크(Edmund Burke, 1729~1797)라는 정치인이다. 버크는 아일랜드 더블린 출신으로 영국의 정치인이자 연설가이다. 이후로 수구꼴통의 보수라고 자칭하는 사람들이 보수주의(保守主義, conservatism)의 아버지로 추앙하는 사람이다. 그나마 그의 주장은 보수의 생명은 품격이라고 했다.

대한민국의 극우 꼴통보수(극우 친일 세력)와 일본의 극우 보수에 무슨 품격이 있나? 침팬지의 공격성과 후안무치(厚顔無恥)한 뻔뻔함 그리고 안하무인(眼下無人)격의 극악무도함과 적반하장(賊反荷杖)식의 도적놈들이 판치고 있지 않은가! 나라를 팔아먹고도 천수를 누리는 나라. 이완용과 윤덕영 같은 친일 매국노들이 처벌은커녕 떵떵거리면서 사는 나라. 지금도 빨갱이라는 프레임을 씌어 마녀사냥식의 민주인사들을 감방에 못 보내서 난리 치는 나라. 대통령이라는 작자가 제 발로 찾아가 "저희 나라(제발! 저희 나라 낮춰 말하지 마라! 친일 잔재가 아직도 언어적 습관에 남아있다. 우리나라라고 말하는 것이 맞다)를 맛있게 잡수세요. 저희가 무조건 잘못했습니다." 이게 과연 사람이고 진정한 보수란 말인가!

분명히 밝힌다. 나는 보수주의자다. 보수는 민족주의에 기반한다. 나는 주역과 도덕경을 쓴 사람은 고조선 사람이라고 주장한다. 고조선과 고구려, 신라가 대륙에 있었다고 주장한다. 보수는 내 나라를 지키고 내 나라의 법을 지키는 것이고 내 나라의 영토를 지키는 것이고 내 나라의 국민을 지키는 것이다. 나라를 팔아먹는 매국노들이 어찌 보수의 탈을 쓰고 스스로 보수라 자칭하는가! 털 없는 침팬지들이!

보수의 탈을 쓴 인면수심(人面獸心)의 침팬지들이 얼마나 많은가 말이다. 자신의 이익을 위해서 수단과 방법을 가리지 않고, 그걸 실행에 옮기는 시험만 잘 보는 정치적 의도를 가진 침팬지 검사와 판사들, 나쁜 놈들 감방에 못 가도록 천문학적 돈을 받아 처먹고 전관예우를 이용해 정의를 땅바닥 내 처박는 법꾸라지 침팬지들! 평판과 여론을 국민에게 제대로 작동하게 하여 정의로운 사회 만들기에 앞장서야 인간들이 권력의 시녀가 되어 적폐가 되어가는 기자 침팬지들, 친일 매국의 쓰레기 언론들이 이름이 없는 의병들이 피 흘리며 지킨 나라를 소인배들이 활개 치도록 같이 북 치고 장구 치고 있으니, 과연 도덕이 뭔지나 아는 물건들인가 말이다.

대한민국뿐만 아니라 전 지구적으로 털 없는 침팬지들이 도덕적 해이에 젖어 엔트로피가 가장 높은 수준으로 몰아가고 있는 이 현실에서 노자의 권위를 이용해 세상에 호통치고 싶은 게 내가 이 글을 쓰는 진정한 이유다. 이 나라의 대통령이라는 작자가 스스로 이완용과 윤덕영을 못 이겨 먹어서 안달이니! 침팬지가 지배하는 세상이야말로 진정으로 끔찍하다!

침팬지 사회가 이루고 있는 서열 중심의 위계 구조는 왕이나 귀족이 지배하고 노예가 존재하는 인간 역사의 오랜 정치사와 아주 흡사하다. 동물 사회는 위계와 강압을 통한 서열(계급)이 힘이자 정의가 되는 사회이다. 또한 알파 수컷이 힘이 약해지면 그 틈을 파고 쿠데타를 일으켜 권력구조를 바꾼다. (출처: 프란스 드 발,《침팬지 폴리틱스》) 강압에 의한 서열 중심의 위계 구조하에서는 가장 합리적이고 전통적인 정치 형태인 무력으로 때려잡는 공포정치와 독재자가 필연적으로 출현한다. 그게 공산주의자들이 스스로 자멸한 이유이고 세상에서 가장 악질 국가인 북한이 증명해 줬음을 우리는 알고 있다.

인간의 이타심과 자비심, 배려와 양보를 통해 사람 사는 세상을 만들고자 함이 바로 노자가 가르치는 도덕경의 본질이다. 우리는 서양의 제도를 따르지 않고도 수 천 년을 이 땅에 뿌리 박고 비교적 평화롭게 살아온 전 세계에서 그 유래를 찾아볼 수 없는 민족이자 나라다. 우리가 스스로 침팬지의 본능에서 벗어나지 못한다면, 또한 인면수심의 침팬지 본능을 가진 사이코패스를 구분해서 차별하지 않는다면 나는 단언한다. 이 땅의 민주주의는 사라지고 또다시 털 없는 침팬지들에게 지배받는 노예제 세상이 된다는 것을 말이다.

미래는 프롤레타리아가 아닌 이타주의자가 지배한다.

침팬지와 보노보, 사피엔스의 DNA(염기서열) 1.3%의 차이는 두뇌의 크기와 언어 소통 능력 이상으로 '**우리 감정**(We feeling)'을 인지하였기에 사피엔스는 연구 대상으로서의 '침팬지와 보노보'를 관찰할 수 있는 지위를 획득하였다. 신뢰하고 협력하고 공동의 목표와 공동의 이익을 생각하게 만든 초사회적 능력 덕분이다. 어찌 보면 협력하는 사피엔스는 서로 돕고 배려하는 것이 집단에서 유리한 평판을 쌓는 것이고 그러한 행위는 행위의 주체인 개체의 생존과 번식에 더욱 유리함을 알았다. 똑똑하고 극단적으로 이기적인 존재들은 이러한 아주 기본적인 사실을 후손에게 전달하기 위해 DNA와 뇌에 각인시킨 결과인지도 모른다.

결국 자연선택과 집단선택은 매 순간 이기적인 선택과 결정을 하는 털 없는 원숭이들을 도태시키고 오래된 조상들이 체득한 똑똑한 극단적 이기주의자들을 선택하게 될 것이다. 프랑스의 경제학자 자크 아탈리(Jacques Attali, 1943~)의 예언이 맞았다. "**미래는 프롤레타리아가 아닌 이타주의자가 지배한다.**"

상편 上篇

도경 道經

도(道),
천지 만물의 시작이여!

제1장.
道可道(도가도), 非常道(비상도)
억겁의 시공간, 스스로 그러함이여!

道可道, 非常道. 名可名, 非常名. 無名, 天地之始. 有名, 萬物之母. 故常無欲以觀其妙. 常有欲以觀其徼. 此兩者同出而異名, 同謂之玄. 玄之又玄, 衆妙之門.

도를(道) 도라고 한다면(可道) 그것은 늘(常) 그러한 도가 아니다(非道). 이름이(名) 있다고 이름이(可名) 늘(常) 그러한 이름이 아니다(非名). 이름이 없음은(無名) 천지의 시작이라 하고(天地之始), 이름이 생김은(有名) 만물의 어미라고 한다(萬物之母). 그러므로(故) 늘(常) 없음의 상태가 되면(無欲) 도의 신묘함을 보게 될 것이고(以觀其妙), 늘(常) 있음의 상태가 되면(有欲) 그 심원한 경지를 가늠하게 될 것이다(以觀其徼). 이 두 가지는(此兩者) 같은 곳에서 나왔으나(同出) 이름만 다를 뿐이다(而異名). 그 같음을 일컬어(同謂之) Dark 하다고 한다(玄). Dark(玄之) 하고 또 Dark 하도다(又玄). 세상 만물의 기묘함이(衆妙) 모두 이 문에서 나왔다(之門)!

❖ **道可道**(도가도), **非常道**(비상도).
도를(道) 도라고 한다면(可道) 그것은 늘(常) 그러한 도가 아니다(非道).

　　노자의 도덕경이 어려운 이유는 첫 장부터 道를 해석하는 것이 쉽지 않아서이다. 영어에서도 이를 고심했는지 따로 번역하지 않고 중국식 발음인 'Dao'를 본떠 'Tao'로 발음한다. 도(道)와 상(常)을 어떻게 해석하느냐에 따라 그 의미가 달라진다. 도(道)는 '길, 도리, 이치, 근원, 다스리다, 따르다, 깨달음'을 의미한다. 노자의 도(道)란 현대적 의미에서 우주 자연의 법칙을 말한다. 물론 지구 안에 있는 것들이 가지고 있는 공통의 화학적, 물리법칙이 있다. 현대물리학이 규정하는 자연의 힘은 138억 년 전 우주대폭발이 일어난 빅뱅 당시 찰나의 순간에 만들어진 현재까지 알려진 4가지 힘이다.
중력(重力, Gravity), 전자기력(電磁氣力, Electro-magnetic force), 약한 핵력(약한 상호작용 弱力, Weak force), 그리고 마지막으로 강한 핵력(강한 상호작용 强力, Strong weak)이다. 중력은 거시세계에 작용하는 힘이고 나머지 세 가지 힘은 원자 단위에서 이루어지는 양자역학(量子力學, Quantum mechanics)의 미시세계에서 작용하는 힘이다.

중력은 거대 우주의 은하와 은하, 태양계의 항성과 행성, 행성 안에서 작동하는 인력(끌어당기는 힘, 引力, Gravitation)이다. 뉴턴의 만유인력이 바로 중력이다. 우리가 둥근 지구에서 우주로 떨어지지 않고 서 있는 것도 중력 덕분이다. 지구가 태양을 도는 것도 달이 지구를 도는 것도 모두 중력이라는 자연의 힘이 있기 때문이다.

도(道)란 바로 그런 자연의 힘을 뜻한다. 지구 안에서 이러한 법칙이 생명을 품고 있는 환경을 만들어 주는 조건도 포함될 것이다. 만약 금성이었다면 생명의 법칙이 탄생하기에는 너무나 뜨겁기 때문이다. 금성의 대기는 96.5%가 이산화탄소로 최대 섭씨 477도이다. 그야말로 불지옥이다. 우주에서 생명이 탄생한다는 것이 정말 극적이다.

상(常)은 늘 그러하다. 항상(恒常) 그러하다. 상식(常識, common sense)의 상자도 늘 그러한 보편적 지식을 의미할 때도 사용된다. 항구하다, 영원하다, 변함없다는 뜻이다.

우주에서 모래 알갱이 하나도 안되는 인간이 규정짓는 인위적이고 작위적인 도는 늘 그러한 도가 아니란 뜻이 된다.

찰스 다윈은 이를 '자연선택(Natural Selection)'이라 했다. 반대로 자연이 아닌 인간들이 가축을 길들이거나 농업에 사용하는 종자를 개량한다거나 유전자를 조작하는 행위를 인위적 선택(Artificial Selection)이라고 한다. 늑대가 개가 된 것은 3만 년 전 인위적 선택에 의한 결과이다. 자연의 거대 힘은 인간이 지배할 수 있는 것이 아니다. 자연을 정복의 대상으로 삼은 인간의 오만방자함을 2,500년 전, 노자는 예측했다.

❖ **名可名(명가명), 非常名(비상명).**
   이름이(名) 있다고 이름이(可名) 늘(常) 그러한 이름이 아니다(非名).

이름도 마찬가지의 이치다. 이름은 인간과 인간 사이의 약속이다. 20만 년 전 지구상에 출현한 사피엔스는 혁명적으로 뇌가 진화했다. 《사피엔스》의 저자 유발 하라리는 이를 '**인지혁명**'이라 이름을 붙였다. 뇌가 확장됨과 동시에 사피엔스는 그 어떤 포유동물과도 비교되지 않는 언어 능력을 지니게 되었다. 언어 능력의 획득과 더불어 사피엔스는 세상 것들에 이름을 붙이기 시작했다. 만약 '꽃'을 '꽃'이라고 개념화하자고 정의한다. 말하지 못하는 동물들도 엄마에게 모방이란 행위를 통해 먹어도 되는 것과 못 먹는 것을 배운다. 하나의 약속이다. 먹으면 사는 것, 먹으면 죽는 것. 그러나 천부적으로 언어 능력을 타고난 사피엔스는 그런 단순함을 넘어 세상 것들에 이름을 붙이기 시작했다. 장미꽃, 국화꽃, 할미꽃 등 그러한 이름으로 불렸다. 그들은 본인이 꽃인지 장미인지 국화인지 스스로 인지하지 못한다. 호모 사피엔스는 그런 것에 아랑곳하지 않고 온갖 것에 이름을 가져다 붙였다.

　우리 우주 안에서는 불변의 법칙이 존재하는 반면 늘 변하는 법칙도 공존하면서 진화해 왔다. 즉 '**고정값과 불변하는 값**'이 공존한다. 고정의 법칙 중 변하지 않는 것이 진공상태에 있는 빛의 속도이다. '299,792,458m/s'. 불변의 광자 속도를 알아냈기에 우주의 나이도 알 수 있었을 것이다. 컴퍼스의 축은 변하지 말아야 할 고정 좌표이다. 그러나 컴퍼스의 반대쪽 다리는 변해야 큰 원, 작은 원을 그릴 수 있는 거 아닌가! 그것이 우주가 변화무쌍한 이유다. 고정과 불변. 변함과 변하지 않음의 순환이 결국 지구에서 생명이 탄생할 수 있는 조건이 된 것이다. 생명도 물질도 영원한 것은 없다. 우리 우주도 열역학 제2 법칙 엔트로피 법칙에 따르면 절대온도 0K 열적 사망 상태에 도달하면 죽는다. 우리 우주 안에서는 반드시 시작이 있으면 반드시 끝이 있는 유한한 우주이다. 노자의 철학이 그래서 무위자연(無爲自然) 아닌가? 무위는 다스리고자 하지 않는 억겁의 시간 동안 스스로 그러함이다! 오로지 자연의 섭리대로 움직임. 인간이 아는 도(道)와 인간이 아는 이름(名)은 인간에게만 국한되어 있기에 늘 그러하지 않음이다.

- **無名(무명), 天地之始(천지지시). 有名(유명), 萬物之母(만물지모).**
  이름이 없음은(無名) 천지의 시작이라 하고(天地之始), 이름이 생김은(有名) 만물의 어미라고 한다(萬物之母).

無名(무명-이름이 없음)을 주역에서 無極(무극-나아감이 없는 상태)이라 하였다. 有名(유명-이름이 있음)을 太極(태극-만물의 태동이 되는 근원)을 의미한다고 해석한다. 이는 현대 우주 생성론인 빅뱅우주론과 그 이치가 같다. 무명과 무극은 아직 시간과 공간이 생성되지 않은 완벽한 대칭을 이루고 있는 대폭발이 일어나지 않은 상태를 뜻한다.

빅뱅 이전의 상태를 과학에서는 관측 및 측정이 불가하므로 **모른다**고 한다. 그러나 인간은 계산이 가능한 플랑크 단위인 10^{-43}초 이후 시간과 10^{-33}m 공간이 생겨났음을 알아냈다. 무극에서 태극으로 무명에서 유명으로 우리 우주가 인지 혁명을 통해 혁명적으로 진화한 뇌로 우주의 비밀을 이만큼이나 밝혀냈다.

"무명에서 유명으로! 없음(無)에서 천지(天地)가 시작되고(無名天地之始) 있으므로 만물(萬物)의 씨앗인 네 가지 힘, 전자, 광자, 양성자 출현, 수소 원자의 탄생(有名萬物之母), 최초의 별 그리고 최초의 은하들이 생겨났다." (출처: 박문호, 《박문호 박사의 빅히스토리 공부》) 우주에서 인간의 상징에 이르는 과정을 우주, 지구, 생명 인간의 네 단계를 노자는 철기 시대가 시작될 무렵 이미 관통해 보고 있던 것이었다.

그러나 현대물리학의 관점에서 보자면 우리 우주는 무(無) 자체가 존재하지 않는다. 무는 시간과 공간이 측정되지 않는 상태를 말한다. 빅뱅이 일어난 것도 양성자 크기의 물질이 엄청난 에너지(10^{33}K)를 품어 앉고 있는 상태다. 빅뱅의 순간을 물리학에서는 "대칭이 붕괴가 되었다"라고 말한다. 양성자 크기 안에 엄청난 밀도로 압축된 상상할 수 없는 초고밀도, 초고온의 상태이다. 우리 우주의 진공상태(眞空狀態, vacuum) 역시 불교에서 얘기하는 완전히 비어있는 상태인 공(空)이 아니다. 우리 우주는 끝없이 팽창 중인데 1m³당 수소 원자 몇 개씩 존재한다.

모든 관측 가능한 우주는 많은 수의 광자와 배경복사(절대온도 2.73K, -270.4℃), 많은 중성미자로 가득하다. 지구의 대기 중 공기는 우리 눈에는 보이지 않지만 78.084% 질소(Nitrogen, N_2) 산소 21%(Oxygen, O_2), 0.934%의 아르곤(Argon, Ar) 그리고 앞으로 수많은 생명과 사피엔스를 멸종시킬 이산화탄소(Carbon dioxide, CO_2)가 0.042%나 존재한다. 그 외에 네온, 헬륨, 메탄, 크립톤, 제논 같은 비활성기체와 수소가 H_2 형태로 존재하고 있다. 사람 눈에 보인다는 것은 전체 빛의 파장 중에서 아주 일부인 가시광선(可視光線, Visible Light)의 파장(波長, Wave)인 390~700nm이며, 주파수로서는 430~790THz에 해당한다. 더구나 생명이 출현할 수 있는 확률은 우연의 우연이 또 우연의 우연이 수없이 사라지고 소멸하고 다시 생겨난 결과이다.

지금의 나는 엄청난 확률을 뚫고 탄생한 존재이다. 대우주 안에서는 모래 알갱이 하나도 안되는 미천한 존재지만 '나'라는 존재 그 자체는 위대한 결과물이자 위대한 우연의 산물이다. 그게 바로 노자가 말하는 도(道)의 핵심이다. 무와 유는 우주 천지(天地)의 시작 전으로 유(有)는 만물의 시작 후 시간(時間)과 공간(空間), 그리고 물질과 에너지이다. 자연은 그렇게 스스로 변화하고 운동하여 지금의 거대한 우주가 탄생하게 되었다.

1965년 노벨 생리. 의학상 수상자이자 프랑스 분자생물학자, 철학자인 자크 모노(Jacques Monod, 1910~1976)는 이를 "우연과 필연(Le Hasard et la necessit)"이라 칭했다. 필자 또한 이 문제를 해결하기 위해 자연과학을 13년간 공부했다. 천문학, 열역학, 양자역학, 진화생물학, 유전학, 화학, 언어학, 뇌 과학을 통해 지난 138억 년 전 빅뱅에서 현재까지 그리고 혁명적으로 진화한 우리의 뇌를 통섭(統攝, consilience)하는 공부를 해왔다. 또한 제대로 된 인문학을 다시 공부하였다. 자연과학, 동양고전과 서양철학사까지 공부할 수 있도록 인도한 두 스승이 계시니 인문학은 도올 김용옥 선생과 자연과학은 박문호 박사다. 그리고 자연과학과 '노자, 도덕경'을 통섭하여 세상에 알릴 수 있도록 아이디어를 주신 《현대물리학과 동양사상》의 저자 프리초프 카프라(전 캘리포니아 버클리 물리학과 교수, 입자 물리학, 시스템 이론가 및 심층 생태학자). 그들이 없었다면 노자의 도덕경은 손도 못 댔을 것이다.

- ❖ **故常無欲以(고상무욕이) 觀其妙(관기묘), 常有欲以(상유욕이) 觀其徼(관기요).**
  그러므로(故) 늘(常) 없음의 상태가 되면(無欲) 도의 신묘함을 보게 될 것이고(以觀其妙), 늘(常) 있음의 상태가 되면(有欲) 그 심원한 경지를 가늠하게 될 것이다(以觀其徼).

도덕경이란 책이 접근하고 이해하기 어려운 이유 중 하나가 바로 이러한 구절 때문이다. 1장부터 코스몰로지(Cosmology, 우주론)로 시작하니 해석이 다양할 수밖에 없고 무진장 어렵다. 이 절은 무욕(無欲)과 유욕(有欲)을 어떻게 해석하느냐에 따라 내용이 확 달라진다. 중국의 남회근 선생과 장치청 선생의 해석은 유욕(有欲)을 영원한 있음(常有)으로 해석하셨고, 대부분은 욕심이 있고(有欲) 없음(無欲)의 상태로 해석하셨다. 가장 오래된 죽간인 초간본에는 도경이 아예 존재하지 않는다. 그보다 나중에 발견된 마왕퇴에서 발굴된 백서본에는 故(고), 恒(항), 無欲也(무욕야), 以觀其眇(이관기묘)라 적혀 있다. 眇(애꾸눈묘), 갑자기 애꾸눈 '묘' 자가 등장한다.

욕심이 있고(有欲) 없음(無欲)으로 번역하면, 그다음 구절인 此兩者同出而異名(차양자동출이이명), 同謂之玄(동위지현)의 번역에서 욕심(欲心)이 있고 없음은 둘다 같은 뿌리인데 갑자기 '현묘하다(신비하고 황홀하다)' 하고 끝나버린다. 노자의 말을 이해하기가 너무 어렵다.

이는 뭔가 어색한 듯하여 여러 번역을 찾아 비교해 본 결과 이봉희의 책《공학도의 논리로 읽은 노자》가 합당하다 판단하여 옮겨본다. "여기서는 '有無'가 개념적으로 어떤 차이가 있는지에 대한 설명이다. 즉 無가 ~하려고 하는 것 欲(욕)은 '이관기묘(以觀其眇)'이고 有가 하고자 하는 것 欲은 '以觀其所噭(이관기소요)'다. 여기서는 觀(관)은 '보다'라는 타동사보다 '나타낸다'라는 자동사로 보는 것이 문맥상 매끄럽다. 즉 無는 태초의 시작 때이므로 이러한 상황은 애꾸눈같이 한쪽 눈을 감고 보듯이 봐야 그것의 존재를 의식할 수 있다는 것이며, 이름이 이미 붙어있는 有(萬物之母)는 소위(所) 주둥아리(噭-언어)로써 그 존재를 나타내는 것이다. 이것이 무슨 말인가? 우주 탄생 시점에는 물질도 아닌 물질이 있었는데 아무런 형태나 형상이 없었기 때문에 그것을 바라볼 때 애꾸눈같이 집중하여 가슴으로 그 모습을 바라보아야 한다는 뜻이다." 시작이 명료하기에 결과도 명료하다. 부분과 전체를 동시에 보는 훈련이 필요하다. 많은 이들이 종교로서 도교가 아닌 자연과 인생의 나침반으로서 노자, 도덕경을 읽어야 하는 이유이기도 하다.

❖ **此兩者同出而異名(차양자동출이이명), 同謂之玄(동위지현).**
 이 두 가지는(此兩者) 같은 곳에서 나왔으나(同出) 이름만 다를 뿐이다(而異名), 그

같음을 일컬어(同謂之) Dark 하다고 한다(玄).

현대과학자들이 노자의 도덕경을 좋아하는 이유가 바로 이러함이다. 우주를 구성하는 물질 중 95%는 눈에 보이지 않는 물질과 에너지이다. 그래서 과학자들은 그것을 암흑에너지(Dark Energy) 69%와 암흑물질(Dark Matter) 26%라고 부른다. 암흑은 검다는 것을 의미하는 것이 아니다. 암흑(暗黑, Dark)은 모른다는 개념이다. 뭔가 어마어마한 게 존재하는데 잘 모른다. 이 위대한 물질과 에너지가 우리 우주를 다스린다는 뜻이다. (출처: 이석영,《빅뱅 우주론 강의》)

내가 우리 우주라 하는 까닭은 우주가 하나가 아닐 수도 있다는 뜻도 있다. 이를 다중우주론이라 부른다. 우리 우주는 한 점에서 시작했다. 연세대학교 천문학과 교수이며 은하 연구 분야의 세계적인 권위자인 이석영 교수는 "우리는 모두 초신성의 후예"라고 이야기한다. 우주 전체에서 관측이 가능한 물질(Visible Matter)은 5%로 모두 초신성이 장렬하게 폭발할 때 초고온의 에너지 상태에서 양성자와 중성자가 합쳐지면서 철보다 무거운 원소들이다. 주기율표에 나오는 원소들은 거대 초신성이 장렬히 전사하면서 자신의 흔적을 흩뿌리고 아름답게 전사하면서 만들어진다. 아니, 천지지시(天地之始), 만물지모(萬物之母)의 씨앗을 흩뿌리는 것이다. 그러니 인간의 언어로는 그 깊이와 넓이를 알 수 없기에 기묘(奇妙)하고 현묘(玄妙)하다 한 것이다.

❖ **玄之又玄(현지우현), 衆妙之門(중묘지문).**

Dark(玄之) 하고 또 Dark 하도다(又玄). 세상 만물의 기묘함이(衆妙) 모두 이 문에서 나왔다(之門)!

Dark(玄) 한 에너지와 Dark(玄) 한 물질 그리고 세상 만물을 만들어 내는 세상 모든 물질이 얽히고 섞임으로 온갖(衆, 무리 중) 묘(妙)한 것들이 조화를 이루었다. 이룸은 뭉치고 흩어지면서 더 많은 물질을 토해내고 들어오는 문(門)과 같은 것이다. 다음 글을 통해 현대과학과 서로 통하는 노자의 위대한 통찰력을 대신한다.

우리가 바로 원자다!

우리가 맡은 모든 냄새, 눈으로 본 모든 것이
우리가 나눈 모든 대화, 즐겁게 듣거나 부른 노래
우리가 흘린 모든 눈물들 입에서 새어 나온 모든 한숨은
우리 몸의 가장 어둡고 으슥한 곳과 대기 속에 있는 원자의 합작품이다.

우리가 무언가를 먹을 때 다른 생명의 몸이 우리 일부가 된다.

베인 상처에서 우리는 죽은 별(초신성, Supernova 폭발)의 잔해와 함께 우주에서 가장 맹렬했던 폭발(빅뱅, Big Bang)을 야기한, 고대 원자(수소, Hydrogen와 헬륨, Helium)들을 흘린다.

무심코 변기의 물을 내리지만
실은 번개와 화산의 먼지 잔해들을
지구적 순환 속에 흩뜨리는 것이다.

불쾌할 수도 있겠지만
그 원자들은 언젠가 우리에게 되돌아올 수도 있다.

우리가 미소 지을 때, 반짝이는 치아에는
냉전 시대에 실시된 핵폭탄 실험에서
태평양 위로 떨어진 핵 낙진의
희미한 잔광이 숨겨져 있다.

우리는 원자로 이루어졌을 뿐만 아니라
우리가 바로 원자다!

커트 스테이저(Jay Curt Stager, 1956~) 생물학, 지질학 박사, 뉴욕주 폴스미스 대학 자연과학 교수 《원자, 인간을 완성하다: 인간과 지구, 우주를 창조한 작지만 위대한 원자들(Your Atomic Self: The Invisible Elements that Connect You to Everything Else in the Universe)》 본문 中

제2장.
天下皆知美之爲美(천하개지미지위미)
만물의 본성

天下皆知美之爲美, 斯惡已 ; 皆知善之爲善, 斯不善已. 故有無相生, 難易相成, 長短相形高下相傾, 音聲相和, 前後相隨. 是以聖人處無爲之事, 行不言之教. 萬物作焉而不辭, 生而不有, 爲而不恃, 功成而弗居. 夫唯弗居, 是以不去.

하늘 아래(天下) 모두(皆) 아름다운 것을 아름답다고 여기지만(知美之爲美) 이는 그저 추할 뿐이다(斯惡已). 모두(皆) 선을 선하다고만(善之爲善) 알고 있지만(知), 이는 그저 선하지 않을 뿐이다(斯不善已). 그러므로(故) 있음과 없음은(有無) 서로 돕고(相生), 어려움과 쉬움은(難易) 서로를 북돋아 주고(相成), 길고 짧음은(長短) 그것을 비교하여 나타낸 것이다(相形). 높고 낮음(高下)은 서로 기울며(相傾) 노래와 선율(音聲)은 서로 고르게 어울리며(相和) 앞과 뒤(前後)는 서로 따른다(相隨). 고로(是以) 성인은(聖人) 억지로 다스리려 하지 않으니 섬김에(無爲之事) 임하고(處), 말과 혀로만 떠들지 않으니 오직 행함과 진실함(行不言)으로 가르치고 실천한다(之教). 천지 만물(萬物)은 스스로 작동하는 것이다(作而). 누군가 창조한 것이 아니다(不辭). 스스로 생성되고(生而) 스스로 작용에 의함으로 스스로 소유하지 않는다(不有). 만물은 스스로 다스림에도(爲而) 스스로 드러내지 않는다(不恃[志]). 공을 이룸이 스스로 그러함에 있어도(功成而) 스스로 거만하게 거하지 않는다(弗居).

❖ **天下皆知美之爲美(천하개지미지위미), 斯惡已(사오이) ;**
  하늘 아래(天下) 모두(皆) 아름다운 것을 아름답다고 여기지만(知美之爲美), 이는 그저 추할 뿐이다(斯惡已).

  天下(하늘 천, 아래 하) - 천하는 하늘 아래, 즉 세상이란 뜻이다.

皆(모두 개) - 운명을 함께한다, 모두, 전부.
知(알 지) - 안다는 뜻으로 지식(知識), 알리다, 슬기, 지혜로움.
美(아름다울 미) - 아름답다, 좋다, 기분 좋다.
之(갈 지) - 가다, 끼치다, 사용하다, 이르다, 어조사(語助辭) ~의.
爲(위할 위) - 위하다, 행위(行爲), 때문에, 되다, 삼는다, 다스린다.
斯(이것 사) - '이'나 '이것'이라는 뜻을 가진 글자.
惡(악할 악/오) - 악하다, 나쁘다, 더럽다, 추하다.
已(이미 이) - 이미, 벌써, 뿐, 따름, 매우, 반드시, ~써.
(이후, 모든 한자는 네이버 한자 사전을 참고하였다.)

    아름다움과 추함은 인간의 개념이다. 뇌의 인지 능력 안에서 철저하게 언어를 통해 발현되는 감정의 교감이다. 5억 년 전 탄생한 눈은 처음에는 밝고 어둠만을 감지하는 수준이었다. 생각이 출현하고 고차원적 사고를 하기 시작한 건 언어가 출현한 20만 년 전이다. **사고는 언어다.** 언어 능력이 생겨야 우리는 아름답고 추한 것을 분간할 수 있게 된다. 동물은 공간에 머물러 있다. 오로지 피식자와 포식자와의 관계에 짝짓기 경쟁자 사이에 영역이라는 공간 안에 머물러 있는 것이다. (출처: 박문호,《뇌 생각의 출현》) 언어 능력 덕에 우리에게는 공간과 더불어 시간의 순차적 개념이 생긴다. 아인슈타인의 상대성 이론 덕에 우리는 시간과 공간이 등가(等價)임을 알게 됐다. 우리는 생각을 시간 개념과 더불어 순차적으로 기억할 수 있게 되었고, 침팬지보다 확장된 최근에 진화한 신피질(新皮質, Neo Cortex) 덕분에 미래를 계획할 수 있게 되었다. 드디어 동물적 본능(유전자 발현)에서 벗어나 이성과 감정을 조절할 수 있는 능력을 얻게 된 것이다. (출처: 리처드 도킨스,《이기적 유전자》) 더불어 진화한 도덕적 수치심(羞恥心)과 성적 수치심으로 복잡한 감정을 갖게 되었다. 선악과를 따먹은 아담과 이브가 된 것이다. 그러고 보면 창세기는 우리의 대형 유인원인 침팬지와 보노보의 공통 조상 사헬란트로푸스 차덴시스와 계통 분류되면서 얻게 되는 능력을 신화적으로 각색한 것이다. 사피엔스가 새로 얻게 된 감정 중 미추란 아름다움과 더러움을 구분하는 능력이다. 사피엔스는 가장 복잡한 감정을 가진 동물로서 아름다움과 추함을 태어나면서부터 본능적으로 유전자에 각인시켰다. 자연은 감정이 없다. 인간만이 복잡한 감정을 진화시켰고 복잡할 정도로 아름다운 것과 더러운 것을 구분해 나갔다. 그리고 후손들에게 열심히 가르쳤다. 우리가 아름답다고 하는 것 그것은 추한 것일 수 있다. 대표적인 것이 꽃이다. 우리는 꽃을 보고 아름답다고 좋아하면서 열심히 사진을 찍는다. 그러나 식물학자의 관점에서는 부끄럽고 추한 것이다. 왜냐하면 식물들이 생식기를 드러내고 있으니 말이다. 더군다나 대놓고 드러낸 생식기를 열심히 사진까지 찍고 있으니 포르노 사진을 찍는 거 아니겠는가! 노자, 도덕경의 맛이 여기에 있다. 읽으면 읽을수록 기묘하고 현묘하도다!

- ❖ **皆知善之爲善(개지선지위선), 斯不善已(사불선이).**
  모두(皆) 선을 선하다고만(善之爲善) 알고 있지만(知), 이는 그저 선하지 않을 뿐이다(斯不善已).

善(착할 선) - 착하다, 어질다, 좋다.

선과 악의 개념도 감정의 일부이다. 우리는 관계적 사고를 하는 거의 유일한 동물이다. 동물학자들은 다른 동물들도 자기인지를 하는 능력이 있는지 거울을 이용한 자기인지(MSR, Mirror Self-Recognition) 테스트를 통해 확인하였다. 생물 심리학자인 고든 G. 갤럽(Gordon G. Gallup, 1941~)이 고안한 테스트로 동물에게도 자아개념이 있는지 테스트하기 위해 고안해 낸 방법이다. 거울을 보고 자기 인지하는 동물로는 대형 유인원들과 고래류, 말, 코끼리, 까마귀, 까치, 앵무새 등이 있다. 고등 인지 능력을 지닐수록 그만큼 복잡한 감정을 소유하고 있는 것으로 알려져 있다. 인간은 선악 감정을 개념화, 관념화를 통해 도덕을 진화한 거의 유일한 종이다. 선과 악의 감정을 통해 집단선택의 결과가 나치의 유대인 대학살이다. 일본제국주의의 난징 대학살과 조선에 대한 대학살 역시 같은 추악한 감정의 결과물이다. 유대인들은 유럽인들에게 예수를 팔아먹은 민족이자 악의 무리이다. 일본제국주의 원숭이들에게 조선인과 중국인은 더러운 악의 무리로 여겨졌다. 저들에게 학살은 아무 죄책감 없는 집단사냥(Group Hunting)이자 놀이였다. 1937년 일본은 '역사상 유례없는 민간인을 대상으로 한 최악의 강간 놀이'를 통해 죄 없는 민간인을 20~30만을 학살했다.

저들에게는 마땅한 선한 행동이었을 것이다. 반대로 우리에게 안중근(安重根

1879~1910)은 이토 히로부미(伊藤博文, 1841~1909)를 죽인 영웅이지만 일본인들에게는 현대 일본을 만든 영웅을 죽인 최고의 암살범일 것이다. 내게는 선이 누군가에게는 선하지 않을 뿐이다(斯不善已).

- ❖ **故有無相生(고유무상생), 難易相成(난이상성), 長短相形(장단상형),**
  그러므로(故) 있음과 없음은(有無) 서로 돕고(相生), 어려움과 쉬움은(難易) 서로를 북돋아 주고(相成), 길고 짧음은(長短) 그것을 비교하여 나타낸 것이다(相形).

  相(서로 상) - 서로, 바탕, 도움, 모양, 다스리다, 따르다, 이끌다.
  生(살 생) - 나다, 낳다, 살다, 기르다, 싱싱하다, 만들다, 삶.
  難(어려울 난) - 어렵다, 꺼리다, 싫어하다, 괴롭히다, 물리친다.
  易(바꿀 역, 쉬울 이) - 바꾸다, 교환한다, 쉽다는 의미 '이'로 읽는다.
  成(이룰 성) - 이루다, 이루어지다, 갖추어지다, 일어나다, 다스리다.
  長(길 장) - 길다, 낫다, 자라다, 많이, 길이, 우두머리, 처음, 늘.
  短(짧을 단) - 짧다, 키가 작다, 가깝다, 적다, 어리석다, 뒤떨어진다.
  形(모양 형) - 모양, 꼴, 얼굴, 형태, 몸, 나타내다, 드러낸다.

인간의 감정은 서로, 상반되는 긍정의 감정과 부정의 감정이 공존한다. 기쁨이 있으면 슬픔이 있고, 고통이 있으면 쾌락이 있다. 슬픔이 없는 기쁨은 정신병원에 가야 한다. 아픔이 없으면 결국 죽음에 이른다. 고혈압과 당뇨는 병이 아니라 징조이자 징후이다. 미리 알려 주의하라는 것이다. 고생 끝에 낙이 있고, 노력이 있어야 열매가 맛난 법이다. 재벌 3세, 4세들이 결국 마약에 쉽게 빠지는 이유는 세상이 재미가 없기 때문이다. 나쁜 짓을 해도 그룹의 법무팀이 알아서 처리해 준다. 친구들과 어울려 소주 한잔하는 맛을 알겠는가? 땀 흘려 벌어 아파트 한 채 장만하는 쾌감을 알겠는가? 나 역시 책 읽고 글쓰기 전에는 3천억 원을 벌겠다고 미친놈처럼 세상 구석을 다닌 적이 있다. 그러나 지금처럼 책 읽고 글 쓰면서 계절의 변화를 즐기고 스트레스 안 받으며, 노자 말씀대로 세상을 돌아다니지 않아도 아는 경지에 이르렀다. 창밖을 보지 않아도 날씨가 어찌 돌아가는지 아는 법을 알았다. 길고 짧음은 서로 드러나는 법이다. 이는 자연의 섭리이자 이치이다. 그대로 흐름!

❖ **高下相傾(고하상경), 音聲相和(음성상화), 前後相隨(전후상수).**
　높고 낮음(高下)은 서로 기울며(相傾) 노래와 선율(音聲)은 서로 고르게 어울리며(相和) 앞과 뒤(前後)는 서로 따른다(相隨).

　高(높을 고) - 높다, 뛰어나다, 크다, 고상하다, 존경하다, 비싸다.
　傾(기울 경) - 기울다, 기울어지다, 기울이다, 다투다, 경쟁하다.
　音(소리 음) - 소리, 글 읽는 소리, 말.
　聲(소리 성) - 소리, 풍류, 노래, 명예, 성조, 읊다, 말하다, 밝히다.
　和(화할 화) - 화하다, 화목하다, 순하다, 화해하다, 모이다, 합치다.
　前(앞 전) - 앞, 먼저, 미래, 미리, 앞서다, 나아가다, 인도하다.
　後(뒤 후) - 뒤, 곁, 딸림, 아랫사람, 뒤지다, 늦다, 뒤로 하다.
　隨(따를 수) - 따르다, 추종(追從)하다, 부화(附和)하다, 발, 발꿈치.

　히말라야산맥은 인도가 섬이었다가 아시아 대륙에 다가가 합쳐질 때 생겨났다. 인도판이 밀면서 그 힘으로 만들어졌다. 히말라야산맥은 젊으면서도 높은 산맥이다. 대륙판과 대륙판이 서로 밀리면서 신기습곡(新期褶曲, 백악기 3기) 산맥을 형성하는데 주로 가벼운 암석들이 위로 향한다. 무거운 철과 니켈은 지구 핵 내부에 몰려 핵이 됐다. 지구 표면은 규소(Silicon)와 탄소(Carbon)의 복잡한 상호작용의 결과이다. 그래서 이를 물리학에서는 복잡계(Complex system)라 부르고 지구가 형성된 이유다. 그러나 자연 현상으로 마구잡이로 이뤄지는 것이 아니라 이도 다 법칙에 따라 움직인다. 규소와 탄소는 주기율표 14족 계열로 최외각 전자를 서로 공유결합(共有結合, covalent bond), 또는 이온결합(ionic bond)하여 분자를 이루고 물체를 이룸이다. 복잡한 생명현상은 알고 보면 탄소와 다른 원소 간의 복잡한 결합이다. 그래서 인간을 비롯한 모든 생명체를 유기체(有機體, organism)라고 부르는 것이다.
　음성(音聲)이라는 소리는 공기라는 매질(媒質)을 통해 우리의 고막 떨림이 중이(重耳)에 대한 방어벽이 되고 소리를 들으면 귓속뼈를 진동시켜 달팽이관에 소리를 전달하는 역할을 하고 그것을 뇌가 느끼는 것이다. 우리의 감정은 그것을 아름다운 소리인 화음(harmony)으로 느끼거나 불쾌한 소리는 소음(noise)으로 느끼는 것이다.
　전후는 가장 쉬운 설명으로 먹는 방향과 똥 싸는 방향으로 결정된다. 먹는 방향이 앞이 되고 똥 싸는 방향이 뒤가 된다. 진화(道)는 방향이 없다. 그러나 결과론적으로 말하면 아름답다.

- ❖ **是以聖人處無爲之事**(시이성인처무위지사), **行不言之敎**(행불언지교).

  고로(是以) 성인은(聖人) 억지로 다스리려 하지 않으니 섬김에(無爲之事) 임하고(處), 말과 혀로만 떠들지 않으니 오직 행함과 진실함(行不言)으로 가르치고 실천한다(之敎).

  是(이 시/옳을 시) - 이(것), 여기, 무릇, 이에, 옳다, 바르다.
  以(써 이) - ~써, ~로, ~를 가지고, ~을 근거로, ~에 따라, 이유나 까닭.
  聖(성인 성) - 성인, 임금, 천자의 존칭, 신선, 성스럽다, 존엄하다.
  人(사람 인) - 사람, 인간(人間), 사람의 품성(稟性), 사람됨(人性).
  處(곳 처) - 곳, 처소(處所), 때, 시간(時間), 지위(地位), 신분, 살다.
  無(없을 무) - 없다, 아니다, 아니하다, 말다, ~하지 않다.
  爲(위할 위) - 하다, 위하다, 다스리다, 되다, 삼다, 길들이다, 가축화.
  事(일 사) - 일, 직업(職業), 재능, 관직, 벼슬, 일하다, 섬기다, 변고.
  不(아닐 부/불) - 아니다, 못하다, 없다, 말라, 이르지 아니하다.
  言(말씀 언) - 말, 말씀, 견해, 의견, 언론(言論), 하소연, 여쭈다.
  敎(가르칠 교) - 가르치다, 본받다, 익히다, 가르침, 종교, 교사, 학교.

첫 단추를 잘못 채우면 결과는 꼴불견이 된다. 뇌과학적으로 탐욕은 쾌락 중추를 자극하여 도파민의 과도한 분비를 촉진하게 된다. 도파민은 천연마약인데 이 또한 중독된다. 탐욕이 아닌 만족하는 법을 훈련해야 하는 이유이다. 그래야 도파민 대신 중독과 상관없는 세로토닌 분비로 행복 상태를 유지하게 되는 것이다. 어떤 놈들은 착취를 통해 쾌락을 얻지만 어떤 이는 남을 위해 희생과 봉사하면서 성취감을 느낀다. 인간의 도덕심과 이타심은 바로 오직 행함과 진실함에 바탕을 이룬다. 그러한 실천을 통해 만인의 성인이 된 남자가 있다. 그가 바로 **예수**이다. 제발 예수 팔아서 장사꾼이 되지 말고 예수의 행위를 따라 성인이 되라고 노자는 예언했다. 예수 팔이 사기꾼 전광훈 같은 '목사의 탈을 쓴 침팬지'는 동물원으로 가야 한다.

- ❖ **萬物作焉而不辭(만물작언이불사), 生而不有(생이불유),**

  천지 만물(萬物)은 스스로 작동하는 것이다(作而). 누군가 창조한 것이 아니다(不辭). 스스로 생성되고(生而) 스스로 작용에 의함으로 스스로 소유하지 않는다(不有).

  萬(일만 만) - 일만, 대단히, 매우, 매우 많다, 여럿, 전혀.
  物(물건 물) - 물건, 만물, 사물, 재물, 종류, 살피다, 견주다.
  作(지을 작) - 짓다, 만들다, 창작하다, 일하다, 행하다, 부리다, 농사.
  焉(어찌 언) - 어찌, 어떻게, 어디, 어디에, ~보다, 이에, 이, ~도다.
  而(말 이을 이) - 말을 잇다, 같다, 너, 자네, 만약, 뿐, 그리고, ~로서.
  不 - 백서본에는 弗(아닐 불)로 되어있다.
  辭(말씀 사) - 말씀, 핑계, 사퇴하다, 알리다, 청하다, 사양하다.

  노자의 근본 철학은 도법자연(道法自然)이다. 도를 따라 스스로 그러함이다. 인위적 작위적 행태를 거부한다. 삼성의 이건희 회장이 돈이 없어서 80살도 못 살고 죽었는가! 나중에는 죽었는지 살았는지도 모르는 지경이 되었다. 인간이 지구상에 멸종한 후 세상이 어떻게 바뀌는지를 시뮬레이션한 다큐멘터리를 보았다. 인간들이 지구상에 건설해 놓은 모든 인위적이고 작위적 문명은 1,000년을 가지 못한다. 자연은 원래 스스로 그러한 모습으로 되돌아가는 데 주저함이 없다(天地不仁). 인간의 구조물은 인간 스스로 힘을 들여 관리하지 않으면 바로 자연의 스스로 그러한 힘에 따라 원상복구 되는 것이다. 또 다른 생명체를 자연은 언제든 준비하고 있다. 앞으로 지구는 50억 년 정도 새 생명을 품을 수 있다.

- ❖ **爲而不恃(위이불시), 功成而弗居(공성이불거).**

  만물은 스스로 그렇게 행함에도(爲而) 스스로 드러내지 않는다(不恃[志]). 공을 이룸이 스스로 그러함에 있어도(功成而) 스스로 거만하게 하지 않는다(弗居).

  恃(믿을 시) - 믿다, 의지하다, 자부하다, 가지다, 소지하다.
  志(뜻 지) - 뜻, 마음, 본심, 사사로운 생각, 감정, 뜻하다.
  功(공 공) - 공, 공로, 공적, 일, 보람, 업적, 공치사하다.
  弗(아닐 불) - 아니다, 말다, 근심하다, 다스리다, 떨다.
  居(살 거) - 살다, 거주하다, 있다, 자리 잡다, 앉다, 쌓다, 곳, 자리.

인간이 세상이 중심이라는 착각, 자연은 정복의 대상이라는 착각은 향후 6번째 대멸종의 직접적 대상임을 망각한 결과다. 만물은 드러내지 않기에 우리의 착각과 망각을 가능하게 했다. 우리는 드러냄과 공치사에 능한 동물이다. 틈만 생기면 같은 종을 차별하고 학대하고, 서로 죽인다. 인위적이고 작위적인 경제학과 정치학은 인간의 그런 행위를 정당화하는 이론으로 선택적으로 이용된다. 성찰과 반성하지 않는다면 인류문명은 향후 100년을 넘기지 못할 것이다. "만물은 스스로 그렇게 행함에도(爲而) 스스로 드러내지 않는다(不恃[志]). 공을 이룸이 스스로 그러함에 있어도(功成而) 스스로 거만하게 하지 않는다(弗居)."

- ❖ **夫唯弗居(부유불거), 是以不去(시이불거).**

  대저(夫) 오로지(唯) 만물은 거만하게 머무르지 아니하기에(弗去), 그러므로(是以) 사라지지 아니한다(不去).

  夫(지아비 부) - 지아비, 남편, 사내, 선생, 사부, 대저, 다스리다.
  唯(오직 유) - 오직, 다만, 비록 ~하더라도, 바라건대, 예, 생각하다.
  去(갈 거) - 가다, 버리다, 돌보지 아니하다, 내몰다, 과거, 죽이다.

이 장을 읽고 눈물이 났다. 인류가 지구상에 그나마 조금 더 최상위 포식자로 남을 수 있는 해법을 노자가 제시해 줬기 때문이다. 코로나는 우리에게 멈춤(止)에 대한 거대 담론을 제시해 줬다. 좋은 자동차는 잘 달려서만 되는 것이 아니다. 성능 좋은 브레이크로 원하는 위치에 정지할 수 있어야 한다. 그래야 고가의 자동차와 내 생명을 건질 수 있다. 아니 다른 생명을 구하는 길이기도 하다. 인류는 그동안 지나치게 액셀만 죽어라 밟으며 달려왔다.

세이의 법칙(Say's law)은 프랑스 경제학자 쟝 바티스트 세이(Jean-Baptiste Say, 1767~1832)에 의해 제시된 주장으로, 흔히 말하는 "공급은 스스로 수요를 창출한다(Supply creates its own demand)"라는 말로 요약할 수 있다. (출처: 위키피디아) 공급만 하면 소비는 무한하다는 것이다. 이제 세이의 법칙은 수정되어야 한다. 덜 공급하고 덜 소비해야 한다. 앞에서 공기의 농도 중 이산화탄소의 농도에 대해 언급했다.

지금 공기 중 이산화탄소의 농도는 0.0042%이다. 그게 무슨 문제냐 할 것이다. 놀라지 마시라 산업혁명 전에는 0.0028%였다. 자연적으로도 이산화탄소의 농도는 변화하는데 MBC 뉴스의 보도에 따르면 이 농도는 오스트랄로피테쿠스가 살았던 410만 년 전에 측정된 이후 최고농도라 한다. 이산화탄소의 증가는 땅속에 매장되어 있는 화석연료를 모두 인간들이 꺼내어 쓰면서 생긴 현상이다. 우리가 아무 생각 없이 공급하고 소비하면서 생겨나는 이산화탄소의 양이 히로시마에 터진 원자폭탄 42만 개가 매일 터지는 양이라고 전 국립기상청장이었던 조천호 박사는 이야기한다.

결국 인간이 이 지구상에 거만하게 머무르면서 생긴 자발적 자멸의 결과이다. 천지 만물은 거만하게 머무르지 않는다. 제발! 티 좀 내지 말고 살자!

제3장.
不尙賢(불상현)
존경하고 따르되, 숭배하지 마라

不尙賢, 使民不爭. 不貴難得之貨, 使民不爲盜. 不見可欲, 使民心不亂. 是以聖人之治, 虛其心, 實其腹, 弱其志, 强其骨 ; 常使民無知, 無欲, 使夫智者不敢爲也. 爲無爲, 則無不治.

능력이 있다는 사람(賢 = 能)을 떠받들지 마라(不尙). 백성들로 하여(使民) 다투지 않도록(不爭) 할지니, 손에 넣기 어려운 재화를(難得之貨) 귀히 여기지 않음으로(不貴) 백성들로 하여(使民) 도둑이 되지 않게 한다(不爲盜). 욕심날 만한(可欲) 것을 보여주지 않음으로(不見) 백성들의 마음으로 하여(使民心) 어지럽히지 않는다(不亂). 고로(是以) 성인의 정치는(聖人之治) 그 사사로운 탐욕을 없애고(虛其心) 백성들의 배를 든든하게 채워주고(實其腹), 내 맘대로의 사사로움을 버리며(弱其志) 그 마음속 깊은 내면을 강건하게 한다(强其骨). 항상 백성들로 하여(常使民) 성인이 다스리는 정치에 관심을 가지지 않도록(無知無欲) 편안하게 다스린다면 대저 힘 있고 꾀만 많은 놈들로 하여(使夫智者) 감히 함부로 권력을 행사하지 못할 것이로다(不敢爲也). 다스리려 하지 않으므로(無爲) 다스려지는 것이니(爲), 무질서해지는 법이 없게 된다(則無不治).

❖ **不尙賢(불상현), 使民不爭(사민부쟁).**
능력이 있다는 사람(賢 = 能)을 떠받들지 마라(不尙). 백성들로 하여(使民) 다투지 않도록(不爭) 할지니,

尙(오히려 상) - 오히려, 더욱이, 풍습, 풍조, 숭상하다, 높다, 높이다.
賢(어질 현) - 어질다, 현명하다, 좋다, 낫다, 존경하다, 두텁다.
使(하여금 사) - 하여금, 가령, 만일, 설사, 심부름꾼, 하인, 사신.
民(백성 민) - 백성, 사람, 직업인, 나, 민심, 어둡다.
爭(다툴 쟁) - 다투다, 논쟁하다, 다투게 하다, 경쟁하다, 다툼, 싸움.

어진 사람을 존경하고 따르지만, 숭배하지 않아야 한다. 내 뇌 안에 자리하고 있는 신적(神的) 존재는 숭배하고 경외하게끔 진화되었다고 한다. (출처: 앤드류 뉴버그, 《신은 왜 우리 곁을 떠나지 않는가》) 누군가를 숭배하고 종교의 대상으로 삼는 순간 우리의 뇌는 본능적으로 우리와 그들을 범주화해 세상을 바라본다. 내가 믿는 신과 너희가 믿는 신으로 말이다. 심리학에서는 내집단과 외집단을 구분한다고 한다. 집단을 구분하는 순간 '우리와 그들'은 대립 투쟁하게 된다.

지금도 같은 진영이었던 사람들이 문재인을 지지했던 사람들과 이재명을 지지했던 사람들이 서로가 공격적으로 문빠니 명빠니 하며 다투는 이유다. 존경하고 따르지만 숭배하지 않는 것이 중요하다. 같은 하나님을 믿는 기독교와 이슬람이지만 종교라는 이름으로 서로 적대시하여 얼마나 많은 이들이 희생되었는지 잊지 말자! 노자가 위대하지만 '종교화'해서는 안 되는 이유다. 그걸 노자 스스로 강조하고 있다. 서양에서 들어온 의회주의가 서로 나누고 싸우는 것이 정치라고 하지만 결국 우리(이타주의자)와 그들(이기주의자)의 헤게모니 싸움이다.

❖ **不貴難得之貨(불귀난득지화), 使民不爲盜(사민불위도).**
   손에 넣기 어려운 재화를(難得之貨) 귀히 여기지 않음으로(不貴) 백성들로 하여(使民) 도둑이 되지 않게 한다(不爲盜).

   貴(귀할 귀) - 귀하다, 신분이 높다, 숭상하다, 공경하다, 비싸다.
   難(어려울 난) - 어렵다, 꺼리다, 싫어하다, 물리치다, 막다.
   得(얻을 득) - 얻다, 손에 넣다, 만족하다, 고맙게 여기다, 깨닫다.
   貨(재물 화) - 재물, 재화, 물건, 돈, 화폐, 뇌물, 여기다, 팔다.
   盜(도적 도) - 도둑, 도둑질, 훔치다.

자본주의(資本主義, Capitalism)가 노자에 의해 부정당한다. 서구 열강과 유대인이 합작하여 만든 자본주의는 돈과 자본이 최고선(最高善, Höchstes Gut)이 되는 물질 만능주의를 부추긴다. 물질이 권력이 되고 물질을 소유하기 위해 수단과 방법을 가리지 않는다. 그러니 서로 더 많이 갖고 독점하기 위해서 전쟁과 다툼이 끊이질 않고 관료와 백성들이 도적놈이 되려고 발악하도록 만든 것이다. 왜 도덕경을 절대 왕조들이 나서서 금서(禁書)로 만들었는지 나타내 주는 명문구이다. 진시황 이놈은 인류를 퇴보시킨 역사의 반역자이다. "손에 넣기 어려운 재화를(難得之貨) 귀히 여기지 않음으로(不貴) 백성들로 하여(使民) 도둑이 되지 않게 한다(不爲盜)."

- ❖ **不見可欲(불견가욕), 使民心不亂(사민심불란).**
  욕심날 만한(可欲) 것을 보여주지 않음으로(不見) 백성들의 마음으로 하여(使民心) 어지럽히지 않는다(不亂).

  見(볼 견) - 보다, 보이다, 당하다, 견해.
  可(옳을 가) - 옳다, 허락하다, 낫다, 견디다, 마주 대하다, 가히.
  欲(하고자 할 욕) - 하고자 하다, 바라다, 장차, 욕심, 욕망, 애욕.
  心(마음 심) - 마음, 뜻, 의지, 생각, 염통, 가슴, 근본, 중앙, 본원.
  亂(어지러울 난) - 어지럽다, 손상(損傷)시키다, 음란하다, 무도하다.

인간의 도덕심에 있어 가장 중요한 것이 **'자기 절제'**이자 자기 스스로 통제하는 **'자기 길들이기'**이다. 침팬지와 인간이 다른 가장 중요한 구분이다. 자기 길들이기란 결국 내 안의 공격성을 길들이는 것이다. 동물을 왜 우리에 가두는가? 언제 어떻게 튀어나올지 모르는 야생의 공격성 때문이다. 두 번째는 탐욕심이다. 인간과 침팬지가 다른 커다란 이유이다. 인간만이 탐욕이 끝이 없다. 침팬지도 배가 부르면 먹는 것을 중단한다. 인간만이 잉여(剩餘, Surplus)라는 이름으로 자본과 재물을 끝도 없이 쌓으려고 밤낮으로 발버둥 친다. 경제학이 가르친다.
한계효용체감의 법칙(限界效用體感法則, Law of Diminishing Marginal Utility)으로 처음 먹는 자장면은 맛있지만 배가 부른 상태에서 자장면을 또 먹는다면 쾌감이 불쾌감으로 바뀐다. 뷔페를 통해 맛있다고 느껴본 적이 있는가? 포유류의 뇌는 도파민 보상시스템과 세로토닌 행복 시스템을 갖고 있다. 세로토닌 시스템은 만족하면 나오는 행복 신경전달물질이다. 그리고 양에 상관없이 중독되지 않는다. 그러나 도파민 보상 물질은 많이 나오면 중독되는 천연마약이다. 적당한 양은 우리를 쾌락으로 인도하지만 만족하지 않으면 도파민 수용체 이상으로 끝도 없이 도파민을 요구한다. (출처: 이시형, 《세로토닌하라》)

마약, 게임, 도박, 섹스 중독이 되는 이유가 이 시스템의 고장이다. 1980년대 전두환은 우민화 정책의 일환 3S, 즉 스크린(screen: 영화), 스포츠(sports), 섹스(sex)에 의한 우민(愚民)정책을 시행했다. 이때 탄생한 것이 프로 스포츠이다. 백성을, 대중을 이와 같은 3S로 유도함으로써 우민화하여, 대중의 정치적 자기 소외, 정치적 무관심을 유도함으로써 지배자가 마음대로 대중을 조작할 수 있게 하는 정책을 말한다. 식민지정책에 있어서 순치(馴致) 정책의 한 전형이다. (출처:《두산백과》) 백성들을 혹하게 만드는 정책은 나쁜 정치의 한 유형이다.

노자의 철학이 현대사회에도 그대로 적용되는 이유가 바로 이러한 통찰력 때문이다. 또한 노자를 제대로 알고 공부하여 실천해야 하는 까닭이다.

❖ **是以聖人之治(시이성인지치), 虛其心(허기심), 實其腹(실기복), 弱其志(약기지), 強其骨(강기골).**
고로(是以) 성인의 정치는(聖人之治) 그 사사로운 탐욕을 없애고(虛其心) 백성들의 배를 든든하게 채워주고(實其腹), 내 맘대로의 사사로움을 버리며(弱其志) 그 마음속 깊은 내면을 강건하게 한다(強其骨).

治(다스릴 치) - 다스리다, 질서를 바로 잡히다, 고치다, 돕다, 성해지다.
虛(빌 허) - 비다, 없다, 비워두다, 헛되다, 공허하다, 구멍, 공허.
實(열매 실) - 열매, 씨, 종자, 공물, 재물, 내용, 참됨, 자라다.
其(그 기) - 그, 그것, 만약, 아마도, 어찌, 장차, 마땅히, 이에.
腹(배 복) - 배, 마음, 속마음, 가운데, 품에 안다, 껴안다, 두텁다.
弱(약할 약) - 약하다, 약해지다, 쇠해지다, 잃다, 패하다, 젊다.
志(뜻 지) - 뜻, 마음, 본심, 사사로운 생각, 감정, 알다, 기억하다.
強(강할 강) - 강하다, 강하게 하다, 굳세다, 힘쓰다, 굳다, 세차다.
骨(뼈 골) - 뼈, 골격, 기골, 의기, 굳다, 강직하다, 힘차다.

그러므로 성인이 하는 정치는 나를 위한 정치가 아니어야 한다. 국민의 대통령은 지배자가 아니다. 2016년 청계광장에서 열린 박근혜, 최순실 국정농단 제1회 촛불집회 때 이재명 당시 성남시장이 연설한 내용을 기억한다.
"대통령은 국민을 지배하는 권력자가 아닌 **국민을 섬기는 머슴**입니다. 여러분!"
대통령의 자리는 이명박, 박근혜처럼 해 처먹는 자리가 아닌 국민의 배를 채워 주고 자신의 사사로운 욕심을 버리고 국민을 위해 희생하고 헌신하고 섬기는 머슴의 자세로 행하는 것이다. 알파(α, 우두머리) 침팬지 수컷은 힘으로 권력을 차지하고 힘으로 공권력을 행사한다. 우리가 인간일 수 있는 이유는 스스로 따뜻함과 인자함과 자비심과 도덕심이 있기 때문이다. 정치라는 명목하에 보수라는 이름으로 행해지는 침팬지 폴리틱스(Chimpanzee Politics)는 이제, 사라지게 해야 하는 이유다.

❖ **常使民無知無欲(상사민무지무욕), 使夫智者不敢爲也(사부지자불감위야).**
  항상 백성들로 하여(常使民) 성인이 다스리는 정치에 관심을 가지지 않도록(無知無欲) 편안하게 다스린다면 대저 힘 있고 꾀만 많은 놈들로 하여(使夫智者) 감히 함부로 권력을 행사하지 못할 것이도다(不敢爲也).

  知(알 지) - 알다, 알리다, 나타내다, 맡다, 주관하다, 나를 알아주는 사람.
  夫(지아비 부) - 지아비, 남편, 사내, 일군, 군인, 선생, 대저, ~도다, ~구나.
  智(슬기 지) - 슬기, 지혜, 재능, 꾀, 모략, 지혜, 알다.
  者(놈 자) - 놈, 사람, 것, 장소, 여러, 무리, 이, ~면, ~와 같다, 적다.
  敢(감히 감) - 감히, 구태여, 함부로, 굳세다, 감히 하지 아니하리.
  也(어조사 야) - 잇기, ~이다, ~도다, 또한, 역시, 이것.

처음에 이 구절을 읽고 어리둥절했다. 갑자기 백성들을 무지하게 만들라니 말이다. 전두환의 우민화 정책도 아니고 말이다. 노자의 말은 노자의 말을 통해 해석해야 한다고 생각하여 17장에서 그 답을 찾았다. 최상의 임금은 백성들이 그저 왕이 있다는 자체만 안다는 것이다(太上, 下知有之). 태평성대(太平聖代)하니 백성들이 정치에 관심이 없는 것이다. 또한 대통령인 최고 통수권자가 국가 공공재인 엘리트 관료 집단을 잘 감시해 나쁜 짓을 못하도록 때려잡으니 국민 위에 군림하지 못하게 한다는 뜻으로 풀어봤다. 대한민국의 대통령이란 작자와 관료 집단 그리고 판·검사란 놈들이 국가와 국민이 부여한 권력을 사적재로 여겨, 자기네들 마음대로 사사로이 이끄니 수많은 국민이 정치에 환멸을 느끼게 되고, 신뢰하지 않는다. 도덕심과 양심이 없는 털 없는 침팬지들이 나라를 이끄니 백성들이 나라님을 업신여긴다(侮之[모지]).

프랑스의 철학자 블레즈 파스칼(Blaise Pascal, 1623~1662)은 이렇게 말했다. **"인간이 불행한 것은 스스로 천사이기를 원하면서 짐승처럼 행동한다는 것이다."**

- **爲無爲(위무위), 則無不治(즉무불치).**
  다스리려 하지 않으므로(無爲) 다스려지는 것이니(爲), 무질서해지는 법이 없게 된다(則無不治).

백성을 섬기고 백성을 위해 자신을 희생하니 세상이 저절로 굴러간다. 이타적이고 도덕적인 백성들이 다투지 않고 사회복지 시스템이 잘 발달하여 발악하지 않아도 된다. 백성들이 서로 돕고, 자기 하고 싶은 일을 하며, 자발적으로 세상을 살만한 곳으로 만들어 가고자 한다. 이것이 바로 공자가 이루고자 했던 대동사회(大同社會)이자 노자가 꿈꿨던 무위(無爲)의 세상 아니겠는가! 전 국민을 대상으로 기본소득이 이루어져야 한다. 그래야 백성들의 마음이 편안해진다. 그리고 서로 다투지 않는다.

대동사회란?

大同이란 원래 공자의 《예기(禮記)》의 [禮運(예운), 大同篇(대동편)]에 나오는 말이다. 대동은 '天下爲公', 즉 "온 세상은 모든 사람의 것이다"라는 말과 함께 사용된다. 그리하여 대동 사회란 권력이 공유되고, 현자(賢者)가 통치하며, 믿음과 화목의 인간관계 및 사회보장이 실현되는 사회를 가리키며, 그리하여 대동이란 이기(利己)의 관념이 없고 '박애(博愛)'가 완성된다. 대동 사회의 자원은 전 인류가 함께 누릴 수 있으며, 사람들 모두 사회를 위해 자신의 노동으로 복무하고, 인간과 인간 간의 평등 관계가 이뤄지고 사회생활이 민주화된다. (국회도서관 5층, 황백평의 세계대동世界大同, 글 해설)

제4장.
道沖(도충)
도는 진공이다

道沖, 而用之或不盈. 淵兮! 似萬物之宗. 解其紛, 和其光, 同其塵, 湛兮! 似或存. 吾不知誰之子, 象帝之先.

도(道)는 헤아리기 어려울 만큼 깊다(沖). 아무리 쓴다 한들(而用之) 늘(或), 부족하지 않다(不盈). 심오하고 심오하여(淵兮), 만물의(萬物之) 근원 같도다(似宗)! 그 도(其)는 날카로움(銳)을 무디게 하고(挫), 혼돈(紛) 속에 질서(其)를 찾아간다(解). 빛(光)이 모여(和) 별(其)이 되고, 먼지(塵)가 하나(同) 되어 만물(其)이 된다. 도는 맑고 깊도다(湛兮)! 늘(或) 그리 존재(存)하는 듯하다(似)! 나는(吾) 도가 누구의(誰) 자식인지는(之子) 모른다(不知). 하늘보다(帝)도 먼저 있었던(之先) 것이 분명하다(象).

❖ **道沖(도충), 而用之或不盈(이용지혹불영). 淵兮(연혜)! 似萬物之宗(사만물지종).**

도(道)는 헤아리기 어려울 만큼 깊다(沖). 아무리 쓴다 한들(而用之) 늘(或), 부족하지 않다(不盈). 심오하고 심오하여(淵兮), 만물의(萬物之) 근원 같도다(似宗)!

道(길 도) - 길, 도리, 이치, 재주, 방법, 술책, 근원, 바탕, 기능, 가르치다.
沖(빌 충) - 비다, 공허하다, 깊다, 심원하다, 어리다, 오르다, 화하다, 담백하다.
而(말 이을 이) - 말을 잇다, 같다, 너, 자네, 만약, 뿐, 따름, 그리고, ~하면서.
用(쓸 용) - 쓰다, 부리다, 베풀다, 일하다, 등용하다, 다스리다, 행하다, 작용.
或(혹 혹) - 혹, 혹은, 또, 늘, 어떤 경우, 어떤 이, 어떤 것, 있다, 미혹하다.
盈(찰 영) - 차다, 충만하다, 남다, 여유가 있다, 불어나다, 증가하다, 이루다.
淵(못 연) - 연못, 웅덩이, 모이는 곳, 근원, 근본, 출처, 깊다, 조용하다.
兮(어조사 혜) - 어조사(語助辭, 뜻은 없고 다른 글의 보조), 감탄사.

似(닮을 사) - 닮다, 같다, 비슷하다, 흉내 내다, 잇다, 상속하다, 보이다.
宗(마루 종) - 마루, 일의 근원, 근본, 으뜸, 제사, 일족, 우두머리, 갈래.

도(道)는 현대과학이 실증한 우주에 존재하는 자연의 네 가지 힘, 중력, 전자기력, 약한 핵력, 강한 핵력이다. 그리고 소립자 물리학의 표준모형(標準模型, Standard Model)은 자연계의 기본 입자와 중력을 제외한 그 상호작용(강한 핵 상호작용, 약한 핵 상호작용, 전자기 상호작용) 다루는 게이지 이론이다. (출처: 위키피디아) 이것을 정리하고 알게 된 것이 고작 100년이 채 되지 않는다. 이러한 내용을 다루는 학문을 일러 양자역학(量子力學, Quantum Theory)이라고 한다. 그리고 하나하나 밝혀질 때마다, 노벨물리학상이 나왔다. 가장 최근에 밝혀진 힉스입자라 명명된 소립자는 2013년 노벨물리학상이 수여됐다. 신의 입자라 불린 '힉스입자'를 발견한 영국의 이론물리학자 피터 힉스(Peter Ware Higgs, 1929~) 에든버러대학교 교수와 힉스입자 발견의 기초가 되는 힉스 메커니즘을 제안했던 이론 과학자인 벨기에 프랑수아 앙글레르(François Englert, 1932~)에게 돌아갔다. (출처: 헬로디디, http://www.hellodd.com)

수소 원자에는 양성자와 전자가 하나씩 있다. 수소의 핵 안에는 쿼크라고 하는 입자 3개가 강한 핵력인 글루온(gluon)이 접착제처럼 작용하여 뭉쳐있다. 그런데 수소 원자 하나가 잠실 운동장 크기라면 핵의 크기는 테니스공 정도의 크기다. 나머지는 진공상태(眞空狀態)이다. 양자역학을 전공한 물리학자, 특히 소립자 물리학 하는 사람들이 좋아하는 이유다. 프리초프 카프라 역시 소립자를 연구한 물리학자이다. 일본인 최초의 노벨물리학상 수상자인 유카와 히데키(湯川秀樹, 1907~1981)는 일본의 저명한 이론물리학자이다. 강한 핵력을 이론적으로 제시하여 1949년 일본인 최초로 노벨물리학상을 받았다. 이렇듯 자연(自然)은 스스로 그러함이라 정의한 노자 또는 왕필의 혜안(慧眼)에 놀라지 않을 수 없다. 동시대 그리스 철학자들이 세상은 물로 이루어졌다고 한 시기이다. 우리 우주에서 가장 많은 원소는 138억 년 전 만들어진 수소와 그다음으로 헬륨이다. 나를 이루고 세상을 이루는데 바로 수소가 원자재 역할을 하고 있다.

그러기에 심오하고 또 심오한 것이다. 우주가 시작되어 별을 만들고 은하가 만들어지고, 생명을 탄생시킨 스스로 그러한 자연(自然)은 우주 만물의 근원이자 '으뜸(宗)'인 것이다.

"도(道)는 헤아리기 어려울 만큼 깊다(沖). 아무리 쓴다 한들(而用之) 늘(或), 부족하지 않다(不盈). 심오하고 심오하여(淵兮), 만물의(萬物之) 근원 같도다(似宗)!"

- ❖ **挫其銳(좌기예), 解其紛(해기분), 和其光(화기광), 同其塵(동기진).**
  그 도(其)는 날카로움(銳)을 무디게 하고(挫), 혼돈(紛) 속에 질서(其)를 찾아간다(解). 빛(光)이 모여(和) 별(其)이 되고, 먼지(塵)가 하나(同) 되어 만물(其)이 된다.

挫(꺾을 좌) - 꺾다, 부러지다, 꺾이다, 창피를 주다, 묶다, 결박하다, 문지르다.
銳(날카로울 예) - 날카롭다, 날래다, 빠르다, 민첩하다, 급박하다, 작다, 치밀하다.
解(풀 해) - 풀다, 벗다, 깨닫다, 설명하다, 풀이하다, 통달하다, 주해, 구실, 변명.
紛(가루 분) - 가루, 분, 안료, 색칠, 희다, 화장을 하다, 어지럽다, 부수다, 빻다.
和(화할 화) - 화하다, 화목하다, 온화하다, 순하다, 화해하다, 같다, 합치다, 모이다.
光(빛 광) - 빛, 어둠을 물리치는 빛, 기계, 경치, 문화, 명예, 빛깔, 윤기, 빛나다.
同(한가지 동) - 한가지, 무리, 함께, 그, 같다, 같이하다, 합치다, 모이다, 회동하다.
塵(티끌 진) - 티끌, 때, 시간, 세속, 전란, 자취, 유업, 때 묻다, 더럽히다, 묻다.

이 부분을 현대과학에 맞게 해석해 보았다. 빅뱅이라는 사건으로 138억 년 전 수소와 헬륨이 만들어지고 약간의 리튬과 베릴륨이 만들어졌다. 이보다 무거운 원소들은 죽은 별의 잔해에서 만들어진다. 원소들은 적정한 온도와 에너지가 있어야 핵분열을 하거나 핵융합한다. 그것이 그 유명한 아인슈타인의 상대성 이론에서 나온 그의 질량-에너지 등가 방정식 $E = mc^2$ '세계에서 가장 유명한 방정식'으로 불린다. 별의 중심부에서 수소 핵융합을 통해 수소가스와 헬륨가스가 별을 만든다. 먼지와 나머지 가스들이 별을 모성(母星-엄마별, 태양)으로 삼아 행성(行星)이 되어 지구라는 생명을 품은 만물의 어머니(萬物之母)가 탄생하게 된 것이다.

- ❖ **湛兮(담혜)! 似或存(사혹존). 吾不知誰之子(오부지수지자), 象帝之先(상제지선).**

  도는 맑고 깊도다(湛兮)! 늘(或) 그리 존재(存)하는 듯하다(似)! 나는(吾) 도가 누구의(誰) 자식인지는(之子) 모른다(不知). 하늘보다(帝)도 먼저 있었던(之先) 것이 분명하다(象).

湛(괼 담) - 즐기다, 술에 빠지다, 탐닉하다, 담다, 잠기다, 깊이 빠지다, 맑다.
存(있을 존) - 있다, 존재하다, 살아있다, 보존하다, 보살피다, 편안하다.
吾(나 오) - 나, 그대, 우리, 막다.
誰(누구 수) - 누구, 무엇, 옛날, 묻다.
子(아들 자) - 아들, 자식, 남자, 사람, 당신, 스승, 열매, 어리다, 이자.
象(코끼리 상) - 코끼리, 상아, 꼴, 모양, 얼굴, 법, 도리, 징후, 천상, 상징하다.
帝(임금 제) - 임금, 천자, 오제의 약칭, 크다.
先(먼저 선) - 먼저, 미리, 옛날, 앞, 처음, 돌아가신 선구, 형수, 나아가다, 이끌다.

그러한 이치가 얼마나 위대한가! 이러한 도의 원리를 알게 되었을 때 받았던 충격은 어마어마했다. 우주의 탄생을 밝히는 과정과 우리 우주가 어떤 운명을 맞이하게 되는지 나의 졸저인 《시작과 끝》에서 자세히 밝혀 놓았다. 그 책을 쓰고 공부하지 않았더라면 도덕경을 내 손으로 주해한다는 것 자체가 불가능했을 것이다.

"도는 맑고 깊도다(湛兮)! 늘(或) 그리 존재(存)하는 듯하다(似)! 나는(吾) 도가 누구의(誰) 자식인지는(之子) 모른다(不知). 하늘보다(帝)도 먼저 있었던(之先) 것이 분명하다(象)."

역시 과학적으로 정확하다. 인간이 지구상에 출현한 것이 20만 년 전이다. 우주의 탄생은 137.98 ± 0.37억 년이다. 태양계의 탄생은 46억 년 전이다. 이 정도 상식은 구글 검색 한 번이면, 다 알 수 있는 내용들이다.

인간이 신을 창조하고 그 신이 인간을 창조했으니, 신의 역사 또한 20만 년에 머물 것이다.

Oh My Laoz! 노자 과연 그는 누구인가? 현묘(玄妙)하고 또 현묘하도다!

제5장.
天地不仁(천지불인)
천지에는 감정(emotion)이 없다

天地不仁, 以萬物爲芻狗. 聖人不仁, 以百姓爲芻狗. 天地之間, 其猶橐籥乎? 虛而不屈, 動而愈出. 多言數窮, 不如守中.

천지(天地)는 감정이 없다(不仁). 만물을(以萬物) 짚으로 만든 개(芻狗)처럼 다스린다(爲). 성인(聖人)도 감정이 없다(不仁). 백성을(以百姓) 짚으로 만든 개처럼 다스린다(爲芻狗). 하늘과 땅(天地) 사이(間)는 아마도(其) 풀무와(橐籥) 같도다(猶乎)! 비어있는 듯하나(虛而) 쇠하지 않는다(不屈). 움직일수록(動而) 더욱, 세차게 뿜어낸다(愈出). 주위들은 말이 많으면(多言) 줏대가 없어지니(數窮) 가만히 있지만(守中) 그러지 못함과 같다(不如).

❖ **天地不仁(천지불인), 以萬物爲芻狗(이만물위추구).**
  천지(天地)는 감정이 없다(不仁). 만물을(以萬物) 짚으로 만든 개(芻狗)처럼 다스린다(爲).

  天(하늘 천) - 하늘, 하느님, 제왕, 처자, 자연(自然), 천체, 성질, 타고난 천성, 운명.
  地(땅 지) - 땅, 대지, 곳, 노정, 논밭, 육지, 영토, 처지, 바탕, 신분, 분별
  仁(어질 인) - 어질다, 자애롭다, 감각이 있다, 사랑하다, 불쌍히 여기다, 어진이.
  芻(꼴 추) - 꼴(말이나 소가 먹는 풀), 짚, 풀 먹는 짐승, 기르다.
  狗(개 구) - 개, 강아지, 별의 이름, 개새끼.

인간은 언어가 출현한 이후로 모든 사물을 의인화하는 경향이 생겼다. 앞서 언급한 선과 악, 아름다움과 추함, 좋고 나쁨, 쾌, 불쾌한 감정을 바탕으로 사물과 대상을 의인화한다. 이를 심리학의 마음 이론(mind theory)에서는 감

정이입(感情移入, empathy, einfulung)이라 한다. 대표적인 예가 천둥과 벼락이 칠 때 '하늘이 노해서 그렇다!' 하는 것이다. 미국 서던캘리포니아대학 신경과학자 안토니오 다마지오(Antonio Damasio, 1944~) 교수는 이를 "느낌의 진화"라고 했다. 자연은 무서운 것이다. 지진이 나고 화산이 폭발하고 해일이 몰려와 수만 명을 죽이거나 기후변화로 지구가 품고 있던 생명체들을 학살하기도 한다. 또다시 강조하지만, 자연은 절대로 내가 중심이 되어서 인간이 중심이 되어서 형성된 것이 아니다. 동양보다야 한참 늦었지만 그나마 다행스럽게 영국의 찰스 다윈이 위대한 이유는 이러한 도의 법칙을 인간이 아닌 진화(進化, Evolution) = 자연(自然)에게 부여했기 때문이다. 이를 자연선택(自然選擇, Natural Selection)이라 했다. 자연은 선택하기도 하지만 도태(淘汰, die out)시키기도 한다. 지구는 만물의 어머니이지만 늘 한 자식만 선호하지 않는다. 만물의 어머니는 결코, 인자하지 않다.

❖ 聖人不仁(성인불인), 以百姓爲芻狗(이백성위추구).
성인(聖人)도 감정이 없다(不仁). 백성을(以百姓) 짚으로 만든 개처럼 다스린다(爲芻狗).

이 구절의 성인(聖人)을 사람으로 해석하니 뭔가 석연찮다. 또한 이러한 표현 때문인지 후대에 와서 도가와 유가가 서로 대립하는 모양새이다. 나는 고증학자가 아니다. 노자의 언어를 현대적 시각으로 해석하는 데 충실할 뿐이다. 인간에 국한된 성인이면 인함이 마땅하여 백성을 짚으로 만든 제사에 쓰고 버리는 풀 강아지로 여긴다는 것이 말 자체가 안된다.
앞 구절의 천지(天地)가 지구의 대기라면 지구의 움직이는 법칙으로 해석하고 싶다. 지구라는 어머니(聖人)는 늘 품어주는 존재이지만 그것이 인간만이 아님을 착각하지 말고 꼴값 떨지 말라고 경고함이다. 그저 인간이 지구의 중심이 아니라는 것이다.

놀라지 마시라! 지구에는 우리와 같은 종인 호모 사피엔스 말고도 190만 종이 서로 하나의 유기체처럼 연결되어 서로 의지하며 살고 있다. (출처: 자연사대백과사전-The Natural History Book) 그러므로 지구에 살고 있는 단 하나의 종(種,

species)인 백성(사피엔스, sapiens)조차 멸종(滅種)시킬 수 있다는 것이다. 지구 대기의 급격한 이산화탄소 농도를 증가시킴으로써 우리는 스스로 종말을 재촉하고 있다. 엄마가 노하셔서 사피엔스들을 제사에 쓰다남은 풀 강아지처럼 대함이다. 그래야 다음 구절의 해석이 유연해진다.

- ❖ **天地之間(천지지간), 其猶橐籥乎(기유탁약호)？ 虛而不屈(허이불굴), 動而愈出(동이유출).**
  하늘과 땅(天地) 사이(間)는 아마도(其) 풀무와(橐籥) 같도다(猶乎)! 비어있는 듯하나(虛而) 쇠하지 않는다(不屈). 움직일수록(動而) 더욱, 세차게 뿜어낸다(愈出).

  間(사이 간) - 사이, 때, 동안, 차별, 틈, 사사로이, 몰래, 간혹, 섞이다, 엿보다.
  猶(오히려 유) - 오히려, 가히, 다만, 이미, 크게, 그대로, 마땅히, 원숭이, 허물.
  橐(전대 탁) - 전대(주머니), 풀무, 삼태기, 절구질.
  籥(피리 약) - 피리, 열쇠, 쇠 채우다, 뛰다.
  虛(빌 허) - 비다, 없다, 헛되다, 공허하다, 약하다, 앓다, 살다, 구멍, 틈, 위치.
  屈(굽힐 굴) - 굽히다, 굽다, 오그라들다, 쇠하다, 짧다, 꺾다, 베다, 강하다, 솟다.
  動(움직일 동) - 움직이다, 옮기다, 흔들리다, 놀라다, 미혹하다, 느끼다, 쓰다.
  愈(나을 유) - (남보다) 낫다, 뛰어나다, 고치다, 유쾌하다, 즐기다, 근심하다, 가지다.
  出(날 출) - 나다, 태어나다, 나가다, 떠나다, 헤어지다, 내놓다, 추방하다, 버리다.

천지(天地) 만물은 우리가 인지하지 못하는 사이에도 변화무쌍하게 움직인다. 공자의 손자인 자사(子思, BC 483~BC 402)는 그의 저서 《中庸, 중용》에서 자연은 늘 성실(誠實)하시다고 말씀하셨다. 기가 막힌 통찰력이자 아름다운 말이다.
지구의 자기장은 태양이 뿜어내는 무시무시한 에너지에서 우리를 보호해 준다. 지구의 대기는 우리를 산소마스크 없이도 살 수 있도록 해준다. 지구는 살아있는 하나의 생명체이다. 끊임없이 요동치고 움직인다. 움직이면 움직일수록 죽어가는 것도 있겠지만 더욱더 요동치는 것도 있다. 그것이 우리 어머니 지구(聖人)가 생명 다양성을 갖는 살아있다는 증거다. 그러나 지금의 우리도 6,600만 년 전 유카탄반도에 떨어진 소행성과 충돌하지 않았다면 지금의 우리 선조는 아직도 밤에만 몰래 다니는 설치류에 지나지 않았을 것이다. 2017

년 영국 공영방송 BBC는 공룡 절멸을 다룬 〈공룡이 죽은 날〉을 방영하였다. 소행성이 떨어진 유카탄반도 근처, 해저 1,300m까지 파고 들어간 충돌의 흔적을 확인했다. 15㎞ 길이의 소행성이 시속 6만4천km~7만km의 엄청난 속도로 지구로 돌진하여, 길이 193㎞, 깊이 32㎞의 구멍을 만들어 낸 것으로 연구진들이 확인했다. 어마어마한 충돌 여파로 이산화탄소, 황, 석고 등의 성분들이 대기 중으로 분출돼 지구를 뒤덮어 햇볕을 차단했다. 산성비가 끊임없이 내렸고, 하늘은 계속 어두웠다. 어두운 대기가 태양을 차단하니 기온이 50도나 내려가는 혹한이 찾아왔다. 식물은 성장하지 못했고, 이에 따라 먹을 것이 사라지자 초식 공룡, 익룡, 암모나이트, 모사사우루스 같은 바다 도마뱀도 모두 멸종했다. 덩치 큰 동물들이 가장 먼저 멸종의 길을 갈 수밖에 없었다. 소행성 충돌의 에너지는 히로시마에 투하된 원자폭탄의 100억 배에 달한다. 소행성과 지구의 크기를 따지자면 마치 커다란 그릇에 낱알 한 개만도 못한 물체가 부딪힌 격이지만 엄청난 속도가 문제였다.

이 다큐는 공룡이 얼마나 운이 없었던가를 밝혀낸 점에서 의미가 있다. 조사에 참여한 지질학자와 생물학자 등은 소행성이 몇 분 늦게, 혹은 몇 분 일찍 충돌했더라면 공룡이 멸종까지는 가지 않았을 것이라는 결론을 내렸다. 유카탄반도를 비롯해 멕시코는 좌우에 태평양과 대서양을 끼고 있다. 지구의 자전 속도가 적도 기준으로 1,670km이다. 혹시 1분이라도 빠르거나 늦게 떨어졌다면 소행성은 이런 대양의 깊은 물속으로 처박혀 버려 1억 9천만 년 동안 지구를 지배해 온 공룡의 대멸종을 초래할 정도의 대폭발을 일으키지는 않았을 것이다. 지구의 자전운동이 충돌 시점에 따른 충돌 지점을 결정하기 때문이다.

아! 우연이여! 그러나 생명의 어머니 지구는 폭발적으로 새로운 생명들을 품었다. 바로 포유류(哺乳類, mammal)의 등장이다. 포유류는 공룡과 거의 같은 시기인 2억 년 전 트라이아스기에 설치류 크기의 작은 원시 포유류인 '메가조스트로돈(Megazostrodon)'이 등장했다. 거대한 파충류가 지구를 지배하는 세상에서 포유류는 밤에만 공룡의 눈을 피해 다녀야 했던 처량한 신세였다. 무시무시한 포식자인 대형 공룡들이 사라진 자리를 포유류가 지배하는 세상이 되기 시작했다. 지구는 폭발적으로 새로운 생명들을 품어주고 자라게 해주었다.

(출처: 빅 히스토리 연구소, 《빅 히스토리》)

자비로운 인(仁)이 없고, 감정도 없는 천지(天地)와 성인(聖人)은 비어있는 듯하나(虛而) 쇠하지 않으면서(不屈), 움직일수록(動而) 더욱더 세차게 생명을 뿜어 낸다(愈出).

- ❖ **多言數窮(다언삭궁), 不如守中(불여수중).**
  주위들은 말이 많으면(多言) 줏대가 없어지니(數窮) 가만히 있지만(守中) 그러지 못함과 같다(不如).

  多(많을 다) - 많다, 낫다, 더 좋다, 뛰어나다, 겹치다, 크다, 남다, 나머지, 두터이.
  言(말씀 언) - 말씀, 견해, 글, 언론, 하소연, 건의, 허물, 요컨대, 여쭈다, 알리다.
  數(셈 수/삭) - 셈, 역법, 등급, 이치, 규칙, 꾀, 기술, 자주, 여러 번, 접근하다.
  窮(다할 궁) - 다하다, 달하다, 마치다, 가난하다, 외작다, 연구하다, 몸, 크게, 매우.
  如(같을 여) - 같다, 어떠하다, 미치다, 좇다, 가다, 맞서다, 비슷하다, 마땅히.
  守(지킬 수) - 지키다, 다스리다, 머무르다, 기다리다, 청하다, 직무, 정조, 임시.
  中(가운데 중) - 가운데, 안, 속, 사이, 마음, 몸, 버금, 적중하다, 바르다, 가득하다.

세상이 돌아가고 천지가 돌아가고, 드넓은 우주가 돌아가는 운행(運行)의 이치를, 즉 '道'를 어찌 감히 주위들는 소리로 알 수 있을 것인가? 아는 것이 없으면 차라리 침묵하라 하지 않았던가! 괜히 돌아다니면서 사실 여부가 확인되지 않은 말을 거리낌 없이 하고 다니는 삶들이 많다. 그런 부류의 인간들은 필연적으로 세상을 균열과 갈등 대립으로 만든다. 2016년 12월 나는 160만이 모인 시청 앞에 있었다. 그 많은 사람이 모였음에도 단 한 건의 불상사가 생기지 않았다. 그때 난 생각이 인간사회물리학이었다. 사회물리학은 오귀스트 콩트가 처음 제안한 말인데 그는 이타주의(利他主義, Alturism)란 용어를 처음으로 사용한 사회학의 창시자이자 실증주의 철학자이다. 이후 에밀 뒤르켐이 물리학을 빼고 사회학이라 명명하였다. 진보적이란 것은 고정, 불변의 사고를 하는 사람들이 아니다. 진보적이라는 진정한 의미는 이타적이고 도덕적이란 의미와 상통한다고 주장한다. 그것을 노자가 서술한 도덕경을 통해 과학적으로 증명하고자 한다. 마이클 토마셀로는《도덕의 기원》과《생각의 기원》에서 이를 시뮬레이션 능력이라 했다. 바로 남을 배려하기 위해 또는 상대방의 마음을 읽기 위해 사전에 상대방 입장이 되어서 고려해 보는 능력이다. 이를 우리는 역지사지(易地思之)라 표현하고 프란스 드 발은《공감의 시대》에서 공감할 줄 아는 능력이라 표현했다. 이기적이고 보수적이고 권위적인 인간들은 남을 배려하지 않는다.
아니 공감하지 않는다. 왜냐? 생각이 나에게 머물러 있기 때문이다. 그래서 사람의 얼굴을 한 침팬지라 하는 것이다. 침팬지가 화내면서 날뛰는 모습에 대하여 유튜브를 통해 확인해 보는 것을 권한다.
이 글은 위대한 진보적 이타주의자에게 바치는 글이다.
더 이상 인간의 탈을 쓴 짐승들에게 당하지 마시라는 지침서(指針書)이다.

제6장.
谷神不死(곡신불사)
40억 년, 생명의 태동 - 바다

谷神不死, 是謂玄牝. 玄牝之門, 是謂天地根. 綿綿若存, 用之不勤.

생명은 끊임없이 잉태되니(谷神不死), 어머니의 자궁(玄牝)과 같도다(是謂)! 어머니의 자궁은(玄牝) 만물이 생겨나는 문이다(之門). 이를 일러(是謂) 천지 만물(天地)의 생식기(根)라 한다. 끊임없이(綿綿) 낳고 또 낳는다(若存). 아무리 써도(用之) 마르지 않는다(不勤).

- ❖ **谷神不死**(곡신불사), **是謂玄牝**(시위현빈). **玄牝之門**(현빈지문), **是謂天地根**(시위천지근).

  생명은 끊임없이 잉태되니(谷神不死), 어머니의 자궁(玄牝)과 같도다(是謂)! 어머니의 자궁은(玄牝) 만물이 생겨나는 문이다(之門). 이를 일러(是謂) 천지 만물(天地)의 생식기(根)라 한다.

  谷(골 곡) - 골, 골짜기, 깊은 굴, 경혈, 곡식, 곤궁, 키우다, 성장시키다, 막히다.
  神(귀신 신) - 귀신, 신령, 정신, 혼, 마음, 덕이 높은 사람, 해박한 이, 신품, 신운.
  死(죽을 사) - 죽다, 생기가 없다, 죽이다, 다하다, 목숨을 걸다.
  謂(이를 위) - 이르다, 일컫다, 논평하다, 설명하다, 알리다, 생각하다, 힘쓰다, 까닭.
  玄(검을 현) - 검다, 검붉다, 심오하다, 깊다, 고요하다, 멀다, 아찔하다, 통달하다.
  牝(암컷 빈) - 암컷 골짜기, 계곡.
  根(뿌리 근) - 뿌리, 근본, 밑동, 능력, 마음, 생식기, 뿌리 박다, 근거하다.

45억 6천만 년 전 우리가 살고 있는 지구는 오늘날 우리가 알고 있는 지구가 아니다. 태양계 초기의 아기 지구는 그야말로 혼돈의 시기이자, 카오스의 무질서한 전쟁터였다. 바로 지옥 같은 행성으로써 끊임없이 무언가 와 부덮혀 용광로와 같았다. 그야말로 아비규환(阿鼻叫喚)의 거대한 마그마 바다였다. 덩치가 커져 중력이 커질수록 충격은 더했다.

45억 3천만 년 전 지금 우리가 달이라고 알고 있는 테이아(Theia)라는 이름이 붙여진 화성 크기의 행성과의 충돌로 지구는 생명을 탄생시킬 수 있는 조건이 되기 위한 우연의 인연을 만든다.

2016년, 지질학자 UCLA의 에드워드 영(Edward D. Young) 교수팀은 아폴로 12호, 15호, 17호에서 채취한 표본을 분석함을 통해 테이아가 지구와 정면으로 충돌했을 가능성을 제기하였다. 또한 연구팀은 아폴로 12, 15, 17호가 달 탐사 암석 성분을 하와이, 애리조나 등에서 채집한 여섯 종의 암석과 비교했다. 연구팀은 그 결과 달과 지구의 암석에서 산소 동위원소를 발견했다. 지구를 포함한 태양계의 행성들은 각기 다른 동위원소를 가지고 있다. 태양계에서 각각 행성의 생성 과정이 다르기에 동위원소(同位元素-양성자와 전자의 수는 같으나 중성자의 수가 많다) 구성에 차이가 나타나는 것이다. 달과 지구에서 발견한 암석이 동일 산소동위원소 비율을 지니고 있다는 것은 달과 지구의 생성 과정이 동일(同一)하였음을 보여주는 증거이다. 기존의 가설은 테이아와 가이아가 비스듬히 충돌하였다는 것인데 이는 기존의 이론과는 전혀 다른 것이었다. 테이아(초기 달)와 가이아(초기 지구) 두 천체가 정면으로 충돌함을 통해 두 천체 모두 새롭게 탄생하게 되었다. 두 천체의 구성 물질이 완전히 섞여 지금의 지구와 달이 되었다. 그렇게 우여곡절 끝에 지구가 생명을 태동시키기 위해서는 충분히 식을 시간과 대기가 안정되어야 생명을 품을 수 있는 바다가 형성될 수 있는 것이다. (출처: 빅 히스토리 연구소, 《빅 히스토리》) 칼 세이건의 그 유명한 말 《창백한 푸른 점(The Pale Blue Dot)》이 스스로 그러한 탄생을 한다.

어머니의 자궁은(玄牝) 만물이 생겨나는 문이다(之門). 만물이 생겨나는 문은 바로 바다이다. 그러하기에 바다는 자궁이자 천지 만물(天地)의 생식기(根)라 하는 것이다. 지구의 지각은 수십 가지의 화학원소로 이뤄져 있지만 그 중, 탄소(C), 수소(H), 산소(O), 질소(N) 등의 일부 원소들이 생명체를 이룬다. 생명의 재료가 물속에서 안정하게 자리를 잡아야만 생명의 설계도이자 지금의 우리를 우리와 같은 형태로 만들어 줄 이기적 유전자 RNA와 DNA가 탄생하게 되었다.

"생명은 끊임없이 잉태되니(谷神不死), 어머니의 자궁(玄牝)과 같도다(是謂)! 어머니의 자궁은(玄牝) 만물이 생겨나는 문이다(之門). 이를 일러(是謂) 천지 만물(天地)의 생식기(根)라 한다."

- ❖ **綿綿若存(면면약존), 用之不勤(용지불근).**
  끊임없이(綿綿) 낳고 또 낳는다(若存). 아무리 써도(用之) 마르지 않는다(不勤).

  綿(이어질 면) - 이어지다, 끊어지지 않다, 잇닿다, 연속하다, 두루다, 솜, 솜옷.
  若(같을 약) - 같다, 어리다, 이와 같다, 좇다, 너, 만약, 및, 이에(及), 반야.
  存(있을 존) - 있다, 존재하다, 안부를 묻다, 보살피다, 생각하다, 보존하다.
  用(쓸 용) - 쓰다, 부리다, 사역하다, 베풀다, 등용하다, 다스리다, 작용, 효용.
  勤(부지런할 근) - 부지런하다, 근무하다, 힘쓰다, 위로하다, 괴로움, 고생, 근심.

살아있는 지구에는 5번의 대멸종(5 Mass Extinction)이 있었다. 138억 년 거대사 백과사전《빅 히스토리》와 '태백 고생대 자연사 박물관'의 설명을 옮겨본다.

> 1. 오르도비스기 말-실루리아기 대량절멸(Ordovician – Silurian extinction event, 4억 4,500만 년 전)
> 약 2백만 년 동안에 2번의 멸종 시대가 있었다. 인하여 과(科, Family) 수준에서 생물종의 26%, 속(屬, Genus) 수준에서 57%, 그리고 종(種, Species) 수준에서 생물종의 85%가 지구상에서 사라지게 된다. 이 당시 멸종의 영향을 받은 생물군으로는 완족동물(50% 이상 멸종), 산호(70%), 코노돈트(80%-물고기를 닮은 원시 척추동물) 및 삼엽충(70%) 등이 있다.
>
> 2. 데본기 말기 대량절멸(Late Devonian extinction, 3억 6,500만 년 전)
> 데본기 후기 약 400만 년 동안에 걸쳐 바다의 산소농도가 떨어진 이유로 생물군의 멸종이 있었으며, 속(Genus) 수준에서 50%, 종(Species) 수준에서 75%의 생물이 지구상에서 자취를 감추게 된다. 이 시기에 멸종의 영향을 받은 생물군으로는 삼엽충, 산초, 판피어류, 무악어류 같은 물고기들과 필석(筆石) 등이 있다.

3. 페름기-트라이아스기 대량절멸(Permian-Triassic extinction event, 2억 5,000만 년 전)
페름기의 대멸종 사건은 약 800만 년에 걸쳐 일어났다. 그 결과로 과(Family) 수준에서 생물종의 57%, 속(Fenus) 수준에서 80%, 그리고 종(Species) 수준에서 96%가 지구상에서 사라지게 된다. 이 시기의 멸종 사건은 전 지질 시대에 걸쳐 발생한 가장 큰 대멸종 사건에 해당한다. 삼엽충과 산호, 그리고 방추충이 멸종의 영향을 받았으며, 특히 삼엽충은 영원히 지구상에서 사라지게 된다. 바다 생물만이 멸종을 맞게 된 것이 아니라, 육상 생물들도 많은 생물 종이 멸종하게 된다. 육상 동물로는 반룡(盤龍, pelycosaurs)과 양서류-파충류의 과도기적 생물인 탄룡(呑龍, anthracosaurs)이 멸종하였으며, 그 자리를 공룡들이 서서히 메우게 된다. 육상 식물로는 글로소프테리스(Glossopteris)가 완전히 절멸하였다.

4. 트라이아스기-쥐라기 대량절멸(Triassic-Jurassic extinction event, 2억 년 전)
과(Family)의 23%, 속(Fenus) 의 48%에 달하는 생물들이 모두 멸종하였다. 초대륙인 판게아(Pangaea, 모든 땅, 그리스 신화의 대지의 여신)가 갈라지면서 화산활동이 활발해졌다. 그로 인해 지구의 대기 기온이 과도하게 높아졌고 결국 바다와 육지에서 대멸종이 이루어졌다. 대부분 공룡이 아닌 파충류, 수궁류, 거대한 양서류가 사라졌다. 육지에서는 공룡들 간의 경쟁이 매우 줄어들었다. 이후로 지배 파충류의 덩치가 커지는 계기가 된다. 파충류는 수중환경에서 지속적인 주류의 위치에 있었고, 이궁류(二弓類, Diapsid)는 바닷속 환경에서 주류가 되었다.

5. 백악기(白堊紀)-제3기 팔레오기 대량절멸(Cretaceous-Paleogene extinction event, 6,600만 년 전)
K-T 대멸종이라고도 한다. 멕시코 연안인 유카탄반도 해저에 1,300m까지 파고 들어가 충돌의 흔적을 확인했다. 15㎞ 너비의 소행성이 시속 6만 4,000㎞의 엄청난 속도로 지구로 돌진하여, 길이 193㎞, 깊이 32㎞의 구멍을 낸 것이다. 어마어마한 충돌 여파로 이산화탄소, 황, 석고 등의 성분들이 대기 중으로 분출돼 지구를 뒤덮어 햇볕을 차단했다. 산성비가 끊임없이 내렸고, 하늘은 계속 어두웠다. 기온이 50도나 내려가는 혹한이 찾아왔다. 트

라이아스기에 발생한 대멸종 이후의 지구는 멸종의 빈자리를 다시 새로운 생명체가 채우고 생명의 다양성이 많이 회복되기 시작한다. 그러나 중생대 마지막 시기인 백악기 말에 일어났던 다섯 번째 대멸종은 트라이아스기에 있었던 대멸종 사건 이상의 큰 규모의 대멸종 사건이었다. 우리에게 가장 잘 알려진 백악기 대멸종 사건이다. 중생대의 하늘과 땅, 바다를 지배하던 공룡을 포함한 대부분 파충류와 두족류에 속하는 암모나이트와 벨렘나이트 등이 지구상에서 사라져 버렸다. 이제 드디어 우리의 포유류 조상들이 지구라는 어머니의 자궁에서 세상을 보기 위해 꿈틀거리고 있다.

그 정도가 특히 심했던 다섯 번의 대멸종이 화석과 암석 기록에 남아있다. 생명체는 일부 종이 생겨나기도, 사라지기도 하면서 40억 년간 지구를 점령해 왔다. 열대우림이나 따뜻한 연안 바다처럼 수백만 년을 버려온 안정적인 서식지들은 생물이 진화해 다양해질 수 있는 아주 좋은 곳이다. 지구라는 어머니는 끊임없이 변화하며, 일부 생명들이 적응하기에 너무 갑작스럽게 찾아온 변화는 멸종으로 이어진다. 여러 종을 멸종에 이르게 하는 변화는, 다른 종들에게는 새롭게 성공할 수 있는, 기회가 찾아오기도 한다. 지구라는 어머니의 자궁은 아무리 써도 마르지 않는다(用之不勤). 향후 50억 년 동안! 그 이유는 태양이다.

제7장.
天長地久(천장지구)
우주 138억 년, 태양계 46억 년

天長地久, 天地所以能長且久者, 以其不自生, 故能長生. 是以聖人後其身而身先, 外其身而身存. 非以其無私邪! 故能成其私.

하늘은 끝이 없는 듯하고(天長) 땅은 오래되었다(地久). 천지(天地)가 드넓고(長) 오래되고 오래갈 수 있는(能長久且) 까닭은(所以)? 천지(其) 스스로 살려 않기(不自生) 때문이다(以). 그러므로(故) 능(能)히 오래(長) 갈 수 있음이다(生). 그러하므로(是以) '道'(聖人)는 스스로 나서지 않아도(後其先而) 앞서고(身先), 겉으로 드러내지 않아도(外其身) 스스로 존재하는 것이다(而身存). 그 도(其)는 사사로움이 없기(無私) 때문이 아닐런가(非以邪)? 그러하기에(故) 도는 능히(能) 사사로움을 갖추게 되는 것이다(成其私).

❖ **天長地久**(천장지구), **天地所以能長且久者**(천지소이능장차구자), **以其不自生**(이기부자생), **故能長生**(고능장생).
  하늘은 끝이 없는 듯하고(天長) 땅은 오래되었다(地久). 천지(天地)가 드넓고(長) 오래되고 오래갈 수 있는(能長久且) 까닭은(所以)? 천지(其) 스스로 살려 않기(不自生) 때문이다(以). 그러므로(故) 능(能)히 오래(長) 갈 수 있음이다(生).

  長(길 장) - 길다, 낫다, 나아가다, 자라다, 어른, 길이, 우두머리, 처음 늘, 항상.
  久(오랠 구) - 오래다, 길다, 오래 머무르다, 가리다, 막다, 변하지 아니하다, 오래된.
  所(바 소) - 바, 것, 곳, 처소, 위치, 장소, 기초, 도리, 경우, 얼마, 정도, 당하다.
  能(능할 능) - 능하다, ~할 수 있다, 기량, 재능, 응당 ~해야 한다, 인재, 에너지.
  且(또 차) - 또, 또한, 우선, 장차, 만일, 구차하다, 공경스럽다, 머뭇거리다, 도마.

천장지구(天長地久)는 1990년 홍콩 누아르 장르 영화의 제목이었다. 유덕화와 오천련이 주연이었던 영화로 기억된다. 오천련의 청순한 미모에 반했던 기억이 새롭다. 이 말이 노자에 나오는 말인 줄 몰랐다. 노자의 가르침을 읽어야 하는 이유가 하나 더 생긴 것이다. 우리 우주의 나이 138억 년 지구의 나이 45억 7만 년. 우주의 크기는 1,000억 광년 정도 된다. 그리고 암흑에너지가 지배하는 우주는 빛의 속도보다 빠르게 끝도 없이 팽창하고 있다.
이렇게 우리의 우주가 오래되고 오래가는 이유가 무엇일까? 노자가 질문한다. "스스로 살려 않기 때문이라고 한다. 그래서 오래가는 이유다"라고 자신의 질문에 스스로 답한다. 노자는 우주 만물이 스스로 그러한 이치와 섭리를 통해 스스로 돌아간다고 이야기한다. 이 시대에 이런 사고를 할 수 있었던 배경이 무엇이었을까? 주역이 자연의 운행 법칙을 설명하는 내용이 있었더라도 노자의 철학적 통찰력은 지금 시대에도 쉬이 이해는커녕 그 근처에도 못 가는 이유이다. 영국계 미국인 이론물리학자 스탠퍼드대학의 제프리 웨스트 교수는 "과학 각 분야의 역사는 세 단계로 나눌 수 있다고 하였다. 첫 번째 단계는 자연이 무엇을 하는지 바라보는 탐험의 시기이다. 두 번째 단계는 자연을 바르게 묘사하기 위한 정확한 관찰과 측정의 시기이다. 세 번째 단계는 우리가 자연을 이해할 수 있도록 이론을 세우고 설명하는 단계이다. 물리학은 케플러 시대에 두 번째 단계에 이르렀고, 뉴턴과 함께 세 번째 단계에 도달했다." 서양이 몰락하는 이유는 수학적 통찰력은 획득했으나 철학적 통찰력은 갈 길이 멀기에 그렇다.

❖ **是以聖人後其身而身先(시이성인후기신이신선), 外其身而身存(외기신이신존).**
　　그러므로(是以) 道(聖人)는 스스로 나서지 않아도(後其先而) 앞서고 (身先), 겉으로 드러내지 않아도(外其身) 스스로 존재하는 것이다(而身存).

　　後(뒤 후) - 뒤, 곁, 딸림, 아랫사람, 뒤떨어지다, 뒤지다, 뒤서다, 늦다, 뒤로 미루다 임금.
　　身(몸 신) - 몸, 신체, 줄기, 나, 자기, 출신, 몸소, 나이, 체험하다.
　　先(먼저 선) - 먼저, 미리, 옛날, 처음, 돌아가신, 조상, 앞서다.
　　外(바깥 외) - 바깥, 밖, 겉, 표면, 외국, 타향, 이전, 멀리하다, 벗어나다, 잊다.

노자가 말한 도는 理(법칙)이면서 氣(물질)이다. 우주의 시작부터 일관되게 유지되는 근원과 법칙 같은 것으로 보았다. 그러한 이치에서 천(天). 지(地). 인(人)이 일관된 근원과 법칙이 존재함으로써 천지, 만물, 성인을 하나의 일관된 도로서 서술하고 있다. 성인은 도의 의인화된 표현이라고 해석한다.
"그러하므로(是以) '道'(聖人)는 스스로 나서지 않아도(後其先而) 앞서고(身先), 겉으로 드러내지 않아도(外其身) 스스로 존재하는 것이다(而身存)."

❖ **非以其無私邪(비이기무사야)? 故能成其私(고능성기사).**
그 도(其)는 사사로움이 없기(無私) 때문이 아닐런가(非以邪)? 그러하기에(故) 도는 능히(能) 사사로움을 갖추게 되는 것이다(成其私).

非(아닐 비) - 아니다, 그르다, 나쁘다, 등지다, 어긋나다, 나무라다, 비방하다.
私(사사 사) - 사사로운 일, 가족, 집안, 간통, 은혜, 오줌, 음부, 사사롭다, 홀로.
成(이룰 성) - 이루다, 이루어지다, 갖추어지다, 살찌다, 익다, 성숙하다, 일어나다.

의인화하였으나 도는 감정이 없다. 감정이 없다는 것은 천지 만물이 움직이는 운행의 법칙에 따라 순응(順應)하는 것이기에 욕심이 없는 것이다. 다시 말해 자연은 능동적 또는 수동적이냐와 같은 인간화 과정이 아니다. 노자의 해석이 사람마다 다른 이유는 자연의 속성인 스스로 그러함에 대한 잘못된 아니, 인간화된 의식 세계의 우물 안에서 세상을 바라보기 때문에 자꾸만 개구리가 된다. 인간은 오랜 시간을 온 우주의 중심이라는 '**착각의 오류**(대니얼 카너먼은 이를 확증편향, confirmation bias라 명했다)'를 버리지 않는다면 노자는 절대로 우리의 뇌 안으로 들어올 수 없다. 서양에서 들어온 종교가 억지춘향식인 이유는 인간의 뇌가 인식하는 대상 자체를 죄다 의인화하였기에 그렇다. 인간이 느끼는 감정과 자연을 자연 그대로 관측하는 것과는 차원이 다른 문제이다. 꽃은 감정이 없기에 스스로 부끄러운 줄 모른다. 감정이 옳고 그름은 사피엔스 지난 20년간 진화해 온 수오지심(羞惡之心)의 선한 양심(良心)을 구분할 줄 아는 뇌가 진화한 이후이다.

제8장.
上善若水(상선약수)
최상의 선은 물을 허락하는 것이다

上善若水, 水善利萬物而不爭, 處衆人之所惡, 故幾於道. 居善地, 與善仁, 言善信, 正善治, 事善能, 動善時. 夫唯不爭, 故無尤.

최상의 선(上善)이란 물을 허락하는 것이다(若水). 물은(水) 만물(萬物)을 참으로(善) 이롭게(利) 하지만 다투는 법이 없다(不爭). 세상 모든 것들이(處衆[人]) 꺼리는 곳도 마다치 않으니(之所惡), 그러므로(故) 그 자체로(於幾) 도(道)가 아닌가! [성인의 '道'라 함은] 물이 머물 듯이(居) 대지의(地) 흐름대로 따르는 것이요(善) 물이 채우듯 마음은(心) 속 깊은 연못이(淵) 되는 것이 좋고(善), 물이 모여 더불어(與) [바다가 되듯] 품어주는 인자함이(仁) 좋고(善), 물은 정직하니 말에는(言) 거짓이 없어야(信) 좋고(善), 물이 세상을 다스리듯 올바르게(正) 세상의 질서를 바로잡는 것이(治) 좋다(善). 물이 거침없듯이 일을 할 때는(事) 에너지(能) 넘치게 함이 좋고(善), 물이 때에 맞춰 흐르듯 행동은(動) 때를(時) 맞춰 움직이는 것이 좋다(善). 대저(夫) 세상과 다투지 아니하니(不爭) 그러므로(故) 허물이 없다(無尤).

❖ **上善若水(상선약수), 水善利萬物而不爭(수선리만물이부쟁),**
   최상의 선(上善)이란 물을 허락하는 것이다(若水). 물은(水) 만물(萬物)을 참으로(善) 이롭게(利) 하지만 다투는 법이 없다(不爭).

   上(윗 상) - 위, 앞, 첫째, 옛날, 이전, 임금, 높다, 올리다, 드리다, 오르다.
   善(착할 선) - 착하다, 어질다, 좋다, 잘 알다, 훌륭하다, 아끼다, 잘하다, 다스리다.
   若(같을 약) - 같다, 어리다, 이와 같다, 좇다, 너, 만약, 허락하다, 이에.
   水(물 수) - 물, 강물, 홍수, 수성, 적시다, 축이다, 긷다, 헤엄치다, 평평하다.
   利(이로울 이) - 이롭다, 이익, 이롭게, 편리하다, 통하다, 날카롭다, 이기다, 탐함.
   爭(다툴 쟁) - 다투다, 논쟁하다, 간하다, 경쟁하다, 모자라다, 차이 나다, 다툼, 싸움.

'上善若水, 최고의 선은 물을 허락한다.' 인간이 구사할 수 있는 말 중에 이토록 아름다운 말이 또 있을 수 있을까? 우주의 은하 안에는 모든 행성이 생명을 거주할 수 있는 거주 환경(조건)이 있다.

1번째, 에너지를 제공하는 항성과의 적당한 거리이다. 태양계의 태양은 주계열성으로 표면 온도가 6,000K이다. 절묘하게도 태양과 지구의 거리는 평균적으로 149,597,870.7 Km이다. 이를 천문단위로 1AU라고 한다. 빛의 속도로 8분 정도 걸린다. 우리와 쌍둥이 행성인 금성과 태양과의 거리는 1억 600만 Km이고 224.7일 주기로 공전한다. 그런데 자전 주기가 무려 243일이나 된다. 그러다 보니 평균 대기 온도가 400도가 넘는 불지옥이다. 태양과의 거리 및 자전 속도로 인해 **물**을 품을 수 없다. 모든 생명체가 바다에서 탄생했다는 것은 이젠 누구나 아는 상식(常識)이다. 우리 몸을 이루는 세포는 전해질(電解質)로 아직도 바다를 꿈꾸며 내 안에 있다. 물이 최상의 선이란 의미는 나, 너, 우리, 동물과 식물, 나를 유지 시켜주는 호흡, 우리 눈에 보이는 것들이 물에서 시작됐음을 상징한다.

2번째, 답을 미리 말했지만, 생명의 어머니 물이다. 물은 어머니이시니 어찌 선악을 논하겠는가? 노자는 시인이지만 과학자이자 세상의 모든 역사를 꿰뚫고 있는 빅히스토리(Big History-빅뱅 138억 년에서 지구, 생명, 뇌까지 모든 진화 과정을 밝히는 다학제 학문) 통섭 학자였을 것이다. 그가 주나라 도서관 관장이었다는 것이, 그 반증이 아닐까! 나와 같은 도서관 선배님!

3번째, 현재 과학계는 지구를 성실하게 도는 달이 없었다면 지금처럼 생물이 다양하고 고등하게 진화할 수 있었을까에 대한 연구가 활발하다. 우리 뇌는 우연(偶然)보다는 필연(必然) 또는 당연(當然)에 맞게 진화해 왔다. 그러한 연유로 인해 목적론적 사고와 결정론적 사고로 종교와 신이 우리 곁을 떠나지 못하는 것이다. 嗚呼痛哉(오호통재)로다! 진정한 도의 이치(上善若水)를 깨닫고 물과 같아진다면 왜 서로를 헐뜯고 싸우며 서로 죽이고 죽여 스스로 자멸하려 하는가? 물이 선하다는 것의 진정한 함의는 때론 악을 한순간에 쓸어 버리기 때문이다.

물과 같은 정의란! 사악하고 잔악한 털 없는 침팬지를 길들이고 응징하는 것이다.

❖ **處衆人之所惡(처중인지소오), 故幾於道(고기어도).**
세상 모든 것들이(處衆[人]) 꺼리는 곳도 마다치 않으니(之所惡), 도리어(故) 그 자체로(於幾) 도(道)가 아닌가!

處(곳 처) - 곳, 처소, 때, 시간, 지위, 부분, 살다, 휴식하다, 머무르다, 누리다.
衆(무리 중) - 무리, 군신, 백성, 서민, 많은 물건, 많은 일, 차조, 땅, 장마, 많다.
所(바 소) - 일의 방도, 바, 것, 처소, 관아, 지위, 위치, 기초, 도리, 경우, 만일.
幾(얼마 기) - 몇, 얼마, 어느 정도, 그, 거의, 어찌, 자주, 조용히, 언저리, 기미.
於(어조사 어) - 어조사(~에, ~에서), 기대다, 의지하다, 따르다, 가다, 있다.

　중력의 법칙은 높은 곳에서 낮은 곳으로 흐른다. 열도 높은 곳에서 낮은 곳으로 흐르는 것이다. 그것이 우주의 비밀을 푸는 단서가 되었다. 물이 흐른다는 것은 지구의 겉껍데기인 지구 표피, 즉 지각의 굴곡을 흐르는 것이다. 노자는 자연이 인자하지 않다고 말했다(天地不仁). 인자하지 않은 곳을 마다하지 않고 물은 흐른다. 그러기에 '道'인 것이다. "모든 생명을 품어주는 어머니의 자궁(玄牝). 고로 현묘한 암컷의 문(玄牝之門)이요, 이를 일컬어 천지의 근원이라 한다(是謂天地根)." 이를 알고도 눈물이 나지 않는다면 성인도 인자하지 않음이다(聖人不仁). 도의 이치는 사람의 길이기도 하다. 남들이 가지 않는 곳, 고달픈 길이 뻔한 줄 알면서도 간다(苦行).
　침팬지와 인간의 차이는 도덕심과 평등심, 공정심, 장기적 선택과 결정, 이타심, 자비심, 배려심, 양보심, 협력심, 희생정신이다. '침팬지스럽다(Chimpanzeelization)'라는 것은 이기적이란 것이고 이는 권위적이고 잔악함이다. 이기적이다는 것은 내가 세상의 중심이기에 폭력적, 공격적, 단기적 선택과 결정, 독점적, 자신과 자신이 소속된 집단의 이익을 위해서는 수단과 방법을 안 가리는 탐욕적, 위계적, 지배적, 대립적, 과시적, 경쟁적, 서열 중심적, 무책임하고 교활한 공감 능력 제로의 사이코패스를 의미한다. 〈혹성탈출〉이라는 영화를 본 적이 있을 것이다. 침팬지들에게 지배당하는 세상이 어떤 느낌인지! 왜? 대한항공 조현아 같은 갑질을 하는 이유가 뭔지? 대량학살, 마녀사냥, 빨갱이 사냥, 돈 그리고 학벌과 권력을 통해 세상을 지배하기 위해 시험만 잘 보고 암기력 좋은 짐승들이 지배하는 세상을 말한다.
　주춘재 선생의 해석대로 사람이라면 "물처럼 유연성이 풍부할 뿐 아니라, 자신보다 주위를 우선하고, 스스로 자신을 낮춘다. 이런 덕목을 갖추게 되면 진정한 도에 가까워진다"라고 함이 마땅하다. 사람의 가면을 쓰고 있다고 다 사람이 아닌 이유다!

공부란? 인면수심(人面獸心)의 짐승을 구분할 줄 아는 능력을 키우는 것이다. 그리고 스스로 짐승이 되지 않는 법을 배우는 것이다.

❖ **居善地(거선지), 心善淵(심선연), 與善仁(여선인), 言善信(언선신),**
/성인의 道라 함은/ 물이 머물 듯이(居) 대지의(地) 흐름대로 따르는 것이요(善) 물이 채우듯 마음은(心) 속 깊은 연못이(淵) 되는 것이 좋고(善), 물이 모여 더불어(與) /바다처럼/ 품어주는 인자함이(仁) 좋고(善), 물은 정직하니 말에는(言) 거짓이 없어야(信) 좋고(善),

居(살 거) - 살다, 거주하다, 있다, 차지하다, 처지에 놓이다, 자리 잡다, 앉다, 쌓다.
心(마음 심) - 마음, 뜻, 의지, 생각, 염통, 근본, 본성, 가운데, 중심, 도의 본원.
淵(못 연) - 못, 소, 웅덩이, 모이는 곳, 근원, 출처, 북소리, 깊다, 조용하다.
與(더불 여) - 더불다, 참여하다, 주다, 베풀다, 허락하다, 간여하다, 돕다, 무리.
仁(어질 인) - 어질다, 자애롭다, 인자하다, 사랑하다, 불쌍히 여기다, 박애, 자네.
言(말씀 언) - 말씀, 견해, 글, 언론, 하소연.
信(믿을 신) - 믿다, 신임하다, 신봉하다, 성실하다, 맡기다, 확실하다, 신용, 편지.

자연의 흐름대로 살라는 것은 이와 같은 도의 이치를 깨닫고 물처럼 살라고 하는 것이다. 높은 곳만을 오르려 하지 말고 때론 낮은 자리, 굳은 자리, 마른자리 가리지 말라 노자는 가르친다. 세상 사람들이 모두 높은 곳만 오르려 한다면 인간이 싸질러놓은 그 많은 쓰레기는 누가 치울 것인가? 물처럼 마음 속에 깊고 넓은 연못을 품으며, 인자하고 자비로움을 최선으로 여기며, 다양한 언어를 구사하는 능력을 얻었기에 침팬지처럼 교활하지 않게 말을 가리고 믿음을 주어야 한다. 자본주의(Capitalism) 사회가 돈 중심의 천박하고 야비하고 물질 만능을 추구하지만, 다른 공산주의와 경쟁에서 그래도 살아남은 이유는 **신뢰와 신용을 최우선 가치로 내세워 약속을 지켰기 때문**이다. 공산주의가 계급투쟁을 앞세워 권력을 잡았지만, 주인만 바뀌었을 뿐 또 다른 억압과 착취를 통해 소수의 탐욕스러운 엘리트들이 권력을 독점했다. 자본주의의 이기적 침팬지들이 빨갱이로 이타적인 민중들을 학살할 때 공산주의 이념의 탈을 쓴 침팬지들은 부르주아, 자본가라는 프레임으로 민중과 지식인을 때려잡았다. 그게 소련의 스탈린과 중공의 모택동이 문화대혁명이란 이름으로 자행한 대량 학살이자 문화 탄압 아니었던가! 남한의 북쪽에서는 김일성, 김정일, 김정은이라는 독재 가문이 민중들을 억압하며 권력을 세습하는 하이에나 집단이 되지 않았는가!

❖ 正善治(정선치), 事善能(사선능), 動善時(동선시).

물이 세상을 다스리듯 올바르게(正) 세상의 질서를 바로잡는 것이(治) 좋다(善). 물이 거침없이 섬길(事) 때는 에너지(能) 넘치게 함이 좋고(善), 물이 때에 맞춰 흐르듯 행동은(動) 때를(時) 맞춰 움직이는 것이 좋다(善).

正(바를 정) - 바르다, 정당하다, 올바르다, 바로 잡다, 본(本), 정(正), 정곡.
治(다스릴 치) - 다스리다, 다스려지다, 질서를 바로 세우다, 고치다, 돕다, 성해지다.
事(일 사) - 일, 직업, 재능, 공업, 사업, 경치, 변고, 섬기다, 종사하다, 힘쓰다.
能(능할 능) - 능하다, 능히 한다, 기량, 재능, ~할 수 있다, 에너지.
動(움직일 동) - 움직이다, 옮기다, 흔들리다, 느끼다, 바뀌다, 일어나다, 살아나다.
時(때 시) - 때, 계절, 기한, 기회, 시세, 당시, 늘, 엿보다, 좋다, 훌륭하다, 쉬다.

내가 가장 증오하고 혐오하는 것이 이데올로기(이념, Ideologie)다. 원형은 그런 뜻이 아니었다. 나폴레옹 1세가 황제에 올라 자신을 지지한 민중을 탄압하자 반대파들에게 프레임을 씌워 공격용으로 사용하기 시작하면서 이데올로기를 문제 삼았다. 향후 좌우가 대립하면서 서로의 공격용 무기가 되었다. 내가 도덕경을 이야기하는 이유는 이데올로기에서 벗어나 인간만이 유일하게 진화시킨 도덕적 본성으로 인간을 바라보아야 한다. 공산주의 건 사회주의 건 난 관심이 없다. 나는 98.7%의 인면수심이 어떻게 인간으로 변화하였는가에만 관심이 있을 뿐이다. 그러므로 우리의 마음, 즉 우리의 98.7%의 본능인 침팬지들이 어떻게 행동하는가? 오로지 인간의 유래가 관심사였다. 영국의 고고학자이자 고인류학자 루이스 리키(Louis Leakey, 1903~1972) 박사는 제인 구달(Dame Jane Morris Goodall, 1934~)을 통해 탄자니아 곰베에서 야생 침팬지 연구를 제안했고, 다이앤 포시(Dian Fossey, 1932~1985) 박사에겐 르완다에서 고릴라를 연구하게 하였고, 비루테 갈디카스(Birute Galdikas, 1946~)에겐 보르네오 섬에서 오랑우탄을 연구하도록 지휘 감독했다. (유인원을 사랑한 세 여자) 그리고 2000년 초반 인간을 포함한 침팬지, 보노보의 게놈 지도가 완성됨으로써 인간 행동의 기원이 침팬지, 보노보와 맞닿아 있다는 것을 증명하였다. 2001년 중앙아프리카 '차드공화국'에 위치한 주라브 사막에서 프랑스 발굴팀에 의해 사람과 침팬지와의 공통 조상인 '투마이(Toumaï)'라 명명한 사헬란트로푸스 차덴시스의 두개골(頭蓋骨)을 발견하였다. 인류의 진화 계보가 궁금하다면 국립과천과학관을 방문해 보시길 권한다. 계통 발생학적으로 자세하게 전시되어 있다.

또한 침팬지들도 정치하는가가 궁금하다면 출간되자마자 세상을 들쑤셔 놓은 유명한 책이 있다. 미국 에모리대학 심리학과 석좌교수인 세계적인 영장류학자 프란스 드 발(Frans De Wall, 1948~)의 《침팬지 폴리틱스(Chimpanzee Politics)》이다.

이런 이야기를 왜 그렇게 장황하게 하느냐? 바로 이번 구절을 설명하기 위해서다. 물이 세상을 다스리듯 올바르게(正) 세상의 질서를 바로잡는 것이(治) 좋다(善). 침팬지와 인간의 정치질서가 다를까? 결과론적으로 같은 점이 더 많다. 인간이 대형사회를 구성한 이후 수직적 사회구조에서 수평적 사회구조로의 혁명적 변화를 시도한 것은 1789년 프랑스 대혁명이다. 그 이전의 역사는 침팬지와 똑같다. 현대사회에서의 정의는 선진국과 후진국의 차이이기도 하다. 민주주의의 수평적 사회구조인가? 독재국가의 수직적 사회냐의 문제다. 대한민국에서는 김대중, 노무현, 문재인 정부 빼고는 '침팬지 정치학'과 똑같다. 미얀마나 일본은 어느 역사 시대였건 침팬지 정치학과 똑같다. 왜 그럴까? 세상을 다스린다는 함은 노자의 표현대로 올바르게(正) 세상의 질서를 잡는 것이(治) 좋다(善). 공자의 지적대로 **정치(政治)란 정치(正治)하는 것**이다. 수직적 권위주의 사회에서 수평적 평등 사회로 전환하는 것이 인간이 추구하는 바른 사회구조이기 때문이다.

이 단순한 것을 서양에서 정치학이라는 이름으로 복잡하게 만들었다. 토머스

홉스는 더 나아가 우리의 본능적 욕망이 통제 없이 날뛰는 자연 상태는 '만인에 대한 만인의 투쟁'이라 정의한다. 인간은 인간에 대하여 늑대 상태가 될 수밖에 없다며 인간의 그런 사악한 이기심을 통제하기 위해 힘으로 때려잡는 국가 공권력(리바이던) 중심의 사회계약론을 제시했다. 단순한 것을 복잡하게 만드는 것이 자연의 속성인 창발적 원리다. 인간 역시 단순한 본질을 복잡하게 만드는 재주를 가졌다.

자연의 단순함(本質)은 자연을 스스로 움직이는 네 가지 힘과 양성자, 중성자와 전자가 전부다. 커다란 세상은 중력이 다스리고 양자의 작은 세계는 나머지 세 개의 힘이 다스린다. 이게 우주 만물이고 천지 만물의 전부다. 정치도 개체가 생존에 유리함으로 인해 자연적으로 만들어진 무리에서 행해지는 자연적 질서이다. 단, 그 질서가 어떤 식으로 작동하느냐의 문제가 남아있다.

사회를 지배하는 질서가 스스로 그러함에 의해 강압적(强壓的, forceful) 또는 자발적(自發的, spontaneous)이냐의 문제이다. 또한 사회의 구성원들이 그 질서에 순응하느냐 저항하느냐에 논의의 본질이 있다. 이것이 이타주의자들의 자발적 사회계약론이자 사회적 합의이다. 또한 이것이 다윈 선생이 강조한 자연선택의 선택압(Selection Pressure)이다. 다윈은 이를 둘로 나눴다. 자연이 선택할 것인가 인간이 선택할 것인가이다. 노자의 無爲는, 즉 자연선택에 맡기는 것이다.

인간만이 자발적으로 자유의지에 의한 이타적 도덕심을 진화시켰기 때문에 민주주의라는 수평적 사회를 구성하는 사회계약론을 점진적으로 발전시킨 것이다. 이 문제는 너무나 복잡한 문제이기도 하기에 후반부에 나오는 인간 정치철학이 주요 내용인 덕경(德經)에서 자세히 서술하겠다. 인간의 선택을 인위적 선택과 도태라 한다. 야생의 짐승을 길들이는 것이 바로 가축화(domestication)의 대표 사례이다. 아프리카와 아메리카 대륙이 서구에 농락당한 이유 중 하나를 '재레드 다이아몬드'는 가축화할 동물이 없었기에 인간의 노동력을 대신할 수단이 없었기 때문이라고 규정했다. 몽골제국은 말을 길들였기에 세계를 지배할 수 있었다. 노자의 爲(위) 사상이 다윈의 진화론과 통하는 이유다. 결국은 爲의 주체가 누구냐의 문제이다. 동양의 전통 사상은 천지인의 위계(位階, Hierarchy)이다. 서양의 전통은 사람이 중심인 인위적(人爲的, artificial)인 것이 가장 자연스러운 것이다. 그러기에 선거라는 인위적 선택을 정치의 핵심에 둔 것이다. 그것이 민주주의라는 이름으로 서양에서 들어온 가장 선진적 제도로 자리 잡은 이유다. 노자의 인성론(人性論) = 정치론(正治論)이다. 자연이 부여한 천성(天性)인 이타심(利他心)을 통한 다스림(正治)이다.

인간의 도덕심을 기반으로 한 스스로 우러나오는 이타심의 자발적 정치(正治)는 힘이 아닌 존경과 존중이 중심이어야 한다. 권력 엘리트는 백성들을 존중하고 백성들은 권력 엘리트들을 존경함이 인간만이 추구하는 도덕적 사회이자 수평구조의 진정한 민주주의 사회인 것이다. 공권력을 사적재처럼 제 마음대로 사용하여 힘으로 백성들을 때려잡는 짐승들이나 행하는 그런 무지막지한 공포정치가 아니다. 이는 노자가 언급했듯이 백성들이 업신여기는 모지(侮之)리들이 하는 하등 정치인 것이다. 이를 영장류 학자인 '마이클 토마셀로'와 '크리스토퍼 보엠' 그리고 '프란스 드 발' '야마기와 준이치' 등은 위계와 평등으로 질서가 나뉜다고 구분하였다. 집단과 무리를 이뤄 사회생활을 하는 거의 모든 포유류가 힘에 의한 위계질서를 통해서 서열 중심으로 지배한다. 앞서서 강조했지만 바로 힘이 정의다(Power is Justice)! 하이에나 무리는 서열뿐만 아니라 계급까지 세습한다. 아프리카 하이에나 무리는 모계 중심이자 여왕이 지배하는 사회다. 사내새끼는 아무리 여왕의 자식이라도 서열이 낮다. 어미는 새끼를 2~3마리 낳는데도 불구하고 젖꼭지가 두 개뿐이라 태어나자마자 경쟁적이며 형제조차 적으로 여긴다. 그래서 매우 공격적이고 사납다. 어미의 보호가 끝나면 무리에 쫓겨나 다른 무리의 가장 서열이 낮은 상태로 들어간다. 그러다 보니 서열이 낮은 수컷은 이리 치이고 저리 치여서 나중에는 다른 종들이 사냥한 먹잇감을 훔쳐 먹으며 생명을 부지한다.

북한이라는 하등 국가가 하는 짓거리가 딱 하이에나 집단이 하는 사회 질서 유지 방식이다. 털 없는 침팬지들이 정치라는 이름으로 미명화(美名化)시킨 서구의 정치학은 약육강식(弱肉強食)의 짐승들이 하는 짓거리에 이론적 명분을 제공한 것에 불과하다. 이러한 오류들이 제 마음대로 해석함으로써 정치사라는 이름으로 철학적 기본 바탕을 두는데, 1864년 영국 사회학의 창시자이자 철학자인 허버트 스펜서(Herbert Spencer, 1820~1903)는 《Principles of Biology》에서 다윈의 진화론을 엉뚱하게 해석하여 적자생존(適者生存, Survival of the fittest)이라는 뚱딴지같은 말을 만들어 백인이 우월하다는 우생학의 명분을 제공하였고, 제1차 세계대전에 패배해 엄청난 전쟁보상금으로 실의에 빠진 게르

만족을 히틀러가 탁월한 언변으로 자국의 국민을 선동해 게르만 우월주의를 세뇌하는 구실을 제공했다. 게르만 우월주의에 빠진 나치들은 자신들이 믿는 예수를 탄압한 유대 민족을 지구상에서 제거해야 한다는 명분으로 우생학을 이용했다. 'Power is Justice!'는 잠시 유행했던 그리스 궤변 철학이 아니다. 98.7%의 우리 본능 안에 자리 잡은 유전자에 각인되어 있다.

사피엔스가 진화시킨 도덕심은 위계에 의한 수직적 구조의 힘이 지배하는 사회에서 수평적 구조의 존중과 존경이 바탕이 되는 평등한 사회 질서로 패러다임이 대 이동한 결과이다.

- ❖ **夫唯不爭(부유부쟁), 故無尤(고무우).**
  대저(夫) 세상과 다투지 아니하니(不爭) 그러므로(故) 허물이 없다(無尤).

    唯(오직 유) - 오직, 다만, 비록 ~하더라도, 때문에, 바라건대, 누구.
    爭(다툴 쟁) - 다투다, 논쟁하다, 경쟁하다.
    尤(더욱 우) - 더욱, 한층, 허물, 과실, 결점, 오히려, 훌륭한 사람, 으뜸, 탓하다.

그러하기에 세상과 다투지 않는 것이다. 권력을 차지하기 위해 싸우지 않아도 힘을 기르기 위해 노력하지 않아도 스스로 낮은 데에 임하기를 주저하지 않고, 힘들고 어려운 일을 자처하고, 혼자만 처먹으려 독식하지 않고, 사람들에게 인기를 좇지 아니하니 그러므로 세상이 더욱더 원하게 되고 스스로 알리려 하지 않아도 세상이 나를 알아주는 것이다. 그러함이 가능하기 위해서는 물과 같이 올바른 펜과 마이크를 들은 언론이 백성의 스피커가 되어 제대로 알려야 하는 평판과 여론 기능이어야 한다. 그렇기에 나라가 바로 서려면 정치(政治)가 정치(正治)가 되어야 한다. 그렇기 위해선 나쁜 놈들을 때려잡는 권력기관인 검찰과 경찰, 백성들에게 정확한 정보를 알려야 할 언론은 털 없는 침팬지가 들어가서는 절대로 안 되는 곳이다. 그러기 위해서 우리는 제대로 배워야 한다. 시험을 위한 공부가 아닌 사람됨의 공부가 먼저 수행되어야 한다. 올바른 역사를 배우고 올바른 도덕심을 함양하는 교육이 이루어져야 한다. 계급장을 따기 위해 수백, 수천만 원을 들여 대치동, 목동 학원에서 수험 공부에 열중하고 있는 학생들이여 시험만 잘 보는 침팬지가 되어서는 교도소 갈 확률만 높일 뿐이란 걸 명심하길 바란다. 권력 지배엘리트가 되겠다는 인간이라면 반드시 도덕경을 읽고 본인이 인간임이 확신이 섰을 때 출세(出世)하길 바란다. 최근 술에 취한 예비 검사가 난동을 부려 출동한 여경 머리에 손찌검 폭행과 욕설을 퍼부어서 입건돼 검사 임용이 취소됐다는 뉴스를 들었다. "너희들 내가 누군 줄 알아?" 동물행동학(動物行動學, ethology)에서는 이러한 무지막지(無知莫知)한 행동하는 동물을 전문용어로 **과시행위**(誇示行爲, Display Behavior)라고 한다. 과시, 즉 Display이다. 벤츠 타고 다닌다고 과시 말라! 루이비똥 들고 다닌다고 과시 말라! 나는 짐승이요 하는 것과 똑같다. 짐승과 사람을 애써 구분한다면 사람다운 사람은 물과 같이 대저 세상과 다툴 일을 만들지 아니하니 감방에 갈 일이 없는 것이다. 감옥과 동물원의 원리가 같은 이유이다.

제9장.
持而盈之(지이영지)
분수(分數)를 아는 것 - 분모(分母) 값이 커지면 전체 값이 작아진다

持而盈之, 不如其已 ; 揣而銳之, 不可長保 ; 金玉滿堂, 莫之能守 ; 富貴而驕, 自遺其咎. 功遂身退, 天之道.

쌓아놓은 것이 이리 많아(持而) 차고도 넘치는데(盈之) 그 짓을(其) 그만함보다(已) 못하다(不如). 하도 갈고 갈아서(揣而) 창끝을 날카롭게 만드니(銳之) 오래 보존(長保) 할 수 있을 것 같으냐(不如)! 금과(金) 옥이(玉) 가득한 집을(滿堂) 어찌 지키려 하는가(莫之能守). 부귀를 누리면서(富貴而) 교만해지면(驕) 스스로(自) 그(其) 허물을(咎) 남길 뿐이다(遺). 공을(功) 이루었으면(遂) 몸은(身) 물러나는(退) 것이 하늘의 도이다(天地道).

❖ 持而盈之(지이영지), 不如其已(불여기이) ;
쌓아놓은 것이 이리 많아(持而) 차고도 넘치는데(盈之) 그 짓을(其) 그만함보다(已) 못하다(不如).

持(가질 지) - 가지다, 손에 쥐다, 버티다, 보전하다, 지키다, 괴롭히다, 주장하다.
盈(찰 영) - 차다, 가득하다, 충만하다, 남다, 불어나다, 채우다, 교만하다, 이루다.
爭(다툴 쟁) - 다투다, 논쟁하다, 간하다, 경쟁하다, 모자라다, 차이 나다, 다툼, 싸움.

Go, Stop! 무조건 고만 외치다간 독박이다. 비움과 채움을 번갈아 하지 못하면 새로운 것을 채울 수가 없고, 흘러넘치게 되면 낭비가 되는 법이다.

지혜로운 사람은 술을 가득 채우지 않는 법이다. 달을 채울 공간 정도는 남겨야 멋지지 않은가! 경제학에서 Trade off라는 법칙이 있다. 하나를 얻으면 하나를 잃는다는 증감의 법칙이다. 나는 이를 이렇게 가르친다. 하나를 얻으면 하나를 내어줘라! 경제학에서는 잃는다는 것이 뺏긴다는 의미가 강하지만 능동적으로 내어주라는 것이다. 내어줌은 나눔이다. 인간의 도덕심은 영역과 음식을 나눔으로 시작했다. 공유의 경제학이 미래를 지배한다. **"뺏기는 것보다 내어줌이 더 아름답지 아니한가!"**

❖ **揣而銳之(췌이예지), 不可長保(불가장보) ;**
하도 갈고 갈아서(揣而) 창끝을 날카롭게 만드니(銳之) 오래 보존(長保) 할 수 있으랴 (不如)!

揣(때릴 추/췌/단) - 때리다, 불리다, 헤아리다, 재다, 시험하다, 탐색하다, 뭉치다.
銳(날카로울 예) - 날카롭다, 날카롭게 하다, 날래다, 빠르다, 민첩하다, 급박하다.
可(옳을 가) - 옳다, 허락하다, 듣다, 낫다, 견디다, 정도, 가히, 어찌하랴.
長(길 장) - 길다, 낫다, 나아가다, 자라다, 우두머리, 처음, 늘, 항상.
保(지킬 보) - 지키다, 유지하다, 보증하다, 돕다, 기르다, 포대기.

시간은 때(時)를 중요시하고 공간은 가운데(中)를 중심으로 한다. 자사는 이를 중용(中庸)의 중요한 덕목으로 군자가 중용을 이룸은 때와 장소에 맞게 하기 때문이라 강조했다. 중용 2장 [君子之中庸也, 君子而時中]에 나오는 명문이다. 모든 일(道)은 때와 장소에 맞게 하는 것이고 이것의 핵심은 적당히 하는 것이다. 안다고 하는 이들이 종종 이기적인 것과 개인주의적인 것을 혼동하여 사용한다. 이기적인 것은 극단적인 자기애성 인격 결여 상태다. 개인주의는 자유주의의 한 형태로 나는 자연인 같은 상태이다. 남에게 피해 주지도 않고, 내가 상처받지도 않겠다는 것이다. 결국 적당한 때를 알지 못하면 미련과 집착만이 남는다. 문화인류학에서는 이를 추상적인 가치보다 물적인 대상을 맹목적으로 쫓는 물신숭배(物神崇拜) 다시 말해 페티시(Fetish) 도착중인 중독 상태가 된다고 한다. 마르크스는 물질 숭배와 인정욕구(認定慾求)가 결국 인간이 생산 주체이면서 생산하는 것이 많으면 많을수록 노동자 스스로 물질과 인정받고자 하는 대상으로부터 소외(疏外, Entfremdung, Alienation) 당하게 된다고 보았다. 자본주의와 사회의 문제 그리고 인간 문제의 본질로 보았다.

물질 욕구건 인정욕구건 적당함을 안다는 것은 만족할 줄 안다는 것이다. 트위터와 페이스북, 유튜브의 핵심 요소는 '좋아요' 중독이다. '좋아요' 중독에 빠지면 '좋아요'를 받기 위해 별의별 짓거리를 다 한다. 만족할 줄 알아야 우리 뇌에서 행복 물질인 세로토닌이 분비된다. (출처: 이시형,《세로토닌하라》) 탐욕과 불만족은 천연마약인 도파민에 취해서이다. 천연마약인 도파민은 충동(동기부여)을 부추기나 만족을 모른다. 그래서 이를 중독(中毒, addiction)이라 한다. 경제학에서는 많이 가지거나, 먹을수록 질린다는 의미로 이를 한계효용(限界效用, marginal utility) 체감의 법칙이라 한다.

❖ **金玉滿堂(금옥만당), 莫之能守(막지능수) ;**
  금과(金) 옥이(玉) 가득한 집을(滿堂) 어찌 지키려 하는가(莫之能守).

  金(쇠 금) - 쇠, 금, 화폐, 누런빛, 귀하다.
  玉(구슬 옥) - 구슬, 옥, 아름다운 덕, 아름답다, 훌륭하다, 가꾸다.
  滿(찰 만) - 차다, 가득하다, 풍족하다, 만족하다, 흡족하다, 꽉 채우다.
  堂(집 당) - 집, 사랑채, 근친, 남의 어머니, 명당, 평지, 당당하다, 의젓하다.
  莫(없을 막) - 없다, 말다, 불가하다, 꾀하다, 편안하다, 조용하다, 드넓다, 아득하다.
  能(능할 능) - 능하다, 기량, 능히 할 수 있다, 재능, 인재.
  守(지킬 수) - 지키다, 다스리다, 기다리다, 거두다, 청하다, 지키는 사람, 정조.

대학 시절 자본주의(資本主義)를 공부하면서 어떻게 자본(資本)이, 즉 돈이 최고의 가치가 될 수 있는가에 대해 서양 사상에 대한 의문을 가졌었다. 동양의 전통 사상과는 지나칠 만큼의 괴리가 있었기 때문이다. 몇 해 전, 유대인에 대한 다큐를 보고서야 그 의문이 풀렸다. 자본주의가 전 세계를 지배하는 이념과 국가 체제가 된 것은 미국과 미국을 실질적으로 움직이는 유대인들이었다는 것을 말이다. 1,700만의 유대인 중 650만이 미국에 산다. 유대인들이 세계 금융계를 장악하고 200명의 노벨상 수상자가 나온 이유가 무엇일까? 예전에 아메리카 대륙을 사업차 간 적이 있었다. 중남미 역시 부를 거의 독점하는 피라미드의 꼭대기에 유대인들이 있었다. 유대인들이 어느 장소에 모여 회의를 열기만 하면 그들을 경호하는 경호원 수가 더 많다는 얘기를 들었다. 금과

(金) 옥(玉)이 가득한 집을(滿堂) 어찌 지키려 하는가(莫之能守). 유대인들은 총으로 중무장한 경호원들이 지킨다.

신약성경에 예수와 함께 논쟁을 벌이는 유대교의 3대 종파 중 두 종파가 있었는데 사두개인(Sadducees)들과 바리새인(Pharisees)들이다. 그들은 예수와 끊임없이 갈등하였다. 당시 사두개인들과 바리새인들은 현재 이스라엘 지역의 지배층을 구성하고 있었다. 바리새인들은 지금으로 치면 수구꼴통과 같은 극우 보수 세력이다. 그들은 그리스와 로마문화의 유입으로 이스라엘 고유의 전통과 문화, 그리고 이스라엘 고유의 야훼 신앙이 점차 약해지는 것을 우려하여 모세오경(토라 또는 율법)의 가르침을 문자적으로 준수하는데 철저함을 보였던 유대교의 한 종파가 바리새파이다. 사두개인들은 종교보다는 정치에 더 관심이 있었기 때문에, 예수가 불필요하게 로마의 관심을 끌어 현 상황을 뒤엎을 수도 있다는 두려움을 갖기 시작하기 전까지는 예수를 무시해 버렸다. 그러나 어느 시점에서 바로 사두개인들과 바리새인들은 모두 서로 간의 차이점을 내려 두고, 한 뜻이 되어 그리스도를 십자가에 못 박혀 죽음에 이르도록 공모한 것이다. (요한복음 11:48-50, 마가복음 14:53; 15:1) 바로 예수를 죽음으로 몰고 간 사두개인과 바리새인들이 현대 유대인들의 조상인 것이다.

유대인은 기원후 종교 문제로 로마 제국과 전쟁을 벌이는데 로마 황제 티투스에 의해 AD 70년 예루살렘을 함락되고 예루살렘 성전들을 모두 불태웠다. 성전 파괴 이후 뿔뿔이 흩어지게 되었다. 2,000년 간의 박해가 시작된 것이다.

엎친 데 덮친 격으로 로마의 황제 콘스탄티누 1세가 313년 2월 3일 기독교를 공인 후부터 유럽의 유대인들은 모든 예수 그리스도를 믿는 이들에게 공분을 사는 증오와 혐오의 존재가 되었다. 유럽 각지로 흩어진 유대인들의 고된 삶이 시작된다. 유대인 그들만의 '공동체 의식'과 '우리 감정'은 고통과 울분에 대한 감정으로 그 이후 강화된 것으로 보인다.

자본주의(Capitalism)의 기원이 되는 Bank는 라틴어 'banco'에서 유래한다. 방코는 '탁자(책상)'란 뜻이다(bench와 어원이 같다). 이탈리아 북부에 위치해 있는 항구도시 베네치아(이Venzia, 영Venice)에는 'Banco Rosso Tours'라는 여행상품이 있다. 예전 베네치아에 살던 유대인 거주 지역을 구경하는 여행상품이다. Banco Rosso는 '붉은 책상'이란 뜻이다. 이 낱말은 유대인과 관계있다. 해상

교통이 발달한 베네치아(베니스)는 중세 유럽 무역의 중심지였다. 바빌론 유수(幽囚) 이후 많은 이스라엘인들이 유럽 각지로 퍼졌는데(이를 '분산'이라는 뜻으로 '디아스포라, diaspora'라 일컫는다), 특히 그리스와 로마 지역에 많이 살았다. 알다시피 유럽 사회에 기독교가 보급되면서 유대인들은 예수를 팔아넘긴 민족이라는 이유로 왕따를 당했다. 베네치아의 유대인들은 '게토(ghetto)'라는 특별구역에서만 살아야 했다(미국에서 흑인빈민가를 뜻하는 '게토'란 말은 여기서 유래한다). 해가 지면 경비병들은 출입문을 차단하여 유대인들이 바깥세상으로 못 나오도록 차단하기까지 했다. 이런 혹독한 삶의 조건 탓에 유대인들은 경제활동을 맘대로 할 수 없었다. 그래서 매우 제한적인 직업밖에 못 가졌다. 바로 대부업(전당포), 즉 돈이 필요한 사람으로부터 물건을 담보로 돈을 빌려주는 일이다. 자본주의 경제의 기반이라 할 금융산업의 맹아가 여기서 시작되었다. 셰익스피어의 희곡 〈베니스의 상인〉에서 묘사되고 있듯이 당시 유럽 사회에선, 유대인 하면 곧 수전노 혹은 고리대금업자를 연상하리만큼 경멸의 대상이었다. 그러나 사실을 말하자면, 그것은 유대인의 자질이 그러해서가 아니라 존재 조건상 그렇게 될 수밖에 없었을 것이다. 유대인들은 땅을 사서 농사를 짓거나 하는 게 허용되지 않았을 뿐만 아니라, 자신이 속한 사회의 상황에 따라 언제 쫓겨날지 모르기 때문에 장사를 하더라도 갑작스러운 이동에 따른 손실이 적은 상품으로 이를테면 식료품 장사 같은 것을 했다. 무엇보다, 자신이 피땀 흘려 모은 자산을 보존하기 수단으로 금은화폐의 축적에 관심이 많았다. 〈베니스의 상인〉에 나오는 샤일록 같은 유대인이 없진 않았겠지만, 유대인을 사악한 존재로 묘사하는 것은 백인 중심 기독교사회의 편견이 반영된 것으로 봐야 한다. 오히려 사악한 쪽은 언제나 그들이었다. 사회에 혼란이 발생할 때 지배계급은 희생양을 만들어 위기를 모면해 간다. 1923년 9월 1일 발생했던 관동대지진 때 일제가 조선인들을 대량 학살하면서 민심을 수습했듯이 유럽의 지배계급은 사회적 불만이 쌓일 때마다 유대인들을 희생양으로 삼았다. 유대인들을 죽이거나 재산을 몰수하는가 하면 채무증서를 불태움으로써 대중의 사회적 불만을 잠재웠다. 새로운 시대의 탄생은 낡은 체제(앙상 레짐)의 해체를 요구하게 되었고 1688년 영국의 의회가 제임스 2세를 몰아낸 사건인 명예혁명(名譽革命, Glorious Revolution)에 이어 1776년 미국 독립혁명과 1789년 프랑스 혁명까지 시민혁명이 유럽을 불태우고 있었다. 그런데 정치체제의 패러다임 교체를 주도한 신흥세력들이(부르주아, 젠틀리 계급) 혁명을 수행하기 위한 자금줄을 제공한 것이 바로 유대인이었다. 유대인들은 혁명의 자금을 제공하고 혁명 세력은 유대인에게 밝은 미래를 보증해 주었다. 시민혁명이 성공한 영국에서 유대인들은 영국 파운드화 화폐 발행권을 갖게 되었고 프랑스에서는 드디어 시민권을 획득하게 되었다. 감옥과 같았던 게토에 갇혀 거주이전과 직업선택의 자유를 박탈당한 채 노예처럼 살다가 드디어 새로운 유럽을 이끌어가는 주역으로 우뚝 서게 된 것이다. (출처: 위키백과)

19세기 이후 영국의 식민지와 그리고 히틀러의 홀로코스트로 유럽의 유대인들이 미국으로 건너가게 된 것이다. 자본주의는 우리의 영혼이 되었다.

❖ **富貴而驕(부귀이교), 自遺其咎(자유기구). 功遂身退(공수신퇴), 天之道(천지도).**
부귀를 누리면서(富貴而) 교만해지면(驕) 스스로(自) 그(其) 허물을(咎) 남길 뿐이다(遺). 공을(功) 이루었으면(遂) 몸은(身) 물러나는(退) 것이 하늘의 도이다(天地道).

驕(교만할 교) - 교만하다, 경시하다, 오만하다, 길들여지지 않다, 속이다, 기만하다.
遺(남길 유) - 남기다, 끼치다, 잃다, 버리다, 잊다, 두다, 더하다.
咎(허물 구) - 허물, 과오, 재앙, 미움, 꾸짖다, 미워하다, 증오하다, 책망하다.
功(공로 공) - 공, 공로, 공적, 일, 사업, 공의, 튼튼하다, 공격하다.
遂(따를 수) - 드디어, 마침내, 두루, 이루다, 생장하다, 끝나다, 가다, 답습하다.
退(물러날 퇴) - 물러나다, 물리치다, 바래다, 겸양하다, 떨어뜨리다, 쇠하다.

천명지위성(天命之謂性) 중용(中庸) 1장의 첫 구절이다. 하늘이 명하여 일컬으니 그것이 바로 하늘이 내려준 본성(本性)이다. 인간 본성이 무엇일까? 나는 지난 10여 년 동안 나를 성찰과 반성하면서 오랜 시간을 들여 공부한 주요 주제였다. 아마 인간 본성에 대한 국내 번역된 책을 다 읽었을 것이다. 들어가는 말에서도 언급했지만, 인간 본성을 공부하게 되면서 침팬지를 만나고, 뇌 과학을 만나게 되고, 우주의 시작과 끝을 알게 되었다. 서양에서는 인간 본성을 Human Nature라고 쓴다. 그리고 항상 등장하는 것이 홉스의 인간 본성이냐 루소의 인간 본성이냐를 놓고 '네가 맞다, 내가 맞다'라고 한다. 내가 도덕경을 반드시 주해하고 싶다는 욕심을 부리게 된 것도 바로 인간 본성에 대한 지지부진한 해묵은 논쟁을 종식하는 것이 가장 중요한 의도이다.

2017년에는 '홍일립'이라는 작가가 저술한 1,182쪽 분량의 《인간 본성의 역사》란 책이 나왔다. 동양의 공자, 맹자, 순자, 아리스토텔레스, 홉스, 루소, 리처드 도킨스, 에드워드 윌슨, 로버트 트리버스 등 진화생물학까지 역사상 인간 본성을 다룬 사람들은 전부 서술한다. 다음은 중앙국립도서관에서 제공한 추천 도서 소개에 동국대 불교학과 허남결 교수가 추천 도서 안내를 옮겼다.

다른 동물과 달리 호모 사피엔스 종은 자신이 누구인가를 스스로 되물을 수 있는 유일무이한 존재로 알려져 있다. 그런 점에서 인간은 인간 외의 생명체들과는 확연히 구분되는 독특한 유적 본질의 소유자들이다. 동서양을 불문하고 지난 수천 년 동안 수많은 인간 본성 담론이 생산된 것은 이러한 인간의 종적 특성과 결코, 무관하지 않을 것이다. 우리가 인간의 본성을 어떻게 규정하는가에 따라 행위의 원리와 규범을 다루는 도덕철학 혹은 윤리학의 접근방식도 달라진다. 그렇다면 지금까지 전개되어 온 동, 서양의 윤리 학설사는 곧 인간 '본성' 관념을 둘러싼 설명 방식의 차이일지도 모르겠다. 이 말에 조금이라도 동의한다면 새로 나온 책 《인간 본성의 역사》를 반드시 읽어볼 것을 권유한다. 흔히 자기변명 삼아 하는 말 중에 '양'보다 '질'이란 말이 있지만 1,182쪽에 달하는 이 책은 '양'만큼 '질'이라는 평가를 받아 마땅한 역작이다. 인간 본성 개념을 다루고 있는 동, 서양의 뛰어난 사상가, 근대 초기와 계몽기의 독창적인 철학자, 근·현대사회과학의 대표적 선구자, 그리고 현대의 진화생물학 및 신경 인지과학자들의 견해를 통시적인 관점에서 살펴보고 있는 책에는 저자의 '열'과 '성'과 '혼'이 고스란히 담겨있다. 무엇보다도 저자는 남다른 사회참여 경험에서 우러나오는 뚜렷한 주제 의식과 함께 강단학자들에게서 흔히 나타나는 양비론이나 양시론의 가면 속에 숨은 지적 비겁함(?)과는 거리가 먼 뚜렷한 자기주장을 펼치고 있어 독자들은 말 그대로 시원한 글맛을 만끽할 수 있다. 처음부터 끝까지 읽는 것이 부담스럽다면 필요한 부분만 골라 읽어도 책의 가치는 조금도 손상되지 않으리라 믿는다.

나 역시 이 책을 정말 꼼꼼히 읽었다. 작가의 독서량과 노력에 감탄하면서 말이다. 그런데 후반부로 갈수록 내용이 이상해진다. 1,000페이지가 넘는 이 책의 결론이 뭔지 모르겠다. 진화생물학자들을 비판하는 내용인데 아무리 공부해도 인간 본성이 뭔지 모르겠다고 결론을 내린다. 그리고 모르는 것을 모른다고 하는 것이, 학자적 양심이라면서 홀로 결연한 채 결론을 내린다. 어느 도서관에 가도 이 책은 사람들이 많이 읽는 듯 다들 낡아져 있다. 내가 느끼기에는 세계적인 명성과 존경을 얻고 있는 '리처드 도킨스와 에드워드 윌슨'을 비판함으로써 자신이 가진 능력을 과시하기 위해 썼다는 느낌을 받았다. 이경숙이란 사람이 도올 선생을 망신 주려고 '노자를 웃긴 남자' 같은 삼류 저질스러운 글을 썼듯이 이 책에서도 그러한 의도를 느꼈다. 바로 그러한 태도가 맘에 들지 않는다는 것이다. 특히 서양철학과 미학을 전공한 사람들이 그런 일을 잘한다. 소위 인문학이라는 '小人之學'을 공부한 소인들이 자신의 시각으로 '大人之學'의 자연과학을 함부로 다루는 경향을 여러 번 봤다.

일본의 교토대학교 영장류 연구팀은 아프리카의 '자이르 공화국(République du Zaïre- 콩고민주공화국의 옛 이름)'에서 벌어진 내전으로 기관 총알이 왔다 갔다하고 말라리아와 온갖 벌레들과 사투를 벌여가면서 10년, 20년을 밀림을 누비며 고릴라와 침팬지 같은 대형 유인원을 연구했다. 수백, 수천 km를 걸어 다니면서 연구했다. 칠레 출신의 영국 옥스퍼드대학에서 동물학 박사를 취득한 영장류학자 이사벨 벤케 이스키에르도(Isabel Behncke Izquierdo, 1977~)는 어린 여성의 몸으로 500km를 걸어 다니며 관찰하여 영장류를 연구했다. 그녀는 보노보 연구의 세계적인 권위자. 내전 중인 곳에서 목숨을 담보로 영장류를 연구하는 까닭이 무엇일까? 세계적으로 영장류 연구에 선진 국가가 일본, 영국, 네덜란드, 미국, 독일이다. 그들은 영장류에서 인간의 과거와 미래를 보았다.

위대한 연구를 소위 인문학 한다는 사람들이 컴퓨터 자판으로 쓴 글자 몇 자로 무시해 버린다. 개미나 연구하고 새나 쫓아다니는 게 뭐 그리 대단하냐는 뜻이다. 그들이 자존감으로 여기는 데카르트와 칸트와 쇼펜하우어를 들먹이면서 말이다. 나는 Ph. D 학위를 그리 존중하지 않는다. 책 몇 권 읽고 써낸 박사학위가 뭐 그리 대단한가? 노자는 그런 부류의 사람들에게 경고를 날린다. 다스리려 하지 않아도 다스려지는 무위의 도덕이 뭔지나 아는가 말이다.

내가 읽은 책 중 인간 본성에 대한 가장 획기적이고 기발한 저서는 하버드대학교 인간 진화생물학과를 설립한 영장류학자이자 진화인류학자이다. 영국계 미국인《요리 본능》의 저자 리처드 랭엄이 저술했다. 랭엄은 옥스퍼드 대학에서 동물학을 전공하고 보노보, 침팬지, 인간 3종을 동시에 연구한 제인 구달 선생의 제자이자 동료이다. 그의 저서《도덕의 역설: 폭력과 미덕이 인간의 진화와 가지는 기이한 관계(The Goodness Paradox:The Strange Relationship Between Virtue and Violence in Human Evolution)》에서 전쟁과 살인 등 인간 폭력성의 기원을 수컷 영장류와 비교 연구를 통해 파헤쳐 논란과 화제를 낳았다. 첫 대중서《악마 같은 남성》이후 더 충격적인 제안으로 인간은 극과 극의 양극성으로 진화했다고 주장한다. 우리나라에는《한없이 사악하고 더없이 관대한 - 인간 본성의 역설》이라는 이름으로 2020년 번역 출간되었다. 사악한 마음을 가진 인간(짐승)은 더욱 사악한 짐승으로 선한 인간은 더욱 선(성인, 군자)하게 진화했다는 것이다. 인간의 마음에는 본능(本能)과 본성(本性)이 함께 숨어있다. 본능이란 무의식적(無意識的)으로 행하는 행동(行動)을 말하는 것이다. 우리의 본능은 98.7%가 침팬지와 보노보의 본능이다. 660만 년 전 공통의 조상과 계통 분화했다. 내 관점에서 하등과 고등의 차이는 도덕심이 있고 없고의 문제이다. 고등 인지 동물은 바로 하늘이 명한 이타적(도덕적) 본성을 행하는 것이다.

자사는 천명(天命)을 하늘이 내린 본성으로 따라야 한다고 가르친다. 솔성지위도(率性之謂道) 하늘이 내린 본성을 갈고 닦아 그것을 일컬어 '道'라고 하였다. 탐욕스럽지 않고, 지나치지 않고, 교만하지 않고, 스스로 물러날 줄 아는 것이, 바로 선인들이 그렇게 강조한 '天地道(천지도)' 하늘의 길인 것이다. 이타성이 없는 사악한 털 없는 침팬지들은 그래서 두들겨 패서라도 사람을 만들어야 하는 것이다. 그것이 교육이다. 수도지위교(修道之謂敎) 자사는 끊임없이 도를 갈고 닦으니, 그것을 일컬어 敎라고 하였다. 사람을 짐승으로 만들지 않게 제대로 가르쳐야 한다. 그러나 현실은 짐승들이 사람됨을 정치라는 이름으로 사람 사는 세상이 아닌 경쟁과 힘이 지배하는 세렝게티(Serengeti) 초원으로 만들고 있다.

우리나라가 전통적으로 사용하는 언어인 "사람이 금수만도 못하다"라는 말이 있다. 인간의 권리가 최악이었던 몽매주의 시대에 맞서 계몽주의 시대에 접어들면서 보카치오 같은 사람들이 내세운 서구에 인권(人權, human right)이란 개념이 생겼다. 이는 짐승과 별반 차이 없는 사람들이 지배하던 시절에 약자들에게도 인간의 권리가 있음을 주장한 것이다. 이게 시대가 변하자, 짐승 같은 인간들이 자신을 보호하는 개념으로 전도된다. 특히 진보라고 주장하는 사람들이 역사적 배경을 무시하고 인권, 인권을 외친다. 그러다 보니 이젠 인면수심의 짐승들도 인권을 외친다. 특히 마이클 샌델 같은 '도덕철학'하는 사람들이 공리주의(功利主義)를 바탕으로 정의(正義)를 정의(定義)하다 보니 正義를 定義한다는 것이 더욱 난해해졌다. 동양 전통의 정의는 인면수심의 짐승을 짐승처럼 다루라는 것이다. 그게 정의고 사람 사는 세상이다. 하종오 시인의 시집을 소개한다. 《벼는 벼끼리 피는 피끼리》, 즉 사람은 사람끼리 짐승은 짐승끼리이다. 그것이 2016~2017년 그 많은 사람이 모여도 사고 한 번 발생하지 않은 이유다. 이타주의는 인간사회 그리고 지구적 엔트로피(무질서, Disorder)의 증가를 막는 유일한 길이다.

공리주의의 창시자 제러미 벤담(Jeremy Bentham 1748~1832)은 영국의 법학자, 철학자이자, 변호사이다. 왜 그가 파놉티콘이라는 감옥을 설계했을까? 파놉티콘의 수감자들은 감시자가 부재할 때도 감시자가 존재한다고 생각하게 하여 그들의 상상을 통해 감시자의 시선을 내면화함으로써 자신들 스스로 길들이게 하는 것이다. 아프리카 흑인들을 굴비 엮듯이 엮어 아메리카 대륙으로 수송했던 서유럽 짐승들에게 히틀러에게 프랑코에게 무솔리니에게 일본제국주의 놈들에게 무슨 인권이 있으랴! 친일파를 처단하지 못한 뼈아픈 대한민국이여!

제10장.
載營魄抱一(재영백포일)
물질과 에너지가 만물의 오묘함이 된다

載營魄抱一, 能無離乎? 專氣致柔, 能嬰兒乎? 滌除玄覽, 能無疵乎? 愛民治國, 能無知乎? 天門開闔, 能爲雌乎? 明白四達, 能無爲乎? 生之, 畜之, 生而不有, 爲而不恃, 長而不宰, 是謂玄德.

육체와(魄) 마음은(抱) 하나에서(一) 비롯하여(載) 피워 무성해진다(營). 어찌 이 둘을 떼어놓는 것이(無離) 가능하겠는가(能乎)? 모든 기운을(氣) 모아(專) 중력을 거스르고 봄에 올라오는 새순처럼(致柔) 갓난아이(嬰兒)가 태어나는 것도 같은 이치가 아니겠는가(能乎)? [도의] 아득한 이치를(玄覽) 기르고 수련하여 흐트러짐이 없도록(滌[修除]) 끊임없이 갈고 닦아 허물이 없을 수 있겠는가(能無疵乎)? 백성을 소중히 여기고(愛民) 세상을 다스림이(治國) 인간 세상의 지식만으로 되는 것이 아님을 알겠는가(能無知乎)? 하늘의(天) 문이(門) 열려(開) 세상 전부를 품었던(闔) 자궁이 세상 만물이 되었음을 알겠는가(能爲雌乎)? 세상이 열려 밝음의 질서가(明) 빛나니(白) 사방으로(四) 퍼지게 된다(達). 이러한 것들을 감히 인간들 마음대로 할 수 있는 것이(能無爲) 아님을 깨달을 수 있겠는가(知乎)? 도는 만물을 낳고(生之), 기르지만(畜之) 생겨남과 동시에(生而) 소유하려 하지 않고(不有), 다스리나(爲而) 의지하지 않고(不恃), 자라게(長) 하나 주재하려 하지 않으니(不宰), 이를 일컬어(是謂) 현묘한 덕인 '현덕'이라 한다(玄德).

❖ **載營魄抱一(재영백포일), 能無離乎(능무리호)?**
  육체와(魄) 마음은(抱) 하나에서(一) 비롯하여(載) 피워 무성해진다(營). 어찌 이 둘을 떼어놓는 것이(無離) 가능하겠는가(能乎)?

  載(실을 재) - 싣다, 오르다, 행하다, 비롯하다.
  營(영화 영) - 영화, 영예, 명예, 피, 꽃, 무성하다, 싱싱하다, 피다, 나타나다.

魄(넋 백) - 넋(정신이나 마음), 몸, 사람의 형체, 달, 달빛, 재강, 조짐, 밝다.
抱(안을 포) - 안다, 품다, 둘러싸다, 가지다, 지키다, 받들다, 던지다, 아름, 가슴.
離(떠날 리) - 떠나다, 떼어놓다, 갈라지다, 흩어지다, 가르다, 늘어놓다, 달라붙다.

내게는 이번 장이 가장 어려운 장이자 가장 많은 시간을 들여 여러 책을 살펴보며 심혈을 기울였다. 그동안 일관되게 우주, 지구, 자연, 인간의 정치를 일관되게 도로 연결해 왔다. 갑자기 혼백이 나오고, 갓난아이가 나오고, 현람(玄覽)이 나오고, 그러다 애민과 치국이 나오고, 하늘의 문이 열리더니 암새가 나온다. 그러면서 다시 도의 기능에 대해서 다루더니 현묘하다고 하시면서 끝을 맺으신다. 도덕경을 해석하시는 분들 그 자체로 존경스럽다. 도덕경의 맛이 다양한 시각으로 다양한 해석이 있기에 지구가 품은 생명들처럼 '노자 다양성'이 존재한다고 생각한다. 이번 장이야말로 해석하는 분들마다의 시각 차이가 분명하다. 10장의 1절부터 일관성 있게 해석하는 것이 쉽지 않다. 이 책을 쓰는 목적이 그러한 도덕경에 대한 해석의 다양함을 맛보라 시도했으니, 그 취지에 맞게 각자 취향에 맞는 해석을 살펴봄도 재미라 여긴다.
과학적 시각으로 해석이 가능한 장은 의외로 쉽게 노자가 말하고자 하는 의도를 간파할 수 있었는데, 이번 장은 내 실력으로는 쉽지 않았음을 고백하며 시작하겠다. 이장을 이해하기 위해서는 철학적 배경을 약간 알아야 왜 서양과 동양의 철학에서 가장 중요한 핵심 쟁점이 되었는가 이해할 수 있다.

우리의 몸과 마음이 하나인가 둘인가의 문제는 동양과 서양철학 모두 가장 중요한 관심이자 논쟁거리였다. 조선 중기의 문신이자 위대한 조선의 대학자 퇴계 이황(李滉, 1502~1571)과 고봉(高峯) 기대승(奇大升, 1527~1572)이 편지로 서로의 반대의견을 나눴던 그 유명한 사단칠정(四端七情) 논쟁도 그중의 하나이다. 또한 영혼(靈魂)의 존재 여부이다. 프랑스의 성직자이자 철학자 "나는 생각한다. 고로 존재한다"라는 말로 유명한 르네 데카르트(René Descartes, 1596~1650)가 불을 지핀 심신 이원론(心身二元論) 문제이다. 데카르트는 육체 없이도 존재하는 나를 가정하였다. 마음과 몸은 따로 있다며 정신을 물질과 분리되어 생각할 수 있는 또 하나의 실체로 본 것이다. (출처: 위키백과) 동양에서는 이 문제를 이기일원론(理氣一元論)과 이기이원론(理氣二元論) 논쟁을 노자가 서양보다 2천 년 앞서 제기한 것이다.

결론적으로 노자는 몸과 마음이 하나라고 가르치고 있다. 나 역시 몸과 마음은 하나이다라고 결론짓는다. 우리 우주가 한 점에서 시작되었다는 자체가 일원론(一元論)이다. "육체와(魄) 마음은(抱) 하나에서(一) 비롯하여(載) 피워 무성해진다(營). 어찌 이 둘을 떼어놓는 것이(無離) 가능하겠는가(能乎)?" 노자가 위대한 이유지만 이기이원론(理氣二元論)을 따르는 북송의 성리학의 창시자인 주돈이(周敦頤, 1017~1073), 정이(程頤, 1033~1107) 그리고 그의 제자이자 성리학을 완성한 주자라고 알려진 남송의 주희(朱熹, 1130~1200)에게 모든 천지 만물이 하나에서 시작되었다는 노자의 사상은 쉬이 받아들여질 수 있는 문제가 아녔다. 지금도 유가는 노자의 일원론을 받아들이기도 이해하기도 힘든 문제로 여긴다. 유가가 노자를 거부하는 이유이기도 하다. 결론적으로 나는 노자와 공자는 한 사상이자 하나의 일관된 철학을 가지고 있다고 주장한다. 노자가 개인이 도와 덕을 획득하여 자기 길들이기가 되어야 한다고 주장하는 도덕론자라면 공자는 인의예지를 강조하여 사회윤리와 규범을 강조한 윤리론자라는 차이뿐이다.

자연과학과 인문학이 하나이듯 물질과 정신은 늘 하나였다. 인간이 인위적 작위적으로 구분한 것에 불과하다. 아인슈타인이 증명하지 않았던가. 물질과 에너지는 같다고. $E = mc^2$ 말이다. 노자의 위대한 철학은 현대적 용어로 표현하면 과학철학(科學哲學, philosophy of science)이다.

❖ **專氣致柔(전기치유), 能嬰兒乎(능영아호)?**

모든 기운을(氣) 모아(專) 중력을 거스르고 봄에 올라오는 새순처럼(致柔) 갓난아이(嬰兒)가 태어나는 것도 같은 이치가 아니겠는가(能乎)?

專(모을 전) - 모이다, 둥글다, 오로지, 마음대로, 홀로, 사사로이, 한 장, 제멋대로.
氣(기운 기) - 기운, 기백, 기세, 힘, 숨, 공기, 냄새, 바람, 날씨, 가스, 화내다.
致(이를 치) - 이르다, 다하다, 부르다, 보내다, 그만두다, 주다, 곱다, 풍취, 취미.
柔(부드러울 유) - 부드럽다, 순하다, 연약하다, 복종하다, 편안하다, 사랑하다.
嬰(어린아이 영) - 어린아이, 갓난아이, 두르다, 목에 걸다, 잇다, 더하다, 닿다.
兒(아이 아) - 아이, 아기, 젊은 남자의 애칭, 어리다, 새순, 연약하다.

나는 현대의 과학적 토대로 노자의 도덕경을 현대적 시각에 맞게, 일관성을 유지하며 해석하고자 하는 것이 목적이다. 그러다 보니 한자 자체가 한 글자에 워낙 여러 가지 뜻이 첨 해져, 원래 가지고 있는 뜻과 약간 어긋날 수도 있음을 양해 바란다. 글자 하나 잘못 해석하면 비판을 넘어 인격적으로 매도하시는 분들이 많다 보니 조심스럽다. 그러함에 연연하는 성격은 아니지만 말이다. 이 절구를 어떻게 氣와 嬰兒를 자연스럽게 연결하여 해석할 것인가가 가장 어려운 핵심이다.

노자의 목소리가 10장에서는 세상 미련한 인간들에게 전하시는 말씀이 너무 근엄하고 SCALE이 깊고 넓어서 반복해서 잘못 해석했다. 조금만 뜻을 잘못 이해해 글을 써놓고 읽어보면, 문맥이 갈수록 절름발이가 되어 여러 번 수정에 수정을 가했다. 몇 해 전 도올 선생께서 하신 '노자' 강의에서 들었던 지식을 바탕으로 기를 해석했다. 기(氣)란 봄이 되면 어김없이 중력을 거스르며 피어오르는 땅을 뚫고 솟아오르는 새싹과 같다는 말씀이었다. 온몸에 전율이 흘렀다. 그렇구나! 모든 기운을(氣) 모아(專) 중력을 거스르고 봄에 올라오는 새순처럼(致柔) 모든 기운과 기백을 몰아 때가 되면 뚫고 나오는 새순의 기운(氣運)이다! 엄마의 자궁 속에서 270일을 있었던 태아가 좁은 엄마의 질을 통해, 때가 되면 기를 쓰고 나오는 갓난아이(嬰兒)와 같은 기(氣)의 이치가 아니겠는가!

❖ **滌[修]除玄覽(척[수]제현람), 能無疵乎(능무자호)?**

[도의] 아득한 이치를(玄覽) 기르고 수련하여 흐트러짐이 없도록(滌[修]除) 끊임없이 갈고 닦아 허물이 없을 수 있겠는가(能無疵乎)?

滌(씻을 척) - 씻다, 닦다, 청소하다, 우리.
修(닦을 수) - 닦다, 익히다, 연구하다, 꾸미다, 고치다, 손질하다, 다스리다, 갖추다.
除(덜 제) - 덜다, 없애다, 감면하다, 버리다, 제외하다, 손질하다, 치료하다, 털갈이, 돌계단, 나눗셈.
玄(검을 현) - 검다, 검붉다, 심오하다, 신묘하다, 깊다, 멀다, 아득하다, 짙다.
覽(볼 람) - 보다, 두루 보다, 전망하다, 받다, 받아들이다, 전망, 경관.
疵(허물 자) - 허물, 흠, 결점, 흉, 혹, 흉보다, 알랑거리다, 헐뜯다, 비난하다.

道의 이치이자 自然의 理致를 보는 혜안인 현람(玄覽)은 내가 세상의 중심이 되는 순간 아무것도 보이지 않는다. 또 한 번 강조하지만 우리는 언제든 짐승이 되는 98.7%가 침팬지와 공통의 마음을 가지고 있다. 끊임없이 공부하고 나의 관점이 아닌 타인의 관점으로 더불어 자연의 관점으로 나를 바라보고 세상을 바라보는 것이다. 그것이 우리의 도덕심과 이타심과 자비심이다. 그러기 위해서는 비어야 한다. 욕심과 탐욕 그리고 이기심을 말이다.

하덕규가 노래하지 않는가?
"내 속에 내가 너무도 많아 당신의 쉴 곳 없네. 내 속엔 헛된 바램들로 당신이 편할 곳 없네. 내 속엔 내가 어쩔 수 없는 어둠 당신의 쉴 자리를 뺏고 내 속엔 내가 이길 수 없는 슬픔 무성한 가시나무 숲 같네." 도는 나를 떠나 스스로 그러한 이치인 자연의 관점으로 세상을 보라 한다. 그게 다윈이 발견한 종의 기원인 것이고 제임스 웹 우주 망원경이 우주의 시작을 알리는 희미한 광자(光子, photon 또는 빛 알은 기본 입자의 일종으로 가시광선을 포함한 모든 전자기파를 구성하는 양자이자 전자기력의 매개 입자이다)의 흔적을 찾으려 하는 것이다. 노자는 타이른다. [도의] 아득한 이치를(玄覽) 기르고 수련하여 흐트러짐이 없게(滌[修]除) 끊임없이 갈고 닦아 참된 인간으로서 허물이 없게 말이다.

❖ 愛民治國(애민치국), 能無知乎(능무지호)?
백성을 소중히 여기고(愛民) 세상을 다스림이(治國) 인간 세상의 지식만으로 되는 것이 아님을 알겠는가(能無知乎)?

도를 갈고 닦아야 나라를, 세계를 다스리는 정치(政治)가 올바른 정치(正治)가 되는 것이다. 모든 전쟁과 인간의 자멸은 정치가 짐승의 마음을 가진, 사람의 탈을 쓴 원숭이들의 마음으로 행했기 때문에 분란과 전쟁이 끊이지 않는 것이다. 마이클 토마셀로의 연구대로 원숭이는 이기적이다. (출처: 마이클 토마셀로, 《이기적 원숭이와 이타적 인간》) SBS에서 방영된 2부작 다큐 태국의 롭부리라는 도시 안에 있는 한 사원에 사는 원숭이 사회에서 벌어지는 권력다툼 이야기 〈멍키시티〉를 반드시 봐야 한다. 인간사회와 원숭이의 사회가 뭐가 같고 다른지를 말이다. 원숭이 사회와 참인간의 세상이 다르기 위해서는 백성을 소중히 여길 줄 아는 애민(愛民)의 사랑으로 세상을 다스리는 것이다. 짐승의 마음(無知)으로는 두들겨 패서 사회 질서를 이루는 깡패, 자신의 영면과 집단의 기득권을 위해 공공재인 권력을 사적재처럼 맘대로 주무르는 정치 검사들과 다를 바 없다.

노자의 인간 됨은 곰이 인간이 되기 위해 햇빛 없는 동굴 안에 스스로 갇혀 100일 동안 쑥과 마늘만으로 견디고 견딘 웅녀가 되라는 것이다. 그렇게 짐승의 마음에서 사람의 마음으로의 대이동 해야만 하는 것이다. 유전적으로 가장 가까운 사촌들과 공통 조상인 사헬란트로푸스 차덴시스의 뇌의 용적은 침팬지 뇌의 용적과 같은 450cc이다. 사피엔스의 뇌의 용적이 1,500cc로 폭발적으로 진화된 이유이다. 바로 사회적, 언어적 진화의 결과인 도덕심과 이타심 그리고 자비심과 자발적 협력심 덕이었다는 것을 절대 잊지 말자!

❖ **天門開[啓]闔(천문개[계]합), 能爲雌乎(능위자호)?**
하늘의(天) 문이(門) 열려(開) 세상 전부를 품었던(闔) 자궁이 세상 만물이 되었음을 알겠는가(能爲雌乎)?

開(열 개) - 열다, 열리다, 피다, 개척하다, 시작하다, 깨우치자, 헤어지다, 사라지다.
啓(열 계) - 열다, 열리다, 일깨워 주다, 여쭈다, 보도하다, 책상다리. 안내하다.
闔(문짝 합) - 문짝, 거적, 온통, 전부의, 통할하다, 닫다, 부합하다, 간직하다.
雌(암컷 자) - 암컷, 암새, 약하다, 쇠약하다, 패배하다, 지다.

만물이 그리 힘들게 품어 지구상에서 아니, 이 드넓은 우주에서 우리 사피엔스만이 유일한 고등 생명체일 수도 있다. 우리는 우주에 우주선을 쏘아 올리고 우리의 기원을 알려준 눈인 '허블 우주망원경'과 '제임스 웹 우주 망원경'으로 우주를 바라보고 있다. 우주는 그렇게 힘들게 우리를 품었다.
사피엔스여! 너희가 얼마나 아름다운 존재인가? 하늘의 문이 열려 세상 모두를 품을 자궁이 열렸음을 알아냈으니 말이다. 우주의 나이를 알아내고 그 시작을 알아낸 위대한 존재들이여!

❖ **明白四達(명백사달), 能無爲[知]乎(능무위[지]호)?**
세상이 열려 밝음의 질서가(明) 빛나니(白) 사방으로(四) 퍼지게 된다(達). 이러한 것

들을 감히 인간들 마음대로 할 수 있는 것이(能無爲) 아님을 깨달을 수 있겠는가(知 乎)?

達(통달할 달) - 통달하다, 통하다, 이르자, 도달하다, 전달하다, 통용되다, 이루다.

노자가 바라본 상황을 내가 2018년 저술한 책 우주의 처음과 우주의 종말에 관해 쓴 책 《시작과 끝》에서 옮겨본다. 우주의 시작을 알리는 대폭발이 일어난 물질의 시대 이후 37만 년 동안 우주는 매우 혼돈된 상태였다. 당시의 우주는 지금의 우주보다 작았고 물질 입자들은 수소 원자핵, 헬륨 원자핵, 자유 전자 형태로 정신없이 날아다녔다. 물질 입자 1개당 10억 개씩 되는 광자는 사정없이 물질 입자들과 상호작용을 하였다. 마치 전체가 풍선 안에 갇힌 물처럼 묶여서 운동하는데 이를 '플라즈마(plasma)' 상태라고 한다.
이 시간 동안 우주는 계속 팽창했고, 온도가 3,000°K까지 떨어졌을 때 우주의 역사에서 또 한 번의 중요한 상전이(相轉移)가 이루어졌다. 높은 온도에서는 빛의 에너지가 너무 커서 결합했다가도 금방 빛과 충돌하여 부서져 버리고 만다. 그러나 온도와 밀도가 충분해지자 헬륨 원자핵 $^4H^+$은 자유 전자(-) 2개를 포획하여 헬륨 원자가 되었고, 자유 양성자 $^1H^+$도 1개의 자유 전자를 포획하여 중성인 수소원자로 안정적인 원자가 만들어지기 시작했다.
플라즈마 상태의 하전입자(荷電粒子)들 사이를 배회하던 광자(빛, photon)도 이 무렵부터 자유롭게 날아다니기 시작했다. 원자핵과 전자들이 전기적으로 서로 결합하자 단위 부피당 입자 수가 반으로 줄어들기 시작했기 때문이다. 그리고 원자핵과 전자가 결합하여 만들어진 원자는 서로의 전하를 상쇄시켜 전기적으로 중성이 되었고, 중성인 입자와는 상호작용을 하지 않는 빛의 성질로 인하여 수천 년 전에 뉴트리노(중성미자)가 자유로워진 것처럼 광자χ(빛) 역시 물질의 지배에서 벗어나 드디어 자유를 찾았다. 이 재결합(recombination) 시기에 '플라즈마'를 탈출한 광자는 **우주를 밝힌 최초의 빛**이었다. 재결합 시기에 빛(광자)이 공간을 마음대로 돌아다니면서 우주는 처음으로 투명해졌다. 빛의 파장대가 넓게 퍼져 있었지만 1μm의 적외선과 그 부근의 가시광선이 주류를 이루었고, 우주는 창조의 잔광(殘光, after glow)으로 완전히 덮여있었다. (출처: 짐배것, 《기원의 탐구》)

"세상이 열려 밝음의 질서가(明) 빛나니(白) 사방으로(四) 퍼지게 된다(達). 이러한 것들을 감히 인간들 마음대로 할 수 있는 것이 아님을(能無爲) 깨달을 수 있겠는가(知乎)?"

우주에서 일어난 모든 일을 인간이 할 수 있는 것은, 그저 그 이치를 알아낼 뿐이다.

- ❖ **生之畜之(생지축지), 生而不有(생이불유),**
  도는 만물을 낳고(生之), 기르지만(畜之) 생겨남과 동시에(生而) 소유하려 하지 않고(不有),

  生(날 생) - 나다, 낳다, 살다, 기르다, 서투르다, 싱싱하다, 만들다, 사람, 날 삶.
  畜(짐승 축/휵) - 짐승, 가축, 비축, 쌓다, 모으다, 쌓이다, 양육하다, 먹이다.

자연은 그렇게 스스로 획득한 힘으로 138억 년 동안 우주 만물을 낳고 길렀다. 46억 년 전 아주 우연히 수천억 개의 은하 중 거대한 1,300개의 은하로 구성된 처녀자리 은하단 그리고 우리은하인 밀키웨이 갤럭시가 포함된 40여 개의 국부은하군(局部銀河群)에 자리하고 있다. 태양계는 우리은하의 변방에 자리하고 있으며 46억 년 전 생성된 지구라는 행성에 20만 년 전 스스로 생각할 줄 아는 사피엔스를 탄생시키고 길렀다. 그러나 위대한 우주와 도는 소유하려 하지 않는다. 그러한 연유도 모르면서 생명을 품어준 위대한 자연과 지구를 어린 철부지 사피엔스들이 마구, 함부로 다루는 것이다.
"도는 만물을 낳고(生之), 기르지만(畜之) 생겨남과 동시에(生而) 소유하려 하지 않고(不有),"

- ❖ **爲而不恃(위이불시), 長而不宰(장이부재), 是謂玄德(시위현덕).**
  다스리나(爲而) 의지하지 않고(不恃), 자라게(長) 하나 주재하려 하지 않으니(不宰), 이를 일컬어(是謂) 현묘한 덕인 '현덕'이라 한다(玄德).

  恃(믿을 시) - 믿다, 의지하다, 의뢰하다, 자부하다, 가지다, 소지하다, 어머니.

長(길 장) - 길다, 낫다, 나아가다, 자라다, 맏, 어른, 길이, 우두머리, 항상, 길 장.
宰(재상 재) - 재상, 가신, 우두머리, 벼슬아치, 주재자, 요리사, 주관하다, 다스리다.

    그렇게 엄청난 규모의 시공간 SCALE로 우주에서 수소 원자 하나만도 못한 존재인 사피엔스들을 키웠다.
"다스리나(爲而) 의지하지 않고(不恃), 자라게(長) 하나 지배하지 않으니(不宰), 이를 일컬어(是謂) 현묘한 가르침이라 한다(玄德)."
그토록 오묘한 작용으로 키워주고 길러 주고 지배하지 않으면서 길렀건만 그러한 부모와 같은 자연을 배신하고 인간 스스로 오만과 교만이 끝나지 않는다면, 자연은 인간이란 자식을 한 방에 갈아치울 것이다. 겸손함과 자연에 대한 경외감(德)을 받아 크고 깊은 도의 가르침을 하루라도 빨리 깨우쳐야 할 것이다.

제11장.
三十輻共一轂(삼십폭공일곡)
상대성 이론

三十輻共一轂, 當其無, 有車之用. 埏埴以爲器, 當其無, 有器之用. 鑿戶牖以爲室, 當其無, 有室之用. 故有之以爲利, 無之以爲用.

서른 개의 바퀴살이(三十輻) 하나의 바퀴통에(一轂) 서로 모이니(共), 응당(當) 그(其) 비어있음에(無) 수레의 쓰임이 있게 된다(有車之用). 흙을(埴) 빚어(埏) 그릇을 만드는(爲器) 이유는(以) 응당(當) 그(其) 비움으로써(無) 그릇으로서의 쓰임이 생기기 때문이다(有器之用). 문과(戶) 창을(牖) 뚫어 집을 만드는 이유는 응당(當) 그 비어있음으로(其無) 집으로서의 쓰임이 생기기 때문이다(有室之用). 그러므로(故) 있다고 하는 것의(有之) 이유는(以) 이로움을 다스리기 위함이요(爲利), 비어있다는 것은(無之) 쓸모를 다스릴 수 있기 때문이다(以爲用). 그러므로(故) 있다고 하는 것의(有之) 이유는(以) 이로움을 다스리기 위함이요(爲利), 비어있다는 것은(無之) 쓸모를 다스릴 수 있기 때문이다(以爲用).

❖ **三十輻共一轂**(삼십폭공일곡), **當其無**(당기무), **有車之用**(유차지용).
  서른 개의 바퀴살이(三十輻) 하나의 바퀴통에(一轂) 서로 모이니(共), 응당(當) 그(其) 비어있음에(無) 수레의 쓰임이 있게 된다(有車之用).

  輻(폭 폭) - 너비, 폭, 넓이, 가, 도량, 포백, 족자, 행전, 붙이다, 두건.
  共(한가지 공) - 한가지, 함께, 같이, 같게 하다, 공손하다, 공경하다, 이바지하다.
  轂(바퀴살 폭) - 바퀴살, 몰려들다, 다투어 모인다.
  當(마땅 당) - 마땅, 밑바닥, 저당, 보수, 이, 맡다, 당하다, 주관하다, 필적하다.

- ❖ **埏埴以爲器**(선식이위기), **當其無**(당기무), **有器之用**(유기지용).

  흙을(埴) 빚어(埏) 그릇을 만드는(爲器) 이유는(以) 응당(當) 그(其) 비움으로써(無) 그릇으로서의 쓰임이 생기기 때문이다(有器之用).

  埏(이길 선) - 흙을 이기다, 반죽하다, (늘일 연)늘이다, 끌다, 당기다, 늦추다.
  埴(찰흙 식) - 찰흙, 진흙, 점토, 견고하다.
  器(그릇 기) - 그릇, 접시, 도구, 기관, 그릇으로 쓰다, 그릇으로 여기다, 존중하다.

- ❖ **鑿戶牖以爲室**(착호유이위실), **當其無**(당기무), **有室之用**(유실지용).

  문과(戶) 창을(牖) 뚫어 집을 만드는 이유는 응당(當) 그 비어있음으로(其無) 집으로서의 쓰임이 생기기 때문이다(有室之用).

  鑿(뚫을 착) - 뚫다, 파다, 깎다, 쏧다, 집요하게 파헤치디, 요란하게 두드리다.
  戶(집 호) - 집, 가옥, 지게, 구멍, 출입구, 방, 거처, 백성, 막다, 지키다, 주관하다.
  牖(들창 유) - 들어서 여는 창, 남쪽으로 난 창, 깨우치다.
  室(집 실) - 집, 건물, 거처, 아내, 몸, 가재도구, 구덩이, 무덤, 굴, 칼집.

- ❖ **故有之以爲利**(고유지이위리), **無之以爲用**(무지이위용).

  그러므로(故) 있다고 하는 것의(有之) 이유는(以) 이로움을 다스리기 위함이요(爲利), 비어있다는 것은(無之) 쓸모를 다스릴 수 있기 때문이다(以爲用).

11장은 아인슈타인의 상대성 이론을 연상시킨다. 아인슈타인의 말을 들어보자. 그의 공저《물리는 어떻게 진화했는가》에 나오는 글이다. "상대성 이론은 돌파구가 있을 것 같지 않은 심각하고 깊은 옛 이론의 모순(矛盾, paradox)을 해결하기 위해 생겨났다. 이 새로운 이론은 일관성과 간결성을 유지하면서 옛 이론의 강력한 모순을 강력히 해결한다." 노자의 핵심 철학이 바로 일관성과 간결성이다. 도(道), 유(有), 무(無), 위(爲), 천지(天地), 만물(萬物), 자연(自然), 성인(聖人) 이 모든 것의 체용(體用)이다. 체용(體用)이란 무엇인가? 지금 도덕경의 원본은 왕필본이다. 체용(體用)은 위진(魏晉) 초기에 왕필(王弼, 226~249)

이 "만물이 귀하지만 무(無)를 용(用)으로 하니, 무(無)를 버리고서는 체(體)라고 할 수 없다"라고 하여, 현상(現象) 배후의 패턴이 반복되는 본질(本質) 존재로서 무형(無形)의 체(體)와 본질(本質)이 표현하는 작용(作用)으로서 용(用)의 개념을 밝힌 데에서 유래한다. 이것이 바로 현대물리학, 생물학, 경제학, 정치학에서 다루는 복잡계냐 단순계냐의 문제이다. 나는 이를 사건(事件, event), 현상(現象, phenomenon), 본질(本質, true nature), 이 세 가지로 구분한다. 사건은 일회적이다. 매일 매일 사건이 터진다.

빅뱅우주론 역시 어느 한순간에 우연히 또는 필연적으로 생긴 시간과 공간 그리고 물질과 에너지가 생긴 일회적 사건이다. 사건이 반복되면 복잡한 현상이 된다. 그 일회적 사건이 138억 년 동안 시간과 공간을 상상 못 할 정도로 키웠다. 그리고 미래는 암흑에너지(Dark Energy)에 따라 우주의 종말이 결정된다. 암흑에너지는 우주를 끝도 없이 가속 팽창함으로써 우리 우주는 최후의 종말을 맞이한다. 그러나 우리는 지금 우주의 운명을 걱정할 처지가 아니다. 그것은 수백 억 년, 수천억 년, 수 조년, 이후의 일이기에 천체물리학자들의 문제지 우리의 본질적 문제는 아니다. 우리는 우리가 뿜어낸 이산화탄소로 인해 급격한 기후변화로 인한 수십 년, 수백 년 안에 일어날 사피엔스의 멸종을 걱정해야 하는 것이 최우선의 급선무(急先務)이다. 그게 우리가 닥친 문제의 본질이다. 기후의 급격한 가열 변화는 우리의 생존을 위협하는 식량문제에 봉착한다. 식량이 부족하게 되면 불을 보듯 인간과 인간 사이의 생존을 위한 전쟁은 불가피하다. 생존을 위해 살기 위한 식량문제로 사피엔스들은 또다시 서로, 서로를 학살하는 끔찍한 제3차 세계대전을 이 지구상에서 일으킬 것이다.

나는 누구인가로 시작된 존재론적 철학적 사고가 우주의 비밀을 푸는 열쇠가 되었다. 그러나 의문에서 끝나지 않고 약한 핵 상호작용을 통해 미국은 원자폭탄을 고안해 냈고, 그걸 사용하여 제2차 세계대전을 종식(終熄)시킬 수 있었다. 지구상에는 6,660만 년 전 떨어진 소행성을 능가할 핵폭탄, 수소폭탄을 소위 강대국이란 것들이 만들었다. 사피엔스를 멸종시키기 충분하다. 없음은 있음을 만들었지만 영원하지 않다.

노자는 그러한 도를 깨달음으로써 "있다고 하는 것의(有之) 이유는(以) 이로움을 다스리기 위함이요(爲利) 비어있다는 것은(無之) 그 쓸모를 다스릴 수 있기 때문이다(以爲用)"라고 우리에게 가르친다. 이로움과 쓸모가 뭔지 엄청나게 진화하여 커진 뇌로 진지하게 고민해 보라는 것이다.

제12장.
五色令人目盲(오색령인목맹)
화장한 기생은 눈과 마음을 멀게 한다

五色令人目盲, 五音令人耳聾, 五味令人口爽, 馳騁畋獵, 令人心發狂, 難得之貨令人行妨. 是以聖人, 爲腹不爲目, 故去彼取此.

화려함은(五色) 인간의(人) 눈을(目) 멀게(盲) 하고(令), 현란한 소리(五音)는 인간의(人) 귀를(耳) 멀게(聾) 한다(令). 혀에 감기는 음식은(五味) 인간의(人) 입을 망가지게(爽) 하고(令), 말 타고 돌아다니며(馳騁) 사냥질하는 것은(畋獵) 인간의 마음을(人心) 미친 듯이 날뛰게(發狂) 만드는 것이다(令). 얻기 어려운 재화는 탐하는 것은(難得之貨) 인간의 행태를(人行) 순조롭지 못하게 방해하게(妨) 된다(令). 그러므로 성인(聖人)은 배를 다스리지(爲腹), 눈을 다스리려 하지 않는다(不爲目). 그러므로 저것(彼)을 버리고(去) 이것(此)을 취한다(取).

❖ **五色令人目盲(오색령인목맹), 五音令人耳聾(오음령인이농),**
 화려함(五色) 인간의(人) 눈을(目) 멀게(盲) 하고(令), 현란한 소리(五音)는 인간의(人) 귀를(耳) 멀게(聾) 한다(令).

  五(다섯 오) - 다섯, 다섯 번, 다섯 곱절, 오행, 제위, 여러 번 하다.
  色(빛 색) - 빛, 빛깔, 색채, 낯, 윤, 기색, 모양, 상태, 미색, 색정, 여색, 정욕, 화장.
  令(하여금 영) - 하여금, 가령, 이를테면, 법령, 규칙, 존칭, 장관, 계절, 명령하다.
  目(눈 목) - 눈, 눈빛, 시력, 견해, 안목, 요점, 목록, 조목, 중요, 이름, 지칭하다.
  盲(맹인 맹) - 맹인, 시각장애인, 눈멀다, 사리에 어둡다, 무지하다, 바라보다.
  音(소리 음) - 소리, 글 읽는 소리, 말, 언어, 소식, 그늘.
  耳(귀 이) - 귀, 성한 모양, 뿐(따름), 익다, 듣다, 싹나다.
  聾(귀먹을 농) 귀먹다, 캄캄하다, 어리석다, 무지하다, 우매하다, 청각장애인.

내가 중국어와 한자를 공부하게 된 연유는 중국에 사업을 하면서 거주한 이유도 있지만 오랜 세월 차 마시는 습관 덕이다. 내가 상하이(上海) 쉬자후이(徐家汇)에 위치한 남향명차(南香茗茶)라는 차관을 다니면서부터다. 중국 10대 명차 중 하나인 철관음(鐵觀音)의 발원지 복건성(福建省) 안계현의 짙은 사투리 풍의 보통화를 쓰는 여사장에게 중국 전통차에 대해 배우면서부터이다. 이곳에 가면 희귀한 차들이 많아 내겐 차의 도서관이자 박물관 같은 곳이다. 2001년 처음 만나 지금까지 인연을 맺고 있다. 그런데 이 여사장의 중국 보통화가 알아듣기가 힘들다. 중국 현지인들도 여사장의 발음을 알아듣기가 힘들어 여사장은 습관적으로 확인한다. "니? 팅더동마(你听的懂嗎)?" 자기 말을 확실히 알아들었는지를 재차 확인한다. 이젠 서로가 서로에게 익숙해져 나의 한국식 중국어와 그녀의 복건성식 중국어가 서로 통한다. 그 덕에 한층 중국 복건성식 보통화와 한자 실력이 늘었다. 2010년 중국 운남성 출판부에서 출간한 《普洱茶源(보이차원)》이라는 책을 우리말로 번역하였다. 다음카페에 내가 카페지기로 있는 '남향명차'를 다음에서 검색하면 내가 써 놓은 차에 관한 글들이 나온다. 차(茶)에 관심 있는 분들은 참고하셔도 좋다. 또한 상하이에 가시면 반드시 가볼 만한 곳이다. 이 사람들이 운영하는 보이차 박물관이 있으니 희귀 차를 마셔도 보고 수억을 호가하는 100년이 넘은 보이차도 구경해 보시길 권해드린다. 나는 그렇게 상하이 거주 시절 그녀에게 오랜 시간 보이차를 비롯한 중국 각지의 최상급 차를 마시고 배웠다. 그런데 중국에는 중국인 모두가 차를 마시지 않을뿐더러 차에 대해 잘 모르기에 속임수를 많이 쓴다는 것이다. 우선 화려한 포장은 반드시 의심하라는 것이었다. 겉이 화려하다는 것은 그 안에 담긴 내용물이 추하기 때문이란다. 나는 그런 차들을 기생차(妓生茶)라고 부른다. 겉은 화려한데 속은 술과 화장으로 썩어있는 기생과 같다. 윤석열의 부인 김모 건희 여사도 속이 썩으니, 겉과 탐욕스러움이 지나치게 화려하다. 차는 최상품과 최하품의 가격 차이가 어마어마하다. 하품은 500g에 5위안~10元(한화 900~1,800원) 정도 한다. 그러나 극상품은 100g의 가격이 10만 元(한화 1,800만 원)이 넘는 차도 수두룩하다. 음용 불가능한 차에 그야말로 사기를 치는 것이다. 중국 공항이나 관광지에서 기념품으로 파는 쟈스민(모리화) 차는 대부분 하급의 녹차에 쟈스민 향수를 뿌린 것이다. 고급 쟈스민 차는 찻잎에 쟈스민꽃의 향이 스며들어 향긋한 꽃 향이 나게 하는 것이다. 흉내이다.

즉 짝퉁이다. 노자는 그래서 화하족(한족)의 조상이 될 수 없다는 것이 내 견해다.

기생 차의 대표적인 것이 충격적이지만 '홍차(紅茶, red tea)의 역사'이다. 참고로 화이허(淮河) 이남 지방인 중국 남방 사람들이 주로 차를 마시는 데 그들은 홍차를 즐기는 사람들이 거의 없다. 18세기 영국 동인도 회사가 청나라에서 수입한 녹차를 배에 운송하면서 오랜 시간 동안 적재한 차가 썩어(발효)버린 것이다. 배가 적도 부근을 지나면 적재함의 온도는 실재 8~90도에 이른다. 썩은 차를 싣고 온 동인도 회사가 골머리를 앓고 있을 때 기지(사기, 詐欺)가 떠올랐다. 어차피 영국인들은 녹차를 잘 모른다. 비교할 대상이 있어야 진짠지 가짠지 구분할 능력이 되지 않는가? 그래서 그들은 차가 원래 이런 것이라며 선전했다. 그리고 차에다 화장(化粧)을 의도적으로 하기 시작했다. 우유도 타 마시고 레몬도 넣어 마시고 설탕도 넣어 마시라는 거였다. 고급스러운 청나라 잔과 그것을 흉내 낸 영국의 도자기에다 마시면 네 입이 진정한 귀족이 되리라! 그게 지금 영국의 Tea 문화이다. 요즘도 차 마시는 풍습이 귀족문화처럼 느껴지고 왠지 거부감이 느껴지는 게 지나친 화장 기술 때문임을 알았다. 그래서 요즘은 쿠팡에서 제주도 유기농 티백 녹차 주문해서 마시고 있다. 지금 국회도서관에서 글 쓰는 이 순간에도 말이다.

청나라와 전쟁을 의회에서 허가한 것도 결국 영국 자국 내에서 차 수요가 폭발적으로 급증하자 은이 급격하게 빠져나갔고 그 무역적자를 메꾸기 위해 다른 식민지에서 재배한 아편을 청나라에 팔아먹기 시작한 이유가 결국 차와 은 때문이다. 그래서 그 전쟁의 이름이 1840년 영국이 일으킨 아편전쟁(阿片戰爭, Opium Wars)이다. 그런데 세계 최강의 나라였던 청나라가 영국의 동인도 회사 소속의 군대로부터 그야말로 개 박살이 났다. 1942년 난징조약이 체결되고 본격적으로 서세동점(西勢東漸-서양 세력이 동아시아를 지배함)의 시대가 개막된 것이다. 2,000년 동안 지배 이념이었던 동아시아의 도가와 유가 사상은 그 뿌리부터 흔들리게 되었다. 그들이 마지막으로 외친 것이 **동도서기**(東道西器-동양의 전통적 도를 기반으로 서양의 과학기술을 받아들인다)이다.

눈에 보이는 화려함으로 세상 것을 좇는다면 그야말로 불나방 신세다. 우리가 도를 닦고 공부한다는 것의 진정한 의미는 남들을 지배하고 군림하기 위함이 아니다. 진정한 도는 눈과 귀를 속이는 잡음(noise) 속에서 진정한 소리

(sound)를 찾아내는 것이다. 현혹되거나 미혹되는 것이 아니라 내면의 참소리를 듣는다는 것을 의미한다. (출처: 대니얼 카너먼 외,《노이즈: 생각의 잡음》)

"현란한 소리(五音)는 인간의(人) 귀를(耳) 멀게(聾) 하기에(令)" 옳고 그름을 누군가에게 내어준다. 바로 사악하고 교활한 언론의 탈을 쓴 짐승들의 목소리이다. 하루 종일 자극적인 뉴스를 토해내며 바로 당신의 눈과 귀를 멀게 하는 것이다. 결국 사람의 소리가 아닌 짐승의 소리를 정의(正義)라고 착각하게 만드는 것이다.

- ❖ **五味令人口爽(오미령인구상), 馳騁畋獵(치빙전렵), 令人心發狂 (영인심발광).**
  혀에 감기는 음식은(五味) 인간의(人) 입을 망가지게(爽) 하고(令), 말 타고 돌아다니며(馳騁) 사냥질하는 것은(畋獵) 인간의 마음을(人心) 미친 듯이 날뛰게(發狂) 만드는 것이다(令).

  味(맛 미) - 맛, 기분, 취향, 뜻, 의의, 오랑캐의 음악, 맛보다, 맛들이다, 광택, 윤.
  口(입 구) - 입, 어귀, 주둥이, 아가리, 입구, 구멍, 자루, 말하다, 입구.
  爽(시원할 상) - 시원하다, 서늘하다, 호쾌하다, 밝다, 맑다, 굳세다, 덜다, 망가지다.
  馳(달릴 치) - 달리다, 질주하다, 지나가다, 쫓다, 빨리 몰다, 추격하다, 방자하다.
  騁(달릴 빙) - (말을) 달리다, 펴다, 제멋대로 하다, 신장하다, 달리다, 회포를 풀다.
  畋(밭갈 전) - 밭을 갈다, 사냥하다.
  獵(사냥 렵) - 사냥, 소리, 찾다, 스쳐 지나다, 쥐다, 짓뭉개다, 잡다, 섭렵하다.
  發(필 발) - 피다, 쏘다, 일어나다, 떠나다, 나타나다, 드러내다, 밝히다, 베풀다.
  狂(미칠 광) - 미치다, 사납다, 경망하다, 황급하다, 거만하다, 어리석다, 어리석음.

자연의 깊은 맛이 아니라 세 치 혀가 맛있다는 느끼는 것은 기름진 음식과 조미료로 맛을 낸 인위적인 맛에 현혹되는 것이다. 맛이란 혀에 있는 미뢰 세포가 느끼는 감각을 뇌로 전달하여 맛있다고 느껴지는 오미의 쾌감 또는 고통이다. 오로지 맛만으로 아무거나 먹다가는 나이 들어 당뇨, 통풍, 고혈압, 콜레스테롤, 고도 비만에 의한 합병증으로 일찍 제명을 재촉할 뿐이다.
즉문즉설로 사람들의 고민을 해결해 주시 걸로 유명한 법륜 스님에게 어느 젊은이가 "스님! 저는 잘 먹고 잘살고 싶습니다! 어떻게 해야 합니까?" 질문을 하니 스님의 답변이 "내 한 번 자기한테 물어보자? 잘 먹는 게 뭘꼬?" "비싼 랍스터도 먹고 비싼 소고기도 먹고 그런 겁니다." "그렇게 먹으면 일찍 죽어! 나처럼 풀만 먹고 소식하고 운동 열심히 해야 오래 살지! 그렇게 고기만 먹고 많이 먹으면 혈관이 터져서 일찍 죽어! 일찍 죽고 싶으면 그렇게 해!" 혀에 감기는 음식은(五昧) 인간의(人) 입을 망가지게(爽) 하는 것이다(令).

느낌을 받거나 흥분하는 것은 뇌가 하는 일이다. 우리가 짜릿하다고 느끼고 놀이 기구를 탈 때의 흥분감은 아드레날린과 노르아드레날린의 수치를 급격히 상승시키기 때문이다. 그것만 올라가는 것은 아니다. 우리의 뇌는 20만 년 전 아프리카의 세렝게티 초원에 있었을 때 현생 인류의 뇌로 진화했다. 우리의 뇌는 지금도 사자와 하이에나 표범 그리고 뱀이나 악어 같은 포식자를 만나면 공포와 불안으로 벌벌 떤다. 우리 뇌는 포식자들의 사냥감인 피식자의 관계 상태의 뇌에 처해있다. 지금은 아프리카를 벗어났지만, 지금도 긴장 상태나 불안 상태에 처했을 때 우리 뇌는 자율신경계에서 반사적으로 투쟁-도피 반응(fight-or-flight response)이라는 회로가 작동한다. 긴박한 위협 앞에서 반사적으로 나타나는 생리적 각성 상태를 말한다. 스트레스를 받거나 응급 상황에서 자율신경계의 교감 신경이 활성화되어 내가 어떻게 반응해야 할지 신체적, 생리학적 반응을 일으킨다. 다시 말해 교감 신경계가 스트레스나 응급 상황에서 공격, 방어, 도피에 필요한 신체 자원들의 에너지를 총동원하여 반응하게 하는 것이다. 부신피질에서 분비되는 코르티솔의 혈중 치수가 올라가면 만약의 응급 사태에 대비해 신피질이 작동한다. 전전두엽의 통제 스위치가 꺼지고 변연계 중심의 원시 시대에 구성된 편도체 중심 시스템으로 전환된다. 우리 몸은 만약의 사태에 대비해 비상 상태가 선포된다. 백혈구 수치가 급격히 증가하고, 혈당의 급상승, 혈압의 급상승, 소화 기능이 단절되고 극도의 흥분상태가 되는 것이다. 이를 과다 각성 상태, 급성 스트레스 반응이라고 한다. 이런 상황이 반복적으로 계속되면 시쳇말로 '맛탱이'가 가는 것이다. 그것을 노자는 이렇게 표현했다.

말 타고 돌아다니며(馳騁) 사냥질하는 것은(畋獵) 인간의 마음을(人心) 미친 듯이 날뛰게(發狂) 만든다(令). 노자가 위대하고 존경스러운 이유이다. 다시 한번 상기시키지만, 노자는 지금으로부터 2,500년 전에 살았던 인물이다.

- ❖ **難得之貨(난득지화), 令人行妨(령인행방).**
  얻기 어려운 재화는 탐하는 것은(難得之貨) 인간의 행태를(人行) 순조롭지 못하게 방해하게(妨) 된다(令).

  貨(재물 화) - 재물, 재화, 상품, 물건, 돈, 화폐, 뇌물, 팔다, 사들이다, 뇌물.
  行(다닐 행) - 다니다, 가다, 행하다, 하다, 쓰이다, 보다, 관찰하다, 유행하다, 돌다, 늘다, 뻗다, 장사지내다, 시집가다, 길, 도로, 통로, 고행, 일, 장차, 먼저, 무엇보다.
  妨(방해할 방) - 방해하다, 거리끼다, 순조롭지 못하게 방해하다, 훼방 놓다, 장애.

얻기 어려운 걸 얻길 위해서 지구라는 한정된 곳에서 획득하여야 한다. 경제학 교과서에 나와 있는 말이다. 자원은 한정되어 있다. 한정된 자원을 얻기 위해서 전쟁은 필수요인이다. 반도체에 들어가는 희토류를 얻기 위해 각국은 소리 없는 전쟁을 한다. 결국 세상이 힘들게 돌아가는 이유는 인간이 가진 끝없는 탐욕이 그 원인이다. 더 빠르게 더 많이 더욱 편리하게는 지구상에 사는 사피엔스의 멸종을 앞당길 뿐 그 어떤 이득도 없다. 사피엔스가 전 지구에 골고루 퍼져 살 수 있었던 이유는 이족보행과 지구력이 있었기에 가능했다. 에너지를 덜 쓰고, 덜 갖고, 땅과 가까이 살아야 오래 보존된다. 이제 사피엔스의 최대 장점인 지구력과 땅 위를 걸음으로써 지구에 우리의 유전자를 더 오래 남겨보자.

- ❖ **是以聖人爲腹不爲目(시이성인위복불위목), 故去彼取此(고거피취차).**
  그러므로 성인(聖人)은 배를 다스리지(爲腹), 눈을 다스리려 하지 않는다(不爲目). 그러므로 저것(彼)을 버리고(去) 이것(此)을 취한다(取).

  腹(배 복) - 배, 마음, 가운데, 앞, 품에 안다, 껴안다, 두텁다, 임신하다.
  去(갈 거) - 가다, 버리다, 돌보지 아니하다, 내몰다, 덜다, 거두어들이다, 피하다.
  彼(저 피) - 저, 그, 저쪽, 덮다, 아니다.
  取(가질 취) - 가지다, 손에 들다, 취하다, 의지하다, 채용하다, 받다, 다스리다.

此(이 차) - 이, 지금, 이에.

　　지금까지 인간에 대한 진화인류학적 관점에서 사피엔스를 설명했다. 아래 사진에 700만 년 전 사헬란트로푸스 차덴시스(Sahelanthropus tchadensis) 이후 사람족 중 인간과 가장 유사한 사람아족(Hominina)의 진화사를 정리한 내용을 첨가했다.

한반도에도 원숭이가 20~30만 년 전 존재했던 흔적이 동굴 화석에서 발견되었다. 언제 멸종되었는지는 정확히 모른다. 그러나 한반도에도 영장류가 존재했었다면 우리나라도 영장류를 연구하는 학자들이 많았을 것인데 그러지 못해 아쉽다. 우리나라에도 영장류 연구가 있긴 하나 일반인들의 의식에는 영장류와 인간의 상관관계를 이해조차 하지 못한다. 그나마 다행인 것은 부산대학교 생명과학과 김희수 교수가 일본 교토대학에서 영장류학으로 박사학위를 받고 학생들을 지도하고 있다. 영장류 연구에 실 날 같은 희망이 있다는 것이다. 그나마 의학용에 치중되어 있어 아쉽기는 하다.

영장류 연구가 중요한 이유는 영장류와 인간의 행동을 비교 분석함으로써 인간의 실체를 알아내는 것이다. 부산대 김희수 교수가 번역한 뉴욕대학 유진 해리스의 《유인원과 유전체 정보》에서는 인간 유전체 정보의 분석으로 침팬지, 고릴라, 오랑우탄, 원숭이와 무엇이 같고 다르며, 인간만이 가지는 특징이 무엇인가 비교 연구하는 내용을 다루고 있다.

인간 연구가 과학이 되기 위해서는 지구상의 모든 동물과의 연계성을 통해 인간만이 가진 속성과 동물과 공통으로 가진 속성을 비교 연구하는 것이다. 그러한 연관성을 과학적으로 연구하는 학문이 인류학의 한 분과인 진화인류학이다.

성균관대학 유학과 이기동 명예교수에 따르면 우리 동양의 전통 사상은 같은 인간이라도 인격과 품성으로 분류해왔다고 한다. 군자(君子)와 소인(小人)이라는 개념은 처음에는 신분의 고하를 나타내는 계급적 용어로 사용됐다. 그러나 시대가 지나면서 특히 노자, 공자 시대인 전국 시대 이후로는 도덕품성이 갖춰진 인간 또는 짐승을 구분하는 개념으로 변하게 되었다. 그리고 공자의 말씀자료인 논어(論語)에서는 개인의 인격이 높고 낮음이라는 품성 개념으로 명사화되었다. 다시 말하면 계급적 개념(Class)에서 인간의 인격 등급을 나누는 개념(Grade)으로 변화한 것이다. 특히 엘리트라고 하는 사람들의 인격을 구분하는 지배계층의 사람됨을 이르는 말이다.

경주대학교 중국어 전공 부교수 이준희가 저술한 《공자의 논어 군자학》에서 공자가 언급한 '군자상(君子像)'을 발췌하여 107회에 걸친 공자의 군자에 대한 언급을 따로 다루어 설명하였다. 이준희 교수의 말을 옮겨본다.

"공자는 성인(聖人)을 최고의 이상적 인간상으로 요순, 주 문왕, 주공 단 등을 일컫는다. 군자(君子)라는 인격(人格)은 지고무상(至高無上)한 성인에 비해 한 단계 낮다. 군자(君子)는 성인(聖人)보다는 못하지만, 소인(小人)과는 반대되는 인격체(人格體)이다. 군자는 덕성과 학식을 갖춘 유가의 현실적 인간상이다. 공자가 궁극적 목표로 삼는 것은 성인이지만 실제로 제자들에게 가르친 것은 군자의 인격이다. 군자와 소인은 상반(相反)되는 개념이다. 인격이 높으면 군자이고 인격이 낮으면 소인이라는 개념은 공자로부터 시작된 개념이다. 소인은 인격적으로 폄하(貶下-가치를 깎아내림)하는 의미가 있어 도덕적으로 부정적인 개념이다. 공자는 소인에 대해 크게 분노하고 질책하고 혐오하는 태도를 드러냈다."

우리말에는 사람 같지 않은 인간을 금수(禽獸)만도 못한 놈이라고 욕한다. 그리고 후한(後漢)의 역사가 반고(班固, 32~92)는 그의 저서 한서(漢書)에서 흉노(匈奴)족을 묘사하면서 인면수심(人面獸心-인간의 얼굴을 하고 짐승의 마음씨를 가짐)이란 표현을 사용했다. "머리를 풀어헤치고 옷깃을 왼쪽으로 여미며, 사람의 얼굴을 하고 있으나 하는 짓은 짐승과 같다"("被髮左衽, 人面獸心" - 東漢·班固《漢書·匈奴傳贊》).

영장류학자들과 동물행동학자 그리고 진화인류학자들은 우리의 사촌들과 동물들을 통해 개체로서의 인간과 그들과 유사한 사회를 관찰한다. 현대 인류의 조상인 사피엔스들이 진화시킨 것은 바로 노자와 공자가 말한 도덕이다. 2021년 리처드 랭엄의 《한없이 사악하고 더없이 관대한 - 인간 본성의 역설》이라는 과학적 인간 본성에 관한 연구와 가설을 노자와 공자는 이미 2,500년 전에 끝냈다. 노자는 말한다. 그러므로 성인(聖人)은 배를 다스리고(爲腹), 보는 것을 다스리려 하지 않는다(不爲目). 그러므로 저것(彼)을 버리고(去) 이것(此)을 취한다(取).

우리는 우리 안의 이기적이고 독점적, 탐욕적, 폭력적, 공격적, 경쟁적, 권위적인 것을(저것, 彼) 버리고(去) 이타적, 도덕적, 협력적 평등심 그리고 영역과 물질을 공유함으로써(此) 인간이란 지위를 획득한 것이다(取). 천지 만물을 본받아 깨우침으로써 사람이 사람다워야 사람이라고 노자는 외치는 것이다. 도올 선생의 통찰력이 엿보이는 역작 《노자가 옳았다》의 제목대로 노자는 이 시대에 반드시 다시 돌아봐야 할 참된 인간 만들기의 교과서이자 지침서이다. 모두 노자의 눈으로 세상을 바라보며 우리가 노자가 되어 세상을 살아가야 할 것이다.

'노자의 도덕경'과 공자의 말씀 '논어', 자사의 '중용'은 중학교 때부터 주입식 교육으로 가르쳐야 한다.

대학입시에 필수적으로 시험과목으로 반드시 다루어야 한다. 그게 인류의 멸종을 뒤로 미루고 대한민국이 전 세계가 우러러보는 최고의 선도 국가 되는 길이다. 노자를 우리 고조선과 한민족의 일체로 다루어야 한다. 짐승만도 못한 부도덕한 검사 정권이 대한민국을 어떻게 말아먹는 지를 전 국민이 경험했다. 도덕은 선택이 아닌 필수다! 부도덕한 인간은 반드시 강력하게 처벌해야 그 같은 짓을 반복하지 않는다. 부도덕한 인간은 잠재적 범죄자가 될 확률이 높다.
코로나로 전 세계에서 대한민국의 자발적 도덕심에 놀라는 것을 보지 않았는가! 이타주의는 이기적 유전자가 선택한 영악함이다. (출처: 리처드 도킨스, 《이기적 유전자》)

제13장.
寵辱若驚(총욕약경)
인정욕구를 버려라

寵辱若驚, 貴大患若身. 何謂寵辱若驚? 寵爲下, 得之若驚, 失之若驚, 是謂寵辱若驚. 何謂貴大患若身? 吾所以有大患者, 爲吾有身, 及吾無身, 吾有何患? 故貴以身爲天下, 若可寄天下. 愛以身爲天下, 若可以託天下.

은혜를 입어도(寵) 미움을 받아도(辱) 경계를 허락할지니(若驚), 커다란 우환을(大患) 내 몸과 같이(若身) 귀하게(貴) 여길지니, 무엇을(何) 일러(謂) 총욕에 대한(寵辱) 경계를 허락하라 하는가(若驚)? 은혜는(寵) 위에서 내려 다스리고자 함이니(爲下) 그것을 얻어도(得之) 경계를(驚) 허락하고(若) 그것을 잃어도(失之) 경계를(驚) 허락할지니(若), 이를 일러(是謂) 사랑과 욕됨을(寵辱) 모두 경계(驚)하라는 것이다. 내가 무엇을 일러(何謂) 커다란 우환조차(大患) 몸에게 허락하여(若身) 귀히(貴) 여기라 하는지 아시겠는가? 내게(吾) 커다란 우환이(大患者) 자리하게 된 연유는(所以) 내(吾) 육신을 내가 다스릴 수 있기 때문이다(有身爲). 내게(吾) 육신이 없게(無身) 된다면(及) 나에게(吾) 근심 따위가 뭔 대수가(何患) 있겠는가(有)? 도리어(故) 육신을 귀히 여기듯(貴以身) 천하를(天下) 다스리기에(爲) 그리할 수 있게 허락한다면(若可) 천하를(天下) 맡겨도(寄) 내 육신처럼(以身) 천하를(天下) 사랑할 줄 알기에(愛) 그리할 수 있게 허락한다면(若可) 천하를(天下) 맡길(託) 수 있는 것이다.

❖ **寵辱若驚(총욕약경), 貴大患若身(귀대환약신). 何謂寵辱若驚(하위총욕약경)?**

은혜를 입어도(寵) 미움을 받아도(辱) 경계를 허락할지니(若驚), 커다란 우환을(大患) 내 몸과 같이(若身) 귀하게(貴) 여길지니, 무엇을(何) 일러(謂) 총욕에 대한(寵辱) 경계를 허락하라 하는가(若驚)?

寵(사랑할 총) - 사랑하다, 특별히 귀여워하고 사랑하다, 교만하다, 높이다, 총애, 첩.
辱(욕될 욕) - 욕되다, 수치스럽다, 더럽히다, 모욕을 당하다, 욕보이다, 치욕, 수치.
若(같을 약) - 같다, 어리다, 허락하다, 이와 같다.
驚(놀랄 경) - 놀라다, 두려워하다, 놀라게 하다, 위험 다급하다, 경계하다, 경기.
貴(귀할 귀) - 귀하다, 지위가 높다, 중요하다, 귀중하다.
患(근심 환) - 근심, 걱정, 병, 재앙, 미워하다, 앓다.
何(어찌 하) - 어찌, 어느, 어떤, 언제, 얼마, 무엇, 잠시, 꾸짖다, 받다, 당하다.

- ❖ **寵爲下**(총위하), **得之若驚**(득지약경), **失之若驚**(실지약경), **是謂寵辱若驚**(시위총욕약경).

  은혜는(寵) 위에서 내려 다스리고자 함이니(爲下) 그것을 얻어도(得之) 경계를(驚) 허락하고(若) 그것을 잃어도(失之) 경계를(驚) 허락할지니(若), 이를 일러(是謂) 사랑과 욕됨을(寵辱) 모두 경계(驚)하라는 것이다.

- ❖ **何謂貴大患若身**(하위귀대환약신)? **吾所以有大患者**(오소이유대환자), **爲吾有身**(위오유신).

  내가 무엇을 일러(何謂) 커다란 우환조차(大患) 몸에게 허락하여(若身) 귀히(貴) 여기라 하는지 아시겠는가? 내게(吾) 커다란 우환이(大患者) 자리하게 된 연유는(所以) 내(吾) 육신을 내가 다스릴 수 있기 때문이다(有身爲).

  者(놈 자) - 놈, 사람, 것, 허락하는 소리, 여러, 무리, ~면, ~와 같다.
  吾(나 오) - 글 읽는 소리, 나의 말, 나, 우리, 막다.
  身(몸 신) - 몸, 신체, 자기, 자신, 출신, 신분, 몸소, 친히, 나이, 체험하다.

- ❖ **及吾無身**(급오무신), **吾有何患**(오유하환)?

  내게(吾) 육신이 없게(無身) 된다면(及) 나에게(吾) 근심 따위가 뭔 대수가(何患) 있겠는가(有)?

- ❖ **故貴以身爲天下**(고귀이신위천하), **若可寄天下**(약가기천하). **愛以身爲天下**(애이신위천하), **若可以託天下**(약가이탁천하).

  도리어(故) 육신을 귀히 여기듯(貴以身) 천하를(天下) 다스리기에(爲) 그리할 수 있게

허락한다면(若可) 천하를(天下) 맡겨도(寄) 내 육신처럼(以身) 천하를(天下) 사랑할(愛) 줄 알기에 그리할 수 있게 허락한다면(若可) 천하를(天下) 맡길(託) 수 있는 것이다.

寄(부칠 기) - 부치다, 보내다, 맡기다, 기대다, 의지하다, 빌리다.
託(부탁할 탁) - 부탁하다, 의탁하다, 의지하다, 받치다, 핑계하다.

흔히들 인간을 감정의 동물이라 한다. 감정이란 무엇인가? 사실 이 글을 쓰기 전에 상당한 고민을 했다. 지난 10여 년 동안 밥을 거르는 일은 있어도 책만큼은 정말 부지런히 읽었다. 책 읽는 재미에 빠지면 영화나 여행도 재미가 없다. 우주가 어떻게 시작됐는지? 세상이 어떻게 작동하는지? 인간은 어떻게 생겼는지? 생명은 어떻게 작동되는지? 감정은 무엇이고 뇌는 인간에게 왜 중요한지? 이러한 궁금증이 끊이질 않았다. 더욱이 대학에서 신학과 철학을 공부했기에 세상 만물에 관한 기원이 무엇인지? 모든 게 알고 싶었고 미친 듯이 공부하고 싶었다. 그래서 알아낸 내용을 첫 번째 저술한 세상 모든 만물의 시작과 끝을 알리는 내용이었다.

두 번째 글은 감정에 대한 주제로 글을 쓰고 싶었다. 감정을 지배하지 못함으로 극단에 이르고 자신을 통제하지 못하는 사람들은 이유 없이 묻지 마 폭력을 가하고 죄 없는 사람을 죽인다. 미국에서는 어린아이를 대상으로 한 총기 사건이 끊이질 않는다.
도대체 감정이 뭐라고 말이다. 그러다 제자의 부탁으로 주역 등 동양고전을 가르쳐 달라는 청을 받고 동양고전을 다시 살펴보다 도덕경이 삼라만상 모든 내용을 다루고 있음을 알았다. 도덕경에 내가 아는 모든 지식을 집대성해야 겠다는 결심으로 하루 꼬박 10시간씩 국회도서관에서 책을 읽고 글을 썼다. 주말에는 집 근처 마포도서관에서 꼬박 넉 달 동안 노트북 자판을 두드리고 있다. 제일 힘든 건 목 관절과 등짝 그리고 눈이다. 제자의 수업료 말고는 경제활동이 거의 없기에 생활고는 나를 더욱 비참하게 만든다. 오른쪽 눈은 거의 실명 직전이다. 눈에서 고름이 나올 정도로 이글에 내 인생을 걸었다. 그런데도 아직 주해해야 할 장들이 67장이나 남았다. 매일 한 개의 장을 주해하니 앞으로도 67~70일은 꼬박 써야 한다. 그래도 지금처럼 행복했던 적은 없었다. 내 생각을 후대에 활자로 남길 수 있음에 만족한다.

10여 년을 세상의 이치를 깨닫기 위해 공부해 보니, 우리나라의 교육시스템으로는 제대로 배워서 세상으로 나가지 못한다. 특히 교육 내용과 과정은 정말 잘못됐다. 정작 중요하게 다뤄야 할 것들은 너무도 당연하듯 대충 넘어간다. 내가 내린 결론은 세상 사람들은 시험성적은 좋을지 모르나 진정한 지혜가 없다는 것이다. 특히 우리는 감정에 대해 너무도 무지하다. 서양철학은 감정을 아예 상대도 하지 않는다. 오로지 이성만이 철학의 대상이었고 감정은 나약한 인간들의 전유물이라 여겼다. 그러다 최근 신경과학자들이 감정을 열심히 연구하고 있다. 2022년은 박문호 박사님의 권유로 감정에 관한 공부를 주도적으로 했다. 박문호 박사님은 개인적으로 나를 알지 못한다. 10년 전 유튜브 강의를 통해서 강의와 책을 열심히 읽었을 뿐이다. 그리고 이분을 스승 삼아 정말 피나게 공부했다. 유튜브로 박사님께서 추천해 주신 책들은 반드시 읽었다.

최근 감정 관련 출간된 책들을 살펴보면, 노스이스턴대학의 심리학 석좌교수이자 하버드의대 '법·뇌·행동센터'의 수석 과학책임자인 리사 펠드먼 배럿(Lisa Feldman Barrett, 1963~) 교수는 신경과학적 감정 연구 분야 최고의 권위자이다. 그녀가 저술한 《감정은 어떻게 만들어지는가?》와 《이토록 뜻밖의 뇌과학》은 우리나라는 물론 전 세계에서 가장 많이 인용된 책들이다. 예일대 감성지능센터장 마크 브래킷(Marc Brackett, 1969~)의 《감정의 발견》과 캘리포니아 공과대 교수이자 이론물리학의 거두 스티븐 호킹과 어깨를 나란히 하는 레너드 믈로디노프 교수가 저술한 《감정의 뇌과학》, 내가 개인적으로 제일 좋아하는 '랜디 타란'의 《감정은 패턴이다》라는 책들이 나와 있다. 국내에서도 봇물 터지듯 감정 관련 책들이 쏟아져 나오고 있는데 정신과 의사 박용철이 쓴 《감정은 습관이다》, 특히 동아대학 사학과 교수인 김학이 교수의 《감정의 역사》는 반드시 읽어보시길 권한다. 그런데 놀라운 것은 춘추 시대에 노자는 벌써 감정 문제를 진지하게 다루고 있다는 것이다.

인간의 감정은 자발적 내면의 감정과 사회적 감정으로 나뉜다. 인간이 사회적 동물이기에 관계를 이루고 유지하기 위해 주고받는 사회로부터 출발한 감정이 존재한다. 대표적인 것이 사회적 평판본능에서 나오는 눈치와 타인의 시선으로 나타나는 감정들이다. 예를 들면 타인으로 받는 감동이 있으면 불쾌감이 있다. 이를 우리는 공감 능력(共感能力, empathy intelligent) 또는 '공감 지능'이라 부른다. 이 능력 덕에 우리는 영화나 드라마를 보면서 울고 웃고 하는 것이다. 또한 보이스피싱(이놈들은 정말 잡아서 다 사형시켜야 한다)을 설계한 악당들은 사람들이 가진 이러한 공감 능력과 측은지심의 감정을 악용한다. 얼마 전 나도 당할 뻔한 보이스 피싱 메시지를 소개한다.

피싱 문자: 아빠! 폰 화면 고장 나서 AS센터에 보냈어. 지금 이 번호로 카톡 추가하고 톡 줘 급!
답장: 아빠한테 전화해!
피싱 문자: 지금 통화 안 돼 아빠 지금 바빠? 바쁜 거 아니면 부탁 하나만 해도 돼?
답장: 뭐?
피싱 문자: 폰 액정 때문에 온라인상으로 액정보험 가입하고 통신사 인증받아야 되는데 폰 수리 맡겨서 문자 인증 확인이 안 돼서 아빠 명의로 신청해도 돼?
답장: 어떻게 하는 건데? 인증번호 알려주면 되는 거야?
피싱 문자: 잠시만 필요한 거 말하면 보내줘. 아빠 주민등록증 앞면 사진 사각 잘 보이게 빛 반사 없이 찍어서 보내줘 그리고 환불받을 계좌번호랑 비번 필요해
답장: 신분증 없어 지금.
피싱 문자: 운전면허증도 괜찮아
답장: 없어 지금. 엄마한테 부탁하면 안 돼?
피싱 문자: 아빠 명의로 해야 돼
답장: 안 돼. 너 누구냐 근데?
피싱 문자: ……….

위급한 딸의 도움 요청에 나도 당할 뻔했다. 어떻게라도 신분증을 만들어서라도 보내주고 싶었다. 그런데 평소 딸이 하는 문자 스타일과 달라 바로 딸에게 카톡을 보냈다. "너 전화기 망가졌니?" 바로 답장이 왔다. "아니!"

부성애와 모성애와 같은 지고지순한 감정을 이용하는 나쁜 범죄이다. 가장 약하고 여린 감정을 악용한 인면수심을 한 짐승들의 잔악함. 정말 침팬지라고 칭해주는 것도 아깝다. 인면수심의 짐승들은 어렵게 획득한 지능으로 더욱더 사악하게 진화해 가고 있다.

개인적 사회적 감정은 또다시 긍정적 감정과 부정적 감정으로 나뉜다. 또한 감정은 진화 시기와 환경에 따른 감정의 순차가 있다. 예를 들면 가장 원초적이고 오래된 감정은 생존과 번식에 관한 감정이다. 식욕과 번식욕은 가장 오래되고 원초적인 감정으로 인간뿐 아니라 모든 포유류가 공통으로 느낀다. 결국 이 감정을 어떤 식으로 환경에 맞게 처리하느냐가 감정의 진화이다. 인간은 대형 유인원 수컷 중 음경의 길이가 가장 길다. 그 이유는 완벽한 직립보행을 하면서 여성의 자궁이 몸 깊숙이 자리했기 때문이다. 정자를 안정적으로 난자에 수정시키기 위해서는 음경의 길이가 길어져야 했다. 그래서 침팬지에게는 남아있는 음경 뼈가 도태되었다. 사피엔스 수컷에게 뼈가 아직 남아있었으면 늘 골절을 염려하느라 다른 일은 아무것도 하지 못했을 것이다. 팬티 역시 텐트처럼 앞이 넓게 부풀어 있어야 한다. 직립보행으로 자유로워진 손은 중요 부위를 보호하는 용으로 써야 했기에 아마 굶어서 멸종했을 것이다. 이렇듯 감정이란 생존과 번식 그리고 사회적 관계를 형성하는 데 중요한 것이다. 영국 옥스퍼드대학교 진화인류학과 교수 로빈 던바(Robin Dunbar, 1947~)의《사회성 - 두뇌 진화의 비밀을 푸는 열쇠》에서 제시한 '던바의 법칙'은 바로 이런 복잡한 감정이 사회관계에 영향을 주고받으며 나타나는 지속, 관리가 가능한 적정 관계의 수이다. 던바의 수의 크고 작음은 영장류들을 실험한 결과물로 뇌 전체 중 신피질(Neo Cortex) 크기가 결정적인 역할을 하는 것으로 나타났다. 영장류 중에서 높은 순으로 나열하면 인간은 150~200명, 침팬지 65, 오랑우탄 50, 고릴라 33, 긴팔원숭이 14로 나타났다. 사회적 관계가 크고 복잡할수록 스트레스와 감정의 친화도 및 피로도는 높아지는 것이다.

인간은 지난 20만 년 동안 지배와 복종의 서열 우위 관계에서 수평적 평등 구조의 사회로 진화해 왔다. 그러다 1만 년 전 소빙하기가 끝나고 기후가 안정화되자 중석기 시대로 접어들면서 수렵채집 시절을 뒤로하고 농업인의 시대, 즉 정주(정착)문화를 선택한다. 원시인에서 농부가 된 것이다. 불을 이용하여 숲을 불태우고 그곳에 식용작물을 기르기 시작했다(火田農業, 화전농업). 초기 재배 작물은 사탕수수, 수수, 콩, 밀과 보리, 쌀 같은 곡식류였다. 그리고 야생의 동물을 길들였다. 이를 가축화(Domestication) 또는 길들이기라고 한다. 다윈이 표현한 인위적(人爲的) 선택이 마구잡이로 이루어졌다. 가축은 인간의 노동력을 배가시켰다. 숲을 태워 땅이 생기면 길들여진 말과 소로 열심히 땅을 갈았다. 동이 틀 때부터 해 질 때까지 사피엔스는 죽어라 일했다. 유발 하라리의 기막힌 표현대로 사피엔스가 풀을 길들인 것인지 풀들이 사피엔스를 길들인 것인지 모르겠다고 했다. 드디어 배고픈 감정이 해결된 듯 보였다. 참고로 길들이고 싶어도 길들이지 못하는 동물들이 있다. 야생의 동물을 길들인다는 행위는 동물들이 본능적으로 지니는 폭력성과 공격성 그리고 감옥처럼 좁은 공간에 가두어 길들인다는 뜻이다. 그러기에 아프리카에 사는 동물들 대부분은 길들여지지 않는다. 지나치게 넓은 영역과 폭력성 때문이다. (출처: 재레드 다이아몬드, 《총 균 쇠》) 길들어진다는 것은 인간에게 또 다른 감정을 선물했다. 부지런함, 풍족함, 든든함, 책임감, 의무감 등이다. 그러나 사피엔스의 불행은 여기서 끝이 아니었다. 단백질과 다르게 탄수화물은 장기간 저장과 장기간 보관이 가능한 작물이라 필연적으로 잉여생산물을 낳는다. 잉여생산물이 사피엔스에게 지배계급과 피지배계급으로 분화되는 결과가 됐다. 지난 20만 년 동안 자유롭게 돌아다니며 배고프면 사냥 나가고 철마다 열리는 것들을 주워 먹고 살다, 빙하기가 끝나고 기후가 안정화되자 풀의 노예가 되었다. 그리고 '나는 자연인이다' 시대가 막을 내리고 잉여생산물에 의한 가지고 못 가진 것이 힘의 정의와 계급이 되어 인간에 의해 인간의 노예가 된 것이다. 드디어 자연이 힘이 아닌 인간의 힘이 권력이 되고 가진 것에 의한 힘이 정의가 되는 과정이다.

계급이 생기면 또 다른 감정이 탄생한다. 바로 억울함이다. 힘이 정의가 되면 선과 악을 구분하는 기준은 강력한 힘이 있고 없음으로 판가름난다. 기억나시는가? 다시 침팬지 사회가 된 것이다. 동물과 인간의 차이는 공정과 정의가 수직적으로 찍어 내리는 강압적 힘과 평등과 공정과 정의, 약자에 대한 배려심과 같은 수평적 힘과의 필연적 대립이다. 그게 정치고 경제고 사회학이다. 지구상 가장 고등한 인지 능력을 가진 사피엔스에게 가장 강력한 감정의 탄생은 공정심, 정의심, 도덕심, 이타심, 배려심, 자발적 협력심, 희생정신 같은 감정들이 마구 생기기 시작하면서부터다. 짐승들이 지배하는 사회에서 인간만의 고귀한 감정들이 생겼다. 재물과 권력을 귀히 여기지 않고 천하 만물을 귀히 여기는 사람, 자기 길들이기의 신독(愼獨)하고 그것을 오래도록 실천하는 능구(能久)하는 사람을 일러 자사(子思)는 군자의 중용(中庸)이자 군자의 도리라고 칭송했다.

노자의 말을 다시 들어보자!

"은혜를 입어도(寵) 미움을 받아도(辱) 둘 다 경계를 허락할지니(若驚), 커다란 우환을(大患) 몸에게 허락하여(若身) 귀히(貴) 여겨라! 무엇을(何) 일러(謂) 총욕을(寵辱) 경계하는 것을 허락하라 하는가(若驚)? 은혜는(寵) 위에서 내려와 다스리고자 함이니(爲下) 그것을 얻어도(得之) 경계를(驚) 허락하고(若) 그것을 잃어도(失之) 경계를(驚) 허락할지니(若), 그것을 일러(是謂) 사랑과 욕됨을(寵辱) 모두 경계(驚)하라는 것이다. 내가 무엇을 일러(是謂) 커다란 우환을(大患) 몸에게 허락하여(若身) 귀히(貴) 여기라 하는지 아시겠는가? 내게(吾) 커다란 우환이(大患者) 자리하게 된 연유는(所以) 내(吾) 육신을 내가 다스릴 수 있기 때문이다(有身爲). 내게(吾) 육신이 없게(無身) 된다면(及) 나에게(吾) 근심 따위가 뭔 대수가(何患) 있겠는가(有)? 도리어(故) 육신을 귀히 여기듯(貴以身) 천하를(天下) 다스리기에(爲) 그리할 수 있게 허락하니(若可) 천하를(天下) 맡겨도(寄) 내 육신처럼(以身) 천하를(天下) 사랑할(愛) 줄 알기에 그리할 수 있게 허락하니(若可) 천하를(天下) 맡길(託) 수 있는 것이다."

제14장.
視之不見(시지불견)
도의 실마리 - 빅뱅우주론

視之不見, 名曰夷. 聽之不聞, 名曰希. 搏之不得, 名曰微. 此三者, 不可致詰,故混而爲一. 其上不皦, 其下不昧, 繩繩不可名, 復歸於無物. 是謂無狀之狀, 無物之象, 是謂惚恍. 迎之不見其首, 隨之不見其後. 執古之道, 以御今之有. 能知古始, 是謂道紀.

보려고 해도(視之) 드러내지 않으니(不見) 이름하여(名曰) 이(夷)라 하고, 들으려 해도(聽之) 들리지 않으니(不聞) 이름하여(名曰) 희(希)라 하고, 잡으려 해도(搏之) 잡을 수 없으니(不得), 이름하여(名曰) 미(微)라 한다. 이 세 가지는(此三者) 따로 물을 수 없으니(不可致詰), 본래(故) 섞여 하나가 되었기 때문이다(混而爲一). 그 위는(其上) 밝지 않고(不皦), 그 아래는(其下) 어둡지 않으며(不昧), 끊임없이 이어지고 이어져(繩繩) 무어라 이름할 수 없으니(不可名), 다시 없는 듯 상태로(於無物) 되돌아간다(復歸). 이를 일러(是謂) 있는 듯 없는 듯한 형상이요(無狀之上), 이를 일러(是謂) 미묘하여 헤아려 알기 어렵다(惚恍). 영접하려 해도(迎之) 그 앞을(其首) 볼 수 없고(不見) 아무리 좇아도(隨之) 그 뒤를(其後) 볼 수가 없다(不見). 태초에 시작된 도를(古之道) 제대로(執) 현대과학으로(今之) 잘 이끌(以御) 수만 있다면(有) 태초의 시작이(古始) 어떠했는지 능히(能) 알 수 있으니(知) 그것을 일러(是謂) 빅뱅우주론(道紀)이라 한다.

❖ **視之不見(시지불견), 名曰夷(명왈이). 聽之不聞(청지불문), 名曰希(명왈희). 搏之不得(박지불득), 名曰微(명왈미).**

보려고 해도(視之) 드러내지 않으니(不見) 이름하여(名曰) 이(夷)라 하고, 들으려 해도(聽之) 들리지 않으니(不聞) 이름하여(名曰) 희(希)라 하고, 잡으려 해도(搏之) 잡을 수 없으니(不得), 이름하여(名曰) 미(微)라 한다.

視(볼 시) - 보다, 엿보다, 감시하다, 대접하다, 본받다, 보이다, 지시하다, 뵈다.
夷(오랑캐 이) - 오랑캐, 무리, 상하다, 멸하다, 평평하다, 평탄하다, 오만하다, 크다.
聽(들을 청) - 듣다, 들어주다, 받아들이다, 판결하다, 다스리다, 관청, 간첩.
聞(들을 문) - 듣다, 들리다, 깨우치다, 소문나다, 방문하다, 아뢰다, 견문, 식견.
希(바랄 희) - 동경하다, 희망하다, 사모하다, 앙모하다, 드물다, 성기다, 적다.
搏(두드릴 박) - 두드리다, 치다, 때리다, 쥐다, 잡다, 빼앗다, 싸우다, 육시하다.
微(작을 미) - 작다, 자질구레하다, 정교하다, 적다, 없다, 어둡다, 아니다.

❖ **此三者(차삼자), 不可致詰(불가치힐), 故混而爲一(고혼이위일).**
이 세 가지는(此三者) 따로 물을 수 없으니(不可致詰), 본래(故) 섞여 하나가 되었기 때문이다(混而爲一).

致(이를 치) - 이르다, 다하다, 이루다, 부르다, 보내다, 주다, 보내다, 그만두다.
詰(물을 힐) - 묻다, 따지다, 금지하다, 못하게 하다, 경계하다, 꾸짖다, 벌하다.
混(섞을 혼) - 섞다, 흐르다, 합하다, 흐리다, 혼탁하다, 크다, 덩어리지다.

❖ **其上不皦(기상불교), 其下不昧(기하불매), 繩繩不可名(승승불가명), 復歸於無物(복귀어무물).**
그 위는(其上) 밝지 않고(不皦), 그 아래는(其下) 어둡지 않으며(不昧), 끊임없이 이어지고 이어져(繩繩) 무어라 이름할 수 없으니(不可名), 다시 없는 듯 상태로(於無物) 되돌아간다(復歸).

皦(밝을 교) - 밝다, 흰 돌이나 옥.
昧(어두울 매) - 어둡다, 찢다, 탐하다, 무릅쓰다, 어둑새벽.
繩(노끈 승) - 노끈, 줄, 먹줄, 법, 바로잡다, 제재하다, 잇다, 계승하다, 기리다.
復(회복 복) - 회복하다, 돌아가다, 되돌리다, 고하다, 갚다, 보충하다, 머무르다.
歸(돌아갈 귀) - 돌아가다, 돌아오다, 돌려보내다, 따르다, 의탁하다, 마치다.

❖ **是謂無狀之狀(시위무상지상), 無物之象(무물지상), 是謂惚恍(시위홀황). 迎之不見其首(영지불견기수), 隨之不見其後(수지불견기후).**

이를 일러(是謂) 있는 듯 없는 듯한 형상이요(無狀之狀), 이를 일러(是謂) 미묘하여 헤아려 알기 어렵다(惚恍). 영접하려 해도(迎之) 그 앞을(其首) 볼 수 없고(不見) 아무리 좇아도(隨之) 그 뒤를(其後) 볼 수가 없다(不見).

狀(형상 상) - 형상, 모양, 용모, 정상, 공적, 모방하다.
惚(황홀할 홀) - 황홀하다, 흐릿하다, 확실하게 보이지 않는 모양.
恍(황홀할 황) - 황홀하다, 멍하다, 어슴푸레하다, 형체가 없다.
迎(맞을 영) - 맞다, 맞이하다, 영접하다, 마중하다, 맞추다, ~를 향하여, 마중.
首(머리 수) - 머리, 머리털, 임금, 첫째, 으뜸, 시작하다, 따르다, 복종하다.
隨(따를 수) - 따르다, 추종하다, 부화하다, 좇다, 발, 즉시.
後(뒤 후) - 뒤, 곁, 딸림, 아랫사람, 모자르다, 뒤지다, 늦다, 임금.

❖ **執古之道(집고지도), 以御今之有(이어금지유). 能知古始(능지고시), 是謂道紀(시위도기).**

태초에 시작된 도를(古之道) 제대로(執) 현대과학으로(今之) 잘 이끌(以御) 수만 있다면(有) 태초의 시작이(古始) 어떠했는지 능히(能) 알 수 있으니(知), 그것을 일러(是謂) 빅뱅우주론(道紀)이라 한다.

執(잡을 집) - 잡다, 가지다, 맡아 다스리다, 처리하다, 두려워하다, 벗, 동지.
古(옛 고) - 옛, 예전, 옛날, 선조, 묵다, 오래되다, 예스럽다, 순박하다, 잠시, 우선.
御(거느릴 어) - 거느리다, 통솔하다, 다스리다, 교합하다, 마차에 채찍질.
始(비로소 시) - 비로소, 바야흐로, 먼저, 일찍, 옛날에, 처음, 근본, 시작하다.
紀(벼리 기) - 벼리, 해, 세월, 지질의 연대, 밑바탕, 실마리, 단서, 법, 도덕, 규율.

도(道)는 쉽게 표현하면 질서가 생기는 것이다. 과학자들은 이를 수학적 해법이 가능한 언어의 반복이라 한다. 우주의 시작과 더불어 아주 우연히 생긴 법칙의 결과이다. 그게 노자가 말하는 우주 만물의 도이다(天地之道). 영국의 천재 수학자 이언 스튜어트(Ian Stewart, FRS, 1945~)는 워릭 대학교 수학과의 명예교수이다. 그는 《우주를 계산하다 - 광대한 우주가 건네는 수학적 사고로의 초대(CALCULATIING THE COSMOS)》에서 우주가 빅뱅 폭발 후 생긴 수학적 법칙을 다양하게 서술했다. 우주 탄생 후 138억 년이 지난 지금, 우리 우주가 현재와 같은 값을 가져 생명이 살아갈 적절한 장소가 될 확률이 얼마인지 계산했다. 동전을 던져 앞면이 연속으로 156번 나오는 것과 같다. 이것은 약 10^{-47}, 즉 0. 000 000 000 000 000 000 000 000 000 000 000 000 000 000 01에 해당한다. 거의 0에 가깝다.

독일의 베스트셀러 작가이자 과학 칼럼니스트 슈테판 클라인(Stefan Klein, 1965~)은 《우연의 법칙》이라는 책에서 우연이란 무엇이며 어디서 어떻게 작용하는지, 우리는 왜 그토록 우연을 인정하기가 어려운지에 대해 말하고 있다. 모든 것들은 정해진 법칙에 의거 필연적으로 움직인다. 우리가 본능적으로 합리적 이성의 믿음과 모든 것을 인간의 통제하에 두려는 욕망을 산산조각 내버리는 우연의 힘을 여러 과학적 연구를 중심으로 종합 탐구했다. "신은 주사위 놀이를 하지 않는다!" 아인슈타인의 발언을 비롯하여 세계는 질서에서 무질서로 흐른다는 '엔트로피의 법칙', 자연의 다양성을 우연으로 설명한 찰스 다윈, 포스트잇과 스카치테이프 같은 우연에 의해 탄생한 발명품 등등 과학 속에서 우연이 작용하는 수많은 사례들을 소개했다. 이렇듯 도는 우연의 법칙이다. 우연은 허무주의가 아니다.

영국의 수학자 데이비드 핸드(David J. Hand, 1950~)는 런던 임페리얼 칼리지 수학과 명예교수 겸 선임 연구원이다. 우연이 반복되면 필연이 된다고 한다. 그의 저서 《신은 주사위 놀이를 하지 않는다》에서 우연을 설명하는 다섯 가지 법칙을 설명하고 있다.

> 1. 필연성(必然性)의 법칙: 결국 일어나게 되어있다. 아리스토텔레스는 "우연의 일치들의 합은 확실성과 같다"라고 했다. 주사위를 던지면 수가 나오듯이 우연의 법칙이 가진 힘은 그 가닥들이 함께 작용할 때 여실히 드러난다. 가장 중요한 가닥 중 하나는 '필연성의 법칙(low of inevitability)'이다. 필연성의 법칙이란 '무슨 일인가는 반드시 일어난다'라는 단순한 사실이다.

2. 아주 큰 수의 법칙: 참 많기도 하다. 네잎클로버를 발견할 확률은 약 1만 분의 1의 비율로 존재한다. 아주 많은 기회가 있으면, 아무리 드문 일도 일어날 가능성이 높다. 그게 좋은 일이냐 나쁜 결과를 가져오느냐의 문제다.
3. 선택의 법칙: 과녁을 나중에 그린다면 결과론적인 법칙이다. 결과에서 선택한 부분집합이 아닌 전체라고 여기는 것이다. 성공률이 1,000분의 1로 아주 낮더라도 성공적인 결과만을 선택하면 똑같은 결과물을 만들어 낼 수 있다. 이를 사후 설명 편향(hindsight bias)이라고 한다. 이것은 오래된 개념이며 선택의 법칙에 나타나는 한 방식이다. 중요한 예가 바로 진화 과정에서의 자연선택이 있다. 이것은 우리 우주가 '지금 이 모습'인가에 대답하는 한 방식이다.
4. 확률 지렛대의 법칙: 나비의 날갯짓. "우연은 준비된 정신만을 돕는다"라고 루이 파스퇴르는 말했다. 역학에서 지렛대의 법칙은 무게가 다른 두 물체를 막대 위에 올려놓고 균형을 잡는 법을 알려준다. 상황이 미세하게 바뀌면 확률이 엄청나게 달라질 수 있다는 것이다. 즉 상황의 미세한 변화로 미미한 확률이 엄청나게 높은 확률로 바뀔 수 있다.
5. 충분함의 법칙: 그냥 맞는다고 치자. "확실하게 틀리는 것보단 애매하게 옳은 게 낫다"라고 영국의 경제학자 존 메이너드 케인스는 말했다. 충분히 유사한 사건들은 동일하다고 간주한다. 이 법칙을 따르는 사람은 실은 유사할 뿐인 것들을 일치하는 것으로 받아들인다. 따라서 이 법칙은 잠재적 일치의 개수를 증가시킨다.

5가지 통계적인 원리를 들춰내면서 "절대 기적이 아니다"라고 차근차근 설명한다. 통계학 지식을 동원해서 분석하면, 얼마든지 일어날 수 있는 자연스러운 일이라며 데이비드 핸드는 《신은 주사위 놀이를 하지 않는다》에서 주장하고 있다.

夷(이), 希(희), 微(미) 此三者(차삼자), 不可致詰(불가치힐), 故混而爲一(고혼이위일). 이 세 가지는(此三者) 따로 물을 수 없으니(不可致詰), 본래(故) 섞여 하나가 되었기 때문이다(混而爲一). 현대의 물리학 법칙을 가지고 설명이 가능하다. 夷(이)라는 뜻은 우리가 아는 오랑캐를 뜻하는 이가 아니다. '노자의 도덕경'은 프리초프 카프라가 《현대물리학과 동양사상》에서 다뤘듯이 양자물리학과 천문학, 진화생물학자에게 너무나도 매력적이고 과학적인 고대 문헌이다.

執古之道(집고지도), 以御今之有(이어금지유). 能知古始(능지고시), 是謂道紀(시위도기). 그런 연유에 마지막 구절인 태초에 시작된 도를(古之道) 제대로(執) 현대 과학으로(今之) 잘 다스릴(以御) 수만 있다면(有) 태초의 시작이(古始) 어떠했는지 능히(能) 알 수 있으니(知) 그것을 일러(是謂) 빅뱅우주론(道紀)이라 한다.

도의 시작, 즉 우주의 시작을 현대 우주론인 빅뱅우주론으로 설명이 가능한 것이다. 夷(이), 希(희), 微(미) 此三者(차삼자)에 대한 해석을 나와 같이 한 분이 계셨다. 민족사관고등학교 한문 교사인 황형주 선생의 《노자의 생각》을 읽고 너무도 반가웠다. 그의 책에서 그의 견해를 옮긴다. "노자가 천착한 문제는 인류 지성의 오랜 탐구 주제였다. 그 주제의 성격은 종교와 철학, 과학, 윤리학, 정치학 등을 망라한다. 그리하여 노자의 생각을 제대로 파악하기 위해서는, 노자라고 하는 울타리에서 나와서, 동서고금의 인문학과 자연과학을 아우르는 융합적이고 포괄적인 방식으로 탐구 주제에 접근하는 것이 필요하다." 지당한 말씀이다.

노자의 《도덕경》 42장에 나오는 노자가 말한 도(道)의 정의에 대해 '道生一, 一生二, 二生三, 三生萬物.' 도의 우주관(宇宙觀)을 표현한 것이다. 이러한 도의 기능들을 현대과학이 거의 풀어놓았다. 그러기에 현대물리학으로 재해석해야만 이치에 맞는다. 우주의 생성에 대해서는 42장에서 다시 언급하겠다. 1장의 '도가도 비상도'에서 설명했듯이 도는 자연의 법칙이다. 그 법칙은 우주의 시작을 알리는 대폭발 공간, 시간, 에너지의 강력한 폭발이 일어날 때 시작된 것이다.

플랑크 시대(Plank Era) 10^{-44}/s에 우주는 불안정했고, 상상할 수 없이 뜨거웠다. 네 가지 기본 힘인 중력, 전자기력, 강력, 약력은 분리되지 않았다. 엄청난 찰나의 시기인 10^{-43}~10^{-36}/s 대통일 시대(Grand Unification epoch). 이 시기에 중력이 다른 기본 힘들과 분리됐다. 물질과 에너지는 질량-에너지라는 가변적인 형태로 존재했다. 10^{-36} 급팽창 시대(inflationary epoch)가 시작했다. 우주가 짧은 시간 극단적인 급팽창을 겪었다. 엄청난 양의 질량-에너지가 생겼다. 강력이 나머지 두 개의 기본 힘과 분리됐다. 당시 우주는 광자(전자기 에너지 묶음)로 가득 차 있었다. ~ $10^{-32}/s$ 급팽창이 끝나자 쿼크-반쿼크 쌍과 같이 요동하는 입자와 반입자 덩어리가 에너지로부터 저절로 생겨났다가 소멸되어 다시 에너지로 되돌아갔다. 이런 입자의 바다를 때때로 쿼크-글루온 플라스마(plasma)라고 부른다. 우주 온도는 여전히 $10^{24}K$의 초고온 상태이다. $10^{-12}/s$ 마지막으로 약력이 전자기력에서 분리됐다. 물리학의 기본 힘과 법칙이 지금의 모습을 온전히 갖췄다. 10^{-6} 우주 온도가 10조K에 이르자 글루온이 쿼크들을 한데 묶어 최초의 양성자와 중성자 같은 복합 입자를 만들었다. 그리고 반쿼크가 반양성자와 반중성자를 이뤘다. 그리고 폭발 후 1초가 되자, 우주가 100억K까지 식어 반물질이 사라졌다. 우주가 식자 에너지로부터 더 이상 입자-반입자 쌍이 생성되지 않았다. 입자가 반입자보다 약간 많았기 때문에 만물의 씨앗(萬物之母)이 되었다. (출처: 빅 히스토리 연구소, 《빅 히스토리》)

노자의 위대한 통찰력으로 세상을 바라보니 이를 일러(是謂) 있는 듯 없는 듯한 형상이요(無狀之上), 이를 일러(是謂) 미묘하여 헤아려 알기 어렵다(惚恍).

1927년 이후 르메트르-허블 우주론이 밝혔고 수십 개의 노벨상이 수여됐던 우주의 기원을 노자는 2,500년 전에 다 꿰뚫고 있었다.

우주 만물을 움직이고 돌아가게 하는 도(道)여! DARK 하고 또 DARK 하도다!

제15장.
古之善爲道者(고지선위도자)
늘 처음처럼 이룰 수 있는 법

古之善爲道者, 微妙玄通, 深不可識. 夫唯不可識, 故强爲之容.豫兮, 若冬涉川 ; 猶兮, 若畏四鄰. 儼兮, 其若容[客] ; 渙兮, 若冰之將釋. 敦兮, 其若樸 ; 曠兮, 其若谷. 混兮, 其若濁, 孰能濁以靜之徐淸? 孰能安以久, 動之徐生? 保此道者不欲盈. 夫唯不盈, 故能蔽而新成.

예로부터(古) 도의(道) 진정함을 깨우치고 행하는(善爲) 사람은(士) 정교하고(微) 오묘하고(妙) 심오하고(玄) 통달하여(通) 그 깊이를(深) 감히 헤아릴 수가 없구나(不可識)! 도저히(夫唯) 그 깊이를 알 수가 없어(不可識) 억지라도(强) 형용한다면(容) 예측하도다(豫焉)! 겨울에(冬) 강을 어찌 건너는 게(涉川) 좋을지(若), 신중하도다(猶兮)! 사방의 이웃 나라를(四隣) 경외하듯이 한다(若畏). 공손하도다(儼兮)! 공손하기를(其) 외국 사절단 대하듯 하고(若客), 새롭고 새롭도다(渙兮)! 얼음 녹듯이(若氷) 세상 근심을 풀리게 하니(將釋) 도탑도다(敦兮)! 그 도타움이(其) 울창한 숲과 같고(若樸), 너그럽도다(曠兮)! 그 너그러움이(其) 깊은 골짜기와 같구다(若谷)! 뒤죽박죽 마구 섞여(混兮) 세상이 혼란스러우니(其若濁) 누가(孰) 혼란스러움을 잠재우고(能濁) 평화롭게(以靜之) 서서히(徐) 세상을 맑게(淸) 할 수 있겠는가? 누가(孰) 그리할(能) 수 있게 안정시킨 까닭에(安以) 세상을 움직여(動之) 안정적으로(徐) 살(生) 수 있는 것이다. 이러한(此) 도를(道) 유지하고자(保) 하는 자는(者) 제 욕심을(欲) 채우려 하지 않기에(不盈), 대저(夫) 오로지(唯) 채우려 하지 않기에(不盈) 도리어(故) 자신을 길들이며(能蔽) 늘 처음처럼(新) 이룰(成) 수 있는 것이다.

❖ **古之善爲士[道]者**(고지선위사[도]자), **微妙玄通**(미묘현통), **深不可識**(심불가식).

예로부터(古) 도의(道) 진정함을 깨우치고 행하는(善爲) 사람은(士) 정교하고(微) 오

묘하고(妙) 심오하고(玄) 통달하니(通) 그 깊이를(深) 감히 헤아릴 없구나(不可識)!

微(작을 미) - 작다, 자질구레하다, 정교하다, 적다, 없다, 어둡다.
妙(묘할 묘) - 묘하다, 오묘하다, 미묘하다, 예쁘다, 젊다, 멀다, 작다.
玄(검을 현) - 검다, 오묘하다, 심오하다, 깊다, 짙다, 크다.
通(통할 통) - 통하다, 내왕하다, 알리다, 알다, 정을 통하다, 통.
深(깊을 심) - 깊다, 깊어지다, 짙다, 심하다, 두텁다, 무성하다, 중하다, 오래된.
識(알 식) - 알다, 지식, 식견, 친분, 적다, 기록하다, 표시하다.

그러하다. 138억 년 동안 억겁의 시간과 공간을 스스로 그러함(自然)! 그러한 도의 섭리를 깨우치고 행하는 노자 같은 사람은 미묘현통(微妙玄通)하다. 정교하고, 오묘하고, 심오하고, 도를 통달했기에 그 깊이를 감히 헤아릴 수 없다. 우주의 경이로움을 알고 생명현상을 이해하고 설명한 찰스 다윈이나 상대성 이론으로 우주를 설명한 아인슈타인 그리고 양자 세계를 불확정성의 원리로 설명한 베르너 하이젠베르크 같은 도인들의 붕새를 우리와 같은 뱁새가 그 깊이를 어찌 헤아릴 수가 있겠는가! 미국의 물리학자 리처드 파인먼은 "자연은 아주 단순하다. 그래서, 아름다운 것이다"라고 명언을 남겼다. 단순하나 깊다.

❖ **夫唯不可識(부유불가식), 故强爲之容(고강위지용).**
도저히(夫唯) 그 깊이를 알 수가 없어(不可識) 억지라도(强) 형용한다면(容)

唯(오직 유) - 오직, 다만, 비록 ~하더라도, 때문에, 바라건대, 이, 예, 생각하다.
强(강할 강) - 강하다, 굳세다, 힘쓰다, 강제하다, 단단하다, 거스르다, 세차다, 힘.
容(얼굴 용) - 얼굴, 모양, 몸가짐, 용량, 속내, 어찌, 담다, 받아들이다, 용납, 치장.

도저히 그 깊이를 헤아릴 수 없는 다윈의 자연선택 법칙과 아인슈타인의 상대성 이론 그리고 '베르너 하이젠베르크의 불확실성의 원리'를 만백성에게 알리고자 한다면 억지스럽더라도 다음과 같이 표현할 수 있을 것이다. 미국의 천재적인 이론물리학자이자 1965년 노벨물리학상을 수여한 리처드 필립스 파인먼(Richard P. Feynman, 1918~1988)은 이렇게 말했다. "양자역학을 이해한

사람은 아무도 없다!"라고 했다. 그럼에 불구하고 억지스럽지만 설명하자면,

* **豫焉(예언), 若冬涉川(약동섭천), 猶兮(유혜), 若畏四鄰(약외사린),**
  예측하도다(豫焉)! 겨울에(冬) 강을 어찌 건너는 게(涉川) 좋을지(若), 신중하도다(猶兮)! 사방의 이웃 나라들을(四鄰) 경외하듯이 한다(若畏).

豫(미리 예) - 미리, 앞서, 기뻐하다, 편안하다, 즐기다, 놀다, 미리 생각하고 행동.
焉(어찌 언) - 어찌, 어떻게, 어디, ~보다, 이에, 이, ~느냐? ~도다, ~와 같다.
冬(겨울 동) - 겨울, 겨울을 나다, 동면하다, 북소리, 소리의 형용.
涉(건널 섭) - 건너다, 지나다, 거치다, 겪다, 거닐다, 돌아다니다, 섭렵하다.
川(내 천) - 내, 물귀신, 굴, 들판, 느릿한 모양, 계속해서, 끊임없이.
畏(두려워할 외) - 두려워하다, 경외하다, 꺼리다, 심복하다, 조심하다, 위협하다.
鄰(이웃 린) - 이웃, 이웃한 사람, 보필, 수레의 소리, 이웃하다, 근접한, 인접한.

영국 케임브리지대학교에서 과학 역사 철학부에서 과학철학을 가르치는 세계적 과학철학자이자 한국계 미국인 장하석(동 대학 경제학과 장하준 교수의 친동생이다) 교수의 저서 《온도계의 철학》에서 과학은 정확한 관측(觀測, Observation)을 통해 얻은 1차 자료를 바탕으로 패턴을 찾아 예측(豫測, Prediction)하는 지식 체계를 이른다고 했다. 이를 예측 가능성(豫測可能性, Predictability) 예측은 미리 생각하고 계산하여 정확한 미래를 계산하는 것이다. 우주선을 지구 궤도에 올려놓기 위해서는 매사를 수학적으로 한 치의 오차도 없이 계산해야 한다. 지난 2022년 발사에 성공한 누리호는 2번의 실패 끝에 결실을 보았다. 그 어떤 나라의 도움 없이 스스로 계산하고 연구하여 항공연구원에 근무하는 연구자들이 만들어 낸 협력의 결과물이다. 우주의 나이를 알아내고 세상을 이루는 물질과 에너지를 밝혀낸 것은 서양이 이룬 위대한 수학의 결과물이다. 이를 물리학에서는 이론물리학(theoretical physicist)이라 한다.
대표적인 이론물리학자 아인슈타인에 대한 유명한 일화가 있다. 우주가 급팽창하고 있다고 밝혀낸 에드윈 허블(Edwin Powell Hubble, 1889~1953)의 발견이 정상우주론을 주장했던 아인슈타인에게는 어떤 의미로 다가왔을까? 당대 최고의 인기 있는 석학이자, 1921년 노벨물리학상을 수상한 영향력 있는 과학자

였던 알베르트 아인슈타인이었지만 자신의 이론과 역행하는 관측 결과에 놀라 1931년 부인과 함께 윌슨산 천문대(Mount Wilson Observatory, 캘리포니아 LA의 윌슨산 1,742m)를 찾았다. 그곳에서 허블과 역사적인 대면을 하고 그 자리에서 우주가 팽창하고 있다는 사실을 처음으로 인정했다. 산꼭대기(천체망원경은 안정된 시야 확보가 중요하기 때문에 산 정상에 설치한다)에 아인슈타인과 그의 부인이 찾아와 본인의 잘못을 인정하니 허블이 좀 우쭐해했다. 아인슈타인과 동반한 그의 아내에게 윌슨산 천문대를 구소개하면서 "이 거대한 천체망원경(당시 최대인 직경 2.5m)이 우주의 실체를 밝혀 줄 겁니다"라고 의기양양하게 말했다. 그러자 그녀는 허블의 말에 차분한 어조로 이렇게 대답했다고 한다. "지금까지 제 남편은요, 편지 봉투 뒷면 같은 데에 수식을 끄적거리며 그런 일들을 해왔답니다."

아인슈타인도 고집이 대단한 듯하다. 팽창하는 우주를 너무 싫어해서 그의 방정식에 Λ, λ(그리스어: λάμδα 람다)를 빼버렸다. 그런데 현대과학은 이 람다대수가 우주 팽창을 주도하는 암흑에너지임을 알아냈다.

노자는 바로 이러한 도를 깨달은 사람을 "예측하도다(豫焉)! 겨울에(冬) 강을 어찌 건너는 게(涉川) 좋을지(若)," 예측하는 사람이라 한 것이다. 만일 군대를 이끄는 장수가 자신의 군대를 이끌고 추운 겨울에 강을 건너야만 하는 상황이 왔다. 신중하고 부하들을 아끼는 장수라면 건널 수 있는 상태인지 아닌지 충분히 계산하고 예측할 것이다. 그래야 자신의 귀한 군사와 나라를 안전하게 지킬 수 있는 것이다.

임진왜란 당시 아무 생각 없이 전쟁을 이끌어 국가의 재산인 군사들을 물고기 밥이 되게 만든 작자가 있다. 조선 최고의 모지리 원균(1540~1597) 같은 천하의 이기적 침팬지가 돼서는 안 된다고 노자는 말한다. 징비록에 류성룡(1542~1607)이 직접 기록한 내용이다. 경상 우수사 원균은 왜군의 배를 보고 겁에 질려 배 3척만을 남기고 80여 척의 배를 자침(自沈-스스로 침몰시키다)시킨 후 군대를 강제 해산하였다. 그리고 자신 또한 도망가려고 하자 부하 이영남(1563~1598)이 말리며 "군인의 임무는 이기든 지든 적과 싸워 나라를 지키는 데에 있습니다. 당장에 적의 수에 당황하여 나머지 부대마저 해산하여 도망친다면 상감께서는 필히 이에 대해 문책하실 게 분명합니다. 청하건대 전라 좌수사 이순신(1545~1598)에게 도움을 요청하는 게 최선책 일 듯합니다." 도를 알고 행하는 자와 무지막지한 인간을 구분해야 한다는 뜻이다. 특히 정치를 일삼는 자들이 도의 깨우침을 모르면 나라를 팔아먹는다.

그러므로 성인의 정치는 "그토록 신중하도다(猶兮)! 사방의 이웃 나라들을(四隣) 경외하듯이 한다(若畏)"라는 것이다. 한반도 주변국들은 죄다 늑대들이다. 그러다 보니 호시탐탐 대한민국을 노린다. 때로는 고래 등 싸움에서 새우 등 터진다. 나라를 빼앗겨 불행한 삶을 살지 않으려면 인면수심의 짐승들이 정치를 아예 못하게 해야 한다. 투표는 인면수심의 짐승들을 가려내는 행위이다. 민주주의는 내 손으로 우리의 권리를 짐승이 아닌 현자와 착실한 머슴들에게 대신시키는 대의 정치 행위이다. 우리가 그들을 부려 먹는 것이지 위정자가 우리를 지배하는 것이 아니다. 이러한 것이 상식이 되는 세상이 공공선(公共善, Public Good) 충만한 노무현이 그토록 이루고 싶어 했던 '**사람 사는 세상**'이다.

❖ **儼兮**(엄혜), **其若容[客]**(기약용[객]) ; **渙兮**(환혜), **若冰之將釋**(약빙지장석),

공손하도다(儼兮)! 공손하기를(其) 외국 사절단 대하듯 하고(若客), 늘 새롭고 새롭도다(渙兮)! 얼음 녹듯이(若氷) 세상 근심을 풀리게 하니(將釋),

儼(엄연할 엄) - 엄연하다, 의젓하다, 근엄하다, 공손하다, 공근하다, 정제하다.
客(손 객) - 손, 나그네, 사람, 과거, 외계, 여행, 객지, 상대, 붙이다.
渙(바꿀 환) - 바꾸다, 교체되다, 고치다, 새롭게 하다, 주고받다, 제멋대로 하다.
氷(얼 빙) - 얼음, 고체, 기름, 지방, 식히다, 얼다, 깨끗하다, 투명하다.
將(장수 장) - 장수, 인솔자, 문득, 청컨대, 무릇, 만일, 또한, 그리고, 거느리다.
釋(풀 석) - 풀다, 설명하다, 풀리다, 사라지다, 깨닫다, 용서하다, 놓아주다, 풀이.

현명하고 지혜로운 지도자는 겸손하고 공손해야 한다. 백성을 지배하는 것이 아니라 섬기는 것이 대통령이자 정치인이다. 그러나 대한민국의 현실은 어떤가? 다수의 국민이 지난 대선에서 뽑아놓은 대통령이란 작자가 하는 짓이 영 '침팬지'와 같다. 하는 짓마다 국가의 안위가 심히 걱정된다. 박근혜에게 그렇게 당하고도 코로나라는 바이러스가 가져온 재앙 때문에 저런 선조와 원균과 같은 모지리(侮之-백성들에게 업신여김을 받다)를 국가대표의 감독에 선임해 놨으니 말이다. 거기에 하는 짓마다 적반하장(賊反荷杖)이다. 전 정부에서 검찰개혁의 적임자라고 임명했더니 자신의 임명권자와 자신의 직속상관인 조국 법무부 장관을 몽둥이로 때려잡았다. 자고로 정적은 미워해도 가족은 건드리지 말라 했다. 그 가족들까지 검찰이라는 공공재를 제 사적재처럼 써가며 가족들까지 처참하게 짓밟았다. 그러나 제 식구들에게는 선한 천사다. 저런 인간이 공정과 정의를 내세워 대통령에 당선됐다. 나는 그날 국가의 앞날을 걱정하면 모든 뉴스를 손절했다. 그리고 역사상 최고 많은 양의 술을 마셨다. 현실을 인정하고 싶지 않았기 때문이다. 인간을 동물학적으로 연구하는 내게 저자가 하는 모든 짓마다 하는 말마다 마카크 원숭이다.

대통령이 되어서 전 세계가 지켜보는 UN 총회에서 자기 입으로 뱉은 욕설이 뻔함에도 불구하고 반성하고 사과하지 않았다. 어떻게 나오는가 관찰하니 내 예상이 적중했다. 적반하장의 법칙 - 모든 탓을 진실을 보도한 언론 탓으로 돌리며 몽둥이를 들이댄다. 인간과 짐승 구별법에 가장 중요한 게 도덕심이라고 이 글을 시작하면서부터 강조했다. 천주교 성당에서는 예배 중 구호로 "내 탓이오! 내 탓이오! 내 큰 탓이로소이다!"라며 지난 추악한 역사를 반성한다. 일본이 왜 아직도 저 모양인가? 단 하나! 수오지심(羞惡之心)이 없기 때문이다. 일본의 정치지배 세력들은 진화가 덜 된 '마카크 원숭이'들이기에 고등 진화한 동물과 하등 동물을 구별하는 기준인 도덕적 능력, 즉 성찰과 반성할 줄 모른다. 반성할 줄 알면 원숭이가 아니라 사람이다. 반성은 벌어진 사건에 대한 소이연(所以然-원인과 까닭)이 나에게 있음을 자각하는 고도의 인지 능력이다. 시험만 잘 치는 침팬지가 그래서 위험하다고 말하는 것이다. 시험만 잘 보면 국가 엘리트 권력이 될 수 있다. 마음은 98.7%가 침팬지임에도 불구하고 말이다.

인간의 사고는 뇌에서 언어로 구성 범주화된다. 미국 UC버클리의 인지 언어과학자 조지 레이코프(George Lakoff, 1941~) 교수는 강조한다. 그 사람의 언행은 평소 그 사람의 사고와 철학이라고 말이다. 말과 행동을 자제하지 못하고 절제하지 못하는 이유 중 하나가 평소의 습관이 그대로 언행에 배어있기 때문이다. 뇌과학자 박문호 박사에 의하면 우리가 하는 언행은 평균 43%가 습관이라고 한다. 습관이라 반사적 본능적으로 사고하고 행동한다는 뜻이다. 그게 본능적 회피와 본능적 공격성이다. 어떻게 감정이 제대로 된 인간이라면 검찰총장이라는 지위를 이용하여 중대한 범죄도 아닌 사건에 검찰이라는 국가 공공재를 낭비하는가 말이다. 검찰청 총인원 2천500명 전체 검사 중 10%를 "조국 수사에 투입한 것"이라는 주장이 올라와 있다. 압수수색 건수가 70회이다. (출처: 연합뉴스)

대선의 정적이었던 이재명 야당 대표에게는 더욱더 가혹했다. "이재명 압수수색 224 vs 김건희 0, 유검무죄 무검유죄"라는 말이 들 정도이다. 미 에모리대학교 심리학과 프란스 드 발 교수에 의하면 침팬지 사회에서 알파 수컷을 물리치고 쿠데타에 성공하면 정적 제거에만 몰두한다고 한다. (출처: 프란스 드 발, 《침팬지 폴리틱스》) 이유는 단순하다. 정적을 제거하지 않으면 쿠데타를 통해 권력을 잡았기 때문에 개체 자신의 안전을 보장받지 못하기 때문이다.

한겨레신문 2023년 1월 15일 강재구 기자의 보도를 보면 문화방송은 지난해 9월 윤 대통령이 유엔 총회 참석차 미국 뉴욕을 방문하던 중 욕설·비속어 논란을 보도했다. 당시 문화방송은 윤 대통령이 "국회에서 이 XX들이 승인 안 해주면 바이든이 쪽팔려서 어떡하나?"고 발언했다고 보도했는데, 대통령실은 '바이든'이 아니라 '날리면'이라고 주장했다. 외교부는 지난달 19일 서울서부지법에 문화방송을 상대로 정정보도 청구 소송을 제기했다. 외교부는 박진 외교부 장관이 원고가 되어, 피고 박성제 문화방송 대표이사를 상대로 소송을 냈다. 비속어 발언의 당사자인 윤 대통령은 소송에서 빠졌다. 이후 외교부는 지난해 문화방송 보도를 두고 언중위에 정정보도 청구에 나섰다. 문화방송이 사실과 다른 보도를 해 동맹국 내 부정적 여론이 퍼지고 우리 외교에 대한 국민적 신뢰가 흔들렸다는 이유로 청구에 나선 것으로 알려졌다. 하지만 문화방송은 허위보도가 아니라 정정보도가 어렵다고 대립했다. 조정에 나선 언중위는 당사자 간 합의가 이뤄지지 않자 조정 불성립 결정을 내렸다. 언론중재법상 언중위 중재부는 당사자 간 합의 불능 등 조정이 적합하지 않은 현저한 사유가 있는 경우 조정 불성립으로 결정해야 한다.

외교부는 중재위에 이어 본안 소송까지 걸어 정정보도를 청구한 이유에 대해 "문화방송의 사실과 다른 보도로 인해 우리 외교에 대한 국내외의 신뢰에 부정적 영향이 있었다"라며 "사실관계를 바로잡고 우리 외교에 대한 신뢰를 회복하기 위해 정정보도 청구 소송을 제기한 것"이라고 밝혔다. (출처: 한겨레신문)

노자가 말하는 도를 깨우치고 행하는 참사람은 "공손하도다(儼兮)! 공손하기를(其) 외국에서 오신 귀한 사절단 대하듯 하고(若客), 늘 새롭고 새롭도다(渙兮)! 얼음 녹듯이(若氷) 세상 근심을 풀리게 하니(將釋)"와 같이 표현했다. 그러나 이 작자는 정반대다. 오만하고 독선적이고 무지막지(無知莫知)하고 잔인하다. 낡고 병들었다. 얼음을 얼리듯 정국을 얼리는 데 앞장서고 대한민국을 미국과 일본의 식민지로 만들려고 기를 쓰는 '이완용'스럽다. 그의 부친, 윤기중이 한일 수교 직후인 1967년 일본 문부성 국비 장학생 1호로 선발되어 일본 히토쓰바시대학교 대학원에서 유학했다고 한다. 한술 더 떠 그가 가장 신임하는 대통령실 안보실 제1차장은 한반도 유사시 일본 자위대의 지원 역할을 강조하는 논문을 썼던 사람이다. 지금 한미일 관계가 이런 방향으로 흘러가는 것도 이 사람이 가진 신념이다. (출처: 나무위키) 나라님이 앞장서서 나라에 근심을 쌓이게 하니 국민을 시름과 분노로 몰아낸다.

❖ **敦兮(돈혜), 其若樸(기약박) ; 曠兮(광혜), 其若谷(기약곡),**
도탑도다(敦兮)! 그 도타움이(其) 울창한 숲과 같고(若樸), 너그럽도다(曠兮)! 그 너그러움이(其) 깊은 골짜기와 같도다(若谷)!

敦(도타울 돈) - 도탑다, 부지런히 힘쓰다, 노력하다, 숭상하다, 직립하다, 많이.
樸(통나무 박) - 통나무, 바탕, 바탕, 순박하다, 질박하다, 빽빽하다, 달라붙다.
曠(빌 광) - 비다, 비우다, 공허하다, 황폐하다, 멀다, 넓다, 탁 트이다, 너그럽다.
谷(골 곡) - 골짜기, 깊은 굴, 경혈, 곡식, 곤궁, 성장시키다, 막히다.

성인의 정치는 부지런하고 울창한 숲과 같이 백성들에게 신선한 산소를 뿜어내며 백성들이 뿜어내는 이산화탄소를 들이마신다. 호흡이 탁탁 맞는 것이다. 우리와 같은 진핵세포를 가진 다세포 동물의 세포 호흡식이다.

$C_6H_{12}O_6 + 6O_2 \rightarrow 6CO_2 + 6CO_2 + 6H_2O + ATP$ 포도당과 산소를 들이마시면 포도당이 이산화탄소로 산화된다. 들이마신(吸, 흡) 산소는 물로 환원된다.
반대로 식물세포는 $12H_2O + 6CO_2$ 빛(엽록체) $\rightarrow C_6H_{12}O_6 + 6H_2O + 6O_2$가 된다.

식물세포는 물과 이산화탄소를 들이마셔서 태양에너지를 받아 광합성을 통해 포도당과 물 그리고 산소를 쓰레기로 배출한다. 동물과 식물은 서로 호흡을 나누며 상생한다. 식물은 포도당을 이용하여 열매를 키워 동물에게 먹이로 내어주는 것이다. 그게 스스로 그러한 자연의 이치다. 그리하니 서로에게 너그러울 수밖에 없다. 그 너그러움이 깊고 깊어 깊은 골짜기를 이룬다. 빈 필하모닉의 조화로움이 어찌 이와 같지 않겠는가!

- ❖ **混兮(혼혜), 其若濁(기약탁). 孰能濁以靜之徐淸(숙능탁이정지서청).**
  뒤죽박죽 마구 섞여(混兮) 세상이 혼란스러우니(其若濁) 누가(孰) 혼란스러움을 잠재우고(能濁) 평화롭게(以靜之) 서서히(徐) 세상을 맑게(淸) 할 수 있겠는가?

  混(섞을 혼) - 섞다, 뒤섞이다, 흐르다, 합하다, 흐리다, 크다, 덩어리지다.
  濁(흐릴 탁) - 흐리다, 혼탁하다, 더럽다, 혼란하다, 더럽다, 어지럽다, 흐림.
  孰(누구 숙) - 누구, 무엇, 어느, 여물다, 무르익다, 익히다, 정통하다, 숙련하다.
  能(능할 능) - 능하다, 재능, ~할 수 있다, 응당 ~해야 한다, 에너지.
  靜(고요할 정) - 고요하다, 깨끗하게 하다, 쉬다, 조용히.
  徐(천천히 할 서) - 천천히 하다, 평온하다, 조용하다, 다, 모두, 천천히.
  淸(맑을 청) - 맑다, 깨끗하다, 탐욕이 없다, 빛이 선명하다, 분명하다, 차갑다.

그러나 인간 세상은 자연처럼 조화롭게만 돌아가지 않는다. 우리가 싸질러놓은 똥 오줌물과 우리가 뱉은 오물은 강이 되고 바다가 되어 뒤섞인다. 인면수심의 짐승과 선한 사람이 함께 뒤섞이니 누가 참인지 거짓인지 모른다. 질서는 사라지고 무질서한 엔트로피는 끊임없이 올라간다. 나라에 도적놈과 야비한 놈들이 판치니 세상은 점점 불평등해지고 차별은 더욱 심해진다. 끊임없는 인간의 탐욕으로 식물세포들이 더 이상 감당하지 못할 이산화탄소를 뿜어내니 날로 더워진다. 나라와 나라 사이는 서로 늘 일촉즉발의 긴장과 분쟁이 그치지 않는다. 이렇게 마구 섞여 세상이 혼란스럽다. 누가(孰)? 이 어지러운 세상을 잠재우고 사람이 사람답게 살 수 있는 평화롭고 안전한 지구를 만들 수 있겠는가?

- **孰能安以動之徐生**(숙능안이동지서생). **保此道者不欲盈**(보차도자불욕영).
  누가(孰) 그리할(能) 수 있게 안정시킨 까닭에(安以) 세상을 움직여(動之) 안정적으로(徐) 살(生) 수 있는 것이다. 이러한(此) 도를(道) 유지하고자(保) 하는 자는(者) 제 욕심을(欲) 채우려 하지 않기에(不盈),

그러한 세상을 만들고자 하면 제대로 알아야 한다. 모든 역사를 그리고 인간의 마음이 어떻게 작동하는지를 알아야 한다. 노자는 그런 자를 도를 깨우친 사람이자 도를 실천하는 사람이라고 말한다. 세상을 움직이고 세상을 제대로 돌아가게 하려면 제대로 알아야 한다. 갈등(葛藤)은 덩굴식물인 갈(葛)을 의미하는 칡과 등(藤)나무를 나타내는 말이다. 두 식물은 숙주가 없으면 햇빛을 받을 수 없어 광합성을 하지 못한다. 그러나 덩굴식물 특성상 숙주가 되는 나무를 너무 강하게 옥죄어 고사시켜 죽이기도 한다. 사람으로 치면 본성이 이기적이고 잔혹하다. 그래서 이기적인 등과 칡이 만나면 경쟁이 도가 되는 아비규환이 된다. 인간관계와 사회학적 갈등은 인간의 이기심(욕심)과 이기심이 만나 극대화되는 것이다. 파인먼의 말대로 자연은 단순하다. 인간의 마음이 복잡할 뿐이다. 답은 나만 잘살면 된다는 이기심을 처벌하는 것이다. 우리의 역사는 처벌과 보상이 명료하지 못한 결과이다. 유럽의 보수와 진보는 산업혁명 이후에 양극화된다. 기존 질서체계를 안정적으로 지키려는 자는 보수가 되고, 그걸 바꾸려 하는 자는 진보가 되었다. 시장경제를 지킬 것인가 바꿀 것인가? 그리스도 전통을 지킬 것인가 바꿀 것인가? 자본주의를 지킬 것인가 바꿀 것인가? 시장 자유주의를 지킬 것인가 바꿀 것인가? 입헌군주제를 지킬 것인가 바꿀 것인가? 사회주의를 지킬 것인가? 바꿀 것인가? 서구의 보수와 진보는 이러한 대립 속에서 태어났다. 한국의 보수는 언제 태어났는가? 아마 국가 태동하면서 정치가 생겨난 이후 계속이었을 것이다. 조선도 결국 붕당정치(朋黨政治)에 의해 노론 세력의 일당 독재와 매관매직으로 나라가 망했다. 결국 권력을 독점하려 했던 이기심 때문이며 무능하고 등신 같은 임금과 그 일족들이 백성들의 마음에 평생 씻지 못할 아픔을 낳았다. 해방 후에는 어땠는가? 독립을 위해 목숨 바쳐 싸운 독립운동가들은 일본 놈들에 의해, 일본 놈 앞잡이들로 인해 삼족이 멸했다.

독립운동가이자 교육자인 이회영(李會榮, 1867~1932) 선생 집안의 6형제는 1910년 8월 29일 악덕 친일 매국노 윤덕영이 주도한 경술국치(庚戌國恥)를 계기로 조선의 전 재산(명동 일대, 현 가치 1조 추산)을 처분하고 만주로 건너갔다. 신흥무관학교를 설립하여 3,500명의 독립운동가를 키웠다. 1918년 모든 자금이 바닥나고 가족들은 끼니도 제대로 해결하지 못했다. 1931년 상하이에서 흑색공포단을 조직하여 지휘하였다. 일본의 일본 군수물자와 천진 영사관 등을 폭파했다. 그러나 1932년 11월 일본이 세운 만주국에 연락 기지와 지하 공급망을 확보하러 다롄으로 이동 중 조선인들의 제보와 일본 밀정의 첩보, 그와 사상이 달랐던 조카 이규서 등의 밀고로 다롄 항구에서 일본 경찰과 중국 수상서원에게 체포되어 일본 영사관 감옥에 수감되었다. 11월 17일 이때 이미 노인이었던 그는 혹독한 고문과 추위를 이기지 못하고 옥사했다. 연락받고 시신을 찾으러 간 유가족에게 다롄 수상경찰은 그가 자살하였다고 거짓으로 말했으나 믿지 않았다. 당시 그의 나이 향년 65세였다. (출처: 위키백과)

다음은 6형제의 최후다.

> 첫째, 이건영(1853~1940) 상하이에서 독립운동 중 병사.
> 둘째, 이석영(1855~1943) 자신의 전 재산 독립운동 자금 지원. 상하이에서 굶어 죽음. 그의 장남 이규준(1899~1927) 독립운동가로 29세에 암살당해 죽음.
> 셋째, 이철영(1857~1925) 신흥무관학교 교장 역임, 병사.
> 넷째, 이회영(1867~1932) 다물단, 흑색공포단 설립, 일본군에 체포돼 모진 고문으로 옥사.
> 다섯째, 이시영(1868~1953) 임시정부 수립에 참여, 유일하게 살아남아 광복을 맞이함. 초대 부통령.
> 여섯째, 이호영(1875~1933) 다물단 단원, 독립운동 중 행방불명, 가족들까지 일본군에게 몰살당함.

나라의 독립을 위하여 전 재산과 목숨까지 바친 6형제다. 우리는 그들에 관해 기억조차 하지 않았다. 이회영이 쓴 행복에 관한 글이다. "세상에 인간으로 태어나서 누구나 바라는 목적이 있다네. 그 목적을 달성한다면 그보다 더한 행복이 없을 것이네. 그리고 그 목적을 달성하기 위하여 그 자리에 죽는다 하더라도 이 또한 행복이 아니겠는가!"

- ❖ **夫唯不盈(부유불영), 故能蔽而新成(고능폐이신성).**
  대저(夫) 오로지(唯) 채우려 하지 않기에(不盈) 도리어(故) 자신을 길들이며(能蔽) 늘 처음처럼(新) 이룰(成) 수 있는 것이다.

  蔽(덮을 폐) - 덮다, 가리다, 총괄하다, 개괄하다, 판단하다, 이르다, 해지다, 울타리.
  新(새 신) - 새로운, 새로, 처음, 개선되다, 친하다.
  成(이룰 성) - 이루다, 이루어지다, 갖추어지다, 살찌다, 고르게 하다, 완성하다.

노자는 사심 없는 도를 깨달은 도통한 사람들이 세상을 다스려야 한다고 한다. 자기 이익을 최우선하고 자기 절제하지 못하는 털 없는 침팬지들이 세상을 다스리게 되면 만백성이 고통받고 피눈물이 난다는 것을 피력하고 있다.

20세기 전 지구적으로 잔악하고 끔찍한 털 없는 침팬지들이 자신의 욕심을 채우려고 전쟁과 이념을 이용해 수천, 수억의 양민을 학살했다. 인간이 이기적으로 변한다는 것의 정의는 감정이 없어진다는 것이다. 오로지 우리와 그들뿐이다. 우리는 선이고 그들은 악이기에 다 죽여야 하는 존재가 될 뿐이다. 이회영 선생 같은 수많은 이타적 독립운동가가 있어서 채우려 하지 않았기에 우리는 우리 땅에서 우리 말을 쓰며 살고 있다. 반대로 이기적인 침팬지들은 어떻게든 나라를 일본 놈들에게 팔아서 나만 잘 먹고 잘살까? 명석한 두뇌를 매국 행위와 자신의 이익을 위해 국가와 타인에게 크나큰 피해를 주는 일에 사용했다.

1905년 11월 17일 대한제국에서 을사늑약의 체결을 찬성했던 학부대신 이완용(1858~1926), 군부대신 이근택(1865~1919), 내부대신 이지용(1870~1928), 외부대신 박제순(1858~1916), 농상공부대신 권중현(1854~1934)의 을사오적과 1910년, 경술국치 때 고종과 순종을 협박하여 국새를 빼앗아 늑약 체결의 일등 공신이었던 윤덕영(1873~1940), 이놈은 이완용보다 더하면 더했지만 덜 알려져 있다. 일제에 작위를 받고 어마어마한 보상금 합방 은사금 5만 엔을 받았다. 고종을 독살한 것으로 알려져 있다. (출처: 위키백과)

이완용은 조선 수구 노론의 마지막 수장이다. 그 이후 대놓고 친일파와 밀정 노릇을 한 일본제국주의의 앞잡이들은 더욱더 많은 독립운동가를 경쟁적으로 잡아들여 고문하고 학살하였다. 해방 후 맥아더와 하지의 미군정은 치안과 한국에 관한 전혀 아는 바가 전혀 없는 상태로 일제에 헌신한 친일 관료들을 그대로 등용했다. 언제 죽임을 당할지 몰랐던 쥐새끼 같은 친일 역적들이 반공 투사와 애국 보수로 살아남아 이후 대한민국의 역사에 비극을 낳는 결과가 되었다.

노덕술 등 친일 세력들이 경찰 요직을 장악 자신 같은 친일파들을 처단할 반민특위를 강제 습격하여 해체시켰다. 또다시 국가의 미래가 악질 친일파와 그들의 하수인 경찰들에 의해 은폐하는 데 성공했다. 친일 세력이 지배계급으로 자리 잡은 배경에는 이승만과 미군정의 실세이자 철저한 반공주의자였던 미국 육군 대위 제임스 하우스만(James H. Hausman, 1918~1996)이 있었다. 제임스 하우스만은 제2차 세계대전 이후 1946년 7월 28세의 나이로 한국으로 파견되었다. 당시 한국은 미국과 소련이 분할 점령하던 중이었고, 양국은 남과 북에 별도의 군을 창설하는 것을 바라지 않았기 때문에, 남북은 각자 경찰력으로만 치안을 유지하던 중이었다. 1946년 하우스만은 남한에서 경찰을 보조하는 1948년 8월 15일까지 대한민국 육군의 전신인 '조선경비대(초기 국방경비대, 1946년 6월 개칭)'를 창설하였다. 공군의 전신인 육군 항공대도 예하에 두고 지원 역할을 맡았다. 이 때문에 뉴라이트(New Right, 새로운 우파, 미국 Neocon에서 본 땀)들이 1948년을 대한민국 정부수립일로 강력하게 주장하는 것이다. 이날이 이들에게는 부활절이다.

또한 자신의 상관, 프라이스 대령에게 전입을 신고한 후 춘천 8연대에 배치되어 1개월간 연대를 훈련하여 조직하는 역할을 맡았다. 이후 배로스 대령의 부름을 받아 1946년 8월부터 배로스 대령의 수석 보좌관 역할을 수행하게 된다. 조선경비대 총사령관으로 있던 배로스 대령이 제주도지사로 발령이 난 후, 제주에 9연대 창설. 초대 총사령관 송호성이 임명되기 전까지 하우스만은 사실상 조선경비대 총사령관 역할을 수행하였다. 김완룡, 이지형을 시켜 미군 조직법을 번역해 군 조직법을 만들고, 군 조직에 있어 '실전경험'을 우대하는 인사를 함으로써 당시에 조선인 일본군이 20만에 달했기에 자연스럽게 일본군과 만주군 출신의 군인들을 중용했다. 이를 통해 이형근, 채병덕, 정일권, 백선엽, 박정희 등이 군 요직으로 진출했다. 박정희와의 특별한 인연은 이때 시작되었다. 1949년 남로당 프락치로 숙군 대상에 오른 박정희는 군사재판에서 사형선고를 받는다. 하우스만은 백선엽, 정일권 등의 만주 군관학교 출신들과 함께 이승만에게 구명을 요청하고, 이승만은 이들의 건의를 받아들여 박정희를 살려준다. 반대로 광복군 출신은 철저하게 홀대, 배척했다. 나중에는 빨갱이로 몰았다.

하우스만은 60년대 중반까지 한국 정치계의 배후 실력자로 군림하면서 영향력을 미쳐왔고, 1981년까지 한국에서 국제연합 고문으로 근무했다. 군대 좌익 색출 작업을 시행하면서, 제주 4.3 사건 당시, 동족상잔을 일으킨 박진경을 암살하였던 문상길이 처형당하자, 처형대에 다가가 그 시체의 머리에 권총을 한 번 더 쏘기도 하였다. 이후 제주도 시민들까지 무차별적으로 총살하고 그것을 녹화해 훈련용 교재로 활용하기도 했다. 제주도 시민 20여 명의 총살을 지시한 일에 대해 문책하던 미국 대사에게 "몇 개월 전에는 민간인 200명 죽이는 것도 보통이었는데 20명 죽인 것이 무슨 문제냐"고 대꾸하기도 했다. 박정희와 함께 죽은 경호실장 차지철이도 같은 말을 했다.

1981년 한국을 떠나면서 깊은 슬픔을 느낀다고 말했지만, 1987년 영국의 언론인과의 인터뷰에서는 **"한국인은 일본인보다 더한 야비한 새끼들이다**(brutal bastards, worse than Japanese)"라고 평가했다. (출처: 위키백과) 그는 한강 인도교 폭파의 최종지시자이자 여순 민간인학살을 진두지휘했다. 박정희 쿠데타도 그의 윤허가 없었다면 가능했을까 싶다. 하우스만은 대한민국을 실질 지배한 상왕(上王)이었다. 지금도 그는 한국 군대의 아버지로 여겨지고 있다. 우리나라 극우의 뿌리에 유전자로 남아있는 민족의 반역자이다. 최근 연구에는 전두환의 광주학살에도 개입한 것으로 알려져 있다. 이렇듯 우리는 우리 스스로 힘으로 해방을 이루지 못함으로써 대한민국의 운명을 외세와 일본에 의해 난도질당했다. 뼈아픈 역사이다.

힘이 정의가 된 세상이 어떻게 되었을까? 현대사에 일어난 남한에서 벌어진 끔찍한 역사는 친일 청산을 하지 못해 이루어진 필연적 결과이다.
나라를 구하고자 전 재산과 목숨을 버린 독립운동가를 학살한 놈들이 미군정에 의해 살아남아 친일에서 반공으로 그리고 친미로 새 생명을 얻은 것이다. 대한민국 극우 수구의 뿌리는 기존 질서를 그대로 유지하려는 일본에 나라를 팔아먹는 것을 찬성하는 무리와 자신의 목숨을 살려주고 기존의 질서를 유지하게 만들어 준 당시 미군정 그리고 김일성 북한 괴뢰당에 있는 것이다. 그러기에 이들에게 일본은 할아버지 나라이자 미국은 아버지의 나라이고 북한 괴뢰당은 자기들을 반대하는 자들을 빨갱이로 몰아 정적 제거하기에 좋은 구실을 부여하는 액세서리에 불과하다.

나라를 팔아먹은 놈들이 정의가 되어버린 세상!
친일을 반공으로 세탁하여 기득권을 잡고 정의가 되는 세상!
이제 자본이 정의가 되었고, 서울대, 고려대, 연세대 출신이 정의가 되었다!
나라를 팔아먹으면 3대가 흥하고, 나라를 구하면 3대가 멸족된다!
이순신 장군 이후에 무엇이 바뀌었는가?
이기(利己)란 생물학에서 생명의 본질인 생존과 번식을 위해서는 유전자, 개체, 집단 단위에서 수단과 방법을 가리지 않음을 뜻한다.
시험 잘 보기 위해 지능만 높은 것을 숭배하지 마라. 깨달음이 없는 공부는 나라를 팔아먹는 명석함만 키울 뿐이다.

대저(夫) 오로지(唯) 채우려 하지 않기에(不盈) 고로(故) 자신을 억누르며(能蔽) 늘 처음처럼(新) 이룰(成) 수 있는 것이다.

'노자의 도덕경'을 이 시대에 왜 읽어야 하는지 우리는 듣지도 배우지도 못했다. 왕조 시대에서 왜 노자보다 공자를 숭배하고 가르쳤는지 이제야 알았다 하겠다.
노자의 도는 단순한 깨우침이 아니었다. 제대로 똑바로 정확하게 아는 것이다. 우주의 시작부터 태양계의 형성, 극적인 지구의 탄생, 모든 생명의 어머니 루카(LUCA, Last Universal Common Ancestor), 인류의 탄생, 도덕의 탄생, 악의 뿌리, 세계사, 조선상고사, 우리의 역사를 제대로 알아야 한다고 노자는 가르친다.

왜? 다시는 양심 없고 사악한 이기적이고 잔악한 소인들, 털 없는 원숭이(데즈먼드 모리스의 저서 참고)들에게 지배받지 않기 위해서 그리고 얼마 남지 않은 인류의 멸종을 하루라도 늦추기 위함이다.

**노자의 도덕경은 기득권과 권력을 유지하기 위해서
옛날에도 지금 시대에도 열리지 말아야 할 판도라의 상자였다.**

제16장.
致虛極(치허극)
육신은 사라져도 도는 사라지지 않는다

致虛極, 守靜篤. 萬物竝作, 吾以觀復. 夫物芸芸, 各復歸其根. 歸根曰靜, 是謂復命, 復命曰常, 知常曰明. 不知常, 妄作凶. 知常容, 容乃公, 公乃王, 王乃天, 天乃道, 道乃久, 沒身不殆.

비움에(虛) 이름을(致) 극진하게(極) 하고, 고요함(靜)을 지키기를(守) 독실하게(篤) 하고, 만물과(萬物) 함께(竝) 자라고(作), 나는(吾) 그러함을 통해(以) 만물이 회복됨을(復) 본다(觀). 천지 만물은(夫物) 무성하게 뻗어 가나(芸芸), 모두(各) 그(其) 뿌리로(根) 회복되어 돌아온다(復歸). 그 뿌리로 돌아옴을(歸根) 일러(曰) 고요함(靜)이라고 하고, 이를 일러(是謂) 천명이(命) 회복(復)된다고 한다. 천명이(命) 회복됨을(復) 항상 그러함(常)이라 이른다(曰). 항상 그러함을(常) 알게(知) 되니 이에(曰) 질서가 된다(明). 항상 그러함을(常) 깨닫지 못하면(不知) 망령되어(妄) 재앙에(凶) 이른다(作). 항상 그러함을(常) 알게(知) 되니 만물을 품을 수 있고(容), 품을 수 있으니(容) 공평하게 나눌 수 있고(乃公), 공평하게 나누니(公) 천지의 으뜸이 되고(乃王), 천지의 으뜸이(王) 되니 하늘이 되고(乃天), 하늘이(天) 곧(乃) 도(道)다. 도에(道) 이르르니(乃) 오래간다(久). 육신은(身) 사라져도(沒) 도는 사라지지 아니한다(不殆).

❖ **致虛極(치허극), 守靜篤(수정독). 萬物竝作(만물병작), 吾以觀復 (오이관복).**
비움에(虛) 이름을(致) 극진하게(極) 하고, 고요함(靜)을 지키기를(守) 독실하게(篤) 하고, 만물과(萬物) 함께(竝) 자라고(作), 나는(吾) 그러함을 통해(以) 만물이 회복됨을(復) 본다(觀).

致(이를 치) - 이르다, 다하다, 이루다, 부르네, 보내다, 경치, 흥미.

虛(빌 허) - 비다, 헛되다, 공허하다, 약하다, 잃다, 살다, 폐허.

極(극진할 극) - 극진하다, 지극하다, 다하다, 이르다, 세차다, 죽이다, 멀다.

守(지킬 수) - 지키다, 머무르다, 기다리다, 거두다, 정조.

靜(고요할 정) - 고요하다, 깨끗하다, 쉬다, 조용히.

篤(도타울 독) - 도탑다, 두터이 하다, 진심, 신실하다, 단단하다, 돈독하다, 몹시.

竝(나란히 병) - 나란히, 모두, 견주다, 함께하다, 아우르다, 어울리다, 병합하다.

作(지을 작) - 짓다, 만들다, 창작하다, 일하다.

觀(볼 관) - 보다, 관찰하다, 보이게 하다, 보게 하다.

復(회복 복) - 회복하다, 돌아가다, 돌려보내다, 갚다, 채우다.

노자의 글을 깊게 읽고 들어가면 들어갈수록 노자의 도덕경처럼 '아는 만큼 보이는 것이 이 세상에 또 있을까?' 하는 의구심이 들었다. 정말 아는 만큼만 보인다. 그리고 글을 읽고 해석하면 해석할수록 도덕경은 권력을 가지고자 하는 사람과 가진 사람들이 반드시 읽고 人乃天(인내천)이 되어야 한다. 그러나 그들은 이 글을 아무리 읽어봐야 소용이 없음을 안다. 근본적으로 아는 게 없기 때문이다. 뇌 속이 탐욕과 권력욕으로 가득 찬 소인배들은 노자의 도덕경을 공감할 수 없다고 단정한다. 비워야 채우는데 이미 탐욕(貪欲)으로 가득 차 있으니 들어 갈래야 들어갈 공간 여유가 없다. 도대체 주희(朱熹, 1130~1200)라는 사람은 뭐 하는 사람이길래 노자를 소외시켰는가 말이다. 사실 공자와 맹자도 그 사상을 제대로 다뤘는지 의심스럽다. 아니면 내가 3천억이라는 돈을 비웠기에 보고 잡히는가? 3천억을 포기했기에 3천 권이 넘는 책을 읽고 깨달음으로 채울 수 있었을지도 모른다. 비워야 채울 수 있다. 채우기 위해서는 몸뿐 아니라 뇌가 움직여야 한다. 도올 선생의 말씀대로 정(靜)과 동(動)은 함께 있는 것이지 따로 떨어져 있는 것이 아니다. 그걸 아인슈타인 증명했다. 물질과 에너지는 같은 값이라고 말이다. 아인슈타인의 $E = mc^2 \rightarrow 靜 = 物動^2$ 표현할 수 있다. 정은 동을 움직이게 하는 자발적 에너지다. 그것이 노자가 지속적 항(恒)과 상(常)으로 가르치고 있다. 정동(靜動)의 항상(恒常)이 1865년 프랑스의 생리학자 클로드 베르나르(Claude Bernard, 1813~1878)가 제안한 개념인 호메오스타시스(Homeostasis)이다. 항상성(恒常性)은 변수들을 조절하여 내부 환경을 안정적이고 상대적으로 일정하게 유지하려는 계의 특성을 말한다. 그게 자연과 생명현상의 본질이다. 38억 년 전 지구의 바닷속에서 RNA와

DNA(이 상태는 생명이 아니다)가 자신을 보호하기 위해(이 표현도 결정론적 비유다) 우발적 또는 자발적으로 혐기성 박테리아에서 시작하여 껍질을 형성했고, 수십억 년을 진화해서 원핵세포, 진핵세포가 되고 그렇게 만들어진 세포들이 생존을 위해 스스로 협력한 결과가 지금 우리가 보는 다세포의 연합체인 생명체들이다.

그러함을 깨달았기에 이런 위대한 표현이 가능한 것이다. "만물과(萬物) 함께(竝) 자라고(作), 나는(吾) 그러함을 통해(以) 만물이 회복됨을(復) 본다(觀)." 괴물 같은 인간들에게는 절대 보이지 않는다. 그리했다면 우리와 종적으로 가장 가까운 보노보와 침팬지들이 아직도 아프리카의 숲속에만 머물러 있지 않았을 것이다.

❖ **夫(天)物蕓蕓(부(천)물운운), 各復歸其根(각복귀기근).**
천지 만물은(夫,天物) 무성하게 뻗어 가나(蕓蕓), 모두(各) 그(其) 뿌리로(根) 회복되어 돌아온다(復歸).

蕓(평지 운) - 평지, 풀의 이름, 김매다, 많다, 촘촘하다.
各(각각 각) - 각각, 제각기, 여러, 서로, 모두, 다르다.
根(뿌리 근) - 뿌리, 근본, 밑동, 능력, 마음, 생식기, 뿌리 박다, 뽑아 없애다.

천지의 성실한 운행에 맞게 우리를 품어준 지구는 태양을 공전하고 매일 쉬지 않고 지구는 자전한다. 케플러의 법칙에 따라 태양계는 중력의 질서에 맞게 성실하게 움직인다. 우리가 느끼지 못할 정도로 조금씩 느려지고 있지만 그것은 100년도 못사는 우리가 신경 쓸 문제는 아니다.

❖ **歸根曰靜(귀근왈정), 是謂復命(시위복명);**
그 뿌리로 돌아옴을(歸根) 일러(曰) 고요함(靜)이라고 하고, 이를 일러(是謂) 천명이(命) 회복(復)된다고 한다.

생명과 자연은 늘 순환한다. 우리도 죽으면 흙으로 돌아가고 대기의 일부가 된다. 이를 생태학에서는 생태순환(生態循環)이라고 한다. 즉 사람의 힘이 인위적 행함이 없는 상태로 자연 스스로 생성과 소멸 과정을 반복하는 것을 말한다. 그러나 자연이 인간에 의해 인위적 작위적으로 자연이 통제되고 조정하면서 지구의 자연적 항상성 기능의 임계점이 달라지고 있다. 자연을 조절하고 통제한다는 것 자체가 천문학적 비용이 발생하는 것임을 경제학이 외면했다. 인간이 이기적이고 이기적인 행위가 합리적 판단을 내린다는 엉터리 주장을 이유로 말이다.

- ❖ **復命曰常(복명왈상), 知常曰明(지상왈명). 不知常(부지상), 妄作凶(망작흉).**

  천명이(命) 회복됨을(復) 항상 그러함(常)이라 이른다(曰). 항상 그러함을(常) 알게(知) 되니 이에(曰) 질서가 선다(明). 항상 그러함을(常) 깨닫지 못하면(不知) 망령되어(妄) 재앙에(凶) 이른다(作).

  命(목숨 명) - 목숨, 생명, 수명, 운수, 운, 명령, 성질, 천성, 규정, 가르침, 천명.
  妄(망령될 망) - 망령되다, 허망하다, 속이다, 잊다, 거짓, 함부로, 대개, 모두, 널리.
  凶(흉할 흉) - 흉악하다, 해치다, 두려워하다, 부정하다, 다투다, 죽이다, 흉년, 요절, 재앙.

지구가 한없이 내어주는 에너지원인 태양을 열심히 공전함으로써 북반구에 자리한 우리에게 봄, 여름, 가을, 겨울이라는 사계절을 선물했다. 그리고 지구의 자전과 달의 공전과 자전으로 하루가 생기고 낮과 밤이 생기고 달의 변화가 생긴 것이다. 그리고 무한 반복이다. 앞으로 50억 년까지만이다.

- ❖ **知常容(지상용), 容乃公(용내공), 公乃王(공내왕), 王乃天(왕내천),**

  항상 그러함을(常) 알게(知) 되니 만물을 품을 수 있고(容), 품을 수 있으니(容) 공평하게 나눌 수 있고(乃公), 공평하게 나누니(公) 천지의 으뜸이 되고(乃王), 천지의 으뜸이(王) 되니 하늘이 되고(乃天),

자연은 공정하다. 감정이 없기 때문이다. 그러나 열이 문제다. 열은 일과의 관계를 다루는 물리학 열역학(熱力學, thermodynamics) 법칙으로 알아낸 바에 의하면 항상 온도가 높은 곳에서 낮은 곳으로 자발적으로 움직인다. 적도 부근은 태양에너지를 가장 많이 받기에 공기가 뜨겁다. 대기 상층부는 차가운 우주 공간과 가깝기에 대지에서 멀어질수록 차갑다. 그래서 바람이 생기는 것이다. 북극이 차가운 이유는 자연이 의도적으로 차별하는 것이 아닌 지구가 둥글기 때문이다. 그래서 공기의 흐름이 바람이다. 계절이 생겨 춥고 더운 것은 지구가 태양을 공전하면서 태양에너지를 받는 위치에 따라 달라지기 때문이다. 그것을 우리가 절기라고 부르는 것이다. 동지에서 하지까지 태양이 비추는 막대기인 규(圭)의 그림자를 측정한 것이다. 그리고 그것을 측정하여 상징체계로 만든 것이 주역의 괘(卦)이다. 총 64괘가 있다. 자연을 관찰하고 정확하게 관측했기에 고대문명에서 이런 위대한 자연사상이 태어날 수 있던 것이다. 사람이 죽는 것도 결국 열이 식는 것이다.

❖ **天乃道(천내도), 道乃久(도내구), 沒身不殆(몰신불태).**
   하늘이(天) 곧(乃) 도(道)다. 도에(道) 이르르니(乃) 오래간다(久). 육신은(身) 사라져도(沒) 도는 사라지지 아니한다(不殆).

   沒(빠질 몰) - 빠지다, 잠수하다, 끝나다, 마치다, 죽다, 패망하다, 없다, 빼앗다.
   殆(거의 태) - 거의, 거의 죽음에 이르다, 우태하다, 의심하다, 피곤하다, 게으르다.

'天地人' 인간이 자연을 따르고 순응하면 내가 곧 하늘이 된다는 동학의 핵심 사상인 '人乃天(인내천)'의 핵심 내용이다. 동양은 끊임없이 공부하고 성찰과 반성하는 것이 인간 그리고 군자와 성인이 되는 길임을 무한 반복하는 가르침이다. 출세나 계급장을 따기 위함(有爲, 作爲)이 아니라고 말했다. 사람으로 사람의 길을 가다 보면 군수도 되고, 시장도 되고, 대통령도 되는 것이다. 그러나 대한민국은 그 시작부터 꼬였기에 이 모양 이 꼴이다. 인면수심의 짐승들이 설치게 되면 세상이 시끄럽고 혼탁하다. 짐승들이 사람의 말을 하니 듣기 좋은 것이 아니라 잡음(noise)이다. 자연의 도를 깨닫고 실천하는 사람의 말은 그 소리부터 아름다운 음악이자 사운드(SOUND)이다. (출처: 대니얼 카너먼 공저-노이즈)
한편으로 이해도 간다. 짐승이 사람 흉내를 내고 있으니 얼마나 힘들겠는가!

제17장.
太上(태상)
최상의 군주

太上, 不(下)知有之. 其次, 親而譽之. 其次, 畏之. 其次, 侮之.信不足焉, 有不信焉. 悠兮, 其貴言, 功成事遂, 百姓皆謂我自然.

위대한 군주라 이름은(太上) 백성들이(下) 그가 통치하고 있다는(有) 것을(之) 알 뿐이다(知). 그(其) 다음(次) 단계는 백성들이 어버이처럼(親) 따르는(譽) 군주이고, 그(其) 다음은(次) 백성들이 두려워하는(畏) 군주이고 최악의 단계는(其次) 백성들이 업신여기는(侮之) 군주이다. 신뢰가(信) 생기지 않으니(不足焉), 불신만(不信) 가득하도다(有焉)! 우려스럽다(悠兮). 우려한(其) 대로 하는 말마다 싸구려다(貴言)! 자기가 업적을(功) 달성하고(成) 일을(事) 성취(遂)했다고 떠벌린다. 백성(百姓)들은 나와(我) 우리 모두(皆) 스스로 그리된 것이라고 칭송한다(謂自然).

❖ **太上(태상), 下[不]知有之(하[부]지유지).**
  위대한 군주라 이름은(太上) 백성들이(下) 그가 통치하고 있다는(有) 것만을(之) 알 뿐이다(知).

내가 좋아하는 장 중 하나이다. 서양 정치학에서는 인권과 정치 평등주의에 입각하고 이상적인 지도자상이 모호하게 정의되어 있다. 주로 누구 설, 누구 설에 의하면 하는 식이다. 그래서 정치학 교과서의 페이지 수만 늘리고 그걸 배우는 학생들은 시험을 보기 위해 여러 설을 외워야 한다. 미국의 정치 역사학자 로버트 터커(Robert C. Tucker, 1918~2010)의 정치 지도자의 리더쉽에 관한 설명이다. "리더쉽(Lidership)이란 용어는 선택과 변화와 결정의 시기에 심사숙고하여 권위적인 결정을 내릴 때, 그리고 이러한 결정을 집행하는 단계에 임하여 집단을 지도할 경우에만 타당한 개념이다"라고 한다. 뭔 말인지 이해가 도저히 안 된다. 그건 경제학 교과서도 마찬가지다. 그러나 노자, 공자, 자사, 맹자는 군주와 정치 지도자에 대한 명확한 기준을 나누고 있다. 최상의 군주는 태평 성대하니 백성들이 그가 존재하는 것만을 알뿐 정치에 관심을 가질 필요가 없다는 것이다. 태상은 관료들을 잘 다스리고 매관매직하지 않고 공정하고 정의롭고 복지 시스템이 잘되어 있으니, 아래 백성들이 골치 아픈 정치에 관심을 가져야 할 이유가 없다.

❖ **其次(기차), 親[而]譽之(친[이]예지). 其次(기차), 畏之(외지). 其次(기차), 侮之(모지).**
그(其) 다음(次) 단계는 백성들이 어버이처럼(親) 따르는(譽) 군주이고, 그(其) 다음(次) 백성들이 두려워하는(畏之) 군주이고 최악의 단계는(其次) 백성들이 업신여기는 (侮之) 군주이다.

次(버금 차) - 버금, 다음, 둘째, 안, 차례, 순서, 거처.
親(친할 친) - 친하다, 가깝다, 사랑하다, 가까이하다, 어버이, 몸소.
譽(기릴 예) - 기리다, 즐기다, 찬양하다, 칭찬하다, 영예, 좋은 평판, 칭찬, 찬양.
畏(두려워할 외) - 두려워하다, 경외하다, 꺼리다, 심복하다, 조심하다, 죽다, 두려움.
侮(업신여길 모) - 업신여기다, 깔보다, 조롱하다.

노자는 지도자의 등급을 넷으로 나누어 설명한다. 최상의 지도자는 백성들이 있는지 없는지 알지 못한다. 그다음은 백성들이 친근하여 어버이처럼 따르는 군주이다. 인(仁)의 자비로움으로 다스리니 권위적이지 않고 친근하다. 그래서 백성들이 열광하고 스스로 따른다. 그런데 가장 이상적인 지도자상 같은데 노자는 왜 이를 두 번째 단계라 했을까? 이에 북경대학교 장치청 교수는 "무위가 아닌 유위이치(有爲以治)를 행하여 모든 이가 그의 존재를 알기 때문이다"라고 해석한다. 정치가 쉽지 않다. 그러기에 성찰과 반성하는 지도자와 그러지 아니하는 지도자로 나뉜다. 사람과 짐승의 지도자상, 즉 섬김이나 지배냐를 구분하는 세 번째, 네 번째 등급이다. 도올 선생의 지적대로 우리는 현대사에서 이런 대통령을 골고루 다 겪어봤다. 사람의 정치와 침팬지 정치를 말이다.

셋째 단계의 지도자는 독재 정치인이다. 백성들을 무지하게 만들고, 말 안 들으면 두들겨 패고 고문하고, 아무렇지도 않게 학살한다. 대표적인 칠레의 독재자 아우구스토 피노체트(Augusto José Ramén Pinochet Ugarte, 1915~2006)는 1973년부터 1990년까지 칠레의 대통령을 지냈다. 그의 정권하에서 권위주의적, 강압적 신자유주의에 근거한 경제정책 및 사회정책이 시행되었다. 세계 역사상 처음으로 선출된 사회주의 정부였던 살바도르 아옌데(Salvador Guillermo Allende Gossens, 1908~1973) 정권을 쿠데타로 붕괴시킨 후 1973년 9월 11일부터 1990년 3월 11일의 대통령 선거까지 칠레를 지배한 군부 독재자였다. 실제로 피노체트 독재 시절의 축구 경기장은 양심수들이 학살당한 뒤에 화장되는 반인륜적인 만행의 장소였다. 피노체트의 군사 독재는 '**피의 독재**'라는 별명이 붙었다. 칠레 정부의 과거사 조사 결과에 따르면 피노체트의 17년간의 강압적인 군사 독재로 약 3,197명에 이르는 사망자가 발생했으며, 고문 피해자도 수만 명에 달한다. 또한 행방을 알 수 없는 실종자도 1,197명에 달한다. 피노체트의 유명한 일화가 자신을 반대하는 자들을 헬리콥터에 태워 지상으로 발로 밀어서 추락시켜 버리는 만행을 저질렀다. 피노체트 군사독재정권 당시 탄압당한 사람들은 칠레 공산당과 칠레 사회당 등의 좌익 정당 인사와 군사 독재에 반대하여 결성된 공산주의 게릴라 조직인 '애국전선' 용의자와 그들의 동조자, 살바도르 아옌데 정권 당시 공직 역임자 등이다. 2006년 11월 25일, 피노체트의 91번째 생일에 피노체트는 자신의 지지자들에게 보낸 연설문에서 "나의 죽음이 다가오고 있는 오늘, 어느 누구에게도 원한은 없으며 무엇보다도 나의 조국을 사랑한다. 그동안 행해졌던 모든 것에 대해 내가 책임을 지겠노라"라고 전했다. (출처: 위키백과) 그 많은 국민을 학살해 놓고 무슨 책임을 진다는 것인가. 독재자들이 늘 하는 말이 있다. 역사가 나를 평가해 줄 것이다. 조국을 사랑해서 한 일이라고 한다. 짐승만도 못한 인간 백정.

박정희와 전두환도 막상막하다. 북한의 김일성, 김정일은 어땠는가? 미국도 마찬가지다. 최하 등급인 네 번째의 지도자상은 국민이 하도 어이가 없어 업신여기는 지도자이다. 이 문장을 읽고 떠오르는 남자가 있다. 금방 자기가 한 말도 까먹고, 퇴근하면 어디서 술 마실까? 어떻게 하면 이 나라를 미국과 일본에 팔아먹을 수 있을까? 난 이 작자가 당선되면 대한민국이 또다시 전두환 시대로 돌아갈 것이라고 단언했다. 박근혜 특검 당시, 장시호를 풀어주는 대가로 최순실에 대한 정보를 얻어냈다. 그리고 최순실의 딸 정유라 역시 최순실에 대한 정보를 제공해 주는 조건으로 풀어주었다. 여기서 공통점이 있다. 바로 자식을 가진 엄마의 모성애를 이용해 협박한 것으로 전해 들었다. 자식을 조건으로 풀어줬기 때문이다. 사례가 또 있다. 가족을 동원해 범죄사실을 자백하게 하는 심리적 고문이다. 당사자뿐 아니라 그 가족들을 동시에 수사한다는 공통점이 있다. 조국 전 법무부 장관에게도, 이재명 더불어민주당 대표에게도 그랬다. 고통은 육체적 고통보다 정신적 고통이 더 큰 법이다. 특히 당사자보다 나로 인해 가족들이 고통을 받는다면 그것은 죽음보다 더한 고통이 따른다. 내가 이 글에서 인간을 침팬지, 원숭이와 비교하는 것을 불편해하는 분들도 계심을 안다. 영국의 생물학자 찰스 다윈(1809~1882)도 《털 없는 원숭이》의 저자이자 영국의 동물학자 데즈먼드 모리스(Desmond Morris, 1928~) 박사 역시 엄청난 핍박과 수많은 소송에 따른 재판을 받았다. 나 역시 전두환이 대통령이던 시절에 대학을 다녔고, 강의실에서 편안히 강의 듣기보다는 불의를 못 참아 화염병을 던진 세대였다. 전두환이 저지른 광주학살 사건을 정확히 알고부터였다. 그때 받았던 충격은 지금도 생생하다. 그리고 눈물과 분노로 5월이면 망월동 묘역을 찾았다. 당시에는 이곳을 찾는 것조차 공포였다. 그리고 그때부터 인간은 다 같은 인간이 아님을 깨닫기 시작했다. 열 길 물속도 알고 한 길 사람 속도 알 수 있다는 것을 그동안의 공부와 관찰을 통해 확인했다. 정확하게 등급을 나누어 관찰하면 알 수 있게 된다. 누가 사람 흉내를 내는지 말이다.

일본의 교토대학교와 영국의 옥스퍼드대학교, 케임브리지대학교, 미국의 여키스 국립영장류연구센터 등 영장류를 연구한 학자들이 없었더라면 우리는 영원히 인간의 깊숙한 속내를 관측하거나 예측하기 어려웠을 것이다.

인간의 사람됨에 관한 등급을 명확하게 나누어 우리 손으로 태상의 지도자를 뽑고, 차상의 친이예지(親而譽之)한 지도자를 뽑아야 한다. 다시 한번 이야기하자면 **도덕적 인간으로의 진화는 '양심', 즉 잘못을 인정하고 수치심과 죄책감을 느끼는 능력이다.**

1987년 전두환에게 지도자를 국민이 직접 선출할 권리를 쟁취해 왔지만, 죽을 때까지 반성하지 않고, 화장실에서 미끄러져 뇌진탕으로 허무하게 갔다. 잔인하고 모진 모지(侮之)리! 지옥 불에 떨어져 영원히 고통받길 기도한다.

❖ **信不足焉(신부족언), 有不信焉(유불신언).**
신뢰가(信) 생기지 않으니(不足焉), 불신만(不信) 가득하도다(有焉)!

사람이 사람을 믿지 못하는 이유가 무엇인가? 처음과 끝이 다르기 때문이다. 자신의 목적을 채우기 위해 처음에는 믿음직스럽게 잘해준다. "우리가 남이가?"라는 유명한 말도 있지 않은가! 표를 얻기 위해 짐승의 마음을 한 정치꾼들이 선거 때가 되면 온갖 온화한 미소를 꾸며가며 90도로 인사를 한다. 열심히 하겠다고 온갖 유세를 떤다. 그러나 끝은 어떤가? 국민이 건네준 대의를 국회만 들어가면 자기 이익으로 만들기 위해 법을 바꾸고 로비를 받고 다시 짐승의 마음으로 돌변한다. 작금은 언론의 탈을 쓴 기자를 누가 믿는가! 목숨 걸고 할 말 할 줄 아는 이타적 언론인이 얼마나 있는가! 이기적이다는 것을 과학적으로 정의하면 자기의 생존과 번식이 유전자와 개체에 주는 이익이 최우선일 뿐이다.

머리가 좋다고 하는 뜻은 단기적 선택뿐 아니라 장기적으로 공동체의 이익을 우선하는 선택과 결정을 하는 것임을 이른다. 정치인의 심리 분석으로 주가를 올리는 김태형 소장은 사익 추구형 인간과 공익 추구형 인간으로 구분한다. 이기적인 원숭이들은 공익이란 개념이 존재하지 않는다. 오로지 사익 추구가 최우선이다. 원숭이로서 인간이 아닌 도를 아는 것은 내 안의 유인원에서 벗어나 우리, 나라, 세계, 지구의 안위를 걱정하고 서로 연대하는 것이다.
(출처: 프란스 드 발,《내 안의 유인원》)

우리 안의 침팬지라는 98.7%의 본능(本能, Instinct)에서 벗어나 고등 인지 능력인 도덕적 이타적 인간 본성(本性, Human Nature)이자 하늘이 부여한 천성(天性)을 획득하는 것이다. 그것이 노자가 강조하는 인간의 도(道)이자 무위(無爲)이다!

그게 도를 깨닫는 자이자 도를 행하는 자라고 노자는 지치지 않고 가르친다.

❖ **悠兮(유혜), 其貴言(기귀언). 功成事遂(공성사수), 百姓(백성) 皆謂我自然(개위아자연).**
우려스럽다(悠兮). 우려한(其) 대로 하는 말마다 싸구려다(貴言)! 자기가 업적을(功) 달성하고(成) 일을(事) 성취(遂)했다고 떠벌린다. 백성(百姓)들은 나와(我) 우리 모두

(皆) 스스로 그리된 것이라고 말한다(謂自然).

悠(멀 유) - 멀다, 아득하다, 노예의 맘, 근심하다, 생각하다, 나부끼다, 많은 모양.
逐(따를 수) - 드디어, 마침내, 수로, 두루, 끝나다, 따르다, 오래되다, 추락하다.
皆(모두 개) - 다, 모두, 함께, 다 같이, 두루 미치다.

많은 사람이 노자의 도덕경을 제대로 접하지 않고 읽지도 않으면서 무위(無爲)의 뜻을 아무것도 하지 않는 것이라는 뜻으로 받아들인다. 이는 위키백과 정도의 정보를 통한 몰이해다. 자연(自然)에 대한 깊은 성찰이 부족함에서 생겨난 결과다. 목적이 있는 함(貪慾)과 스스로 그러한 함(滿足)을 이해하지 못한 결과다. 인간이 사적 목적이 있다는 것 자체가 인간의 탐욕이 가져올 결과가 어떤지 안다는 것을 전제하는 개념이다. 자신의 안위와 출세, 경제적 이익을 위해서만, 인위적이고 작위적인 부자연스러운 행위를 하지 말라는 것이다. 내가 고시 공부를 이 악물고 했다. 그래서 몇 년이 걸려 검사도 되고 판사도 되었다. 그래서? 인위적이고 작위적인 사람이 되지 않고 암기력만 좋았기에 김기춘과 우병우 등, 친일파 이완용, 전봉덕, 노덕술 같은 인면수심의 괴물이 되었다. 제발, 그러지 말자! 행하되 나만의 이익을 위해서만 하지 말라는 것. 다스리려 하지 않는 무위는 지나친 탐욕과 지나친 편리함은 도리어 부자연스럽다는 것이다. 무식하고 잔인한 놈이 자신의 신념만 믿고 세상을 가르치려 하고 바꾸려 하니 세상이 자꾸 무질서하고 살벌해진다. 독재자들의 인위적이고 작위적으로 세상을 바꾸고 만들려 하니, 지구 안에서 벌어진 학살로 피비린내 나는 강과 바다로 붉게 변했다. 노자가 살았던 전국 시대가 바로 그런 시대였다. 노자는 '스스로 그러한 자연'의 깊고 오랜 섭리와 질서를 깨달은 사람이다.

노자가 말한 무위자연은 이러한 일을 수십억, 수억, 수천, 수백만 년을 스스로 자발적으로 이루어 왔기에 자연에서 아무것도 아닌 존재인 인간의 두뇌로 깨달으라는 말을 하고 있다. 인간의 탄생도 자연이 만들어 준 것이기에 자연의 흐름, 그대로 흐름대로 사는 경지에 올라 보라는 것이다. 이화여대 최재천 교수는 "내가 지금 이 자리에 오게 된 것은 그저 하기 싫어하는 것을 피하지 않고 묵묵하게 했더니 자연스럽게 이 자리에 오르게 됐다"라고 한다. 이기적인 원숭이의 교활함으로는 절대 깨우치지 못하는 하나의 경지이다. 정치학은 권력에 대한 정의를 지금도 지배계급이 피지배계급을 지배하는 개념으로 가르친다. 틀렸다. 노자는 무위란 지배하려 들지 않음으로써 다스릴 수 있다고 가르치기 때문이다.

**권위(權威)는 위에서 눌러서 내리고
존경(尊敬)은 위에서 백성을 받드니 아래로부터 우러러 올라온다.**

제18장.
大道廢(대도폐)
도가 사라지니 율법이 강화되었다

大道廢, 有仁義. 慧智出, 有大僞. 六親不和, 有孝慈. 國家昏亂, 有忠臣.

자연의 도가(大道) 무너지니(廢) 인간의 어짊(仁)과 옳음(義)이 강조되고(有), 간교한(慧) 모략이(智) 판치게(出) 되니 거짓과 사기가(大僞) 정의가 되었다(有). 육친이(六親) 화목하지 못하기에(不和) 효도와(孝) 사랑이(慈) 강조되고(有), 나라가(國家) 개판이니(昏亂) 충신의(忠臣) 관계를 강조한다(有).

❖ **大道廢(대도폐), 有仁義(유인의). 慧智出(혜지출), 有大僞(유대위) ;**
  자연의 도가(大道) 무너지니(廢) 인간의 어짊(仁)과 옳음(義)이 강조되고(有), 간교한(慧) 모략이(智) 판치게(出) 되니 거짓과 사기가(大僞) 정의가 되었다(有).

  廢(폐할 폐) - 폐하다, 못쓰다, 버리다, 부서지다, 쇠퇴하다, 크게, 매우.
  慧(슬기로울 혜) - 슬기롭다, 사리에 밝다, 교활하다, 간교하다, 깨달음, 지혜.
  智(슬기 지) - 슬기, 재능, 꾀, 기지, 모략, 알다.
  僞(거짓 위) - 거짓, 사투리, 잘못, 작위(作爲:의식적으로 꾸밈), 속임수, 그릇되다.

깊이 알지 못하고 이 장을 이해하면 큰 오해가 생겨난다. 이 장이 유가가 숭상하는 인의예지(仁義禮智)를 부정하는 의미로 받아들일 수 있기 때문이다. 내가 수천 권의 책을 읽고 수많은 강의를 듣고도 글을 많이 쓰지 않은 이유가 있다. 내가 정확하고 깊게 안다는 확신이 설 때(時中), 그때가 되어서야 써야 할 말을 써야겠다 맹세했기 때문이다. 어설프게 썼다가 그 글이 종국에는 내

발목을 잡을 수 있다는 우려 때문이다. '조중동'이라는 대한민국의 친일 극우 언론들의 사례를 너무 많이 접했기 때문이다. 스스로 마구 떠들어 놓고 제 발목을 스스로 잡는다. 그러다 모순을 발견해 지적하면 그때부터 증거를 조작하거나 없앤다. 그래서 도올 선생께서도 가장 직접적 충격을 받은 장이었다고 고백하는데, 아마도 깊은 유교적 훈도나 교양이 깊었기 때문이라고 《노자가 옳았다》에서 밝혔다. 나도 역주(譯註)가 아닌 스쳐 지나가며 읽었을 때, 노자의 말이 일관성 없이 말이 '왔다 갔다'하는 성격의 소유자라고 생각했었다. 그런데 일장부터 주욱 노자의 목소리를 일관되게 해석해 보니 "사랑하면 알게 되고 알면 보이나니, 그때 보이는 것은 전과 같지 않다"라고 한 명지대 석좌교수 유홍준 선생의 명구가 다시 솟아올랐다. 위대한 성인이신 노자 선생이시여!

영국의 경험론 철학자 존 로크(John Locke, 1632~1704)는 인간을 본성을 빈 서판(타불라 라사, tabula rasa)이라 했다. 빈 서판이란 인식론에서 어떤 개인인 인간이 태어날 때는 정신적인 어떠한 기제도 미리 갖추지 않고 마음이 빈 백지와도 같은 상태로 태어난다는 이론이다. 출생 이후에 외부 세상의 감각적인 지각 활동과 경험을 통해 서서히 마음이 형성되어 전체적인 지적 능력이 형성된다는 개념이다. (출처: 위키백과) 마음에는 타고난 특성이 없다는 것이다. 이 문제를 정면으로 도전한 사람이 있다. 지난 2002년 하버드대학교 심리학과 뇌 인지언어학자 스티븐 핑커(Steven Pinker, 1954~) 교수가 저술한 《빈 서판: 인간은 본성을 타고나는가(The Blank Slate: The Modern Denial of Human Nature)》이다. 퓰리처상 최종 후보에 오르기도 한 수작이라 꼽는다. 인간이 백지상태로 태어난다는 그는 이 책에서 존 로크의 주장이 엉터리라며 맹비난한다. 나도 핑커의 주장에 동의한다. 백지상태로 태어났는데 영아가 엄마 뱃속에서 왜 나오자마자 우는가? 우는 법을 배우지 않았는데도 말이다. 그리고 본능적으로 엄마의 젖을 찾는다. 백지상태면 가르쳐 주거나 경험하지 않은 행동을 할 수 없다. 존 로크의 '빈 서판 이론'은 지금도 서양의 철학과 과학계의 손에 꼽히는 논쟁거리 중 하나다. 본성 대 양육(nature versus nurture)은 인간의 인격이나 지적 능력 등에 유전자나 태내 환경에 따른 본성과 후천적인 양육 중 어느 것이 큰 영향을 미치느냐는 논쟁이다. 이 논쟁의 가장 핵심은 본성과 양육이 하나가 아니라 분리되었다는 것이다. 앞서 송나라와 조선의 이기일원론(理氣一元論)과

이기이원론(理氣二元論) 논쟁과 같은 맥락이다. 영국의 과학저술가 매트 리들리(Matt Ridley, 1958~)《본성과 양육 - 인간은 태어나는가 만들어지는가(Nature vs. Nurture)》는 결론적으로 하나라고 말한다.

1953년 왓슨과 크릭은 DNA 이중나선 구조를 네이처지에 한 장의 논문으로 알림으로써 분자생물학이 시작했다. 2001년 인간 게놈 지도가 완성됨으로써 우리는 3만 개의 유전자가 부모로부터 물려받아 발현된 존재임을 알았다. 인간의 타고난 유전자를 잘 양육시켜 도덕적 인간으로 완성하는 것이 교육의 목표다. 그러나 우리 아이들의 교육에 도덕과 윤리 과목은 사라졌다. 학교는 인간 수양의 장임을 포기했다. 조선 시대의 서당은 사서삼경을 배우고 외우고 실천함으로써 도덕적 선비 사상을 유지하였다. 지금의 학교는 단순한 직업훈련원이 되었다.

노자는 이를 탄식하는 것이지 잘 알지도 못하는 후대에나 나올 유교를 까기 위해 이 글을 썼다고 주장하는 사람들이 있다. 공자와 유교를 추종하는 이들의 역사적 사건에 대한 무지와 문자 해석의 오류이다.

2002년 심리학자로는 최초로 노벨 경제학상을 수상한 '행동경제학'의 창시자이자, 세계에서 7번째로 영향력이 막강한 경제학자, 대니얼 카너먼의《생각에 관한 생각》과《노이즈》를 통해 설명하면 시스템 1의 즉자적 뇌에서 벗어나 시스템 2의 대자적 뇌를 사용하라는 것이다.

그걸 우리는 메타인지(認知, meta cognition) 또는 상위인지라 한다. 자신의 인지 과정에 대해 한 차원 높은 시각에서 관찰·발견·통제·판단하는 정신 작용으로 '인식에 대한 인식', '생각에 관한 생각', '다른 사람의 의식에 대해 의식', 그리고 고차원의 생각하는 기술(higher-order thinking skills)이다. (출처: 위키백과)

즉 침팬지의 단기적 선택에서 벗어나 고도로 발달한 인간의 심사숙고한 뇌를 사용하라는 것이다.

머리만 좋은 이기적인 침팬지들이 판을 치니 세상이 무질서의 극치, 엔트로피가 수직 상승하고 있다.

공자가 소인과 군자를 나눠가며 인의(仁義)를 중시했다는 것을 기억하자. 특히 엘리트 권력 사회의 구성원 집단이 대도가 사라지니 윤석열 사단이라는 검사 깡패 동일체 집단이 나라를 간교한(慧) 모략이(智) 판을 치게(出) 만드니, **거**

짓과 사기가(大僞) 정의(正義)가 되었다(有). '노자의 도덕경'이 시대마다 왜 금서가 되었을까?

- ❖ **六親不和(육친불화), 有孝慈(유효자) ; 國家昏亂(국가혼란), 有忠臣(유충신).**
  육친이(六親) 화목하지 못하기에(不和) 효도와(孝) 사랑이(慈) 강조되고(有), 나라가(國家) 개판이니(昏亂) 충신의(忠臣) 관계가 강조되었다(有).

같은 맥락이다. 집안의 가장들이 늘 하는 말. "집 꼬라지 한번 잘 돌아간다." 집안 꼬락서니가 엉망이니 식구들에게 늘 잔소리를 해댄다. 부모에 대한 효도가 어떻고, 형제간의 우애가 왜 중요하고 잔소리를 늘어놓으면 아이들은 듣지 않고 방문을 걸어 잠근다. "나라가(國家) 개판이니(昏亂) 충신의(忠臣) 관계가 강조되었다(有)." 대통령이라는 작자가 모지(侮之)하고 힘만 과시하니 신하들에게 충성(忠臣)만을 강요한다. 바른말이라도 할라치면 고소와 기소를 남발한다. 젊은이들이여! 정치에 관심은 없어도 된다. 그러나 인면수심의 사람과 짐승은 가릴 줄 알아야 그대들에게 미래가 있다. 박근혜 때 "이게 나라냐!"며 외국으로 떠나자고 외친 구호가 '헬조선' 아니었던가? 코로나-19를 국가와 국민이 서로 도와 자발적으로 극복하여 전 세계적인 도덕적 선진국이 되었다. 그런데 지금 지도자 하나 잘못 뽑아 나라 꼴이 이게 뭔가? 모지(侮之)리가 대통령인 이 나라를 나는 떠나고 싶다. 세상에서 제일 무서운 인간이 달랑 책 한 권 읽고 아무 쓸데기 없는 신념과 철학을 갖고 떼쓰는 것이다. 머리도 나쁜데 사악하고 잔혹하기까지 한 모지리를 대한민국의 대통령으로 뽑아놓았으니, 한이 서려 오늘도 잠을 못 이룬다. 대한민국의 아픈 운명이여! 어찌하나이까?

다음은 선조실록 선조 31년 4월 2일 병진 2번째 기사, 사관이 적은 원균에 대한 평가이다. 사신은 논한다(史臣曰). "한산의 패배에 대하여 원균은 책형(磔刑)을 받아야 하고 다른 장졸(將卒)들은 모두 죄가 없다. 왜냐하면 원균이라는 사람은 원래 거칠고 사나운 하나의 무지한 위인으로서 당초 이순신(李舜臣)과 공로 다툼을 하면서 백방으로 상대를 모함하여 결국 이순신을 몰아내고 자신이 그 자리에 앉았기 때문이다. 겉으로는 일격에 적을 섬멸할 듯 큰소리를 쳤으나, 지혜가 고갈되어 군사가 패하자, 배를 버리고 뭍으로 올라와 사졸들이 모두 어육(魚肉)이 되게 만들었으니, 그때 그 죄를 누가 책임져야 할 것인가. 한산에서 한 번 패하자 뒤이어 호남(湖南)이 함몰되었고, 호남이 함몰되고서는 나랏일이 다시 어찌할 수 없게 되어버렸다. 시사를 목도 하건대 가슴이 찢어지고 뼈가 녹으려 한다." (출처: 국사편찬위원회)

제19장.
絶聖棄智(절성기지)
넓은 세상 볼 줄 알고 작은 풀잎 사랑하는

絕聖棄智, 民利百倍; 絕仁棄義, 民復孝慈; 絕巧棄利, 盜賊無有. 此三者, 以爲文不足, 故令有所屬, 見素抱樸, 少私寡欲.

약삭빠름을*(聖)* 그만두고*(絕)* 모략을*(智)* 멀리하라*(棄)*! 백성이*(百)* 백배는*(百倍)* 이로울*(利)* 것이다. 어짊을*(仁)* 그만 강요하고*(絕)* 옳음을*(義)* 강조하지 않아도*(棄)*, 민중은*(民)* 알아서 효와*(孝)* 자비를*(慈)* 회복할*(復)* 것이다. 교활함을*(巧)* 끊고*(絕)* 이기심을*(利)* 버려라*(棄)*! 도적놈들이*(盜賊)* 사라질 것이다*(無有)*. *(聖智, 仁義, 巧利)* 이 세 가지는*(此三者)* 사람의 마음속에 새겨 놓은 인위적인 규율이므로*(以爲文)* 충분하지 않다*(不足)*. 고로*(故)* 자연의 명령에*(令)* 복종할 수 있는 강력한 법칙이*(所屬)* 있어야*(有)* 한다. 넓은 세상 볼 줄 알고*(見素)*, 작은 풀잎 사랑할 줄 아는 것*(抱樸)*, 사사로운 감정을 통제하고*(少私)*, 탐욕스럽지 아니한다*(寡欲)*.

❖ **絕聖棄智**(절성기지), **民利百倍**(민리백배); **絕仁棄義**(절인기의), **民復孝慈**(민복효자).
   약삭빠름을(聖) 그만두고(絕) 모략을(智) 멀리하라(棄)! 백성이(百) 백배는(百倍) 이로울(利) 것이다. 어짊을(仁) 그만 강요하고(絕) 옳음을(義) 강조하지 않아도(棄), 민중은(民) 알아서 효와(孝) 자비를(慈) 회복할(復) 것이다.

   絶(끊을 절) - 끊다, 막다, 그만두다, 가로막다, 사이를 띄우다, 없애다, 버리다.
   聖(성스러울 성) - 성인, 임금, 신선, 총명하다, 성스럽다, 뛰어나다, 약삭빠르다.
   棄(버릴 기) - 버리다, 그만두다, 돌 보지 않다, 멀리하다, 꺼리어 물리치다, 잊다.
   倍(곱 배) - 곱, 갑절, 더욱, 점점 더, 더하다, 많게 하다, 곱하다, 외우다, 암송하다.
   慈(사랑 자) - 사랑, 어머니, 자비, 인정, 동정, 사랑하다.

노자를 읽는 맛과 멋이 이런 데 있다. 상당한 풍자와 해학이 있다. 내 의도도 그러한 점을 부각해서 역주할 생각이다. 그리고 허울뿐인 엘리트지배계급에 대해 무지하게 가소롭게 여기면서 경멸적이다. 인면수심의 군주들 그리고 배웠다고 뻐기는 선생 무리, 스스로 거룩하다 하는 종교 지도자네 하는 무리, 스스로 정의라 여기는 정치인 무리, 그런 무리가 외치는 성지인의(聖智仁義)를 신랄하게 까고 있다. 그런 무리가 진정성 없이 말과 혀로만 떠드는 허공 속의 외침만 없어도 백성은 백배는 더 이로워질 수 있다. 백성들은 모두 안다. 스스로 '성(聖)스럽다'고 여기나 그 안에 뛰어난 약삭빠름만 있음을 안다. 인간사회는 사피엔스 단 한 종이 지구상 80억이 넘는 개체가 무리나 국가를 이루며 전 지구상에 퍼져있다. 4만 년 전만 해도 지구에는 우리와 비슷한 종이 호모 네안데르탈인, 호모 데니소바인, 호모 플로레시엔시스 최소 4종이 지구상에 존재했다. 18장에서 노자는 大道廢, 有仁義. 慧智出, 有大僞. 六親不和, 有孝慈. 國家昏亂, 有忠臣. 자연의 도(自律)가 사라지니 인(仁), 의(義), 혜(慧), 지(智)가 세상에 강조되었다고 강조한다. 문명이 생기고 세상이 커지니 인간의 지켜야 할 도리니 규범이니 규율과 같은 사회윤리(他律)가 강조되고 있음을 탄식하는 것이다. 이 깊은 뜻을 헤아리지 못하고 후대의 사람들이 공자를 비하했다거나 인의예지와 충효를 땅바닥에 버렸다며 노가와 유가를 서로 대립하여 나누는 장으로 활용한다. 무지하고 무지하도다! 배고프면 사냥하고 숲에 열린 열매 따 먹고 살아도 불행하지 않은 수렵채집인들에게 인의예지와 충효가 뭔 소용이란 말인가? "위정자들은 어짊을(仁) 그만 강요하고(絶) 옳음을(義) 강조하지 않아도(棄), 민중은(民) 알아서 효와(孝) 자비를(慈) 회복할(復) 것이다." 백성들에게 "이래라 저래라" 하지 말고! "네 놈들이나 잘해라! 이놈의 새끼들아!" 노자와 공자의 사상을 왜 갈라치기 하려는지, 그 의도를 당최 모르겠다. 그 자체가 악의적(惡意的)이고 작위적(作爲的)이다.

❖ **絶巧棄利(절교기리), 盜賊無有(도적무유). 此三者(차삼자), 以爲文不足(이위문부족),**
교활함을(巧) 끊고(絶) 이기심을(利) 버려라(棄)! 도적놈들이(盜賊) 사라질 것이다(無有). (聖智, 仁義, 巧利) 이 세 가지는(此三者) 사람의 마음속에 새겨 놓은 인위적인 규율이므로(以爲文) 충분하지 않다(不足).

巧(공교할 교) - 공교하다, 솜씨가 있다, 예쁘다, 아름답다, 재주, 책략, 계책, 꾀.
盜(도둑 도) - 도둑, 비적, 도둑질, 훔치다.
賊(도둑 적) - 도둑, 도적질, 역적, 사악한, 나쁜, 해치다, 학대하다, 죽이다.

힘을 가진 것들에게 교활함을 끊고 이기심(利己心)을 버리라고 단호하게 야단치는 것이다. 모든 역사 이래 국가의 성공과 멸망은 백성이 타락해서가 아니라 위정자들의 이기심에 기반을 둔 탐욕 때문이다. 다시 한번 강조하지만, 힘이 정의(Power is Justice!)가 된 사회는 원숭이 같은 동물 사회이다. 규율이 강조되고 법이 강조되는 사회일수록 권력자와 엘리트 관료 사회가 부패해 있기 때문이다. 위정자가 타락하지 않으면 백성들이 도적이 되는 법이 없다. 개미 연구의 세계적 권위자이자 사회생물학을 탄생시킨 하버드대학교 생물학과의 에드워드 윌슨과 베르트 횔도블러 교수의 공동저술 《초유기체 - 곤충사회의 힘과 아름다움, 정교한 질서에 대하여》에서 "이 행성(지구)은 적어도 2만여 종, 1경 마리 이상의 고도로 사회적인 생명체로 가득 차 있다. 적게는 10마리에서 많게는 2천만 마리 개체로 이루어진다. 각 군락 구성원은 기본적으로 두 가지 계급에 속한다. 즉 한 마리 혹은 적은 수의 번식하는 개체이거나, 아니면 군락을 위해 이타적인 노동을 하면서 원칙적으로는 자기 스스로 번식을 시도하지 않는 다수의 일꾼 계급에 속한다"라고 개미의 진사회성과 이타주의를 통해 지난 5,000만 년 동안 지구를 지배한 가장 성공한 생명체이다.

난 줄곧 인간이 이 세상의 중심이라는 착각을 버려야 한다고 주장해 왔다. 노자의 깊이 있는 전 지구적 메시지가 후대의 무지에 의해 오염된 것이 대단히 안타깝다. 대도가 폐했다고 한 것을 노자가 줏대가 없어서 왔다 갔다 한 것으로 해석하는 소인들은 더 이상 노자에 대해 언급하지 말아야 한다. 자율적 도덕심과 타율적 사회윤리를 구분하지 못하고 혼동하여 사용하는 서양철학의 윤리 개념에 사로잡혀 고정관념을 버리지 못했기 때문이다. **'노자의 도덕경'**은 **국가고시**를 통해 엘리트로 나가는 사람들이 1차 과목에서 '재정학'처럼 **필수 시험과목**으로 지정하여야 한다. 시험점수가 80점이 안 되면 무조건 탈락시켜야 한다. 암기력만 좋은 침팬지를 골라내기에 이보다 좋은 과목은 없다. 노자의 도덕경은 외워서 시험 볼 수 있는 학문이 아니기 때문이다. 50대의 나이에 고시를 준비했었던 고시 후보생으로서의 간절한 바람이다.

하루라도 빨리 **노량진 학원가에서 《노자 - 도덕경》 강의가 최고의 인기를 얻는 그날**이 내 생전에 오길 간절히 희망한다.

❖ **故令有所屬(고령유소속), 見素抱樸(현소포박), 少私寡欲(소사과욕).**

고로(故) 자연의 명령에(令) 복종할 수 있는 강력한 법칙이(所屬) 있어야(有) 한다. 넓은 세상 볼 줄 알고(見素), 작은 풀잎 사랑할 줄 아는 것(抱樸), 사사로운 감정을 통제하고(少私), 탐욕스럽지 아니한다(寡欲).

令(하여금 영) - 하여금, 가령, 이를테면, 법령, 규칙, 벼슬, 철, 명령하다, 아름답다.
屬(무리 속) - 무리, 동아리, 벼슬아치, 피붙이, 부하, 따르다, 복종하다, 거느리다.
素(본디 소) - 본디, 바탕, 속성, 근본, 성질, 정성, 평소, 희다, 질박하다, 부질없다.
抱(안을 포) - 안다, 품다, 둘러싸다, 가지다, 지키다, 받들다, 던지다, 품, 가슴.
樸(통나무 박/복) - 통나무, 순박하다, 질박하다, 다듬다, 빽빽하다, 더부룩하게.
私(사사 사) - 사삿일, 이기적인, 개인적인, 가족, 집안, 간통, 은혜, 가신, 사사롭다.
寡(적을 과) - 적다, 작다, 드물다, 외롭다, 과부, 홀아비.

대자연의 위대한 법칙으로 회귀

대자연의 위대한 법칙이 있다. 바로 도덕심과 이타심 그리고 자비심에서 비롯한 나눔과 섬김이다. 털 없는 침팬지들은 경쟁심을 부추긴다. 나만 잘살면 되지 남들이 어떻게 살건 나와는 상관없다고 가르친다. 나라를 팔아먹은 이완용은 자식들에게 미래에는 미국이 힘이 점점 세지니 미국의 앞잡이로 살라고 가르쳤다. 나라가 어떻든 지구가 어떻든 나 하나만 잘살면 된다는 것이 이기주의자들의 본질이다. 지구는 하나의 초유기체이다. 네가 죽으면 나도 죽는 법이다. 그게 노자가 말한 도의 진정한 의미다.

그 무지막지한 짐승들의 본능을 가진 자들과의 투쟁이 바로 거대 문명화된 사회에서 살면서 사피엔스들이 겪은 불행의 인류사이다.

내가 좋아하는 전설의 록 그룹, 전인권, 최성원, 주찬권, 허성욱의 '들국화'가 부른 짧고 아름다운 노래가 있다. "내가 찾는 아인 흔히 볼 수 없지, 넓은 세상 볼 줄 알고, 작은 풀잎 사랑하는 위워 흔히 없지 예~예 볼 수 없지." 내 이상형의 사람은 예나 지금이나 변함없다. 넓은 세상 볼 줄 알고, 작은 풀잎조차 사랑할 줄 아는 사람이다. 수천 만 년, 수억 년 동안 생긴 자연의 흐름을 거스르고 불도저로 4대강 사업이라는 명목으로 수조 원을 쏟아붓는 족제비 같은 도적놈이 대통령 자리에 앉은 적도 있었다. 갯벌이란 갯벌은 죄다 육지로 바꿔 놓은 놈도 있었다. 지구 대기권을 위성 쓰레기장으로 만든 놈. 하물며 위대한 바다에 핵 오염수를 방류하려는 인간쓰레기들! 나는 그들을 '**개 쓰레기**'라 명명한다. 여기서 개는 우리의 소중한 '개(犬, DOG)'가 아니다. 우리 말을 자세히 들여다보면 맛있거나 인간에게 유익한 것에는 '참과 개'를 붙인다. 참새가 있으면 나쁜 것에는 '개새'끼라 하는 것이다. 진짜인 참이 아닌 가짜인 짝퉁을 의미하는 나쁘다는 뜻이다. 나쁘고 쓸모없는 BAD의 뜻, 즉 '개'를 붙인 것이다. 사람은 사람인데 짝퉁에다가 인간사회와 전 지구적으로 재활용도 안 되는 쓰레기이기에 '**개 쓰레기**' 또는 내가 이 글에서 꾸준히 사용하고 있는 '**털 없는 침팬지**'라 명명한 것이다. 나보다 남을 먼저 고려하는 이타적, 도덕적, 양보와 배려심 많은 아름다운 사람다운 사람들이여! 왜 사람에게 상처받고 고통스러워하는가? 바로 털 없는 침팬지들이 인면수심의 사람탈을 쓰고 있는 것을 모르고 '개 쓰레기'를 사람으로 여기기 때문이다.

노자는 그런 아름답고 사람다운 사람을 그리워한다. "넓은 세상 볼 줄 알고(見素), 작은 풀잎 사랑할 줄 아는 질박한 통나무 같은(抱樸), 사사로운 감정을 통제하고(少私), 탐욕스럽지 아니한 그런 참사람(寡欲)"을 말이다.

제20장.
絕學無憂(절학무우)
앎은 만물을 키워주는 어미를 귀히 여길 줄 아는 것이다

絕學無憂, 唯之與阿, 相去幾何? 善之與惡, 相去若何? 人之所畏, 不可不畏. 荒兮其未央哉! 衆人熙熙, 如享太牢, 如春登臺. 我獨泊兮其未兆, 如嬰兒之未孩, 儽儽兮若無所歸. 衆人皆有餘, 而我獨若遺, 我愚人之心也哉! 沌沌兮. 俗人昭昭, 我獨昏昏, 俗人察察, 我獨悶悶. 澹兮其若海, 飂兮若無所止. 衆人皆有以, 而我獨頑且鄙. 我獨異於人, 而貴食母.

배움을(學) 끊는다고(絕) 근심이(憂) 사라지겠는가(無)? 공손함과(唯之) 만만함의(與阿) 차이가(相去) 얼마인가(幾何)? 깨끗함과(善之) 더러움의(與惡) 차이가(相去) 어찌 같을 수 있을까(若何)? 사람이(人之) 두려워하는 바를(所畏) 두려워하지(畏) 않을 수가 없다(不可不). 허황하다(荒兮)! 그놈의(其) 어중간함이 끝날 기미가 없구나(未央哉)! 세상 사람 모두(衆人) 놀고 마시면서 화평하게 즐기는듯하고(熙熙), 나라 제사에 제물로 바쳤던 소를 잡아 삶아 먹는 듯하고(如享太牢), 봄꽃 놀이를 즐기려(春) 망루를 오르는 듯하다(如登臺). 나(我) 홀로(獨) 덤덤하도다(泊兮)! 그 어떤 조짐도 보이지 않는다(其未兆). 갓 태어난 아이가(嬰兒) 아직 웃지 못함과 같구나(如未孩)! 고달프고 고달프도다(儽儽兮)! 돌아가고 싶어도 갈 곳 없는 신세(若無所歸)! 세상 사람(衆人) 모두(皆) 남기려 하는데(有餘), 나 혼자만이(而我獨) 버리기만 하는 듯하다(若遺). 내(我) 고지식한 사람의 마음과 같구나(愚人之心)! 아! 헷갈린다(沌沌兮)! 세상 사람들은(俗人) 사리에 환하고 밝은데(昭昭), 나만 홀로(我獨) 사리에 어둡고 깜깜하다(昏昏). 세상 사람들은(俗人) 저리 돈을 밝히는데(察察), 나만 홀로(我獨) 무덤덤하다(悶悶). 담담함이(澹兮) 마치 바다와 같고(其若海), 세찬 바람이(飂兮) 멈출 바를(所止) 모르는 것 같다(若無). 세상 사람(衆人) 모두(皆) 이유를 갖고 살고 있는데(有以), 나 홀로 완고하게(而我獨頑) 질박함을 닮아가네(似鄙). 오로지 나(我) 홀로(獨) 뭇사람과(於人) 달리 기이함은(異) 만물을 키워주는 어미를(食母) 귀히 여길 줄 앎이다(而貴).

❖ **絕學無憂(절학무우), 唯之與阿(유지여아), 相去幾何(상거기하)?**
배움을(學) 끊는다고(絶) 근심이(憂) 사라지겠는가(無)? 공손함과(唯之) 만만함의(與阿) 차이가(相去) 얼마인가(幾何)?

絶(끊을 절) - 끊다, 막다, 그만두다, 가로막다, 없애다, 멸망시키다, 망하다.
憂(근심 우) - 근심, 걱정, 고통, 환난, 병을 앓다, 가엽게 여기다, 심장을 짓누르다.
唯(오직 유) - 오직, 다만, 바라건대, 이, 응답하다, 예, 때문에, 비록 ~하더라도.
與(더불어 여) - 더불어 하다, 같이하다, 참여하다, 베풀다, 허락하다.
阿(언덕 아) - 언덕, 고개, 물가, 모퉁이, 기슭, 대답하는 소리.
相(서로 상) - 서로, 바탕, 도움, 모양, 다스리다, 따르다, 이끌다.
幾(몇 기) - 몇, 얼마, 그, 거의, 어찌, 자주, 조용히, 바라건대, 낌새, 기틀, 기회.
何(어찌 하) - 어찌, 어느, 어떤, 언제, 무엇, 왜냐하면, 잠시, 꾸짖다, 당하다, 맡다.

    지난 10여 년 동안 미친 듯이 책을 읽었다. 안중근 선생이 좋아했던 명심보감의 구절 "一日不讀書口中生荊棘, 하루라도 책을 읽지 않으면 입안에 가시가 돋는다"에 나오는 말처럼 매일매일 책을 읽었다. 자연과학의 스승 박문호 박사의 4시간 넘는 유튜브 강의에서 하는 말들을 공책에 꼬박꼬박 받아적었다. 아인슈타인이 풀었다는 상대성 이론의 수학적 풀이와 우주의 시작을 알리는 르메트르, 프리드먼 방정식을 받아 적었다. 이 양반은 한술 더 떠서 그 수학 공식을 암기해서 아무 때나 술술 나와야 한다고 강조한다. 다 외우지는 못했지만 이제 무슨 뜻인지 느낌이 올 정도는 됐다. 주기율표를 외워야 한다고 해서 외웠다. 아미노산의 20가지 화학식을 암기해야 한다고 해서 외웠다. 어떨 때는 내가 이게 무슨 짓인가 하는 의문도 거짓말 조금 보태서 수천 번은 했다. 한 분야의 전문가가 되려면 3천 권이 넘는 책을 읽어야 한다길래 도서관에 가서 매일 10시간 넘게 읽었다. 고전역학, 양자역학, 천체물리학, 생물학(분자생물학, 진화생물학, 사회생물학), 화학(유기, 무기, 생화학), 광물학, 생태학, 뇌과학, 심리학, 동물행동학, 고전 경제학에서 행동경제학, 정치학, 법학, 사회학, 철학, 역사, 인류학까지 하라는 대로 정말 다했다. 《사서삼경》,《사기》,《삼국유사》,《삼국사기》, 얼마 전 도올 선생이 집필하신《동경대전》에서《용담유사》까지 빠지지 않고 끝까지 읽었다. 그런데 읽으면 뭐 하나? 읽고 나면 책 내용이 깡그리 다 날아간다. 그래서 책의 내용을 요약해서 노트에 한 자 한 자

옮겨 요약해서 메모했다. 그리고 도서관에 출근하면 전날 무엇을 공부했는지 다시 한번 살펴보고 암기했다.

지금은 4개월째 매일 10시간 넘게 컴퓨터 자판을 두드린다. 난 자판을 두 손가락으로 친다. 일명 독수리 타법이다. 그러다 보니 오타를 하도 날려 매번 수정을 반복해야 한다. 지금은 내가 노자가 되었다. 노자의 뇌를 통해 철학을 하고 노자의 눈으로 세상을 바라본다. 벨기에의 세계적인 행동 생물학자 마크 넬리슨 교수가 저술한 《(다윈의 안경으로 본) 인간 동물 관찰기》처럼 나도 노자의 안경을 쓰고 인간 세상과 우주를 본다. 지금도 글을 쓰고 있는 한컴 화면에 빨간 줄이 여기저기 표시되어 있다. 오타가 있거나 띄어쓰기가 잘못됐다는 표시이다. 이 글이 도저히 몇 페이지에서 끝날지 나도 모르겠다.

노자는 질문한다. "배움을(學) 끊는다고(絶) 근심이(憂) 사라지겠는가(無)?" 학자(學者)는 한자 그대로 하면 매일 배우는 놈이다. 나는 그래서 학자다. 매일 새로운 것을 배운다. 배우면 배울수록 양가감정이 같이 든다. 깨달음의 기쁨과 인간이란 동물이 저지른 끔찍한 만행을 알았을 때 올라오는 내 안의 분노를 어찌해야 할지 모르겠다. 내가 경제인으로 살 때 3천억을 모은다고 발버둥을 쳤었다. 그런데 그때는 경제적으로는 풍요로웠는지는 모르겠으나 엄청난 스트레스와 불안감이 쉬지 않고 나를 눌렀다. 매일 독한 술에 독한 담배를 3갑씩 피워댔다. 나중에는 술 마시다 피를 토한 적도 있다. 중국에서 사업을 할 당시 규모가 있는 사업을 추진하고 있었을 때였다. 흑룡강성(黑龍江省) 하얼빈 공항에서 있었던 일이었는데, 비행기 앞까지 마중 나온 중국 공산당 군인 출신 예비역들을 소개받았다. 그리고 그들이 안내하는 하얼빈 공항 VIP 귀빈실에 처음 가봤다. 20분 정도 환담을 하고 함께 나온 사람들을 소개받은 후, 러시아의 푸틴이 오면 국빈용으로 쓴다는 벤츠를 탔다. 경찰 사이드카의 호위를 받으며, 하얼빈 시내의 한 호텔에 도착했다. 호텔에 짐을 풀고 약속한 장소에 도착하니 여러 명의 현역 간부들과 우리 사업과 관련 있는 세 명의 기업인이 먼저 와있었다. 우리까지 총 16명이다. 경험적으로 이날 원샷할 백주(白酒)의 잔 수가 예측된다. 최소 16잔은 원샷해야 한다. 중국에서 비즈니스를 해보신 분들은 알겠지만 각개전투다. 한 사람씩 와서 자기를 소개한 후 건배(乾杯)를 권한다. 이때 잔을 비우지 않으면 대단한 실례가 된다. 그런데 놀라지 마시라! 우리가 한국의 중국집에서 고량주 마실 때 사용하는 그런 작은 잔이 아니다. 중형 와인잔에 가득 따라준다. 그날 나는 내 예상대로 16잔을 건배했다. 그리고 2차까지 갔다. 2박 3일 점심, 저녁으로 그런 식으로 하다가 드디어 마지막 날 점심 식사 때 술 냄새를 맡자마자 속에서 난리가 났다. 급히 화장실로 달려가 시뻘건 피를 토했다. 그리고 3일 동안 금식 후 한국에 귀국하여 건강검진을 받았다. 다행히 위에 빵꾸가 난 건 아니고 독주에 위가 놀란 것 같다며 약 처방으로 끝났다. 그때 내 인생에 있어 처음이자 마지막으로 40일 동안 금주를 했다.

결론적으로 안빈낙도(安貧樂道), 안분지족(安分知足)이라고 했던가? 가난하고 배고파도 책 읽고 글 쓰는 지금이 가장 행복하다.

❖ **善之與惡(선지여오), 相去若何(상거약하)? 人之所畏(인지소외), 不可不畏(불가불외).**
깨끗함과(善之) 더러움의(與惡) 차이가(相去) 어찌 같을 수 있을까(若何)? 사람이(人之) 두려워하는 바를(所畏) 두려워하지(畏) 않을 수가 없다(不可不).

인간의 뇌가 폭발적으로 진화하면서 우리의 무수한 감정 역시 진화했다. 내가 감정의 주기율표를 만들기 위해 감정의 종류에 대해 분류를 한 적이 있다. 놀라지 마시라. 200가지가 넘는 감정들이 있다. "깨끗함과(善之) 더러움의 (與惡) 차이가(相去) 어찌 같을 수 있을까(若何)?" 선악은 쾌불쾌(快不快)의 감정과 호불호(好不好)의 감정에서 시작됐다. 거기에 안불안(安不安)이 합쳐져서 다양한 감정이 생성된다. 그게 다 뇌의 시냅스에서 뿜어져 나오는 신경전달물질들이 담당한다. 감정 전문 신경과학자 리사 펠드먼 배럿 교수는 《감정은 어떻게 만들어지는가?》에서 이를 뇌의 배선 회로도라 표현했다. 인간은 교감에 가장 최적화된 뇌를 가지고 있다. 최근 네안데르탈인의 멸종 이유 중 하나가 사피엔스보다 덜 정교한 뇌를 가졌기에 대규모 집단을 형성하지 못했다는 주장이 나오고 있다. 인간은 우리가 알고 있는 것보다 더 친사회적(친사회성)이다. 하루라도 누군가와 떠들지 않고 만나지 못하면 정신과에 가서 항우울제 세로토닌을 복용해야 한다. 지난 코로나로 인해 영업 제한과 3인 이상 모임 금지할 때였다. 불면증이 심해 수면제를 받기 위해 신경정신과에 다닌 적이 있었다. 사전 예약을 했어도 대기 시간이 1시간이 넘었다. 모두 단절된 세상을 견디지 못해 우울증이 심해져 환자가 늘어난 이유다. 그래서 정권도 바뀌었다. 코로나로 인한 사회적 공포와 불안은 사회적 감정으로 표출되어 인간의 모든 시공간을 바꿔놓았다. 그야말로 혼비백산(魂飛魄散)이었다. "깨끗함과(善之) 더러움의(與惡) 차이가(相去) 어찌 같을 수 있을까(若何)? 사람이(人之) 두려워하는 바를(所畏) 두려워하지(畏) 않을 수가 없다(不可不)." 나도 사람이다.

❖ **荒兮其未央哉(황혜기미앙재)! 衆人熙熙(중인희희), 如享太牢(여향태뢰), 如春登臺(여춘등대).**

허황하다(荒兮)! 이놈의(其) 어중간함이 끝날 기미가 없구나(未央哉)! 세상 사람 모두(衆人) 놀고 마시며 화평하게 즐기는 듯하고(熙熙), 나라 제사의 제물로 바쳤던 소를 잡아 삶아 먹는 듯하고(如享太牢), 봄꽃 놀이를 즐기려(春) 망루를 오르는 듯하다(如登臺).

荒(거칠 황) - 거칠다, 흉년이 들다, 덮다, 폐기하다, 멸망시키다, 허황하다, 흉년.
未(아닐 미) - 아니다, 못하다, 아직 ~하지 못하다, 아니냐? 못하느냐?, 미래, 장차.
央(가운데 앙/영) - 가운데, 중간, 재앙, 넓은 모양, 선명한 모양, 다하다, 끝남.
哉(비롯할 재, 어조사 재) - 비롯하다, 어조사, 처음, 재난, 재앙.
熙(빛날 희) - 빛나다, 말리다, 쬐다, 화평하게 즐기다, 놀다, 넓다, 흥성하다, 길상.
享(형통할 형, 드릴 향, 삶을 팽) - 형통하다, 통달하다, 제사, 드리다, 올리다, 삶다.
太(클 태) - 크다, 심하다, 통하다, 처음, 첫째, 심히, 매우.
牢(우리 뢰/누/노) - 우리, 감옥, 녹미, 희생, 굳다, 에워싸다, 삭감하다, 빼앗다.
登(오를 등) - 오르다, 올리다, 등재하다, 익다, 여물다, 높다, 성취하다.
臺(대 대) - 대, 돈대, 무대, 받침대, 마을, 성문, 능, 존칭, 횟수.

아무리 내가 안분지족하고 안빈낙도하나 사람들이 알아주지 아니하니 춥고 외롭다. 때론 더 살아서 무엇하나 하는 생각도 든다. 내가 가진 평소 철학이 살아서 여한(餘恨)이 없는 것이고 죽어서 여운(餘韻)이 남는 것이다. 이미 이 둘을 다 이루었다고 자부한다. 내 지난 세월 안 누려보고 안 해본 것이 드물다. 공부도 우주의 시작과 끝을 알아냈고, 노자의 도덕경을 주해하는 경지에 이르니 餘恨이 없다. 또한 내 인생의 역작이라고 하는 책을 남겼으니 내가 죽어 餘韻은 남으리라. 내가 스스로 餘韻이라 칭함은 이와 같아서이다. 그러나 나 또한 감정이 있는 사람인지라 남들이 즐기는 랍스터에 Pinot Gris(피노 그리, 화이트 와인)가 부러울 때가 있다. 한우 새우살에 로마네 콩티(La Romanee-Conti, 프랑스 레드 와인)를 먹는 이가 부럽다. 제주도 봄에 노랗게 핀 유채꽃을 보고 성산일출봉에 오른 후 맛보는 다금바리 회에 '오토코야마 사케'가 그립다.

❖ **我獨泊兮其未兆(아독박혜기미조), 如嬰兒之未孩(여영아지미해), 儽儽兮若無所歸(루루혜약무소귀).**
나(我) 홀로(獨) 덤덤하도다(泊兮)! 그 어떤 조짐도 보이지 않는다(其未兆). 갓 태어난 아이가(嬰兒) 아직 웃지 못함과 같구나(如未孩)! 고달프고 고달프도다(儽儽兮)! 돌아가고 싶어도 갈 곳 없는 신세(若無所歸)!

泊(머무를 박) - 머무르다, 묵다, 담백하다, 뒤섞이다, 얇다, 조용하다, 여관.
兆(조 조) - 조, 빌미, 조짐, 제단, 묏자리, 백성, 처음, 시작되다, 점치다, 피하다.
嬰(어린아이 영) - 어린아이, 갓난아이, 목에 걸다, 잇다, 지니다, 닿다, 안다.
兒(아이 아) - 아이, 젖먹이, 어리다, 연약하다, 다시 난 이.
孩(어린아이 해) - 어린아이, 어리다, 달래다, 어르다, 사랑하다, 웃다.
儽(게으를 래/누) - 고달프다, 앓아 지치다, 피로하다, 나른하다, 게으르다, 벌거벗다.

최재천과 안희경이 함께 쓴 《최재천의 공부 - 어떻게 배우며 살 것인가》에서 최재천 교수는 고독을 '외로움'과 '홀로움'으로 구분하였다. 외로움은 '타발적 고독'이고 홀로움은 '자발적 고독'이라는 것이다. 홀로움이란 표현을 처음으로 사용한 황동규(1938~) 시인의 원작을 감상해 보자.

홀로움 - 황동규

시작이 있을 뿐 끝이 따로 없는 것을
꿈이라 불렀던가?
작은 강물
언제 바다에 닿았는지
저녁 안개 걷히고 그냥 빈 뻘

물새들의 형체 보이지 않고
소리만 들리는,
끝이 따로 없는.
누군가 조용히
풍경 속으로 들어온다.
하늘가에 별이 하나 돋는다.
별이 말하기 시작했다.

나 역시 자발적 고독인 '홀로움'에 익숙하다. 아니다. 익숙해야만 한다. 그러지 않으면 비참해진다는 생각이 들었다. 남에게 비참해 보이지 않으려고 죽어라 애를 쓴다. 난 어렸을 때부터 남과 같아진다는 것에 예민하게 거부감이 있었다. 흉내는 내어도 똑같이 모방하지는 않는다고 원칙을 정했다. 그 원칙이 나를 외로움은 당연(當然)이 아닌 극복(克復)해야 할 거북한 감정이 되어버렸다. 그런데 이놈의 감정이 맨정신으로 있을 때는 극복이 되는데, 술에 취하면 홀로움이 외로움으로 둔갑한다. 다음 날 기억도 없이 여기저기 전화를 돌렸나 보다. 스마트폰이 내 귀 근처에서 같이 자고 있다. 으으윽! 이 망할 놈의 술 내가 다시는 안 마신다고 다짐하지만 그게 밤 10시만 넘으면 다짐이 핑계가 된다. 내겐 술이 아니라 수면제야! "나(我) 홀로(獨) 덤덤하도다(泊兮)! 그 어떤 조짐도 보이지 않는다(其未兆). 갓 태어난 아이가(嬰兒) 아직 웃지 못함과 같구나(如未孩)! 고달프고 고달프도다(儽儽兮)! 돌아가고 싶어도 갈 곳 없는 신세(若無所歸)!"
노자의 도덕경을 주해하면서 힘은 들었지만 내가 하고 싶었던 언어 욕구를 어찌 이리 똑같은 심정으로 풀어놓으셨을까 번번이 놀랍다. 내 마음이 똑같다. 내 고달픔을 누가 알아주는 이 없는 듯하고, 어디 갈 데도 없다. 가고 싶어도 돈도 오라는 데도 없다.

❖ **衆人皆有餘(중인개유여), 而我獨若遺(이아독약유).**
세상 사람(衆人) 모두(皆) 남기려 하는데(有餘), 나 혼자만이(而我獨) 버리기만 하는 듯하다(若遺).

餘(남을 여) - 남다, 남기다, 나머지, 나머지 시간, 여가, 여분, 다른.
遺(남을 유) - 남기다, 끼치다, 잃다, 버리다, 잊다, 두다, 빠지다, 빠르다.

세상 사람(衆人) 모두(皆) 남기려 하는데(有餘), 나 혼자만이(而我獨) 버리기만 하는 듯하다(若遺). 나 홀로 춥고 배고프다. 오라는 데조차 없는데 갈 곳조차 없는 신세다. 사람들이 죽는 힘을 다해 아등바등, 허겁지겁, 헐레벌떡, 허둥지둥, 똥 빠지게 쌓아놓으려고 기를 쓰고 산다. 사람들은 그걸 열심히 산다고 한다. 그러나 채우려 아등바등, 허겁지겁, 헐레벌떡, 허둥지둥하지 않는 나더러는 무능하고 의지가 박약하고 초라하다고 말한다.
나는 잘살고 있는데, 내가 보기에 죽는 힘을 다해 살고 있는 너희가 초라하건만 어찌 내게 손가락질하는가 말이다!

❖ **我愚人之心也哉(아우인지심야재)! 沌沌兮(돈돈혜).**
내(我) 고지식한 사람의 마음과 같구나(愚人之心)! 아! 헷갈린다(沌沌兮)!

愚(어리석을 우) - 어리석다, 우직하다, 고지식하다, 그런 마음(사람).
沌(엉길 돈) - 엉기다, 어둡다, 혼탁하다, 어리석다, 빙 돌다.

아! 헷갈린다. 나는 옳게 살고 있는데 사람들은 내가 이상하다 하니 내가 진정 우매한 마음일런가? 헷갈리고 헷갈리도다.

❖ **俗人昭昭(속인소소), 我獨昏昏(아독혼혼), 俗人察察(속인찰찰), 我獨悶悶(아독민민).**
세상 사람들은(俗人) 사리에 환하고 밝은데(昭昭), 나만 홀로(我獨) 사리에 어둡고 깜깜하다(昏昏). 세상 사람들은(俗人) 저리 돈을 밝히는데(察察), 나만 홀로(我獨) 무덤덤하다(悶悶).

俗(풍속 속) - 풍속, 관습, 속인, 범속하다, 평범하다, 대중적이다, 저속하다.
昭(풍류 이름 소) - 풍류, 부르다, 손짓하다, 얽어매다, 구하다, 나타내다, 지적하다.
昏(어두울 혼) - 어둡다, 날이 저물다, 흐리다, 어리석다, 현혹되다, 혼란하다.
察(살필 찰) - 살피다, 알다, 상고하다, 자세하다, 조사하다, 드러나다, 깨끗하다.

悶(답답할 민) - 답답하다, 깨닫지 못하다, 어둡다, 번민하다, 혼미하다, 민망하다.

    세상 사람들은(俗人) 사리에 환하고 밝아서(昭昭), 경제학을 숭배하는데, 나는 경제학을 소인지학(小人之學)이라 폄하(貶下)한다. "나만 홀로(我獨) 사리에 어둡고 깜깜하다(昏昏). 세상 사람들은(俗人) 저리 돈을 밝히는데(察察), 나만 홀로(我獨) 무덤덤하다(悶悶)." 돈을 좇지 않아 사람들은 날 업신여긴다. 내가 예전에 남들보다 상당한 부를 누리고 있을 때는 사람들이 문전성시를 이루었다. 난 90년대 중반부터 휴대폰을 사용했는데 매일 전화가 끊이질 않았다. 비즈니스에 관한 것도 있었지만 여기저기 찾아주는 이가 많았다. 그러나 가난을 즐기는 지금은 나를 찾는 전화가 아예 없다. 돈이 있을 때와 없을 때, 상관없이 꾸준히 나를 찾아주는 이는 나와 평생 함께할 동지들이다. 오고 감이 그저 무덤덤하다.

❖ **澹兮其若海(담혜기약해), 飂兮若無所止(료혜약무소지).**
   담담함이(澹兮) 마치 바다와 같고(其若海), 세찬 바람이(飂兮) 멈출 바를(所止) 모르는 것 같다(若無).

澹(맑을 담) - 맑다, 싱겁다, 담백하다, 조용하다, 안존하다, 넉넉하다.
飂(바람 소리 요) - 바람 소리, 빠른 모양, 높이 부는 바람, 서풍.
止(그칠 지) - 그치다, 끝내다, 그만두다, 멈추다, 억제하다, 머무르다, 모이다, 낫다.

    시쳇말로 그런 산전수전 공중전을 다 치러본 나이기에 담담함이(澹兮) 마치 바다와 같고(其若海), 고난을 만들지도 않지만 어떤 거센 바람이 내게 닥쳐와도 세찬 바람이(飂兮) 멈출 바를(所止) 모르는 것 같게 되는 것이다(若無).

❖ **衆人皆有以(중인개유이), 而我獨頑似鄙(이아독완사비).**
   세상 사람(衆人) 모두(皆) 이유를 갖고 살고 있는데(有以), 나 홀로 완고하게(而我獨頑) 질박함을 닮아가네(似鄙).

頑(완고할 완) - 완고하다, 미련하다, 욕심이 많다, 탐하다, 사납다, 무지막지하다.

似(닮을 사) - 닮다, 같다, 비슷하다, 흉내 내다. 잇다, 상속하다.
鄙(더러울 비) - 더럽다, 천하다, 속되다, 부끄러워하다, 촌스럽다, 질박하다.

　　세상 사람(衆人) 모두(皆) 이유를 갖고 살고 있는데(有以), 목표와 목적이 있는 삶을 모든 사람이 지향한다. 그리고 그것이 당연함이라 여기며 사람의 길이라고 따르고 좇는다. 그러나 장년의 결과는 혈압약과 당뇨, 고지혈증 그리고 남은 퇴직금으로 잘되면 통닭집 사장님으로 남게 된다. 도올 스승과 박문호 스승을 만나지 못했다면 평생 화려했던 과거를 부여잡고 "왕년에 내가 말이야!" 하며 온종일 술에 취해 영등포역 경마 골목을 배회하고 있었을 것이다. 나 홀로 완고하게(而我獨頑) 질박함을 닮아갔기 때문이다(似鄙).

❖ 我獨異於人(아독이어인), 而貴食母(이귀식모).
오로지 나(我) 홀로(獨) 뭇사람과(於人) 달리 기이함은(異) 만물을 키워주는 어미를(食母) 귀히 여길 줄 앎이다(而貴).

異(다를 이) - 다르다, 달리하다, 기이하다, 뛰어나다, 진귀하다, 우대하다.
食(밥 식) - 밥, 음식, 제사, 벌이, 생활, 생계, 먹다, 현혹케하다, 기르다, 양육하다.
母(어미 모) - 어머니, 모체, 암컷, 근본, 근원, 본전, 표준, 기르다, 양육하다, 없다.

　　"오로지 나(我) 홀로(獨) 뭇사람과(於人) 달리 기이함은(異)" 노자의 말대로 내가 세상 사람과 다른 점은 내게 최적화된 좌표(座標)와 목표(目標)를 찾았기 때문이다. 3천억에서 3천 권의 책으로 지적중독에 취해보고자 했던 이유다. 내비게이션에 GPS를 찾는 기능이 고장 났다고 가정해 보자. 아무리 비싼 내비게이션이라 해도 GPS라는 위성 좌표를 찾지 못한다면 무용지물(無用之物)에 불과한 것이다. 지난 10여 년은 내겐 내비게이션의 지도를 새로 그리고 지구 대기권에 GPS 위성을 쏘아 올려 주관적 이기적인 털 없는 침팬지에서 노자가 되는 과정이었다.

　　넓은 세상 볼 줄 알고 작은 풀잎 사랑하는 "만물을 키워주는 어미를(食母) 귀히 여길 줄 앎이다(而貴)." 우주에서 아주 특별한 우리 어머니 지구가 우리 사피엔스를 귀히 여기시어 좀 더 오래 품어주기만을 간절히 바랄 뿐이다. 우리 모두 노자가 되어야 할 것이며, 노자를 더 이상 외롭게 만들어서는 우리의 미래가 없음이다.

제21장.
孔德之容(공덕지용)
위대한(孔德) 에너지의 흐름을 아는 것이도다

孔德之容, 惟道是從. 道之爲物, 惟恍惟惚. 惚兮恍兮, 其中有象. 恍兮惚兮, 其中有物. 窈兮冥兮, 其中有精. 其精甚眞. 其中有信. 自古及今, 其名不去, 以閱衆甫. 吾何以知衆甫之狀哉! 以此.

위대한 덕을(孔德) 대하는 몸가짐은(之容) 올곧이(惟) 도(道)의 흐름을 따르는 것이다(是從). 도의 흐름에 따름은(道之) 만물을 다스릴 줄 아는 것이다(爲物). 오로지(惟) 미묘(微妙)하여 헤아려 알기 어려우니 황홀(恍惚)하다! 미묘하여(惚兮) 헤아리기 어렵기에(恍兮), 그 속에(其中) 도(象)가 있고(有), 광채가 어른거려(恍兮) 눈이 부시니(惚兮) 그 속에(其中) 만물(物)이 있다(有). 그윽하면서(窈兮) 깊으니(冥兮), 그 속에(其中) 에너지가 있고(有精), 그 에너지가(其精) 참된 도의 본질이니(甚眞), 그 속에(其中) 진정함이 있도다(有信). 예로부터(自古) 지금에 이르기까지(及今) 그 도라는 이름은(其名) 사라지지 않으니(不去), 이런 까닭에(以) 만물의 순환을 살필 수 있었음이다(閱衆甫). 내가(吾) 어찌(何) 만물이 순환한다는(衆甫) 그러한 사실을(之狀) 알 수 있었겠는가(知哉)!? 바로 이러한 도의 흐름을 깨달았기 때문일세(以此).

❖ **孔德之容**(공덕지용), **惟道是從**(유도시종). **道之爲物**(도지위물), **惟恍惟惚**(유황유홀).

위대한 덕을(孔德) 대하는 몸가짐은(之容) 올곧이(惟) 도(道)의 흐름을 따르는 것이다(是從). 도의 흐름에 따름은(道之) 만물을 다스릴 줄 아는 것이다(爲物). 오로지(惟) 미묘(微妙)하여 헤아려 알기 어려우니 황홀(恍惚)하다!

孔(구멍 공) - 공자, 동전, 매우, 심히, 비다, 깊다, 성대하다, 엄마의 가슴, 아름답다.
惟(생각할 유) - 오로지, 생각하다, 늘어세우다, 마땅하다, 들어맞다, ~이 ~와, 예.

從(좇을 종) - 좇다, 따르다, 나아가다, 모시다, 일하다, 놓다, 따라서 죽다, 오래다.
恍(황홀할 황) - 황홀하다, 어슴푸레하다, 눈부심.
惚(황홀할 홀) - 황홀하다, 흐릿하다, 멍한 모양.

"위대한 덕을(孔德) 대하는 몸가짐은(之容) 올곧이(惟) 도(道)의 흐름을 따르는 것이다(是從)." 사피엔스가 도덕심을 진화시키고 자기 길들이기를 통해 거대 집단을 이룰 수 있었다. 단군은 고조선의 건국 이념으로 널리 세상을 이롭게 하는 인간이라는 의미로 홍익인간(弘益人間)과 그러한 진리가 세상에 이루도록 한다는 재세이화(在世理化)를 내세웠다. 도의 흐름에 따름은(道之) 만물을 다스릴 줄 아는 것이다(爲物). 내가 노자를 고조선의 이념을 따른다고 보는 것이 이러한 단군 사상과 맥을 같이하기 때문이다. 사피엔스가 진화시킨 무위의 인간상 그러기에 우리가 스스로 동물에서 벗어나 사람의 가치로서 존재하는 이유다. 오로지(惟) 미묘(微妙)하여 헤아려 알기 어려우니 황홀(恍惚)하다! 인간이 끊임없이 추구하는 공덕(孔德)은 내가 내 안의 하느님이 되는 것이다. 도는 시작부터 인간에 다다르기까지 그것을 깨닫고 실천하는 도덕적 존재로 빛나고 형용할 수 있는 것이다.

❖ **惚兮恍兮(홀혜황혜), 其中有象(기중유상). 恍兮惚兮(황혜홀혜), 其中有物(기중유물).**

미묘하여(惚兮) 헤아리기 어렵기에(恍兮), 그 속에(其中) 도(象)가 있고(有), 광채가 어른거려(恍兮) 눈이 부시니(惚兮) 그 속에(其中) 만물(物)이 있다(有).

"미묘하여(惚兮) 헤아리기 어렵기에(恍兮), 그 속에(其中) 도(象)가 있고(有)," 도는 끊임없이 정동(靜動)을 반복한다. 138억 년 전에 만들어진 수소 원자는 끊임없이 순환하여 에너지가 되고 만물의 근원을 이룬다. 양성자와 중성자가 서로를 끌어안으니, 빛과 에너지가 된다. 빛과 에너지로 충만한 태양은 생명을 품은 자식 지구에 죽을 때까지 에너지를 공급해 준다. 내가 살아있음은 바로 스스로 그러한 道 때문이다.
"광채가 어른거려(恍兮) 눈이 부시니(惚兮) 그 속에(其中) 만물(物)이 있다(有)." 수없이 쏟아지는 광자(光子, Photon)는 만물이 형상이 있음을 우리에게 알려준다.

- ❖ **窈兮冥兮(요혜명혜), 其中有精(기중유정), 其精甚眞(기정심진), 其中有信(기중유신).**

  그윽하면서(窈兮) 깊으니(冥兮), 그 속에(其中) 에너지가 있고(有精), 그 에너지가(其精) 참된 도의 본질이니(甚眞), 그 속에(其中) 진정함이 있도다(有信).

窈(고요할 요) - 고요하다, 그윽하다, 심원하다, 얌전하다, 아름답다, 고운 마음씨.
冥(어두울 명) - 어둡다, 어리석다, 어리다, 그윽하다, 아득하다, 깊숙하다, 하늘.
精(정할 정) - 정하다, 깨끗하다, 정성스럽다, 훌륭하다, 세밀하다. 정기, 원기.
甚(심할 심) - 심하다, 지나치다, 깊고 두텁다, 참으로.
眞(참 진) - 참, 정성, 진리, 진실, 본성, 본질, 참으로, 정말, 사실이다, 뚜렷하다.
信(믿을 신) - 믿다, 신임하다, 맡기다, 성실하다, 진실하다, 신의, 신용, 소식, 편지.

"그윽하면서(窈兮) 깊으니(冥兮), 그 속에(其中) 에너지가 있고(有精)," 우주와 우리를 살아있도록 물질과 에너지는 우리가 느끼지 못하지만, 순환과 반복을 거듭한다. 미시세계와 거시세계 모두 자연을 움직이는 물질과 에너지로 우주와 우리 몸을 통해 항상 유지되고 동시에 변화하고 있다. "그 에너지가(其精) 참된 도의 본질이니(甚眞), 그 속에(其中) 진정함이 있도다(有信)."

《박문호 박사의 빅히스토리 공부》를 인용하여 현대물리학으로 설명하면 "우주는 에너지와 물질 입자로 구성된다. 물질 입자를 페르미온(fermion)이라 하고 에너지를 전달하는 입자를 보손(boson)이라 한다. 모든 소립자는 질량, 전하, 스핀으로 구별되는데, 페르미온과 보손은 스핀에 의해 구별된다. 입자 물리학의 스핀은 거시세계에 해당하는 물리 현상이 없는 소립자 고유한 특성이다. 우주에는 중력, 강력, 약력, 전자기력, 이 네 가지 힘이 존재한다. 빅뱅 후 10^{-43}초가 지나 중력이 독립된 힘으로 분화되었고 10^{-34}초 즈음에 강력이 분화되었다. 약력은 중성자와 양성자 사이의 베타붕괴에 관여하는 힘으로 원자핵 내부의 매우 좁은 범위에서 W^+, W^-, W^0의 세 가지 보손 입자에 의해 전달되는 힘이다. 힘을 전달하는 보손 입자는 원자핵 속의 매우 근접한 거리에서만 작용하며 거리가 멀어지면 힘이 급격히 약해진다. 전자기장의 힘을 전달하는 보손 입자가 바로 광자이다. 전자기장을 양자화하면 광자가 출현한다. 소립자 생성을 장(場, field)의 양자화(quantization) 과정으로 설명하는 이론을 양자장

이론(量子場理論, quantum field theory)이라 한다. 양자장 이론에서 입자의 생성과 소멸을 계산하는 연산자를 생성 연산자, 소멸 연산자라 한다. 생성과 소멸의 연산자인 미분 연산자를 전자기장에 작용시키면 광자가 생성되거나 소멸된다.

전기와 자기의 힘은 전자기장이 양자화해 생성된 현상이다. 광자는 정지 질량이 0이므로 무한대의 거리에도 힘을 전달할 수 있다. 전자기장의 전기장(electric field)이 직각 좌표계의 한 평면에서 진동한다면 다른 평면에서는 자기장(magnetic field)이 진동하는데, 이 두 평면에 수직 방향으로 전달되는 에너지 덩어리가 바로 광자다. 전기장과 자기장은 진동하는 파동이므로 반사되는 경계면이 없다면 무한히 먼 공간으로 퍼져 나간다. 이러한 전기장과 자기장을 합쳐서 전자기장(電磁氣場, electromagnetic field)이라 하는데, 빛은 진동하는 전자기장이고 전자기장이 양자화되어 생성되는 입자가 바로 광자다. 그래서 진공에서 빛의 속도는 c = 1 / (진공유전율 × 진공투자율)$^{1/2}$이다. 이때 유전율은 전기, 투자율은 자기에 관한 물리 값이다. 빛의 공식 속에서 빛이 자기와 전기 현상의 근본임이 드러난다."

우주 자연 모든 현상과 본질을 도(道)라는 한 글자로 표현한 노자의 통찰력이 위대함이다.

- ❖ **自古及今(자고급금), 其名不去(기명불거), 以閱衆甫(이열중보).**
  예로부터(自古) 지금에 이르기까지(及今) 그 도라는 이름은(其名) 사라지지 않으니(不去), 이런 까닭에(以) 만물의 순환을 살필 수 있었음이다(閱衆甫).

  閱(볼 열/셀 열) - 보다, 검열하다(檢閱), 가리다, 분간하다, 일다, 세다, 조사하다.
  衆(무리 중) - 무리, 백성, 서민, 많은 물건, 땅, 장마.
  甫(클 보) - 크다, 많다, 겨우, 비로소, 막, 갓.

"예로부터(自古) 지금에 이르기까지(及今) 그 도라는 이름은(其名) 사라지지 않으니(不去),"
우주의 법칙은 우주의 엔트로피가 0이 되는 -273.15도가 되기 전까지 도라는 이름은 사라지지 않는다. 내가 신학을 공부하면서 가장 갈등했던 이유가 논리적, 이성적, 합리적 설명이 불가한 부분을 신앙의 이름으로 강요받을 때였다. 대학에서도 그 지경인데 교회의 현장에서는 어떻겠는가? 예수 팔아서 밥 먹고 사는 장사꾼이 되기 싫어서 때려치웠다. 내 인생 중에 제일 잘한 결정이라 생각한다. 그러기에 지금 노자를 만날 수 있었고 현대과학과 충돌하지 않는 노자의 위대함을 통해 내가 노자가 되어 경이로운 체험을 할 수 있게 되었으니 말이다. 기독교가 미래에도 살아남으려면 스스로 반성하고 끝없이 성찰해야 사기꾼이란 소리를 피할 수 있을 것이다. 고정값과 변동값, 그리고 순환과 반복의 의미를 정확하게 구분하고 이해해야 한다. 조르다노 브루노(1548~1600)가 바른 소리를 하고도 왜 그렇게 처참한 죽임을 당했는가? 참을 참이라고 했다는 이유다. 지금이야 지구가 태양을 공전하는 것이 상식이 되었다. 어떻게 지구가 세상의 중심인가? 지구가 세상의 중심이어야만 하나님의 진리이자 절대불변의 진리인가? 곰곰이 따져봐야 할 문제이다. 여호와만이 우주와 인간을 창조한 유일신 사상이라는 전제가 불변이어야만 하기에 그렇다. 그 문제를 노자는 자연의 도, 만물이 흘러가는 이치를 정확하게 통찰했다. 도를 통해 우주를 설명하고 도를 통해 자연을 설명한다. 인간 역시 도의 산물이기에 도를 따르고 도를 실천해야 하는 존재이다. 인간이 이 세상의 중심이라는 오만함과 내가 세상의 중심이라는 이기심으로 노자의 도, 자연의 이치를 볼 수도 알 수도 없다.

"이런 까닭에(以) 만물의 순환을 살필 수 있었음이다(閱衆甫)."

❖ 吾何以知衆甫之狀哉(오하이지중보지상재)! 以此(이차).

내가(吾) 어찌(何) 만물이 순환한다는(衆甫) 그러한 사실을(之狀) 알 수 있었겠는가(知哉)!? 바로 이러한 도의 흐름을 깨달았기 때문일세(以此).

吾(나오) - 나, 그대, 우리.
何(어찌 하) - 어찌, 어느, 어떤, 언제, 얼마, 무엇을, 왜냐하면, 꾸짖다.
知(알지) - 알다, 알리다, 알게 하다, 슬기, 지혜, 지식.
狀(형상 상) - 형상, 모양, 용모, 정상, 사실적 근거, 나타내다, 모방하다, 문서, 편지.
哉(비롯할 재) - 비롯하다, 어조사, 처음, 재난, 재앙.
此(이 차) - 이, 이곳, 여기, 지금, 이에(발어사).

"내가(吾) 어찌(何) 만물이 순환한다는(衆甫) 그러한 사실을(之狀) 알 수 있었겠는가(知哉)!? 바로 이러한 도의 흐름을 깨달았기 때문일세(以此)." 바로 자연과학을 공부하지 않고 노자를 인문 철학의 틀 안에 가둔다면 진정한 노자를 만날 수가 없다. 바로 **노자의 도**(道)가 찰스 다윈이자 아인슈타인의 언어이기 때문이다. 진정한 노자를 만나기 위해서는 종의 기원에서 다윈이 말하는 자연선택을 알아야 하고 아인슈타인이 풀어놓은 상대성 이론이 뭔지는 알아야 하기 때문이다. 138억 년 동안 우리 우주와 태양계에서 무슨 일이 벌어졌는지 모르면 《노자 - 도덕경》을 제대로 안다고 할 수 없을 것이다.

제22장.
曲則全(곡즉전)
두들겨 패서라도 사람으로 만들어라

曲則全, 枉則直, 窪則盈, 敝則新, 少則得, 多則惑. 是以聖人抱一, 爲天下式. 不自見故明, 不自是故彰, 不自伐故有功, 不自矜故長. 夫唯不爭, 故天下莫能與之爭. 古之所謂曲則全者. 豈虛言哉! 誠全而歸之.

만일 도에 맞지 않는다면(曲則) 온전하게 만들어 주고(全) 만일 도를 능멸한다면(枉則) 올바른 도를 가르쳐 바르게 세운다(直). 만일 도가 한없이 맑고 깊다면(窪則) 도를 맑고 충만하게 채워 주고(盈), 만일 도가 낡고 해지면(敝則) 도를 새롭게 만들어 준다(新). 만일 도가 적다고 여기면(少則) 만족할 때까지 도를 깨닫게 해주고(得), 만일 도가 넓다고 여긴다면(多則) 콧값 떨지 않게 스스로 의심케 한다(惑). 그런 까닭에(是以) 성인(聖人)은 모두 하나로(一) 품어(抱), 천하(天下)의 기준으로 삼고 따르는 것이다(爲式). 스스로 드러내지 않아도(不自見) 도리(故)에 맞게 질서가 생기고(明), 스스로 옳다고 하지 않아도(不自是) 도리(故)어 더욱 선명하게 가려진다(彰). 혼자서 북 치고 장구 치는 일이 없으니(不自伐) 훈장이 쏟아지고(有功), 스스로 빼기지 아니하니(不自矜), 도리어 승승장구(乘勝長驅)한다(故長). 대저(夫) 누구와도(唯) 경쟁하려 하지 아니하니(不爭), 도리어(故) 천하(天下)가 더불어 서로 도우려 경쟁을 벌인다(能與). 쓸데없이 다툴 일이 아예 생기질 않는 것이다(莫之爭). 예로부터(古) 이르기를(之) "만일 도에 맞지 않는다면(曲則) 온전하게 두들겨 패서라도 사람을 만들어 주어라(全)!"라고 일컫는바(所謂), 어찌(豈) 그 가르침(言)을 헛되다고 흘린단 말인가(虛哉)! 성심을 다하여(誠) 온전하게 두들겨 패서라도 사람을 만들어 주니(全), 다시 사람의 길로 되돌아갈 수밖에 없지 않겠는가(而歸之)!

❖ **曲則全(곡즉전), 枉則直(왕즉직), 窪則盈(와즉영), 敝則新(폐즉신), 少則得(소즉득), 多則惑(다즉혹).**
만일 도에 맞지 않는다면(曲則) 온전하게 만들어 주고(全) 만일 도를 능멸한다면(枉

則) 올바른 도를 가르쳐 바르게 세운다(直). 만일 도가 한없이 맑고 깊다면(窪則) 도를 맑고 충만하게 채워 주고(盈), 만일 도가 낡고 해지면(敝則) 도를 새롭게 만들어 준다(新). 만일 도가 적다고 여기면(少則) 만족할 때까지 도를 깨닫게 해주고(得), 만일 도가 넓다고 여긴다면(多則) 꼴값 떨지 않게 스스로 의심케 한다(惑).

曲(굽을 곡) - 굽다, 굽히다, 바르지(정직) 않다, 불합리하다, 공정하지 않다, 구석.
則(법칙 칙/곧 즉) - 법칙, 준칙, 이치, 본보기로 삼다, 곧, 만일 ~이라면, ~하면.
全(온전할 전) - 온전하다, 순전하다, 무사하다, 온전하다, 낫다, 모두, 다.
枉(굽을 왕) - 굽다, 휘다, 복종하다, 사특하다, 능멸하다, 억울하다, 잘못, 원죄.
直(곧을 직/값 치) - 곧다, 굳세다, 바르다, 옳다, 기울지 아니하다, 부이 없다, 펴다.
窪(웅덩이와) - 웅덩이, 맑은 물, 깊다, 우묵하다, 낮다.
盈(찰 영) - 차다, 가득하다, 충만하다, 여유가 있다, 불어나다, 교만하다, 이루다.
敝(해질 폐/절뚝거릴 별) - 해지다, 깨지다, 버리다, 황폐하다, 괴롭히다, 폐해.
新(새 신) - 새로운, 처음, 새것, 새해, 새로워지다, 개선되다.
少(적을 소) - 적다, 작다, 줄다, 젊다, 비난하다, 빠지다, 버금, 잠시.
得(얻을 득) - 얻다, 손에 넣다, 고맙게 여기다, 깨닫다, 분명해지다, 적합하다.
多(많을 다) - 많다, 낫다, 더 좋다, 많게 하다, 겹치다, 중히 여기다, 크다, 나머지.
惑(미혹할 혹) - 미혹케하다, 의아스럽게 여긴다, 미혹하다, 미혹, 의혹, 현혹, 번뇌.

《노자-도덕경》은 본인이 한 자, 한 자를 직접 번역을 해봐야 그 의미하는 참맛을 느낄 수 있다. 남이 아무리 멋지게 주해를 달아놨어도 사람마다 느끼는 맛이 다르기 때문이다. 내가 딸의 부탁으로 노자의 언어를 직접 해석해 볼 수 있게 글자 하나마다 뜻을 풀어놓았다. 공부하는 의미에서 한 번씩 도전해 보시길 바란다. 나는 전반적으로 직역(直譯)하거나 때에 따라서 의역(意譯)하였다. 좋은 번역은 이렇게도 저렇게도 통한다. 나쁜 번역은 틀에 가두는 것이다. 그게 근본주의와 원리주의로 비타협적인 성격이 강해져서 후대에 반드시 갈등을 증폭시키게 된다. 그게 내가 늘 강조하는 하이젠베르크의 부분과 전체다. 부분의 합은 전체의 합보다 커진다는 것이 창발성(創發性)의 원리이다. 지구의 5번의 대멸종은 생명 다양성을 더욱 증폭시켰다. 인간은 거대 시공간의 SCALE에서 바라보면 언젠가는 지구 안에서 멸종의 대상이다. 소멸과 생성을 반복하는 것이 자연의 이치이자 섭리이기 때문이다. 그게 바로 도의 핵심 원리이다.

"만일 도에 맞지 않는다면(曲則) 온전하게 만들어 주고(全) 만일 도를 능멸한다면(枉則) 올바른 도를 가르쳐 바르게 세운다(直)." 다시 한번 노자의 위대함에 찬사를 보낼 수밖에 없는 이유다. 인간 세상이 도의 타락으로 엉망진창이다. 정답이 분명하게 있음에도 불구하고 힘이 오로지 정의가 되려 한다. 노자는 정답이 분명함에도 우기는 짐승들은 두들겨 패서라도 온전하게 가르쳐 알려주라 한다. 미국과 중국, 러시아 그리고 야만스러운 일본 제국주의자들이 강대국 사이에 우뚝 서 있는 대한민국에 깡패 새끼들처럼 행패를 부린다. 대한민국이 전 세계의 으뜸가는 선도 국가가 되기 위해서 우리는 노자의 가르침을 통해 도를 배우고 덕을 바로 세워야 한다.

"만일 도가 한없이 맑고 깊다면(窪則) 도를 맑고 충만하게 채워주고(盈), 만일 도가 낡고 해지면(蔽則) 도를 새롭게 만들어 준다(新)." 그 해답을 노자가 제시해 주고 있다. 전 세계가 한정된 자원을 두고 무한 경쟁과 전쟁을 벌인다. 결국 사피엔스의 멸종을 앞당기는 자멸의 길이다. 맑고 깊으면 채워주고 낡고 해지면 도를 새롭게 만들어 주는 역할을 대한민국이 담당해야 한다. 코로나19로 전 세계가 대한민국을 보고 놀라지 않았는가!

"만일 도가 적다고 여기면(少則) 만족할 때까지 도를 깨닫게 해주고(得), 만일 도가 넓다고 여긴다면(多則) 꼴값 떨지 않게 스스로 의심케 한다(惑)." 그러기 위해서 내가 강조해 온 인면수심의 사람과 짐승을 구분하여 제대로 선거해야 한다. 요즘 도덕경을 쓰면서 1만 년 전부터 현대사까지 다시 공부하고 있다. 그런데 놀라지 않을 수 없었다. 내 나름, 제대로 공부했다고 자부했었는데 내 내면 깊숙이 자리한 일제 식민사관과 중국 사대주의를 발견했다. 일본제국주의 식민사학을 뼛속까지 심어놓은 이마니시 류(1875~1932)와 그의 수제자 이병도(1896~1989)가 아직도 우리의 정신을 지배하고 있다. 스스로 뭉치지 못하는 모래알 같은 민족, 벤또처럼 속은 비고 소리만 요란한 민족이라고 어릴 적부터 세뇌되었던 이야기들이 아직도 나를 지배함을 깨달았다. 성찰과 반성은 인간만이 할 수 있는 고도의 인지기능이다. 일본제국주의는 전쟁을 일으킨 행위에 대해 제대로 처벌받지 않았다. 반공 이념을 바탕으로 절대 악으로 규정한 공산주의에 대한 자본주의의 절대 수호자 미국 때문이다. 미국은 한반도와 태평양의 공산화를 막기 위해 천문학적 원조를 일본에 몰아줬다. 그리고 한반도에서 일어난 비극적인 6.25 전쟁을 통해 폭발적인 경제 성장을 이루었고 너무나도 짧은 시간에 부활했다. 일본은 지금까지도 그 당시 저지른 만행에 대해 성찰과 반성하지 않는 지구상 가장 저급한 원숭이 무리이다. 잔악무도(殘惡無道)한 야만 국가 일본이 우리에게 저지를 만행에 대하여 합리적인 사과와 보상은 아직도 이루어지지 않고 있다. 그리고 누군가는 청산이 아닌 일제 정신을 계승하고자 끊임없이 음모를 꾸미고 있다. 정신 차리자! 스스로 깨닫고 힘을 합쳐야 한다. 그러기에 도를 배우고 깨달아 실천하는 민족이 되자!

- **是以聖人抱一(시이성인포일), 爲天下式(위천하식).**
  그런 까닭에(是以) 성인(聖人)은 모든 것을 하나로(一) 품어(抱), 천하(天下)의 기준으로 삼고 따르는 것이다(爲式).

  抱(안을 포/던질 포) - 안다, 품다, 둘러싸다, 가지다, 받들다, 던지다, 되돌리다.
  式(법 식) - 법, 제도, 의식, 절도, 형상, 본뜨다, 본받다, 기준 삼다, 쓰다, 절하다.

"그런 까닭에(是以) 성인(聖人)은 모두 하나로(一) 품어(抱), 천하(天下)의 기준으로 삼고 따르는 것이다(爲式)."
프랑스의 세계적인 경제학자 자크 아탈리와 독일의 과학저술가 슈테판 클라인은 "미래는 프롤레타리아가 아닌 이타주의자가 지배한다"라고 예언했다. 이타주의(利他主義) = 도덕주의(道德主義)이다. 이타적이라는 의미는 사람뿐만 아니라 모든 만물이 그 대상이다. 이타적인 사람은 지구 환경을 생각하고 하물며 거리에 내 손에 들려있던 쓰레기조차 함부로 버리지 않는 것이다. 나는 매일 동네에 있는 성미산에 다닌다. 그런데 항상 눈을 찌푸리게 하는 짐승들의 행동이 있다. 바로 쓰레기다. 자기가 들고 온 쓰레기를 어떻게 아름다운 산에 버릴 수 있는가? 산에 쓰레기를 버리는 짐승들이나 극우적인 일본 정치인들이 바다에 원전 오염수를 버리는 마음이나 그들이 하는 행동의 근원은 모두 똑같은 이치다. 후쿠시마 방사능에 오염된 원전 수를 우리 모두의 바다에 버려 그깟 돈 몇 푼 드는 유지비를 줄여보려 시도하고 있고 똑같은 대가리를 가진 윤석열은 거기에 협력하고 있다. 그런 극우적 사고가 바로 이기적인 것이다. 이타주의와 도덕주의 ⇔ 이기주의와 극우, 잔악무도(殘惡無道)는 서로 반대되는 양극성(兩極性)을 띤다. 바로 선(善)과 악(惡)을 구분하는 기준이기 때문이다. 개인의 이기와 집단의 이기, 지역의 이기, 국가의 이기가 하나로 맞물려 지구에서 사피엔스의 멸종을 재촉하고 있음을 우리 모두 시급히 깨달아야 한다.

일제와 중국 공산당 그리고 친일 사학을 계승한 자(者)들이 철저하게 우리나라의 역사를 날조 왜곡하려고 발악한다. 현재 정설로 여겨지는 고조선의 역사는 기후변화로 북부 아시아에서 이주해 온 바이칼호수, 몽골, 만주, 캄차카 반도 신석기 시대부터 한반도에 정착하고 있던 사피엔스들의 초기 국가 형태의 부족 연합체이다. 여러 다양한 곳에 흩어져 살던 사피엔스들이 비옥한 만주 지역에 정착하면서 선진화된 문명의 부족 국가를 형성한 것이다. 인간을 널리 이롭게 한다는 홍익인간(弘益人間) 정신과 세상을 다스림을 도(道)의 이치에 맞게 교화를 베푼다는 재세이화(在世理化)라는 선진문명을 가치로 북방 민족을 아우르는 국가를 세웠다. 이러한 위대한 역사를 일본제국주의 식민사학을 만든 하야시 다이스케(林泰輔, 1854~1922)가 1892년 저술한 《조선사》 5권과 1901년 《조선 근세사》 2권을 통해 《일본서기》에 따라 우리 민족의 고대사를 일본의 속국으로 만든 자다. 고조선과 조선의 역사를 철저하게 축소, 왜곡시켰다. 시라토리 구라키치(白鳥 庫吉, 1865~1942) 3권의 《조선사 연구》를 통해서 일본이 조선에 대한 식민 지배의 정당화에 대한 토대를 쌓았다. 과연 이러한 것을 인간 세상에서 지구라는 소중한 행성에서 천하(天下)의 기준으로 삼고 따르는 것인가(爲式).

천하의 기준으로 따를 수 있는 민족은 대한민국의 도덕적 민중밖에 없다는 것이 내가 코로나19를 겪으면서 보았던 한민족, 배달민족의 저력이다. 도덕심은 자기 길들이기라 수없이 밝혔다. 자기 절제가 안 되는 사람들은 공동체의 안전보다는 개인의 자유와 일탈이 우선이다. 우리는 자발적으로 우리의 자유를 포기하고 희생했다. 전 세계에 이런 공공선(公共善, public good)을 가진 민족이 있었는가? 도를 깨우치고 실천하여 전 세계를 선도하고 존경받는 나라가 될 수 있다. 단, 선거만 잘하면 된다. 투표는 인간과 짐승을 우리 손으로 선택하는 위대한 권리이자 막중한 임무이다. 투표를 잘못 하면 내 손으로 역사와 나라를 팔아먹는 매국노가 되는 것임을 명심하자.

- **不自見故明(불자현고명), 不自是故彰(불자시고창),**
  스스로 드러내지 않아도(不自見) 도리(故)에 맞게 질서가 생기고(明), 스스로 옳다고 하지 않아도(不自是) 도리(故)어 더욱 선명하게 가려진다(彰).

  彰(드러날 창) - 드러내다, 나타내다, 밝다, 선명하다, 게시하다, 가로막다, 무늬.

"스스로 드러내지 않아도(不自見) 도리(故)에 맞게 질서가 생기고(明)," 자발적 자기 절제와 자기 길들이기는 스스로 무리의 질서가 생기는 자발성이라는 고유한 특성을 가진다. 내가 중국에 거주할 때 평일에는 기사가 운전을 대신해주었지만, 기사가 쉬는 주말과 공휴일은 내가 자가운전을 했다. 그러다 가끔 차가 밀려 몇 시간을 고속도로에서 허비하는 일이 다반사(茶飯事)였다. 우리나라에서도 과거에 문제가 되었던 바로 병목현상 때문이었다. 서로 먼저 나가려고 서로 차를 들이밀다 보니 여기저기 경적을 눌러댄다. 그야말로 아비규환이 따로 없었다. 양보하거나 배려하지 않으니 엉킨 차들이 모두 고속도로에 갇혀있게 된 것이다. 그리고 제일 위험한 건 역주행이다. 질서가 사라지니 이기적인 동물본능이 인간 세상을 무질서하게 만든다. 사회적인 엔트로피가 증가하는 무질서는 반사회적 인격 결여(Antisocial Personality Disorder, ASPD) 상태가 되는 것을 말한다. 그동안 우리는 인면수심의 사람과 짐승을 구분할 수가 없었다. 해방 후 갑자기 몰려온 서구 중심주의와 미국에 대한 우상화로 인해 맹목적으로 서구의 문화와 사상을 받아들였기 때문이다. 노자는 말한다. "스스로 옳다고 하지 않아도(不自是) 도리(故)어 더욱 선명하게 가려진다(彰)." 홍익인간과 재세이화의 가치가 우리 유전자에 각인되어 있는 한민족에게, 미래가 있는 지구상 유일한 민족이다. 그걸 노자가 확인시켜 주고 있다.

- **不自伐故有功(불자벌고유공), 不自矜故長(불자긍고장).**
  혼자서 북 치고 장구 치는 일이 없으니(不自伐) 훈장이 쏟아지고(有功), 스스로 뻐기지 아니하니(不自矜), 도리어 승승장구(乘勝長驅)한다(故長).

伐(칠 벌) - 치다, 정벌하다, 찌르다, 찔러 죽이다, 적의 목을 베다, 자랑하다, 공로.
功(공 공) - 공, 공로, 공적(功績), 일, 사업, 보람, 업적, 공, 튼튼하다, 공격하다.
矜(자랑할 긍) - 자랑하다, 불쌍히 여기다, 괴로워하다, 엄숙하다, 공경하다, 삼가다.
長(길/어른 장) - 길다, 낫다, 나아가다, 자라다, 많이, 어른, 길이, 처음, 늘, 항상.

"혼자서 북 치고 장구 치는 일이 없으니(不自伐) 훈장이 쏟아지고(有功), 스스로 뻐기지 아니하니(不自矜), 도리어 승승장구(乘勝長驅)한다(故長)." 이것이 도의 이치이자 자연의 이치이다. 우리 민족의 고유성이 바로 겸손과 배려 아닌가!

중국의 청나라 말기에 천재적인 중화민국 초기의 학자 고홍명(辜鴻銘, 1857-1928)의 《중국인의 정신(中國人的精神)》은 중국 역사와 문화에 대한 고찰을 통해 중국인의 정신, 심리, 품성, 특징을 분석한 책이다. 그러나 나는 중국에서 살면서 고홍명이 말하는 중국인을 거의 보지 못했다. 책을 읽는 내내 이건 중국인의 정신이 아닌 한국인의 정신 아닌가 자문하며 읽었다. 중국이나 미국이나 일본이나 러시아나 본받을 도와 품격이 있는 나라가 어디 있는가? 노자는 우리 민족의 줄기에 있는 사람임이 틀림없다는 확신이 글을 읽고 쓰는 내내 들었다. 도올 선생도 나와 같은 생각을 여러 번 천명하셨기에 더더욱 확실함을 받았다. 단군, 노자, 공자 그리고 자사로 이어지는 북방 민족 특유의 정신임을 확신한다. 여기저기 칭찬이 자자하고 훈장이 쏟아지며 자신감과 더불어 승승장구한다. 이게 바로 **보수주의자의 품격**이다. 나라를 지키고 역사를 지키고 민족정신을 지키는 것이 보수지, 어떻게 나라 팔아 제 놈들 배만 채우고 백성들의 눈에는 피눈물이 나게 하는 놈들이 어떻게 보수라고 감히 떠들고 다니는가 말이다. 그저 대한민국의 극우 보수는 친일의 치적을 반공주의로 탈바꿈시켜 생존에 유리한 쪽으로 신분 세탁한 이기적인 털 없는 원숭이일 뿐이다.

❖ **夫唯不爭(부유부쟁), 故天下莫能與之爭(고천하막능여지쟁).**
대저(夫) 누구와도(唯) 경쟁하려 하지 아니하니(不爭), 도리어(故) 천하(天下)가 더불어 서로 도우려 경쟁을 벌인다(能與). 쓸데없이 다툴 일이 아예 생기질 않는 것이다 (莫之爭).

우리 민족은 이명박과 박근혜 같은 단군 이래 국가를 상대로 한 최대의 도적과 모지리를 감옥에 보냈다. 2017년 문재인을 촛불의 승리로 대통령에 당선시켰다. 세계 최초의 무혈혁명인 촛불혁명을 완수했다. 그동안 상식을 벗어난 부조리에 분노한 수많은 시민은 한없는 자신감과 애국심을 느꼈다. 많은 나라의 정상들이 서로 다퉈 우리의 지도자와 만나고 싶어 했고 평화적 탄핵으로 선출된 대통령과 같이 사진 찍으려고 줄을 섰다. 천하의 노란 머리 'ASPD'인 트럼프조차 대한민국의 지도자를 존중하고 따랐다.

사람을 따르는 방법에는 크게 두 가지가 있다. 하나는 이기적인 사익 추구형이다. 이들을 움직이게 하는 건 오로지 하나밖에 없다. 돈 그리고 자신과 관련된 모든 이익이다. 이완용과 윤덕영 같은 악질 친일파들이 이익이 전혀 없었다면 나라를 두 팔 걷고 팔아 치웠겠는가? 이기적인 본능이 주도하는 사익 추구형은 자신에게 이익이 생기는 순간 모든 에너지를 집중시켜 수단과 방법을 가리지 않고 목적을 완수시킨다. 저들에게 명석함이란 자신들이 저지른 잘못을 누군가에게 걸리지 않는 것이다. 만약 발각되더라도 반성하는 양심(良心)이 아예 없기에 더욱 당당해지고 뻔뻔해진다. 후안무치(厚顔無恥)의 법칙이다. 미국 듀크대학교 심리학과 영장류학자 마이클 토마셀로 교수는 침팬지와 이기적인 인간을 개인 지향성(個人志向性, individual intentionality)이라 명명했다. 이들은 경쟁을 즐기고 사람을 차별하는 것을 당연하게 여긴다. 그리고 권위적이고 공감 능력이 전혀 없는 공감 제로의 유형이다. 인간이면 나타나야 할, 인간의 맛과 멋이 하나도 없다. 반대로 이타주의자들은 경쟁하려 하지 않는다. 배려와 협력 그리고 희생과 양보가 습관화되어 있다. 사람을 테스트하는 가장 간단한 방법이 있다. 동성이라면 화장실에 같이 들어가 보라. 관찰은 뒤따르면서 해야 한다. 동료를 먼저 들여보내 어느 소변기를 사용하는지 살펴보면 된다. 문에서 가장 가까운 곳을 사용하는지, 가장 멀리 떨어진 소변기를 사용하는지 관찰하면 된다. 멀리 있는 소변기를 사용하는 사람일수록 남을 배려하는 것이 습관되어 있는 사람이다. 반복해서 관찰할수록 결과는 더 정확하다. 지하철에 문이 열릴 때도 마찬가지로 관찰 포인트인데 배려가 습관되어 있는 사람일수록 지하철 안에 있는 사람이 충분히 나올 수 있도록 출입문 양옆으로 줄 서 있다. 그러나 이기적인 사람은 출입문 한중간에 버티고 서 있다. 그리고 절대 나오는 사람을 기다려 주지 않는다. 기를 쓰고 빈자리에 자신이 먼저 앉기 위해 나오는 사람 사이를 비집고 들어간다. 이런 사람과는 관계를 단절하는 것이 자신을 위해서라도 이로울 것이다. 인간이 인간으로 될 수 있는 조건은 도덕심과 이타심이다. 그게 사피엔스가 다른 동물과 다르게 비교적 짧은 시간에 진화시킨 능력이다.

마이클 토마셀로 교수는 협력하는 능력이 인간의 사고 능력을 확장시켰다고 강력하게 주장한다. 이를 집단지향성(集團志向性, collective intentionality)이라고 명했다. 집단과 사회는 인간에게 있어서 생존에 가장 유리한 조건 중 하나다. 무리에서 좋은 평판을 쌓아야 다른 이로부터 협력을 얻어낼 수 있다. "대저(夫) 누구와도(唯) 경쟁하려 하지 아니하니(不爭)," 경쟁을 강조하는 것은 서열과 차별을 전제로 하는 동물들이 가진 본능 주도형 사고이다. 서열이 가장 중요한 동물들의 사회는 경쟁이 일상화되어 있다. 경쟁에도 크게 두 가지가 있다. 악의적(惡意的) 경쟁과 선의(善意)의 경쟁이다. 악의적 경쟁은 너 죽고 나 사는 것이다. 즉 경쟁자인 정적을 기필코 제거하거나 무릎 꿇게 하여 복종시키는 것이다. 선의의 경쟁은 더불어 더 잘사는 것이다. 남에게 더욱 봉사하기 위해 애쓰는 경쟁, 약자를 차별하지 않으려고 하는 경쟁, 백성들에게 더 많은 복지를 제공하려고 경쟁하는 사회가 되면 된다. 그러하기에 "도리어(故) 만천하(天下)가 더불어 서로 도우려 경쟁을 벌인다(能與). 쓸데없이 다툴 일이 아예 생기질 않는 것이다(莫之爭)." 정치란 악의적 경쟁이 정의라 부르짖는지, 선의의 경쟁이 정의라고 부르짖는지를 보면 아는 것이다. 짐승의 뇌를 가진 침팬지들은 선의의 경쟁을 이해하지도, 알려고 하지도 않기 때문이다.

❖ **古之所謂曲則全者(고지소위곡즉전자), 豈虛言哉(기허언재)! 誠全而歸之(성전이귀지).**

예로부터(古) 이르기를(之) "만일 도에 맞지 않는다면(曲則) 온전하게 두들겨 패서라도 사람을 만들어 주어라(全者)!"라고 일컫는바(所謂), 어찌(豈) 그 가르침(言)을 헛되다고 흘린단 말인가(虛哉)! 성심을 다하여(誠) 온전하게 두들겨 패서라도 사람을 만들어 주니(全), 다시 사람의 길로 되돌아갈 수밖에 없지 않겠는가(而歸之)!

豈(어찌 기/개가 개) - 어찌, 어찌하여, 그, 개가, 개선가, 화락하다.
虛(빌 허) - 비다, 없다, 헛되다, 공허하다, 약하다, 잃다, 살다, 구멍, 빈틈, 마음.

哉(비롯할 재/어조사 재) - 비롯하다, 어조사, 처음, 재난, 재앙.
誠(정성 성) - 정성, 진실, 참, 참으로, 삼가다, 자세하다, 만약, 과연.

"예로부터(古) 이르기를(之) '만일 도에 맞지 않는다면(曲則) 온전하게 두들겨 패서라도 사람을 만들어 주어라(全)! 일컫는바(所謂), 어찌(豈) 그 가르침(言)을 헛되다고 흘린단 말인가(虛哉)!" 세상에 있는 식자(識者)라고 자칭하는 짐승들이 세상을 오히려 혼탁하게 만들고 있다. 그래서 식자입네 하는 엘리트 권력 집단에 진입하고자 하는 사람들에게 노자의 도덕경을 주입식으로 가르쳐야 한다. 특히 정부 관료가 되기 위한 시험인 공무원 시험에는 반드시 필수과목으로 들어가야 마땅하다. 도에 맞지 않는 사람은 사전에 걸러내야 한다.
인천공항 채용시험을 준비하는 한 청년의 라디오 인터뷰를 듣고 충격을 받은 적이 있다. 비정규직을 정규직으로 전환하는 것에 반대하는 내용이었다. 그 이유가 자기들처럼 피나는 노력을 통해 시험 봐서 어렵게 들어가는 데 그 사람들은 그럴 자격이 없다고 한다. 그리고 전체 파이에서 그들이 정규직이 되어 나눠 가지면 결국 자기에게 돌아올 몫이 작아질 수밖에 없다는 것이 반대하는 이유라고 밝혔다. 머리만 좋은 침팬지에게 공정이란 결국 능력에 맞게 차별하라는 것이 요지다! 이게 몽둥이를 들이대야 하는 이유다! 이런 짐승들이 고위 권력 엘리트가 되니 갑질이 상식이 되고 그걸 견디다 못해 어린 검사가 자살까지 하지 않았던가! 사람이 아닌 짐승들은 공권력을 행사하는 권력 기관에 들어가면 안 되는 이유이다. 언론도 마찬가지다.

노자는 강력하게 말한다. "성심을 다하여(誠) 온전하게 두들겨 패서라도 사람을 만들어 주니(全), 다시 사람의 길로 되돌아갈 수밖에 없지 않겠는가(而歸之)!"

제23장.
希言自然(희언자연)
스스로 그러함의 가르침

希言自然. 故飄風不終朝, 驟雨不終日. 孰爲此者? 天地. 天地尙不能久, 而況於人乎. 故從事於道者, 道者同於道. 德者同於德. 失者同於失. 同於道者, 道亦樂得之, 同於德者, 德亦樂得之, 同於失者, 失於樂得之. 信不足焉, 有不信焉.

도가 돌아가는 이치를 알고자 하는가(希言), 스스로 그러함이다(自然)! 스스로 그러함이 그러한 까닭에(故) 밤새 휩쓸던 회오리바람(飄風)조차 아침에(朝) 다다르지 못하게 하고(不終), 폭풍우가 쏟아져도(驟雨) 태양(日)을 이기지 못하게 한다(不終). 누가(孰) 이렇게(此) 다스리는가(爲者)? 바로 천지자연이다(天地). 천지(天地)가 일으키는 자연 현상도(尙) 그리 오래가지 못하거늘(不能久), 하물며(而況) 인간이란 것들은 오죽하랴(於人乎)! 러므로(故) 도를 따라 섬기는 자는(於道者) 성심으로 도를 갈고닦아야 한다(從事). 도를 섬기는 자(道者)는 도와 한 몸이 될 것이고(同於道), 덕을 섬기는 자는(德者) 덕과 한 몸이 될 것이고(同於德), 죄악을 따르는 놈은(失者) 평생 감방과 한 몸이 될 것이다(同失者). 위대한 도를 섬길 줄 아는 자와 한 몸이 되니(同於道者), 도(道) 역시(亦) 그런 자를 얻게 되니 즐겁고(樂得之), 위대한 덕을 섬길 줄 아는 자와 한 몸이 되니(同於德者), 덕(德) 역시(亦) 그런 자를 얻게 되어 즐겁다(樂得之), 죄악과 한 몸이 된 놈은(同於失者), 같은 처지의 죄수들과(失於) 감옥에서 함께 노니 즐거움을 얻었다(樂得之). 위정자들이 신의가(信) 부족하도다(不足焉)! 백성들이 불신이 많아지는구나(有不信焉)!

- ❖ **希言自然(희언자연). 故飄風不終朝(고표풍부종조), 驟雨不終日(취우부종일).**

  도가 돌아가는 이치를 알고자 하는가(希言), 스스로 그러함이다(自然)! 스스로 그러함이 그러한 까닭에(故) 밤새 휩쓸던 회오리바람(飄風)조차 아침에(朝) 다다르지 못하게 하고(不終), 폭풍우가 쏟아져도(驟雨) 태양(日)을 이기지 못하게 한다(不終).

希(바랄 희/치) - 바라다, 동경하다, 희망하다, 사모하다, 드물다, 성기다, 적다.
飄(나부낄 표) - 나부끼다, 빠르다, 방랑하다, 떨어지다, 회오리바람, 질풍, 태풍.
終(마칠 종) - 마치다, 끝내다, 죽다, 다하다, 완성되다, 끝, 마지막.
朝(아침 조) - 아침, 조정, 조선, 정사, 하루, 문안하다, 부르다, 펴다, 흘러들다.
驟(달릴 취) - 달리다, 빠르다, 몰아가다, 갑작스럽다, 자주, 여러 번, 돌연히.

이번 장은 자연 현상을 예로 들면서 인간의 도리에 대해 가르치고 있다. 직역은 말이 없는 것이 자연이라는 뜻이다. 나는 이를 말씀을 나타내는 '言'을 도가 돌아가는 이치라고 해석했다. 그리고 希(바랄 희)를 바라다, 갈구한다는 의미로 해석했다. 도가 돌아가는 이치를 알고 싶어 하는 간절한 마음을 가진 사람이다. 나는 그 이치를 알기 위해 공부했기에 이 구절이 내 마음 같았다. 지난날 나는 내 인생 전부를 지배했던 철학적 사고가 목적론, 결정론, 운명론이었다. 방랑 시인이었던 김삿갓으로 알려진 김병연(金炳淵, 1807~1863)이 인생 말로 고향에 돌아와 쓴 시로 알려진 '만사개유정(萬事皆有定), 부생공자망(浮生空自忙)'이라 했다. "세상만사가(萬事) 모두(皆) 운명이 정해져 있거늘(有定), 덧없는 인생(浮生) 부질없이(空) 자기 홀로 겨를이 없다(自忙)." 만물이 이미 정해져 있다. 이 구절이 나를 허무하게 만들었다. 그리고 다 내려놓자고 마음먹게 만들었던 계기가 되었다. 아등바등 살아서 무엇하나? 허겁지겁 살아서 무엇하나? 이미 다 정해져 있다는데 말이다. 그런데 이 말의 원전인 명심보감(明心寶鑑)에는 만사분이정(萬事分已定), 부생공자망(浮生空自忙)으로 되어있다는 것을 한참 후에 알았다. "세상만사 나누어 이미 정해져 있거늘 세상 사람들이 부질없이 자기 홀로 겨를이 없다." 즉 분수를 아는 것이다. 편안한 마음으로 제 분수를 지키며 만족을 아는 삶을 산다는 뜻의 안분지족(安分知足), 구차하고 가난한 생활에서도 그에 구속되지 않고 편안한 마음으로 道를 즐기며 사는 선비라는 뜻의 안빈낙도(安貧樂道)이다.

김삿갓의 시와 원전인 명심보감의 뜻은 완전히 다르다. 여호와 하나님의 창조론과 노자의 자연론은 극과 극의 차이이다. 창조론은 하나님의 목적에 맞게 세상 만물을 창조한 것이다. 그래서 모든 만물은 이미 결정되어 있어야만 하는 결정론이 되어야 한다. 인간의 운명 역시 하나님이 계획하고 결정한 대로 운명은 이미 정해져 있는 창조자의 노예 상태이다. 즉 필연성(必然性)을 전제로 하는 인간의 의식체계에서 만들어진 인위적 결과이다.

그러나 노자의 자연론(自然論)은 스스로 그러함(自然). 그 자체이다. 스스로 그러하게 돌아가게 만드는 것이 道라 함이다. 즉 우연성(偶然性)은 인간의 의식체계와는 전혀 무관한 거대 자연이 만들어 낸 시공간의 스스로 그러한 道의 원리에 의해 돌아간다는 것이다.

내 인식체계가 미국의 과학철학자 토머스 쿤이 제시한 패러다임의 대전환점(Paradigm Shift)이 되었다. 자연의 도는 누가 인위적으로 작위적으로 만들어서 된 것이 아니기에 "스스로 그러함이 그러한 까닭에(故) 밤새 휩쓸던 회오리바람(飄風)조차 아침에(朝) 다다르지 못하게 하고(不終), 폭풍우가 쏟아져도(驟雨) 태양(日)을 이기지 못하게 한다(不終)"라는 것이다.

❖ **孰爲此者天地**(숙위차자천지). **天地尙不能久**(천지상불능구), **而況於人乎**(이황어인호).

누가(孰) 이렇게(此) 다스리는가(爲者)? 바로 천지자연이다(天地). 천지(天地)가 일으키는 자연 현상도(尙) 그리 오래가지 못하거늘(不能久), 하물며(而況) 인간이란 것들은 오죽하랴(於人乎)!

孰(누구 숙/익을 숙) - 누구, 무엇, 어느, 익다, 여물다, 무르익다, 익히다, 숙련하다.
尙(오히려 상) - 오히려, 더욱이, 풍습, 풍조, 숭상하다, 높다, 자랑하다, 꾸미다.
能(능할 능/견딜 내) - 능하다, 기량을 보이다, 재능이 있다, ~할 수 있다. 에너지.
久(오랠 구) - 오래다, 길다, 오래 기다리다, 머무르다, 가리다, 불변하다, 오랫동안.
況(상황 황) - 상황, 정황, 형편, 모양, 하물며, 더욱, 때마침.

"누가(孰) 이렇게(此) 다스리는가(爲者)? 바로 천지자연이다(天地)." 오묘하고 현묘하도다. 천지자연(天地自然)이 도의 법칙에 따라 다스려지는 것이다. 그럼 도는 무엇인가? 물질과 에너지이다. 물질과 에너지는 열역학 법칙으로 밝혀진 바에 따르면 열이 높은 곳에서 낮은 곳으로 흘러간다.

"스스로 그러함이 그러한 까닭에(故) 밤새 휩쓸던 회오리바람(飄風)조차 아침에(朝) 다다르지 못하게 하고(不終)," 바람이 부는 것은 온도가 높은 곳에서 낮은 곳으로 흐르는 공기의 흐름이다. "폭풍우가 쏟아져도(驟雨) 태양(日)을 이기지 못하게 한다(不終)." 폭풍우와 태풍도 뜨거운 적도에서 바다가 물질과 에너지를 얻어 발생한다. 뜨거워진 바다가 수증기와 공기를 한데 모아 생기는 지구 대기의 현상이다. 온도가 높은 곳에서 낮은 곳으로 향하는 도의 법칙에 따라 폭풍우와 아무리 강한 태풍이라도 에너지를 지속적으로 공급받지 못하면 하루를 넘기지 못하고 소멸이 된다.

그러하기에 "천지(天地)가 일으키는 자연 현상도(尚) 그리 오래가지 못하거늘(不能久)," 수소 핵융합으로 태양에너지는 지구에서 일어나는 모든 현상을 만들어 낸다. 그러나 도의 위대한 법칙에 따라 생성과 소멸을 반복하는 것이지 영구(永久)한 것은 아니다. 도를 깨우치고 익히면 인간이란 존재가 하찮은 미물이거나 위대한 성인이 되는 것이다. 도의 법칙을 모르는 미물(小人)들을 가리켜 노자는 "하물며(而況) 인간이란 것들은 오죽하랴(於人乎)!" 탐욕에 취하여 스스로 자멸하는지도 모르는 무지막지한 인간이라는 동물들이여!

❖ **故從事於道者**(고종사어도자), **道者同於道**(도자동어도), **德者同於德**(덕자동어덕), **失者同於失**(실자동어실).

> 그러므로(故) 도를 따라 섬기는 자는(於道者) 성심으로 도를 갈고닦아야 한다(從事). 도를 섬기는 자(道者)는 도와 한 몸이 될 것이고(同於道), 덕을 섬기는 자는(德者) 덕과 한 몸이 될 것이고(同於德), 죄악을 따르는 놈은(失者) 평생 감방과 한 몸이 될 것이다(同失者).

從(좇을 종) - 좇다, 따르다, 나아가다, 다가서다, 모시다, 시중들다, 모이다, 오래다.
同(한가지 동) - 한가지, 무리, 동아리, 함께, 같다, 합치다, 균일하게, 화합하다.
失(잃을 실/놓을 일) - 잃어버리다, 달아나다, 남기다, 어긋나다, 실수, 허물, 놓다.

"그러므로(故) 도를 따라 섬기는 자는(於道者) 성심으로 도를 갈고 닦아야 한다(從事)." 인간은 끊임없이 탐구하고 공부하며 그것을 실천할 수 있는 유일한 생물종이다. 결국 도는 나를 벗어나는 탈아(脫我) 과정이다. 이기적인 것은 나라는 존재가 내 안에서 벗어나려 하진 않는다. 내가 세상에 중심이 된다는 것은 세상을 지배하는 왕이 되는 것이다. 내가 세상을 지배하니 내 말이 곧 법이요 진리요 정의가 된다. 위계에 의한 계급(階級, Class)은 그래서 탄생하게 되었다.

노자의 전국 시대는 주나라 건국 이념이 무너지고 봉건 제후국들끼리 힘이 정의가 되던 시절이었다. 백성들의 삶은 피폐해지고 사람 목숨은 파리 목숨에 지나지 않았던 시절이었다. 도를 깨닫는다는 것은 훌륭하게 진화한 뇌로 나를 벗어나 사람인 우리, 천지, 만물, 우주가 어찌 돌아가는지 알아가는 것이다. 침팬지처럼 단기적 선택에 머물지 말고, 우리가 이렇게 매일 전쟁하고 서로 못 죽여서 안달만 하지 말고, 자연의 질서에 맞게 도덕적이고 이성적으로 연구하고 깨닫고 실천하는 장기적 선택을 하는 인간이 되자는 것이다. 먹고 사는 것에 지나치게 많은 에너지를 낭비하지 말자는 것이다.

"도를 섬기는 자(道者)는 도와 한몸이 될 것이고(同於道), 덕을 섬기는 자는(德者) 덕과 한몸이 될 것이고(同於德), 도덕이 체화되니 서로 나누고 서로 섬기니 세상이 이보다 아름답지 아니한가! 위정자들이 백성을 섬기고 아낌없이 베푸니 편안해진 백성들이 앞다투어 도를 배우고 실천하려 경쟁하니 이게 바로 진정 사람 사는 세상 아니던가!

그러나 "죄악을 따르는 놈은(失者) 평생 감방과 한몸이 될 것이다(同失者)"라고 노자가 양극단에 이르는 결과를 말하는 것이다. 많은 사람이 내게 반문한다. 당신은 세상에 정답이 있는 것처럼 말한다고 의아해한다. 우리 우주가 138억 살임을 알아냈는데 정답이 당연히 있지! 단순히 묻지 않고 찾지 않을 뿐이다. 정의(正義, Justice)는 이기주의자들을 이타적으로 두들겨 패서라도 사람을 만드는 것이다. 그게 양육이자 교육이다. 더 이상 무임승차자들이 세상을 지배하게 해서는 안 된다. 보상(報償, reward)과 처벌(處罰, punishment)이 명료하고 바르게 되어야 한다. 대한민국이 가진 근본적인 문제는 나라를 팔아먹은 놈들을 프랑스처럼 단죄하지 못했기에 적반하장이 지속적 반복적으로 생기는 것이다. 사형당해야 할 놈이 적반하장(賊反荷杖-도둑이 도리어 매를 든다) 독립운동가들을 사형시키거나 월북하도록 만들었다. 개가 주인을 무는 이유를 강형욱 조련사를 통해 보지 않았는가! 보상과 처벌을 정확하게 하여 공격성을 길들이지 않으면 짐승은 주인의 목을 문다.

- ❖ **同於道者(동어도자), 道亦樂得之(도역락득지) ;**
  위대한 도를 섬길 줄 아는 자와 한 몸이 되니(同於道者), 도(道) 역시(亦) 그런 자를 얻게 되니 즐겁고(樂得之),

  亦(또 역/클 혁) - 또한, 가령, ~도 역시, 단지, 겨드랑이, 이미, 모두, 쉽다, 크다.
  樂(노래 악/낙/요) - 노래, 음악, 연주하다, 즐기다, 즐거워하다, 편안하다.

노자의 도덕경을 공부하고 나름의 자연과학 지식체계를 바탕으로 주해한다는 것 자체가 즐겁고 행복하다. 그 어떤 책도 이 정도의 놀라운 감동과 공감 그리고 깨달음을 준 적이 없다. 그 이유를 노자 스스로 밝히고 있다. "위대한 도를 섬길 줄 아는 자와 한몸이 되니(同於道者), 도(道) 역시(亦) 그런 자를 얻게 되니 즐겁다(樂得之),"

- ❖ **同於德者(동어덕자), 德亦樂得之(덕역락득지)**
  위대한 덕을 섬길 줄 아는 자와 한몸이 되니(同於德者), 덕(德) 역시(亦) 그런 자를 얻게 되어 즐겁다(樂得之),

인간의 뛰어난 공감 능력 덕에 우리는 영화를 보고 울기도 하고 분노를 느끼기도 한다. 지난 2014년 세월호와 2022년 이태원 참사가 일어났을 때도 내 자식이 죽은 것처럼 슬퍼하고 책임지지 않는 정치인을 보고 분노했다. 이타적이고 도덕적인 사람은 같은 사건과 현상에 대해 서로 공감(共感, Empathy)과 공분(共憤)하는 것이다. 道와 德이 한몸이 되니 더욱 즐겁고 환희에 찬다. 사람과 인면수심(人面獸心-사람의 얼굴을 하고 있으나 마음은 사악한 금수)의 짐승을 그래서 구분하는 것이다. 그래서 구분할 줄 아는 능력이 가장 중요한 핵심이다. 사람 볼 줄 아는 눈을 뜻한다. 세월호 참사 당시 진상규명을 위해 단식하던 유가족들 앞에서 짐승들이 저지른 폭식 투쟁이라는 만행을 저질렀다. 그건 사람 새끼들이 아니다. 절대 잊지 말아야 한다. 선한 사람들이여!

조지 오웰이 쓴 소설《동물농장》에 나오는 내용이다. "The creatures outside looked from pig to man and, from man to pig, and from man to pig, and from pig to man again. But already it was impossible to say which was which." "창밖의 동물들은 돼지에게서 인간으로, 인간에게서 돼지로, 다시 돼지에게서 인간으로 번갈아 시선을 옮겼다. 그러나 누가 돼지고 누가 인간인지, 어느 것이 어느 것인지 이미 분간할 수 없었다." (출처: 나무위키)

❖ **同於失者(동어실자), 失於樂得之(실어락득지).**
죄악과 한 몸이 된 놈은(同於失者), 같은 처지의 죄수들과(失於) 감옥에서 함께 노니 즐거움을 얻었다(樂得之).

사람은 사람끼리 모여서 서로 나누며 협력하면서 살아야 한다. 짐승은 짐승들끼리 모여 살라고 동물원과 교도소를 국민의 혈세를 들여 만들지 않았던가! 반칙과 불법, 탈법이 정의인 짐승보다 못한 침팬지들은 인간사회에서 더 이상의 악행을 저지르지 못하도록 솎아서 추려내야 한다. 노자의 가르침은 과거 고대사회뿐만 아니라 현대사회에서도 그대로 적용되는 것은 그만큼 인간이 변화가 없다는 것이다. 이타적인 사람들은 이기주의자를 공감하거나 시뮬레이션할 줄 모른다. 단 한 번도 이기적으로 살아오지 않았기 때문에 그 상태 자체를 모른다. 유일하게 아는 직업군이 있다. 사이코패스를 다루는 범죄심리학자들이다. 역시 이기적인 짐승들도 이타적이고 도덕적인 사람의 마음과 행동을 모른다. 세상 사람들이 다 자기 같은 **'개 쓰레기'**라고 여기기 때문이다.

❖ **信不足焉(신부족언), 有不信焉(유불신언).**
위정자들이 신의가(信) 부족하도다(不足焉)! 백성들이 불신이 많아지는구나(有不信焉)!

한 명의 사이코패스가 아무리 많은 살인을 저질러도 100명 이상은 죽이지 못한다. 그러나 사이코패스가 국가 권력을 잡게 되면 학살은 기하급수가 된다. 캄보디아의 폴 포트(Pole Pot, 1925~1998)는 이른바 킬링필드(Killing Field)의 주도자다.
독재자이자 빨갱이인 폴 포트는 수재 중의 수재로 프랑스 파리의 프랑스 무선공학 학교(École Française de Radioélectricité)를 캄보디아 국비 장학생 신분으로 공부했다. 파리의 크메르 학생회에 가입하면서 본격적인 정치 활동이 시작되고 이 과정에서 이엥 사리, 손 산, 키우 삼판 같은 훗날 함께 학살에 동조하는 크메르루주 지도부와 관계를 맺게 되었다. 그리고 51년 중순쯤 공산당 세포 조직인 마르크스 클럽을 거쳐 프랑스 공산당에 가입하여 본격적인 공산당 활동을 시작했다. 노자와 공자가 가장 걱정하고 혐오했던 인면수심의 사람, 바로 폴 포트 같은 공부만 잘하는 소인배들이다. 정말이지 이 짐승만도 못한 최악의 독재자이자 빨갱이로 자기 나라 백성, 수백만 명을 잔인하게 고문, 학살했다. 학살과 고문 방식도 무척 잔인하다. 폴 포트 본인의 롤모델이었던 마오쩌둥(毛澤東, 1893~1976)이 시행하여 실패한 정책인 '대약진 운동(1961~1962, 농공업의 대 증산 정책)'을 본격적으로 도입했다. 마오쩌둥보다 더 극단적이고 폭력적인 방법으로 시행하였다. 인민들의 생활을 너무 안락하게 하거나 반동분자들을 더 강력하게 통제하지 못하면 혁명은 실패할 것이라고 주장했다. 중국의 '대약진 운동' 실패를 자본주의의 산물인 도시로 보아 수도 프놈펜에 미국의 폭탄이 떨어진다고 거짓말로 선동했다. 모든 도시에 거주한 사람들을 내쳤고 심지어 병원에 있던 중환자까지 내보낸 뒤 이들이 가는 길을 군인들로 감시하여 강제로 집단 농장으로 이주시켰다. 폴 포트는 국가를 유토피아로 급진적으로 변화시키려면 수백만 명 정도의 희생은 필요하다고 굳게 믿었다.

신념만 강한 독재자를 내가 가장 두려워하는 이유이다. 앞서도 밝혔지만, 대한민국도 예외는 아니다. 이승만이 저지른 제주 4.3 학살, 여순학살, 박정희는 민주투사를 탄압하고 고문하고 숙청하였다. 전두환이 저지른 광주학살, 더하면 더 했지 덜 하지는 않았다.

노자는 이러한 인간이 짐승의 마음이 되면 어떻게 되는지 알았기에 자신의 글 전반에서 인간이 도를 따르지 않으면 어떤 끔찍한 결과가 오는지에 대한 끊임없는 우려와 근심을 드러내고 있다. 내가 노자의 목소리를 더더욱 확신이 선다.

"위정자들이 신의가(信) 부족하니(不足焉)! 백성들이 불신이 커지는구나(有不信焉)!"

제24장.
企者不立(기자불립)
사람됨이란 - 인간의 조건

企者不立, 跨者不行. 自見者不明, 自是者不, 自伐者無功, 自矜者不長. 其在道也曰, 餘食贅形. 物或惡之, 故有道者不處.

까치발을 하고 커 보이려는 놈은(企者) 똑바로 서 있을 수 없고(不立), 사타구니를 벌리고 팔자걸음을 걷는 놈은(跨者) 오래 다닐 수가 없다(不行). 자신을 드러내는 놈은(自見者) 똑똑하지 못하고(不明), 자신만이 옳다는 놈은(自是者) 자신의 주장이 뚜렷하지 않고(不彰), 자신만을 드러내는 놈은(自伐者) 있던 공마저 사라지니(無功), 자신만이 잘났다고 뻐기는 놈은(自矜者) 오래갈 수가 없다(不長). 이러한 것을(其) 도의 기준에서 살펴보자면(在道也), 잔반 찌끄레기(餘食) 군더더기의 표본이라(贅形) 이른다(曰). 세상 사람들이(物) 더럽고 추하다고 미심쩍어하는 것이니(或惡之), 본디(故) 도에 머문 사람은(有道者) 그리 처신하지 않는 법이다(不處).

❖ **企者不立(기자불립), 跨者不行(과자불행).**
   까치발을 하고 커 보이려는 놈은(企者) 똑바로 서 있을 수 없고(不立), 사타구니를 벌리고 팔자걸음을 걷는 놈은(跨者) 오래 다닐 수가 없다(不行).

   企(꾀할 기) - 꾀하다, 도모하다, 발돋움하다, 계획하다, 기대하다, 바라다, 희망.
   立(설 립) - 서다, 멈추어 서다, 똑바로 서다, 이루어지다.
   跨(넘을 과/고) - 넘다, 타고 넘다, 자랑하다, 사타구니, 걸터앉다, 점거하다.
   行(다닐 행/항) - 다니다, 가다, 행하다, 쓰이다, 보다, 유행하다, 돌다, 행실, 행위.

   이런 인간의 행동을 동물행동학(動物行動學, Ethology)에서는 과시행위(誇示行爲, Display Behavior)라고 한다. 침팬지와 영장류들이 털 세우기 같은 몸집을 커 보이게 하는 행동을 해서 정적들에게 경고하는 메시지이다. 소리를 지르기도 하고 거친 행동을 함으로써 내가 화가 나 있는 상태임을 상대에게 나타낸다. 두 번째는 짝짓기 상대에게 보내는 메시지이다. 대표적인 행동이 공작 같은 수컷들이 꼬리를 화려하게 펼쳐 암컷을 유혹하는 행위이다. 1871년 찰스 다윈이 발표한 《인간의 유래와 성 선택(The Descent of Man, and Selection in Relation to Sex)》에서 밝힌 개념이다. 종의 기원에서 다루지 못한 자연선택 이론을 성의 관점에서 기술하였다. 암컷의 선호가 진화에 결정적 영향을 미친다. 생존에는 불리하나 내 유전자를 후대에 남기기 위한 번식이 우선이기에 진화했다. 인간의 마음과 공작새 꼬리가 서로 비슷한 생물학적 기능을 수행할 가능성이 크다고 한다. 그것은 성선택(性選擇, sexual selection) 때문에 생겨난 자연스러운 결과이다.

나는 줄곧 도덕경을 주해하면서 인간과 다른 동물과 비교하면서, 인간의 가장 큰 특징은 인간만이 가진 도덕심(道德心)이라고 주장해 왔다. 인간의 탐욕스러운 마음은 동물과 같거나 다른 점이 있다. 내 안의 본능의 영역인 짐승을 극복하고 도덕심과 이타심을 키운 사람만이 참인간, 참사람이라 말한다. 인면수심(人面獸心)을 한 내 안의 짐승을 길들이지 못하면 결국 오래 서 있을 수도, 오래 다닐 수도 없는 것이다. 무위(無爲)는 아무것도 하지 않는 것이 아닌 자연선택을 통해 획득한 내 안의 짐승을 다스리고 도덕심과 이타심, 자비심을 가진 참인간이 되는 법이자, 성인과 군자가 되라는 가르침이다. 이를 우리는 전문용어로 꼴값 떨지 말라거나 분수를 알라고 한다.
인간 행동의 부자연스러움은 사람이 되지 못한 짐승들이 인간을 흉내 내기에 생긴 부작용이다.

- ❖ **自見者不明(자현자불명), 自是者不彰(자시자불창), 自伐者無功(자벌자무공), 自矜者不長(자긍자부장).**
  자신을 드러내는 놈은(自見者) 똑똑하지 못하고(不明), 자신만이 옳다는 놈은(自是者) 자신의 주장이 뚜렷하지 않고(不彰), 자신만을 드러내는 놈은(自伐者) 있던 공마저 사라지니(無功), 자신만이 잘났다고 뻐기는 놈은(自矜者) 오래갈 수가 없다(不長).

彰(드러날 창) - 드러나다, 나타내다, 밝다, 뚜렷하다, 선명하다, 게시하다, 무늬.
伐(칠 벌) - 치다, 정벌하다, 북을 치다, 찔러 죽이다, 자랑하다, 모순되다, 무너지다.
矜(자랑할 긍) - 자랑하다, 불쌍히 여기다, 괴로워하다, 아끼다, 엄숙하다.

위대한 노자는 "자신을 드러내는 놈은(自見者) 똑똑하지 못하다(不明)," 하는 것이다. 자기 과시하는 침팬지가 똑똑하다고 느끼거나 멋있다고 생각하는 사람은 없을 것이다. 있으려나? 위정자가 나라를 팔아먹어도 지지하는 물건들이 20%는 항시 있으니, 장담은 못 하겠다.

노자는 이어서 "자신만이 옳다는 놈은(自是者) 자신의 주장이 뚜렷하지 않고(不彰)," 짐승들이 운다는 것은 오로지 내가 옳다는 것이다. 나는 어릴 적 방학 때마다 시골 친가에 내려갔었다. 시골에 가면 까치가 울 때마다 지금은 돌아가신 할머니가 하셨던 말씀이 있다. "오늘 반가운 손님이 오려나 보다? 까치가 울면 반가운 손님이 온다는 거란다. 아가!"

동물행동학을 공부하고 까치를 관찰하니 까치에게 손님이 오고 감을 인간사회와 비교하면 까치에게는 정적들이 오고 감이다. 울음은 주변의 정적들과의 영역 싸움과 관련이 있다. 내 영역을 침범했으니 더 이상 들어오지 말라는 경고음이다. 만약 자신이 소유한 영역을 다른 개체가 침범하면 집단 패싸움이 일어난다. 짝짓기할 때 암컷에게 사랑을 속삭이는 구애음과는 다른 아주 날카로운 소리를 낸다. 내가 글을 쓰는 국회 앞에도 유난히 시끄러울 때가 있다. 인간과 침팬지를 구분할 때 들을 만한 소리인 언어를 쓰는 사람인지, 자기 분을 참지 못해 악악거리며 시끄럽고 날카로운 괴성을 내는지 들어보면 안다. 일명 극우단체들이 신경을 거스르는 시끄럽고 날카로운 확성기로 시위하면 머리가 울리고 귀가 따가워 글을 쓸 수가 없다. 그리고 내용이 없다. 반복적으로 "이재명 구속! 구속! 구속! 이재명 빨갱이!"를 녹음하여 귀가 찢어질 듯한 소리의 스피커를 틀어놓는다. 왜 구속해야 하는지 당위성이 없다. 미국의 인지언어학자 '조지 레이코프' 교수가 설명한 논리가 아닌 빨갱이 프레임으로 짐승의 소리를 낸다. 아마도 꽤나 돈이 되는 모양이다. 촛불집회를 훼방할 속셈으로 똑같은 짓거리를 매주 하려면 돈이 상당히 들어갈 텐데 말이다. 2022년 7월 청계광장에 갔다가 저들의 시끄러운 소리 때문에 길을 걸어갈 수가 없었다. 대니얼 카너먼의 표현대로 이타적이고 도덕적인 사람은 소리를 내어도 사운드(Sound)를 만들지 잡음(Noise)을 내지 않는 법이다.

"자신만을 드러내는 놈은(自伐者) 있던 공마저 사라지니(無功), 자신만이 잘났다고 뻐기는 놈은(自矜者) 오래갈 수가 없다(不長)."

과시하고 자기를 드러내는 짐승들은 인간과 포식자의 사냥감이 될 뿐이다.

❖ **其在道也(기재도야), 曰餘食贅形(왈여식췌형).**

이러한 것을(其) 도의 기준에서 살펴보자면(在道也), 잔반 찌꺼레기(餘食) 군더더기의 표본이라(贅形) 이른다(曰).

餘(남을 여) - 남다, 남기다, 나머지, 여가, 여분, 여운, 다른.
贅(혹 췌) - 혹, 군더더기, 데릴사위, 회유하다, 꿰매다, 모으다, 갖춰지다, 책망하다.

노자가 때론 무섭기도 때론 후련한 것은 솔직 담백하게 인면수심의 짐승들을 꾸짖기 때문이다. "이러한 것을(其) 도의 기준에서 살펴보자면(在道也), 잔반 찌꺼레기(餘食) 군더더기의 표본이라(贅形) 이른다(曰)." 어릴 적 재래식 변소(뒷간)에는 파리가 낳은 알이 부화해 구더기가 우글거렸다. 특히 여름에는 냄새도 심하고 그걸 보고 뒷일을 치르는 게 보통 곤욕이 아니었다. 바로 도와 반대되는 언행을 하는 인면수심들은 구더기와 같다. 인간 세상에 아무런 도움이 되지 않는 존재다. 앞장에 내가 그러한 인간들을 캄보디아의 대량 학살자 폴 포트 같은 '개 쓰레기'라고 명명했다.

❖ **物或惡之(물혹오지), 故有道者不處(고유도자불처).**

세상 사람들이(物) 더럽고 추하다 미심쩍어하는 것이니(或惡之), 본디(故) 도에 머문 사람은(有道者) 그리 처신하지 않는 법이다(不處).

하버드대학교 심리학과 스티븐 핑커(Steven Pinker, 1954~)의 명저 《우리 본성의 선한 천사 - 인간은 폭력성과 어떻게 싸워 왔는가》는 인간이 지난 20만 년간 폭력성을 줄여가며 선한 천사로 꾸준히 변모해 왔다고 주장한다. 도덕심과 이타심을 획득했기 때문이다. 우리 안의 선한 천사가 바로 도에 머문 사람이다. 폭력적이고 공격적인 내 안의 짐승 같은 본능을 스스로 길들이고 감정을 조절하고 절제해 온 것이다. 유난히 선한 우리 민족은 고조선을 중심으로 한 배달민족의 전통 사상인 널리 인간 세상을 이롭게 한다는 홍익인간(弘益人間) 사상과 도의 이치로 세상을 다스린다는 재세이화(在世理化)의 위대한 건국 이념은 하늘과 땅이 하나가 되고, 사람이 이를 본받아서 하늘에 속하는 사람이 되는 성인의 경지를 이름이다. 지구 역사상 가장 늦은 시기에 나타난 호모 사피엔스 사피엔스는 우리의 유전적 사촌들과 비교할 수 없을 만큼 위대한 도를 획득하고 깨우친 하늘에 속하는 사람인 것이다. 하늘 사람이 아름답고 평화롭게 오랫동안 지구에 머물기 위해서는 사람 형상을 한 짐승들을 잘 조련시켜야 한다. 이 글을 꾸준히 읽으시는 독자들에게 "열 길 물속은 알아도 한 길 사람 속은 모른다"라고 한 통념을 깨주겠다고 약속한다.

제25장.
道法自然(도법자연)
도는 스스로 그러한 자연의 질서를 따르는 법

有物混成, 先天地生. 寂[繡]兮寥兮, 獨立不改[埃]. 周行而不殆, 可以爲天下母. 吾不知其名, 字之曰道. 強爲之名曰大. 大曰逝, 逝曰遠, 遠曰反. 故道大, 天大, 地大, 王[人]亦大. 域中有大, 而人居其一焉. 人法地, 地法天, 天法道, 道法自然.

섞여서(混) 이루어진(成) 물질이(物) 많았으니(有), 하늘과(天) 땅보다(地) 먼저(先) 생겼다(生). 고요하도다[화려하게 수를 놓은 듯](寂[繡]兮)! 광활하여 텅 비어있는 듯하도다(寥兮)! 그 무엇에 의지하지 않으며(獨立) 변함[끝]이 없다(不改[埃]). 두루 미치며(周) 두루 작용하면서도(行) 지침이 없다(不殆). 가히(可) 천하의 어미로써(以天下母) 다스릴 만하다(爲). 내가(吾) 그(其) 외형을(名) 알지 못하나(不知), 만물을 키우는 어미라(字之) 일컬어 그저 도라 칭한다(曰道). 힘찬(強) 다스림에 있어(爲之) 그 외형을(名) 일컬어 위대하다고 한다(曰大). 위대함을(大) 죽음(逝)이라 하고(曰) 죽음(逝)을 아득함이라(遠) 이른다(曰). 아득히 멀다는(遠) 것은 반복하여 되돌아옴이다(曰反). 그러므로(故) 도(道)는 위대(大), 하늘(天)도 위대(大)하고, 지구(地)도 위대하고, 천자와 사람(王人) 모두 위대해야만 하다(亦大). 사람은 지구의 질서를 따르고(人法地), 지구는 하늘의 질서를 따르며(地法天), 하늘은 도의 질서를 따르는 것이며(天法道), 도는 스스로 그러한 자연의 질서를 따르는 것이다(道法自然).

❖ **有物混成**(유물혼성), **先天地生**(선천지생).
섞여서(混) 이루어진(成) 물질이(物) 많았으니(有), 하늘과(天) 땅보다(地) 먼저(先) 생겼다(生).

混(섞을 혼) - 섞다, 섞이다, 흐르다, 합하다, 흐리다, 혼탁하다, 크다, 덩어리지다.

앞 장인 1장과 21장에서 현대 우주 생성이론인 '빅뱅 우주론'에 관하여 설명하였다. 빅뱅은 우주의 시작점이다. 노자는 1장에서 도(道)가 천지지시(天地之始), 만물지모(萬物之母)라 하였다. 빅뱅은 우주의 시작점이자 도의 출발점이다. 만물의 어머니인 물질과 에너지를 스스로 만들어 내는 과정이다. 주기율표의 118가지의 원자는 양성자의 개수와 전자의 수이다. 수소는 ^1H의 앞의 첨자 1은 양성자가 하나인 수소이다. ^2H는 양성자 하나와 중성자 하나에 전자가 하나인 상태를 말한다. 이를 중수소(重水素)라고 한다. 삼중수소(三重水素)인 ^3H는 양성자 하나에 중성자가 두 개 그리고 전자가 하나이다. 이것들을 화학에서는 동위원소(同位元素, isotope)라 하는데, 원자번호는 같으나 질량수가 다른 것을 의미한다. 양성자(수소핵) 안에는 쿼크(重粒子, quark)라고 하는 소립자가 글루온(gluon)이라는 강한 상호작용하는 힘으로 묶여있는데 UP 쿼크 두 개와 DOWN 쿼크 한 개로 이루어져 있다. 중성자는 UP 쿼크 한 개와 DOWN 쿼크 두 개로 이루어져 있다. 그리고 렙톤(輕粒子, lepton)이라는 기본 입자인 전자, 뮤온, 타우온 그리고 각각에 해당하는 중성미자가 있다. (출처: 여운 이준호, 《시작과 끝》) 이러한 것을 밝혀내는 학문이 바로 입자 물리학(粒子物理學, Particle Physics)이다. 이외에도 힘을 매개하는 입자인 Z보손(boson), 포톤(photon, γ), W 보손(boson), 글루온(gluon, g), 그리고 이 모든 입자를 매개하는 힉스 보손(Higgs boson)이 있다. 우주를 형성하고 모든 만물을 만들어 낸 씨앗이자 전부다. 그리고 이를 밝혀낸 과학자들에게는 노벨상이 수여됐다. 지금 우리가 알고 있는 우주는 138억 년 전 만들어진 수소와 헬륨이 핵융합하여 최초의 별들을 만들고 그 별이 죽어서 주기율표에 나오는 무거운 원소들이 만들어지고 그게 다시 핵융합하여 더 많은 별을 만들어 내고 별이 모여 은하가 된 결과이다. 우리 은하는 지름 약 10만 광년으로 132~136억 년 전 형성된 것으로 보이며, 태양 같은 항성(恒星, Star) 약 4천억 개가 모여 형성된 것이다. 그런 은하가 우리 우주에는 약 2조 개가 있다.

노자는 현대물리학이 밝힌 이러한 사건을 2,500년 전에 예측했다. "섞여서(混) 이루어진(成) 물질이(物) 많았으니(有), 하늘과(天) 땅보다(地) 먼저(先) 생겼다(生)."

섞여서 이루어진 물질은 138억 년 전에 만들어졌다. 우리가 알고 있는 하늘과 땅인 천지는 46억 년 전에 생성되었으니, 노자가 정확히 알고 서술했다.

❖ **寂[繡]兮寥兮(적[수]혜료혜), 獨立不改[垓](독립불개[해]).**
고요하도다[화려하게 수를 놓은 듯](寂[繡]兮)! 광활하여 텅 비어있는 듯하도다(寥兮)! 그 무엇에 의지하지 않으며(獨立) 변함[끝]이 없다(不改[垓]).

寂(고요할 적) - 고요하다, 잠잠하다, 조용하다, 쓸쓸하다, 적막하다, 한가롭다. 열반.
繡(수놓을 수) - 수놓다, 오색을 갖추다, 수, 비단.
寥(쓸쓸할 요) - 쓸쓸하다, 적막하다, 휑하다, 텅 비다, 공허하다, 광활하다, 성기다.
獨(홀로 독) - 홀로, 혼자, 장차, 어느, 홀몸, 외로운 사람, 외롭다, 독재하다, 싸우다.
垓(지경 해) - 지경(地境: 땅의 가장자리, 경계), 땅끝, 천하, 해(경의 만 배).

'왕필본'의 고요하다는 뜻을 가진 寂(적) 자는 빅뱅 이전의 상태를 나타내는 의미로 사용하면 그런대로 의미가 통한다. 혹여 다른 표현이 있나 하여 먼저 기술된 '백서본'을 살펴보니 수놓을 繡(수) 자로 쓰여있다. 우주는 수놓은 듯 화려한 원소들의 불꽃축제와 같다. 최근 살펴본 역사적으로 원본에 가까운 '초간본'에는 고요하고 쓸쓸하다는 寂寥(적료)로 적혀있음을 확인했다. 여기서는 백서본의 수놓을 '繡로 화려하다는 의미로 '수'로 해설하였다.
별과 별 사이의 공간을 성간(星間)이라 한다. 최근 나사에서 보이저 1호가 보내온 소리라고 밝힌 바로는 성간에서 플라스마 파동(Plasma Wave)이란 소리가 나는 것으로 알려져 있다. 바람 소리 같기도, 휘파람 소리 같기도 하다. 유튜브에 검색하면 들을 수 있다. 우주는 오색찬란한 비단실로 수를 놓듯 화려하다는 뜻이다. 우주는 인간의 관점으로 보면 불가사의(不可思議)하다. 처음 우주를 알아가기 시작했을 때, 알면 알수록 신비하고 광활한 우주에 넋이 나간 적이 수백 번이다. 우주는 알면 알수록 경이로움과 겸허함을 선사한다. 나는 공부를 해나가면서 새로움을 만나면 그에 관련된 거의 모든 책을 섭렵하려 애쓴다. 그게 내가 도서관을 연구 공간으로 활용하는 이유이다. 지금도 글을 쓰는 국회도서관의 내 책상에는 수십 권의 참고도서가 있다. 도덕경의 해석도 다른 분들과 꼼꼼히 한 자 한 자 비교하여 해석한다. 내 신조는 그 방면에 최고가 되지 않을 거면 아예 가지 않는 것이다. 우주에 대해 꾸준히 공부하면서 불연히 떠올랐던 생각이 SCALE에 관한 문제였다. 아인슈타인이 시간과 공간이 등가임을 증명했다. 그것을 알고부터 내 인지체계는 시간과 공간은 항상 같은 개념으로 인식되고 훈련된다. 과학은 자연을 정량화 수량화한 것이다. 양자역학의 시작을 알린 독일의 위대한 물리학자 막스 플랑크(Max Karl Ernst Ludwig Planck, 1858~1947)는 공간의 최소 단위가 1.616199×10^{-35}m, 시간의 최소 단위 5.39106×10^{-44}/s임을 밝혀냈다. 양자의 공간과 시간에서 시작하여 거대 우주의 공간까지의 SCALE이다. 우주는 지름이 1,000만 광년이다. 우주의 나이는 138억 년이라고 알아냈다. 시간과 공간이 만든 우주의 도(道)는 인간이 가진 지적 능력으로서는 감히 상상조차 할 수 없다. 또한 우주 공간의 95%는 거의 비어있는 진공 상태이다. "너무 광활하여 비어있는 듯하도다(寥兮)! 그 무엇에 의지하지 않으며(獨立) 변함[경계]이 없다(不改[垓]). 암흑에너지로 인해 우주는 빛의 속도보다 빠르게 팽창하고 있다. 그러므로 그 경계가 없다.

기껏해야 백 년 정도 사는 인간이 태양과 지구의 SCALE과 우리은하의 SCALE 그리고 우주의 SCALE을 어찌 감이라도 잡을 수 있겠는가 말이다. 바로 노자의 근본 철학은 바로 시간과 공간 SCALE이 남들과는 비교 불가이자 근접할 수 없는 경지에 있었다는 말이다. 그래서 공자 또한 노자를 만나 가르침을 받고 그분은 용과 같은 분이라고 표현하지 않았는가! 노자의 자연과 무위는 바로 시간과 공간에 대한 Cosmology이다.
백 살도 못 사는 20만 년 전, 아프리카에서 출현한 사피엔스가 46억 년을 어찌 상상할 수 있으며, 우주 138억 년의 스스로 그러한 시공간을 어찌 감당할 수 있겠는가 말이다. 그러므로 자연과 대립하는 인간이 만들어 낸 모든 말과 행동은 인위적이고 작위적이라 할 수 있다. 미국의 일론 머스크가 우주에 행하는 모든 말과 행위는 그러기에 인위적, 작위적인 개망나니 짓거리이다. 그 작자에게 道를 가르쳐야 하는 이유다. 내가 왜 이런 이야기를 하는지 유튜브에서 우주 쓰레기를 검색해 보시라.

- ❖ **周行而不殆(주행이불태), 可以爲天下母(가이위천하모).**
  두루 미치며(周) 두루 작용하면서도(行) 지침이 없다(不殆). 가히(可) 천하의 어미로

써(以天下也) 다스릴 만하다(爲).

周(두루 주) - 두루, 골고루, 널리, 둘레, 모퉁이, 돌다, 두루 미치다, 친하다, 삼가다.
殆(거의 태) - 거의, 대개, 장차, 죽다, 위태하다, 의심하다, 피곤하다, 게으르다.

    우주의 에너지는 끝도 없이 펼쳐진다. 우주의 가속 팽창을 주도하는 암흑에너지(Dark Energy)는 더욱 폭발적으로 우주를 팽창시킨다. 멀리 있는 은하일수록 가속 팽창이 빠르게 일어나고 있다. 그러나 우리은하와 형제 은하이자 국부은하군에 가장 커다란 은하인 안드로메다은하와 점점 가까워지고 있다. 무려 초속 120km의 엄청난 속도로 우리은하를 향해 달려오고 있다. 우리은하와 안드로메다은하와의 거리는 250만 광년이다. 빛의 속도는 초속 299,792,458m이다. 그러나 걱정하지 마시라. 40억 년 후에나 일어날 일이다. 빛의 속도로도 250만 년을 가야 한다.
그러므로 도는 거시적인 세계와 미시적인 세계 모두 두루 미치지 않는 곳이 없다. 자연은 쉼 없이 성실하게 움직인다. 인간이 보고 느끼는 천하는 우주의 SCALE에서 보면 공기 중에 떠도는 먼지도 안된다. 그저 도는 만물의 어미로써 세상 만물을 다스린다. 아! 위대한 도여! 이토록 오묘한 도를 인간들은 왜 모를까? 도를 알려고도 하지 않으니 한탄스럽다!

❖ **吾不知其名(오부지기명), 字之曰道(자지왈도). 強爲之名曰大(강위지명왈도).**
    내가(吾) 그(其) 외형을(名) 알지 못하나(不知), 만물을 키우는 어미라(字之) 일컬어 그저 도라 칭한다(曰道). 힘찬(強) 다스림에 있어(爲之) 그 외형을(名) 일컬어 위대하다고 한다(曰大).

字(글자 자) - 글자, 문자, 암컷, 그리다, 양육하다, 낳다, 사랑하다, 정혼하다.
強(강할 강) - 강하다, 힘쓰다, 강제하다, 굳다, 거스르다, 세차다, 권하다, 강자.

    노자 1장에서 명가명(名可名), 비상명(非常名)이라 하였다. 이름은 인간의 인식체계에 있기에 우리가 이름이라 부르는 개념이 아닌 우주의 시공간에 대한 SCALE이라 할 수 있다. 만물을 키우는 어미 그저 道라 불러본다. 인간의 말이 아무리 뛰어나고 표현력이 우수해도 불확실성이 지배하는 아주 작은 양자의 세계와 암흑물질과 암흑에너지가 지배하는 거대 우주는 우리가 가진 언어로 고작 위대하다고 표현할 수밖에 없다. 공부의 재미는 세상의 SCALE을 알아가며 교만 떨지 않고, 소란스럽지 않게 조용히 살다 쓸쓸히 지는 것이다. 그러므로 나를 드러내고 떠들지 않는다. 러시아의 지리학자이자 아나키스트, 표트르 크로포트킨(1842~1921) 공작은 《만물은 서로 돕는다》에서 상호부조론을 주장했다. 우리는 만물이 서로 도와 탄생시킨 '道法自然'의 위대한 합작품이다. 도와 일체가 된다는 것은 나와 세상 만물을 다스리는 도의 위대함에 대한 감사이자 축복임을 깨닫는 것으로 시작된다.

- ❖ **大曰逝(대왈서), 逝曰遠(서왈원), 遠曰反(원왈반).**
  위대함을(大) 죽음(逝)이라 하고(曰) 죽음(逝)을 아득함이라(遠) 이른다(曰). 아득히 멀다는(遠) 것은 반복하여 되돌아옴이다(曰反).

  逝(갈 서) - 가다, 지나가다, 죽다, 날다, 달리다, 맹세하다, 이에.
  遠(멀 원) - 멀다, 심오하다, 크다, 깊다, 오래되다, 멀어지다, 소원하다, 아득하다.
  反(돌이킬 반/번/판) - 돌이키다, 돌아오다, 되돌아가다, 배반하다, 반복하다.

우주적 관점에서 간다는 의미의 서(逝)는 죽음이 아니라 새로운 탄생이자 순환이다. 수소와 헬륨을 재료로 모두 소진한 별은 더 무겁고 커다란 원자들에 의해 핵융합하다 철에 이르게 되면 별의 마지막 장렬한 죽음이 시작된다. 태양보다 크고 무거운 별은 초신성(超新星, Supernova) 대폭발로 생을 마감한다. 그러나 철보다 무거운 원소가 초신성 폭발로 생성되는 고밀도($10^{22}/cm^2 \cdot sec$)의 중성자에서 생성되는 핵변환 과정이다. 초신성 폭발에서 수 초 내에 진행되는 빠른 핵 합성 과정에서 철보다 무거운 원소들이 합성된다. 별 속의 핵 합성으로 주기율표에 자리한 원자의 대부분이 생성되고 지구를 구성하는 탄소, 질소, 산소, 철, 규소의 원소가 만들어진다. 지구를 구성하는 원소는 태양이 탄생하기 이전에 태양 주변의 적색거성과 초신성들이 만든 원소들이다. 별 속의 핵융합 과정에서 생성된 탄소와 산소는 138억 년 전 빅뱅에서 생성된 수소와 결합하여 물(H_2O)과 이산화탄소(CO_2) 분자를 이룬다. 물과 이산화탄소가 태양의 빛알갱이인 광자와 상호작용하는 과정이 바로 광합성(光合成)이다. (박문호 박사의 빅히스토리 공부)

식물들이 광자를 이용함으로써 우리는 산소마스크 없이 이 아름다운 창백한 푸른 점에서 편안히 숨 쉬며 살고 있다. "위대함을(大) 죽음(逝)이라 하고(曰) 죽음(逝)을 아득함이라(遠) 이른다(曰). 아득히 멀다는(遠) 것은 반복하여 되돌아옴이다(曰反)." 죽는다는 것은 마지막이 아닌 또 다른 시작이자 또 다른 생명에게 보태줌이다. 내가 죽음으로써 미래의 씨앗이 되는 것이다. 죽음으로써 영원히 사는 것이다. 반복하여 되돌아오니 위대한 것이다.

❖ **故道大(고도대), 天大(천대), 地大(지대), 王[人]亦大(왕[인]역대).**
그러므로(故) 도(道)는 위대(大), 하늘(天)도 위대(大)하고, 지구(地)도 위대하고, 천자와 사람(王人) 모두 위대해야만 하다(亦大).

그러므로 어찌 위대하지 않은가! 도의 스스로 그러함으로 우리는 세상 만물이 위대함을 알았다. 나, 너, 우리, 지구, 우주에서 이토록 위대한 존재가 또 있을까? 아득하게 멀고, 위대한 죽음이 반복, 순환되는 도가 태초부터 위대했기에 하늘과 지구와 사람이 생겨났다. 이런 도를 아는 사람만이 정치라는 통치 행위를 통해 사람을 섬겨야 하는 것이다. 아! 위대하다! 도여! 그걸 알아낸 노자여!

❖ **域中有四大(역중유사대), 而王[人]居其一焉(이왕[인]거기일언).**
세상(域)의 네 가지 위대함(四大) 안에(中) 존재하니(有), 그럼으로써(而) 사람이(人) 그(其) 한 자리(一)를 차지할(居) 수 있는 것이다(焉)!

域(지경 역) - 경계, 구역, 나라, 국토, 국가, 가장자리, 묘지, 경계 짓다, 차지하다.
居(살 거) - 살다, 거주하다, 있다, 차지한다, 놓여있다, 하지 않다, 자리 잡다, 쌓다.
焉(어찌 언) - 어찌, 어떻게, 어디(에), 보다, ~느냐?, ~도다!, 와 같다.

"세상(域)의 네 가지 위대함(四大) 안에(中) 존재하니(有), 그럼으로써(而), 사람이(人) 그(其) 한 자리(一)를 차지할(居) 수 있는 것이다(焉)!" 사람이 안다는 것이 무얼까? 내가 공부해 온 이유 중 하나이다. 시험 잘 보기 위해서 하는 공부가 진정한 공부인가? 그렇게 해서 얻은 지위가 세상을 다스릴 수 있는 능력과 같은 것인가? 재물이 많다고 사람을 차별하고 계급이 높다고 사람을 지배하고 종속하려 한다. 시험만 잘 본다고 소수의 엘리트가 백성들에게 처벌과 보상을 올바르게 내릴 수 없다. 노자는 정답이 뭔지 친절하게 알려준다.
道, 天, 地, 人 이 네 가지 위대함을 아는 사람만이 '참사람' = '참정치인'이다. 사람의 얼굴을 하고 있다고 다 사람이 아니다. 도를 알고 깨우치고 실천하는 사람만이 위대함 안에 존재하여 그 한자리에 머물 수 있다.

- ❖ **人法地(인법지), 地法天(지법천), 天法道(천법도), 道法自然(도법자연).**
  사람은 지구의 질서를 따르고(人法地), 지구는 하늘의 질서를 따르며(地法天), 하늘은 도의 질서를 따르는 것이며(天法道), 도는 스스로 그러한 자연의 질서를 따르는 것이다(道法自然).

노자가 제시하는 인간의 조건은 "사람은 지구의 질서를 따르고(人法地), 지구는 하늘의 질서를 따르며(地法天), 하늘은 도의 질서를 따르고(天法道), 도는 자연의 스스로 그러한 질서를 따르는 것이다(道法自然)."

人, 地, 天, 道가 하나가 되어 질서를 이룬다. 이 중 하나만 어긋나도 질서가 깨져 인간은 地, 天, 道에 머물 수 없게 된다. 시간이 없다. 도가 무너지고 하늘이 무너지고 땅이 무너지면 자연선택은 가장 먼저 인간을 목표로 한다는 것을, 지난 5억 년 동안 벌어진 5번의 대멸종을 통해 알려주었다. 지구의 최상위 포식자가 1순위가 되어 멸종의 첫 번째 대상이 되는 것이다.
道法自然(도법자연)이 무너지면 40억 년 지구 생명 사에서 가장 짧은 기간 존재하게 된 최상위 포식자로 영원히 화석에 남으리라!

제26장.
重爲輕根(중위경근)
경박하면 그 뿌리를 잃는다

重爲輕根, 靜爲躁君. 是以聖人終日行, 不離輜重. 雖有榮觀, 燕處超然. 奈何萬乘之主而以身輕天下. 輕則失根, 躁則失君.

무거움은(重) 경박함을(輕) 다스리는(爲) 근본이요(根), 고요함은(靜) 성급함을(躁) 다스리는(爲) 군주이다(君). 이런 까닭에(是以) 성인은(聖人) 온종일(終日) 행하여도(行) 치중을(輜重) 멀리하지 않는다(不離). 비록(雖) 군주이기에 호화로운 궁궐에(榮觀) 머무르나(有), 주색에 빠져 해이해지지 않도록(燕處) 그러한 유혹을 멀리해야(超然) 한다. 어찌하여(奈) 만승을(萬乘) 통제하는 군주가 됐음에도(之主而), 어찌(何) 자신을(以身) 천하에서(天下) 경박하게 처신할 수 있는가(輕)? 경박하면(輕) 곧(則) 그 뿌리를 잃게 될 것이고(失根), 성급하면(躁) 곧(則) 임금의 자리를 잃게 될 것이다(失君).

❖ **重爲輕根(중위경근), 靜爲躁君(정위조군).**
  무거움은(重) 경박함을(輕) 다스리는(爲) 근본이요(根), 고요함은(靜) 성급함을(躁) 다스리는(爲) 군주이다(君).

  重(무거울 중) - 무겁다, 소중하다, 귀중하다, 자주하다, 소중히 하다, 삼가다, 많다.
  輕(가벼울 경) - 가볍다, 가벼이 여기다, 업신여기다, 천하다, 빠르다, 가벼이.
  根(뿌리 근) - 뿌리, 근본, 밑동, 능력, 마음, 생식기, 근, 뿌리박다, 근거하다.
  靜(고요할 정) - 고요하다, 깨끗하게 하다, 쉬다, 조용하게 하다.
  躁(조급할 조) - 조급하다, 떠들다, 성급하다, 시끄럽다.
  君(임금 군) - 임금, 영주, 남편, 부모, 아내, 군자, 어진이, 그대, 봉작.

  "무거움은(重) 경박함을(輕) 다스리는(爲) 근본이요(根), 고요함은(靜) 성급함을(躁) 다스리는(爲) 군주이다(君)." 무거운 것이 가벼운 것을 다스림은 도(道), 즉 자연의 근본이다. 우리은하는 은하 중심의 무거운 블랙홀을 돈다. 지구는 무거운 태양을 돈다. 천체물리학자들은 목성이 지금보다 컸다면 태양계가 지금의 모습을 갖추기 어려웠다고 말한다. 달은 무거운 지구를 돈다. 지구와 같은 암석형 행성은 내부에 무겁고 뜨거운 철과 니켈(6,700~7,000도)이라는 고체 상태의 내핵과 액체 상태의 외핵을 가지고 있다. 외핵의 유체 흐름과 내부의 난류 덕분에 오늘날 지구 자기장이 만들어졌다. 핵 바로 바깥에는 가장 두꺼운 층인 맨틀이 있다. 그 위로 맨틀에서 분출한 용암이 굳어 만들어진 지각이 있다. 지각은 행성 두께의 0.5%를 차지한다. 지구가 탄생하고 행성들과 잦은 충돌이 사라지자, 대양이 생성되고 가장 가벼운 기체는 화산활동 중 맨틀에서 빠져나와 이산화탄소(CO_2)가 풍부한 대기의 일부가 되었다. 비록 수소와 헬륨은 태양풍에 실려 날아간 뒤였지만, 지구의 중력이 이산화탄소, 질소, 수증기, 아르곤 등의 기체를 잡아두기에 충분했다. 초기 지구에는 기체 상태의 산소는 존재하지 않았으며 모든 산소는 암석과 물속에 포함돼 있었다. 우리가 현재 보고 있는 지구는 무거운 것이 가벼운 것을 다스렸기에 나타난 결과(根)이다. 화성은 중력이 약하기에 가벼운 물과 대기를 오랜 기간 잡아두지 못해 생명이 유지되지 못했다. 지구의 무거운 철과 니켈이 만들어 낸 핵이 태양풍에서 나오는 생명에 유해한 입자들이 지구 자기장 덕분에 비껴간다. 자기장은 우리를 지켜주는 자연적인 보호막이다. 생명을 키워준 평균 수심 3.7km에 이르는 바닷물이 지구 표면의 2/3를 덮고 있기에 가능했다. 우리는 전혀 느끼지 않고 살고 있지만 무거운 지구 핵이 두께가 120km에 이르는 기체층에 21% 산소와 78%의 질소, 1%의 아르곤과 아주 소량의 이산화탄소가 있는 대기를 잡아두었기에 맘 놓고 숨 쉬며 살 수 있는 것이다. (출처: 빅 히스토리 연구소, 《빅 히스토리》)

억겁(億劫)의 시간! 자연은 스스로 그러하게 우주에 질서를 잡으면 늘 성실하게 작동한다. 중력과 전자기력, 강력, 약력에 의해 시공간 SCALE을 다스린다. 무거움은 경박함을 고요함은 조급함을 다스렸기에 사람, 땅, 하늘, 도가 하나를 이룬 것이다. 마땅히 도를 따르는 군주는 하늘의 이치를 따라야만 한다.

❖ **是以聖人終日行(시이성인종일행), 不離輜重(불리치중).**
이런 까닭에(是以) 성인은(聖人) 온종일(終日) 행하여도(行) 치중을(輜重) 멀리하지 않는다(不離)

離(떠날 리/려/치/곡) - 떠나다, 떼어놓다, 갈라지다, 흩어지다, 분산하다.
輜(짐수레 치) - 짐수레, 바퀴살 끝, 고요함.

자연을 닮고 도를 따르는 통치자는 태양처럼 온종일 에너지를 뿜어내도 그 자리를 크게 비켜감이 없다. 태양을 항성(恒星, STAR)이라고 부르는 이유는 항상 그 자리를 지키고 끊임없이 에너지를 뿜어내는 항상 그러한 별이라는 뜻이다. 성실하게 항상 그곳에 머무니 항상 그 자리에서 빛이 난다. 향후 50억 년 동안이다. 그 이후에는 적색거성으로 부풀어 오르다, 중성자별인 백색왜성으로 쪼그라든다. 모든 에너지를 태양계 자손들에게 모두 베풀어 주고 쓸쓸히 전사한다. 태양이 다스리는 세상은 태양이 건재할 때까지 무한한 에너지를 받으며 존재한다. 자기가 싸지른 새끼들을 죽을 때까지 책임지는 사랑의 아버지이다.
노자는 인간 세상을 다스리는 성인, 군자 역시 천지 만물의 도를 따라야 하는 법임을 강조하고 있다. 지배하되 책임지고 다스리되 군림하지 않는 것이다. 항성이 없는 행성들이 최근 발견되는데 시쳇말로 부랑아 행성이다. 춥고 어둡고 미래가 불투명하다. 치중(輜重)에서 멀리하지 않는다는 것은 다시 말해 전투에 가장 중요한 군대(軍隊)의 여러 가지 군수 물품(物品)을 실은 보급선을 왕 스스로 챙긴다는 뜻이다. 치중에 실린 탄약(彈藥), 식량(食糧), 장막(帳幕), 피복 따위 물건(物件)을 통틀어 이른다. 전쟁에서 가장 중요한 보급품을 군주가 스스로 지킨다는 뜻이다. 그러나 그와 반대되는 행위를 한 자가 우리 역사에는 여럿이 있다. 그중 한 명이 임진왜란을 당한 조선 시대 왕 중 최대의 모지(侮之)리 선조(14대 임금, 1552~1608)다.
임진왜란 당시 선조는 본인이 앞장서서 1592년 4월 13일 왜군이 부산포에 상륙하여 파죽지세로 북진해 오자 보름 만에 한성을 버리고 서둘러 개성으로 피신했다. 명나라로 도망가기 위해 평양을 거쳐 의주로 도주했다. 의주에 도착하자 선조는 명으로 피신하게 되면 빈자리를 대신할 평양에서 세자로 책봉한 광해군(1575~1641)에게 분조(分朝)를 설치하게 하는 한편, 명나라에 급히 구원병 파견을 요청했다. 명나라는 1592년 12월 4만5천 명의 군대를 파견했다.
이 상황에 대해 아무런 저항 없이 비어있는 한양을 점령한 고니시 유키나가(1555~1600)는 임금이란 자가 성을 버리고 도망친 행동에 대해 매우 어이없어 했다 한다. 센고쿠 시대(戰國時代) 당시의 다이묘(大名, 영주)들은 자신의 성은 무슨 일이 있어도 목숨을 걸고 지켜야 한다고 굳게 믿고 있었다. 왜놈의 사고방식으로도 도저히 이해할 수 없는 행동을 한 게 선조였다.
조선의 국왕이란 자가 백성을 버리고 피난하기에만 조급하니 임금 일행에게 돌을 던지거나 외면하는 백성들이 나타났다. 개성에 체류 중 한 백성이 선조를 향해 "상감은 그동안 민생은 뒷전이고 수많은 후궁의 배 불리기에만 열중했고, 후궁의 오라비이자 내수사(內需司)의 내수별좌 김공량(金公諒)만 사랑하는 것을 제일 계책으로 삼다가 오늘 이런 일을 당했으니, 어찌 김공량을 시켜 왜적을 토벌하지 않느냐?"고 아우성치기도 했다. 전승(傳乘)에 의하면 선조 일행을 본 어느 지역의 백성은 "너 같은 짐승도 임금이냐?"라며 돌팔매질을 날렸다 한다.
임금이란 작자가 도망가느라 혼비백산한 그 사이 수군의 이순신(1545~1598)과 권율(1537~1599) 장군 등이 이끄는 관군이 일본군과 싸워 승리를 거두고, 전국 각지에서 의병이 봉기하여 일본군을 격퇴했다. 이때 선조는 공사천무과(公私賤武科)와 참급무과(斬級武科)를 실시하여 천인(賤人)의 신분을 상승시키는 시험을 치러 신분을 상승시켜 주고 그 대가로 자신을 위해 전 국민적인 전쟁에 나가 싸우도록 하였다. 일본군이 1593년 4월 남쪽으로 퇴각하자 그해 10월 선조는 한성으로 돌아왔다. 그러나 선조가 한성에 돌아왔으나 무책임한 군주와 깊은 전란의 상처로 민심이 흉흉했다. 또한 1593년에 대기근이 발생했는데도 불구하고 조정과 관청의 징발과 징세로 인해 백성들의 불만은 폭발 직전이었다.
한술 더 떠 1594년(선조 27년) 8월 선조는 류성룡(1542~1607)과 왜란의 진행 상황을 논의하던 중, 선조 특유의 열등감에 군주로서는 하지 말아야 할 말인 "이순신이 혹시 전쟁에 일부러 짐을 곤경에 빠뜨리기 위해 게을렀던 게 아닌가?"라고 물었다. 그러자 류성룡이 "이때까지 지탱한 것도 이순신의 공이고, 수륙의 모든 장수 중 가장 우수합니다"라고 대답했다. 그러자 모지(侮之)리 선조는 류성룡이 "그대는 이순신과 개인적으로 친하지 않은가?" 하며 그의 답변을 의심하기 시작했다. 역사학자들은 선조가 이후 이순신을 크게 의심하면서 원균을 특출한 용장으로 보기 시작한 것이라 분석하고 있다. 실제로 선조는 두 사람의 체직(遞職)에 관한 전교를 내리면서 **"군율을 범한 것은 이순신도 역시 같고, 오히려 그 죄가 원균보다 심하다"**라고 언급한 바 있다. (출처: 위키백과)
이기적인 털 없는 침팬지, 짐승, 찌지리, 모지리, 소인배는 다 같은 뜻이다. 이타적이고 도덕적인 성인, 군자, 대인과는 반대되는 개념이기 때문이다.

❖ 雖有榮觀(수유영관), 燕處超然(연처초연).

비록(雖) 군주이기에 호화로운 궁궐에(榮觀) 머무르나(有), 주색에 빠져 해이해지지 않도록(燕處) 그러한 유혹을 멀리해야(超然) 한다.

雖(비록 수) - 비록, 아무리 ~하여도, 그러나, 벌레 이름, 밀다, 추천하다.
榮(영화 영) - 영화, 영예, 영광, 피, 영광스럽다, 영예롭다, 성하다.
觀(볼 관) - 보다, 보이게 하다, 보게 하다, 나태다, 점치다, 모양, 용모, 생각.
燕(제비 연) - 제비, 잔치, 연회, 연나라, 잔치하다, 즐겁게 하다, 편안하다, 예쁘다.
處(곳 처) - 곳, 처소, 때, 시간, 지위, 신분, 부분, 일정한 표준, 살다, 거주하다.
超(뛰어넘을 초) - 뛰어넘다, 뛰다, 빼어나다, 빠르다, 멀다, 지나가다, 넘다.

왕이 호화로운 궁궐에 머무르는 것은 당연하다. 국민을 대표하고 나라를 대표하니 당연히 그리하는 것이다. 우리나라 국가대표 축구단이 다른 나라에 원정 경기를 치르면서 동네 여관에서 머무는 것과 마찬가지이다. 국가를 대표한다는 것은 나와 나라를 대신하는 것이다. 그래서 격을 세워주고 격에 맞는 예우를 해주는 것이다. 그런데 전근대 시대에 국가 = 왕이었다. 짐이 곧 국가이자 권력이 되는 시대였다. 그래서 역사에는 이를 기준으로 전근대와 근대를 나누는 기준으로 삼기 시작한 것이다. 나라의 주인이 왕권에서 국민의 주권으로 이동하는 시대를 기준으로 삼았다.
우리나라 2022년 대선 토론 당시 어느 한 후보는 왕(王)자를 손에 새기고 나와 논란이 됐었다. 그리고 실제로 왕에 당선됐다. 그리고 왕이 되자마자 자신이 진짜 왕인 줄 알고 있다. 왕에 당선되자마자 자기가 집무하는 궁부터 옮겨야 한다며 야단법석을 피었다. 그것도 국가의 가장 중요한 군대를 지휘하는 장소를 통째로 빼앗았다. 노자는 이에 대해 "고요함은(靜) 야단법석을(躁) 다스리는(爲) 주인이다(君)"라고 충고한다. 침팬지는 즉흥적이다. 왜냐하면, 참을성이 없기 때문이다. 자기가 왕이라 생각하는 이 사람에게 노자는 또다시 야단친다. "주색에 빠져 해이해지지 않도록(燕處) 그러한 유혹을 멀리해야(超然) 한다"고 가르친다. 노자가 도덕경을 지은 이유는 대한민국의 왕을 위해 쓴 것이 분명하다. 퇴근만 하면 술 마실 생각에 치중(輜重)이 어떻게 되든 백성의 삶이 어찌 되든 말든 관심이 없다. 오로지 왕 놀음에만 빠져있다. "야! 오늘은 뭐에다 한잔 빨지?"

- ❖ **奈何萬乘之主而以身輕天下(내하만승지주이이신경천하)?**
  어찌하여(奈) 만승을(萬乘) 통제하는 군주가 됐음에도(之主而), 어찌(何) 자신을(以身) 천하에서(天下) 경박하게 처신할 수 있는가(輕)?

  奈(어찌 내/나) - 어찌, 능금나무, 대처하다, 대응하다, 견디어 내다. 어찌, 지옥.
  乘(탈 승) - 타다, 오르다, 헤아리다, 이기다, 업신여기다, 꾀하다, 다스리다.
  輕(가벼울 경) - 가볍다, 가벼이 여기다, 업신여기다, 천하다, 빠르다, 가벼이.

대한민국은 경제력 세계 10위이자 세계 6위의 군사 대국이다. 그러나 대한민국의 왕이라 스스로 칭하는 자는 자리를 가리지 않고, 욕(辱)지거리다. 하는 행동은 더욱 민망하다. 나를 대표하고, 국민을 대표하고, 나라를 대표한다는 것이 정말 수치스럽고 부끄럽다.
노자는 "어찌하여(奈) 만승(萬乘)을 통제하는 군주가 됐음에도(之主而), 어찌(何) 자신을(以身) 천하에(天下) 천박하게 처신할 수 있는가(輕)?"라 꾸짖는다. 만승(萬乘)은 만개의 전차부대를 거느린 대국을 말한다. 60만 대군의 세계 6위의 군사력과 세계 10위의 경제력을 갖춘 대국인 대한민국의 대통령이란 자가 어찌(何) 자신을(以身) 천하에(天下) 경박하게 처신할 수 있는가(輕)?

- ❖ **輕則失根(경즉실근), 躁則失君(조즉실군).**
  경박하면(輕) 곧(則) 그 뿌리를 잃게 될 것이고(失根), 성급하면(躁) 곧(則) 임금의 자리를 잃게 될 것이다(失君).

躁(조급할 조) - 조급하다, 떠들다, 성급하다, 시끄럽다.

노자를 읽으면 읽을수록 어찌 하는 말마다 옳고 지금의 시대를 어떻게 정확히 100% 예언하는지 놀라지 않을 수가 없다. "통치 행위가 경박하면(輕) 곧(則) 그 뿌리를 잃게 될 것이고(失根), 정권 유지하려고 조급하고 안달하면(躁) 곧(則) 임금의 자리를 잃게 될 것이다(失君)."

우리의 위대한 스승 노자께서 머잖아 무식한 놈의 왕 놀음이 끝난다고 예언했다.

대한민국의 이타적이고 도덕적인 백성들이여 조금만 더 참고 기다립시다. 노자의 예언을 난 절대적으로 믿는다.

제27장.
善行無轍跡(선행무철적)
도통한 이는 흔적을 남기지 않는다

善行無轍跡. 善言無瑕讁. 善數不用籌策. 善閉無關楗而不可開. 善結無繩約而不可解. 是以聖人常善救人, 故無棄人. 常善救物, 故無棄物. 是謂襲明. 故善人者不善人之師. 不善人者善人之資. 不貴其師, 不愛其資, 雖智大迷, 是謂要妙.

도에 통달하여(善) 행하는(行) 사람은 흔적을 남기는 법이 없고(無轍跡), 통달하여(善) 예측하는(言) 사람은 허물을 잡아 책망할 일이 없다(無瑕讁). 도의 이치를 통달한 사람은(善數) 점을 치는 산가지를(籌策) 사용할 필요가 없고(不用), 방어의 이치를 통달한 사람은(善閉) 빗장을 걸지(關楗) 않아도(無而) 열리지 않게 한다(不可開). 매듭에(結) 통달한(善) 사람은 노끈을(繩) 묶지(約) 않아도(無而) 풀 수가 없다(不可解). 그러하므로(以是) 성인은(聖人) 항상(常) 도를 베풀어(善) 사람들을 구제하기에(救人), 고로(故) 폐인이(棄人) 없는 것이다(無). 항상(常) 도를 베풀어(善) 만물을(物) 구제하니(救), 고로(故) 쓰임이 없는 것이 없다(無棄物). 이를(是) 일러(謂) 질서가 유지된다고 한다(襲明). 도리어(故) 도를 베푸는 사람을(善人) 가리켜 일러(者), 도를 행하지 않는(不善) 인간들의(人) 스승이라(師) 하는 것이다. 도를 행하지 않는(不善) 인간 같지 않은 놈들은(人者) 도를 베푸는 사람들의(善人之) 근심거리이다(資). 그러한 도를 베푸는 스승을(其師) 귀히 여길 줄도 모르고(不貴), 아낄 줄 모르니(不愛) 아! 오로지 탄식만 나올 뿐이다(其資). 아무리(雖) 재능이(智) 뛰어나더라도(大) 마음이 흐려 쉽게 홀리니(迷), 이를 여인네가 풍기는 유혹의 오묘함에 휘감긴다고 일컫는다(是謂要妙).

❖ **善行無轍跡(선행무철적). 善言無瑕讁(선언무하적).**
    도에 통달하여(善) 행하는(行) 사람은 흔적을 남기는 법이 없고(無轍跡), 통달하여(善) 예측하는(言) 사람은 허물을 잡아 책망할 일이 없다(無瑕讁).

轍(바퀴 자국 철) - 바퀴의 자국, 궤도, 차도, 흔적, 노선, 진로, 행적.
跡(발자취 적) - 발자취, 업적, 공적, 행적, 관습, 정도, 명성, 도달하다, 살펴보다.
瑕(허물 하) - 허물, 옥의 티, 틈, 채운, 어찌, 멀다, 두꺼비.
謫(귀양 갈 적) - 귀양을 가다, 꾸짖다, 벌하다, 결점, 운기, 기상변화, 재앙, 허물.

고양이는 본능적으로 자신의 오물을 흙으로 덮는다. 혹여 포식자와 경쟁자로부터 흔적을 통해 추적이 돌아올 수 있기 때문이다. 도에 통달하여 행동하는 사람은 죄를 짓지 않는다. 내가 한 행위의 원인과 결과(所以然)를 예측할 줄 아는 능력이 탁월하기 때문이다. 자연선택이 사피엔스에게 도덕심을 진화시킨 이유는 생존에 절대적으로 유리했기 때문이다. 네안데르탈인이 멸종한 이유는 시뮬레이션 능력이 사피엔스에 비해 부족했기 때문이다. 도덕심과 이타심이 없이는 대형 사회와 국가를 유지하지 못한다는 것을 우리는 역사적 경험을 통해 무수한 사례를 접했다. 이기적인 개체들만이 모여있는 사회는 필연적으로 망한다. 서로 못 잡아먹어 안달하기 때문이다. 너 죽고 나 사는 이기적인 사회는 이론적으로 유지되지 않는다. 너 죽고 나만 산다면 사회구성원은 모두 사라지고 나만 남기에 결국은 멸종된다. 이타심과 도덕심은 전두엽(前頭葉, 이마엽, frontal lobe)의 대뇌 반구의 전방에 자리한 뇌엽에서 작동한다. 두정엽, 측두엽, 후두엽 등과 함께 대뇌피질을 구성하는 주요 부위 중 하나로 추리, 계획, 운동, 감정 처리 같은 옳고 그름에 대한 문제 해결에 관여하는 것으로 알려져 있다. 특히 전두엽의 앞쪽 부위에 자리한 전전두피질에서는 기억력·사고력 등의 고등행동을 관장하며 다른 연합영역으로부터 들어오는 정보를 조정하고 행동을 조절한다. 즉 시뮬레이션 능력과 예측 능력의 확장이다. 내가 하는 말과 행동에 대한 예측이 가능하기에 허물을 남길 일을 하지 않는 것이다. 화이트헤드가 《이성의 기능》에서 이성은 엔트로피를 감소시킨다고 했다. 이타심과 도덕심은 이성이 관장하는 자기 절제 능력으로 이기적인 개체들의 아비규환의 무질서에서 질서를 유지하는 기능을 하는 것이다. 예를 들면 저 앞 신호등에 녹색 신호가 황색 신호로 바뀌었다. 이성적이고 도덕적인 사람이라면 여기서 브레이크를 밟고 다음 신호를 기다린다. 그러나 내 안의 동물적 본능이 속삭인다. 그럼 3분이나 기다려야 하잖아? 그러니 그냥 지나가라고 말이다. 그러나 도덕적인 사람은 이런 내면의 소리를 잠재운다. 만약 그렇게 했다가 사고가 나거나 경찰이 단속할 수도 있다고 지금이 아닌 몇 초 후에 일어날 일을 시뮬레이션하는 것이다. 이를 습관화한다. 도덕은 동물적 본능으로부터 자기 길들이기(self-domestication)이다.

고려대 심리학과 김학진 교수의 저서 《이타주의자의 은밀한 뇌구조 - 인간의 선량함, 그 지속가능성에 대한 뇌과학자의 질문》에서 이타주의자와 이기주의자는 뇌의 사용 영역이 다르다고 한다. 활성화 부위가 다르다는 것은 인간마다 사고, 생각, 습관, 선택과 결정이 다르다는 것이다. 김학진 교수는 오랜 시간 뇌 영상 자료를 관찰 분석하여 과학적으로 설명하였다. 포유류의 뇌에는 공통으로 진화한 원초적인 변연계(limbic system)가 자리한다. 이 변연계는 포유동물 모두에서 공통으로 작동하기에 종종 하버드 의대 폴 맥린(Paul Donald MacLean 1913~2007)이 명명한 '포유동물의 뇌'라고도 불린다. 체온, 혈압, 심장박동, 혈당을 조절하는 기능 외에도 생존에 관계되는 감정작용에 관여한다. 개체 및 종족 유지에 필요한 본능적 욕구와 직접 관계가 있으므로 '본능의 자리'라고도 한다. 이 변연계 안에 자리한 편도체와 측좌핵은 천연마약 물질인 도파민 보상시스템과 깊은 관련이 있다. 이타주의자와 이기주의자 모두 이 도파민 보상시스템을 사용하는데 어떤 상황과 경우에 도파민이 분출되는가이다. 이 책의 들어가는 말에서 이타주의는 또 다른 극단적 이기주의라고 설명했다. 다시 차 안으로 들어가 운전대를 잡아보자. 황색 신호가 적색 신호로 바뀌는 순간 당신은 브레이크와 엑셀 둘 중 무엇을 밟을까? 고민한다. 브레이크를 밟은 사람은 이기적인 이타심이 강한 사람이다. 신호를 무시하고 그냥 지나쳤다면, 혹시 모를 추돌사고로 생명과 자동차라는 재산을 날릴 뻔했기 때문이다. 사고는 피했더라도 경찰에 단속되었다면 벌금으로 인한 금전적 손해와 법적 손실인 벌점을 받게 된다. 브레이크를 밟아 생명과 재산을 지킬 수 있었기에 나에게 이익이 돌아오므로 이기적이다. 이타적인 의미는 나로 인해 누군가 사고를 당하지 않았기 때문이다. 충동과 직관을 피하여 나를 비롯한 그 누구에게도 피해를 주지 않았기에 장기적으로 생존에 유리한 것이다. 그러나 만약 적색 신호가 바뀌어 법을 위반했음에도 아무런 처벌을 받지 않았다면 일탈에 대한 성취감으로 측좌핵에서 도파민이라는 보상이 쏟아지고 편도체에 위반해도 된다는 나쁜 신호를 준다. 거봐! 괜찮아! 기다리는 시간도 단축하고 처벌도 받지 않고 위반했을 때 느끼는 성취감까지 덤으로 받았으니 말이다.

그리고 뇌는 이를 습관화하는 것이다. 범죄심리학은 운전뿐만 아니라 모든 범죄의 배경에는 이런 심리 기제가 작동한다고 가르친다. 이기심은 이성적 기능을 하는 전전두엽의 통제 스위치를 의도적 off 상태로 만든다.

❖ **善數不用籌策**(선수불용주책). **善閉無關楗而不可開**(선폐무관건이불가개).

도의 이치를 통달한 사람은(善數) 점을 치는 산가지를(籌策) 사용할 필요가 없고(不用), 방어의 이치를 통달한 사람은(善閉) 빗장을 걸지(關楗) 않아도(無而) 열리지 않게 한다(不可開).

籌(살 주) - 살, 투호살, 꾀, 산가지, 제비, 징발하다.
策(꾀 책) - 점대, 산가지, 대쪽, 수효, 꾀, 계책.
閉(닫을 폐) - 닫다, 막다, 막히다, 가리다, 감추다, 마치다, 입추, 입동, 자물쇠.
無(없을 무) - 없다, 아니다, 아니하다, 말다, ~하지 않다.
關(관계할 관/완/만) - 관계하다, 닫다, 끄다, 가두다, 주다, 받다, 관문, 당기다.
楗(열쇠 건) - 열쇠, 자물쇠, 문빗장, 비녀장, 건반, 부러지다, 절단하다.

"도의 이치를 통달한 사람은(善數) 점을 치는 산가지를(籌策) 사용할 필요가 없고(不用)," 선수(善數)의 원뜻은 셈을 잘한다는 의미로 쓰였으나 나는 큰 틀에서 도의 이치를 통달했다고 번역했다. 주역 점을 칠 때 산가지(籌策)를 사용하거나 주판 대신 숫자를 계산하는 데 사용한다. "방어의 이치를 통달한 사람은(善閉) 빗장을 걸지(關楗) 않아도(無而) 열리지 않게 한다(不可開)." 원리와 본질의 도에 통달한 사람은 현상에 머물지 않는다. 세상은 수학적 법칙과 같은 본질이 있다. 일어날 일과 일어나지 않아야 할 일은 부분과 전체를 보는 안목을 가지고 있다면 어느 정도 예측이 가능하다.

❖ **善結無繩約而不可解**(선결무승약이불가해).

매듭에(結) 통달한(善) 사람은 노끈을(繩) 묶지(約) 않아도(無而) 풀 수 없다(不可解).

結(맺을 결/계) - 맺다, 모으다, 묶다, 꾸미다, 다지다, 굽다, 구부리다, 매듭, 상투.

繩(노끈 승) - 노끈, 줄, 먹줄.
約(맺을 약/요/적) - 맺다, 약속하다, 묶다, 줄이다, 인색하다, 멈추다, 쇠하다, 약속.
解(풀해) - 풀다, 벗다, 깨닫다, 설명하다, 풀이하다, 통달하다, 가르다, 쪼개다.

　　도는 우주 만물과 인간 세상이 돌아가는 이치이자 본질이다. 단, 통달해야 알 수 있다. 도의 이치와 본질을 통달하는 것이다. 그것이 우리가 물리학의 언어인 수학을 공부하는 이유다. 수학은 대학입시를 위해 공부하는 것이 아니라 우주 만물을 예측하는 논리적인 언어체계로서 공부해야 한다.

❖ **是以聖人常善救人**(시이성인상선구인), **故無棄人**(고무기인).
그러하므로(以是) 성인은(聖人) 항상(常) 도를 베풀어(善) 사람들을 구제하기에(救人), 고로(故) 폐인이(棄人) 없는 것이다(無).

　　성인은 고도의 인지체계를 지닌 사람이다. 동물 사회는 약육강식의 힘이 지배하는 세상이다. 도의 본질을 에너지 차원에서 생각해 볼 수 있다. 동물 사회는 사회적, 신체적 약자가 가장 먼저 희생된다. 아무리 강한 사자라도 건장한 뿔이 있는 '아프리카의 들소'를 사냥하는 일은 쉽지 않다, 들소의 무시무시한 뿔에 찔리면 목숨을 잃을 수 있는 위험천만한 일이다. 그래서 늙고 병들거나 약한 새끼를 주로 먹잇감으로 사냥한다. 약한 놈을 상대해야 목숨도 부지하고 에너지를 덜 들이면서 쉽게 사냥할 수 있다. 사실 그것도 쉽지는 않다. 들소의 결속력이 워낙 강하기에 그 무리가 사자들이 사냥을 쉽게 하지 못하도록 에워싸고 있다. 그렇지만 약자를 공격해야 에너지를 덜 사용하게 된다. 인간사회도 마찬가지다. 약자를 괴롭히고 힘없는 사람을 상대해야 에너지를 덜 쓰고 보복 등의 위협으로부터 안전하기 때문이다.
　　문제는 여기에 있다. 에너지 차원에서 본다면 동물과 인간이 뭐가 다른가? 인간의 도덕심과 이타심은 뇌의 폭발적 진화와 동시에 배려심이라는 감정이 생긴 것이다. 맹자가 말한 인간의 선한 본성인 측은지심(惻隱之心)이 생겨야만 한다. 사회적 약자를 배려하고 우선시하는 이유가 바로 여기에 있다. 장애인을 우선시하고 연약한 아이들과 부녀자들을 우선시하는 이유가 바로 우리의 고등 감정이 생기고부터다. 그러나 인간이 사회를 이루고 살아온 대부분은 이런 사례가 없었다. 인간사회를 지배한 질서 역시 힘이라는 에너지, 돈이라는 에너지를 가진 자에게 권력이 집중됐고, 이러한 부당한 질서에 피지배 계층은 순응과 복종했기 때문이다. 결국 역사의 진보는 수직 구조를 수평 구조로 변혁시키는 과정이자 이를 전체가 용인하는 사회계약론의 발전이다. 그게 우리가 말하는 민주주의(民主主義, Democracy)이다.

우리가 성인, 군자, 대인이라고 부르는 사람은 강한 힘을 가지고 있어도 지배하려 하지 않고, 엄청난 재물을 가지고 있더라도 군림하려 하진 않는 사람을 일컫는다. 나도 한때는 남들이 부러워할 만한 재력을 가지고 있었지만 그리하기가 쉽지 않았던 것 같다. 에너지를 많이 가지고 있으면 그 에너지를 과시하려는 게 인간의 본능이다. 무엇보다 강한 동물적 욕구를 짓누르고 자기 절제와 겸손이 몸에 습관화되어 있기에 더욱더 도덕적이다. 진정한 도라 함은 강한 자에게 더욱 강한 것이고 약한 자에게 지극히 무릎 꿇는 것이다.

예수는 시대적으로 가장 천하다고 여긴 사람들인 창녀, 병든 자 가난한 자와 함께하셨다. "내가 진실로 너희에게 이르노니 너희가 여기 내 형제 중에 지극히 작은 자에게 한 것이 곧 내게 한 것이니라 하시고… (중략) 내가 진실로 너희에게 이르노니 이 지극히 작은 자 하나에게 하지 아니한 것이 곧 내게 하지 아니한 것이니라"(마태복음 25장 40절, 45절) 침팬지들은 강한 자에게 비굴하고 약한 자에게 지극히 강하고 모질다. 가장 정의롭고 공정하고 양심을 지켜야 할 기레기(기자 쓰레기) 족속들을 싫어한다. 이 집단을 도로써 통제하지 않으면 역사는 끊임없이 반복된다. 표현의 자유는 권력자가 털 없는 침팬지일 때 약자를 지키는 최후의 보루였다. 스스로 통제하지 못하는 자유는 오만(傲慢)과 만용(蠻勇)이다.

❖ **常善救物(상선구물), 故無棄物(고무기물). 是謂襲明(시위습명).**
항상(常) 도를 베풀어(善) 만물을(物) 구제하니(救), 고로(故) 쓰임이 없는 것이 없다(無棄物). 이를(是) 일러(謂) 질서가 유지된다고 한다(襲明).

襲(엄습할 습) - 엄습하다, 치다, 인습하다, 물려받다, 인하다, 염하다, 입다, 덮다.
明(밝을 명) - 밝다, 밝히다, 날이 새다, 나타나다, 똑똑하다, 질서가 서다.

성인은 태양과 같이 끊임없이 에너지를 베풀기에 지구와 같은 생명 거주 조건에서 다양한 생명체들이 탄생하고 살아갈 수 있는 것이다. 바이러스, 박테리아에서 인간까지 만물을 구제하니 쓰임이 없는 것이 있을 수 없다. 습명(襲明)은 태양에너지이다. 46억 년을 끊임없이 에너지를 보내주니 지구에서 도의 질서가 유지된다.

경제학에서 파생된 후생경제학(厚生經濟學, welfare economics)은 영국의 경제학자 아서 세실 피구(Arthur Cecil Pigou, 1877~1959)에 의해 1920년 그의 저서 《후생경제학(The Economics of Welfare)》에서 제창(提唱)되었다. 자본주의의 시장경제는 반드시 양극화를 낳는다. 부자는 더 많은 부를 축적할 기회가 많아지지만, 반면 가난한 자는 더욱 가난하게 만드는 시스템이기 때문이다. 수많은 후생경제학 분야의 경제학자들은, 시장경제를 무정부적으로 놔둘 때 나타나는 여러 가지 단점, 그리고 시장경제가 만능이 아니라는 점에 대해서 정립했다. (출처: 위키백과)

경제학에서는 이를 정보의 비대칭성(Information asymmetry)에 기인한다고 자인한다. 우리가 기를 쓰고 주류 기득권 사회에 들어가려 하는 이유는 정보의 질이 균등하지 않기 때문이다. 삼성경제연구소의 정보와 네이버 지식백과에 나오는 정보는 같지 않다. 이 글을 쓰면서 구글 검색을 많이 하게 되었는데 특히 역사 문제에 대해서는 글을 작성하는 사람의 주관적 의도가 개입되어 있음을 알았다. 그러나 일반인은 어떤 정보를 접했을 때 그 정보가 사실에 근거한 정보인지, 나쁜 의도로 배포한 불량 정보인지 분간할 수 없다. 경제학에서는 중고차 딜러의 딜레마에서 예를 들고 있다. 중고차 딜러는 중고차를 구매할 때 차에 대한 정보를 정확히 파악하고 적정한 가격에 구매한다. 그러나 중고차를 구매하는 소비자는 차에 대한 정보를 중고차 딜러의 양심에만 의존할 수밖에 없다. 그러나 중고차 딜러의 입장으로 보면 정보를 정확하게 소비자에게 공개할 경우, 좋은 상태의 중고차는 쉽게 팔 수 있지만 상태가 좋지 않은 중고차는 재고로 남을 수밖에 없다. 그래서 딜레마가 생긴다. 솔직할 것인지, 속임수를 쓸 것인지 말이다. "항상(常) 도를 베풀어(善) 만물을(物) 구제하니(救), 고로(故) 쓰임이 없는 것이 없다(無棄物). 이를(是) 일러(謂) 질서가 유지된다고 한다(襲明)." 노자가 바라보는 세상은 속인(俗人)의 마음으로는 볼 수가 없다. 후생경제학이 아닌 사회복지(社會福祉, Social Welfare)의 관점에서 시장경제는 인간이 가진 탐욕적 본능이 강하게 작동하여 경쟁만이 살길인 약육강식이 지배하는 세렝게티이다. 힘 있고 강한 모진 놈만이 살아남는다. 자칭 보수라고 말하는 침팬지들은 자유, 자유를 외친다. 침팬지들의 자유는 피도 눈물도 없는 능력 지상주의다. 시장을 무정부 상태로 두라는 말이다. 정부가 규제하면 절대 안 되는 것이다. 그래서 그들은 늘 작은 정부를 주장한다. 신자유주의는 무정부주의와 그 맥을 같이한다. 정부가 규제하면 해 처먹기가 어려워진다. 그게 신자유주의이자 신보수주의(新保守主義, neo-conservatism)이며 이명박 정부 시절에 신우파(뉴라이트, New Right)이다. 이명박의 4대강과 자원외교로 천문학적인 국민의 혈세를 뉴라이트들과 도둑질했다. 박근혜는 최순실에게 국가를 헌납했다. 윤석열은 국가를 미국과 일본에 못 바쳐서 안달이다. 저들에게 필요한 것은 국민의 무관심과 무지다. 자기들만이 어떤 식으로든 지구와 인간의 질서를 파괴해 나만 잘 먹고, 잘 살고 그렇게 대를 물려주면 끝이다. 보수의 탈을 쓴 짐승들이 지배하는 세상은 또다시 어렵게 얻은 수평적 질서에서 강압과 착취가 보편화된 수직적 질서로의 회귀이다.

노자는 외부에서 하느님을 찾지 말고 내가 하느님이 되라 가르친다. 그게 도를 통달하는 것이고, 스스로 성인, 군자가 되어 인면수심의 털 없는 침팬지들을 가르치고 지배하는 스승이 되라는 것이다. 유아기부터 도를 가르쳐야 한다. 지구 전체가 품어준 사피엔스들이 좀 더 오래 머물며 정의롭고 평화롭게 살 수 있는 유일한 방법이라고 가르쳐 주는 것이다.

❖ **故善人者(고선인자), 不善人之師(불선인지사). 不善人者(불선인자), 善人之資(선인지자).**
도리어(故) 도를 배푸는 사람을(善人) 가리켜 일러(者), 도를 행하지 않는(不善) 인간들의(人) 스승이라(師) 하는 것이다. 도를 행하지 않는(不善) 인간 같지 않은 놈들은(人者) 도를 배푸는 사람들의(善人之) 근심거리이다(資).

師(스승 사) - 스승, 군사, 벼슬아치, 악공, 사자, 스승으로 삼다.
資(재물 자) - 재물, 자본, 바탕, 재료, 의뢰, 도움, 탄식하는 소리, 지위, 갖추다.

태양은 자신이 가진 에너지를 지속해서 공급해 주기에 지구 전체에 생명체가 살 수 있는 것이다. 태양의 도를 통달한 성인은 자신을 위해서 사는 것이 남을 위한 것임을 안다. 도를 통달한 사람들이 행하는 지혜란 내가 선택하여 내린 결정이 나만이 아닌 만물과 상생(相生)하는 법을 아는 것이다. 그러나 인면수심의 불선(不善)한 인간들은 나만을 위해 살기에 하는 짓마다 꼴불견이고 민폐투성이다. 가르쳐 줘도 말을 들어 처먹질 않는다. 돈이면 무슨 짓이든 하기에 도를 행하며 사는 사람들에게는 없느니만 못한 사회악이다. 도덕은 자기 길들이기이다. 자기를 길들이지 못하는 인간들은 교도소로 보내 사람으로 만들거나 영구적으로 사회에 나오지 못하도록 해야 한다. 그리고 우리나라 대통령제가 가지고 있는 사면권은 폐지되어야 한다. 전두환, 이명박, 박근혜를 사면해 주었기에 그 폐단이 날로 늘어간다. 근심 걱정거리의 인간은 아무리 교육해도 사람이 안 된다. 세 살 버릇 여든까지 간다고 했다. 노자의 도덕경을 유아교육부터 다뤄야 하는 이유다. 유아기부터 사람 교육을 받지 못하고 나이를 먹어서는 그 이후로 습관이 인간을 지배하여 바뀌지를 않는다. 관용(寬容, Tolerance)은 처절히 반성하고 뉘우친 사람에게 마지막으로 부여하는 용서 행위이다. 전두환, 이명박, 박근혜가 무엇을 뉘우치고 용서를 빌었는가? 누가 그들을 용서할 자격이 있는가?

- ❖ **不貴其師(불귀기사), 不愛其資(불애기자), 雖智大迷(수지대미), 是謂要妙(시위요묘).**

  그러한 도를 배푸는 스승을(其師) 귀히 여길 줄도 모르고(不貴), 아낄 줄 모르니(不愛) 아! 오로지 탄식만 나올 뿐이다(其資). 아무리(雖) 재능이(智) 뛰어나더라도(大) 마음이 흐려 쉽게 홀리니(迷), 이를 여인네가 풍기는 유혹의 오묘함에 휘감긴다고 일컫는다(是謂要妙).

  迷(미혹할 미) - 미혹하다, 헷갈리다, 유혹하다, 흐릿하다, 심취하다, 잃다, 혼미.
  謂(이를 이) - 이르다, 일컫다, 논평하다, 설명하다, 알리다, 고하다.
  要(요긴할 요) - 요긴하다, 중요하다, 합치다, 원하다, 요구하다, 얻다, 허리, 감다.
  妙(묘할 묘) - 미묘하다, 예쁘다, 아름다운 여자가 풍기는 오묘하고도 미묘한 느낌.

인면수심의 틸 없는 침팬지들은 "그러한 도를 배푸는 스승을(其師) 귀히 여길 줄도 모르고(不貴), 아낄 줄도 모르니(不愛) 아! 오로지 탄식만 나올 뿐이다(其資). 아무리(雖) 재능이(智) 뛰어나더라도(大) 마음이 흐려 쉽게 홀리니(迷), 이를 여인네가 풍기는 유혹의 오묘함에 휘감긴다고 일컫는다(是謂要妙)"라고 탄식한다.
아! 노자의 탄식이 2,500년이 지난 지금까지 내 입에서 나온다.

노자와 비슷한 세대를 살았던 그리스 철학자 플라톤(BC 428~BC 348)은 동굴의 우화를 설명하면서 인간의 인식체계를 둘로 분류하였다.
감각기관에서 느끼는 가시계(可視界, visual world)와 인간의 이성으로 느끼는 메타인지 기능인 가지계(可知界, intelligible world)이다. 가시계는 느낌이 중요하다. 왜냐하면, 외부에서 들어오는 정보는 우선적 눈, 코, 귀, 피부 같은 감각기관을 통하여 뇌에 정보를 제공하기 때문이다. 가시계는 눈, 코, 귀, 피부를 가진 모든 동물이 똑같이 느낀다. 내가 도덕심이 없고 이타심이 없는 인간들을 털 없는 침팬지. 인면수심의 짐승이라고 하는 이유를 플라톤이 대신 설명하고 있다. 가시계만 볼 줄 알기 때문이다. 동물은 공간 지향성을 가지고 인간은 공간 지향성에서 시간 지향성으로 진화한 결과다. 이는 동물이 가진 개인 지향성에서 공동, 집단 지향성으로 전환된다. 그리고 사피엔스가 살아남은 결정적 감정인 강력한 집단 연대감, 개인 유대감 같은 진사회성이 진화한다. 이타심과 도덕심은 인간 유일무이의 조건이다.
세계적인 신경과학자로 감정과 의사 결정에 관한 연구에서 최고의 권위자 안토니오 다마지오의 명저《느낌의 진화》에서 느낌은 뇌 혼자서 만드는 것이 아니라 수많은 화학 분자와 신경 회로의 상호작용으로 뇌와 신체가 같이 만들어 내는 현상이라고 밝혔다. 박테리아 같은 원초적인 단세포 동물조차 느낄 줄 안다는 것이다. 영국의 생물학자 앤드루 파커(Andrew Parker, 1967~)는《눈의 탄생 - 캄브리아 폭발의 수수께끼를 풀다》에서 눈이 진화한 이유는 '빛 스위치' 이론이라 불리는 동물의 생존 법칙에 의한 태양의 광자를 감지해 빛과 어둠을 가려내는 것에서 출발했다고 한다. 눈은 약 5억 년 전 해파리 같은 자포동물이 밝고 어둠을 느끼는 자극이라고 한다. 눈이 탄생하고 5억 년이 흐른 현재 우리의 눈은 밝음과 어둠을 넘어 광수용체의 폭발적 진화로 가시광선(可視光線, visual light) 380nm~780nm(100만분의 1m)의 파장 전 영역대를 보고 있다.

플라톤은 가시계(可視界)를 통해 우리가 보고 느끼는 것은 진짜가 아닌 가짜라고 주장한다. 동굴에 평생 구속된 죄수는 벽에 비친 자신의 그림자가 실체라고 믿는다. 죄수를 쇠사슬에서 풀어주고 횃불을 보여주면 눈이 부셔 쳐다볼 수가 없어서 다시 벽 쪽으로 눈을 피할 것이다. 처음으로 불을 본 죄수에게 아무리 불을 설명해도 그림자가 실체라 믿어왔기 때문이라 믿고 싶은 대로 믿는 것이다.

플라톤은 동굴은 현실세계고 죄수는 바로 우리 자신이라고 비꼰다. 털 없는 침팬지는 가시계의 이미지로 모든 세상을 바라본다. 동굴 안의 죄수들이다. 습명(襲明)을 아무리 가르쳐 주고 알려주어도 알려고 시도조차 하지 않는다. 이를 인지심리학에서는 이를 확증편향(確證偏向, confirmation bias)이라고 부른다. 확증편향은 자신의 견해 또는 주장에 도움이 되는 정보만(그것의 사실 여부를 떠나) 선택적으로 취하고, 자신이 믿고 싶지 않은 정보는 의도적으로 외면하고 왜곡하는 성향을 말한다. 다른 말로 자기중심적 왜곡(my side bias)이라 부르기도 한다. 내가 끊임없이 주장하는 이기심(利己心)이다. 이기심은 진실이나 본질이 중요하지 않다. 내 감정의 쾌, 불쾌가 가장 중요한 판단 요건이다. 심리학에서는 이를 정동(情動, Affect)이라 한다. 즉 내가 지금 느끼는 가시계의 감정(feeling), 정서(emotion), 기분(mood)에 대한 상태다. 긍정적 정동(positive affect)은 확장되지만, 부정적 정동(negative affect)은 인지 범위를 좁힌다. 그러나 동기적 강도가 높은 정동은 인지 범위를 좁히지만, 동기적 강도가 낮은 정동은 그것을 인지 범위를 넓힌다는 것이 증명되어 있다. (출처: 위키백과)

다시 말해 가지계의 이데아적인 사고가 배제될 경우, 동물의 감정과 같아지고 늘 사실에 기반한 사고를 하지 않기 때문에 신경질적, 공격적 반응을 보인다. 성인, 군자의 사고는 자연의 이치에 따르는 순응적 사고를 하기에 이기적이고 탐욕적 뇌가 작동할 때 나타나는 좁은 인지 범위에 들어가질 않는다. 동물과 인간과 같은 척추동물에 있는 자율신경계의 교감과 부교감 신경계는 투쟁-도피 반응(鬪爭逃避反應, fight-or-flight response)이 일어나는 포식과 피식 사이의 긴장감 속에 이루어지는 스트레스 반응이 일어나면 시야를 좁혀야 한다. 인지 범위를 좁혀서 사냥감을 쫓던 안전한 곳으로 도망을 쳐서 생존에 유리하고 결국 번식에 유리한 고지를 차지할 수 있는 것이다. 동물과 인간은 공통점이 98.7%라고 분자생물학에 근거하여 나는 끊임없이 주장해 왔다. 그리고 내 주장이 온당하다고 노자는 말한다. 힘을 빼고 내려놓아야 드라이버가 멀리 가는 것이다. 마음을 비우니 욕심이 사라지고 도가 들어오는 것이다. 그러니 스트레스를 받을 이유가 없다. 유일한 스트레스는 짐승들이 사람 흉내를 낼 때이다. 사람의 언어로 인면수심의 짐승이 사람을 야단칠 때이다.

노자와 플라톤은 같은 관점으로 인간사회의 문제점을 짚고 있다. 나는 이를 현대과학으로 설명하고자 노력하는 것이다. 서양의 정치학은 영국과 미국의 주도로 민주주의와 인권이란 명분 아래 성인과 군자를 소인 그리고 짐승들과 동격(同格)으로 만들었다. 그리고 정의(正義)는 이 둘의 균형을 맞추는 것이라 한다. 그리고 짐승들을 대표하는 언론은 표현의 자유를 무기로 짐승 세상이 되라고 온종일 떠들고 있다. 표현의 자유는 짐승들이 인간을 탄압할 때 약한 자에 부여된 권리지 짐승들이 제멋대로 세상의 질서를 파괴해도 처벌을 면하게 해주는 특권이 아니다. 특히 진보주의자라 자칭하는 어쭙잖은 양반들이 인권, 표현의 자유를 무분별하게 사용하도록 방조 또는 동조한다. 내 옆자리에서 책을 읽고 있는 노인이 있다. 정년을 훌쩍 넘긴 양반으로 보이는데 이 사람 때문에 미칠 것 같다. 30초마다 한 번씩 윽, 윽, 윽, 에액, 거기다 종종 트림까지 한다. 7시간 동안 나는 저 사람 때문에 엄청난 스트레스를 받았다. 많은 사람이 조용히 공부하는 도서관에 오기 전 이비인후과에 가서 치료부터 받아야 옳은 일 아닌가! 이타적이고 도덕적이라는 의미는 내 행동이 가져올 타인의 느낌에 대한 배려이다. 이기적인 인간은 남을 배려하지 않음을 다시 한번 확인했다.

그러하기에 도를 알지 못하고 도를 떠드니 잡음이 된다. "아무리(雖) 재능이(智) 뛰어나더라도(大) 마음이 흐려 쉽게 홀리니(迷), 이를 여인네가 풍기는 유혹의 오묘함에 쉽게 넘어간다(是謂要妙)." 인간이 이기적, 탐욕적으로 되는 이유는 가시 세계를 지배하는 돈과 계급장이다.

돈과 계급장을 내려놓고 세상을 바라보니 내가 노자가 된 것 같다!

제28장.
知其雄(지기웅)
내가 아이의 웃음을 갖고 있을 때

知其雄, 守其雌, 爲天下谿. 爲天下谿, 常德不離, 復歸於嬰兒. 知其白, 守其黑, 爲天下式. 爲天下式, 常德不忒, 復歸於無極. 知其榮, 守其辱, 爲天下谷.爲天下谷, 常德乃足, 復歸於樸. 樸散則爲器, 聖人用之, 則爲官長. 故大制不割.

그(其) 장엄함을(雄) 드러내고(知) 그(其) 부드러움을(雌) 지키니(守), 천하의(天下) 헛됨을(谿) 다스리게(爲) 된다. 천하의(天下) 헛됨을(谿) 길들이니(爲), 늘(常) 은덕이(德) 떠나지 아니하니(不離) 갓난아이의(嬰兒) 마음으로 되돌아간다(復歸於). 그(其) 밝음을(白) 드러내고(知), 그(其) 어둠을(黑) 다스리니(守), 천하를(天下) 다스리는(爲) 법도가(式) 된다. 천하를(天下) 다스리는(爲) 법도가(式) 정해져, 늘(常) 은덕이 베풀어짐을(德) 의심하지 아니하니(不忒), 천하의(天下) 시작점으로(於無極) 되돌아간다(復歸). 그(其) 영화로움을(榮) 드러내고(知), 능욕의 자리를(其辱) 지키니(守), 천하를(天下) 다스리는(爲) 물길이 된다(谷). 천하를(天下) 다스리는(爲) 물길이(谷) 되니, 늘(常) 은덕이 베풀어짐(德)에 골짜기에 은덕이 가득하니(乃足), 천하의 근본으로(於樸) 되돌아간다(復歸). 근본을(樸) 다져(散) 세상의 본보기를(則) 담는 도구로 사용한다(爲器). 성인은(聖人) 이를 제대로 사용함으로써(用之), 세상의 본보기로(則) 다스리니(爲) 오래 통치할 수 있는 것이다(官長). 도리에(故) 맞는 위대한 제도로(大制) 자리하니 사라지지 않는다(不割).

❖ **知其雄(지기웅), 守其雌(수기자), 爲天下谿(위천하계).**
  그(其) 장엄함을(雄) 드러내고(知) 그(其) 부드러움을(雌) 지키니(守), 천하(天下)의 헛됨을(谿) 다스리게(爲) 된다.

  雄(수컷 웅) - 수컷, 두목, 씩씩하다, 용감하다, 승리하다, 뛰어나다, 웅장(장엄)하다.

守(지킬 수) - 지키다, 다스리다, 머무르다, 기다리다, 거두다, 정조, 지조, 절개.
雌(암컷 자) - 암컷, 암새, 약하다, 쇠약하다, 패배하다, 지다.
谿(시내 계/혜) - 시내, 시냇물, 산골짜기, 텅 비다, 헛되다, 다투다.

    생물학을 공부하면서 나를 흥분시켰던 단어가 상보적(相補的)이라는 말이다. 자연이 품은 만물은 서로 보완관계에 있다고 한다. 경제학을 공부하면서 뭐 이런 인위적이고 작위적 학문이 있나 싶었다. 온 세상을 지배하는 것이 경쟁이다. 시장도 완전경쟁시장이어야만 완벽하다고 한다. 그 시작의 전제가 인간은 이기적이기 때문이다. 그러나 생물학은 이타심과 도덕심이 자연선택이 인간 진화 과정에서 이기적 유전자가 선택한 생존전략이라고 가르친다. 남녀는 음양의 조화처럼 서로 배려하고 협력하는 존재다. 자연이 선택한 자웅(雌雄)은 유전자의 다양성을 위해 출현했다. 암수의 섹스 행위는 시간과 공간을 공유하는 것이다. 벌거벗은 내 몸을 유일하게 허락한다는 존재가 사랑하는 사람이다. 자연이 선사한 위대한 행위를 일부 진보라고 주장하는 철부지들이 남녀 문제로 자주 공론화시켜 대립을 부추기고 갈등을 조성한다. 이타심과 도덕심은 고도의 공감 능력이다. 상대의 감정을 읽고 상대의 표정을 읽는다. 읽을 줄 안다는 것의 진정한 의미는 알아낸 정보를 통해 올바르게 실천하는 능력이다. 내 욕구가 우선이 아니라 상대의 욕구가 우선이다. 부족하면 채워주고 넘치면 닦아주면 될 일이다. 계곡은 높은 산에서 흘러 내려오는 온갖 것들을 담아낸다. 부딪히고 깨지고 섞이고 흩어진다. 그렇게 담아낸 것을 모아 강과 바다로 흘러 내려보낸다. "그(其) 장엄함을(雄) 드러내고(知) 그(其) 부드러움을(雌) 지키니(守), 천하의(天下) 헛됨을(谿) 다스리게(爲) 된다." 계곡에서 받아주었기에 인간이 사는 땅에 흐르는 강이 평화롭다. 대립과 갈등은 몰이해와 이기심 그리고 탐욕심에서 발단된다. 경제학에서는 사회악의 문제인 이를 '무임승차자의 딜레마(Free rider Dilemma)'라 한다.

❖ **爲天下谿(위천하계), 常德不離(상덕불리), 復歸於嬰兒(복귀어영아).**
    천하의(天下) 헛됨을(谿) 길들이니(爲), 늘(常) 은덕이(德) 떠나지 않으니(不離) 갓난 아이의(嬰兒) 마음으로 되돌아간다(復歸於).

離(떠날 리/여/곡) - 떠나다, 떼어놓다, 갈라지다, 분할하다, 잃다, 근심, 붙다.
嬰(어린아이 영) - 어린아이, 갓난아이, 두르다, 목에 걸다, 잇다, 연약하다.
兒(아이 아) - 아이, 아기, 젖먹이, 어리다, 연약하다.

시내 계(谿)의 뜻에는 텅 비다, 공허하다, '헛되다'라는 뜻도 함유하고 있어 천하가 인간들이 추구하는 헛됨을 길들이니(爲) 언제나 은덕이 떠나지 않는다. 인간 세상이 가진 문제의 본질은 탐욕심이다. 탐욕 = 헛됨이다. 탐욕을 노자는 작위(作爲)로 보았다. 현대사회에서 과학의 힘으로 행해지는 자연과 역행하는 것을 말한다. 유전자를 조작하고 과도한 화석연료의 사용하고, 일본의 방사능 오염수를 무단 방류하려 하고, 지구 대기로 끊임없이 위성을 쏘아 올린다. 정도와 균형이 사라진 세상이다. 결국 맹목적으로 행해진 인간의 탐욕은 인간을 지구상에서 가장 먼저 몰아내는 재앙으로 되돌아왔다. 인간의 끝없는 탐욕을 다스리지 못하면 은덕은 사라지고 멸종만 남는다. 인간의 탐욕과 헛됨을 다스려야 인간에게 평화가 오고 갓난아이 같은 순수한 웃음을 갖게 되는 것이다. 내가 아이의 웃음을 갖고 있을 때 세상은 더욱 살만해질 것이다.

- ❖ **知其白(지기백), 守其黑(수기흑), 爲天下式(위천하식).**
    그(其) 밝음을(白) 드러내고(知), 그(其) 어둠을(黑) 다스리니(守), 천하를(天下) 다스리는(爲) 법도가(式) 된다.

나는 20만 년 전에 인류가 획득한 이타심과 도덕심이 인간의 본성이라 믿고 있다. 본능은 그 이전에 획득한 마음이다. 서양철학은 인간의 본능(本能)과 본성(本性)을 구분하지 않았다. 본능(本能)과 본성(本性)을 합쳐 인간 본성(Human Nature)이라 뭉뚱그려 표현한다. 그러나 인간의 본질을 정확하게 파악하기 위해서는 오래된 공통 조상과 공유하는 선천적 동물적 본능과 인간 고유의 본성을 구분해야 한다. 밝음은 白이다. 희고 깨끗한 인간 고유의 마음, 이게 바로 이타심과 도덕심을 획득한 인간 본성이다. 어둠은 黑이다. 나쁘고 고약하고 은밀한 인간과 동물의 선천적인 특징이다. 인간의 본성은 지난 200만 년 동안 폭발적으로 진화한 신피질(Neo Cortex)에 그 비밀이 숨겨져 있다. 침팬지와 인간의 뇌 용적의 차이는 1,000cc 정도이다. 1,000cc의 차이가 바로 신피질이다. 영장류 학자들이 침팬지와 인간의 행동을 비교 연구한다면 최근의 뇌과학은 침팬지와 인간의 뇌를 비교 연구한다. 분자생물학과 유전학은 어떤 유전자에 의해 신피질의 기능이 어떤 식으로 확장되어 인간을 인간답게 만들었는지를 연구한다.

최신 연구에 따르면 영국 듀크대학교 연구진은 인간 대뇌피질의 팽창에 영향을 준 다른 유전인자를 찾아내어 과학 저널 커런트 바이올로지(Current Biology) 온라인판에 발표했다. 연구진은 인간과 침팬지의 유전체 정보를 대상으로 뇌의 발생 초기 단계에 주로 뇌 조직에서 발현하는, '인핸서(enhancer)'라는 '유전자 전사 조절인자'가 두 종 사이에 무엇이 다른지 차이를 비교 분석했다. 침팬지와 인간 사이에서 서로 다른 인핸서 100여 개를 찾아냈으며, 다시 이 가운데 6개(HARE 1~HARE 6으로 명명, HARE: Human-Accelerated Regulatory Enhancer)를 추려냈다. 이어 연구진은 침팬지와 인간의 서로 다른 유전인자들이 쥐의 배아에서 각각 발현하도록 해 뇌 발생의 차이를 관찰하는 실험을 수행했다. 이 실험에서 '침팬지 HARE 5'를 발현시킨 쥐보다 '인간 HARE 5'가 발현된 쥐의 대뇌가 12% 더 크게 성장한 것으로 관찰되었다. HARE 5로 명명한 인핸서 유전인자가 침팬지와 인간종의 대뇌 크기 차이에 큰 역할을 하는 것으로 나타났다고 보고했다. 이번 연구가 부분적 이해일 뿐이라며 인간 뇌의 독특함을 이해하는 데 도움을 줄 더 유력한 다른 후보들이 있을 것이라고 말해 뇌 발생 단계에서 인간다움을 만드는 유전물질에 관한 연구들이 계속될 것으로 내다봤다.

최근의 연구는 인간의 뇌는 신피질이 진화하면서 기존의 오래된 조상들의 뇌와 상호작용하여 인간의 도덕심, 이타심, 언어 능력 그리고 정교한 행동 그리고 복잡한 감정이 진화한 것으로 보고 있다.
"그(其) 밝음을(白) 드러내고(知), 그(其) 어둠을(黑) 다스리니(守), 본능이 인간의 본성인 이타심과 도덕심을 만나 희고 밝은 마음을 알게 되었다. 검고 고약하고 은밀한 동물적 본능을 다스리니 천하를(天下) 다스리는(爲) 법도가(式) 된다." 인내와 절제는 인간 고유의 고차원적 정신 기능이다. 인간의 조건이 갖춰졌다.

- ❖ **爲天下式(위천하식), 常德不忒(상덕불특), 復歸於無極(복귀어무극).**
  천하를(天下) 다스리는(爲) 법도가(式) 정해져, 늘(常) 은덕이 베풀어짐을(德) 의심하지 아니하니(不忒), 천하의(天下) 시작점(於無極)으로 되돌아간다(復歸).

  忒(틀릴 특) - 틀리다, 어긋나다, 의심하다, 변하다, 새롭게 고쳐지다, 사악하다.
  極(다할 극) - 다하다, 극진하다, 지극하다, 세차다, 엄하다, 죽이다, 바로 잡다.
  復(회복 복/부) - 회복하다, 돌아가다, 돌려보내다, 갚다, 겹치다, 다시, 거듭.
  歸(돌아갈 귀) - 돌아가다, 돌려보내다, 따르다, 마치다, 모이다, 자수하다, 죽다.

  인간의 도덕심과 이타심이 인간의 조건으로 정해졌다. 약육강식이 지배하던 초원의 질서에서 서로 돕고 배려하고 협력하는 사피엔스가 탄생하게 된 것이다. 나만 잘살겠다고 서로 으르렁거리던 공통 조상들과는 다르게 평화적이고 수평적 관계의 질서를 확립했다. 이타심과 도덕심이 가진 최고의 덕목은 배려와 양보 그리고 가장 중요한 희생(Sacrifice)정신이다. 예수가 지금까지 종교로서 추앙받는 이유가 바로 인류를 위하여 자신의 목숨을 바친 희생정신 때문이다. 그러할 수 있었기에 "천하의(天下) 시작점(於無極)으로 되돌아간다(復歸)." 우주의 시작은 물질과 에너지의 협력이다. 한 점에서 시작한 우주 만물이 인간의 선한 본성을 획득함으로써 우주의 시작과 우리의 기원을 찾는 우주 상 단 하나뿐인 고등 생명체가 완성된 것이다. 인간의 천성은 그래서 고귀하다. 고귀하기에 이를 이용해 먹는 악마들을 골라내야 한다. 인간의 고귀한 희생정신을 악용해 자신의 이익으로 삼는 무임승차자들을 교화시키고 응징해야 한다.

- ❖ **知其榮(지기영), 守其辱(수기욕), 爲天下谷(위천하곡).**
  그(其) 영화로움을(榮) 드러내고(知), 능욕의 자리를(其辱) 지키니(守), 천하를(天下) 다스리는(爲) 물길이 된다(谷).

  榮(영예 영) - 영예, 영광, 영화, 명예, 영광스럽다, 무성하다, 싱싱하다, 꽃이 피다.
  辱(욕될 욕) - 욕되다, 수치스럽다, 더럽히다 황공하다, 거스르다, 풀을 베다, 일하다.

정의(正義, Justice)는 무엇이 영화롭고 무엇이 수치스러운 일인지를 명료하게 하는 것이다. 동물과 인간의 핵심적인 차이는 죄책감과 수치심이다. 우리의 유전적 사촌들은 아무 데서나 성행위를 한다. 보노보는 남녀노소를 가리지 않고 섹스를 즐긴다. 아담과 이브는 선악과를 따먹고 성기부터 가렸다. 내가 하는 말과 행동이 영광스러운 것인지, 부끄럽고 욕되는 짓인지 심사숙고해야 한다. 사실 이 글을 읽는 분들의 수준 정도가 되면 당연히 정의로운 분들일 것이다. 정의롭지 못하다면 내 글을 읽을 수가 없다고 확신한다. 양심이라는 도덕심과 수치심이 있기에 읽을 수 있는 것이다. 그리고 이 글을 쓰는 목적이 인간 행위에 대한 정확한 고찰에 있다. 인간을 정확하게 아는 것이 사람의 흉내를 내는 악한 짐승들에게서 우리의 안전을 지키고 지구에서 좀 더 오래 버텨보자는 것이다. 지구가 아무리 급격한 기후변화를 일으켜도 우리는 생을 다할 수 있다. 그러나 내 유전자를 물려받은 후손들에게는 미래가 없다. 인간을 정확하게 측정해야 한다. 인간이 힘의 질서로 만든 계급(階級, Class)은 사라졌지만, 인간성에 대한 핵심 본질인 인간에 대한 등급(等級, Grade)은 남아있다. 노자와 공자의 핵심 사상은 바로 인간을 구별하여 차별하는 것이다. 도덕경은 인간의 본질인 도를 깨닫고 실천함으로써 내가 성인, 군자가 되는 것이다. 인간이 진화한 엄청난 뇌의 용량은 그것을 가능하게 해준다. "천하를(天下) 다스리는(爲) 물길이 된다(谷)."

❖ **爲天下谷(위천하곡), 常德乃足(상덕내족), 復歸於樸(복귀어박).**
천하를(天下) 다스리는(爲) 물길이(谷) 되니, 늘(常) 은덕이 베풀어짐(德)에 골짜기에 은덕이 가득하니(乃足), 천하의 근본으로(於樸) 되돌아간다(復歸).

樸(통나무 박/복) - 통나무, 근본, 바탕, 순박하다, 질박하다, 빽빽하다, 떡갈나무.

인간의 이타심과 도덕심으로 세상 사람 모두 성인과 군자가 되니 "천하를(天下) 다스리는(爲) 물길이(谷) 되었다." 세상 사람 모두 내 가진 것을 서로 나누려 한다. 양보와 배려가 일상이 되니 약자가 마음 놓고 살 수 있다. 갑질이 사라지고 가진 자들이 창고의 문을 열어 굶는 자가 사라진다. 국가는 기본소득으로 국민이 배곯지 아니하니 더욱 부강해진다. "늘(常) 은덕이 베풀어짐(德)에 골짜기에 은덕이 가득하니(乃足), 천하의 근본으로(於樸) 되돌아간다(復歸)."

서양의 정치학과 경제학은 노자의 가르침에 철저히 반대로만 해왔다. 극우 보수정당은 경쟁을 부추기고 보편 복지를 반대한다. 고전 경제학이 인간을 경제적 합리성에만 기초를 두고 이기적으로 행동하는 호모 에코노미쿠스로 정의(定義)했기 때문이다. 가진 자는 더 가질 수 있도록 정부는 시장 규제를 최소화하라 한다. 자유란 나만 해 처먹을 수 있게 해달라는 것이고 지구가 멸망해도 부자들은 살아남는다. 가진 자는 선이고 가난한 자는 악이다. 힘이 정의고 힘을 통해 차별받고 차별하는 것이 마땅하다. 노자가 들으면 삼족을 멸할 소리이다.

❖ **樸散則爲器(박산칙위기), 聖人用之(성인용지), 則爲官長(칙위관장). 故大制不割(고대제불할).**
근본을(樸) 다져(散) 세상의 본보기를(則) 담는 도구로 사용한다(爲器). 성인은(聖人) 이를 제대로 사용함으로써(用之), 세상의 본보기로(則) 다스리니(爲) 오래 통치할 수 있는 것이다(官長). 도리에(故) 맞는 위대한 제도로(大制) 자리하니 사라지지 않는다(不割).

散(흩어질 산) - 흩다, 흩어지다, 헤어지다, 다지다, 한가롭다, 내치다, 달아나다.
制(지을 제) - 절제하다, 억제하다, 금하다, 짓다, 만들다, 맡다, 바로잡다, 규정.
割(벨 할) - 베다, 자르다, 끊다, 나누다, 가르다, 빼앗다, 재앙, 불행.

"근본을(樸) 다져(散) 세상의 본보기를(則) 담는 도구로 사용한다(爲器)." 대한민국의 정치, 경제, 사회, 문화가 양극단으로 흐르는 것은 해방 이후 단추를 잘못 채워서이다. 미 군정이 친일파 처단을 막았기 때문이다. 천황폐하 만세를 외치던 죽어 마땅한 놈들이 미국 만세와 반공주의를 앞세워 다시 기득권을 잡았다. 우리는 근본을 제대로 다지지 못했다. 처벌받아야 마땅한 것들이 훈장을 받고 재벌이 되었다.
"성인은(聖人) 이를 제대로 사용함으로써(用之), 세상의 본보기로(則) 다스리니(爲) 오래 통치할 수 있는 것이다(官長)." 해방 후 독립운동가들이 나라를 다스렸다면 지금처럼 한국 사회가 양극단으로 흐르지는 않았을 것이다. 친일 부역 언론이 득세하지 않았더라면 정의를 바로 세우고, 인면수심의 짐승들이 잘못한 것을 펜과 마이크로 야단치고 못 하도록 평판과 여론을 만들었을 것이다. 몰상식이 상식이 되고 갑질이 일상화되지 않았을 것이다. 학살을 저지른 놈은 천수를 다하고 학살자의 총칼을 맞고 쓰러진 사람들은 아직도 빨갱이로 몰려고 하는 짐승들을 가만두지 않았을 것이다. 본보기를 잘못 세웠기에 그 고통은 도덕심과 이타심을 진화시킨 인간의 몫이다.

"도리에(故) 맞는 위대한 제도로(大制) 자리하니 사라지지 않는다(不割)."

나는 지금이라도 늦지 않았다고 본다. 전 세계 어떤 나라도 바이러스를 다스리지 못했다. 전 세계가 대한민국의 사회적 거리 두기 같은 국민의 자발적 협력에 매우 놀랐다. 나는 그 이유를 이기적인 짐승들보다 도덕적이고 이타적인 국민이 더 많다고 보기 때문이다. 우리는 섬나라 오랑캐인 일본과 다르게, 이름이 없는 의병들이 지켜온 나라다. 이름이 없는 의병들은 나라와 민족을 지키기 위해 목숨을 아까워하지 않았다. 우리나라는 전 국민이 예수인 나라이다. 오직 소수의 영악한 침팬지들이 자신의 이익을 위해 예수를 팔아먹고 있다.

제29장.
將欲取天(장욕취천)
작용과 반작용 - 그대로 흐름

將欲取天下而爲之, 吾見其不得已. 天下神器, 不可爲也.爲者敗之, 執者失之. 夫物或行或隨, 或歔或吹, 或强或羸, 或挫或隳. 是以聖人去甚, 去奢, 去泰.

장차(將) 천하를(天下) 손에 넣어(取) 다스리고자(而爲之) 욕심부리면(欲), 내(吾) 견해로는(見) 천하를(其) 절대 손에 넣을 수 없을 것이다(不得已). 천하(天下)는 신성한 도구(神器)이기에, 억지로 다스리고자(爲) 허락하지 않는 것이다(不可也)! 억지로 다스리고자(爲) 하는 놈은(者) 되려 박살 나고(敗之), 억지로 가지려는(執) 놈은(者) 되려 쪽박을 찬다(失之). 대저(夫) 만물은(物) 혹 앞서거니(或行) 뒤서거니(或隨), 숨을 들이 쉬면(或歔) 내 뿜어야 한다(或吹). 혹여 강한 것이 있으면(或强) 약한 것도 있고(或羸), 혹여 쌓아놓음이 있으면(或挫), 무너짐도 있다(或隳). 그러므로(是以) 성인은(聖人) 지나침을 버리고(去甚), 사치스러움을 버리고(去奢), 과분함을 버린다(去泰).

❖ **將欲取天下而爲之(장욕취천하이위지), 吾見其不得已(오견기부득이).**
장차(將) 천하를(天下) 손에 넣어(取) 다스리고자(而爲之) 욕심부리면(欲), 내(吾) 견해로는(見) 천하를(其) 절대 손에 넣을 수 없을 것이다(不得已).

노자의 도덕경에서 가장 중요한 글자가 위(爲) 자에 대한 풀이다. 나는 위를 다윈의 시각으로 해석하였다. 자연선택 진화론인 다윈은 선택의 주체가 자연이냐 인간이냐에 초점을 맞췄다. 원래 위(爲) 자의 파생은 코끼리를 길들이는 모양이다. 위를 단순히 행한다는 또는 위한다는 뜻으로 해석할 경우, 노자의 핵심 사상인 무위(無爲)가 아무것도 하지 않는 상태로 해석하는 오류가 되기에 더욱 그렇다. 무위는 아무것도 하지 않는 상태가 아닌 인간의 길들이기에 의함이 아닌 위대한 자연의 자연선택 진화에 맡긴다는 뜻이다.

나무위키를 살펴보면 '爲'는 원래 갑골문 상에서 又(또 우) 자와 象(코끼리 상) 자가 합쳐진 회의자로, 손으로 코끼리를 잡아 길들이는 모습을 본떠 만들었다. 소전(小篆-진나라 이사가 대전을 고쳐 만듦)에서 이 형태는 크게 일그러져, 위쪽은 爪(손톱 조) 자의 형태로 바뀌고, 아래쪽은 다른 한자에서는 찾아볼 수 없는 특이한 형태로 바뀌었다. 이후 예서에서 오늘날과 같은 형태로 정착되고 해서를 거쳐 지금에 이르게 되었다.

자연의 다스림과 인간의 다스림이 대립을 이루는가, 조화를 이루는가가 노자 철학의 핵심이라 본다. 천지인(天地人) 우주 만물(萬物)이 '道'의 이치에 의해 움직이고 있다고 노자는 말한다. 그러하기에 인내천(人乃天) 사상이 동학의 뿌리가 되었다. 사람이 하늘이 되기 위해서는 필수 충분조건이 있다. 사람이 하늘의 도를 따라야 하는 것이다. 노자는 인간이 가진 탐욕심으로 "장차(將) 천하를(天下) 손에 넣어(取) 다스리고자(而爲之) 욕심부리면(欲), 내(吾) 견해로는(見) 천하를(其) 절대 손에 넣을 수 없을 것이다(不得已)"라고 단언한다.

❖ **天下神器(천하신기), 不可爲也(불가위야), 爲者敗之(위자패지), 執者失之(집자실지).**

천하(天下)는 신성한 도구(神器)이기에, 억지로 다스리고자(爲) 허락하지 않는 것이다(不可也)! 억지로 다스리고자(爲) 하는 놈은(者) 되려 박살 나고(敗之), 억지로 가지려는(執) 놈은(者) 되려 쪽박을 찬다(失之).

敗(패할 패) - 패하다, 지다, 부수다, 깨뜨리다, 헐어지다, 깨어지다, 썩다, 떨어지다.
執(잡을 집) - 잡다, 가지다, 맡아 다스리다, 처리하다, 사귀다, 벗, 동지.

그 이유는 천하가 신령스러운 도구라 한다. 지구의 나이 46억 년 동안 온갖 역경을 이겨내며 만물을 키웠다. 다섯 번의 대멸종 끝에 20만 년 전 사피엔스가 진화할 수 있게 된 것이다. 6,600만 년 전 유카탄반도에 소행성이 충돌하지 않았다면 아직도 우리 조상들은 무시무시한 공룡을 피해 밤에만 몰래 다니는 설치류에 머물렀을 것이다. 내가 세상의 중심이라는 착각에서 시작하여 인간이 세상의 중심이 아니라는 것을 노자는 늘 일관되게 주장하고 있다. "천하(天下)는 신성한 도구(神器)이기에, 억지로 다스리고자(爲) 허락하지 않는 것이다(不可也)! 억지로 다스리고자(爲) 하는 놈은(者) 되려 박살 나고(敗之), 억지로 가지려는(執) 놈은(者) 되려 쪽박을 찬다(失之)." 천하의 순리를 어기고 나 중심, 인간 중심 사고에서 벗어나지 못하고 탐욕심에 억지로 하고자 한다면 흔적도 없이 깨지고 박살이 난다. 억지로 가지려고 발버둥치면 칠수록 다 잃게 된다고 경고한다.

❖ **夫物或行或隨(부물혹행혹수), 或歔或吹(혹허혹취),**
  대저(夫) 만물은(物) 혹 앞서거니(或行) 뒤서거니(或隨), 숨을 들이 쉬면(或歔) 내 뿜어야 한다(或吹).

  隨(따를 수/타) - 따르다, 추종하다, 부화하다, 좇다, 발, 따라서, 즉시, 게으르다.
  歔(흐느낄 허) - 흐느끼다, 두려워하다, 숨 내쉬다.
  吹(불 취) - 숨을 불다, 불태우다, 과장하다, 부추기다, 충동하다, 바람, 관악기.

2018년 한 해 동안 나는 경제학을 독학했다. 경제학 원론, 미시경제학, 거시경제학, 재정학, 회계학, 후생경제학, 국제 경영경제학, 경제사와 경제 사상사, 그리고 마르크스 경제학과 애덤 스미스의 도덕 감정론과 국부론 역시 공부했다. 내 연구실이 국회도서관인 관계로 나는 이곳에 있는 모든 열람실을 돌아다니며 책을 읽는다. 법률도서관을 일 년 이용하면서 법률 서적도 상당수 읽었다. 경제학과 법학 모두 어려운 학문이지만 법은 읽으면 그나마 이해도 가고 재미가 있다. 그러나 경제학은 정말 어려웠다. 특히 생소하고 어려운 경제 용어와 복잡한 그래프와의 싸움은 지금 생각해도 끔찍하다. 정말 포기하고 싶은 적이 한두 번이 아니었다. 정말 허벅지를 송곳으로 찔러가며 공부했다. 잠을 잘 때도 내가 주로 들었던 '경제학짱 박사'의 유튜브 강의를 틀어놓고 잤다. 그렇게 일 년 동안 공부를 해보니 경제학이 뭔지 깨달음이 왔다. 그리고 그동안 경제학 바보라 못 알아들었던 시커먼 속을 가진 경제학자들이 무엇으로 사기를 치는지 알게 되었다. 요즘은 경제학의 비주류였으나 프린스턴대학교의 대니얼 카너먼 교수가 2002년 노벨 경제학상 수상 이후 주객이 전도되고 있는 행동경제학자들의 책을 많이 읽는다. 특히 경북대 경제학과 최정규 교수가 2008년 출간한 《이타적 인간의 출현》은 경제학 서적 중 가장 흥미롭고 재미있게 읽었다. 왜냐하면 주류 경제학에서 인간은 합리적 선택만을 하는 이기주의자이어야만 하는데 게임이론을 통해 세계 각지에서 '최후통첩 게임' 같은 실험을 해보니 이기적인 인간보다 이타적인 인간이 훨씬 많았기 때문이다. 정치경제학 역시 연구자의 심성에 의해 크게 나뉜다. 이기적인 인간을 주류로 보는 정치경제학 그리고 이타적인 인간이 주류라고 보는 정치경제학으로 말이다. 실험심리학으로 경제학은 심리학이라고 주장하는 듀크대학교 심리학과 행동경제학자 댄 애리얼리(Dan Ariely, 1967~)의 저술을 그래서 특히 좋아했다. 그러나 현재는 공부한 내용 중 95% 정도는 기억에서 사라졌다.

노자의 도덕경을 통해 나는 다양한 시도를 하고 있는데 이번 장만큼은 경제학 이론으로 설명하고 싶었다. 경제학의 핵심 쟁점 중 하나인 오스트리아학파가 주장한 '기회비용(機會費用, Opportunity Cost)' 문제이다. 위키백과에서 설명하는 내용을 읽어보시고 감이 잡히는지 테스트해 보시길 바란다.

"선택하지 않은 대안중 최선책에 대한 비용과 선택에 따라 발생한 비용의 합계를 의미한다. 경제학적으로 설명하자면 A라는 선택을 하게 되면서 소모된 비용을 '명시적 비용(明示的費用, 회계적 비용)'으로, A라는 선택을 함으로써 포기된 잠재적인 비용을 '암묵적 비용(暗默的費用)'이라고 한다. '기회비용'은 명시적 비용과 암묵적 비용의 합으로 나타난다. 기회비용이 고려되는 이유는 선택하지 않은 대안의 대체 가능성을 평가하기 위함이다. 이때 명시적 비용이 기회비용에 포함되지 않는 것으로 오해하는 경우가 있다. 그러나 A라는 선택을 하지 않았다면 명시적 비용 역시 소모되지 않았을 것이며, 그 비용은 다른 상품과 서비스를 구입할 수 있는 곳에 사용될 수 있었을 것이다. 따라서 명시적 비용 또한 A라는 선택을 하기 위해 포기한 비용인 기회비용에 포함된다. 또, 암묵적 비용을 계산할 때 모든 대안에 대한 비용을 합쳐서 계산하는 실수도 있는데 이 역시 한 번에 두 가지의 대안을 실행할 수는 없으므로, 가장 비용이 큰 대안만을 고려해야 한다."

내가 여러 가지 재화 중에서 어느 하나를 선택하면 다른 재화를 포기해야 한다. 경제학에서는 이를 또 하나의 잃어버린 비용으로 산정한다. 회계학에서는 이를 비용으로 산정하지 않지만 오로지 경제학에서만 손실 비용으로 다룬다. 기회비용은 상충관계(trade off) 이론으로 이어진다. 하나가 상승하면 하나는 폭락한다는 이론이다.

그러나 노자는 "대저(夫) 만물은(物) 혹 앞서거니(或行) 뒤서거니(或隨), 숨을 들이 쉬면(或歔) 내 뿜어야 한다(或吹)." 그것은 비용이 아닌 자연의 이치라고 가르친다. 하나를 얻으면 하나를 내어준다.

❖ **或強或羸(혹강혹리), 或挫[陪]或隳(혹좌[배]혹휴).**
강한 것이 있으면(或强) 약한 것도 있고(或羸), 쌓아놓음이 있으면(或陪), 무너짐도 있다(或隳).

強(강할 강) - 강하다, 굳세다, 힘세다, 강제하다.
羸(파리할 리) - 핏기가 전혀 없다, 파리하다, 고달프다, 지치다, 엎지르다, 약하다.
挫(꺾을 좌) - 꺾다, 부러지다, 꺾이다, 창피를 주다, 묶다, 문지르다, 주무르다.
陪(모실 배) - 모시다, 수행하다, 돕다, 쌓다, 더하다, 견주다, 물어주다, 흙덩이.
隳, 墮(무너뜨릴 휴/타) - 무너뜨리다, 훼손하다, 황폐해지다, 떨어지다, 낙하하다.

경제학에서 기회비용은 편익과 비용에 대한 우리가 느끼는 주관적 효용(效用, utility)이다. 내 수중에 만원밖에 없다고 가정하자 만원을 가지고 어떤 이는 배를 채우는 목적으로 밥을 사 먹고 어떤 이는 책을 산다. 사람마다 소비 행위를 통해 느끼는 욕구가 다를 것이다. 나는 책을 산다. 누군가는 그것을 못마땅하게 여기는 것이다. 내 딸이 그렇다. "아빠 이 돈으로 책 사지마! 먹고 싶었던 거 사 먹어!" 만약 책을 사면 핀잔이 돌아온다. "아니 그 돈으로 짜장면을 사 먹어야지 그 돈으로 아깝게 책을 사?"
세상의 이치는 두 마리 토끼를 잡을 수 없다. 두 마리 토끼를 다 잡으려고 욕심내는 순간 한 마리도 못 잡는 것이다. 자연 현상 중 기후 문제는 늘 그러했던 것이 갑자기 바뀌는 현상을 말한다. 기후가 급격하게 바뀌면 예측도 바뀐다. 비가 내리지 않던 지역이 홍수가 나거나 비가 내리던 곳이 가뭄이 나기도 한다. 지구의 기후는 대기와 해류의 흐름 그리고 바다의 수온과 밀접한 연관이 있다. 자연의 이치는 높은 곳에서 낮은 곳으로 흐르게 되어있다. 그게 열역학 법칙이자 물질 에너지 보존 법칙이다.

로또를 살 돈으로 만약 책을 샀다면 더더욱 큰일 날 일이다. 당첨금 10억의 기회비용을 상실했기 때문이다.

"강한 것이 있으면(或强) 약한 것도 있고(或贏), 쌓아놓음이 있으면(或陪), 무너짐도 있다(或隳)." 강한 것이 있으면 약한 것이 있기에 보호와 배려가 필요하다. 그게 우리의 따뜻하고 인간을 인간답게 해주는 지성(知性)이다. 우리 사회가 점점 능력 중심의 사회가 되고 지능 중심 사회가 되다 보니 사회가 점점 삭막해진다. 오늘 뉴스를 통해 비보를 접했다. 미추홀구 빌라 사기 사건으로 피해자 한 명이 극단적 선택을 했다고 전해 들었다. 벌써 4번째 자살이라고 한다. 인간의 탐욕이 가져온 두 마리 토끼에 대한 본능을 다스리지 않는다면 신뢰가 무너져 인간사회는 몰락할 것이다. "쌓아놓음이 있으면(或陪), 무너짐도 있다(或隳)." 노자는 경고한다.

❖ 是以聖人去甚(시이성인거심), 去奢(거사), 去泰(거태).

그러므로(是以) 성인은(聖人) 지나침을 버리고(去甚), 사치스러움을 버리고(去奢), 과분함을 버린다(去泰).

甚(심할 심) - 심하다, 지나치다, 깊고 두텁다.
奢(사치할 사) - 사치하다, 낭비하다, 지나치다, 분에 넘치다, 크다, 뽐내다, 오만하다.
泰(클 태) - 크다, 심하다, 편안하다, 교만하다, 너그럽다, 통하다, 심히.

합리적이고 이기적인 침팬지가 이 세상에 주류를 이룬다면 결과적으로 인류는 또다시 피와 전쟁이 들끓는 아비규환 지옥의 길로 접어들 것이다. 이젠 탐욕을 멈춰야 한다. 독일-영국의 경제학자 프리드리히 슈마허(Ernst Friedrich Fritz Schumacher, 1911~1977)는 "유한한 세계에서 자원을 무한하게 소비하는 것은 불가능하다"라고 말했다. 경제학은 성장과 소비를 장려한다. 우상향 곡선에 목을 맨다. 성장과 소비가 미덕이 되는 산업화와 경제 성장은 인간의 생태학적 능력을 기존에 생물권이 가진 것 이상 증가시켰다. 이는 엄청난 소비와 한정된 자원의 소비를 불러왔다. 오늘날 지구에는 80억의 인구가 존재한다. 이 많은 사람이 쓰고 마시고 버린다. 개개인의 평균 소비는 갈수록 늘어나고 화석연료를 에너지로 사용함으로써 지구의 온난화는 급가속하고 있다. 값싼 소비재는 대부분 일회용이라 상상 못 할 쓰레기를 발생시킨다. 산업화는 유럽과 북아메리카의 부를 끌어올렸지만 식민지로 착취당했던 아시아의 부를 급격히 감소시켰다. 식량과 같은 자원의 분배도 불평등해져 전 세계의 8억 명이 정도가 식량부족에 허덕인다. 그들 대부분 아시아의 개발도상국과 사하라 사막 이남의 아프리카에 살고 있다. 하지만 동시에 매년 생산된 식량의 3분의 1이 버려진다. 부를 얻었지만, 우리는 인류의 멸종을 앞당겼다. (출처: 빅 히스토리 연구소, 《빅 히스토리》)

멈추지 못한다면 집단지성이 작동해야 한다. 도덕적 능력은 한 사람, 한 사람이 중요하다. 성인이 늘어나면 늘어날수록 집단지성의 힘은 더욱 커진다. 이젠 멈출 때이다. 더 이상 과소비와 과시 소비는 부의 상징과 미덕이 아니다. 동물도 배가 부르면 먹는 행위를 멈출 줄 안다.

"그러므로(是以) 성인은(聖人) 지나침을 버리고(去甚), 사치스러움을 버리고(去奢), 과분함을 버린다(去泰)."

제30장.
以道佐人主者(이도좌인주자)
힘을 과시하는 침팬지

以道佐人主者, 不以兵強天下. 其事好還. 師之所處, 荊棘生焉. 大軍之後必有凶年. 善有果而已, 不敢以取強. 果而勿矜. 果而勿伐. 果而勿驕. 果而不得已. 果而勿強. 物壯則老, 是謂不道, 不道早已.

도로써(以道) 군주를(主) 보좌한다는(佐人) 것은(者) 전쟁으로써(以兵) 천하를(天下) 강제하지 않도록 해야 한다(不強). 전쟁하는 것을(其事) 좋아하면(好) 그 대가를 치르는 법이다(還). 군대가(師之) 머무른 자리는(所處) 황폐해져 가시덤불만(荊棘) 자라도다(生焉). 대군이(大軍) 일어난 후에는(之後) 반드시(必) 흉년이(凶年) 깃든다(生). 도를 통달한 자는(善有) 전쟁하지 않고도 해결할 따름이지(果而已), 구태여(敢) 무력을 행사함으로써 이기려 하지 않는다(不以取強). 목적을(果) 얻었을 뿐(而) 자랑하지 말고(勿矜), 목적을 얻었을 뿐(果而) 싹을 자르지 말고(勿伐), 목적을 얻었을 뿐(果而) 교만 떨지 않는다(勿驕). 목적을 얻었을 뿐(果而) 마지못하여 하는 수 없이 해야 한다(不得已). 목적을 얻었을 뿐(果而) 힘 있음을 과시하지 말라(勿強). 만물은(物) 성할수록(壯) 일찍 늙어 가는 법이니(則老), 이를 일러(是謂) 도가 아니라 한다(不道). 도가 아니면(不道) 서둘러(早) 끝나버릴 따름이다(已).

❖ **以道佐人主者(이도좌인주자), 不以兵強天下(불이병강천하).**
도로써(以道) 군주를(主) 보좌한다는(佐人) 것은(者) 전쟁으로써(以兵) 천하를(天下) 강제하지 않도록 해야 한다(不強).

佐(도울 좌) - 돕다, 보좌하다, 권하다, 다스리다, 도움, 도우미, 속관, 부차적.

교토대학교의 총장인 야마기와 주이치(山極寿一, 1952~) 교수는 세계적인 영장류 학자이다. 전공은 영장류 사회생태학과 인류 진화론이다. 오랜 기간에 걸쳐 현장에서 야생 일본원숭이와 침팬지, 고릴라의 사회적 행동 양태를 추적하면서, 동시에 영장류 보호 활동에서도 국제적으로 활약하고 있다. 그의 저서에는 《고릴라: 숲에서 빛나는 은백색의 등》, 《고릴라와 사람 사이》, 《가족의 기원: 부성의 등장》, 《고릴라, 남성 진화론: 남자다움의 기원을 찾아서》, 《아버지라는 여분의 존재: 원숭이에서 찾는 문명의 기원》, 《원숭이와 함께 걸은 야쿠시마》, 《인류 진화론: 영장류에서 찾다》 등이 있다. 특히 국내에 번역되어 반향을 일으킨 《인간 폭력의 기원 - 폭력의 동물적 진화를 탐구하다》는 인간의 폭력에 대한 기원을 우리의 사촌들인 영장류 사회를 통해 그 원인을 밝히는 책이다.

인류사에서 대량 학살은 왜 일어났을까? 곰 출판사의 책 소개 글을 올린다. "20세기 역사에서 인간이 저지른 대규모 전쟁과 지금도 계속되고 있는 크고 작은 분쟁들과 잔인한 폭력성은 어디서 비롯된 것일까? 인간은 언제부터 이토록 전쟁에 집착하게 됐을까? 고릴라나 침팬지와 공통의 조상에서 진화한 인간사회에 왜 그들에게는 없는 '강한 적의'가 생겨났을까? 만일 인간이 다른 영장류와는 다른 사회성을 갖게 된 것이 다툼을 격화시킨 원인이라면, 그것은 도대체 언제 어떻게 생겨난 것일까? 이러한 인문학적 궁금증이 이 책의 뼈대를 이룬다. 우리는 종종 인류를 저버린 끔찍한 범죄나 폭력을 저지른 파렴치한을 볼 때면 곧잘 '짐승에 비유'하곤 한다. 그리고 당연하게도 이런 폭력성은 바로 인간에게 잠재한 동물적 본능에서 비롯된 것이 아닌가 생각이 든다. 하지만 이 책을 끝까지 읽고 나면 그것이 오산임을 분명히 깨닫게 된다. 20세기 중반 제2차 세계대전이 끝난 직후 전쟁에 이르는 인간 고유의 공격성은 수렵(사냥)이라는 생업 양식의 발전과 더불어 무기를 발달시켰고, 그것을 같은 동족을 향해 사용한 것이 원인이라는 주장이 있었다. 육식자로서 능력이 수렵을 발달시켰고, 그것이 인간들의 싸움을 과격한 것으로 만들었으며, 그게 또한 필연적으로 현대의 전쟁으로 이끌었다는 것이다. 영장류학의 상식으로 보면 그런 일은 있을 수 없다. 저자는 영장류학의 초창기부터 지금까지 인류의 공격성에 대한 논의를 되짚어 보면서 그것이 과연 인류 화석 연구나 영장류 행동 연구를 뒷받침할 수 있는 설인지 낱낱이 분석한다.

물론 야생 침팬지들도 전쟁을 수행한다. 혈연관계에 있는 수컷들이 집단을 만들어 이웃 무리에 침입해 상대 수컷이나 암컷을 덮쳐 깨물고 찢어 죽인다. 그러나 침팬지의 싸움과 인간 집단의 싸움에는 큰 차이가 있다. 침팬지는 각 개체의 이익과 욕망에 휘둘려 싸움을 일으키는 데 반해 인간의 싸움은 늘 무리에 봉사한다는 것이, 전제된다는 점이다. 21세기를 살아가는 지혜에는 인류가 물려받은 영장류의 유산이 있다. 현재 살아있는 유인원이 열대우림에서 나가지 못하고 여전히 그곳에서 살고 있는 이유는 육식 동물이 많은 지상에서 생활할 수 없었기 때문이다. 이들은 표범이나 사자 등 포식자를 피해 여전히 나무 위에서 산다. 이들 유인원에 비해 훨씬 연약한 몸을 지니고 있었던 것으로 보이는 초기 인류가 왜 땅 위 생활에 적합한 특징을 몸에 지니게 되고, 이윽고 나무가 없는 사바나로 진출하게 됐는지는 지금까지 풀지 못한 수수께끼다. 저자는 초기 인류가 개발한 독특한 이동 양식과 사회성에 그 이유가 있다고 생각한다. 즉 두 발 걷기(직립이족보행)와 근친상간을 터부시함으로써 가족을 형성한 것이다. 그리고 생태적 이유로 발달한 이들 특징이 나중에 언어를 탄생시키고 공동체에 봉사하는 인간만의 독특한 폭력을 만들어 내는 바탕이라 추측한다. 이러한 인간의 사회성을 떠받치고 있는 근원적 특징에는 공동 육아, 공개적인 식생활과 함께 먹기(共食), 근친상간의 금지, 대면(對面) 커뮤니케이션, 제3자의 중재, 언어를 이용한 대화, 음악을 통한 감정 공유 등이 있다. 인간이 현재 안고 있는 문제와 갈등의 해답 역시 이러한 진화의 역사에서 찾을 수 있다고 저자는 주장한다. 즉 우리 인간이 세계를 인지하는 능력도, 동료들 사이에서 일어나는 갈등도, 싸우는 능력도 모두 영장류에서 진화한 시절에 익힌 것이다. 타자에 대한 허용성과 서로 동화될 수 있는 가소성을 높이는 데 바로 경계 없는 시대를 살아가는 비결이 감춰져 있다고 저자는 힘주어 말한다."

야마기와 주이치 교수에 따르면 전쟁 욕구는 영장류의 조상으로부터 물려받은 본능적으로 획득한 전쟁에 대한 집착이다. 노자는 전쟁을 극혐오했다. 그러나 어쩔 수 없이 치러진 전쟁에 대하여 30장과 31장에서 도의 관점으로 임하는 자세와 대처 방안에 대하여 설명하고 있다. "도로써(以道) 군주를(主) 보좌한다는(佐人) 것은(者) 전쟁으로써(以兵) 천하를(天下) 강제하지 않도록 해야 한다(不強)"라는 것이다. 왕이 전쟁을 추구하면 그를 보좌하는 사람은 목숨을 걸고도 막는 것이다. 현대 시대는 전쟁도 경제적 관점으로 바라본다. 돈이 되니 전쟁하고 정치적 목적으로 전쟁한다. 무기회사들의 막대한 정치자금이 로비를 통해 흘러들어 가는 이유이다.

❖ **其事好還(기사호환). 師之所處(사지소처), 荊棘生焉(형극생언).**
전쟁하는 것을(其事) 좋아하면(好) 그 대가를 치르는 법이다(還). 군대가(師之) 머무른 자리는(所處) 황폐해져 가시덤불만(荊棘) 자라도다(生焉).

還(돌아올 환/선/영) - 돌아오다, 돌아보다, 돌려보내다, 물러나다, 굴리다, 둥글다.
師(스승 사) - 스승, 군사, 벼슬아치, 뭇사람, 전문 기예인, 악공, 스승으로 삼다.
處(곳 처) - 곳, 때, 시간, 지위, 신분, 살다, 휴식하다, 머무르다, 은거하다, 누리다.
荊(가시나무 형) - 가시나무, 곤장, 아내.
棘(가시 극) - 가시, 가시나무, 창, 야위다, 위급하다, 진열하다.

나는 도덕경을 주해하면서 인면수심의 인간을 털 없는 침팬지에 비유하였다. 그 이유는 야마기와 주이치, 데즈먼드 모리스, 마이클 토마셀로, 제인 구달, 다이앤 포시, 비루테 갈디카스, 프란스 드 발, 리처드 랭엄, 크리스토퍼 보헴 등과 같은 영장류 학자들의 책을 탐독하고 내린 결론이다. 이들의 공통된 연구 주제가 있다. 바로 인간 본성에 대한 기원이다. 인간의 폭력과 평등의 근원을 찾는 것이다. 나는 책 읽는 것에서 벗어나 그에 관련된 다큐를 적극적으로 찾아서 시청했다. 인간 폭력성의 기원이 어디서부터 왔는지? 학살이 일어나는 이유가 무엇인지? 어떻게 인간이 인간을 죽일 수 있을까? 결론은 내 안의 유인원이다. SBS 스페셜 〈멍키시티(Monkey City)〉의 주시평 PD는 YTN과 인터뷰에서 "인간만이 정치적인 동물인 줄 알았는데, 원숭이들이 오히려 훨씬 더 정치적이었어요"라고 했다. 노자의 도덕경을 통해 내가 주장하는 것도 바로 인간에게 이타심과 도덕심이 진화되지 않았다면 〈멍키시티〉의 원숭이들과 다를 바가 하나도 없다는 것이다. 그리고 일관되게 주장해 온 인간을 구분하는 능력이 결국 지성과 지혜라 하는 것이다. 자칭 보수라고 칭하면서 정치라는 이름으로 인간 같지 않은 언행을 일삼는 '털 없는 침팬지'를 구분하는 능력이야말로 최고의 지성인이 갖춰야 할 안목이자 덕목이다. 전쟁을 조장하고 지구의 모든 생명체에게 재앙을 가져다줄 후쿠시마 원전 오염수 방류하려는 놈들과 그것에 동조하는 털 없는 원숭이들이 어떻게 생각이 있는 인간이라 할 수 있는가? 그런 인간 같지 않은 짐승들이 지구상에 사라져야 사람인 우리가 살 수 있다.

"전쟁하는 것을(其事) 좋아하면(好) 그 대가를 치르는 법이다(還). 군대가(師之) 머무른 자리는(所處) 황폐해져 가시덤불만(荊棘) 자라도다(生焉)."

털 없는 원숭이들이 세상을 지배하면 닥쳐올 비극을 노자는 예언하고 있다. 나는 탈냉전 이후 내집단을 결속시킬 명분으로 미국이 중국과 러시아를 공공의 적으로 만들어 정권 유지 기능에만 사용한다면 제3차 세계대전은 필연이라고 본다.

❖ 大軍之後(대군지후), 必有凶年(필유흉년).

대군이(大軍) 일어난 후에는(之後) 반드시(必) 흉년이(凶年) 짓든다(生).

우크라이나와 러시아의 전쟁으로 우리는 그 결과를 보았다. 우크라이나의 농산물 수출 품목 중 해바라기유는 세계 1위, 보리와 옥수수는 세계 4위, 밀은 세계 6위, 콩은 세계 7위를 차지하고 있다. 전쟁 이후 원자재 가격 상승으로 물가가 급격히 상승하고 경제는 얼어붙었다. 급격한 이산화탄소의 상승은 기후변화를 더욱 급가속시켜 가장 먼저 풀의 생태환경에 영향을 준다. 지구는 하나의 운명 공동체이다. 모든 게 연결되어 있기 때문이다. 그게 자연선택이다. 인간이 자연환경에 영향을 주면 거기에 맞게 자연은 그대로 인간에게 되돌려준다. 노자는 '天地不仁'이라 했다. 천지는 인자하지 않다. 천지는 감정이 없는 것이다. 인간의 무지와 탐욕은 필연적으로 단기적인 선택과 단기적인 결정을 하게 되어있다. 일본 교토대 영장류 연구소 소장 마츠자와 교수는 컴퓨터 화면에 1~9까지 숫자를 0.4초 안에 '아유무'라는 침팬지에게 보여주고 그것을 나타낸 순서대로 터치하는 단기기억 능력을 수년 동안 테스트하였다. 침팬지와 침팬지들끼리 그리고 침팬지와 인간과 대결도 시켜보았는데 아유무를 당해낼 수가 없었다. 나도 컴퓨터 화면에서 자가 테스트를 해봤는데 무슨 숫자가 지나갔는지 알 수가 없었다. 인간과 침팬지가 다르다는 한 가지 이유는 정확해졌다. 바로 단기기억 능력과 장기기억 능력이다. 이에 대해 마츠자와 교수는 "언어나 복잡한 사고를 얻는 과정에서 인간은 이런 놀랄만한 기억 능력을 잃어버린 것으로 생각됩니다"라고 밝혔다.

인간의 이타심과 도덕심은 엄청난 단기기억 능력을 퇴화시키고 새로이 진화를 통해 획득한 장기기억 능력이다.

전쟁과 도덕적 해이가 인류와 지구의 생명체에 어떤 영향을 끼치게 될지 침팬지의 단기기억 능력이 아닌 사피엔스의 장기기억 능력을 통한 이타심과 도덕심으로 바라보면 끔찍하다.

❖ **善有果而已(선유과이이), 不敢以取強(불감이취강).**
도를 통달한 자는(善有) 전쟁하지 않고도 해결할 따름이지(果而已), 구태여(敢) 무력을 행사함으로써 이기려 하지 않는다(不以取強).

果(열매 과) - 열매, 실과, 결과, 과연, 정말로, 이루다, 배부르다, 맛 좋다, 벗다.
敢(감히 감) - 감히, 구태여, 함부로, 감히 하다, 감행하다, 굳세다, 결단성이 있다.

사피엔스는 침팬지와 공통 조상의 400cc의 뇌 용적에서 현재는 평균 1,500cc의 뇌 용적으로 600만 년 동안에 폭발적으로 진화해 왔다. 미국 UCLA의 심리학·정신의학·생물행동과학과 교수인 매튜 D. 리버먼(Matthew D. Lieberman, 1970~)은 그의 저서 《사회적 뇌, 인류 성공의 비밀》에서 "우리 인간의 뇌는 생각을 위해서만 설계된 것이 아니라, '사회적 연결'을 위해서도 진화되었다"고 주장한다. 다른 사람들과 접촉하고 연결되고자 하는 욕구는 삶의 모든 측면에서 우리의 행동을 좌우하는 가장 기본적인 힘들 가운데 하나라는 것이다. 인간의 뛰어난 공감 능력은 지구 반대편에서 일어난 아이티 지진으로 사망한 생면부지의 사람들과 울부짖는 가족들을 보고 마음 아파하고 눈물 흘린다. 바로 우리의 사회적 뇌는 같은 사건과 현상을 보고 슬프거나 기쁘거나 분노한다. 이타심과 도덕심은 공감 능력의 표상이다. 공감 능력을 통해 서로가 서로에게 영향을 미쳐 뇌의 신경 회로망(neural network)을 형성한다. 인종과 문화가 달라도 기본감정인 '희로애락(喜怒哀樂)'에 대한 사피엔스가 가지는 감정은 공유되는 것이다. 그러기에 미국에서 만든 영화든 인도에서 만든 영화든 우리는 감정이 만든 희로애락에 공감하기에 슬픈 장면이 나오면 같이 울고, 같이 통쾌해한다. 감정은 느낄 줄 아는 감동하는 능력이다. 핵무장을 외치고 대립과 전쟁을 좋아하는 대한민국의 극우 보수는 감정을 느끼지 못하는 잔혹한 침팬지들이다.

그러기에 "도를 통달한 선함이 있는 자는(善有) 전쟁하지 않고도 해결할 따름이지(果而已), 잔혹한 침팬지처럼 구태여(敢) 무지막지한 무력을 행사함으로써 이기려 하지 않는다(不以取强)"고 한다.

- ❖ **果而勿矜(과이물긍), 果而勿伐(과이물벌), 果而勿驕(과이물교).**
  목적을(果) 얻었을 뿐(而) 자랑하지 말고(勿矜), 목적을 얻었을 뿐(果而) 싹을 자르지 말고(勿伐), 목적을 얻었을 뿐(果而) 교만 떨지 않는다(勿驕).

  勿(말 물/몰) - 말다, 말라, 말아라, 아니다, 없다, 근심(분주)한 모양, 먼지를 털다.
  矜(자랑할 긍/근/관) - 자랑하다, 불쌍히 여기다, 괴로워하다, 엄숙하다, 숭상하다.
  伐(칠 벌) - 치다, 정벌하다, 베다, 치다, 찌르다, 비평하다, 자랑하다, 방패, 공로.
  驕(교만할 교) - 교만하다, 경시하다, 오만하다.

싸워야만 이긴다고 생각하는 기저에는 내가 줄곧 주장해 온 '힘이 정의'가 된다고 생각하기 때문이다. 동물 사회는 힘이 정의가 되는 사회인 위계에 의한 수직적 서열구조를 엄격하게 준수한다. 그걸 망각하면 죽임을 당하거나 무리에서 방출된다. 미국 독립 전쟁과 프랑스 대혁명을 통해 인간은 표면적으로 힘이 정의가 되는 질서에서 벗어났다. 표면적으로다. 그러나 우리의 내면에서는 힘이 정의가 맞다고 스스로 인정한다. 노자가 꾸준히 하지 말라는 것이 우리의 욕망이라는 본질이다. 과시 욕구와 타인에게 인정받고자 하는 가장 강력한 욕구가 우리의 뇌를 지배하고 있다. 트위터와 페이스북의 '좋아요'는 그런 우리의 강력한 욕구에 승승장구한 것이다. 돈, 권력, 영향력 같은 타인을 지배할 수 있는 에너지원을 쉽게 포기한다는 것은 노자가 아니면 어렵다. 우리 내면의 부러움에 대한 감정은 친구가 새로 이사한 강남의 아파트가 부럽고, 친구가 새로 교체한 벤츠 자동차가 부럽다. 친구 아들이 서울대에 합격한 것이 부럽고, 친구의 남편이 장관직에 취임한 것이 부럽다. 그러한 것을 부러워하면서 남과 끊임없이 비교하여 자기 자신을 비참하게 여기기에 힘이 정의가 될 수밖에 없다. 인정욕구는 행위자와 대상자가 공통으로 느끼는 서로 다른 감정이다. 과시하는 자는 과시에 누군가 인정해 주어 우쭐해한다. 비참한 자는 그런 현실을 스스로 인정함으로써 더욱 비참함을 느끼게 되는 것이다.

예전에 사업을 하면서 경제인으로 살 때 나도 그랬다. 남과의 비교를 통해 인정받고자 하는 욕구는 채워지지 않는 무한대의 감정이다. 1천억이 전 재산인 사람은 1조를 가진 사람에게는 가난뱅이이다. 1조를 가진 사람은 2조를 가진 사람에게 가난뱅이다. 이를 천연마약인 도파민 보상시스템 때문임을 전 장에서 충분히 설명하였다.

"목적을(果) 얻었을 뿐(而) 자랑하지 말고(勿矜), 목적을 얻었을 뿐(果而) 짓밟아 싹을 자르지 말고(勿伐), 목적을 얻었을 뿐(果而) 교만 떨지 않는다(勿驕)." 그러나 현실에서 이러기가 쉽지 않다.

❖ **果而不得已(과이부득이). 果而勿強(과이물강).**
  목적을 얻었을 뿐(果而) 마지못하여 하는 수 없이 해야 한다(不得已). 목적을 얻었을 뿐(果而) 힘 있음을 과시하지 말라(勿強).

과시욕과 인정욕구를 한 방에 날려 버릴 수 있는 방법을 찾아가는 과정이 내가 공부라고 연구해 왔던 주요 주제 중 하나였다. 한때 나와 함께 살았던 사람이 했던 말 중에 "난 당신하고 살면서 한 번도 행복한 적이 없었어!"라는 충격적인 말을 듣고부터다. 충분한 생활비와 주거환경에 독일제 차까지 있었음에도 행복하지 않았다니? 나는 그 이유를 몰랐었다. 나는 해줄 만큼 도리를 다하고 살았다고 믿었기 때문이다. 그 후 수십억에 이르는 사기를 당하고 경제적으로 파산 선고를 받았다. 그리고 인간의 행복이 무엇인가에 대해 답을 찾아갔다. 아리스토텔레스의 행복론, 세네카의 행복론, 버트런드 러셀의 행복론, 달라이 라마의 행복론, 행복이란 단어가 들어가는 책을 도서관에서 찾아 읽었다. 그런데도 솔직히 행복이 뭔지 잘 모르겠다. 그러다 고등학교 국어 교사로 근무하는 후배의 소개로 즉문즉설로 유명한 법륜 스님을 알게 됐다. 법륜 스님의 책과 즉문즉설이 담긴 CD를 선물 받고 열심히 들었다. 진정한 공부(답이 없는 질문에 끊임없이 묻고 답하는 공부를 말한다)를 해본 사람은 공감하겠지만 답을 찾아 알게 되면 은근히 허무할 때가 많다. 답이 생각했던 것보다 너무 단순하기 때문이다. 행복 = 만족 = 세로토닌이라는 단순한 답을 찾는 데 몇 년이 걸렸다. 행복은 만족할 줄 아는 능력이다. 그게 불교가 말하는 무소유의 힘이다. 나는 지금 내 생활에 매우 만족한다. 가끔 외로울 때도 있지만 국회라는 뛰어난 환경에서 책 읽고 공부하고 글쓰기가 너무 재미있다. 노자의 도덕경도 주해하는 일이 어려운 게 아니라 옥편에서 한자를 찾아 뜻을 옮기는 것과 해석을 어떻게 했는지 뜻풀이하는 것과 편집하는 일이 오히려 제일 힘들다. 주해는 한번 시작하면 술술 나온다. 그동안 이렇게 하고 싶은 말이 많았었는지 스스로 놀라면서 재미있게 글을 쓰고 있다.

이제 과시욕과 인정욕구를 잠재우는 것에 대한 답을 할 때가 된 것 같다. 이 또한 단순하다.

❖ **物壯則老(물장즉로), 是謂不道(시위불도), 不道早已(불도조이).**
  만물은(物) 성할수록(壯) 일찍 늙어 가는 법이니(則老), 이를 일러(是謂) 도가 아니라 한다(不道). 도가 아니면(不道) 서둘러(早) 끝나버릴 따름이다(已).

동물행동학에서 동물이 과시행동을 하는 이유를 다음과 같이 설명한다.

1. 위협 – 이빨, 소리, 힘, 건강, 강인함, 털 세우기, 무기로 쓰는 독은 위협 과시이다.
2. 구애 – 둥지, 새의 노래, 성기, 근육, 털 색깔, 냄새 등이 있다.
3. 영역 – 동물행동학에서 마킹(marking) 행동: 똥, 오줌, 타액, 털, 냄새 등

인간이 동물인 이유는 동물을 들여다보면 별반 인간과 차이가 없기 때문이다. 단, 대놓고 하느냐, 몰래 하느냐의 차이뿐이다. 동물행동학을 배우고 동물을 관찰하면 저절로 겸손해지고 머쓱해진다. 과시(誇示, Display)의 생물학적 근원은 유성생식을 통해 획일적이고 단순한 유전자로 집단 멸종을 막기 위해서 유전자를 혼합하기 위한 자연선택이다. 성(性, SEX)은 생명체들이 진화 초기에

발생한 모든 생명체의 기본 속성이다. 정자와 난자의 유전적 다양성을 위해 수정을 통한 유전자를 섞기 위함이다. 그러다 수십억 년 후 동물들이 다세포로 진화하면서 수컷과 암컷이 나뉘게 되고 각 동물 중에서 절반은 난황이 있는 알을 낳거나 새끼를 임신하는 암컷이 되어 자손을 키우는 데 집중했다. 나머지 절반은 수컷으로서 더 나은 싸움꾼이 되거나 스스로 뽐내는 일을 했다. 찰스 다윈은 《인간의 유래와 성 선택》에서 "암컷이 화려한 색깔이나 그 밖의 장신구들로 치장한 수컷에서 어떤 매력도 느끼지 못한다고는 믿을 수 없다"고 말했다.

그야말로 과시는 까다로운 암컷에게 잘 보이기 위함이다. 그 이유는 암컷은 영양분이 많은 난황과 함께 난자를 제공하는 반면, 수컷은 난자와 결합할 가벼운 정자만 만든다. 정자가 영양분이 가득한 난자를 향해 헤엄치기 시작하면서 경쟁은 시작된다. 곤충이나 물고기의 암컷은 난자에 아주 적은 양의 영양분만 저장하기 때문에 수백 개의 알을 낳을 수 있다. 영양분이 많은 난자를 조금 만들거나 오랜 임신 끝에 새끼를 낳는 포유류도 있다. 암컷은 다음 세대를 위해 체력을 많이 투자하기 때문에 내 유전자를 전달할 수컷을 아주 까다롭게 고른다. 그에 반해 정자 생산에 드는 비용은 훨씬 적다. 수컷들은 내 유전자를 남기기 위해 다른 수컷들을 공격하고, 암컷들에게 자신을 뽐내는 데 많은 에너지를 투자한다. 그 결과 사슴벌레의 거대한 턱에서 극락조의 멋진 털까지, 수컷들의 겉모습이 화려해졌다. 오늘날 짝짓기에 성공하기 위해 노래하거나 춤추거나 싸우는 수컷의 모습이 낯설지 않은 이유다. (출처: 빅 히스토리 연구소, 《빅 히스토리》)

과시욕과 인정욕구에 대처하는 방법은 무시(無視)와 무관심(無關心)이다. 동물들의 위협 과시는 무시하거나 되려 더 강하게 위협하는 것이다. 그러나 후자는 동물들도 위험도가 크기에 본능적으로 회피한다. 친구가 차를 사든가 말든가, 집을 사서 옮기든가 말든가, 친구 남편이 승진해서 높은 자리에 올랐든가 말든가 그저 무관심하면 된다.

플라톤이 이데아를 설명하기 위해 들었던 동굴 우화를 다시 떠올려 보자! 우리는 눈에 보이는 Visual World 가시계(可視界)를 중심으로 살고 있다. 동굴 안에만 있으면 동굴만이 세상에 전부라고 착각한다. 그리고 모닥불에 비친 자신이 자신의 그림자만이 참모습이라고 믿는다. 사물과 허상이 지배하는 세상에서 머무는 우물 안 개구리이다. 진정한 세상은 동굴 밖에 있는데도 불구하고 말이다. 플라톤은 진정한 이데아의 세계, 즉 최고선(最高善, The Good)은 눈에 보이지 않는 가지계(可知界)인 Intelligible World라고 가르친다.
이것이 바로 노자의 도가 지배하는 세계와 같은 개념이다.

눈에 보이는 사물은 허상이다. 진정하면서 성실하게 돌아가는 세상의 이치는 눈에 보이지 않는다. 동물의 마음에 머물러 있는 자는 오로지 힘의 과시만이 정의이자 자신을 드러내는 과시행위가 오로지 전부다. 아무리 명품을 휘두르고 화장하고 향수를 뿌려도 걸레는 빨아도 걸레다. 인면수심을 하고 짐승의 마음으로 세상을 들여다봐야 답이 없다. 그러니 세상이 제 맘대로 안 된다고 온갖 화풀이를 하고 다닌다.

"만물은(物) 크게 성할수록(壯) 일찍 늙어 가는 법이니(則老), 이를 일러(是謂) 도가 아니라 한다(不道). 도가 아니면(不道) 서둘러(早) 끝나버릴 따름이다(已)."

동물과 인간을 현저하게 구분하기 위해서는 동물적 본능에서 벗어나 인간의 조건인 도를 깨우치고 눈에 보이지 않는 이데아의 안목을 가진 도인(道人)과 철인(哲人)의 경지에 다다르는 것이다. 그리하여 늙지 않고 오래가는 법이다.

제31장.
夫佳兵者(부가병자)
전쟁하는 동물 사피엔스 - 승리하더라도 상례로 대하라

夫佳兵者, 不祥之器, 物或惡之, 故有道者不處. 君子居則貴左, 用兵則貴右. 兵者不祥之器, 非君子之器, 不得已而用之, 恬淡爲上. 勝而不美, 而美之者, 是樂殺人. 夫樂殺人者, 則不可得志於天下矣. 吉事尙左, 凶事尙右. 偏將軍居左, 上將軍居右. 言以喪禮處之. 殺人之衆, 以悲哀泣之, 戰勝以喪禮處之.

대저(夫) 아무리 훌륭한 병기라도(佳兵者) 그것은 상서롭지 못한 도구이니(不祥之器), 만물이(物) 모두(或) 불길하게(惡之) 여기므로(故) 도를 터득한 자는(有道者) 거기에 머물지 않는다(不處). 군자는(君子) 거함에 있어(居則) 왼편을(左) 귀하게(貴) 여기고, 병사를 진두지휘할(用兵) 때는 오른편을(右) 귀하게(貴) 여기는 법이다(則). 병기란(兵者) 상서롭지 못한(不祥) 도구라(之器) 군자가 아닌 자가(非君子) 사용하는 물건이다(之器). 부득이할(不得已) 때만 사용해야 하며(而用之), 평온하고(恬) 담박하게(淡) 다스림이 최상이다(爲上). 전쟁에서 이겼더라도(勝而) 찬미하지 마라(不美)! 그것을 찬미하려는(而美之) 놈은(者) 무릇(是) 살인을 즐기는 놈이다(樂殺人). 무릇(夫) 살인을 즐기는 놈이(樂殺人者) 천하가(天下) 뜻대로 이루어지는 것이야말로(得志於) 불가한 법이니라(則不可)! 길한 일에는(吉事) 왼편을 높이고(尙左), 흉한 일에는(凶事) 오른편을 높인다(尙右). 부장 장군은(偏將軍) 왼편에 자리하고(居左), 상장군은(上將軍) 오른편에 자리한다(居右). 이는 전쟁을 상례로써(以喪禮) 대처하라는(處) 말씀이다(言). 전쟁에서 그 많은 사람을 학살했으니(殺人之衆), 슬픔과 가련한 마음으로써(以悲哀) 통곡해야 하는 것이다(泣之). 전쟁에서 승리를(戰勝) 거두었기에 더욱더 상례로써(以喪禮) 대처하라는 것이다(處之).

❖ **夫佳兵者(부가병자), 不祥之器(불상지기). 物或惡之(물혹오지), 故有道者不處(고유도자불처).**
대저(夫) 아무리 훌륭한 병기라도(佳兵者) 그것은 상서롭지 못한 도구이니(不祥之器), 만물이(物) 모두(或) 불길하게(惡之) 여기므로(故) 도를 터득한 자는(有道者) 거기에 머물지 않는다(不處).

佳(아름다울 가) - 아름답다, 미려하다, 좋다, 훌륭하다, 사랑하다, 크다, 크게, 매우.
祥(상서 상) - 상서, 조짐, 제사, 복, 재앙, 상서롭다, 자세하다.

미국 몬태나대학교 생물학과 더글러스 엠린(Douglas J. Emlen) 교수의 저서 《동물의 무기 - 잔인하면서도 아름다운 극한 무기의 생물학》에서 동물의 극한 무기 발달과 진화에 대해 탁월한 통찰력을 보여주는 연구서이다. 그는 행동생태학, 유전학, 계통학, 발생생물학 등의 접근방식을 결합해 진화 과정에서 기괴한 구조의 무기가 어떻게 형성됐는지 밝히고 있다. 결론부터 이야기하면 포식자(捕食者, predation)와 피식자(被食者, Prey)의 관계가 생겨나면서부터이다. 잡아먹는 자와 잡아먹히는 자의 숙명의 무기 경쟁 관계이다.

국립과천과학원에 가면 4억 년 전 고생대 데본기 바다를 지배했던 3m가 넘는 무시무시한 턱을 가진 판피어류인 최상위 포식자 둔클레오스테우스(Dunkleosteus)의 화석이 전시되어 있다. 어마어마한 크기의 턱을 가지고 암모나이트나 대형 어류를 잡아먹었을 것이다. 상어의 이빨이 진화하기 전 턱뼈가 이빨을 대신했다. 들쭉날쭉한 둔클레오스테우스의 턱은 공격용 무기이다. 암모나이트(ammonite)의 딱딱한 껍질은 포식자로부터 자신의 연약한 몸을 지키기 위한 방어벽이다. 인간이 치르는 전쟁의 기원은 사냥꾼과 먹잇감 사이에 이루어진 숙명이었다. 그리고 4억 년에 걸쳐 포식자와 피식자 그리고 짝짓기 경쟁을 위해 어마어마한 군비경쟁을 시작한다. 엠린 교수는 "경쟁(競爭, Competition)이 시작되면서 무기는 정말 커지기 시작하고, 그 과정에서 여러 가지 일이 발생한다. 경쟁의 여러 국면을 이해하면 종의 차이에도 불구하고 현저하게 닮은 점들을 포착할 수 있다. 인간의 무기를 포함한 극한의 무기를 포함한 극한 무기 모두가 공유하고 있는 놀라운 특성들 말이다. 무기가 커지면 비용도 많이 들어서, 가장 긴 뿔을 가진 수컷은 이제 눈의 발육이 늦어졌다.

더 긴 뿔을 얻기 위해 선택된 수컷들은 더 짧은 뿔을 얻기 위해 선택된 수컷들보다 눈이 30% 더 작았다"라고 했다. 자연선택의 원리는 하나를 가지면 다른 하나를 내어주는 것이다. "전성기의 대영제국은 모든 대륙에서 식민지와 영토를 두고 세계 인구의 5분의 1일 지배했다. 절대적으로 우월한 해군이 없었다면 불가능했을 것이다. 전함을 건조하는 비용은 막대했다. 74문의 대포를 장착한 배 한 척을 만드는 데만도 100년 이상 자란 참나무 3,500그루가 필요했다. 대포 100문을 장착한 전함은 참나무가 6,000그루 가까이 필요했다. 이 무렵 유럽 국가들은 이미 대규모로 벌채를 마친 뒤라, 단단한 목재를 구하는 데 엄청난 비용이 들었다. 폭넓은 해상 무역로와 식민지를 가진 나라만이 필요한 목재를 들여올 수 있었고, 대부분의 시기 식민지에서는 배를 조립하기만 했다. 가장 큰 전함의 건조 비용에 더해서 조선소와 설계사, 조선공, 선원, 대포, 삭구(索具·배에서 쓰는 로프·쇠사슬 따위의 총칭), 훈련받은 장교와 병사 등의 비용까지 감당할 만한 국가는 별로 없었다. 함대와 선박 크기는 국가의 전투력을 나타내는 신호가 되었다. 이는 완벽한 전투 억제 신호였다. 농게와 마찬가지로, 두 나라 해군이 격돌이 일어나는 것은 규모가 비슷할 때였다." 현대사회에 들어와도 각 나라는 치열한 무기 경쟁을 벌인다. 실제 전쟁에서 사용하기보다 공격 억제용으로 군비경쟁을 벌인다.

2022년 세계 각국의 국방 예산 규모이다.

순위	국가	예산	GDP 대비
1위	미국	801.0십억$	3.2%(GDP 대비)
2위	중국	293.0$	1.7%(GDP 대비)
3위	인도	76.6$	2.4%
4위	영국	68.4$	2.1%
5위	러시아	65.9$	3.1%
6위	프랑스	56.6$	2.0%
7위	독일	56.0$	1.4%
8위	사우디	55.6$	6.6%
9위	일본	54.1$	1.1%
10위	대한민국	50.2$	2.8%
11위	이탈리아	32.0$	1.5%
12위	호주	31.8$	2.0%
??위	북한	11.0$	15.9%

"대저(夫) 아무리 훌륭한 병기라도(佳兵者) 그것은 상서롭지 못한 도구이니(不祥之器), 만물이(物) 모두(或) 불길하게(惡之) 여기므로(故) 도를 터득한 자는(有道者) 거기에 머물지 않는다(不處)." 국제관계는 동물의 군비경쟁 못지않게 비용을 지출한다.

- ❖ **君子居則貴左(군자거즉귀좌), 用兵則貴右(용병즉귀우).**
  군자는(君子) 거함에 있어(居則) 왼편을(左) 귀하게(貴) 여기고, 병사를 진두지휘할(用兵) 때는 오른편을(右) 귀하게(貴) 여기는 법이다(則).

이 구절을 정확하게 이해하려면 역경을 반드시 알아야 제대로 된 해석이 가능하다. 왜 오른쪽을 귀히 여기는가에 대한 정확한 근거를 알아야 하기 때문이다. 만일 내가 주역을 공부하지 않았다면 노자의 도덕경 주해를 여기서 멈춰야 한다. 왜냐? 제대로 아는 게 없기 때문이다. 주역과 음양 팔괘, 64괘 그리고 하도(河圖)와 낙서(洛書)에 대한 정확한 이해가 필요하기 때문이다. 그리고 왜 노자와 공자 같은 위대한 사상가들이 고조선의 건국이념인 홍익인간(弘益人間)과 재세이화(在世理化)와 맥이 닿는지를 알 수 있다. 이는 북방에서 부흥한 사피엔스의 공통된 자연 현상을 바라보는 시각이다.

고려 말 일연 스님(1206~1289)의 《삼국유사(三國遺事)》 기이편(紀異篇-특별한 것을 적음)에 실린 고조선(古朝鮮) 건국 신화에 홍익인간 재세이화란 말이 나온다.

"무릇 옛 성인(聖人)이 바야흐로 예악(禮樂)으로 나라를 일으키시고 인의(仁義)로 가르침을 베푸는 데 있어 괴력난신(怪力亂神)에 대해서는 말하지 않았다. 그러나 제왕(帝王)이 장차 흥할 때 부명(符命)에 응하거나 도록(圖籙)을 받아 반드시 어느 사람과 다른 점이 있은 연후에야 능히 큰 변화를 타고 대기(大器)를 잡고 대업(大業)을 이룰 수 있었다. 그러므로 황하(黃河-河圖)에서 그림이 나왔고 낙수(洛水)에서 글이 나와서 성인이 일어났다. 무지개가 신모(神母)를 휘어 감아 복희(伏羲)를 낳았으며 용(龍)이 여등(女登)에게 감응하여 염제(炎帝)를 낳았으며 황아(皇娥)가 궁상(窮桑)의 들판에서 놀다가 자칭 백제의 아들이라는 신동과 정을 통하여 소호(小昊)를 낳았다. 간적(簡狄)은 알을 삼키고 설(契)을 낳았으며 강원(姜嫄)은 발자국을 밟고 기(弃)를 낳았다. 요(堯)는 잉태된 지 14개월 만에 태어났으며 용(龍)이 큰 못에서 교접하여 패공(沛公)을 낳았다. 이로부터 내려오는 것을 어찌 다 기록할 수 있으랴? 그러므로 삼국의 시조가 모두 신이(神異)한 데에서 나온 것이 어찌 괴이하다 할 수 있겠는가? 이러한 신비스러운 기적이 모든 편(篇)의 첫머리에 실린 것은 그 뜻이 바로 여기에 있는 것이다. 고기(古記-옛 기록)에 이르기를, 옛날에 환인(桓因)의 아들인 환웅(桓雄)이 자주 하늘 아래에 뜻을 두어 인간 세상을 구하고자 하였다(數意天下, 貪求人世). 아버지(환인, 桓因)가 아들(환웅, 桓雄)의 뜻을 알고 삼위태백(三危太伯, 현 중국 감숙성 돈황현 남쪽의 삼위산, 태백산)을 내려다보니 홍익인간이라 한 것이다(下視三危太伯, 可以弘益人間). 이에 천부인(天符印) 3개를 주고 가서 다스리게 하였다. 환웅이 무리 3천을 이끌고 태백산 꼭대기의 신단수(神檀樹) 아래로 내려와 그곳을 신시(神市)라 이르니 이가 환웅 천왕이다. 그는 풍백(風伯), 우사(雨師), 운사(雲師)를 거느리고 곡식(穀)·생명(命)·질병(病)·형벌(刑)·선악(善惡) 등 무릇 사람 사이의 360여 가지 일을 주관하여 인간 세상을 재세이화(在世理化)하였다. 이때 곰 한 마리와 호랑이 한 마리가 같은 굴에서 살았는데, 늘 신웅(神雄, 환웅)에게 원화위인(願化爲人)했다. 마침내 신(神, 환웅)이 신령스러운 쑥 한 심지와 마늘 20개를 주며 너희들이 이것을 먹고 100일 동안 햇빛을 보지 않으면 곧 사람이 되리라 하였다. 곰과 호랑이는 이것을 받아 굴로 들어갔다. 하지만 곰은 三七(21일)을 금기하여 여자가 되었지만, 호랑이는 참지 못하여 사람이 되지 못했다. 웅녀(熊女)는 혼인할 상대가 없어 늘 신단수 아래에서 아이 배기를 축원하였다. 환웅이 잠깐 변해 그와 결혼하여 아이를 낳았으니, 이름을 단군왕검(檀君王儉)이라 하였다."(출처: 위키문헌)

이는 북방 사피엔스의 시각이자 하늘에서 지구를 바라본 혼천(渾天) 사상이다. 북쪽에서 적도 방향을 바라보면 해가 뜨는 방향은 서쪽(左)이 그러기에 주역의 양(陽)이 반대편 대륙이 음(陰)이 된다. 지구가 자전하는 방향이다. 일찍이 북방 민족은 지구가 태양을 돈다고 보았다. 우리는 한반도 남쪽의 시각에 고정관념을 가지고 있기에 항시 동쪽에서 해가 뜨는 것에 관념화되어 있다. 그러나 하도와 낙서 그리고 주역에는 북방 민족의 시각이 그대로 들어있기에 북방 민족은 해가 뜨는 동쪽을 서쪽으로 칭하고 해가 떠오르는 왼편을 높이 치는 것이다. 지도를 거꾸로 돌려 북방 민족 시각으로 세상을 바라보면 사피엔스의 이동 루트가 보인다.

"군자는(君子) 거함에 있어(居則) 왼편을(左) 귀하게(貴) 여기고, 병사를 진두지휘할(用兵) 때는 오른편을(右) 귀하게(貴) 여기는 법이다(則)." 북방 민족은 해가 뜨는 왼편을 기이 여기고 전쟁에 임할 시에는 상례의 법칙을 따르기에 죽은 자에 대한 예로 반대로 하는 것이다. 그러기에 고조선을 중심으로 했던 북방 민족을 아우르는 지배사상이 깃들어 있다. 이에 대한 연구자료가 많지 않다. 한양대학교 국문과 윤재근(1936~) 명예교수는 그의 저서《노자 81장》에서 지남(指南)에 대해 "귀좌(貴左)의 좌는 항상 남면(南面)하는 임금의 좌측을 말한다. 남쪽을 바라보는 자리에서 왼쪽이란 동쪽을 말한다. 따라서 여기 貴左의 좌는 동방을 뜻하고, 양기(陽氣)를 뜻하며, 생(生)을 뜻한다"고 말한다. 이로써 南面한다는 것은 북쪽 고위도에 살았던 북방 아시아 전역에 퍼진 고유의 자연관인 태양 중심 사상이 깃들어 있다. 이것이 1만7천 년 전 북아메리카로 북아시아에서 이주한 사피엔스들의 태양신에 대한 고유 사상으로 이어져 남아메리카에까지 이어진다. 기원전 10세기 태양신을 숭배하는 제단인 피라미드에서 제사 지냈던 북방 아시아 정신의 뿌리가 남아있다.

❖ **兵者(병자), 不祥之器(불상지기), 非君子之器(비군자지기).**
  병기란(兵者) 상서롭지 못한(不祥) 도구라(之器) 군자가 아닌 자가(非君子) 사용하는 물건이다(之器).

사람을 죽이는 무기가 아무리 훌륭해도 기쁨과 즐거움을 주는 상서롭지 못한 물건이다. 동물의 사례에서 보았듯 무기에는 그에 상응하는 대가가 따른다. 통계청에 의하면 2022년 대한민국의 국방 예산 총액은 54조 6,112억 원이다. 전체 예산 중 13%에 해당한다. 천문학적인 국민의 혈세가 들어간다. 전 세계인이 한 사람 한 사람이 도를 깨달아 성인, 군자가 된다면 저 돈이 국민의 복지 증진에 쓰일 수 있다. 노자와 공자가 말 한대로 백성이 정치에 관심을 가질 일이 없고 배를 주릴 일도 다툴 일도 사라질 것이다.

❖ **不得已而用之(부득이이용지), 恬淡爲上(염담위상).**
  부득이할(不得已) 때만 사용해야 하며(而用之), 평온하고(恬) 담박하게(淡) 다스림이

최상이다(爲上:).

恬(편안할 염) - 편안하다, 안일하다, 평온하다, 고요하다, 담담하다, 조용하다.
淡(맑을 담/염) - 맑다, 엷다, 싱겁다, 담백하다, 묽다, 질편히 흐른다, 어렴풋하다.

    엠린 교수에 따르면 동물들의 무기 경쟁은 싸우기 위한 용도보다는 싸움을 억제하고자 하는 억제력에 치중되어 진화했다고 한다. 실제로 동물들이 서로 싸우는 경우는 드물다고 한다. 싸우게 되면 얻어야 할 실익보다는 싸움에 대한 대가로 잃게 될 생명의 위험성이 더 높기 때문이란 것이다. 실제로 싸우는 경우는 서로 만만할 때라고 한다. 덩치나 실력 차이가 날 때는 싸우지 않고 승산이 없는 쪽이 스스로 물러난다고 한다. 그러나 인간은 머리를 쓰고 언어를 사용하는 동물이다. 지혜를 짜내 말로 풀면 될 것이다. 폭력을 사용하여 실제 전쟁하는 것은 동물보다도 못한 진정한 하수인 것이다. 인간 언어의 지혜와 진화에 대해서는 에서 적당한 장에서 본격적으로 서술하겠다.
  나는 인간관계에서 'Tit-for-Tat' 전략을 사용한다. 팃포탯(Tit for tat, TFT) 또는 팃포탯 전략은 반복 게임에서, 경기자가 이전 게임에서 상대가 한 행동에 따라 이번 게임에서 그대로 따라 하느냐 바꾸느냐의 전략(strategy)으로 예를 들어 상대의 이전 행동이 협조적이었으면 협조하고, 배신이면 배신함으로써 상대하는 전략이다.

    팃포탯 전략은 게임이론으로 반복되어 진행되는 '죄수의 딜레마'의 강력한 전략이기도 하다. 이 전략은 1980년대에 미시간대학교 정치학과 로버트 액셀로드(Robert Axelrod, 1943~)가 고안한 게임이다. 이 게임에 참가한 토론토대학교 수리심리학과 아나톨 라포포트(Anatol Rapoport, 1911~2007)에 의해 최초로 제안되었다. 컴퓨터 시뮬레이션의 수많은 반복 매치를 통해 최고의 전략으로 확인된 바 있다. 이 전략을 사용하는 경기자는 처음에는 협력하고, 그 이후에는 상대의 바로 직전에 취한 전략에 똑같이 반응함으로써 진행된다. 만약 상대가 이전에 협력했다면, 경기자는 협력하고, 만약 배반했다면, 경기자는 배반할 것이다. 이것은 생물학에서의 협동 또는 초월성(super rationality) 또는 상호이타성(reciprocal altruism)을 설명할 수 있는 주요한 이론으로 받아들여지고 있다.

(출처: 위키백과)

恬談(염담)은 후대의 장자에도 나오는 말로 무기(無己)의 상태이다. 즉 이기(利己)가 없는 무위(無爲)의 자연 그대로의 고요하고 맑은 상태로 자기의 욕심이 없는 성인, 군자의 심리 상태이다. 한양대 윤재근 교수는 "염담(恬淡)은 항상 상선구인(常善救人), 즉 사람을 구제하기를 항상 선하게 하려는 마음가짐이다. 백성을 구하려는 마음가짐이 염담(恬淡)이다"라고 하였다. 고로 무위위상(無爲(恬淡)爲上)은 플라톤이 갈구한 철인이 다스리는 정치의 최고선(最高善)이다.

❖ **勝而不美(승이불미), 而美之者(이미지자), 是樂殺人(시락살인).**
  전쟁에서 이겼더라도(勝而) 찬미하지 마라(不美)! 그것을 찬미하려는(而美之) 놈은 (者) 무릇(是) 살인을 즐기는 놈이다(樂殺人).

전쟁은 동종의 살인을 정당화, 합리화는 유일한 수단이다. 죽여도 고문해도 어떤 짓을 하던 정당화되었다. 지구상 가장 악랄하고 추저분하다는 태즈메이니아데블보다 더 잔인한 동물이 전쟁하는 인간이다. 특히 20세기 초중반에 벌어졌던 세계대전에서 독일 나치와 일본제국주의 군대는 인간이 도대체 어디까지 잔인해질 수 있는가에 대한 실험무대였다. 더구나 일제의 군대는 30만이 넘는 무고한 인민을 난도질하며 난징에서 대학살 참극을 경쟁적으로 벌였다. 그리고 무고한 백성들의 베어진 머리를 자랑삼아 길거리에 전시하고 사진을 찍어 자신의 전공을 자랑한다. "그것을(而) 찬미하려는(美之) 놈은 (者) 무릇(是) 살인을 즐기는 놈이다(樂殺人)." 저걸 용인하는 미친놈이 있다.

난징 대학살의 참혹한 모습.
한 일본군이 중국인들의 머리를 쌓아두고 자신의 '전공'을 자랑하고 있다.
(출처: 아주경제)

❖ **夫樂殺人者(부락살인자), 則不可得志於天下矣(즉불가득지어천하의).**
  무릇(夫) 살인을 즐기는 놈이(樂殺人者) 천하가(天下) 뜻대로 이루어지는 것이야말로(得志於) 불가한 법이니라(則不可)!

　　독일은 그에 대한 대가를 처절하게 치렀다. 지금도 나치 이야기만 나오면 스스로 부끄러워한다. 그리고 처절히 반성한다. 그러니 사람이다. 사피엔스가 획득한 도덕심과 공감 능력은 타인이 받는 상처에 대한 감정이입 능력이다. 우리가 우리의 공격성과 폭력성을 줄여왔던 것은, 힘이 정의가 아님을 깨닫고 자신의 힘을 약자에게 사용하지 않았다. 그러하기에 우리는 그런 행위를 하는 인면수심의 가짜 인간을 짐승만도 못하다고 하는 것이다. 정의는 가짜 인간에게 그에 상응하는 고통과 응징을 가하는 것이다. 우리는 우리 손으로 인간 역사에 가장 잔혹한 살육을 벌인 일본제국주의를 처단하지 못했기에 만행은 계속되고 우리의 안전 역시 보장받을 수 없다.
우리의 가장 가까운 섬나라에 무릇(夫) 살인을 즐기는 놈들이(樂殺人者) 정치를 하고 군대를 장악하고 있으며, 대다수의 일본인들은 그들을 지지하고 뽑아주고 있다. 노자는 살인을 즐기고 자랑하고 멈출 줄 모르는 일제를 향해 "무릇(夫) 살인을 즐기는 놈들이(樂殺人者) 천하가(天下) 뜻대로 이루어지는 것이야말로(得志於) 불가한 법이니라(則不可)!"고 단언한다. 사피엔스는 단 한 종이다.
유권자로서 할 수 있는 정치적 선택은 인간과 짐승을 나누어 선별하는 일이다. 정당정치가 영국과 미국에서 발전한 이유는 공감 능력과 이익이 같은 사람들끼리 정당(政黨, Party)을 만들고 유지하기 때문이다. 정당을 대표하고 그 지지자들을 보면 사람 구분이 훨씬 쉽다. 당신의 가장 가까운 사람과 정치지향이 다르면 그 사람과의 관계가 오래가기 힘들다.

❖ **吉事尙左(길사상좌), 凶事尙右(흉사상우).**
  길한 일에는(吉事) 왼편을 높이고(尙左), 흉한 일에는(凶事) 오른편을 높인다(尙右).

　　吉(길할 길) - 길하다, 운이 좋다, 상서롭다, 착하다, 행복, 혼인, 제사.
　　凶(흉할 흉) - 흉하다, 흉악하다, 해치다, 죽이다, 근심하다, 사악하다, 다투다, 흉년, 재앙.

노자의 도덕경에서 가장 충격을 받은 장이 바로 이 31장이었다. 인간이 가질 수 있는 최상의 선이 있었다는 반가움 때문이다. 죽음에 대한 태도가 일상생활을 넘어 전쟁 시에도 예와 도를 내세우는 노자는 인간성이 왜 고귀한지를 알려주는 최고의 가르침이 있다는 자체만으로도 눈물이 나도록 고마웠다. 동물행동학의 세계적 선구자인 독일 뮌스터대학교 동물행동학 연구소 소장인 노르베르트 작서(Norbert Sachser) 교수의 《동물 안의 인간》에서 동물들은 자기의 유익을 위해 동족을 살해한다고 한다. "동물들은 자연선택을 위해 고유의 유전자를 다음 세대에게 가장 효율적으로 전달하도록 '프로그래밍'되어 있다. 그래서 종의 번영이 아닌, 이기주의 원칙에 따라 각자의 포괄 적합성을 극대화하는 방향으로 행동한다. 다른 개체를 돕는 행동이 자기의 포괄 적합성을 극대화하는 데 기여한다면, 동물들은 이타적으로 보이는 행동을 통해 타자를 도와준다. 하지만 돕는 행위가 아닌 다른 방식이 더 유리하다면 동물들은 그에 알맞은 행동을 한다. 그래서 그들은 위협과 다툼, 강제와 기만 등의 행동을 하며 상황에 따라서는 동종의 개체를 죽이기도 한다. 동물들은 적합성의 극대화라는 목적을 위해 강압적인 교미, 영아 살해, 암수 살해, 형제자매 살해, 침팬지의 집단 간 전쟁 등 이는 오로지 자기의 생존을 위한 행동으로 이기적인 이해관계와 결부되어 있다. 일반적으로 동물들은 동족을 살해할 때 심리적 압박을 느끼지 않는다." 인간도 자연선택뿐 아니라 인위적 선택으로 동종을 죽이기 위해 전쟁하는 동물이다. 그러나 우리가 다른 동물 형제들과 다른 것은 그들에게서는 찾아볼 수 없는 도덕심과 이타심과 같은 공감 능력이 있기에 사랑이라 하는 것이다. 동종을 죽이면서 아무런 감정을 못 느끼는 동물이 아니라 고통을 느끼고 슬픔을 느낄 줄 알기에 사람이라고 하는 것이다. 그래서 노자는 피할 수 없는 전쟁을 하고 나면 평상시 일상생활에서와 다르게 처신하라 이른다. "길한 일에는(吉事) 왼편을 높이고(尙左), 흉한 일에는(凶事) 오른편을 높인다(尙右)." 전쟁은 사람을 죽이는 흉흉한 일이기에 남면(南面)하여 서쪽이 음기(陰氣)이고 어둡고 사(死)하니 오른쪽을 높이는 상우(尙右)의 국가 주도의 장례 상태에 임하라는 뜻이다.

- ❖ **偏將軍居左(편장군거좌), 上將軍居右(상장군거우). 言以喪禮處 之(언이상례처지).**
    부장 장군은(偏將軍) 왼편에 자리하고(居左), 상장군은(上將軍) 오른편에 자리한다 (居右). 이는 전쟁을 상례로써(以喪禮) 대처하라는(處) 말씀이다(言).

    偏(치우칠 편) - 치우치다, 쏠리다, 기울다, 편향되다, 속이다, 나부끼다, 곁, 보좌, 무리.
    將(장수 장) - 장수, 인솔자, 문득, 무릇, 만일, 거느리다, 기르다.
    喪(잃을 상) - 잃다, 상복을 입다, 죽다, 망하다, 도망하다, 잊어버리다, 초상, 시체.

서양은 전쟁에서 승리하면 자랑질부터 하는 게 로마 시대부터 이루어진 전통이다. 그게 바로 개선문(凱旋門, Triumphal Arch)이다. 전쟁터에서 승리해 돌아오는 황제 또는 장군을 기리기 위하여 세운 문을 말하며, 일반적으로 개인 또는 국민이 이룩한 공적을 기념할 목적으로 세운 대문 형식의 건조물을 말한다. (출처: 위키백과) 동양과 서양의 차이는 이토록 근본부터 다르다. 전쟁에서 승리했다는 것은 적장의 목을 베고, 배를 가르고 얻어낸 것이다. 내가 목을 자른 상대의 적장은 누군가의 아들이자 남편 그리고 아버지이다. 이를 좋아라 경축하고 승전을 자랑 말라는 것이다. 그것을 지키지 못했기에 일본은 역사의 공적이요 인간이 아닌 야만족 지구상 가장 저급한 동물이다. 그들은 아직도 반성하지 않는다. 당연하다. 동물은 동종을 살해하면서 아무런 감정을 못 느끼기에 그렇다.

전쟁에 임하는 것은 어쩔 수 없이 사람을 죽여야 한다. 평상시에는 편장군 부장이 대장군의 오른편에 자리하나 전쟁에서는 부장 장군은(偏將軍) 왼편에 자리하고(居左), 상장군은(上將軍) 오른편에 자리한다(居右). 이는 전쟁을 상례로써(以喪禮) 대처하라는(處) 말씀이다(言). 이토록 위대한 사상과 철학, 가르침을 보신 적이 있는가. 나는 지금도 가슴이 뭉클하다. 많은 사람에게 알리고 읽게 만드는 것이 내 소임이라 생각하여 연휴 중에도 도서관으로 출근했다.

- ❖ **殺人之衆(살인지중), 以悲哀泣之(이비애읍지), 戰勝(전승), 以喪 禮處之(이상례처지).**
    전쟁에서 그 많은 사람을 학살했으니(殺人之衆), 슬픔과 가련한 마음으로써(以悲哀)

통곡해야 하는 것이다(泣之). 전쟁에서 승리를(戰勝) 거두었기에 더욱더 상례로써(以喪禮) 대처하라는 것이다(處之).

悲(슬플 비) - 슬프다, 서럽다, 슬퍼하다, 슬픔, 비애, 동정.
哀(슬플 애) - 슬프다, 가엾다, 가련하다, 사랑하다, 슬퍼하다, 슬픔, 상중, 슬프게.
泣(울 읍/입/삽) - 울다, 울리다, 근심하다, 울음, 눈물, 원활하지 않다.

케임브리지대학교의 정신 병리학 교수이자 세계적인 심리학자 사이먼 배런코언(Simon Barron-Cohen, 1958~)은 뇌 과학과 유전학, 발달 심리학 등 최신 과학을 동원하여 사이코패스를 비롯하여 흔히 우리가 악마라 부르는 사람들의 뇌와 마음을 깊숙이 들여다봄으로써 그들이 보이는 잔혹하기 짝이 없는 행동들을 설명한 책 《공감 제로 - 분노와 폭력, 사이코패스의 뇌 과학》에서 "사이코패스들은 왜 자기 앞에 마주한 한 인간의 고통과 감정, 인격을 깡그리 무시하고 거리낌 없이 그들에게 극악무도한 행위를 저지르는 것일까? 폴이 남자의 얼굴에 맥주병을 쑤셔 박는 동안, 그리고 오스트리아의 요제프 프리츨(1935~)이 자신의 셋째 딸을 지하실에 감금하고 성폭행하는 동안, 나치 과학자가 어느 유대인 여인의 멀쩡한 손을 절단하여 뒤집은 후 다시 꿰매는 동안, 그들의 마음속에서는, 그리고 뇌 속에서는 무슨 일이 벌어지고 있었던 것일까?"라고 질문한다. 그리고 '악(惡)'의 기원을 찾는 이 지적 여정에서 다른 살아있는 존재들을 생명체가 아닌 그저 단순한 물건으로 취급해 버리는 등 타인과 공감하는 능력이 완전히 바닥이 난 상태인 '공감 제로'에 놓이게 되는 순간, 우리 안의 악한 본성이 고개를 들어 극악무도한 행위들을 저지르게 된다는 사실을 밝혀낸다. (출처: 알라딘 제공)

독일의 빌레펠트대학교 신경생리학과 교수인 한스 마르코비치(Hans Joachim Markowitsch, 1949~)와 뇌과학자 베르너 지퍼(Werner Siefer)의 공저 《살인자의 뇌 구조》에서 인간 폭력의 주범으로 유전자와 뇌를 지적하고 있다. "미국 베데스다 국립 정신건강 연구소의 독일인 학자 안드레아스 마이어스 린덴베르크(Andreas Meyer-Lindenberg)는 연구 결과 MAO 유전자 변이가 뇌의 구조와 활성도에 영향을 준다는 사실을 밝혔다. 유전자 변이를 지닌 건강한 피보험자는 변연계(邊緣系, limbic system)가 현저히 작았다. 그들의 편도체는 감정적으로 흥분해 있는 동안 비정상적으로 활성화되었다. 동시에 전두엽의 억제 기능은 줄어들었고, 부피도 부분적으로 줄어들었다. MAO 유전자 변이는 유전자의 속성이나 형태에서부터 뇌의 신진대사 효소와 신경전달물질의 활성도에도 영향을 미친다. 또 뇌뿐만 아니라 뇌 속에 들어있는 신경세포의 활성도에도 영향이 나타나며, 교육이나 애정 같은 주변 환경과도 관련이 있다, 이 중 어느 하나라도 잘못되면 누구든 범죄자가 될 수 있다." 이 책에서는 유전자의 이상과 뇌의 이상이 아닌 어떻게 정상인들이 대량 학살자가 될 수 있는가에 대한 의문을 제시하면서 다음과 같이 기술한다. "군인을 살인자라 할 수 있을까? 이 문제는 이미 독일 법정에서 다룬 적이 있었다. 군인은 정신질환을 전혀 앓지 않는데도 사람을 죽인다. 이것은 아주 기괴한 현상이라고 할 수 있다. 같은 행위라도 평화로운 시기에는 중죄로 처벌하고 전시에는 보상받는 행위가 된다. 이것은 인간에게는 전형적인 현상이다. 철학자 프리드리히 니체가 말했듯이, 전쟁은 모든 가치의 전도를 의미할지도 모른다. 하지만 도덕은 사회와 무관하게 생겨나는 것이 아니기 때문에, 전쟁은 인간의 변신이라고 표현하는 것이 더욱 적절할 것이다. 평범한 시민이 대량학살 앞에서도 꿈쩍하지 않는 공격적인 투사가 될 수 있다는 것은, 참 믿기 어려우면서도 흥미로운 문제다. (중략) 오랫동안 나치스 시대를 연구한 비텐헤르데케대학교의 사회심리학자 하랄트 벨처(Harald Welzer)는 《범죄자 - 지극히 정상적인 사람이 어떻게 대량 학살자가 될 수 있는가?》에서 정치적 상황과 사회적 압박이 인종과 국가를 막론하고 평범한 한 인간을 살인자로 만들 수 있다고 기술했다. 유대인이 나쁜 사람이라고 배운 사람은 유대인에 맞서 싸우게 될 수밖에 없다. 제3제국의 나치스 소년단원이나 나치스 소년단원이나 이스라엘 자동차에 돌을 던지는 팔레스타인의 아이가 그러하다. 특정 자극을 받으면 변연계가 과잉으로 활성화되고 전두엽이 제어 기능을 억제하게 된다. 그러면 같은 인간에게 폭력을 사용하게 되는 상황이 벌어진다. 건전하고 안정적인 환경에서 자란 사람들도 대량 학살자가 될 수 있다. 뇌에 확립된 긍정적인 생각이라도 선전에 따른 세뇌나 사회적 압박 등으로 인해 삭제되거나 억압될 수 있다.

1943년 10월 포젠에서 나치스 친위대 사령관들이 대량학살 추진 계획을 논의하는 회합을 했는데, 이 회합에서 하인리히 힘러(Heinrich Luitpold Himmler, 1900~1945)가 한 연설에는 왜곡된 도덕이 아주 분명하게 드러나 있다. 여러분을 보면서 대부분 사람은 시체 100구가 나란히 누워 있다는 것, 500구 또는 1,000구가 나란히 누워 있다는 것이 무엇을 의미하는지 알게 될 것입니다. 이것을 끝까지 견뎌낸 것, 그리고 (인간의 약점이라는 예외를 제외하고 본다면) 훌륭하게 잘 유지해 온 것, 이것이 우리를 강하게 만들었습니다."

전쟁은 멀쩡한 평범한 인간을 흉악한 학살자로 만든다. 자연을 알고 도를 안다는 것은, 결국 참사람이 되는 것이라고 말했다. 사람이 사람답다는 것은 우리를 인간답게 해주는 도덕심과 이타심 그리고 자비심이다. 인간이 사회적 동물이라고 함은, 집단에 필연적으로 영향을 받는다는 것이다. 세뇌와 잘못된 교육과 자신만의 주관적 신념은 인간을 한순간에 짐승들보다 더욱 잔악하게 만들 수 있다. 그러기에 나는 줄곧 언론의 평판과 여론 기능과 판검사들의 명료하면서도 정의로운 처벌과 보상이 따라야 한다고 주장했다. 그러한 엄격함을 노자는 군인들에게도 명령하는 것이다.

"전쟁에서 그 많은 사람을 학살했으니(殺人之衆), 슬픔과 가련한 마음으로써(以悲哀) 통곡해야 하는 것이다(泣之). 전쟁에서 승리를(戰勝) 거두었기에 더욱더 상례로써(以喪禮) 대처하라는 것이다(處之)."

제32장.
道常無名(도상무명)
이름으로 규정짓지 않는 도 - 도의 효능

道常無名. 樸雖小, 天下莫能臣也. 侯王若能守之, 萬物將自賓. 天地相合, 以降甘露, 民莫之令而自均. 始制有名, 名亦既有, 夫亦將知止, 知止可以不殆. 譬道之在天下, 猶川穀之於江海.

도는(道) 늘(常) 이름으로 규정짓지 아니한다(無名). 본래 생김은(樸) 비록(雖) 작았어도(小), 천하의(天下) 그 누구라도 종속시킬 수 없다(莫能臣也). 제후와(侯) 왕이(王) 이같이(若) 능히 지킬 수만 있다면(能守之), 만물이(萬物) 스스로 복종하여(自賓) 받들 것이다(將). 천지가(天地) 서로 결합함으로써(相合以) 단비가 내리고(降甘露), 백성에게(民) 명령하지 않아도(莫之令而) 스스로 질서가 생긴다(自均). 도는(道) 태초가 시작되면서(始制) 이름으로 규정할 수 있다(有名). 이름 또한(名亦) 처음부터 규정되어 있었기에(既有), 다스림 또한(夫亦) 장차(將) 그만둘 때를 알게 되는 것이다(知止). 멈출 때를 알게 되니(知止) 위태롭지 않게(不殆) 될 수 있는 것이다(可以). 비유컨대 도가(譬道之) 천하에 존재할 수 있음은(在天下), 마치 시냇물과 계곡물이(猶川谷) 강과 바다로 흘러가는 것과 같다(之於江海).

❖ **道常無名(도상무명). 樸雖小(박수소), 天下莫能臣也(천하막능신야).**
  도는(道) 늘(常) 이름으로 규정짓지 아니한다(無名). 본래 생김은(樸) 비록(雖) 작았어도(小), 천하의(天下) 그 누구라도 종속시킬 수 없다(莫能臣也).

물리학의 역사는 뉴턴의 만유인력으로 시작하여 열역학 법칙 그리고 가장 작은 세계를 연구하는 양자역학으로 이어진다. 서양철학의 기원은 세상은 무엇으로 이루어져 있는가에서 시작된다. 엠페도클레스(BC493년경~ BC430년경)

는 흙, 불, 물, 공기 4가지 원소들이 서로 융합하여 만물을 이루고, 분해되어 그 뿌리로 돌아온다고 생각했다. 서양은 지난 2천 년 동안 화학이 발전하기까지 그렇게 믿었다.

"도는(道) 늘(常) 이름으로 규정짓지 아니한다(無名). 본래 생김은(樸) 비록(雖) 작았어도(小)," 우리 우주는 빅뱅으로 시작되었다는 것이 현대과학의 정설이다. 현대과학은 빅뱅이 시작하는 순간의 최소 시간 10^{-44}초부터 공간의 시작점인 10^{-35}m에 이름을 붙일 수 있게 되었다. 그러나 빅뱅 이전은 모른다.

현대물리학은 표준모델이라는 이름으로 규정짓지 못했던 본래의 작은 것들에게 이름을 지어주고 우주를 구성하고 세상 만물이 돌아가는 이치를 과학이라는 이름으로 모두 설명이 가능하게 만들었다. 그리고 자연이 지배하던 천지 만물을 이제 인간이 지배하려 시도하고 있다. 그러한 인간의 시도에 노자는 정중하게 가르친다. "천하의(天下) 그 누구라도 종속시킬 수 없다(莫能臣也)"고 말이다.

❖ **侯王若能守之(후왕약능수지), 萬物將自賓(만물장자빈).**
제후와(侯) 왕이(王) 이같이(若) 능히 지킬 수만 있다면(能守之), 만물이(萬物) 스스로 복종하여(自賓) 받들 것이다(將).

侯(제후 후) - 제후, 임금, 후작, 과녁, 맞이하다, 아름답다, 어찌, 오직.
賓(손 빈) - 손, 손님, 사위, 대접하다, 객지살이, 인도하다, 물리치다, 존경하다.

인간의 도덕심과 이타심 그리고 자비심의 진화는 해도 되는 것과 하면 안 되는 것을 명료하게 구분할 줄 아는 능력이다. 그것을 우리는 판단력이라고 한다. 인간의 뇌는 Go-Stop의 단순성에서 감정이라는 복잡성의 상호작용이다. 자율신경계(自律神經系, autonomic nervous system, ANS)의 교감, 부교감 신경도 결국은 Go-Stop이다. 촉진하고자 하는 교감 신경을 억제하는 부교감 신경과의 길항작용(拮抗作用, antagonism)이다. 이를 항상성(恒常性, homeostasis)이라고 한다. 우리 뇌에서는 흥분성 글루탐산염(glutamate)과 억제성 신경전달물질인 GABA가 충동과 억제의 기능을 한다. 우리 몸은 약 6억 년 전 출현한 다세포 동식물이 출현하면서 시작된다. 하나의 진핵세포에서 다세포까지 진화하는 데는 약 14억 년이 흘렀다. 하나의 세포에서 우리 몸을 이루는 약 60조 개의 세포가 일사불란하게 움직이기 위해서는 언어가 필요하다. 그 언어가 바로 호르몬(hormone)이다. 여러 내분비기관에서 만들어진 호르몬은 혈관을 거쳐 신체의 여러 기관으로 운반되어 그곳에서 각각의 호르몬이 지닌 기능을 발휘하게 된다. 특히 물질대사와 생식, 그리고 세포의 증식에 호르몬이 직접적으로 관계하는 것으로 알려져 있다.

중추신경계의 주요 이동 경로로 이용하는 호르몬을 신경전달물질(神經傳達物質, 영어: neurotransmitter, NT)이라고 한다. (출처: 위키백과) 환경에 적응하기 위해서 다세포 동물들은 외부의 변화를 감지하고 반응해야 하기에 자연선택에 의해 신경계를 갖게 되었다. 복잡한 행동과 사고를 해야 하는 동물은 일련의 감각기관과 복잡한 결정을 내리는 뇌를 더욱 폭발적으로 진화시키게 된 것이다.

동물은 프로그래밍이 되어있는 유전자에 의해 작동한다. 그 대표적인 것이 발정기이다. 특히 포유류는 발정기라는 유전자가 보내는 신호가 전해져야 짝짓기에 들어간다. 인간처럼 시간과 장소를 구분하지 않고 장시간 섹스를 즐겼다가는 바로 포식자들에게 잡아먹힌다. 동물의 이기심에서 자연이 선사한 복잡한 인간의 뇌는 이기적으로 행동하는 것이 생존에 불리하다는 것을 깨우친 결과이다. 전 지구적으로 80억의 인구가 그래도 비교적 평화롭게 살 수 있는 이유는 고차원적 사고의 결과인, 이타심과 도덕심과 같은 배려와 양보 그리고 자발적 협력 없이는 불가능했다.

하버드대학교 인간 진화생물학과 리처드 랭엄 교수의 주장대로 내 안의 폭력성과 공격성을 스스로 길들였기에 가능했을 것이다. 이화여대 최재천 교수는 "만약 침팬지의 폭력성을 인간이 사는 사회에 빗대어 설명하자면 이렇다. 스타벅스에 같은 무리의 침팬지 10마리가 커피를 마시고 있다. 그런데 스타벅스의 문을 열고 외부 무리의 침팬지 한 마리가 들어오면 외부 무리의 침팬지는 문을 열고 들어오는 순간 안에 있던 침팬지 무리에 의해 온몸이 갈기갈기 찢겨 그들의 먹잇감이 될 것"이라고 했다. 우리는 몇몇 불량국가를 빼고는 어느 나라에서나 안전한 여행이 가능하다. 단, 독재국가나 군부정권이 지배하는 국가는 대부분 불가능하다. 그 이유는 단순하다. 국민을 무력에 의해 강제하거나 억압하기 때문이다. 국민의 자유를 통제하고 바른말 하는 언론을 통제하고 강제하고 강압한다. 시키지 않은 행동과 시키지 않은 말은 그야말로 고문과 총살이다. 그러니 관료들의 부정부패가 끊이질 않고, 국민의 목숨을 파리 목숨보다 업신여기기가 다반사이다. 대표적으로 북한과 미얀마가 그걸 증명했다. "제후와(侯) 왕이(王) 이같이(若) 능히 지킬 수만 있다면(能守之)," 힘 있는 자가 침팬지가 되어서야 안전한 세상이 이루어질 수가 없다. 권력자가 침팬지 같은 사고를 하고 있기에 백성을 탄압하고 입에 재갈을 물리니 자발적으로 움직일 수가 없게 되는 것이다. 지난 20세기 우리나라 역시 군사 정권하에서 수 없는 탄압을 받았고 그에 완강히 저항하였다. 그리고 어느 나라도 따라올 수 없는 단시간에 민주주의를 완성했다. 진정한 민주주의는 자발적 시민의 집단지성이다. 권력자가 국민을 지배하려 들지 않고 무릎을 꿇고 국민을 섬기니 "만물이(萬物) 스스로 복종하여(自賓) 받드는 것이다(將)."

❖ **天地相合以降甘露(천지상합이강감로), 民莫之令而自均(민막지령이자균).**

천지가(天地) 서로 결합함으로써(相合以) 단비가 내리고(降甘露), 백성에게(民) 명령하지 않아도(莫之令而) 스스로 질서가 생긴다(自均).

降(내릴 강/항) - 내리다, 떨어지다, 하사하다, 중히 여기다, 항복하다, 화합하다.
甘(달 감) - 달다, 맛 좋다, 익다, 만족하다, 느리다, 느슨하다, 간사하다, 감귤.
露(이슬 노) - 이슬, 진액, 좋은 술, 드러나다.
均(고를 균) - 고르다, 평평하다, 가지런히 하다, 비교하다, 널리, 두루, 조율기.

"천지가(天地) 서로 결합함으로써(相合以) 단비가 내리고(降甘露), 백성들에게(民) 명령하지 않아도(莫之令而) 스스로 질서가 생긴다(自均)." 천지인의 대동 세상은 이렇게 단순하다. 자연이 내려준 도덕심과 이타심 그리고 정의심으로 세상을 만드니 하늘에서 내리는 비까지도 감로처럼 단비가 내린다. 침팬지의 마음을 버리고 천지를 닮은 사람들이 다스리니 요래라조래라 하지 않아도 스스로 질서를 세우고 평화를 유지한다. 미국 에모리대학교 심리학과 프란스 드 발 교수는 침팬지가 명령지시형으로 소통한다. 다시 말해 권위적으로 행동한다고 말했다. 그래서일까? 인면수심의 침팬지형 인간은 권유와 타협이 아닌 명령 지시형으로만 소통한다. 그리고 무슨 일이 발생하면 죄다 남의 탓이다. 나는 이런 유형을 '너 때문에 인간', 즉 내로남불, 안하무인, 아전인수형 인간이라고 한다.

- ❖ **始制有名**(시제유명), **名亦既有**(명역기유), **夫亦將知止**(부역장지지),
  도는(道) 태초가 시작되면서(始制) 이름으로 규정할 수 있다(有名). 이름 또한(名亦) 처음부터 규정되어 있었기에(既有), 다스림 또한(夫亦) 장차(將) 그만둘 때를 알게 되는 것이다(知止).

既(이미 기/희) - 이미, 벌써, 원래, 처음부터, 이윽고, 끝나다, 쌀.

스위스 제네바와 프랑스 사이의 국경지대에 만들어진 유럽 입자물리학 연구소(粒子物理學硏究所, [프] Conseil Européen pour la Recherche Nucléaire, CERN)는 세계 최대이다. CERN에는 2008년 완공된 세계에서 가장 큰 입자가속기인 거대 강입자 충돌기(Large Hadron Collider, LHC)를 이용해 입자를 매우 빠른 속도로 충돌시키는 실험을 추진하고 있다. 바로 우주대폭발(빅뱅) 상태를 재현시키기 위해서다. LHC는 지금까지 건설된 과학 연구 장비 가운데 가장 크고 가장 복잡하다. 스위스와 프랑스 국경 지하에 있으며, 높은 에너지의 입자로 된 빔 두 개를 원둘레가 약 27km인 고리 모양의 파이프를 통해 가속한다. 때때로 두 빔이 부딪히면서 대개는 금방 사라지는 이상한 입자들이 생성되는데, 그 결과가 파이프 주변에 있는 검출기에 기록된다. LHC의 목표는 존재할 수 있는 아원자 입자의 목록을 밝히는 것과 이들 사이의 상호작용을 지배하는 법칙을 알아내는 것이다. 물리학자들은 이런 실험을 통해 대폭발에 대한 지식을 정교하게 다듬고, 아직 그 원리가 밝혀지지 않은 우주 현상을 이해할 수 있기를 희망한다. 대폭발과 비슷한 환경은 1분도 유지되지 않기 때문에 이 실험이 새로운 대폭발을 일으키거나 새로운 우주를 만들 가능성은 없다.

LHC의 성공 가운데 한 가지는 대폭발 이후 마이크로초(100만분의 1초)까지 존재했을 자유로운 쿼크와 글루온의 혼합상태인 쿼크-글루온 플라스마의 생성이다. 이것은 2015년 양성자와 납의 원자핵 간의 충돌로 만들어졌는데, 이때 만들어진 아주 작은 불덩어리 안에서 만물이 즉시 쿼크와 글루온으로 붕괴했다.

2012년에는 오랫동안 찾았던 질량이 크고 아주 잠깐 존재하는 입자인 힉스 보손이 검출됐다. 힉스 보손의 존재는 힉스장이라는 에너지장의 존재를 확인시켜 줬다. 힉스장은 그 안을 지나는 입자에 질량을 준다. 이 과정은 대폭발에서도 중요한데, 쿼크와 같은 입자가 우주 최초의 순간에 어떻게 질량을 얻었는지를 설명해 주기 때문이다. 입자가 질량을 얻으면 속도가 느려지고 서로 결합해 양성자와 중성자 같은 복합 입자가 될 수 있다. LHC는 세계가 주목할 만한 성과들을 계속 내놓고 있다. 특히 2014년에 펜타쿼크(네 개의 쿼크와 하나의 반쿼크로 이루어졌다) 검출에 성공함으로써 쿼크를 서로 붙잡아 주는 강력(强力)에 대해 자세히 연구할 수 있게 되었다. (출처: 빅 히스토리 연구소, 《빅 히스토리》)

"도는(道) 태초가 시작되면서(始制) 이름으로 규정할 수 있다(有名). 이름 또한(名亦) 처음부터 규정되어 있었기에(旣有), 다스림 또한(夫亦) 장차(將) 멈출 때를 알게 되는 것이다(知止)." 자연의 도는 이토록 신비롭고 경이로운 것이다. 입자가 질량을 얻지 못한 사태로 우주에 퍼져, 힉스입자가 없었다면 만물의 씨앗을 만드는 양성자와 중성자를 만들 수 없었다. 절묘하게 강력에 잡혀 우주 만물을 구성하는 물질이 되고 에너지가 되어 지금의 우리를, 만들어 준 것이다.

❖ **知止可以不殆(지지가이불태). 譬道之在天下(비도지재천하), 猶川谷之於江海(유천곡지어강해).**

멈출 때를 알게 되니(知止) 위태롭지 않게(不殆) 될 수 있는 것이다(可以). 비유컨대 도가(譬道之) 천하에 존재할 수 있음은(在天下), 마치 시냇물과 계곡물이(猶川谷) 강과 바다로 흘러가는 것과 같다(之於江海).

殆(위태할 태) - 위태하다, 해치다, 의심하다, 피곤하다, 지치다, 두려워하다, 대개.
譬(비유할 비) - 비유하다, 설명하다, 깨우치다, 인도하다, 깨닫다, 비유, 비유컨대.

우연의 법칙은 나를 내려놓고 자연의 흐름에 맡기는 것이다. 아등바등, 허겁지겁, 헐레벌떡 해봐야 결국 인생은 제자리다. 깨달음은 결국 자연의 위대함에 기대는 것이다. 그것이 138억 년 동안 우주가 만든 질서이다. 그게 상도(常道)이자 본디 그러한 질박함(樸)이다. 자연의 멋과 맛을 아는 능력 그게 도를 깨우치고 실천하는 것을 아는 지혜이다.

"멈출 때를 알게 되니(知止) 위태롭지 않게(不殆) 될 수 있는 것이다(可以). 비유컨대 도가(譬道之) 천하에 존재할 수 있음은(在天下). 마치 시냇물과 계곡물이(猶川谷) 강과 바다로 흘러가는 것과 같다(之於江海)." 침팬지의 뇌로는 노자의 경지를 절대로 알지도 이해하지도 못하는 것이다. 내 속에 내가 너무 많기에 도가 비집고 들어갈 자리가 없다.

사람은 하늘처럼 높고 바다처럼 넓은 사람과 먼지보다도 낮고 바늘구멍보다 좁은 사람이 공존하고 있다. 배움과 깨달음은 먼지에서 그리고 바늘구멍에서 탈출하는 것이다.

제33장.
知人者智(지인자지)
진정한 앎이란?

知人者智, 自知者明. 勝人者有力, 自勝者强. 知足者富. 强行者有志. 不失其所者久. 死而不亡者, 壽.

사람의 됨됨이를 아는 것은(知人者) 지혜롭고(智), 스스로 아는 것을(自知者) 밝다고 한다(明). 사람을 이기는 것은(勝人者) 힘이 있어야 하지만(有力), 스스로 이겨내는 것이야말로(自勝者) 진정으로 강한 것이다(强). 분수를 지켜 만족할 줄 아는 것이(知足者) 진정한 부자이다(富). 지치지 않고 힘써 행하는 것이(强行者) 뜻을 이룰 수 있음이다(有志). 그(其) 맡은 소임을(所) 잃지 않는(不失) 자야말로(者) 오래갈 수 있다(久). 죽어도(死而) 사라지지 않는 자야말로(不亡者) 오래 남는 것이다(壽).

❖ **知人者智**(지인자지), **自知者明**(자지자명).
  사람의 됨됨이를 아는 것은(知人者) 지혜롭고(智), 스스로 아는 것을(自知者) 밝다고 한다(明).

안다는 것은 무엇일까? 이 질문 역시 나를 도서관이라는 감옥으로 스스로 들어가게 만든 이유다. 지식은 무엇이고 지성 또는 지혜는 무엇이 다른가? 지식이 있으면 당연히 지혜롭지 않은가?
스스로 끊임없이 묻고 답을 찾았으나 쉬이 찾지 못하다가 알라딘 인터넷 중고서점에서 무료배송 조건을 채우는 중에 일본 다마(多摩)대학교 대학원 원자력공학과 다사카 히로시(田坂広志, たさか ひろし 1951~) 교수의 《슈퍼제너럴리스트(SUPER GENERALIST) - 지성을 연마하다》를 사서 단숨에 읽었다. 이 책은 지식에 관한 질문에 대한 어려운 문제를 쉽게 설명해 준다. "왜 고학력자에게 지성이 느껴지지 않는가?"란 부제가 있다.
일본도 우리와 크게 다르지 않은 모양이다. 그렇다. 석박사 학위를 받고 도쿄대나 서울대를 나와도 인간미와 지성미가 느껴지지 않는 이유가 뭘까?

히로시 교수는 다음과 같이 말한다. "지성이란 갈고 닦는 것이다", "지성과 사이비 지성이 공존하고 있다." 최종학력은 일류, 명문대 졸업에 박사학위까지 소지하고 있다. 두뇌는 명석하고 논리적 사고에 능하다. 두뇌 회전도 빠르고 말재주도 여간 아니다. 데이터에도 강하고 책도 열심히 읽는다. 그러나 유감스럽게도 사고에 깊이가 없다. 우리 주위에 '머리는 좋으나 사고에 깊이가 없는' 사람은 나이와 상관없이 항상 존재한다. 그리고 '사고에 깊이가 없기' 때문에 이런 사람으로부터는 '지성적'인 분위기가 느껴지지 않는다. 단적으로, '고학력'인데도 깊은 지성이 안 느껴지는 사람이 있는 이유는 지능 중심에 있다. '지능(知能)'이란 답이 정해져 있는 물음에 대해 재빨리 정확한 답을 내놓는 능력이고, '지성(知性)'이란 답이 없는 물음에 대해 그 물음을 계속 되묻는 능력이다. 즉 지성이란 좀처럼 답을 찾을 수 없는 것에 대해 절대로 포기하지 않고 계속 물어가는 능력이다. 때로는 생애를 걸고 궁구해도 답을 얻을 수 없으리라는 것을 알면서도 꾸준히 되묻는 능력이다. 지능이 높은 것과 지성과 지혜는 아무 관련 없는, 더더구나 서로 상반하는 능력이다. 지능은 오로지 '사지선다'의 답이 정해진 질문에 재빠르게 답하는 능력이라 한다. 그리고 일본의 관료 사회 역시 시험만 잘 치르는 능력을 중점으로 지능 주도형 사람들이 장악하고 있다고 한다. 그래서 고학력자일수록 지성과 지혜를 체득하기도 전에 시험 치는 능력만 중시하다 보니 엘리트 직업을 '지능인'이 독점하는 이유라고 밝히고 있다. 지혜란 지능이 아닌 지성인이 풍부한 삶의 경험을 통해 획득하는 고도의 인지 능력이라 설명하고 있다.

그러한 연유로 지능만 뛰어난 사람은 "사람의 됨됨이를 아는 것 같은(知人者) 지혜가(智) 있을 수" 없다. 지혜가 없기에 스스로 아는 것을(自知者) 밝다고(明) 하는 경지에는 더욱 다다를 수 없는 것이다. 소크라테스가 "너 자신을 알아라!" 함은 자기를 객관화할 수 있는 성찰과 반성할 줄 아는 능력이다. 성찰과 반성은 내 안에 내가 너무 많은 상태에서는 불가하다. 왜냐면 내 탓은 하나도 없고 세상 탓이 관성화, 습관화되었기에 그렇다. 내가 이렇게 된 까닭은 부모를 잘 못 만나서, 시대를 잘 못 만나서, 친구를 잘 못 만났기 때문이라고 쉽게 결론지어 버린다. 내 탓은 없고 모두 남 탓으로만 돌린다. 남 탓으로 돌리기에 그것은 성찰과 반성이 될 수 없다. 그러니 나를 안다는 것은, 나와 만물과의 비교를 통해 얻은 정보와 엄청난 깨달음이 있는 지명(知明)의 경지이다. 욕망과 탐욕이 지배하는 좁은 시각을 갖고서는 절대 알 수 없는 미지의 세계인 것이다. 노자는 자지(自知), 자승(自勝), 지족(知足), 강행(强行)을 통한 지혜를 얻으라 한다.

❖ **勝人者有力(승인자유력), 自勝者強(자승자강).**
사람을 이기는 것은(勝人者) 힘이 있어야 하지만(有力), 스스로 이겨내는 것이야말로 (自勝者) 진정으로 강한 것이다(強).

경쟁(競爭, competition)은 대상과 목표가 있어야 가능하다. 경제학에서 자원은 한정되어 있고, 이걸 차지하는 사람은 많기에 경쟁은 필수 불가결한 문제라고 정의한다. 'A'라는 재화를 차지하기 위해 그걸 똑같이 욕망하고 갈구하는 누군가와 나는 경쟁해야만 쟁취할 수 있다. 시장을 구분하는 방식으로 경쟁을 설명하는 경제학에서 가장 대표적인 건 완전경쟁시장과 불완전경쟁시장으로 분류한다. 불완전경쟁시장의 경우 다시 독점적경쟁시장, 과점시장, 독점시장으로 구분할 수 있다. 독점을 막기 위해서는 완전경쟁시장이야말로 가장 완벽한 시장이라고 한다. 그래서 독점시장을 추구하는 국영기업을 민영화해야 한다고 주장한다. 내가 경제학을 시험을 보기 위해 공부했다면 끔찍했을 것이다. 이런 주장을 다 사실로 받아들여야 하기 때문이다.
경제학 관점에서 인간은 이기적이고 합리적인 그래서 매번 1원의 이익이 생기는 것을 선택하는 호모 에코노미쿠스(Homo-economicus)를 인간 본성으로 전제하고 있다. 이 사회를 이루는 모든 구성원은 전부 침팬지만 있다는 가정하에서 성립한다. 나는 골프라는 운동을 싫어한다. 알다시피 골프는 개인과 개인의 경쟁이다. 내가 잘해서 타수가 좋은 것도 있지만, 남이 잘 못 돼야만 심리적으로 상쾌하다. 상대방이 OB(out of bounce)가 나고, 해저드에 빠져야 통쾌하다. 그리고 꼭 돈 내기를 한다. 내가 세상에서 가장 싫어하는 행위가 놀음이다. OB가 나고 해저드에 빠져 양파가 났는데 돈까지 줘야 한다. 그러면서 골프는 매너가 생명인 게임이라 강조한다. 내가 늘 자본주의가 유일하게 성공할 수 있었던 이유는 그나마 신용(Credit)을 지켰기 때문이라고 했다. 경제학의 경쟁은 자발적 행위에 의한 무위가 아니라 이기적인 선택과 결정을 막기 위한 수단으로 작동한다. 중요 국가사업을 국영화하는 이유는 사회복지가 지향하는 공적 서비스의 영역이다. 완전경쟁시장에 맡기는 민영화는 침팬지에게 바나나를 갖다 바치는 것이다. 공공개념과 사유 개념의 구분이야말로 침팬지와 인간을 구분하는 요인이다. 침팬지는 공공재라는 개념 자체가 아예 없다. 이기적인 동물은 공공재와 사적재를 구분하지 않는다. 공공재는 오로지 힘을 통해 쟁취해 내는 사적재에 지나지 않는다. 독점욕은 침팬지들이 가지는 동물적 본능이다. 힘과 에너지를 통해 시장이라는 밀림에서 경쟁하여 이기는 것이 합법화된 제도가 자본주의이다. "사람을 이기는 것은(勝人者) 힘이 있어야 하지만(有力), 스스로 이겨내는 것이야말로(自勝者) 진정 강한 것이다(强)." 스스로 욕망을 억누르고 탐욕의 감정을 억누르는 것, 그것이 노자는 진정 강한 것이라 한다. 그러나 내가 가진 욕망과 탐욕만 누르고 무임승차자들이 반사 이익을 본다면 그것은 정당하지 못하다. 욕망과 탐욕을 누르고 사는 사람이 안전하고 평화롭게 살기 위해서는 법과 제도가 갖춰져야만 한다. 나라를 위해 독립운동 했던 분들은 삼대가 가난하고 오히려 친일 세력에게 핍박받았다. 나라를 팔아먹은 역적들이 세상을 지배하였고 지금도 그 기득권을 지키기 위해 혈안이다. 그런 자들이 세상을 지배하고 정치를 하기에 역사가 늘 반복되기 때문이다. 그러기에 노자는 선자(善者)와 불선자(不善者)를 구분하는 것이다. 이기와 탐욕에 찌든 털 없는 침팬지를 구분하여 처벌하고 응징하는 것이야말로 정의가 힘이 되는 진정한 강함이다.

❖ **知足者富(지족자부), 強行者有志(강행자유지).**
분수를 지켜 만족할 줄 아는 것이(知足者) 진정한 부자이다(富). 지치지 않고 힘써 행하는 것이(強行者) 뜻을 이룰 수 있음이다(有志).

주역의 계사전에 '窮卽變(궁즉변), 變卽通(변즉통), 通卽久(통즉구)'라는 말이 나온다. 궁색(窮塞)해지면 변화(變化)하고, 변화해야만 숨통(通)이 트이고, 숨통이 트이니 오래(久) 갈 수 있다는 뜻이다. 자연의 이치는 에너지를 많이 쓸수록 일찍 죽는 법이다. 태양 같은 주계열성은 100억 년을 살다 간다. 지금까지 발견된 가장 질량이 큰 별은 R136a1이라는 별이다. R136a1은 태양의 315배에 이르는 질량을 갖고 있으며, 태양보다 무려 900만 배나 밝다. 하지만 질량과 밝기에 비해 크기 차이는 작다. R136a1은 태양보다 30배 정도 크다. 수명은 수백만 년 정도로 짧게 산다. 에너지를 너무 많이 사용하기에 수명이 짧다.

크고 많고를 추구하면 끝이 없다. 왜냐하면 만족할 줄 모르기 때문이다. 경제학 이론에 '소비의 비가역성'이란 용어가 있다. 소득이 증가함에 따라 높아진 소비 수준이 소득이 감소할 때 이전의 소비 수준으로 낮아지지 않는 성질을 말한다. 한 번 과소비 또는 과시 소비에 중독되어 습관화되면 쉽게 소비를 줄일 수 없는 현상이다. 내가 체득한 방법 역시 만족하는 것이다. 특히 남과 비교하는 습관을 버려야 한다. 비참한 감정은 누군가와 나와의 격차를 비교해서 스스로 열등하다고 느낄 때 생기는 감정이다. 우리의 친사회성의 단점 중 하나는 남과의 비교를 통해 스스로 불행을 즐기는 행위이다. 비교하지 않음으로써 불행하지 않다. 행불행 역시 남과의 비교를 통해 전달되는 감정이다. 만족은 나와의 싸움에서 승리이다. 오로지 "지치지 않고 힘써 행하는 것이(强行者) 뜻을 이룰 수 있기(有志)." 때문이다. 안분지족(安分知足)하면 안빈낙도(安貧樂道)할 수 있다. 그게 자연의 이치이자 섭리이다.

❖ 不失其所者久(불실기소자구). 死而不亡者壽(사이불망자수).

그(其) 맡은 소임을(所) 잃지 않는(不失) 자야말로(者) 오래갈 수 있다(久). 죽어도(死而) 사라지지 않는 자야말로(不亡者) 오래 남는 것이다(壽).

壽(목숨 수) - 목숨, 수명, 장수, 머리, 오래 살다.

그 맡은 소임은 자지(自知)의 스스로 깨달음을 얻는 사람, 자승(自勝)의 자기감정과 욕망을 다스리는 사람, 그리고 지족(知足)의 자기 분수를 알고 즐길 줄 아는 사람을 일컫는다. 그리고 그것을 강행(强行)하는 것이다. 그런 사람이 되어야만 오래갈 수 있다. 한국의 정치 형태는 지금, 그야말로 반대로 가고 있다. 국가를 위해 헌신하고 국민을 섬겨야 할 자리에 있는 자들이 자신의 직분을 망각하고 소수의 정치적인 깡패에게 놀아나고 있다. 법과 정의는 사라지고 오로지 자신들의 정치적 이익이 걸려있는 자리 유지에 급급하다. 그야말로 망국의 길로 가고 있다. 자신들의 소임을 망각하고 스스로 생명을 단축하고 있기에 그렇다. 정치는 국민을 지배하는 침팬지가 되는 것이 아니다. 국민을 섬기고 불의를 다스리라고 국민이 권리를 대신 부여한 것이다. 자신들이 가진 지능을 맹신하여 자신의 이익을 위해서만 국가 공권력을 무지막지하게 사적재로 사용하고 있다. 노자는 경고한다. 그래서는 오래갈 수가 없다(不久). 지성과 지혜가 있는 자는 지금을 잘사는 것뿐 아니라 오래 무탈하게 살아가는 법을 체득한 자이다. 그러기에 허물을 남기지 않는 법이다. 허물을 쌓고 그것을 힘으로 덮으려 하는 자는 어느 역사에서도, 오래갈 수 없다는 것을 교훈으로 남겨주었다.

제34장.
大道氾兮(대도범혜)
대도가 두루 퍼지는 도다

大道氾兮, 其可左右. 萬物恃之以生而不辭, 功成而不名有. 衣養萬物, 而不爲主, 常無欲可名於小. 萬物歸焉, 而不爲主, 可名爲大. 以其終不自爲大, 故能成其大.

대도가(大道) 두루 퍼지는 도다(氾兮)! 그 도가(其) 좌로도 우로도 갈 수 있다(可左右). 만물이(萬物) 도에 의지함으로써(恃之以) 생겨도(生而) 마다하지 않고(不辭), 공을 이루었으나(功成而) 과시하지 않는다(不名有). 만물을(萬物) 키워줌에도(衣養) 주재하여 다스리려 하지 않고(而不爲主), 항상(常) 취하려 하지 않으니(無欲), 가히 이름하여(可名) 마음이 협소하다 할 수도 있을 것이다(於小). 어찌하여 만물이 모두 위탁하거늘(萬物歸焉), 주재하여 다스리려 들지 않으니(而不爲主), 가히 이름하여(可名) 도의 위대한 다스림이라 할 수 있다(爲大). 끝내(終) 스스로 위대함을 다스리려(自爲大) 하지 않음으로써(以其不), 도리어(故) 그 위대함을(其大) 능히 이룰 수 있게 되는 것이다(能成).

❖ **大道氾兮(대도범혜), 其可左右(기가좌우).**
대도가(大道) 두루 퍼지는 도다(氾兮)! 그 도가(其) 좌로도 우로도 갈 수 있다(可左右).

氾(넓을 범) - 넓다, 뜨다, 가볍다, 떠돌다, 빠르다, 두루, 물소리, 파도 소리.

34장은 도의 쓰임에 관한 내용이다. 도가 만물을 다스린다. 지구는 4가지 자연의 힘 중에 전자기력이 주도한다. 원자의 최외각 전자는 홀로 다니지 않고 서로 결합하려는 성질을 가지고 있다. 생명체의 복잡성은 탄소의 최외각 전자 4개가 복잡하게 결합해서이다. 초기 지구에서 생명에게 복잡한 무기질을 제공하는 암석은 규소의 최외각 전자 4개가 결합해서 그렇다. 지구의 지각과 맨틀의 구성 물질 50%는 이산화규소(SiO_2)다. 이는 모래, 유리, 흑요석, 수정, 석영, 사암, 규암의 주성분이다. 20억 년 전부터 대기 중에 산소 분자가 축적되면서 지구 표층이 산화되어 3,000여 종의 새로운 광물이 출현하여 지구는 태양계에서 가장 다양한 광물이 존재하는 천체가 되었다. (출처: 박문호,《박문호 박사의 빅히스토리 공부》) 공기 중의 산소(酸素, Oxygen) 역시 산소 원자(O) 상태로 존재하지 않고 산소 분자인 O_2 상태로 산소 원자 두 개가 결합하여 무색, 무미, 무취인 기체 상태로 존재한다. 공기의 주성분 중 하나로, 지구뿐 아니라 우주 전체에 걸쳐 다른 원소와 공유결합된 상태로 널리 퍼져있었다.

유리 산소(산소 분자, O_2)가 처음으로 지구 대기에 나타난 것은 20억 년 전 고원생대(古原生代, Paleoproterozoic)로 혐기성 미생물(嫌氣性微生物)의 물질대사 과정 중 부산물로 만들어졌다. 유리 산소의 증가는 대부분 생명체를 죽음으로 몰아갔으나, 반대로 산소를 이용하는 새로운 생물이 등장하는 계기가 되었다. 또한 오존(O_3)층의 형성으로 육상 생물이 등장하는 계기도 마련해 주었다. 산소는 대부분 광합성 작용으로 만들어지는데, 약 4분의 3은 대양의 식물성 플랑크톤과 조류가, 나머지 4분의 1은 육상 식물이 만든다. (출처: 위키백과) 대기의 성분 중 78%는 질소 분자(N_2) 형태로 존재한다. 대도(大道)는 대기가 되어 두루 퍼지니 지구에 사는 모든 생명체가 살 수 있다.

"대도가(大道) 두루 퍼지는 도다(汎兮)! 그 도가(其) 좌로도 우로도 갈 수 있다(可左右)."

❖ 萬物恃之以生而不辭(만물시지이생이불사), 功成而不名有(공성이불명유).

만물이(萬物) 도에 의지함으로써(恃之以) 생겨도(生而) 마다하지 않고(不辭), 공을 이루었으나(功成而) 과시하지 않는다(不名有).

恃(믿을 시) - 믿다, 의뢰하다, 자부하다, 가지다, 소지하다, 시어머니.
辭(말씀 사) - 말씀, 문체, 핑계, 사퇴하다, 알리다, 청하다, 타이르다, 사양하다.

나는 노자의 도덕경이 현대과학과 아주 정밀하게 들어맞는 이유를 계속해서 찾아 연구하고 있다. 그 이유 중 하나는 아시아에 이주한 사피엔스들은 일찍이 태양을 숭배해 왔고 태양과 지구 그리고 지구의 자전축이 되는 북극점에 대한 정확한 관측이 이루어져 있었다는 것이다. 그것이 주역이 말해준다. 일찍이 북방과 중앙아시아에 자리한 사피엔스들은 유목과 농경사회에 접어들면서 천문 관측과 지구의 자전과 공전에 대한 심도 있는 안목을 가지고 있었다고 확신한다. 역(易)의 괘(卦)는 태양의 그림자를 측정하는 막대기인 '규(圭)'를 정확하게 관측함으로써 24절기를 만들어 냈다. 계절의 변화와 지구 자전과 공전의 원리를 알지 못했다면 서양의 기독교를 지배했던 천동설에서 벗어나지 못했을 것이다. 역(易)은 자연이 변화하는 원리를 괘(卦)로 만든 것이다. 도는 이러한 자연의 변화 원리를 설명하고 있다. 그러기에 현대의 과학이론으로 너무나도 깔끔하게 들어맞는다.

요즘 그러한 의문에 관한 답으로 만주에 형성된 고대문명인 홍산(紅山) 문화(文化)에 관하여 연구하고 있다. 홍산 문화의 큰 특징인 빗살무늬 토기는 한반도 전역에 발견되는 빗살무늬 토기와 같고 '적석총'이라는 특이한 무덤 문화, 그리고 옥기(玉器)는 한반도 강원도 고성군 패총에서 출토된 7천 년 전 옥 귀걸이와 전남 여수 안도리 등에서 발견된 6천 년 전 옥 장신구, 귀걸이와 유사점이 있어 고조선 등 한반도 초기 역사와 관련이 있을 것으로 보고 있다. 홍산(紅山) 문명은 만주를 식민지로 삼기 위해 탐사 중 1908년 일본의 고고인류학자 도리이 류조(鳥居 龍藏, 1870~1953)에 의해 처음 발견되었다. 연대는 기원전 4,700년 ~ 기원전 2,900년 경 지금까지 만주 지역인 요녕성(遼寧省) 통화시(通化市), 적봉(赤峰), 능원(凌源), 건평(建平), 조양(朝陽) 등 500여 곳의 유적을 찾아내었다. 발견 지역은 만주 지역 통화시와 옌산산맥의 북쪽 랴오허 지류의 랴오허 상류 부근에 널리 퍼져 있다. 홍산 문화는 옥(玉) 문명(文明)으로 유명하며 '홍산 문명'이라고도 한다. 중국은 1980년대부터 본격적인 발굴을 하면서 흥융와문화(興隆窪文化), 홍산 문화, 조보구 문화(趙寶溝文化), 신락 문화(新樂遺跡) 등으로 이어지는 요하 일대의 신석기문화를 문화(culture)의 단계를 넘어선 새로운 문명(civilization)으로 간주하여 '랴오허 문명'으로 명명하여 부르고 있다. 이것은 동북공정에 의한 역사 왜곡으로 봐야 한다. 이 시기는 고조선(단군) 시대 이전의 환웅 시대와 비슷한 시기라고 할 수 있다. 영역은 고조선이 지배한 영역과 비슷하다. 내가 특별히 관심을 가지게 된 이유는 중국의 황하 문명 이전에 이미 만주를 중심으로 고도의 태양신을 섬긴 제단이 있었다는 것이다. 1983년에 랴오닝성 능원시에서 건평 현에 걸친 넓은 범위에서 발견된 우하량 유적(牛河梁遺跡)에서는 기존의 홍산 문화와 다른 거대한 제사 시설이 발견되었다. 유적은 5km²의 넓은 범위에 돌을 쌓아 만들어진 분묘나 제단이 정연하게 분포하고 있다. 또한 돌 마루와 채색한 벽이 있던 신전이 발견되었고, 눈을 비취로 만든 여성 두상 도기가 발견되어 '여신묘'라고 불리게 되었다. 발굴 과정에서 지하 1m에서 제사를 지냈던 장소나 제단, 벽화, 돌무덤(석총) 등이 발견되었다. 여신묘 안에는 사람 세 배 크기 도제의 상이 줄지어 있었다. 이상은 신상으로 추측되며, 현재 중국문화에서는 유례가 없는 것이다.

우하량에서 발견된 기념비적인 건축물의 존재나 또 여러 가지 토지와 교역의 증거로 인해 이 시기에 선사 시대의 수장국인 왕국이 있었다고 추측된다.

여신묘에서는 채도도 발견되었다. 부근에서 60개 이상의 고분도 발굴되었고, 이것들은 돌을 짜서 석실을 만들고 그 위에 조약돌을 씌워 무덤을 만들었다. 그 내부에서 구슬 등의 유물도 발견되었다. 근처의 두 곳의 언덕 위에는 돌무덤이 발견되었고, 그 가까운 곳에서는 석회암을 쌓아 올려 만든 둥근 무덤이나 사각형의 무덤도 있었다. 이러한 고분 중에서는 곰이나 용, 거북이의 조각이 발견되었는데 이러한 유물로 홍산 문화에서는 이미 제물을 바쳤다는 지적이 생겨나고 있다. 양사오 문화 초기 유적에서 발견된 유물에서 알 수 있듯이 홍산 문화의 유적에서도 초기 풍수의 증거로 여겨지는 것을 발견하였다. 우하량 유적 등, 홍산 문화의 제사 유적에 볼 수 있는 원형이나 방형(사각형)은 천단(天壇)의 우주관이 벌써 존재하고 있었음을 암시하고 있다. (출처: 위키백과)

노자가 주나라 도서관의 관장이었다는 것은 오래전부터 형성되어 있었던 태양 중심 사상에 관한 체계적 학습이 없고서는 불가능한 일이라 여겼기 때문이다. 그것이 한민족과 아시아 민족의 뿌리인 고조선의 정신이었을 것이라 확신하기 때문이다.

"만물이(萬物) 도에 의지함으로써(恃之以) 생겨도(生而) 마다하지 않고(不辭), 공을 이루었으나(功成而) 과시하지 않는다(不名有)." 이러한 위대한 사상이 한족이라는 중화사상에서 나올 수가 없다.

- **衣養萬物(의양만물), 而不爲主(이불위주), 常無欲可名於小(상무욕가명어소).**
  만물을(萬物) 키워줌에도(衣養) 주재하여 다스리려 하지 않고(而不爲主), 항상(常) 취하려 하지 않으니(無欲), 가히 이름하여(可名) 마음이 협소하다 할 수도 있을 것이다(於小).

지구의 대기와 자기장은 강한 태양풍으로부터 지구를 보호해 준다. 태양풍은 주로 고속으로 이동하는 양성자와 전자로 구성되며, 남극과 북극 상공의 대기층과 충돌하여 오로라를 형성한다. 극지방을 제외한 대부분 지역에서는 지구 자기장이 태양풍을 막아준다. 수억 년 동안 태양풍에 노출된 화성은 태양풍에 의해 대부분의 대기층이 사라져 대기압이 매우 낮아졌다. 대기압이 낮아져 초기 화성에 존재했던 바다가 증발하여 현재 화성 표면에는 액체 상태의 물이 거의 없다. 지구도 자기장이 화성처럼 미약했다면 대기층과 바다가 사라질 수 있었다. 태양에서 지구까지의 거리가 지구가 받는 태양에너지의 양을 결정한다. 이 거리가 지구에서 물이 액체 상태를 유지하는 데 결정적인 역할을 한다. 또한 초기 지구는 100기압 이상의 대기층과 자기장이 태양풍을 막아주어 대규모의 액체 상태 물이 바다를 형성하는 행성이 된 것이다.
태양계의 행성과 위성에서 물 분자는 고체 상태인 얼음의 형태로 있다. 진공 상태에서 물 분자는 대부분 기체 상태이고, 액체 상태의 물은 태양계 전체에서 매우 드문 현상이다. (출처:《박문호 박사의 빅히스토리 공부》)

그렇게 자연의 도는 "만물을(萬物) 키워줌에도(衣養) 주재하여 다스리려 하지 않고(而不爲主), 항상(常) 취하려 하지 않으니(無欲)," 말이다. 그러나 인간의 좁은 안목으로는 그러한 자연의 위대한 뜻을 고작 "가히 이름하여(可名) 마음이 협소하다 할 수 있다(於小)"라고 여긴다.

- **萬物歸焉(만물귀언), 而不爲主(이불위주), 可名爲大(가명위대).**
  어찌하여 만물이 모두 위탁하거늘(萬物歸焉), 주재하여 다스리려 들지 않으니(而不爲主), 이름하여(可名) 도의 위대한 다스림이라 할 수 있다(爲大).

지구가 중심인 천동설과 태양이 중심이 되어 지구가 공전하는 지동설의 차이는 말 그대로 하늘과 땅만큼의 차이이다. 또한 태양이 우리 우주의 중심도 아니다. 태양계가 위치한 우리은하도 우리 우주의 중심이 아니다. 인간은 이 문제를 가지고 엄청난 사람들을 잔혹하게 학살했다. 노자의 위대한 사상은 바로 이러한 관점 바꾸기이다. 영국 옥스퍼드대학교의 저명한 물리학자인 데이비드 E. 도이치(David Elieser Deutsch, 1953~) 교수는《진리는 바뀔 수도 있습니다》에서 이를 '감각의 속임수'라고 표현했다. 이것은 우리의 감각 자체가 아무것도 말해주지 않기 때문이다. 오직 감각에 대한 우리의 해석만 존재하며, 그런 해석은 오류일 가능성이 매우 높다. 그러나 과학의 진정한 열쇠는 그런 해석을 포함하는 우리의 설명 이론이 추측과 비판과 검증을 통해 개선될 수 있다는 점이다. 경험주의는 권위로부터 과학을 해방하려는 목적을 달성하지 못했다. 경험주의는 전통적 권위들의 정통성을 부정했고, 그런 점은 유익했다. 하지만 불행히도 가상의 과정인 감각적 경험과 도출이라는 두 개의 거짓 권위를 내세우는 우를 범했다. 그 과정은 경험으로부터 이론을 도출하는 데 사용하는 귀납법 같은 것이었다. 지식에 대한 신뢰성이 생기려면 권위가 필요하다는 오해는 아주 오랜 고대부터 시작되어, 여전히 만연하다. 오늘날까지도 지식 철학의 과정에서는 대부분 지식이 정당화된 진정한 믿음의 형태라고 가르치는 데, 여기서 '정당화되었다'라는 말은 권위 있는 출처나 지식의 표준을 언급함으로써 사실로 (혹은 적어도 '개연성이 있는 것으로) 명시되었다는 의미이다. 따라서 '우리가 어떻게 아는가…?'라는 질문은 '우리가 어떤 권위를 근거로 주장하는가…?'라는 질문으로 바뀐다. 후자의 질문은 다른 어떤 개념보다도 철학자들의 시간과 노력을 낭비케 하는 망상이다. 이를 정당화 주의(justification)라고 한다. 인간의 깊은 내면 안에 숨겨진 본능이 바로 권위주의(Authoritarianism)다. 아주 오래전에 생성된 본능으로 매우 이기적인 본능이다. 나는 이 권위주의를 가장 경멸한다. 우리의 유전적으로 가장 가까운 사촌 침팬지는 이 권위주의를 버리지 못한 동물이다. 그리고 우리의 유전자 안에는 98.7%가 남아있다. 바로 1.3%의 차이가 권위주의를 버리고 평등주의의 이타심과 도덕심을 획득한 것이다. 인간 침팬지들은 98.7%의 위계에 의한 권위를 버리지 않고 있다. 고대 그리스 철학에서 '힘이 정의다'라는 외침은 지금도 그대로 정당화하고자 한다는 것이 도이치 교수의 증언이다. 노자는 인간 문제의 핵심이 바로 권위주의에 있다는 것을 알았다.

"어찌하여 만물이 모두 위탁하거늘(萬物歸焉), 주재하여 다스리려 들지 않으니(而不爲主), 가히 이름하여(可名) 도의 위대한 다스림이라 할 수 있다(爲大)."
인간의 본능은 힘을 가지면 천지 만물을 지배하려 한다는 것이다. 그러나 수십억 년 동안 우주와 자연을 지배한 힘은 결코 지배하려 들지 않는 것이다. 모든 만물을 길러내고 보호해 주지만 주재하려 들지 않고 지배와 복종을 요구하지 않는다. 도를 터득한 인간은 지배가 아닌 섬김으로 권위를 이용한 힘의 수직적 복종이 아닌 자발적 존경에서 나오는 수평적 끌림이다.

❖ **以其終不自爲大(이기종부자위대), 故能成其大(고능성기대).**
끝내(終) 스스로 위대함을 다스리려(自爲大) 하지 않음으로써(以其不), 도리어(故) 그 위대함을(其大) 능히 이룰 수 있게 되는 것이다(能成).

"끝내(終) 스스로 위대함을 다스리려(自爲大) 하지 않음으로써(以其不), 도리어(故) 그 위대함을(其大) 능히 이룰 수 있게 되는 것이다(能成)." 자연의 위대함은 지배하려 하지 않으면서 순응하게 만드는 것이다. 다스리려 하지 않으니 더욱 끌리고 따르게 되는 것이다. 이것이 바로 진정한 자유다. 소인배들이 떠들어 대는 자유는 그러한 의미에서 매우 위험하다. 힘으로 능력으로 지배하고 복종시키려 하는 침팬지의 본능을 그대로 내버려 두라는 것이기 때문이다.

인간을 구분하는 핵심 내용이다. '권위적인가? 평화적인가?' 이는 다시 말해 '강압적인가? 자발적인가?'의 문제이기도 하다. 사회학적으로는 '수직적 구조의 사회인가? 수평적 구조의 사회인가?'이다. 정치학적으로는 '독재국가(극우보수)인가? 민주국가(진보)인가?'의 문제이다. 그리고 전쟁과 평화의 문제다.

제35장.
執大象(집대상)
위대한 형상을 맡아 다스리면 천하가 따른다

執大象, 天下往. 往而不害安平太. 樂與餌, 過客止. 道之出口, 淡乎其無味. 視之不足見. 聽之不足聞. 用之不足旣.

위대한 형상을(大象) 맡아 다스리면(執), 천하가(天下) 따른다(往). 따라감에도(往) 해롭지 않고(不害), 평안함이(安平) 크도다(太). 음악과 음식은(樂與餌) 지나가는 나그네도(過客) 멈추게 만들지만(止), 도의(道之) 출구는(出口) 담백할 뿐(淡乎) 맛이 나지 않는다(無味). 보려 해도(視之) 드러나지 않으며(不足見), 들으려 하여도(聽之) 알려주지 않는다(不足聞). 쓰려하여도(用之) 다함이 없다(不足旣).

❖ **執大象(집대상), 天下往(천하왕). 往而不害安平太(왕이불해안평태).**
  위대한 형상을(大象) 맡아 다스리면(執), 천하가(天下) 따른다(往). 따라감에도(往) 해롭지 않고(不害), 평안함이(安平) 크도다(太).

도(道)는 인간이 가진 이기에서 비롯된 과도한 탐욕을 다스리는 것이다. 태국에서는 이익을 위해 지금도 어린 코끼리를 어미에게 강제로 떼어놓은 후 잔혹한 고문 후 길들이기를 행하는 의식인 '파잔'이라는 의식이라는 이름의 만행을 저지르고 있다.
"당신은 코끼리의 육체와 영혼을 완전히 짓밟는 의식 '파잔(Phajaan)'을 아는가? 대지의 역사를 고스란히 품은 가장 거대한 육지 동물 코끼리. 이런 코끼리를 마음대로 길들일 수 있는 지구상 유일무이한 존재가 있다. 바로 인간이다. 태국과 같은 일부 국가에서는 축제와 관광 등 인간의 유희를 위해 생후 2~3년

된 새끼 코끼리를 어미로부터 강제로 떼어놓는다.

두꺼운 밧줄에 칭칭 감겨 비명을 지르는 새끼와 단단한 쇠사슬에 갇혀 옴짝달싹 못 하는 어미. 어미 코끼리는 새끼를 지키기 위해 안간힘을 다하지만, 결국 피투성이가 된 채 소중한 새끼를 빼앗기고 만다.

어미와 생이별한 새끼는 '불훅(Bullhook)'이라 불리는 날카로운 쇠꼬챙이에 쉼 없이 찔리고 몽둥이로 맞으며 극악무도한 학대를 당한다. 이 과정에서 코끼리는 자의식이 완전히 붕괴돼 인간의 놀이 기구로 전락한다. 절반은 견디지 못하고 목숨을 잃는다. 살아남은 코끼리는 죽을 때까지 한평생 끔찍한 학대를 견뎌야 한다. 이들에게 자유란, 죽어야만 가질 수 있다." (출처: 뉴스펭귄)

나 역시 저런 극악무도한 행위를 모르고 태국 여행 당시 코끼리를 타고, 코끼리 서커스에 가서 단체관람을 했다. 도덕경에서 '爲'를 어떻게 해석하느냐에 커다란 '象'이 바뀐다. 두 글자 모두 코끼리를 나타내는 상형문자(象形文字)이다. 코끼리 象은 코끼리의 형상이다. 爲는 잔혹한 파잔 행위를 통해 코끼리를 길들이는 모습이다.

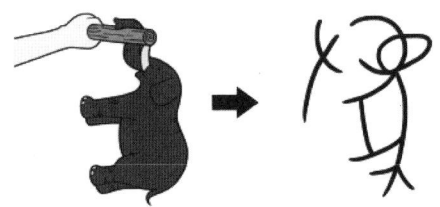

(출처: 네이버 한자 사전)

우리는 독재자가 세상을 인위적이고 작위적인 방식으로 백성을 탄압하고 고문하고 학살하여 지배하여 다스리는 정치를 겪어봤다. 인간을 태국의 타잔 형식으로 세뇌 고문하고 학살하는 것과 같다.

大象(대상)은 인위적, 작위적 길들이기가 아니라 자발적 길들이기이다. 생물학에서는 상리공생(相利共生, Mutualism)이라고 한다. 서로 상생하여 협력하는 관계를 말한다. 반려동물도 마찬가지다. 반려동물을 키우는 행위는 그들에게 안위와 위안을 받는 대가로 동물의 주인은 반려동물을 생존과 번식을 대신 책임지는 것이다.

"위대한 형상을(大象) 맡아 다스리면(執), 천하가(天下) 따른다(往). 따라감에도 (往) 해롭지 않고(不害), 평안함이(安平) 크도다(太)." 지배가 아닌 섬김이다. 서로 섬기는 것이 무위의 다스림이다.

- ❖ 樂與餌(악여이), 過客止(과객지). 道之出口(도지출구), 淡乎其無味(담호기무미).

  음악과 음식은(樂與餌) 지나가는 나그네도(過客) 멈추게 만들지만(止), 도의(道之) 출구는(出口) 담백할 뿐(淡乎) 맛이 나지 않는다(無味).

  餌(미끼 이) - 미끼, 먹이, 경단, 음식, 힘줄, 먹다, 낚다, 꾀다, 부르다.
  淡(맑을 담/염) - 맑다, 엷다, 싱겁다, 담백하다, 묽다, 거친 음식, 질펀히 흐르다.

인간이 들끓는 것은 온통 감각과 음식, 이익 등이 있어야 홀린다. 홀려야 사람이 붐빈다. 그게 장터이자 시장이다. 조선 3대 장터였다는 경기 안성장 터, 경상 대구장터, 전라도의 전주장터가 있었다. 소고기가 유명하고 남사당 패와 같은 볼거리가 많고, 사람이 전국에서 몰리는 길목에 자리하고 있다. 음악 소리와 맛있는 음식 그리고 볼거리가 모두 있어 사람이 들끓는다.
"음악과 음식은(樂與餌) 지나가는 나그네도(過客) 멈추게 만들지만(止), 도의(道之) 출구는(出口) 담백할 뿐(淡乎) 맛이 나지 않는다(無味)." 그러나 도는 감각과 흥분으로 작용하는 것이 아니다. 그저 실천과 깨달음을 통해 나도 모르게 오르는 히말라야 같은 곳이다.

- ❖ 視之不足見(시지부족견). 聽之不足聞(청지부족문). 用之不足既 (용지부족기).

  보려 해도(視之) 드러나지 않으며(不足見), 들으려 하여도(聽之) 알려주지 않는다(不足聞). 쓰려하여도(用之) 다함이 없다(不足既).

  聽(들을 청) - 듣다, 들어주다, 판결하다, 결정하다, 받아들이다, 용서하다, 순종.
  聞(들을 문) - 듣다, 들리다, 알다, 깨우치다, 맡다, 방문하다, 묻다, 아뢰다, 견문.

눈에 보이는 화려함은 사라지고 음악 소리는 밤이 되면 끊긴다. 감각은 오래 지속되지 않는다. 한계효용체감의 법칙이 작용하기 때문이다. 아무리 좋은 음악도 2시간 이상 듣기가 어렵다. 추억은 필요할 때 떠올려야 아름다운 것이지 시도 때도 없이 떠오르는 건 잡념이자 허상이다. 나는 클래식과 재즈를 들으며 차를 마시는 습관을 오랜 시간 해왔다. 거의 하루도 거르지 않는다. 하루 10시간 이상 글 읽고 노트북에 입력하는 이 시간에도 내 귀에 꽂힌 이어폰에는 클래식 음악이 흐르고 책상 위에는 보이차와 녹차로 목을 축이며 글을 쓰고 있다. 나에게 음악과 차 그리고 책과 글쓰기는 수십 년 이상 몸에 축적되고 체화된 일상이다. 그러나 어느 한순간에 이를 동시에 행하려면 거의 불가능하다. 문화는 하루아침에 터득되고 체득되는 것이 아니다. 오랜 훈련과 습관이 들어 도가 되어야 한다. 내가 글을 쓰는 지금도 본문을 해석할 때는 참고 문헌을 비교 대조하지만 주해할 때는 내 머릿속의 생각을 그대로 자연스럽게 호흡이 맞춰 옮기는 것이다. 지난 시절 4천 권이 넘는 책을 매일 읽고 철학하고 사색했기에 가능한 일이라 생각된다.

그저 글이 나오듯 도가 나올 때는 담백하여 감정의 기복도 없다. "도의(道之) 출구는(出口) 담백할 뿐(淡乎) 맛이 나지 않는다(無味)." 기교를 부릴 필요도 억지로 몸부림치지 않아도 생각의 흐름대로 갈 뿐 맛이 필요 없다. 보려고 하지 않아도 보이고, 들으려고 몸부림치지 않아도 자연스레 들리는 것이다. 6개월째 도덕경에 매달려 글을 쓰지만, 아직 내 머릿속은 쓰고 싶은 이야기가 마르지 않는다.
"보려 해도(視之) 드러나지 않으며(不足見), 들으려 하여도(聽之) 알려주지 않는다(不足聞). 쓰려하여도(用之) 다함이 없다(不足旣)."

제36장.
將欲歙之(장욕흡지)
얻고자 한다면 먼저 내어 줘라

將欲歙之, 必固張之. 將欲弱之, 必固强之. 將欲廢之, 必固興之. 將欲取之, 必固與之. 是謂微明. 柔弱勝剛强. 魚不可脫於淵, 國之利器, 不可以示人.

장차(將) 축소하려면(欲歙之), 반드시(必) 먼저 확장해야 한다(固張之). 장차(將) 쇠퇴시키려면(欲弱之), 반드시(必) 먼저 강해져야 한다(固强之). 소멸시키려 한다면(將欲廢), 반드시(必) 먼저 흥하게 해준다(固興之). 장차(將) 취하고자 하려 한다면(欲取之), 반드시(必) 먼저 내어준다(固興之). 이를 일러(是謂) 미명이라(微明) 한다. 부드럽고 약한 것이(柔弱) 단단하고 강한 것을 이기는 법이다(勝剛强). 물고기는 깊은 연못을 벗어나면(魚脫於淵) 안 되고(不可), 국가에(國之) 사용하는 무기를(利器) 백성들에게 보여서는 안된다(不可以示人).

❖ **將欲歙之(장욕흡지), 必固張之(필고장지). 將欲弱之(장욕약지), 必固强之(필고강지).**
장차(將) 축소하려면(欲歙之), 반드시(必) 먼저 확장해야 한다(固張之). 장차(將) 쇠퇴시키려면(欲弱之), 반드시(必) 먼저 강해져야 한다(固强之).

歙(들이쉴 흡) - 들이쉬다, 거두자, 줄어들다, 맞다.
固(굳을 고) - 굳다, 단단하다, 굳어지다, 완고하다, 우기다, 독점하다, 가두다.
張(베풀 장/창) - 베풀다, 어떤 일을 벌이다, 기세가 오르다, 성하게 하다, 내밀다.

자연은 순환의 연속성이다. 지구는 스스로 자전한다. 지구의 자전 속도는 적도 기준으로 약 1,670km/h가 된다. 이는 KTX 열차의 최고속도인

305km/h보다 약 5.5배 빠른 속도이다. 그리고 태양을 공전한다. 지구가 태양을 공전하는 속도는 약 107,000km/h로 엄청나게 빠른 속도로 공전한다. 인간은 이를 전혀 느끼지 못하게 진화했다. 태양의 주위를 365일 만에 공전하기에 1년이 된다. 지구가 자전하고 공전하기에 하루의 밤낮이 생기고 봄, 여름, 가을, 겨울이라는 4계절이 생겼다. 자연은 중력의 법칙에 따라 가벼운 것이 무거운 것을 중심으로 도는 것이다. 자전과 공전은 자연스레 음양을 낳는다. 이것은 서양철학이 추구한 인간이 규정한 선악의 이분법이 아니다. 스스로 그러한 자연이 만든 현상을 인간이 측정하여 패턴화한 것이다. 그리고 그것을 음양으로 분류하는 상징체계가 역(易)의 법칙이다. 노자의 핵심 사상은 인간 역시 자연의 일부이기 때문에 그러한 순환법칙에 따라야 함이라고 강조하는 것이다. 낮은 양이다. 태양의 빛에너지를 받는 시간이다. 밤은 음이다. 태양에너지에 벗어났기에 어두운 것이다.

인간이 벌이는 전쟁 역시 자연의 일부이다. 인간만 전쟁하는 것은 아니다. 모든 동물이 한정된 자원을 차지하기 위해 다른 무리와 종과 종끼리 전쟁을 벌인다. 그러나 다른 동물과 다르게 인간이라는 고등 생명체는 다른 종과 다른 품격 있는 전쟁을 노자는 요구한다. 다시 말해 동물적인 본능에 이끌려 그야말로 너 죽고 나 죽자! 식의 무지막지한 전쟁을 피하자는 것이다. 그러기 위해서는 인간이 폭발적으로 진화시킨 뇌를 최대한 활용하는 것이다. 최상의 방법은 전쟁을 피하는 것이다. 그러나 부득이하게 전쟁을 벌인다면 그 방법에 대해 30장, 31장, 36장, 46장, 67장, 68장, 69장 전체 81장 중 일곱 장에 걸쳐 언급하고 있다. 특히 36장은 전략과 전술의 필요성이다. 전쟁은 가장 지혜가 필요하다. 감정이 우선했다가는 자신의 소중한 부대원을 다 잃을 수 있다. 예로부터 장수를 지혜로운 장수인 지장(智將), 덕이 많은 장수인 덕장(德將), 용맹스러운 장수인 용장(勇將), 카리스마 넘치는 장수인 맹장(猛將)과 같은 뛰어난 장수를 이순신과 비유하고, 미련하고 멍청하고 겁 많고 무능한 장수를 원균에 비유하는 이유다. 전략과 전술은 음양의 조화를 이루어 적절하게 Go-Stop 할 줄 아는 것이다. 또한 단기적 전략과 장기적 전략을 동시에 고려한다. 동물들은 뇌의 구조상 장기적 선택과 결정이 안 된다. 장기적인 계획과 판단은 시뮬레이션 능력이 뛰어난 사람만이 가능하다. 이를 바둑에 비유하면 18급과 9단 간의 시뮬레이션 능력 차이이다. 급이 낮다는 것은 상대의 패를 예측하지 못하는 상황과 같다. 내가 세상의 중심이 되어서는 상대의 수를 읽지 못한다. 상대의 머리를 시뮬레이션해서 수를 두는 것이다. 그게 18급과 1단의 차이이고 1단과 9단의 차이이다. 이는 세상 만물 모든 곳에 적용된다.
"장차(將) 축소하려면(欲歙之), 반드시(必) 굳게 확장해야 한다(固張之). 장차(將) 쇠퇴시키려면(欲弱之), 반드시(必) 굳게 강해져야 한다(固强之)."
장차 ~한다는 것은 미래에 대한 예측이다. 예측은 정확한 관측을 통해 이루어진다. 지혜란 오랜 경험을 통한 집단지향성과 공동지향성 능력이 향상되어 생긴 인간만의 고유 능력이다. 유비가 제갈공명을 삼고초려(三顧草廬)하여 국사로 모신 이유도 바로 이러한 시뮬레이션 능력이 탁월했기 때문이다. 전쟁은 서로 상대의 수를 어디까지 읽느냐 하는 것에 의해 승패와 직결된다. 그러기 위해서는 자기감정을 잘 다스리는 사람이어야만 하는 것이다. 여하튼 36장은 후대에 해석 문제로 갈등이 분분했던 장이다. 나도 다른 분들의 해석을 가장 많이 참조했다.

❖ **將欲廢之(장욕폐지), 必固興之(필고흥지). 將欲取之(장욕취지), 必固與之(필고여지).**
소멸시키려 한다면(將欲廢之), 반드시(必) 먼저 흥하게 해준다(固興之). 장차(將) 취하고자 하려 한다면(欲取之), 반드시(必) 먼저 내어준다(固與之).

廢(폐할 폐) - 폐하다, 못쓰게 하다, 버리다, 그치다, 부서지다, 떨어지다, 무너지다.
興(일 흥) - 일다, 일으키다, 창성하다, 흥겹다, 기뻐하다, 성공하다, 등용하다.

사피엔스는 지구상 가장 복잡한 감정을 진화시켰다. 감정의 진화는 이성의 진화와 공진화한 결과이다. 감정을 알아내고 감정을 다스리는 것이 바로 도덕적 능력이다. 분노조절장애는 분노와 화 그리고 공격성을 조절하지 못하는 반사회적 행동이다. 사실 이러한 행동을 장애로 표현하는 것, 그 자체가 어불성설이다. 이는 그저 인간으로서의 품격인 인격(人格) 결여라고 나는 표현한다. 애덤 스미스와 하버드대학교 리처드 랭엄 교수의 말대로 도덕심은 자기 절제 그리고 자기 길들이기(self-domestication, 가축화)의 결과물이다. 분노 조절은 자기를 길들이 못한 반사회적인 죄악이지 특정한 병이 아니기 때문이다. 많은 전쟁의 발발이 권력을 가진 자들의 분노 조절을 하지 못해 생긴 우발적 결과이다. 특히 공격성을 조절하지 못하는 경우 '묻지 마! 살인' 같은 범죄 행위가 생겨나는 이유이다. 만약, 절대적인 힘을 가진 정치인, 경제인이라면 그 피해는 전 지구적이다. 2018년 미국에서 출간된《도널드 트럼프라는 위험한 사례 - 미국 최고의 심리학자. 정신과 의사 27인이 진단한 트럼프의 정신건강》에서 나와 같은 염려를 우려하여 출간되었다. "수십억 인구의 생사를 좌우하는 권력을 지닌 사람이 명백하게 위험한 정신장애의 징후를 보일 때, 경보를 울려야 할 상황이 수시로 벌어지는 것을 충분히 목격했으며, 그것이 매우 위급한 상황일 때는 어떨까? 한국계 미국인으로 예일대학교 의과대학 법·정신의학부 임상조교수를 지내는 폭력 연구의 세계적 전문가 밴디 리와 미국의 저명한 정신과 의사와 정신건강 전문가 27인은 지금이 그런 위급한 상황이라고 판단하고 트럼프를 평가하고 진단해 전 세계에 그 위험성을 경고하기로 나섰다." 노자는 바로 전쟁 미치광이들에게 전하는 메시지이다. "소멸시키려 한다면(將欲廢之), 반드시(必) 먼저 흥하게 해준다(固興之). 장차(將) 취하고자 하려 한다면(欲取之), 반드시(必) 먼저 내어준다(固興之)." 우리의 두뇌는 장식품이 아니다. 동물과 인간이 다른 점은 리처드 도킨스의 저서《이기적인 유전자》에 의해 프로그래밍 되어서 선택과 결정하는《확장된 표현형》이 아니기에 더더욱 그렇다.

- ❖ **是謂微明(시위미명). 柔弱勝剛強(유약승강강).**

  이를 일러(是謂) 미명이라(微明) 한다. 부드럽고 약한 것이(柔弱) 단단하고 강한 것을 이기는 법이다(勝剛強).

  微(작을 미) - 작다, 자질구레하다, 정교하다, 정묘하다, 어둡다, 쇠하다, 아니다.
  柔(부드러울 유) - 부드럽다, 순하다, 연약하다, 여리다, 무르다, 좇다.
  弱(약할 약) - 약하다, 약해지다, 쇠해지다, 잃다, 패하다.
  勝(이길 승) - 이기다, 훌륭하다, 경치가 좋다, 낫다.
  剛(굳셀 강) - 굳세다, 강직하다, 억세다, 단단하다, 성하다, 강철.

힘으로 승부를 가리는 것은 짐승들의 몫이지 이타적이고 도덕적인 인간의 몫이 아니다. 인간이라는 동물이 지구상에 출현했기에 우주의 시작을 알아냈고 도와 만물의 상관관계를 알아냈다. 노자는 일관되게 하늘의 도를 깨달아 인간의 도가 이 땅(지구)에서 펼쳐지길 바라는 것이다. 탐욕적이고 사치스럽고 이기적인 인간이 아닌, 나누고 배려하고 서로 협력할 줄 아는 인간, 성인과 군자를 인간의 최대 경지로 상정하고 인간을 가르치고 인도하는 것이다. 노자의 사상과 가르침을 제대로 이해하는 사람도 드물고, 인간의 상식과 상반되어 있어 사람들의 웃음거리, 예를 들면 '도를 아십니까?'와 같은 조롱거리가 되기도 했다. 노자도 이를 한탄하여 41장에서 이렇게 탄식한다.

"上士聞道(상사문도), 勤能行之(근능행지). 中士聞道(중사문도), 若聞若亡(약문약망). 下士聞道(하사문도), 大笑之(대소지). 不笑! 不足以爲道(불소불족이위도)."
"뛰어난 지혜와 능력을 지닌 사람은 도에 대해 들으면 부지런히 행하려 에너지를 쓴다. 보통의 지식과 능력을 지닌 사람은 긴가민가하며 업신여긴다. 아는 것이 제대로 없는 작자들은 크게 비웃는다. 비웃지 말아라! 부족하기에 도로써 다스리는 것이다."

예나 지금이나 제대로 아는 것이 하나도 없으면서 시험만 잘 보는 침팬지는 꾸준히 존재했다. 이기적이고 탐욕적인 침팬지는 세상의 중심이 나이기에 자연의 이치가 어떻고 도의 섭리가 어떻고 그저 비웃을 뿐이다. 오로지 돈과 권력에 도치되어 있다. 결국 인간의 무지와 탐욕은 지구 역사상 가장 나중에 탄생한 사피엔스를 지구에서 멸종시키려 한다.
자연을 지배하는 힘을 우리는 볼 수가 없다. 그러나 보이지 않기에 더욱 현묘하고 기묘하다. 인간이 느낄 수도 없고 만질 수도 없지만 도는 광활한 우리 우주 전체를 지배한다. 그러하기에 "이를 일러(是謂) 미명이라(微明) 한다. 부드럽고 약한 것이(柔弱) 단단하고 강한 것을 이기는 법이다(勝剛强)." 미명(微明)은 드러나지 않지만 희미하게 밝은 것이다. 나는 명(明)의 해석을 일관되게 '질서가 이루어진다'라고 해석하였다. 우주의 시작은 물질과 에너지가 질서를 생성하는 과정이기에 그렇다. 눈에 보이지 않는 양자의 세계에서부터 거시세계까지 드러나지 않지만, 질서가 시공간의 SCALE에서 펼쳐진다. 그 질서가 이루어져 우리가 된 것이다. 눈에 보이지 않는 작은 원소들이 붕괴하면서 어마어마한 크기의 별이 터진다. 직진만 하고 공격적인 사람들을 우리는 일본식 발음으로 '무데뽀(무대포)'라는 발음의 '무철포(無鐵砲)'라고 한다. '무데뽀'적 사고를 하는 사람은 시야가 좁다. 힘으로만 해결하려 하기 때문이다. 유연하고 심사숙고하는 사람을 당해내지 못하는 법이다.

힘과 지혜는 핵과 전자가 함께 이루어 만물이 되듯 함께 움직일 때 빛이 된다.

❖ **魚不可脫於淵(어불가탈어연), 國之利器(국지리기), 不可以示人(불가이시인).**

물고기는 깊은 연못을 벗어나면(魚脫於淵) 안 되고(不可), 국가에(國之) 사용하는 무기를(利器) 백성들에게 보여서는 안된다(不可以示人).

脫(벗을 탈/태) - 벗다, 벗어나다, 벗기다, 사면하다, 풀다, 나오다, 빠지다, 잃다.
淵(못 연) - 못, 소, 웅덩이, 모이는 곳, 근원, 근본, 출처.
示(보일 시/기/치) - 보이다, 보다, 간주하다, 알리다, 지시하다, 베풀다, 가르치다.

힘과 무기가 가시계(可視界)라면 지성과 지혜는 가지계(可知界)이다. 깡패들이 몸에 문신을 새기고 싸움에 들어가기 전, 웃통을 벗는 이유는 힘과 연장이 지배하는 가시계를 지배하는 동물적 본능인 과시행동을 벗어나지 못했기에 그렇다. 전쟁은 인간의 원초적 본능의 대규모 과시행동이다. 인간이 이타적이고 도덕적 본성을 되찾는 것은 물고기가 연못에서 사는 것과 같은 차원이다. 동물이 하는 과시 행위를 북한은 건국기념일마다 행하고 있다. 무지막지한 이유다.

제37장.
道常無爲(도상무위)
다스리려 하지 않아도 다스려지는 도

道常無爲而無不爲. 侯王若能守之, 萬物將自化. 化而欲作, 吾將鎭之以無名之樸. 無名之樸, 夫亦將無欲. 不欲以靜, 天下將自定.

도는 항상(道常) 다스리려 하지 않으면서(無爲而), 다스려지지 않음도 없다(無不爲). 왕과 제후가(侯王) 무위처럼(若) 능히 지킬 수 있게 된다(能守之). 만물이(萬物) 장차(將) 스스로 교화된다(自化). 스스로 교화되는데(化而) 작위적인 탐욕이 생긴다면(欲作), 내 장차(吾將) 이름할 수 없던 본질로써(以無名之樸) 진정시킬 것이다(鎭之). 이름할 수 없는 본질로써 진정시키면(無名之樸) 무릇(夫) 탐욕 역시 장차 사라질 것이다(亦將無欲). 탐욕을 잠재움으로써(不欲以) 소란스러움이 사라지니(靜), 천하가(天下) 장차(將) 스스로 안정될 것이다(自定).

❖ **道常無爲而無不爲(도상무위이무불위). 侯王若能守之(후왕약능수지), 萬物將自化(만물장자화).**
  도는 항상(道常) 다스리려 하지 않으면서(無爲而), 다스려지지 않음도 없다(無不爲). 왕과 제후가(侯王) 무위처럼(若) 능히 지킬 수 있게 된다(能守之). 만물이(萬物) 장차(將) 스스로 교화된다(自化).

　37장은 상편(上篇)의 마지막 장이다. 도상무위(道常無爲)와 화이욕작(化而欲作)을 대비시킴으로써 자연의 스스로 그러함은 인간의 탐욕심과 상치된다. 도는 천하 만물을 다스리려 하지 않아도 다스려진다고 노자는 여러 차례 강조한다. 그러나 현대사회는 아이러니하게도 그 도의 신비를 밝힌 과학이 자연을 지배하려 든다. 그게 노자가 지적한 인간의 끝없는 탐욕심이다. 인간의 정치가 자연을 따르라고 한다. 138억 년 동안 자연은 스스로 질서를 생성하고 만물을 양육하였다. 그러나 자연의 도는 인간들처럼 자랑하지 않고, 과시하지 않고, 드러내지 않는다. 그러나 분명한 것은 다스리려 하지 않아도 다스리고 있다고 말한다.

현대과학은 노자의 예언을 그대로 증명해 주고 있다. 우주의 생성과 기원은 물리학, 특히 양자물리학인 소립자 물리학이 발전하면서 밝혀냈다. 현재의 물리학은 우주를 지배하는 거대한 힘이자 우주의 실체인 암흑물질과 암흑에너지의 정체를 밝혀내려 하고 있다. 암흑물질과 암흑에너지는 우주의 95%를 차지하나 정확하게 어떤 것인지 아직 잘 모른다. 화학은 세상을 구성하는 원소들을 밝혀냄으로써 물질 세상이 어떻게 구성되고 반응하는지 알아냈다. 생물학은 지구의 생명체가 어떻게 탄생하게 되었고 생명 탄생 이후 어떤 방식으로 다양하게 진화했는지를 밝혀냈다. 내가 추구하는 138억 년 우주 진화와 지구의 생명 약동 현상을 설명하는 다학제 학문인 '빅히스토리(Big History)' 운동으로 거의 모든 것에 대한 역사를 밝혀내고 있다. 나는 노자의 도덕경 주해가 끝나면 지난 1만 년 동안 사피엔스의 이동 경로와 문명 건설에 관해 연구하려 한다. 빅히스토리의 일환으로 그동안 인간들의 이익에 맞춰 왜곡해 온 인문역사의 재해석이 절실하다는 필요성을 느꼈다. 그리고 얼마 남지 않은 사피엔스의 멸종을 늦춰보고자 한다. 그러기에 우리의 공공선과 집단지성, 즉 도상무위(道常無爲)의 탐욕적이고 이기적인 본능이 지배하지 않는 상태로서 자연의 힘에 순응하는 지혜가 절대적으로 필요하다.

❖ **化而欲作(화이욕작), 吾將鎭之(오장진지) 以無名之樸(이무명지박).**

스스로 교화되는데(化而) 작위적인 탐욕이 생긴다면(欲作), 내 장차(吾將) 이름할 수 없던 본질로써(以無名之樸) 진정시킬 것이다(鎭之).

鎭(진압할 진/전) - 진압하다, 누르다, 진정하다, 지키다, 진영, 오래, 메우다.
樸(통나무 박/복) - 통나무, 근본, 바탕, 순박하다, 질박하다, 다듬다, 빽빽하다.

노자의 핵심 사상은 '인간이 자연의 주체인가 객체인가?'의 문제이다. 그래야 노자가 추구하자 하는 무위(無爲)에 대한 정확한 의미를 규정할 수 있다.

결론적으로 노자의 사상은 인간이 결코 자연의 주체일 수도 인간 자체가 목적이 될 수도 없다. 그거야말로 인간의 오류이자 지나치게 오만한 착각이다. 우리의 뇌가 가져온 선택론과 결정론에 안주한 탓이다. 우주의 역사와 지구 생명의 역사에서 인간은 아주 작은 일부에 지나지 않는다. 인간이 지구의 지배자라는 오만과 편견 그리고 착각이 우리 스스로 대멸종의 최우선 대상자가 된 것이다. 만물의 이치는 다스리려고 하지 않아도 자연의 스스로 그러함에 의하여 다스려진다. 인간이 이 지구상에 저지른 환경 오염에 대한 만행은 지난 200년 동안 끔찍했다. 사피엔스가 지구상에 출현한 것이 20만 년 전이다. 이 기간의 전체를 합쳐도 200년 동안 저지른 혁명적 변화에 발톱만치도 따라오지 못한다. 인간 문명의 편리와 인간 문명의 발전을 위해 3억 년 전에 썩지 않고 남아있는 이산화탄소 덩어리인 화석연료를 끄집어 에너지원으로 사용함으로써 인간의 노동력을 기계에 내주었다. 록펠러에 의해 석유정제 기술이 발전함으로써 인류는 20세기에는 석유에 목숨을 건 전쟁을 하게 되었다.
소행성이 충돌하고 화산이 연쇄적으로 폭발해야만 바뀔 수 있는 이산화탄소 농도를 단 200년 만에 갱신하였다. 인류 진화사 400만 년 만에 처음으로 지구에는 이산화탄소 대기 중 농도 최고치인 4.231ppm으로 인간 문명사에서 가장 뜨거운 지구를 경험하는 최상위 포식자가 되었다.
노자는 인간 세상이 자연의 거대 법칙인 무명지박(無名之樸)으로써 다스려질 수 있다고 경고한다. 인간의 관점에서 천 년, 만 년, 이만 년, 이십만 년은 긴 시간일 수 있다. 그러나 이름으로 규정지어질 수 없는 위대한 힘인 무명지박은 그 안에 거하는 모든 것을 멸하게도 성하게도 할 수 있다. "스스로 교화되는데(化而) 작위적인 탐욕이 생긴다면(欲作), 내 장차(吾將) 이름할 수 없던 본질로써(以無名之樸) 진정시킬 것이다(鎭之)."

- ❖ **無名之樸(무명지박), 夫亦將無欲(부역장무욕).**
  이름할 수 없는 본질로써 진정시키면(無名之樸) 무릇(夫) 탐욕 역시 장차 사라질 것이다(亦將無欲).

만물을 생성하게 하기도 하고 멸하게 하기도 가능한 이름 지을 수 없는 그 무언가를 노자는 무명지박(無名之樸)이라 대명사처럼 칭했다. 인간사회 역시 자연의 일부이기 때문에 자연의 질서를 따라야만 하는 것이 도이다. 자연의 질서에 반하는 것이 무위(無爲)가 아닌 나만 잘살면 된다는 이기적인 유위(有爲) 더 나아가 탐욕적인 작위(作爲)의 상태이다. 자연의 SCALE은 인간이 다스리거나 길들일 수 있는 위(爲)가 아니다. 인위적이고 작위적일수록 자연의 무명지박(無名之樸)은 인간을 더욱 거칠게 몽둥이질한다(樸). 자연의 몽둥이가 바로 박(樸)이다. 분수를 모르고 꼴값 떠는 인간을 다스리는 자연의 매가 바로 박(樸)인 것이다. 인간을 멸종시키면 자연은 또 다른 생명체를 키울 것이다. 이번에는 순박한 질박함의 박(樸)이 생기니 탐욕 역시 사라지리라. "이름할 수 없는 본질로써 진정시키면(無名之樸) 무릇(夫) 탐욕 역시 장차 사라질 것이다(亦將無欲)."

❖ **不欲以靜(불욕이정), 天下將自定(천하장자정).**
탐욕을 잠재움으로써(不欲以) 소란스러움이 사라지니(靜), 천하가(天下) 장차(將) 스스로 안정될 것이다(自定).

미시적으로는 인간사회이지만 거시적으로는 인간 자체의 멸종이니 탐욕도 소란스러움도 존재도 사라지는 것이다. 인간이 진화시킨 이타심과 도덕심은 자연이 우리에게 부여한 가장 아름다운 순박한 질박함의 박(樸)이었을 것이다. 내 안의 선한 천사와 내 안의 사악한 악마가 공존함을 느낀다. 우리가 천사의 얼굴을 하고 악마의 짓을 벌였기에 인간 스스로에게도 그것을 키워준 자연으로부터도 그 대가를 톡톡하게 치르게 되는 것이다.
"탐욕을 잠재움으로써(不欲以) 소란스러움이 사라지니(靜), 천하가(天下) 장차(將) 스스로 안정될 것이다(自定)."

하편 下篇

덕경 德經

사람됨의 철학,
덕(德)을 득(得)하다!

제38장.
上德不德(상덕부덕)
인간성(人間性)의 격(格) - 인간은 같지 않다

上德不德, 是以有德. 下德不失德, 是以無德. 上德無爲而無以爲. 下德無爲而有以爲. 上仁爲之而無以爲. 上義爲之而有以爲. 上禮爲之而莫之以應, 則攘臂而扔之. 故失道而後德. 失德而後仁. 失仁而後義. 失義而後禮. 夫禮者忠信之薄而亂之首. 前識者, 道之華而愚之始. 是以大丈夫, 處其厚不居其薄. 處其實, 不居其華. 故去彼取此.

큰 덕을 지닌 사람은(上德) 그것을 억지로 얻으려 하지 아니하므로(不德), 그런 까닭에(是以) 자연스레 덕이 생기는 것이다(有德). 덕이 낮은 사람의 마음은(下德) 덕이 달아나지 않도록 억지 부리니(不失德), 고로(是以) 덕이 생기지 않는 것이다(無德). 큰 덕을 지닌 사람은(上德) 다스리려 의도하지 않기에(無爲而) 다스려지지 않는 것이 없는 이유다(無以爲). 덕이 낮은 사람은(下德) 인위적으로 다스리려 하기에(爲而) 더욱 지배하려 드는 것이다(有以爲). 커다란 인자함으로(上仁) 다스릴 수 있다는 것은(爲之而) 지배하려고 하지 않기 때문이다(無以爲). 커다란 권위로(上義) 다스리고자 하는 것은(爲之而) 지배하려 하기 때문이다(有以爲). 상례로(上禮) 다스려 따르게 한다는 것은(爲之而) 거부하지 못하도록(莫之) 순응케 함으로써(以應) 사람들의 팔을 잡아채 끌어당겨(攘臂) 억지로 복종시켜(而扔) 본보기를 삼고자 하기 때문이다(則之). 도리어(故) 도를 잃고 난 뒤에서나(道而後) 곧은 마음이 나타나고(德), 덕을 잃고(失德) 난 뒤에서야(而後) 어진 마음을 얻게 된다(仁). 인을 잃고 난 뒤에서나(仁而後) 의가 나타나고(義), 의를 잃고(失義) 난 뒤에서야(而後) 예를 얻게 된다(禮). 무릇(夫) 예라는 것은(禮者) 진심과 신의가(忠信) 엷기에(之薄) 난리가 났을 때나(而亂) 으뜸으로 치는 것이다(之首). 조금 먼저 안다고 나불거리는 것들은(前識者) 도가 가진(道之) 화려함만 쫓는(華而) 우매함의 근원이다(愚之始). 그 열매가 열리는(其實) 때를 알기에(處), 화려함에 취해 그 꽃에(其華) 머무르지 않는다(不居). 도리어(故) 저것(彼)을 버리고(去) 이것(此)을 얻는다고 함이다(取).

- ❖ 上德不德(상덕부덕), 是以有德(시이유덕). 下德不失德(하덕불실덕), 是以無德(시이무덕).

  도는 항상(道常) 다스리려 하지 않으면서(無爲而), 다스려지지 않음도 없다(無不爲). 왕큰 덕을 지닌 사람은(上德) 그것을 억지로 얻으려 하지 아니하므로(不德), 그런 까닭에(是以) 자연스레 덕이 생기는 것이다(有德). 덕이 낮은 사람의 마음은(下德) 덕이 달아나지 않도록 억지 부리니(不失德), 고로(是以) 덕이 생기지 않는 것이다(無德).

도덕경의 하편 38장의 첫 장이다. 그런데 이장은 1973년 마왕퇴 고분에서 발견된 백서본(帛書本)과 2009년 연구가 시작된 된 전한 시대의 한간본(漢簡本)에서 도덕경의 첫 번째 장으로 맨 앞에 배치되어 있었다. 우리가 흔히 아는 '도덕경(道德經)'이 아닌 예전에는 '덕도경(德道經)'이었던 것이다.

도경(道經) 1장에서 도의 'COSMOLOGY'에 대한 위대한 여정을 밝혔다면, 덕경(德經) 1장은 덕에 대한 인간 내면의 깊숙한 원리, 즉 인간 내면의 도에 대한 가르침이다. 도가 우주의 원리라면 덕은 인간이라면 반드시 갖추어야 할 내면의 덕성, 즉 인간성이다. 나는 줄곧 도덕경을 주해하면서 인간과 동물의 유사성과 차이점이 무엇인지? 진화생물학, 진화인류학, 동물행동학, 행동생태학 관점에서 논해왔다.

찰스 다윈은 1871년 출간한 《인간의 유래와 성 선택》에서 "인간은 침팬지로부터 공통 조상에서 진화했다"라고 단정 지었다. 이 글에서 인간과 침팬지에 대한 차이를 수없이 언급했다. 현대의 비교 심리학은 대형 유인원 사촌들과 인간 행동을 비교 연구함으로써 인간에 대한 동물적 본능과 인간 고유의 본성으로 덕을 획득함으로써 인간성의 획득으로 인한 인격이 생성되었다고 본다. 찰스 다윈과 진화인류학자들에게 도덕심은 자연선택에 의해 인간에게 아주 우연히 불을 사용함으로써 뇌의 폭발적 진화와 함께 주어진 능력이다. 이타심과 도덕심, 자비심 그리고 정교하게 협력할 줄 아는 언어 능력이 주어졌기에 모진 환경에서 살아남아 현 지구상의 최상위 포식자가 되었다고 한다.

그럼 과연 사피엔스에게 도덕성을 획득했다고 그럼 진정한 인간이 되었는가? 노자는 천만의 만만의 말씀이라며 인간의 품성을 더욱 상세하게 구분한다. 노자의 말씀대로 인간을 구분 짓자면 현대사회에서 인간 되기는 거의 불가능하지 않나 싶다.

최상의 인간은 상덕(上德)이요, 다음은 상인(上仁), 상의(上義), 상례(上禮)의 인간으로 엄격한 위계(位階, Hierarchy)에 의해 구분하고 있다. 그나마 이러한 방식으로 구분한 인간은 이기적인 소인배들을 엄격하게 배제한 상태에서 참사람, 대인배적 인간의 구분이다. 인면수심의 소인들은 철저하게 배제한 상태이다. '上德不德(상덕부덕)'을 글자 그대로 해석해서 '최상의 덕은 덕이 아니다'라고 풀이하면 전체 장에 영향을 주는 번역의 큰 오류를 낳는다. 뒤이어 나오는 '是以有德(시이유덕) 이런 까닭에 덕이 생긴다.' '최상의 덕은 덕이 아닌데 이런 까닭에 덕이 생긴다.' 이런 식으로 다음 절을 해석하면 '下德不失德(하덕부실덕) 최하의 덕은 덕을 잃어버리지 않았기에 是以無德(시이무덕) 이런 연유에 덕이 없다'가 된다. 뭔 말인지 도저히 알 수가 없다. 노자의 도덕경이 어려운 이유다. 어떤 이는 해석이 원활히 되지 않으면 통행본의 역자인 왕필 탓, 나중에는 노자가 잘못됐다고 뒤집어씌우기도 한다. 자신의 안목과 실력을 반성해야지 2천 년 넘게 지배해 온 사상을 왜 흠을 잡는지 이해가 불가하다. 나 역사 초간본, 백서본, 하상공본, 왕필본을 두루 읽어보니 부분에 대한 약간의 오해 소지는 있어도 노자가 설파하고자 하는 본질은 변함이 없었다. 오히려 핵심 사상과 철학은 더욱 돋보였다. 138억 년의 도와 사피엔스가 획득한 도덕성은 20만 년 동안 변함없이 유지되어 흘러온 우리의 유전자에 그대로 남아있기 때문이다.

"큰 덕을 지닌 사람은(上德) 그것을 억지로 얻으려 하지 아니하므로(不德), 그런 까닭에(是以) 자연스레 덕이 생기는 것이다(有德)." 덕은 자연선택, 즉 도의 끊임없는 작용에 따라 자연발생적으로 획득한 능력이다. 그래서 덕(德)을 득(得)했다 한다. 그러나 탐욕이 인간을 지배하는 순간 20만 년은 실오라기 하나 걸친 풍전등화 앞에 선 여인의 모습과 같다. 인간의 본성인 우리의 덕은 언제 달아날지 모르는 아슬아슬하게 쓰여있는 덮개와 같다. 우리가 가진 동물적 본능은 5억 년이 넘는다. 자연 상태에서 인위적으로 변한다는 것은 다스림의 주체인 위(爲)가 누구 손에 넘어가느냐에 있다. 자연이냐, 사람이냐?

찰스 다윈은 이를 자연선택(自然選擇, Natural Selection)과 인위적 선택(人爲的選擇, Artificial Selection)으로 구분하여 설명했다. 자연이 하던 일을 이제 인간이 대체하는 것이다. 신석기 시대까지만 해도 자연이 선사한 대로 배고프면 잡아먹고 철마다 열리는 열매를 따 먹거나 주워 먹으면서 생존할 수 있었다. 인간이 풀을 인위적으로 길들이면서 수렵채집인 시절에는 상상할 수 없는 에너지를 사용하게 된다. 바로 하루에 10시간이 넘는 노동력이다. 그리고 강력한 소유욕과 독점욕이 생성된다.

법정 스님(1932~2010)은 평생 중생들에게 무소유(無所有)를 가르쳤다. 나는 경제인으로 살 때, 무소유라니 참으로 부질없는 가르침이라고 일침을 가해버렸었다. 사실 그때는 탐욕이 나를 지배하던 시절이라 무소유가 뭔지 아무것도 몰랐다. 그저 어느 '땡중'이 입버릇처럼 떠드는 부처님 말씀 정도로 치부했었다. 아니 솔직히 지금 생각하면 무식했었다. 이제는 똥구녕에 낀 콩나물 대가리의 소중함을 깨닫고부터는 무소유가 체화되었다. 인위적, 작위적 행위에는 그에 상응하는 관리, 유지비용이 투입된다. 이건희 회장이 살던 이태원 자택의 한 달 전기료가 8천만 원이 넘었다고 들었다. 현재 내가 거처하고 있는 곳의 월 전기료가 2만 원이 채 안 나온다. 경제인으로 살 때 내가 필요한 돈은 월 5~7천만 원 정도였다. 그래도 늘 모자랐다. 지금은 줄이고 줄여 80만 원 미만이다. 뒤에서 0이 두 개나 빠졌다. 그래서 내가 지금 불행한가? 아니다. 그러나 조금 불편할 뿐이다. 남의 경조사에 잘 가지도 않지만 가야만 하는 경조사가 있으면 약간 휘청한다. 탐욕을 내려놓으니 제일 큰 변화는 감정의 기복이 사라졌다는 것이다. 만사에 무덤덤하다.

특히 미래에 대한 불안감이 사라졌다. 경제인 시절에는 매일 큰일이고 걱정거리였다. 이달에 돌아오는 어음만기, 직원들 월급날, 들쭉날쭉한 납품일에 대한 고객의 폭풍 같은 독촉, 지인이 건물을 샀다고 하면 형용할 수 없는 배아픔과 부러움이 날 지배했다.

지난 10여 년을 내가 지배했던 나를 버리고 자연의 순리에 맡겼다. 한 갑 이상 피우던 담배부터 끊었다. 늙어서 병원 신세 안 지기 위해 매일 두 시간씩 산에 올랐다. 그리고 매일 도서관에 가서 최소 7시간은 책을 읽었다. 점차 미련과 집착에서 벗어나기 시작했다. 지나간 일은 지나간 대로 그런 의미가 있다는 전인권의 노래를 매일 읊조렸다. 그러니 기적 같은 일이 생겼다. 남들에게 큰일이 내게는 그저 평범한 일이 되었다. 돈벌이, 이혼, 아이의 교육, 노후, 체면 건강 따위에서 조금씩 해방되었다.

"덕이 낮은 사람의 마음은(下德) 덕이 달아나지 않도록 억지 부리니(不失德), 그러므로(是以) 덕이 생기지 않는 것이다(無德)." 억지 부리지 않고, 애써 체면 차리지 않아도 무례를 범하지 않으니 큰 탈이 생기지 않았다.
단 하나, 술! 그놈의 술이 늘 문제였다! 문제를 아나 지금도 끊지 못하는 게 술이다.

❖ **上德無爲而無以爲**(상덕무위이무이위). **下德爲之而有以爲**(하덕위지이유이위).

큰 덕을 지닌 사람은(上德) 다스리려 의도하지 않기에(無爲而) 다스려지지 않는 것이 없는 이유다(無以爲). 덕이 낮은 사람은(下德) 인위적으로 다스리려 하기에(爲而) 더욱 지배하려 드는 것이다(有以爲).

현재의 나는 자연의 순리대로 살면서 내가 나를 지배하려 하지 않으니, 조급하거나 근심, 걱정, 불안이 사라졌다. 가장 힘든 시절, 내 생각이 맞는다고 확인시켜 주신 분이 계신다. 2010년 스마트폰 기반으로 팟캐스트가 유행을 탔다. 법륜 스님의 즉문즉설을 산에 오를 때마다 들었다. 스님의 말씀을 들을 때마다 과거를 반성하고 현실세계에 대한 좌표를 잡아갔다. 수정되고 재계획된 삶은 최소한 컴퍼스의 축을 움직이는 크나큰 과실은 더 이상 저지르지 않게 만들었다. 사업에 실패한 사람들의 공통점이 과거에 지나치게 사로잡혀 한방을 꿈꾸는 것이다. 누구에게나 한방은 있다. 그러나 나는 과거에 내 한방을 전부 써버렸기에 나는 두 번 기회가 없다고 생각했다.
"큰 덕을 지닌 사람은(上德) 다스리려 의도하지 않기에(無爲而) 다스려지지 않는 것이 없는 이유이다(無以爲)." 내가 만일 이 원칙을 망각했다면 도서관에 평온하게 앉아 학자들이 땀 흘려 해석한 도덕경을 참조해 가며 내 나름의 번역을 할 수 있었을까? 아마도 그런 기회는 찾아오지 않았을 것이다.

예전에 나는 사업상 또는 관광 목적으로 세계 여러 나라의 카지노를 방문한 적이 있다. 나는 놀음을 중오한다. 카지노도 내 자의보다는 지인 또는 클라이언트들의 요구에 의해서 간 것이다. 골프도 마찬가지다. 난 골프를 좋아하지 않는다. 그러나 비즈니스라는 이름으로 골고다의 언덕을 십자가를 짊어지고 가는 예수의 심정으로 가야 할 때가 많다. 난 카지노에서 게임 시 플레이어를 하게 되면 반드시 원칙을 세우고 들어간다. 하루에 U.S 달러 200불 이상 플레이하지 않는다는 것이다. 200불을 잃으면 난 무조건 반사적으로 일어난다. 역시 200불 이상 따면 무조건 일어난다. 먹는 것을 즐기는 나는 카지노의 뷔페를 돌아다니며 저렴한 가격으로 식사를 즐긴다. 배가 부르면 온갖 카지노를 돌아다니며 플레이하는 사람들을 관찰하는 것을 좋아했다. 그러면 환호와 탄식을 동시에 관찰할 수 있었다. 유난히 한국 사람 중에는 카지노를 이기겠다고 덤벼드는 사람이 많았다. 수중의 돈을 다 잃고 나면, 나중에는 넋이 나간 상태에서 한국으로 전화해 돈을 송금하라고 재촉한다. 만류해도 방법이 없다. 한마디라도 거들라치면 기를 빠지게 한다거나 이제 감을 잡았으니 재수 없게 하지 말라거나 한 번 사는 인생 뭐 있느냐며 인생은 결국 한방이라면서 오히려 나를 정신병자 취급하며 역정을 낸다. 그런데 문제는 거기서 끝나지 않는다. 출장을 왔건 여행을 왔건 거의 첫 끗발이 개 끗발의 법칙이 작동해 나머지 소화해야 할 일정에 엄청난 지장을 남긴다는 데 있다. 문제는 또 있다. 한국에 귀국해서 처해있는 상황을 보면 공금횡령 또는 그달에 반드시 지출해야 할 돈을 끌어다 카지노에 바친 꼴이다. 그때 만났던 사람 중 지금까지 유지되는 관계는 단 한 사람도 없다.

노자의 도덕경을 읽으면서 깊게 빠져들 수밖에 없는 이유다. "덕이 낮은 사람은(下德) 인위적으로 다스리려 하기에(爲而) 더욱 지배하려 드는 것이다(有以爲)."

안 되면 빨리 포기하는 것도 지혜이다.

❖ **上仁爲之而無以爲**(상인위지이무이위). **上義爲之而有以爲**(상의위지이유이위).

커다란 인자함으로(上仁) 다스릴 수 있다는 것은(爲之而) 지배하려고 하지 않기 때문이다(無以爲). 커다란 권위로(上義) 다스리고자 하는 것은(爲之而) 지배하려 하기 때문이다(有以爲).

노자는 인의예지가 강조되는 이유에 대하여 인간 세상에 도를 상실했기 때문에 인간사회의 규율이 강화될 수밖에 없다고 했다. 도덕(道德)은 내면적 자기 길들이기(Self-Domestication)이다. 한비자(韓非子, BC 280~233)는 해로 편에서

"덕(德)은 내면적이고 득(得)은 외면적이다. '상덕부덕(上德不德)'이란 그 정신이 외부의 사물에 의해서 어지럽혀지지 않은 상태다"라고 했다. 윤리는 획득된다는 의미에서 득(得)에 가까운 외적 타율(他律)의 성격에 가깝다. 윤리와 법은 그래서 한몸이다. 그래서 공자의 제자들이 스승의 예에 대한 가르침을 모아 기록한 경전인 예기(禮記)는 타율적 성격이 강한 것이다.

나는 항상 이러한 생각에 몰두한다. 인간이 자연선택이 부여한 도덕 감정을 그대로 유지하고 있었다면 어떻게 됐을까?

반대로 자연선택이 인간에게 도덕성을 부여하지 않았다면 어떻게 됐을까? 이 경우는 과거사와 현대사에서 모두 그 사례를 찾아볼 수 있다. 가장 가까운 현대사에서의 만행은 전두환이 저지른 광주 민중 학살이다.

"커다란 인자함으로(上仁) 다스릴 수 있다는 것은(爲之而) 지배하려 하고자 않기 때문이다(無以爲). 커다란 권위로(上義) 다스리고자 하는 것은(爲之而) 지배하려 하기 때문이다(有以爲)." 지배하려 들지 않는 자야 진정 세상을 얻을 것이요, 백성을 지배하려 들고 복종시키고자 하는 자의 말로는 국립 교도소행이다.

❖ **上禮爲之而莫之以應(상례위지이막지이응), 則攘臂而扔之(즉양비이잉지).**

상례로(上禮) 다스려 따르게 한다는 것은(爲之而) 거부하지 못하도록(莫之) 순응케 함으로써(以應) 사람들의 팔을 잡아채 끌어당겨(攘臂) 억지로 복종시켜(而扔) 본보기를 삼고자 하기 때문이다(則之).

禮(예도 례) - 예도, 예절, 절, 인사, 예물, 의식, 예우하다, 풍성하다, 공경하다.
莫(없을 막/모/멱) - 없다, 말다, 불가하다, 조용하다, 드넓다, 장막, 저물다, 덮다.
應(응할 응) - 응하다, 대답하다, 응답하다, 맞장구, 승낙하다, 응당 ~하다, 아마도.
則(곧 즉/칙) - 법칙, 준칙, 이치, 본보기로 삼다, 곧, ~하면.
攘(물리칠 양) - 물리치다, 내쫓다, 제거하다, 훔치다, 사양하다, 걷다, 어지럽다.
臂(팔 비) - 팔, 팔뚝, 쇠뇌 자루.
扔(당길 잉) - 당기다, 끌어당기다, 부수다, 깨뜨리다, 내버리다, 버리다.

사회적 동물은 어쩔 수 없이 자연선택에 의해 무리나 집단을 이루고 살 수밖에 없다. 그게 생존에 유리하기 때문이다. 또한 본능적으로 무리를 이루고 사회를 이루게 되면 지배와 복종의 관계가 형성될 수밖에 없다. 다양한 구성원을 대표해서 집단을 이끌 리더가 있는 것이 생존에 유리하기 때문이다. 그러면서 집단은 반드시 질서가 필요하다. 자연발생적으로 집단을 지배하는 규율이 생겨난다. 여기서 도덕이 작동하는 사회와 그 반대인 힘이 지배하는 사회를 가정할 수 있다.

내가 규정한 도덕심 = 이타심 = 자비심 = 배려심 = 양보심 = 평등심 = 공정심 = 책임감 = 자발적인 수평적 사회로 귀결된다고 본다. 도덕심은 자율을 기반으로 한 백성들이 주인이 되는 민주주의 사회이다. 그러나 도덕심이 없는 동물 사회는 부도덕 = 이기심 = 탐욕심 = 공격심 = 독점욕 = 지배욕 = 불평등 = 차별 = 무책임 = 강압적인 힘이 지배하는 수직적 사회로 귀결된다고 보았다. 힘으로 지배하여 다스려야만 한다. 힘이 사라지면 지배 권력을 박탈당하고 복종해야 한다. 도덕심이 사라진 세상은 힘이 정의가 되는 세상이다. 즉 돈과 권력이 정의가 되어 약자를 지배하고 굴종을 강요하며, 강압적으로 사람 목숨을 파리 목숨 다루듯 하게 된다. 경제학에서는 이를 도덕적 해이(道德的解弛, moral hazard)라 명한다. 법과 제도적 허점을 이용하여 자기 책임을 소홀히 하거나 집단 이기주의를 나타내는 상태나 행위를 뜻한다. 특히 2007년 미국에서 대형 은행권의 도덕적 해이로 터져버린 메가급 핵폭탄 '서브프라임 모기지 사태' 같은 사건은 전 세계를 흔드는 전 지구적 정치, 경제, 사회, 문화, 환경에 대한 제 위기를 맞게 되었다. 나도 이 사태가 터진 것이 계기가 되어서 거지 신세가 되었다. 자본주의 사회는 필연적으로 도덕적 해이에 빠지게 프로그램되어 있다. 자본이 권력이자 힘이기 때문이다. 자본으로 권력을 사고 자본으로 여론을 잠재우고 자본으로 전쟁을 일으킨다. 경제학은 이익이 최우선의 가치이기에 그렇다.

"상례로(上禮) 다스려 따르게 한다는 것은(爲之而) 거부하지 못하도록(莫之) 순응케 함으로써(以應) 사람들의 팔을 잡아채 끌어당겨(攘臂) 억지로 복종시켜(而扔) 본보기를 삼고자 하기 때문이다(則之)." 우리는 날마다 세뇌당한다. 내가 20대 중반에 쓴 시의 제목이다. 세상은 나도 모르는 사이에 나를 지배하고자 온갖 수단과 방법을 가리지 않는다. 참과 거짓의 구분은 사라지고 목소리 크고 많이 떠드는 놈이 정의가 되었다.

후쿠시마 방사능 오염 원전 수의 방류가 결정되자, 대한민국의 극우 보수 정치인들과 이와 연관된 관료들이 서로 마시겠다고 자청한다. 그 약속 제발 지켜주길 간절히 바란다. 그리고 남한테 피해 주지 말고 본인이 죄다 마시고 골로 가시길 간절히 바라는 바이다. 그게 애국이자, 지구애를 몸소 실현하는 희생정신이다. 국민에게 피해 주지 말고 자발적으로 마시겠다고 자청한 사람들은 그 가족과 사돈의 팔촌까지 또한 그를 지지하는 세력까지 국민의 세금으로 수도를 연결해 주어야 한다. 평생 무상으로 제공해 주길 간청한다. 반드시 약속을 이행해라!

❖ **故失道而後德(고실도이후덕), 失德而後仁(실덕이후인),**
도리어(故) 도를 잃고 난 뒤에서나(道而後) 곧은 마음이 나타나고(德), 덕을 잃고(失德) 난 뒤에서야(而後) 어진 마음을 얻게 된다(仁).

그렇게 야단법석이 일어나야 먼지가 가라앉는다. 인간의 착각 중 하나가 사람은 다 다르다고 하는 것이다. 정말 다른 것은 성격(性格)뿐이다. 인성(人性)은 크게 다르지 않다. 오로지 양극성으로 극단적이다. 이기적인 본능의 소유자와 이타적인 본성의 소유자로 정치, 경제적으로는 크게 보수와 진보로 나뉜다. 이 둘은 화합이 될 수 없다는 것이 UC버클리 인지언어학과 조지 레이코프 교수의 진언이기도 하다. 20만 년 동안 쌓아올린 사피엔스의 덕(德)은 138억 년, 도(道)의 축적이다. 그러기에 덕은 인간의 취사선택이 아닌 인간으로서 마땅히 갖추어야 할 도리(道理)일 수밖에 없다.
진화생물학을 전공하신 독자거나 찰스 다윈의 종의 기원을 읽고 이해하신 분들은 이 구절이 그리 어렵게 느껴지지 않으실 거로 믿는다. 도와 덕은 자연선택의 결과물이다. "도리어(故) 도를 잃고 난 뒤에서나(道而後) 곧은 마음이 나타나고(德), 덕을 잃고(失德) 난 뒤에서야(而後) 어진 마음을 얻게 된다(仁)." 그러나 인의예(仁義禮)는 인간이 스스로 꾸며서 만들어 낸 인위선택의 결과물로 보아야 한다.

❖ **失仁而後義(실인이후의), 失義而後禮(실의이후례).**
인을 잃고 난 뒤에서나(仁而後) 의가 나타나고(義), 의를 잃고(失義) 난 뒤에서야(而

後) 예를 얻게 된다(禮).

    동물은 본능적으로 남의 시선에 자유롭지 못하다. 이를 나는 '평판본능' 가설이라 이름을 붙였다. 미국 에모리대학교 심리학과 프란스 드 발 교수는 네덜란드 아른헴에 자리한 버거 동물원(Burgers' Zoo)에서 침팬지 무리를 관찰한 기록을 책으로 출간하였다. 《침팬지 폴리틱스》에서 그는 '털 고르기'를 자주 해주는 동료일수록 싸움의 횟수가 적다는 것이다. 평소에 평판 관리를 한다는 뜻이다. 자주 반복적으로 '털 고르기'를 하는 개체일수록 친소관계가 두텁다. 아무리 이기적인 개체라도 매일 싸우고 다투는 것은 육체적으로나 정신적으로 해로워 생존에 유리하기 어렵다.
정교하게 말하고 협력하는 인간은 어떤가? 영장류에 '털 고르기' 같은 행동을 인간도 똑같이 행한다. 팔을 가볍게 치기도 하고, 궁둥이를 툭툭 치기도 한다. 지금은 큰일 날 일이지만 몇 년 전까지만 해도 친분을 과시하는 행동으로 자주 했다. 도와 덕은 인간에게 있어 타고난 본성이지만 인의예는 인간관계에 있어 하나의 의식 같은 '매너'이다. 영국의 귀족사회를 다룬 넷플릭스 시리즈 〈브리저튼〉에서 드러난 귀족사회의 본모습은 인간의 본성으로서가 아닌 법도와 규칙에 움직이는 플레이다. 게임의 법칙에 따라 움직이는 소셜리티로 기계적인 사회로 그려졌다. 본질이 사라지면 현상이 판을 치고 현상이 사라지면 사건만 남게 된다. "도리어(故) 인을 잃고 난 뒤에서나(仁而後) 의가 나타나고(義), 의를 잃고(失義) 난 뒤에서야(而後) 예를 얻게 된다(禮)."

❖ **夫禮者(부례자), 忠信之薄(충신지박), 而亂之首(이란지수).**
  무릇(夫) 예라는 것은(禮者) 진심과 신의가(忠信) 엷기에(之薄) 난리가 났을 때나(而亂) 으뜸으로 치는 것이다(之首).

    薄(엷을 박) - 엷다, 얇다, 펴다, 적다, 야박하다, 싱겁다, 묶다, 속박하다, 척박하다.
    亂(어지러울 난) - 어지럽다, 손상되다, 다스리다, 음란하다, 무도하다, 난리, 음란.

    그러기에 "무릇(夫) 예라는 것은(禮者) 진심과 신의가(忠信) 엷기에(之薄) 난리가 났을 때나(而亂) 으뜸으로 치는 것이다(之首)." 악수의 유례는 총을 가지고 있지 않다는 의미로서 낯선 사람 앞에서 무장 해제의 의미로 무기를 잡는 오른손을 내민 데서부터 비롯되었다는 설이다. 자본주의 근간은 신뢰다. 신뢰가 무너지면 불신과 폭력이 난무하게 되는 무질서의 무정부 사회가 된다. 미국이 총기 규제가 사실상 불가능한 것은 신뢰가 무너졌기 때문이다. 아직도 저들의 유전자에는 힘이 정의라는 것이 각인되어 있다는 결과이다. 그걸 증명하는 결과물이 영원히 사라지지 않는 백인 우월주의이다. 인간 본성으로서의 도덕심이 아닌 예법과 매너가 저들의 자부심이 된 이유이기도 하다. 그리고 등을 보이면 총을 갈기는 것이다.

❖ **前識者(전식자), 道之華而愚之始(도지화이우지시).**
조금 먼저 안다고 나불거리는 것들은(前識者) 도가 가진(道之) 화려함만 좇는(華而) 우매함의 근원이다(愚之始).

백인 우월주의는 식민지 지배론을 합리화하는 데 가장 중요한 이념으로 등장한다. 선진적이고 월등한 백인들이 더럽고 열등한 유색인종을 지배하는 논리로 또한 미개한 민족을 근대화시켜 준다는 명분으로 사용하였다. 대한민국에도 식민지 근대화론을 외쳐 일본의 식민 지배의 정당성 앞장서서 찬양하는 친일 매국노들이 아직도 득세하고 있다.

"조금 먼저 안다고 나불거리는 것들은(前識者) 도가 가진(道之) 화려함만 좇는(華而) 우매함의 근원이다(愚之始)." 결국 불나방과 같은 인간이다. 이완용은 1882년 과거에 급제하여 미국에서 2년여 동안 외교관 생활을 한 뛰어난 실력파였다. 그러나 먼저 선진 문물을 배워와 국가의 안위에 사용하지 않고 나라를 팔아먹는 데 앞장섰다.

일본은 자각하여 선진 문물을 받아들인 것이 아닌, 지리적 여건상 1854년 미국에 의해 강제로 개항을 한 것이 서양 문물을 우연히 먼저 받아들이게 된 계기였다. 먼저 알았다고 전 세계를 지배하려는 야심을 지금도 포기하지 않고 있다. 화려함만 좇는 불나방처럼 일본은 스스로 가라앉기 시작했다. 왕필은 '전식자'를 "남보다 먼저 안다고 까부는 핫바리 무리이다"라고 주석을 달았다.

❖ 是以大丈夫處其厚(시이대장부처기후), 不居其薄(불거기박).

그런 까닭에(是以) 대장부는(大丈夫) 그 두터움에 머무르며(處其厚), 그 얇음에(其薄) 거하지 않는 것이다(不居).

丈(어른 장) - 어른, 장자, 남자, 남편, 장인, 장(길이), 측량하다.
厚(두터울 후) - 두텁다, 후하다, 두껍다, 짙다, 진하다, 지극하다.

대장부(大丈夫)라는 말이 이렇게 오래된 말인지 도덕경을 읽고 처음 알았다. 앞 절의 전식자(前識者)와 상반되는 개념으로 사용되고 있다. 대장부는 도덕경의 가장 초기 본인 초간본(죽간본[竹簡本])에도 나온다.
대장부는 플라톤의 가시 세계와 가지 세계를 구분할 줄 알고, 꽃에 머물지 않고 열매를 기다리는 법이다. 우리는 본능적으로 화려함을 좇게 진화되었다. 그래야 익은 열매를 골라서 따먹을 수 있기 때문이다. 우리 눈에 반사되는 가시광선의 약 400~780nm까지의 파장을 볼 수 있게 진화되었기 때문이다. 그러나 눈에 보이는 화려한 가시 세계만 좇는 것은 인간의 본성이 아니다. 또한 이는 우매함의 근원이다(愚之始).
화려함만 좇다가 결국은 인생 막장을 보는 경우를 드라마나 현실세계에서 수없이 보았다. 그런데 우리는 그것을 왜 반복하는 걸까?
내가 내린 답은 그 나라와 사회의 주류를 이루는 기득권의 가치 추구의 지향성(志向性, intentionality)에 있다고 본다. 현상학의 창시자 독일의 철학자 에드문트 후설(Edmund Husserl, 1859~1938)은 현상학에서 의식의 지향성에 대해 인식, 믿음, 욕망 그리고 취향과 같은 정신상태를 말한다고 했다. 우리는 알게 모르게 상류사회 기득권층을 비판하면서 닮아간다. 학벌 타파를 외치면서 새로 소개받은 그녀가 어느 대학을 나왔는지 궁금해한다. 우리 안의 본능은 평등보다 차별이 월등하게 우리의 의식을 지배하도록 진화했다. 그리고 본능적으로 서로의 관계 속에서 위계를 구성한다. 난 너보다 나아!
외적으로는 문화라는 이름으로 작동하여 사회적 압력으로 눌려 지배당한다. 현실에서는 그걸 천박하다고 부정하지만, 한편으론 강한 동경의 대상이기에 그 자체를 현상으로 인식하려고 한다. 주류 세계에서 벗어나고 싶어 하지 않는 본능적 욕구에 장악당한다. 내 안에 이미 상류와 하류가 범주화되었기에 이를 통해 사고를 지배하는 상류사회에 대한 갈망이 사회적 안주감(安住感)으로 느껴지기 때문이다. 상류사회를 천박하다고 생각하면서 현실세계에서는 그렇게 되지 못하는 박탈감이 동시에 우리 감정 안에 공존하고 있기에 더더욱 그렇다.

상류사회의 노블레스 오블리주(noblesse oblige)를 강조하는 이유가 여기에 있다. 노블레스 오블리주는 사회지도층에게 사회에 대한 책임이나 국가 구성원의 일환으로써 국민의 의무를 모범적으로 실천을 요구하고, 동시에 높은 도덕성을 유지하는 대장부의 표본이 되는 것이다. 안정적으로 세상의 질서가 오래 유지되려면 권력을 가진 자들이 스스로 변해야 한다. 그 반례로 대한민국에서 재벌과 언론, 판검사들은 가장 큰 신뢰를 잃은 전식자(前識者)가 되었다. 도의 화려함만 좇았기에 스스로 우매해지는 우를 범한 것이다. 그리고 신뢰를 저버림을 넘어 스스로 사회악이 되어가고 있다.

❖ **處其實(처기실), 不居其華(불거기화). 故去彼取此(고거피취차).**
그 열매가 열리는(其實) 때를 알기에(處), 화려함에 취해 그 꽃에(其華) 머무르지 않는다(不居). 도리어(故) 저것(彼)을 버리고(去) 이것(此)을 얻는다고 함이다(取).

丈(어른 장) - 어른, 장자, 남자, 남편, 장인, 장(길이), 측량하다.
厚(두터울 후) - 두텁다, 후하다, 두껍다, 짙다, 진하다, 지극하다.

노자의 위대함 아니, 왕필의 명석함이 여기에 있다. "그 열매가 열리는(其實) 때를 알기에(處), 화려함에 취해 그 꽃에(其華) 머무르지 않는다(不居). 도리어(故) 저것(彼)을 버리고(去) 이것(此)을 얻는다고 함이다(取)." 꽃에 머무는 것은 나비와 벌 뿐이다. 나비와 벌과 다르게 인간이라는 동물은 머무는 것이 아니라 꽃에 취해버린다. 취하게 되면 때를 잊게 된다.

처기실(處其實)은 열매가 열리는(其實) 때와 장소를 아는 것이다(處). 시중(時中)을 아는 것이 자사는 '군자의 도리이자 중용의 맛을 아는 인간'이라 하였다. 우리는 꽃을 주식으로 하지 않는다. 꽃이 피는 자리에 열매가 맺힌다. 열매가 맺혔다고 바로 먹을 수 있는 것은 아니다. 열매에 식물이 가진 모든 과당이 뭉쳐서 스스로 떨어지거나, 맛있는 과육으로 움직이는 동물을 유혹하여 식물의 씨를 널리 퍼뜨리게 하는 전략을 쓰는 식물과 동물이 서로 돕는 공진화의 결과이다.
자연선택의 결과는 만물이 서로 도와 공생(共生)하며, 고루 진화할 수 있도록 순환하는 메커니즘이다.

自然의 스스로 그러함의 이치가 道고 그 道의 열매가 德이다.
"큰 덕을 지닌 사람은(上德) 그것을 억지로 얻으려 하지 아니하므로(不德), 그런 까닭에(是以) 자연스레 덕이 생기는 것이다(有德)."
그나마 희망적인 것은 인간만이 그 덕을 실천할 수 있는 유일한 종이라는 점이다.

제39장.
昔之得一者(석지득일자)
하나를 얻음으로써 이루어진 질서

昔之得一者, 天得一以淸, 地得一以寧, 神得一以靈, 谷得一以盈, 萬物得一以生, 侯王得一以爲天下貞. 其致之. 天無以淸將恐裂, 地無以寧, 將恐發. 神無以靈將恐歇, 谷無以盈將恐竭. 萬物無以生將恐滅. 侯王無以貞將恐蹶. 故貴以賤爲本, 高以下爲基. 是以侯王自謂孤寡不穀. 此非以賤爲本邪? 非乎. 故致數輿無輿. 不欲琭琭如玉, 珞珞如石.

예로부터(昔之) 하나를 얻음으로써 충족되는 것들이 있는데(得一者), 하늘은(天) 하나를 얻음으로써(得一以) 맑아졌고(淸), 땅은(地) 하나를 얻음으로써(得一以) 평안해졌으며(寧), 귀신은(神) 하나를 얻음으로써(得一以) 영험해지고(靈), 협곡은(谷) 하나를 얻음으로써(得一以) 충만해지며(盈), 만물은(萬物) 하나를 얻음으로써(得一以) 생성해 나가니(生), 제후와 임금은(侯王) 하나를 얻음으로써(得一以), 천하를(天下) 곧게 다스릴 수 있는 것이다(爲貞). 이 모두 하나를 얻음으로써 이루어진 것이다(其致之). 하늘은(天) 맑지 않음으로써(無以淸) 장차(將) 찢어짐을 두려워하고(恐裂), 땅은(地) 평온하지 않음으로써(無以寧) 장차(將) 갈라짐을 두려워하고(恐發), 귀신은(神) 영험함이 사라지니(無以靈) 장차(將) 다함을 두려워하고(恐歇), 협곡에(谷) 물이 차지 않게 되니(無以盈) 장차(將) 마름을 두려워한다(恐竭). 만물이(萬物) 생성하지 않음으로써(無以生), 장차(將) 멸종을 두려워하며(恐滅), 제후와 임금이(侯王) 올곧지 않음으로써(無以貞) 장차(將) 나라가 망할 것을 두려워한다(恐蹶). 도리어(故) 고귀함은 비루함으로써(貴以賤) 그 근본을 다스리고(爲本), 높음은 낮아짐으로써(高以下) 그 토대를 다스린다(爲基). 그러므로(是以) 제후와 왕은(侯王) 스스로 이르기를(自謂) 외롭고(孤), 부족하고(寡), 부질 없다(不穀) 라고 한다. 이는(此) 비루함으로써(以賤) 근본을 다스려라(爲本) 아니 그러한가(非邪)? 그렇지 않은가 말이다(非乎)! 도리어(故) 번번이(致數) 국력을 과시하면(輿) 그렇지 않음만 못하니(無輿) 갈고 번들거리는(琭琭) 옥처럼 보이게 하지 말지니(不欲如玉), 길가에 흔히 나뒹구는(珞珞) 쨍돌처럼 여기거라(如石).

❖ **昔之得一者(석지득일자), 天得一以淸(천득일이청), 地得一以寧(지득일이녕),**
예로부터(昔之) 하나를 얻음으로써 충족되는 것들이 있는데(得一者), 하늘은(天) 하나를 얻음으로써(得一以) 맑아졌고(淸), 땅은(地) 하나를 얻음으로써(得一以) 평안해졌으며(寧),

38장을 어렵게 해석한 이후 덕경(德經)을 해석하고 해설하면서 멘붕이 살짝 오기 시작했다. 해석과 주해가 너무 난해하다. 특히 39장은 하나(一)를 어떻게 일관적으로 해석해야 할지 감조차 잡지 못했다. 머리 안에 떠오르는 것은 모든 소립자에 질량을 부여한 힉스입자가 맴돌아 힉스입자를 대비해서 적용해 보니 그리 생각처럼 시원찮다. 우주 전체에 질량을 부여한 건 맞지만 뭔가 똑 떨어지는 거시세계와의 합이 부족하다. 현대물리학이 표준모델을 통해 우주 만물을 설명했지만, 거시세계를 지배하는 가장 중요한 중력에 대해서는 증명하지 못하고 누락시킨 상태이다. (짐 배것,《힉스, 신의 입자 속으로》) 그에 대한 이론으로 초대칭(super symmetry)이론과 초끈이론(super string theory)이 있지만 증명할 방법이 아직 없다.

지금 내 심정이 딱 그렇다. 노자가 말하고자 하는 '하나(一)'가 '대통일장이론(大統一場理論, unified field theory)'을 의미하는 것 같기 때문이다. 대통일장이론(大統一場理論)이란 자연계의 4가지 힘인 전자기력, 약한 핵력, 강한 핵력의 미시세계와 중력을 하나의 장으로 만드는 이론물리학의 숙원 사업이자 우주의 시작을 알리는 비밀을 푸는 열쇠이다. 노벨물리학상과 아인슈타인과 같은 역사에 길이 남을 인물이 되는 것이다. 전자의 세 가지 힘은 하나의 장으로 증명했지만, 중력까지 연결하지 못하고 있다. 아인슈타인은 대통일장이론(大統一場理論)을 완성하고자 말년을 바쳤으나 결국 이루지 못하고 죽었다.

"제대로 알 수는 없지만 이를 억지라도 설명해 보자면(夫唯不可識, 故强爲之容)"이라는 道經 15장에 노자가 표현한 내 심정 같은 말이 있다.

나는 잘 알 수는 없지만 이를 억지라도 형용해 본다면, '昔之得一者(석지득일자)'를 한마디로 요약해서 질서(秩序, order)가 생기는 것이라 해석하고 싶다. 질서는 'SCALE'과 함께한다. 상상할 수 없이 작은 양자(量子, quantum) 세계에서는 플랑크 상수가 지배하는 전자기력, 약력, 강력들이 서로 간의 상호작용을 통해 위계질서를 형성해 간다.

거시세계는 중력질량에 의해 무거운 것들과 가벼운 것들 사이에 서로 잡아당기는 힘인 인력(引力, gravitation)에 의해 자발적 질서가 형성된다. 우리가 살고 있는 태양계도 우리은하인 밀키웨이 갤럭시도 중력에 의하여 자발적 질서가 생긴 결과물이다. 거대 'SCALE' 동안 질서가 생겨 안정화되었기에 지구에 위대한 생명이 태동 될 수 있었다.

이제 노자의 말씀에 대비시켜 보자.

"예로부터(昔之) 하나(질서)를 얻음으로써 충족되는 것들이 있는데(得一者), 하늘은(天) 하나(질서)를 얻음으로써(得一以) 맑아졌고(淸), 땅은(地) 하나(질서)를 얻음으로써(得一以) 평안해졌으며(寧),"

하나의 의미에 질서를 대입하니 자연스럽게 연결됨을 알 수 있다. 하늘은 질서가 생겨 맑아지고, 땅은 질서가 생기니 평온해졌다. 이런 방식으로 노자의 도덕경을 해석했다. 아래 구절에도 질서라는 뜻이 일관성 있게 연결이 되면 깔끔하고 만족스럽게 주해가 된 것이다. 이 질서라는 단어를 생각하기까지 일주일을 소비했다. 쉽지 않은 일이다.

❖ **神得一以靈(신득일이령), 谷得一以盈(곡득일이영), 萬物得一以生(만물득일이생),**
  귀신은(神) 하나를 얻음으로써(得一以) 영험해지고(靈), 협곡은(谷) 하나를 얻음으로써(得一以) 충만해지며(盈), 만물은(萬物) 하나를 얻음으로써(得一以) 생성해 나가니(生),

  靈(신령 령) - 신령, 혼령, 영혼, 귀신, 정기, 정신, 존엄, 하늘, 영적인 존재, 위세.
  盈(찰 영) - 차다, 가득하다, 충만하다, 남다, 불어나다, 채우다, 교만하다, 이루다.

앞 구절이 우주 만물의 질서라면 이번 구절부터는 지구 안에서 이루어지는 질서이다. 지구에서 만들어진 원소는 주기율표에 나오는 자연의 원소 90가지 중 단 하나도 없다. 주기율표에 나오는 모든 원소는 우주에서 고에너지의 초신성 폭발에서 생성된다. 지구는 생명 탄생에 필요한 아미노산부터 금속 같은 원소와 원소들이 서로 결합할 수 있도록 만물지모(萬物之母)의 역할만을 한다. 지구의 대기는 어렵게 탄생한 생명체들을 우주에서 지구에 비처럼 쏟아지는 고에너지 방사선인 우주선(宇宙線, cosmic ray)으로부터 보호해 주는 역할을 맡는다. 일론 머스크가 추진하는 화성 프로젝트로 인간이 화성으로 이주하게 된다면, 외출할 때는 반드시 우주복과 산소 공급 마스크를 써야 살 수 있다. 지구의 대기는 바로 우리와 모든 생명체를 살리는 거대한 산소 공급 장치이자 보호막이다. 지구 대기에 산소가 생성되는 데만 지구 역사의 반인 26억 년이 걸렸다. 지구에 존재하는 모든 생명체가 소중하고 위대한 이유다. 이러한 모든 연유는 바로 자발적 질서가 형성되었기에 가능하다. 이는 인간이 만든 것이 아니다. 자연의 스스로 그러한 자발적 道의 작용이다. 스스로 그러한 자연(自然)이 억지로 다스리려 하지 않는 무위(無爲)하니 스스로 하나(一)가 생긴 것, 바로 자발적 질서(自發的秩序, spontaneous order)이다.

"귀신은(神) 하나(질서)를 얻음으로써(得一以) 영험해지고(靈), 협곡은(谷) 하나(질서)를 얻음으로써(得一以) 충만해지며(盈), 만물은(萬物) 하나(질서)를 얻음으로써(得一以) 생성해 나가니(生),"

❖ **侯王得一以爲天下貞(후왕득일이위천하정). 其致之(기치지).**
제후와 임금은(侯王) 하나를 얻음으로써(得一以), 천하를(天下) 곧게 다스릴 수 있는 것이다(爲貞). 이 모두 하나를 얻음으로써 이루어진 것이다(其致之).

"제후와 임금은(侯王) 하나를 얻음으로써(得一以), 천하를(天下) 곧게 다스릴 수 있는 것이다(爲貞). 이 모두 하나를 얻음으로써 형성된 것이다(其致之)." 질서가 서게 되니 만물이 아름답다. 정신의학에서는 정신 능력에 결함이 있는 사람을 'Disorder'라고 한다. 모두 정상적인 사회생활이 어렵다. 제후와 왕이 정신 능력에 문제가 있는 사람이라면 결과는 참혹하다. 우리나라의 현실이 그렇다.

❖ **天無以淸將恐裂**(천무이청장공렬), **地無以寧**(지무이녕), **將恐發**(장공발),
　　하늘은(天) 맑지 않음으로써(無以淸) 장차(將) 찢어짐을 두려워하고(恐裂), 땅은(地) 평온하지 않음으로써(無以寧) 장차(將) 갈라짐을 두려워하고(恐發),

　　恐(두려울 공) - 두렵다, 무서워하다, 공갈하다, 염려하다, 조심하다, 두려움.
　　裂(찢을 열) - 찢다, 쪼개다, 터지다, 해지다, 무너지다, 마르다, 거열, 자투리.

　　이 구절부터는 천지자연의 평화로운 질서가 무너지고 무질서한 상태로 접어들면 일어나는 자연 현상과 군주를 연관시켜 설명하고 있다. "하늘은(天) 맑지 않음으로써(無以淸) 장차(將) 찢어짐을 두려워하고(恐裂), 땅은(地) 평온하지 않음으로써(無以寧) 장차(將) 갈라짐을 두려워하고(恐發)," 천둥 번개와 지진 그리고 화산 폭발이 끊이질 않는다. 천지자연이 무질서해지면 지구 안에서 살고 있는 생명체의 상당수가 사라지게 되는 대멸종이 찾아온다.

❖ **神無以靈將恐歇**(신무이령장공헐), **谷無以盈將恐竭**(곡무이영장공갈),
　　귀신은(神) 영험함이 사라지니(無以靈) 장차(將) 다함을 두려워하고(恐歇), 협곡에(谷) 물이 차지 않게 되니(無以盈) 장차(將) 마름을 두려워한다(恐竭).

　　歇(쉴 헐) - 쉬다, 그치다, 마르다, 머무르다, 휴식하다, 다하다.
　　竭(다할 갈) - 다하다, 없어지다, 끝나다, 엉기다, 막히다, 마르다, 제거하다.

❖ **萬物無以生將恐滅**(만물무이생장공멸), **侯王無以貞將恐蹶**(후왕무이정장공궐).
　　만물이(萬物) 생성하지 않음으로써(無以生), 장차(將) 멸종을 두려워하며(恐滅) 제후와 임금이(侯王) 올곧지 않음으로써(無以貞) 장차(將) 나라가 망할 것을 두려워한다(恐蹶).

　　滅(꺼질 멸) - 꺼지다, 멸하다, 멸망하다, 없어지다, 다하다.

蹶(넘어질 궐/궤) - 넘어지다, 뛰다, 거꾸러뜨리다, 밟다, 차다, 달리다, 움직이다.

지구 역사에서 다섯 번의 멸종 중 두 번째로 큰 규모였던 약 4억 5,000만 년 전의 '후기 오르도비스기 대멸종'은 대규모 화산 폭발이 그 실마리가 됐다는 연구가 나왔다. 영국 사우샘프턴대학교 과학자들은 당시 두 차례에 걸친 강력한 화산활동이 지구 전체에 냉각기를 초래하고, 바다의 산소 수준을 떨어뜨려 지구 역사에서 가장 심각한 멸종 사건 중 하나를 일으켰다고 밝혔다. 이들 연구팀은 독일 올덴부르크대학교와 영국 리즈대학교 그리고 플리머스대학교 과학자들과 함께 약 4억 5,000만 년 전의 극심한 환경변화 동안 화산재와 용암이 화학적으로 바다에 미친 영향을 분석해 그 결과를 〈네이처 지구과학(Nature Geoscience)〉에 발표했다. 이 기간 안에 벌어진 냉각 현상은 빙결과 '후기 오르도비스기 대멸종(Late Ordovician Mass Extinction)'으로 절정에 달했다. 이 멸종으로 인해 바다에 서식하는 생물종의 약 85%가 사라지고 지구 생명체의 진화 과정이 바뀌었다. 현재 독일 올덴부르크대학교에 재직하는 '잭 롱맨(Jack Longman)' 박사는 "지구 냉각은 바다로 유입되는 인(phosphorus)의 증가로 인해 야기됐다는 의견이 제시됐다"라고 말하고, "인은 생명의 핵심 요소 중 하나로 조류(algae)와 같은 작은 수생 유기체들이 광합성을 통해 이산화탄소를 유기물질로 전환하는 속도를 결정한다"라고 설명했다. 이 유기체들은 해저에 정착해 묻히게 되고 대기 중 이산화탄소를 감소시켜 궁극적으로 냉각 현상을 일으키게 된다는 것이다. (출처:《사이언스타임즈》)
이산화탄소의 농도는 그 균형이 무너지면 너무 뜨거워서 또는 너무 추워서 지구 안의 생명체를 멸종시킨다. 현재 인류가 처해있는 현실은 인간 스스로 짧은 시간 동안 급격히 대기 중 이산화탄소를 급격히 증가시켜 벌어진 자멸이다.
"만물이(萬物) 생성하지 않음으로써(無以生), 장차(將) 멸종을 두려워하며(恐滅),"

자연의 무질서는 수십, 수천, 수억 년에 한 번 올까 말까 한다. 그러나 인간사회의 지도자는 하루아침에 무질서로 변질시킨다. 1979년 10월 26일 박정희가 중앙정보부장 김재규에 의해 피격당하자, 전두환은 이때다 하며 기회를 잡는다. 10.26 사건 이후 합동수사본부장이 되어 박정희 저격 사건을 수사하였다. 1979년 12월 12일 육군참모총장 정승화를 김재규 협력자라 누명으로 체포한 후 반란을 일으켜 군부를 장악했다. 1980년 3월에는 최규하, 신현확에게 중앙정보부장직을 요구, 그해 4월 14일 중앙정보부장 서리직을 겸직하였으며 대학생들의 시위를 진압하기 위해 5·17 비상계엄 전국확대 조치를 발동하고, 5·18 광주민주화운동의 진압을 주도하였다. 5월 27일에는 국보위를 조직하고 상임위원장이 되어 정부의 실권을 장악했다. 1981년 3월 3일 선거인단에 의한 간접선거로 장충체육관에서 제11대 대통령으로 취임했다. 1981년 3월 3일 선거인단에 의한 간접선거를 통해 제11대 대통령으로 취임하였다. 그해 5월 '국풍 81' 축제를 개최하여 광주민주화운동 1주기에 관한 관심과 분위기를 다른 곳으로 돌리려 시도했다. 전두환 정권은 이후 1982년 한국프로야구를 창설하고 야간통행금지 조치를 해제하였으며, 학원, 두발, 복장 자율화 정책을 시도하고 서울지하철 2, 3, 4호선 등의 선진국형 국토개발에 주력하여 신군부에 반발하는 세력을 유화시킴과 동시에 국가의 문화 산업 발전과 국민 생활의 질적 향상을 위한 정책을 펼쳤다. 프로 스포츠 산업, 컬러텔레비전 보급, 포르노 영화 장려로 대표되는 3S 정책 또한 이러한 정책의 일환이었다. 한편, 표면적으로는 '선진국으로 발돋움하기 위한 새 질서를 확립한다'라는 목적으로 삼청교육대(그가 국가보위비상대책위원회 위원장 재임 중 1980년 8월 4일 창설, 비상계엄령 해제로 1981년 1월 25일 폐지)를 창설했다. (출처: 위키백과)

"제후와 임금이(侯王) 올곧지 않음으로써(無以貞) 장차(將) 나라가 망할 것을 두려워한다(恐蹶)." 대통령이 포악하니 국민을 공포정치로 때려잡고 학살하였다. 이에 관심을 다른 곳에 돌리고자 우민화 정책으로 바보로 만들고자 했다. 내가 살아온 80년대에 맞은 20대의 대학 시절은 전두환이 장차 나라를 망치려 하니 나를 거리로 나서게 했다. 나의 젊음은 전두환과 함께 낭만이 아닌 최루탄 가스로 멍이 들었다. 그야말로 군주가 무식하고 포악하니 백성들의 삶이 피폐해졌다.

❖ **故貴以賤爲本(고귀이천위본), 高以下爲基(고이하위기).**
도리어(故) 고귀함은 비루함으로써(貴以賤) 그 근본을 다스리고(爲本), 높음은 낮아짐으로써(高以下) 그 토대를 다스린다(爲基).

基(터 기) - 터, 기초, 근본, 토대, 사업, 꾀, 비롯하다, 근거하다.

고귀(高貴)하다는 것은 물건과 사람 어느 쪽에 합당한 의미일까? '貴'의 갑골문에 나타내는 형상은 만물을 생육시키는 흙을 손으로 감싸는 모양이다. 신석기 시대가 끝나고 농경사회에서 가장 중요한 것이 흙이었다. 진나라 이사(李斯, BC 284~BC 208)가 진시황의 명을 받들어 한자를 통일하면서 화폐의 기능을 했던 조개 패(貝)를 사용하여 지금의 귀(貴)가 완성되어 신분이 높거나 비싼 물건을 지칭하는 의미로 고착되었다. 재물이 많아야 권력을 동시에 가질 수 있는 자본주의의 시작점이다. 농경을 중시하던 노자가 살던 주나라 시절까지 사용한 금문에도 손으로 흙을 감싸 만물을 키워주는 고귀한 흙을 상징하는 의미로 사용되었다. 흙은 만물을 창조하는 귀한 존재다. 그러나 가장 흔하고 매일 신발로 밟고 짓이기는 천한 존재이기도 하다. 통치 행위에서 가장 고귀한 일은 땅을 근본으로 삼고 다스리는 행위이다.

귀(貴)의 반대 의미로 사용된 천(賤)은 역시 조개 패(貝)가 부수로 있으면서 적다는 의미를 나타내는 적을 전(戔)을 더하여 돈이 없는 사람을 의미하다가 나중에 사람의 지위와 가치가 낮은 천민(賤民)을 나타내는 의미로 굳어졌다.

지구 지각의 대부분을 차지하는 흙은 규소(Si)와 산소(O)의 결합으로 생성된 이산화규소(SiO_2)의 광물 형태로 존재한다. 대표적인 암석이 감람석, 휘석, 각섬석, 흑운모, 석영, 장석 등이다. 이러한 흙을 인간이 인위적으로 사용함으로써 농사를 짓고 토기를 구어 식량을 담거나 끓여서 화식(火食)을 일상화하게 된다.

하버드대학교 인간 진화생물학과 리처드 랭엄 교수는 《요리 본능》에서 인류의 조상인 호모 에렉투스가 140만 년 전 최초로 불의 사용하여 고기를 익혀 먹음으로써 우리의 뇌가 폭발적으로 용량이 커졌고, 내장의 길이가 짧아짐으로 인해 완벽한 직립보행이 가능해졌다고 밝혔다.

지난 세기까지 화폐로 사용되었던 조개의 껍데기는 지구 지각에서 가장 흔한 탄산칼슘($CaCO_3$)으로 이루어져 있다. 계란, 소라, 달팽이, 굴 껍데기와 진주, 분필 등을 형성하는 주재료이다.

귀함과 천함, 높음과 낮음은 모두 자연의 기준이 아닌 인간이 정량화, 수량화, 개념화한 의미이다. 인간의 기준에서 귀하고 천함이 구분된다. 그 기준은 권력과 재물이 많고 적음이 기준이다. 지구 안에서 인간이 귀하게 여기는 자원은 한정되어 있다. 귀하고 높은 자리는 소수의 엘리트가 독차지하는 것이다. 그러기에 절대다수를 차지하는 천하고 낮은 자리에 거하는 것이 근본이 되고 토대가 되는 것이다.

"도리어(故) 고귀함은 비루함으로써(貴以賤) 그 근본을 다스리고(爲本), 높음은 낮아짐으로써(高以下) 그 토대를 다스린다(爲基)."

❖ **是以侯王自謂孤(시이후왕자위고), 寡(과), 不穀(불곡).**
  그러므로(是以) 제후와 왕은(侯王) 스스로 이르기를(自謂) 외롭고(孤), 부족하고(寡), 부질 없다(不穀)고 한다.

나는 에베레스트를 오르는 심리적 기제에 대해 오랜 시간 의문을 가졌다. 한 해 평균 5~10명이 등반 중 실족사나 눈사태 등으로 매몰되어 죽는다 한다. 올 2023년에만 벌써 17명이 등반 사고로 숨졌다. (출처: 뉴스펭귄 보도자료) 목숨을 담보로 하면서 그리고 1인당 등반 허가비가 2,000만 원이 넘는데 왜 오르려고 기를 쓸까? 단순하게 표현하면 호기심, 극기심, 모험심, 자부심, 성취감 그리고 가장 중요한 정복감이 작동했기 때문이라 볼 수 있다. 뇌과학적으로는 도파민 중추에서 나오는 쾌감 때문이라고 한다. 내가 이 구절에서 중요시하는 점은 에베레스트의 8848.86m 최고봉은 아무나 못 오른다는 것이다.
8,000m가 넘는 히말라야의 모든 산봉우리를 정복한 산악인이나 군주는 늘 같은 심정일 것이라 짐작된다. 둘 다 아무나 못 오르는 자리이기에 그렇다.
"그러므로(是以) 제후와 왕은(侯王) 스스로 이르기를(自謂) 외롭고(孤), 부족하고(寡), 부질 없다(不穀) 하는 것이다." 하늘이 허락하는 자리이기에 자기를 드러내고 교만해서는 절대로 못 오를 자리이기에 더더욱 그렇다.

❖ **此非以賤爲本邪(차비이천위본야)? 非乎(비호).**
  이는(此) 비루함으로써(以賤) 근본을 다스려라(爲本) 아니 그러한가(非邪)? 그렇지 않은가 말이다(非乎)!

스스로 낮아진다는 것은 가장 무거워지는 것이다. 지구의 중력은 가벼운 것일수록 가장 높은 곳에 자리하게 만들어졌다. 가장 아래의 토대가 되는 기반은 가장 무거운 돌을 놓아야 한다. 그래야 수천, 수억 년을 견뎌내는 것이다. 문명의 근간은 지구에서 가장 흔하고 비교적 값싼 Steel(철, Fe)과 Silicon(규소, Si)이었다. 문명의 근간이 귀하고 비싼 옥과 금 그리고 다이아몬드였으면 유지비뿐 아니라 발굴 비용으로 지구 전체를 끝장냈을 것이다.

"이는(此) 비루함으로써(以賤) 근본을 다스려라(爲本) 함이니 아니 그러한가(非邪)? 그렇지 않은가 말이다(非乎)!"

❖ 故致數輿無輿(고치수여무여). 不欲琭琭如玉(불욕녹록여옥), 珞珞如石(낙락여석).

도리어(故) 번번이(致數) 국력을 과시하면(輿) 그렇지 않음만 못하니(無輿) 갈고 번들거리는(琭琭) 옥처럼 보이게 하지 말지니(不欲如玉), 길가에 흔히 나뒹구는(珞珞) 짱돌처럼 여기거라(如石).

數(셈 수/삭/촉) - 셈, 산법, 등급, 이치, 규칙, 헤아리다, 자주, 여러 번 하다, 촘촘하다.
輿(수레 여/예) - 수레, 가마, 노비, 땅, 대지, 기본, 싣다, 명예, 영예.
琭(옥 녹) - 옥, 옥의 모양.
珞(구슬 목걸이 낙/역) - 구슬 목걸이, 단단한 모양, 조약돌.

　　진정한 토대와 기반은 눈에 보이지 않는 법이다. 인간의 문명을 이룬 철근과 콘크리트는 건물을 이루는 뼈와 살이나 눈에 보이지 않는다. 그게 자연의 이치이자 사람의 이치 또한 그렇다. 깡패 새끼들이 싸움하기 전에 웃통을 벗는다. 원숭이와 침팬지들이 싸우기 전에 '송곳니', '털 세우기' 같은 과시행동을 한다. 결론은 상대를 겁주기 위해서이다. 문신을 보여 상대에게 기선을 제압하고 털을 세워 기선을 제압하려는 수컷 동물 특유의 과시행동이다. 일류 국가라 하는 미국이나 삼류국가인 북한이 번번이(致數) 잘하는 짓이다. 툭하면 핵무장과 최신예 폭격기로 무장한 항공모함을 보내 웃통을 벗는다. 북한은 매년 건국기념일과 조선인민군 창건일마다 굶주리는 인민들의 쌀을 대신하여 수레(輿)에 새로 개발한 핵무기를 싣고 과시하며 스스로 자랑스러워한다. 일류 국가라는 미국이나 삼류 유사 국가 북한이나 과시하고 웃통 벗는 것이 깡패 새끼들과 원숭이와 뭐가 다른가? 노자는 되묻는다.

"도리어(故) 번번이(致數) 국력을 과시하면(輿) 과시하지 않음만 못하니(無輿) 갈고 번들거리는(琭琭) 옥처럼 보이게 하지 말지니(不欲如玉), 길가에 흔히 나뒹구는(珞珞) 짱돌처럼 여기거라(如石)."

제40장.
反者道之動(반자도지동)
우주 생성 원리

反者道之動. 弱者道之用. 天下萬物生於有, 有生於無.

되돌아오는 것은(反者) 도의 운동이다(道之動). 약한 것은(弱者) 도의 작용이다(道之用). 천하(天下) 만물이(萬物) 유에서 생겨남에(生於有) 유는(有) 무에서 생겨났다(生於無).

❖ **反者道之動(반자도지동). 弱者道之用(약자도지용).**
  되돌아오는 것은(反者) 도의 운동이다(道之動). 약한 것은(弱者) 도의 작용이다(道之用).

  인간이 분류한 모든 학문에는 거시세계(巨視世界, Macroscopic world)와 미시세계(微視世界, microscopic world)를 구분하여 설명한다. 물리학은 뉴턴과 아인슈타인이 규정한 세상을 고전역학이라고 부르고 거시세계를 연구하는 물리학이라고 한다. 미시세계는 원자 내부를 다루는 양자가 지배하는 세상을 말하며 이를 양자역학이라고 부른다.

인간이 사회를 형성하면서 개체가 행하는 모든 선택과 결정을 과학적으로 설명하려는 경제학의 미시세계는 가계와 기업 등의 개별 경제 주체 간의 행위와 상호 영향 등에 의한 재화와 서비스의 가격과 거래량, 각 시장 구조의 균형점이 어떻게 결정되는지를 설명한다. 또한 개별적인 산업(농산물, 원유, 원자재 등)에 대한 개별 경제주체(기업, 정부, 가계)들이 어떻게 행동하는지 연구하는 것을 목적으로 삼으며, 이를 미시경제학(微視經濟學, Microeconomics)이라고 명한다.

거시경제학(巨視經濟學, Macroeconomics)은 비교적 100년이 채 안 된 학문으로 미시경제 요소들이 모여서 국가 전체에 대한 거시경제를 형성하게 되면서 국가와 국가 간의 경제활동을 연구하는 학문이다.

생물학은 진화생물학(進化生物學, Evolutionary biology)이 46억 년 동안 지구에서 생명 탄생의 비밀과 환경에 생물이 적응하면서 변이되어 가는 과정을 설명한다. 생물학의 거시세계를 담당한다. 미시세계의 생물학은 미시적 근간을 형성하는 분자생물학(分子生物學, Molecular biology)과 세포생물학(細胞生物學, Cell Biology)이 있다.

좀 더 단순하게 구분하면 망원경으로 볼 수 있는 세계는 아주 거대한 거시세계이다. 현미경으로 보아야만 볼 수 있는 세계는 아주 작은 미시세계이다.

반자도지동(反者道之動), 약자도지용(弱者道之用)은 道의 움직임(動)과 작용(用)이다. 도의 움직임은 반복하여 순환하는(反) 것이다. 뉴턴이 규정한 중력에 의해 태양계는 태양을 중심으로 순환한다. 은하 역시 중심부의 블랙홀을 중심으로 회전한다. 안정적으로 회전하기 위해 암흑물질이 작동한다. 도를 움직이는 것은 중력(重力, Gravity) 거대세계를 움직이는 힘이다.

$$F_g = G\frac{mM}{r^2}$$

이것이 그 유명한 만유인력의 법칙인 뉴턴의 방정식이다.
여기에서 중력의 G = 0.000000000067 = 6.7 × 10⁻¹¹ Nm²/kg² 이다.
G의 값은 매우 작은 편이다.
"약한 것은(弱者) 도의 작용이다(道之用)." 중력은 매우 연약한 힘이다. 그러나 그것이 도의 작용이다. 중력의 힘이 얼마나 약한지 좀 더 알아보자.
즉 중력을 전자기력과 비교하면 매우 작은 값을 가진다. 예를 들어, (+)전기를 띠는 양성자와 (-)전기를 띠는 전자가 서로 잡아당기는 전기력은 중력에 비해 10³⁸배나 강하다. 전기력이 중력에 비해 무척이나 세지만, 실제 거대 천체의 움직임은 주로 중력에 의한 것이다.
"되돌아오고 순환하는 것은(反者) 도의 운동이다(道之動)."

❖ **天下萬物生於有(천하만물생어유), 有生於無(유생어무).**
천하(天下) 만물이(萬物) 유에서 생겨남에(生於有) 유는(有) 무에서 생겨났다(生於無).

38장, 39장의 해석과 해설에 그렇게 애를 먹이시더니 40장은 고생했다고 서비스로 거저 주시는 장인 것 같다. 우주 생성론에 대해서는 앞선 장에서 빅뱅우주론으로 설명했다.
주기율표에 있는 만물의 씨앗은 수소(水素, Hydrogen) 원자이다. 수소 원자 ^1H는 양성자 하나와 전자 하나로 이루어진 원자의 가장 기본 단위이다. 1766년 영국의 물리학자 헨리 캐번디시(Sir Henry Cavendish, 1731~1810)가 발견했다. 인간이 현재까지 발견한 원소 중 우주에서 가장 풍부하며, 가장 가볍고 간단한 구조를 가진 원자번호가 가장 작은 원소다. (출처: 나무위키)
"천하(天下) 만물이(萬物) 유에서 생겨남에(生於有)" 바로 수소 원자에 의해 생겨났다. 수소를 구성하는 양성자, 전자, 광자에 의해 만물이 생겨난다.
138억 년 우주 진화사 '빅히스토리' 전문가이자 뇌 과학자 박문호 박사의 글을 옮겨본다.
"별 질량의 70퍼센트 이상은 수소다. 태양 표면 온도는 5,800도이고 적색거성의 표면 온도는 약 3,000도이다. 별 중심부 온도는 1,000만 도에서 수억 도에 이르므로 별을 구성하는 수소 원자의 전자는 대부분 자유 전자가 되어 양성자와 분리되어 있다. 그래서 별은 양성자와 전자가 서로 구속하지 않아 자유롭게 운동하는 플라스마 상태다. 태양의 중심은 1,000만 도 정도이며, 따라서 고밀도의 양성자들이 매우 높은 속도로 열운동을 하고 있다.
빠른 속도로 마주 오는 2개의 양성자가 서로 가까워지면, 같은 전하 사이의 정전기적 반발력으로 튕겨 나간다. 별의 중심부 온도가 1,000만 도 이상이면 양성자의 운동 속도가 매우 빠르기에 양성자는 원자핵 크기보다 서로 더 가까이 접근하게 된다. 이때 전기적 반발력보다 서로 당기는 핵력이 더 강해져 두 양성자가 핵력으로 결합하여 $P+P \rightarrow {^2H}+e^+ +v_e$ 과정이 일어난다. 여기서 P는 양성자이며, ^2H에서 H는 수소 원자핵인 양성자 1개를 표시하는데 2는 질량이 양성자의 거의 두 배라는 의미다.
중성자 1개와 양성자 1개로 된 ^2H는 중수소의 핵이 된다. 2개의 양성자가 충돌해 융합하는 과정에서 1개의 양성자가 베타 붕괴해 양성자가 중성자로 변환되면서 반전자 e^+와 전자 중성미자 v_e를 방출한다$(P→n+e^+ +v_e)$. 핵력은 전자기력보다 약 100배는 더 강하다. 양성자와 양성자의 핵융합으로 태양에너지의 대부분이 생성되지만, 이 확률이 낮아서 태양은 100억 년 정도 에너지를 방출할 수 있다. 중수소 ^2H와 또 하나의 양성자 p가 융합하여 $^2H+P→^3H+\chi$의 두 번째 단계의 핵융합이 일어난다. ^3H는 양성자 2개와 중성자 1개로 된 헬륨의 동위원소의 핵이며, χ는 전자기파에서 파장이 가장 짧고 에너지가 가장 높은 감마파 광자다. 태양 핵융합의 세 번째 단계는 2개의 헬륨 동위원소 핵 ^3H의 융합 과정이다$(^3H+^3H→^4H+2P)$. ^4H는 양성자 2개와 중성자 2개로 된 헬륨 원자핵이며 알파입자라 한다.

태양 중심부의 핵융합은 세 단계 과정을 거친다. 첫 단계에서 방출되는 반전자는 전하의 부호가 +인 전자로 전자의 반입자이다. 두 번째 단계에서 방출되는 감마파 광자는 태양 중심에서 표면으로 진행하는 과정에서 태양 구성 입자들과 충돌하면서 에너지를 잃어 태양 표면에 도달했을 때 가시광선과 자외선이 된다. 태양 중심에서 출발한 광자가 태양 표면까지 도달하기까지는 무수한 충돌 과정을 거치면서 대략 100만 년 이상의 소요된다. 태양의 핵융합 과정도 전자, 광자, 양성자의 이야기이다.

전자, 광자, 양성자는 별 중심 영역의 핵융합 과정에 작용하는 핵심 입자다. 태양에서는 양성자와 양성자의 핵융합 과정을 거쳐 에너지가 만들어진다. 질량이 태양보다 큰 별은 탄소, 질소, 산소 원자핵이 존재하는데, 이것들과 양성자의 핵융합이 일어난다. 이 과정을 CNO 순환이라 한다." (출처: 박문호, 《박문호 박사의 빅히스토리 공부》)

138억 년 전 만들어진 수소와 헬륨의 순환과 반복 과정이 도인 것이다.

"천하(天下) 만물이(萬物) 유에서 생겨남에(生於有)" 주기율표의 상단을 차지하는 H, He, Li, Be, B, C, N, O, F, Ne, Na, Mg, Al, Si, P, S, Cl, Ar, K, Ca 등의 원소가 별의 중심부에서 양성자와 양성자의 핵융합으로 만들어져 상호작용한 결과로 천하 만물이 원소(有)에서 생겨나는 것이다.

"유는(有) 무에서 생겨났다(生於無)." 현대 우주 생성론인 우주는 한 점에서 시작하여 대폭발로 지금의 우주가 되었다.

빅뱅 이전은 동양 우주론으로 말하면 무극(無極)의 상태이다. 대칭이 자발적으로 붕괴되기 전의 시공간이 형성되지 않은 상태를 말한다. 무에서 유는 빅뱅 폭발이 시작되기 직전 10^{-44}초는 시공간이 탄생하기 전의 無이다. 10^{-43}초부터 우리 우주가 시작된다. 그리고 10^{-35}m부터 공간이 탄생하는 有가 된다. 그리고 137.87+0.2억 년이 시공간이 팽창된 현재 측정된 우주의 크기는 1.2×10^{62} 플랑크 길이이다. 약 940억 광년으로 측정하고 있다.

같은 시기 그리스 철학자 엠페도클레스(BC 493~BC 430)가 4원소설인 바람, 불, 물, 흙이라고 주장했고 레우키포스(BC 440년 경 무렵)가 불가분의 원자론을 주장했다. 플라톤(BC 428~BC 348)은 4가지 기본 원소인 원자가 물질로 이루어져 있다고 주장했다.

"이 세상에 존재하는 모든 물질이 궁극적인 최소 단위가 존재하며, 그로부터 모든 만물이 만들어진다."

우리의 위대한 노자 형님의 말씀에 비하면 귀엽지 아니한가?

제41장.
上士聞道(상사문도)
도를 실천하는 자만이 그릇이 완성된다

上士聞道, 勤而行之; 中士聞道, 若存若亡; 下士聞道, 大笑之. 不笑, 不足以爲道. 故建言有之; 明道若昧, 進道若退, 夷道若纇. 上德若谷, 大白若辱, 廣德若不足, 建德若偸, 質眞若渝. 大方無隅, 大器晚成, 大音希聲, 大象無形. 道隱無名. 夫唯道善貸且成.

최상의 선비가(上士) 도를 들으면(聞道) 부지런히 도를 실천하나(勤而行之) 중간치의 선비는(中士) 도에 대해 들으면(聞道) 있는 것 같기도, 없는 것 같기도 하여 알쏭달쏭해 한다(若存若亡). 하빠리들은(下士) 도에 대해 들으면(聞道) 크게 비웃는다(大笑之). 비웃지 말아라(不笑), 덜떨어진 너희를(不足) 도로써 다스리려 함이다(以爲道). 그러므로(故) 예로부터 전해오는 말에 이르기를(建言有之) 도의 밝음은(明道) 어둠을 허락하고(若昧), 도의 나아감은(進道) 물러남을 허락하고(若退), 도의 평탄함은(夷道) 어그러짐을 허락한다(若纇) 하였다. 최상의 덕은(上德) 협곡이 되어 흐르는 모든 것을 허락하니(若谷), 대단히 깨끗한 것은(大白) 더럽혀짐을 허락하고(若辱), 너르고 광활한 덕은(廣德) 부족함을 허락하니(若不足), 덕을 세움은(建德) 내어주는 것을 허락하고(若偸), 바탕이 되는 진실은(質眞) 변함을 허락한다(若渝). 아주 커다란 대지에는(大方) 모퉁이가 없고(無隅), 아주 커다란 그릇은(大器) 뒤늦게 완성되고(晚成), 아주 커다란 소리는(大音) 널리 퍼지길 바라고(希聲), 아주 커다란 형상에는(大象) 형태가 드러나지 않는 법이다(無形). 도의 수수께끼는(道隱) 이름 지울 수 없다(無名). 대저(夫) 바라건대(唯) 도를 통달하고 갈구하여(道善貸) 장차 도를 완성하길 바란다(且成).

❖ **上士聞道(상사문도), 勤而行之(근이행지); 中士聞道(중사문도), 若存若亡(약존약망);**
  최상의 선비가(上士) 도를 들으면(聞道) 부지런히 도를 실천하나(勤而行之) 중간치의

선비는(中士) 도에 대해 들으면(聞道) 있는 것 같기도 없는 것 같기도 하여 알쏭달쏭해 한다(若存若亡).

　　반갑게도 41장은 가장 오래된 판본인 초간본(죽간본), 백서본, 통행본에 모두 수록되어 있었다. 노자는 지식인을 세 가지 유형으로 분류한다. '上士, 中士, 下士'이다. 아는 게 많은 것과 道를 깨닫고 실천하는 능력은 뇌의 다른 영역에서 활성화된다.

공자는 "學而時習之(학이시습지), 不亦說乎(불역열호)라, 배우고 때때로 익히면 또한 기쁘지 아니한가!"라고 말씀하셨다. 이는 과학적으로도 증명된 사실이다. 그리고 노자가 예를 들어 설명한 '최상의 선비가 도에 대해 들으면 上士聞道(상사문도) 부지런히 도를 실천하는 勤而行之(근이행지)' 사람들의 뇌 안에서 이루어지는 일을 현대과학의 최첨단 학문이라고 하는 뇌과학이 설명하고 있다.

미국 하버드 의대 교수이자 뇌과학자, 의사인 허버트 벤슨(Herbert Benson, 1935~2022) 박사는 동양의 선(禪)과 명상(冥想)에 대하여 뇌과학적으로 접근한 이 분야 최고의 석학이다. 우리 뇌가 선이나 명상에 잠기게 되면 몸과 마음이 어떻게 작동하는지를 연구하였다. 심신의학의 세계적 선구자이다.

그는 티베트의 14대 달라이 라마(텐진 가초, 1935~) 등 많은 선과 명상의 지도자를 만나고 대화하면서 얻은 결과에 따라, 우리 뇌가 선과 명상을 통해 깨달음의 경지에 오르면 뇌에서 산화질소(NO)가 분비된다고 설명한다. 이는 세포들에 전달하는 준비 신호로서 세포들은 이 신호를 전달받자마자 감정과 관련된 호르몬(신경전달물질, neurotransmitter)을 자극하여 엔도르핀, 베타엔도르핀, 도파민과 같은 쾌감 물질(천연마약 성분)을 마구 분출하게 만든다. 이러한 호르몬들이 참선하는 사람과 깨달음을 얻는 사람들에게 정신적 스트레스를 줄여주고, 마음의 안정과 행복감을 준다는 사실을 알아냈다. 여기서 주목해야 할 아주 중요한 베타엔도르핀 호르몬은 기분을 좋게 만들 뿐 아니라 스트레스 해소와 내부 기관의 노화 방지 그리고 암세포를 파괴하기도 하고 기억력 강화와 인내력을 증가시켜 준다고 하는 점이다. 배우고 또 익숙할 때까지 익히면 어느 순간 경지에 오르게 되고 우리 몸까지 건강하게 됨은 단순한 미신이나 종교가 아닌 과학인 것이다.

자연의 일부인 인간은 도의 이치를 듣게 되면 본성적으로 귀 기울이고 체화하려고 노력한다. 나 역시 그랬다. 도올 선생께서 1999년 《노자와 21세기》를 사 놓고 고이 모셔놓고 있다가 EBS 기획특강 〈알기 쉬운 동양고전 노자와 21세기〉를 방송을 통해 강의를 들었다. 뭔 말인지는 몰랐으나 노자뿐 아니라 현대 인류의 과제, 예수, 공자, 불교, 미추, 빔의 철학, 비틀즈에서 동학까지 도올 선생의 신출귀몰할 강의에 알 듯 모를 듯(있는 것 같기도 없는 것 같기도 하여 알쏭달쏭하다(若存若亡))하여 그저 넋 놓고 졸았다. 뭐가 뭔지 몰라 꾸벅꾸벅 졸던 내가 노자의 도덕경을 해석하고 주해하고 있다니 '中士'에서 '上士'로 격승(格承)하였으니 출세가 따로 없다. 내 안의 노자 그리고 도덕경은 반드시 넘어야 할 산맥 같은 곳으로 내 마음 깊숙한 곳에 자리하고 있었다.

❖ **下士聞道**(하사문도), **大笑之**(대소지). **不笑**(불소), **不足以爲道**(부족이위도).

하빠리들은(下士) 도에 대해 들으면(聞道) 크게 비웃는다(大笑之). 비웃지 말아라(不笑), 덜떨어진 너희를(不足) 도로써 다스리려 함이다(以爲道).

"下士聞道, 大笑之. 하빠리들은(下士) 도에 대해 들으면(聞道) 크게 비웃는다(大笑之)." 이 문장을 읽으면서 가장 피부로 느껴졌다. 지금도 노자의 도덕경을 지인들에게 이야기하면 "그게 뭔데?"라는 반응부터 나온다. 아니면 혹, 정신이 반쯤 '맛탱이' 간 놈으로 여기는 이도 있다. 특히 하나님을 믿으며 반평생을 권사님으로 살아오신 우리 어머님은 나와 대화를 피할 뿐 아니라 열심히 새벽기도에 나가 큰소리로 나를 위해 열심히 통성기도 한다고 하신다. 목사가 되려고 신학대학까지 다닌 놈이 도덕경이라니? 우리 어머니는 내가 무슨 산신령이라도 믿는 거로 아신다. 한때 길거리에서 '도를 아십니까?'라고 묻던 사이비 종교들까지 가세해 도는 그야말로 노자의 말대로 웃음거리가 되지 않으면 도가 아닐 지경에 이르렀다. 그런 와중에 도올 선생의 20세기와 노자에 대한 가르침은 上士를 자처하는 지식인들에게 지성인으로 도약할 수 있는 계기를 마련해 주었다.

노자는 '모지리(侮之-업신여기다)'를 포기하지 않고 끝까지 포용하였다. 그러함에도 불구하고, 너희를 사람으로 만들겠다고 가르치신다. '모지리'들의 특성은 자기 자신이 '모지리'인지 전혀 모른다는 데 있다. 그냥 내버려 두면 그래서 더욱 문제가 된다. 이들은 지식인 행세를 하면서 여론을 조작하고 사회를 갈등으로 몰아넣어 사회문제를 일으키는 반사회적인 '사회악'이기에 그렇다. 잘못하면 강하게 처벌하고 감방 보내야 하는데, 법꾸라지(법망 미꾸라지)처럼 카르텔을 형성하여 힘으로 돈으로 요리조리 잘도 피해 다닌다. 기회가 생겨 마이크라도 손에 쥐게 되면 적반하장(賊反荷杖-도둑이 도리어 매를 든다) 식으로 도리어 제 놈이 스스로 정의가 되어 큰소리를 쳐댄다. 이 사회의 정의가 어떻고 공정이 어떻고 상식이 잘못됐다면서 말이다. 도올 선생이 늘 강조하고자 함이 자칭 지식인이라고 권위 의식에 사로잡힌 소인배들이 문제라고 했다. 자국의 국민에게 후쿠시마 원전 방사능 오염수가 마실 수 있을 정도로 안전하다고 사기를 치는 소인 잡배 '모지리'들, 저 털 없는 원숭이들이 과연 사람이 맞나 싶다. 같은 언어를 사용하고 같은 민족임에도 불구하고 어찌 저리 나와 생각이 다르고 행동이 다를까 싶다. 자신이 하는 언행의 결과를 예상하지 않고 마구 떠들어대고 있으니, 전 지구를 방사능 오염수로 멸종시키려는 데 동조하는 대한민국의 통수권자와 그의 하수인들은 역사의 심판을 받아야만 한다. '下士'인 소인배들이 권력을 잡은 대한민국의 현실이 그래서 더욱 가슴 쓰리다.

"비웃지 말아라(不笑), 덜떨어진 너희를(不足) 도로써 다스리려 함이다(以爲道)." 지금이야말로 "하빠리들은(下士) 도에 대해 들으면(聞道) 크게 비웃는다(大笑之)." 하니, 크게 비웃는 하빠리들을 몽둥이(道)로 다스려야 할 때이다.

❖ **故建言有之**(고건언유지), **明道若昧**(명도약매), **進道若退**(진도약퇴), **夷道若纇[類]**(이도약뢰[류]).

그러므로(故) 예로부터 전해오는 말에 이르기를(建言有之) 도의 밝음은(明道) 어둠을 허락하고(若昧), 도의 나아감은(進道) 물러남을 허락하고(若退), 도의 평탄함은(夷道) 어그러짐을 허락한다(若纇) 하였다.

昧(어두울 매) - 어둡다, 찢다, 탐하다, 무릅쓰다, 어둑새벽, 별의 이름, 악곡의 이름.
纇(실 마디 뢰) - 실 마디, 맺힌 실, 흠, 잘못, 꽃봉오리, 어그러지다, 치우치다, 울퉁불퉁하다.
類(무리 류/뢰) - 무리, 동아리, 대개, 같다, 비슷하다, 나누다, 치우치다, 편중되다.

"그러므로(故) 예로부터 전해오는 말에 이르기를(建言有之)" 道는 明道(명도), 進道(진도), 夷道(이도)가 있는데, 이는 若昧(약매), 若退(약퇴), 若纇(약뢰)하다 하였다. 도대체가 뭔 말을 하려는지 노자의 의중을 모르겠다. 다른 분들의 해석이 나를 더욱 혼동하게 했다. 예로부터 전해오는 말이 도와 덕에 관한 이야기인데 이를 질서가 서는 명료하게 만들려니 해석도 주해도 어렵다. 우선 이 장에서는 반복해 나오는 약(若)을 어떻게 해석할 것인가 관건이다. 네이버 사전에는 '若'에 대한 설명으로 "갑골문에서는 양손으로 머리를 빗는 여인이 그려져 있다. 갑골문에서의 '若' 자는 '온순하다'나 '순종하다'라는 뜻으로 쓰였었다. 금문(주나라 청동기에 새긴 문자)에서부터는 여기에 口(입 구) 자가 추가되면서 '허락하다'라는 뜻이 더해졌다. 하지만 진시황 때 정리된 소전(小篆)에서는 '若' 자가 '같다'나 '만약'과 같은 뜻으로 가차(假借)되면서, 지금은 여기에 言(말씀 언) 자를 더한 諾(허락할 낙) 자가 뜻을 대신하고 있다"라고 되어있다. 노자는 춘추시대(春秋時代, BC 770~403), 즉 주나라 왕실이 존재할 때 도덕경을 서술하였으니 '若' 자의 의미는 금문이 쓰였던 시대의 의미인 '허락한다'라는 의미로 해석하였다. 1차 관문은 겨우 넘었다. 2차 관문은 A道(若, 허락한다) B이다. A와 B를 이제 어떻게 해석하느냐의 문제가 남았다. 明과 昧, 進과 退, 夷와 纇[類]를 상반하는 대구(對句)로 해석할 것인가 상호보완(相補)으로 해석할 것인가? 두 가지 관점이 남았다. 여러 해석의 주류는 왕필의 의도대로 대구로 해석하셨는데, 내 맘에는 영, 성에 차지 않는다. 인위적이라는 느낌이 들었다. 道는 감정도 없고, 목적도 없기 때문이다. '明道若昧(밝음은 어둠과 같다)'고 해석하면 다음 구절의 덕에 대한 예로 '大白若辱(심하게 하얀 것은 욕보임과 같다)'라 해석을 달아야 한다. 딜레마다. 나는 노자의 도덕경을 2023년 1월부터 시작하여 현재 시점인 오늘 6월 21일 한낮의 길이가 가장 긴 하지(夏至)에 이르기까지 5개월을 하루에 10시간 이상 도덕경을 해석하고 주해하는 데 매달렸다. 도경은 하루에 한 장씩 주해가 술술 풀렸다. 그러나 38장이 시작되는 덕경(德經)은 문조도 사뭇 다르고 아주 난해하기가 이루 말할 수가 없다.

너무 난해하고 힘들어 안 풀릴 때는 숨을 가르며 산책도 해보고, 다른 책도 뒤져보고 사색하면서, 이 방식 저 방식으로 대입해 보았으나 쉬이 결론이 나질 않는다. 전 장에서 노자가 표현한 애매할 때 표현하는 말을 다시 한번 써먹는다. 형용할 수 없으나 억지라도 표현하자면 "도의 밝음은(明道) 어둠을 허락하고(若昧), 도의 나아감은(進道) 물러남을 허락하고(若退), 도의 평탄함은(夷道) 어그러짐을 허락한다(若纇) 하였다." 道는 'SCALE'과 한 몸이다. 'SCALE'은 미시, 거시, 시공간을 망라(網羅)하는 것이다.

이 구절의 해석이 어려웠던 것은 내 안의 습관적으로 사람이 아닌 것을 사람처럼 바라보는 의인화(擬人化)가 문제였다. 道를 道로 보는 것이 아니라 내 관점과 타자 관점이 교묘하게 섞여 나타나는 의인화되어 있는 관점으로 바라보고 있었다. 모순(矛盾)은 인간의 관점과 현상에서만 나타나는 일이다. 자연이 가진 도의 속성은 스스로 그러한 어떤 우발적인 사건의 연속이다. 이를 현상(現象, Phenomenon)이라고 한다.

우리가 하루를 24시간이라 규정한 것은 지구가 자전하면서 나타나는 반복되는 현상을 정량화, 수량화한 것이다. 지구의 둥근 한 면이 태양을 향해 있으면 낮이고 태양을 등지면 밤인 어둠이 찾아오는 것이다. 도의 밝음은(明道) 어둠을 허락하고(若昧), 허락한다는 것도 '의인화'된 표현이다. 도의 나아감은(進道) 물러남을 허락하고(若退), 우주의 시작은 작용과 반작용, 물질과 반물질이 서로 상쇄되고 남은 찌꺼기로 이루어졌다. 그래서 동양의 우주론은 음양의 조화로 이루어진 것이다. 당연히 나아감이 있으면 중력에 의해 튕겨 나가는 것도 있는 법이다. 태양도 향후 50억 년이 지나 수소 원자핵과 헬륨 원자핵을 다 소진하고 나면 적색거성으로 부풀어 오르게 된다. 그래서 100억 년 동안 거느리고 있던 자식 같은 행성들을 흩어지게 만든다. 그때 지구는 어디에 처박혀 있을지 모른다. 현재의 태양계가 가진 질서가 무너지기 때문이다. 그러기에 상상할 수 없이 미세한 양자세계와 거대한 미시세계가 자연의 힘으로 어우러진 우리 우주에서 도는 평탄하기만(夷道) 해서 이루어질 수 있는 것이 아니다. 지구가 현재의 창백한 푸른 점이 될 수 있었던 까닭은 수 없는 행성들과의 충돌이 있었기에 가능했다. 6,600만 년 전 멕시코 유카탄반도에 소행성이 충돌하지 않았다면 지구상에서 사피엔스의 출현은 불가능했다. 자연의 도는 당연히 어그러짐을 수용해야만 한다(若纇). 그래야 또 다른 생명들이 그 틈을 파고 들어 수없이 많은 종으로 폭발 진화한다.

아! 노자의 고귀한 말씀이여! 고되도다!

- ❖ **上德若谷(상덕약곡), 大白若辱(대백약욕), 廣德若不足(광덕약부족),**

    최상의 덕은(上德) 협곡이 되어 흐르는 모든 것을 허락하니(若谷), 대단히 깨끗한 것은(大白) 더럽혀짐을 허락하고(若辱), 너르고 광활한 덕은(廣德) 부족함을 허락하니(若不足),

    道가 자연의 법칙이라면 德은 자연이 인간에게 부여한 품성(品性)을 담는 그릇(器)이다. 인간이 인간으로 되기 위한 필수조건이 도덕심이다. 그래서 인간 입장에서는 자연이 내어준 덕(德)을 득(得)했다고 하는 것이다.
    "최상의 덕은(上德) 협곡이 되어 흐르는 모든 것을 허락하니(若谷), 대단히 깨끗한 것은(大白) 더럽혀짐을 허락하고(若辱), 너르고 광활한 덕은(廣德) 부족함을 허락하니(若不足)," 채워도 채워도 넘치지 않는다. 자연이 인간에게 부여한 덕은 크고 차고 넘치지 않고 더럽힘을 받아도 티가 나지 않고, 빼앗겨도 부족하지 않으니 이를 최상의 덕이라 한다고 한다.
    그러나 변화무쌍한 인간의 내면은 천편일률적으로 덕의 방향으로 향하고 있지 않다. 생물 다양성, 종 다양성을 넘어 같은 종의 사피엔스 안에서도 실로 다양하다. 그래서 재미있기도, 그래서 화가 나기도 하는 이유다. 누군가는 남을 위해 끝도 없이 봉사하고 희생한다. 그러나 누군가는 한도 끝도 없이 증오하고, 이유 없는 살인을 하고, 권력을 가진 이들은 자국의 백성을 학살 현장으로 몰고 간다. 인간만큼 위대한 동물이 없으나 인간만큼 잔인한 동물 역시 없다. 도는 인간에게 본성(本性)으로서의 '德'을 완전하게 '得' 하기에는 시간이 부족했나 보다.

- ❖ **建德若偸(건덕약투), 質眞若渝(질진약투).**

    덕을 세움은(建德) 내어주는 것을 허락하고(若偸), 바탕이 되는 진실은(質眞) 변함을 허락한다(若渝).

    偸(훔칠 투) - 훔치다, 도둑질하다, 사통하다, 구차하다, 교활하다, 깔보다, 엷다.
    渝(변할 투/유) - 변하다, 바뀌다, 넘치다, 풀다, 즐겁다, 변하다, 변경하다, 넘치다.

자연 현상의 대부분은 전자의 이동이다. 원자는 원자핵과 그 주위를 돌고 있는 전자로 구성되어 있고, 원자핵은 다시 (+)전하를 가진 양성자와 전기를 띠지 않는 중성자로 이루어져 있다. 원자 상태에서는 (+)전하와 (-)전하의 양이 같아, 서로 상쇄하여 전기적으로 중성이다.
그런데 원자가 전자를 잃으면 (-)전하량보다 (+)전하량이 더 많아지게 되는데, 이를 양이온이라고 한다. 또, 원자가 다른 원자에서 전자를 얻으면, (+)전하량보다 (-)전하량이 더 많아지게 되는데, 이를 음이온이라고 한다. (출처: 금성출판사)

이를 동양철학에서 음양의 작용이라 부르는 것이다. 결국 자연 현상은 주고받음으로써 만물을 이루고 생성과 소멸을 반복하면서 순환하는 것이 도의 원리이자 작용이다. 그렇다면 도가 부여한 인간의 덕성은 어떠해야 하는가? 德이 있다는 것은 고정불변의 완고함이 아니다. "덕을 세움은(建德) 내어주는 것을 허락한다(若偸)"는 것이 의미하는 바는 관점에 따라 크게 변한다. '德'을 '得'했다는 것은 상대적 관점이다. 세상에 나 혼자만 있다면 '德'은 존재 자체가 의미가 없는 '無'의 상태이다. 네가 있기에 내가 존재하듯이 덕은 누군가가 존재한다는 가정에서 성립되는 상태이다. 너와 나의 관계가 성립하는 필요충분조건 하에서 내가 스스로 선택하여 결정하는 능동적(能動的) 함(爲)과 너에 의해서 내가 선택과 결정을 당하는 수동적(受動的) 함(爲)으로 나뉜다. 덕이 있는 상태에서 내가 가진 것을 능동적으로 내어주는 것은 나누어 주는 행위라 한다. 그러나 반대로 덕이 없는 상태에서 내 것을 누군가 허락도 없이 가져가는 것을 '훔쳐 간다, 도둑질해 간다, 약탈해 간다'라고 표현한다. 내 중심에서 보면 피동적으로 빼앗기는 것이다. 내어줌을 허락할 것인가? 빼앗길 것인가? 결과의 값이 보여주는 차이는 극과 극이다. 주어가 나일 때 내가 너에게 피해받는 것인지, 내가 너에게 피해를 주는 것이 다르듯 말이다.

수학은 A와 B와의 관계를 사칙연산으로 나타내는 논리학이다. '+, -, ÷, ×, =' 와 같은 기호로 관계를 표현하는 규칙이다. A + B = ?, A - B = ?, A ÷ B = ?, A × B = ? 와 같이 어떤 상태의 관계인가에 따라 값이 달라지는 것이다. 이를 구체적으로 '나 + 너 = 나와 너 = 우리'라 논리적으로 규정할 수 있다. 덕을 세운다는 것은 다시 말해 베푸는 행위이다. 그러므로 다음 구절인 "바탕이 되는 진실은(質眞) 변함을 허락한다(若渝)"라는 표현도 '나'라는 'A'는 변함이 없는 바탕(本質)이다. 그러므로 나는 B와의 관계에 따라 = 진실(眞實)은 상태에 따라 달라질 수 있는 것이다. 보태주거나, 내어주고, 나눠주고, 곱으로 쳐줘도 덕을 담는 그릇이 '그랜드 캐니언(Grand Canyon)'처럼 너무 크기에 티가 나지 않는다.

❖ **大方無隅(대방무우), 大器晩成(대기만성), 大音希聲(대음희성), 大象無形(대상무형)**
아주 커다란 대지에는(大方) 모퉁이가 없고(無隅), 아주 커다란 그릇은(大器) 뒤늦게 완성되고(晩成), 아주 커다란 소리는(大音) 널리 퍼지길 바라고(希聲), 아주 커다란 형상에는(大象) 형태가 드러나지 않는 법이다(無形).

隅(모퉁이 우) - 모퉁이, 구석, 귀, 절개, 정조.
晩(늦을 만) - 늦다, 저물다, 쇠하다, 황혼, 저녁, 노년, 끝.
希(바랄 희) - 바라다, 동경하다, 희망하다, 사모하다, 앙모하다, 드물다, 성기다.
聲(소리 성) - 소리, 풍류, 노래, 명예, 읊다, 말하다, 선언하다, 펴다, 널리 알리다.

동양의 고대 사람들은 하늘은 둥글고 땅은 네모나다고 여겼다. 천원지방(天圓地方)은 고대 중국의 수학 및 천문학 문헌인《주비산경(周髀算經)》에서, "모난 것은 땅에 속하며, 둥근 것은 하늘에 속하니, 하늘은 둥글고 땅은 모나다"라고 선언하였다. 예로부터 내려오는 상덕(上德)은 모서리를 찾을 수 없을(無隅) 정도로 크기에 헤아릴 수 없다. "아주 커다란 그릇은(大器) 뒤늦게 완성되었다(晩成)," 이 구절을 인간에 국한하지 말고 'SCALE'을 우주로 넓히면 지구가 있는 태양계의 너비는 1광년에 이르고 46억 년 전에 형성되었다. 태양계가 존재하는 우리은하(Milky way galaxy)는 100억 년 전에 형성되었다고 추측하고 있다. 우리 인간은 억겁의 시공간이 흘러 가장 늦게 태어난 위대한 상덕을 담을 수 있는 유일한 존재이다(大器晩成). "아주 커다란 소리는(大音) 널리 퍼지길 바라고(希聲)," 우주 탄생 후 혼탁했던 우주에서 광자가 탈출한 순간을 일정한 주파수로 전 우주에서 들을 수 있다. 1964년 윌슨과 펜지어스가 발견한 우주배경복사 '빅뱅의 메아리'이다. "아주 커다란 형상에는(大象) 형태가 드러나지 않는 법이다(無形)." 우리 우주는 그 크기를 상상할 수 없기에 형상 형태도 모른다.

- ❖ **道隱無名(도은무명). 夫唯道善貸且成(부유도선대차성).**

  도의 수수께끼는(道隱) 이름을 지울 수 없다(無名). 대저(夫) 바라건대(唯) 도를 통달하고 갈구하여(道善貸) 장차 도를 완성하길 바란다(且成).

  隱(숨을 은) - 숨다, 근심하다, 음흉하다, 점치다, 무게 있다, 기대다, 수수께끼.
  貸(빌릴 대/특) - 빌리다, 꾸다, 용서하다, 느슨하다, 틀리다, 어긋나다, 구걸하다.

서양은 이러한 이름 지을 수 없는 유일한 존재를 신(神, GOD)으로 단정 지었다. 유럽이 세계를 힘으로 지배하면서 100년도 안 되어 우리의 정신사상에도 신이 지배하게 되었다.

노자는 이러한 존재를 도라고 이름 붙였다. 그리고 그 道法自然(도법자연)의 결과물이 인간이고 그 인간만이 덕의 그릇(大器)으로 도를 담을 수 있는 유일한 존재로 보았다. 서양인이 만든 신은 내가 갈구해야 수동적으로 채워주지만, 동양의 도는 덕의 그릇을 가진 인간만이 능동적으로 도를 갈고 닦아 스스로 신(聖人)의 경지에 이를 수 있다고 가르친다. 신앙을 갈구하는 대상에서 내가 능동적으로 신의 경지에 다다를 수 있는 존재이기 때문이다.

"도의 수수께끼는(道隱) 이름 지울 수 없다(無名). 대저(夫) 바라건대(唯) 도를 통달하고 갈구하여(道善貸) 장차 도를 완성하길 바란다(且成)."

내가 이 고된 노자의 도덕경을 해석하고 주해하는 이유이기도 하다. 우리 모두 성인의 경지에 오르는 세상. 지구와 인간이 오랫동안 함께 공존할 수 있는 유일한 방법이라고 깨달았기 때문이다.

제42장.

道生一(도생일)

만물은 음을 등에 업고 양을 품 안에 넣는다

道生一, 一生二, 二生三, 三生萬物. 萬物負陰而抱陽, 沖氣以爲和. 人之所惡, 唯孤, 寡, 不穀, 而王公以爲稱. 故物或損之而益, 或益之而損. 人之所教, 我亦敎之, 强梁者不得其死, 吾將以爲教父.

도는 하나를 낳고(道生一), 하나는 둘을 낳고(一生二), 둘은 셋을 낳으니(二生三), 셋은 만물을 낳는다(三生萬物). 만물은(萬物) 음을 등에 업고(負陰而) 양을 품 안에 품는다(抱陽). 심원한 두 기를(沖氣) 조화로써 다스림이다(以爲和). 사람들이(人之) 꺼리는 바가(所惡) 오직(唯) 외로움(孤), 결핍함(寡), 배고픔이니(不穀而) 왕공은(王公) 이를 헤아려 걸맞게 다스려야 함이다(以爲稱). 고로(故) 물질이라는 것이(物) 혹(或), 손해가 있기에(損之) 이익도 있는 것이고(而益) 혹(或), 얻을 수도 있기에(益之) 잃을 수도 있는 것이다(而損). 사람들이(人之) 가르치고자 하는 것이 있는바(所敎), 나 역시(我亦) 가르치고자 함이다(教之). 강한 힘만 믿고 밀어붙이는 놈은(强梁者) 제명을 다하지 못할 것이니(不得其死), 내(吾) 장차(將) 제대로 가르치는 아비가(敎父) 되어 다스리려 함이다(以爲).

❖ **道生一(도생일), 一生二(일생이), 二生三(이생삼), 三生萬物(삼생만물).**
    도는 하나를 낳고(道生一), 하나는 둘을 낳고(一生二), 둘은 셋을 낳으니(二生三), 셋은 만물을 낳는다(三生萬物).

도의 생성 원리에 관해 설명하는 장이다. 도는 하나를 낳고 하나는 둘을 낳고 둘은 셋을 낳고 셋은 만물을 낳는다. 현대우주론이 밝힌 우주의 생성이론이다.

도덕경에서 도의 생성이론 우주론에 대해서는 총 17개 장에서 다루고 있다. 1, 4, 7, 11, 14, 21, 25, 32, 34, 35, 39, 40, 42, 47, 51, 62장에서 도와 만물에 관해 설명하고 있다. 앞서 도(道)와 우주의 생성 원리에 대해서는 충분하게 설명했다. 더 궁금한 분들은 전 장을 참고하면 된다. 나는 이 장의 앞 구절을 시적으로 좋아한다. 우리말도 좋지만, 중국어로 발음하여 읽으면 그 맛이 더해진다. 道(dào)生(shēng)一(yī), 一(yī)生(shēng)二(èr), 二(èr)生(shēng)三(sān), 三(sān)生(shēng), 萬物(wànwù). 우주는 한 점에서 시작되었다. 시간과 공간, 그리고 물질과 에너지가 하나 또는 노자의 도덕경에는 이름 지을 수 없는 상태이자 無의 상태이다. 그 무에서 시작하여 이름이 생기고, 시공간이 생기고, 에너지가 분리되고, 우주 만물의 씨앗이 생성되어 최종에는 우리를 낳게 되었다.

❖ **萬物負陰而抱陽(만물부음이포양), 沖氣以爲和(충기이위화).**
만물은(萬物) 음을 등에 업고(負陰而) 양을 품 안에 품는다(抱陽). 심원한 두 기를(沖氣) 조화로써 다스림이다(以爲和).

負(질 부) - 지다, 떠맡다, 빚지다, 업다, 힘입다, 입다, 저버리다, 패하다, 근심하다, 짐, 빚.
陰(그늘 음/암) - 그늘, 응달, 그림자, 세월, 어둠, 음부, 암컷, 흐리다, 음침하다, 침묵하다.
抱(안을 포) - 안다, 품다, 받다, 둘러싸다, 가지다, 지키다, 받들다, 되돌리다, 아름, 품, 마음.

만물은(萬物) 음을 등에 업고(負陰而) 양을 품 안에 품는다(抱陽). 지구의 입장에서 바라보면 음인 달을 등에 업고 양인 태양을 가슴에 품는다는 뜻으로 들린다. 얼마나 아름다운 시적 표현인가! 태양계에 생명을 품은 가장 아름다운 행성 지구. 어여쁜 달을 등에 업고 모든 에너지의 근원인 태양을 품에 안아 얼씨구 놀아보자. 밝음과 따뜻함을 품고, 어둠과 차가움을 등에 업어 세상을 다스리니 조화롭고 평화롭다. 심원한 두 기를(沖氣) 조화로써 다스림이다(以爲和). 그러기에 沖氣(충기)는 평형을 이루어 균형을 맞추고자 한다.

❖ **人之所惡(인지소오), 唯孤(유고), 寡(과), 不穀(불곡), 而王公以爲稱(이왕공이위칭).**
사람들이(人之) 꺼리는 바가(所惡) 오직(唯) 외로움(孤), 결핍함(寡), 배고픔이니(不穀

而), 왕공은(王公) 이를 헤아려 걸맞게 다스려야 함이다(以爲稱).

稱(일컬을 칭) - 일컫다, 부르다, 칭하다, 칭찬하다, 무게를 달다, 드러내다, 거행하다, 걸맞다.

　　우주는 넓고 복잡하지만 도와 하나, 음양의 조화로써 다스리려 하지 않아도 다스려진다. 그러나 인간사회는 다양한 감정과 관계에 따라 복잡하게 얽히고설켜 있다. 인간사회는 그래서 정치가 필수다. 민주사회를 어느 정도 이루었다고 하는 현대사회도 정치만큼 어렵고 복잡한 것이 없다. 인간의 욕망은 만족이 없고, 사회의 계층은 끊임없이 양극화되었다. 2,500년 전의 노자가 살던 시대와 현대사회의 백성들이 느끼는 삶과 질은 크게 달라 보이지 않는다.
예나 지금이나 "사람들이(人之) 꺼리는 바가(所惡) 오직(唯) 외로움(孤), 결핍함(寡), 배고픔이니(不穀而), 왕공은(王公) 이를 헤아려 걸맞게 다스려야 함이다(以爲稱)."
역사 이래로 좋은 정치를 행하는 군주는 자기에게 놓여있는 높은 자리에서 백성들이 처한 아래를 누르는 것이 아니라 백성들이 꺼리는 바를 통찰하여 있는 그대로의 상태를 군주가 제대로 아는 것이다. 조선 시대의 왕들은 궁궐 안에 직접 농사를 지어봄으로써 백성들이 겪는 현실을 똑같이 알고자 했다. 백성들의 통곡과 백성들의 서러움 백성들의 배고픔을 모르고 무슨 왕 노릇을 하겠다는 것인가? 백성들이 처한 젖은 자리, 마른자리를 친히 살피는 세세함이 있어야만 어진 군주로서 다스린다. 《예기》예운편에서 공자가 옛날에는 이랬었다고 예를 들며 태평 성대한 시절에 대해 비유를 드는 장면이 있다. 노자가 말한 그대로 대도가 행해지는 세상에 대한 것이다.

"大道之行也(대도지행야), 天下爲公(천하위공). 選賢與能(선현여능), 講信修睦(강신수목). 위대한 도가 행하여진 세상은 천하를 온 세상 사람들이 공정히 다스린다고 하였다. 어질고 유능한 인물을 선발하였고 진실을 강조하고 화목을 위해 애썼다. 故人不獨親其親(고인불독친기친), 不獨子其子(불독자기자). 使老有所終(사노유소종), 壯有所用(장유소용), 幼有所長(유유소장). 그러므로 사람들은 오지 자기의 부모만을 부모라 여기지 않았으며, 자기의 자식만 자식으로 여기지 않았다. 노인들은 그 생을 편안히 마칠 수 있게 해주고, 장정들은 본인들의 능력을 충분히 발휘할 수 있게 해주고, 아이들은 따스한 보살핌을 받으며 성장할 수 있게 해주었다. 矜寡(궁과), 孤獨(고독), 廢疾者(폐질자), 皆有所養(개유소양). 홀아비와 과부, 고아와 병든 자들도 모두 보살핌을 받을 수 있게 하였다." 현대의 사회복지 시스템 역시 사회의 구조적 모순에 의해 발생된 필연적 결과에 대한 틈새를 메꾸어 주는 것이다. 다시 말해 사회적으로 가장 약한 자들을 국가 시스템 차원에서 보호하고 책임져 주는 것을 뜻한다. 이것이 공자가 이상사회로 이루고자 했던 대동 세상의 핵심 내용이다.

❖ **故物或損之而益(고물혹손지이익), 或益之而損(혹익지이손).**
고로(故) 물질은(物) 혹(或), 손해가 있기에(損之) 이익도 있는 것이고(而益) 혹(或), 얻을 수도 있기에(益之) 잃을 수도 있는 것이다(而損).

損(덜 손) - 덜다, 줄이다, 감소하다, 잃다, 손해를 보다, 해치다, 헐뜯다, 낮추다.
益(더할 익) - 더하다, 이롭다, 유익하다, 돕다, 많다, 이익.

자연의 이치는 하나를 얻으면 하나를 내어줌이라 했다. 노자는 줄곧 강조해 왔다. 39장의 "장차(將) 취하고자 하려 한다면(欲取之), 반드시(必) 먼저 내어 준다(固與之)." 42장에서도 도의 생성의 결과는 인간사회와 인간사회를 대표로 다스리는 위정자의 자세에 대해 강조하고 있다. 자연의 도와 하나, 그리고 음양은 평형을 이루어 균형을 만들고 하는데 인간이라는 너희들은 어찌도 그토록 한결같이 갈구하고 착취하고자 하는 것인가? "고로(故) 물질은(物) 혹(或), 손해가 있기에(損之) 이익도 있는 것이고(而益) 혹(或), 얻을 수도 있기에(益之) 잃을 수도 있는 것이다(而損)." 그것이 도가 만물이 되는 이치이다.

❖ **人之所教(인지소교), 我亦教之(아역교지).**
사람들이(人之) 가르치고자 하는 것이 있는바(所教), 나 역시(我亦) 가르치고자 함이다(教之).

도의 생성과 만물을 다스리는 법칙이 이미 억겁의 세월과 공간을 통해 정해져 있거늘 인간이라는 감정의 동물들이자 탐욕을 스스로 다스리지 못하는 힘과 권력만 믿고 까부는 위정자들을 노자가 나서서 친히 다스리는 방법을 설파한다.

❖ **強梁者不得其死(강량자부득기사), 吾將以爲敎父(오장이위교부).**
 강한 힘만 믿고 밀어붙이는 놈은(強梁者) 제명을 다하지 못할 것이니(不得其死), 내(吾) 장차(將) 제대로 가르치는 아비가(敎父) 되어 다스리려 함이다(以爲).

梁(들보 양) - 들보, 대들보, 징검다리, 제방, 교량, 노략질하다, 다리를 놓다.

때론 내어주는 것이, 때론 잃는 것이 얻는 것이라 했다. 수없이 타이르고 가르쳐도 말을 들어 먹지 않는다. 가르쳐도 바꾸지 않으니 천지 만물도 힘만 믿고 까부는 모지리(侮之)는 하늘이 먼저 알고 세상과 결별시킬 것이라 경고한다. 그나마 저도 안된다면 세상의 아버지들이 나서 질서를 다스린다. "강한 힘만 믿고 밀어붙이는 놈은(強梁者) 제명을 다하지 못할 것이니(不得其死), 내(吾) 장차(將) 제대로 가르치는 아비가(敎父) 되어 다스리려 함이다(以爲)."

제43장.
天下之至柔(천하지지유)
가장 연약한 중력자가 지배하는 우주

天下之至柔, 馳騁天下之至堅. 無有入無間, 吾是以知無爲之有益. 不言之教, 無爲之益, 天下希及之.

천하는(天下之) 지극히 유약한 것이(至柔) 지배하여(馳騁) 천하에 영향을 미치나니(天下之) 더욱이 견고하게 한다(至堅). 형체가 없는 것이(無有) 틈이 없는 곳까지 스며드나니(入無間), 내가(吾) 이런 연유로(是以) 아는 것이니(知) 무위의 다스림이 없어도(無爲之) 더욱더 풍성해지는 것이다(有益). 말하려 하지 않아도(不言) 알려지고(之敎), 무위의 다스림이 없어도(無爲之) 풍성해지니(有益), 천하에(天下) 두루 영향이 미치지 않는 데가 없다(希及之).

❖ **天下之至柔(천하지지유), 馳騁天下之至堅(치빙천하지지견).**
  천하는(天下之) 지극히 유약한 것이(至柔) 지배하여(馳騁) 천하에 영향을 미치나니(天下之) 더욱이 견고하게 한다(至堅).

  柔(부드러울 유) - 부드럽다, 순하다, 연약하다, 여리다, 무르다, 좇다.
  馳(달릴 치) - 달리다, 질주하다, 지나가다, 빨리 몰다, 추격하다, 방자하다, 베풀다.
  騁(달릴 빙) - (말을) 달리다, 펴다, 제멋대로 하다, 신장하다, 달리다, 회포를 풀다.
  堅(굳을 견) - 굳다, 굳어지다, 굳게 하다, 단단해지다, 강하다, 안 변한다, 갑옷.

거대 우주를 지배하는 힘은 중력이다. 중력의 매개 입자로 예상되는 후보를 과학자들은 중력자(重力子, graviton)라고 부른다. 워낙 작은 힘이라 실험측정이 어렵다. 중력은 작용 거리가 무한대이고 거의 질량이 없어 광자와 같이 빛의 속도로 움직인다고 한다. 그러나 이 작고 보이지 않고 측정할 수 없는 유약한 것이 우주 만물을 지배한다. 지구라는 천하에도 작고 보이지도 않은 기체 분자가 대기를 이루고 있다. 물은 H_2O 분자로 천하에 영향을 미쳐 세상을 지극히 견고하게 한다.

"천하에는(天下之) 지극히 유약한 것이(至柔) 지배하여(馳騁) 천하에 영향을 미치니(天下之) 더욱이 견고하게 한다(至堅)." 자연을 인간의 능력과 과학기술로 정확히 안다는 것은 참으로 어려운 일이다. 그러나 인간의 능력으로 알아낼 수 있는 것이 제한적이고 한정적이지만 자연은 자신을 드러내어 알 수 있을 만큼 틈을 내어준다. 그리고 최소한의 범위이긴 하나 거대 우주에 비하면 희미하고 어둡고 차가운 공간을 허락하여 생명을 유지하고 지탱할 수 있는 그 이상의 견고함을 선사하였다.

- ❖ **無有入無間(무유입무간), 吾是以知無爲之有益(오시이지무위지유익).**

  형체가 없는 것이(無有) 틈이 없는 곳까지 스며드니(入無間), 내가(吾) 이런 연유로(是以) 아는 것이니(知) 무위의 다스림이 없어도(無爲之) 더욱더 풍성해지는 것이다(有益).

우주의 보이지 않고 작은 중성미자(中性微子, neutrino)와 같은 입자는 우리 몸을 여과 없이 투과한다. 공기 중 78%를 차지하는 질소 분자는 우리 몸과 상호작용하지 않고 우리의 폐를 통과한다. 세상은 보이는 세상보다 보이지 않는 세상에서 힘이 더욱 강력하다. 그러기에 우리가 유위(有爲) 하려 다스리지 않아도 스스로 다스려 돌아가는 것이다.

- ❖ **不言之敎(불언지교), 無爲之益(무위지익), 天下希及之(천하희급지).**

  말하려 하지 않아도(不言) 알려지고(之敎), 무위의 다스림이 없어도(無爲之) 풍성해지니(有益), 천하에(天下) 두루 영향이 미치지 않는 데가 없다(希及之).

현재 지금의 모습대로 우주가 진화하기 위해서는 우주의 생성 초기부터 0에 더 가까웠다. 138억 년이라는 우주의 나이에 비해 20만 년이라는 사피엔스가 탄생한 시기는 그야말로 찰나(刹那)의 순간에 불과하다. 겸손함, 겸허함, 경이로움은 스스로 나를 벗어나고자 하는 무위의 자연스러운 인간에게 주어지는 선물 같은 것이다.

"말하려 하지 않아도(不言) 알려지고(之敎), 무위의 다스림이 없어도(無爲之) 풍성해지니(有益), 천하에(天下) 두루 영향이 미치지 않는 데가 없다(希及之)."

제44장.
名與身孰親(명여신숙친)
행복 = 만족

名與身孰親? 身與貨孰多? 得與亡孰病? 是故甚愛必大費, 多藏必厚亡. 知足不辱, 知止不殆, 可以長久.

이름과 몸(名與身) 무엇이(孰) 더 가까운가(親)? 몸과 재물(身與貨) 무엇이(孰) 더 중한가(多)? 얻음과 잃음(得與亡) 무엇이(孰) 더 괴로운가(病)? 그러므로(是故) 심히 아끼면(甚愛) 반드시(必) 크게 손상을 입게 되고(大費), 지나치게 감추면(多藏) 반드시(必) 후하게 망하게 되리라(厚亡). 만족함을 알게 되면(知足) 욕될 일이 없고(不辱) 그칠 줄 알게 되면(知止), 위태롭지 아니하니(不殆) 가히(可) 길고 오래가는 이유로다(以長久).

❖ **名與身孰親(명여신숙친)? 身與貨孰多(신여화숙다)? 得與亡孰病(득여망숙병)?**
이름과 몸(名與身) 무엇이(孰) 더 가까운가(親)? 몸과 재물(身與貨) 무엇이(孰) 더 중한가(多)? 얻음과 잃음(得與亡) 무엇이(孰) 더 괴로운가(病)?

경제학 용어 중에서 개인이 임의의 대상을 자신의 취향(趣向)이나 기호(嗜好)에 따라 최적화하여 선택하는 행위를 선호(選好)라고 한다. 콜라와 사이다 중 무엇을 더 선호하는가? 선호하여 선택을 결정하여 만족하는 상태를 효용(效用, utility)이라고 정의한다. 그리고 선호하는 두 가지를 x, y축 그래프에 올려놓고 수학적 모델을 제시한다. 경제학이 선호하는 것 중 하나이다. 경제학에서만 통용되는 용어로 기회비용(機會費用, opportunity cost)이라는 용어가 있다. 선호하는 임의 것 중 하나만을 선택함으로써 포기하게 되는 암묵적 가치를 의미한다. 또한 상충관계가 되는 이율배반적 상태를 'trade off'라고 한다. 하나를 얻으면 상충관계에 놓인 하나는 잃게 된다는 이론이다.

명예와 건강 중 하나를 선택해야 한다면 무엇이 더 중요할까? 건강과 재물 중 무엇을 더 많이 얻는 것이 중요할까? 이익과 손실 중에 무엇이 더 우리의 속 쓰리게 할까? 이 질문에 대한 경제학의 답은 한계효용체감의 법칙(限界效用遞減의 法則, Law of Diminishing Marginal Utility)이라며 설명하고 있다. 연애 초에는 사랑의 전달물질이 차고 넘쳐 상대방이 매우 매력적으로 느껴지고 사랑의 감정이 차고 넘치니 그녀의 방귀 소리조차 사랑스럽다. 그러나 결혼에 골인하고 시간이 지나면 지날수록 설레는 감정은 사라지고 점점 짜증이 늘어난다. 뜨거웠던 감정도 시간이 갈수록 싸늘하게 식어만 간다. 음식으로 치면 수십 가지가 넘는 음식이 차려진 뷔페에 가게 되었다. 처음에는 진귀한 음식을 보고 흥분을 감추지 못하지만 먹으면 먹을수록 음식의 맛은 떨어지고 배가 부르면 부를수록 맛을 느끼지 못한다. 효용이 점점 줄어들게 되는 것이다. 그래서 맛있는 음식일수록 먼저 먹고, 귀한 재물일수록 먼저 취하라 하는 것은 바로 한계효용체감의 법칙에 따른 행동 요령이다.

한계효용 체감의 법칙을 따르는 효용그래프

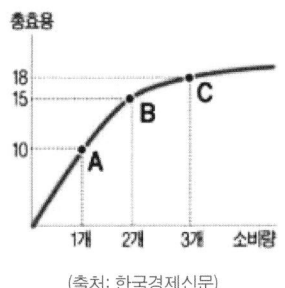

(출처: 한국경제신문)

명예, 건강, 재물, 부의 획득, 이 중 사람마다 선호가 조금씩 다를 것이다. 당연히 어떤 이는 명예가 목숨보다 중요할 수 있다. 어떤 이는 부를 상징하는 재물이 가장 중요할 수 있다. 그러나 어느 적정선에 다다르게 되면 효용도 행복도 가치도 줄어든다는 것이 경제학이 설명하는 법칙이 된다. 나는 너무 건강한 사람도 부럽지 않다. 너무 오래 사는 것에 대한 의미 부여와 가치를 두지 않기에 그렇다. 나이가 들면 들수록 강하게 드는 생각은 적당한 나이에 쉽게 죽었으면 좋겠다. 경제적으로는 죽을 때까지 월 100만 원 정도의 생활비만 고정적이었으면 좋겠다는 포부(?)를 갖게 되었다. 지난 10여 년 공부를 통해 내가 추구하는 효용의 최적점은 위 그래프에 나타나는 우상향 곡선에서 표시되는 A점(햄버거 1개, 10)이다. 효용 = 만족이다. 이미 한 개를 먹어 배가 부른 상태에서 햄버거를 1개 더 먹고자 욕심부린다면 효용은 5가 올라 15점이 되지만, 추가 5점의 효용을 얻기 위해 다른 하나를 포기해야 하기에 잃게 되는 5점의 기회비용이 생기기 마련이다.

가난해지면 불우해지는 사람도 있지만 나는 가난해진 만큼의 지혜를 얻었다. 불가항력이 되어 빼앗기기보다는 스스로 내어줌이 아름답다고 여길 수 있는 여유(餘裕)를 얻었기 때문이다. 내게 가난 = 여유이다. 책 읽고 글 쓰는 시간이 아깝지 않아 생긴 여유이기에 더욱 귀하게만 여겨진다.

❖ **是故甚愛必大費**(시고심애필대비), **多藏必厚亡**(다장필후망).
 그러므로(是故) 심히 아끼면(甚愛) 반드시(必) 크게 손상을 입게 되고(大費), 지나치게 감추면(多藏) 반드시(必) 후하게 망하게 되리라(厚亡).

甚(심할 심) - 심하다, 지나치다, 깊고 두텁다, 초과하다, 사납다, 꾸짖다, 심히.
費(쓸 비) - 쓰다, 소비하다, 손상하다, 해치다, 말 많다, 빛나다, 비용, 용도, 재화.
藏(감출 장) - 감추다, 숨다, 숨기다, 품다, 깊다, 묻다, 매장하다, 장물, 무덤, 오장.
厚(두터울 후) - 두텁다, 후하다, 두껍다, 짙다, 진하다, 지극하다, 친하다, 우대하다.

"그러므로(是故) 심히 아끼면(甚愛) 반드시(必) 크게 손상을 입게 되고(大費), 지나치게 감추다가(多藏) 반드시(必) 후하게 망하게 되리라(厚亡)." 경제적으로 심각한 타격을 입고부터 나는 매사에 아끼는 버릇이 생겼다. 딸아이가 새 신발을 사줘도 금방 신지 못하고 아끼고 아끼느라 제대로 신지 못한다. 그러면 딸이 하는 말이 있다. "아빠! 아끼다가 똥 돼요! 있을 때 누려!" 과유불급(過猶不及)이라고 정도가 지나쳐도 문제지만, '작은 것을 탐하고자 하면 크게 잃게 된다.' 소탐대실(小貪大失)도 우리 주변에서 쉽게 볼 수 있는 상황의 사자성어이다. 인간은 언어를 획득하기 전까지는 모든 선택과 결정을 감각기관에 의

지하여 행동하는 여타 포유동물과 다를 바가 없었다. 인간은 언어를 통해 공간지각 능력에서 벗어나 시간을 인지하며 이를 자연과 인간관계에 적용할 줄 아는 능력을 추가로 진화한 것이다. 바로 시간의 순서의 결과인 과거, 현재, 미래를 순차적으로 구분하여 기억하는 능력이 생겼고, 단기기억에서 장기기억을 할 수 있는 지구상 유일한 포유동물이 되었다. 단기기억에 입각한 단기적 선택에서 벗어나 장기기억을 통해 장기적으로 판단, 설계, 계획할 수 있는 미래지향적 동물로 거듭나게 되었다.

그러므로 甚愛必大費(심애필대비), 多藏必厚亡(다장필후망)은 아끼다가 똥 되는 행동의 결과가 장기적으로 나에게 이롭지 않다는 것을 예측할 줄 알게 되었음을 의미한다. 결국 단순한 회피와 접근에 대한 행위 지향적 동물에서 해도 되는 것과 하지 말아야 할 것이 명료한 미래지향적 사고를 하는 고차원의 인지 능력을 획득한 '호모 사피엔스 사피엔스'가 되었음을 뜻하는 것이다.

❖ **知足不辱(지족불욕), 知止不殆(지지불태), 可以長久(가이장구).**
만족함을 알게 되면(知足) 욕될 일이 없고(不辱) 그칠 줄 알게 되면(知止), 위태롭지 아니하니(不殆) 가히(可) 길고 오래가는 이유로다(以長久).

辱(욕될 욕) - 욕되다, 수치스럽다, 더럽히다, 욕보이다, 황공하다, 거스르다, 치욕.
殆(위태할 태) - 위태하다, 해치다, 의심하다, 피곤하다, 두려워하다, 거의, 대개.

앞선 장에서 Go와 Stop을 시(時)와 때(中)에 맞게 할 줄 아는 인간이야말로 중용(中庸)을 실천하는 인간이라 했다. 시속 300km 이상 질주하는 람보르기니와 같은 스포츠카의 필수조건은 내가 서고 싶은 지점에 차를 세우는 브레이크 시스템을 갖추어야 한다. 제때 서지 못한다면 그야말로 자살 또는 타살 기계이다. 인간의 탐욕을 주도하는 원초적 욕망은 제때 브레이크를 밟아야 살아남을 수 있는 기계와 같다. 내가 경제적으로 파산 선고를 받게 된 결정적 이유 역시 브레이크를 밟아 서야만 할 때도 Go를 외치며 액셀을 밟았기 때문이다. 카지노를 이겨보겠다고 쉼 없이 배팅하는 미친놈과 같은 상태이다.

인간의 삶에서 쉼 없는 행복 추구가 Go라면 이 정도면 됐다고 만족할 줄 아는 감정은 Stop 할 줄 아는 브레이크 능력과 같다. 행복 = 만족이다.

햄버거를 처음 1개를 먹었을 때는 맛있고 배도 불러 효용이 극대화되지만, 배가 부른 상태에서 억지로 먹게 되면 효용이 아닌 불쾌감으로 바뀌게 된다. 식욕 조절 호르몬의 역할 때문이다. 식욕 촉진 호르몬 '그렐린(Ghrelin)'과 식욕 억제 호르몬 '렙틴(Leptin)'의 분비로 인해서 우리는 배고픔과 포만감을 뇌에서 느끼도록 진화했다. 렙틴은 우리가 음식을 충분히 먹었다는 신호를 보내 먹는 것을 멈추게 하는 역할을 한다. 이러한 렙틴 분비에 문제가 생기면 배부름을 느끼지 못하고 식욕이 줄지 않아 비만으로 이어질 수 있다. 보통 사람은 포만감이 지나치면 불쾌감으로 이어진다. 그러나 불쾌감을 못 느끼게 만드는 도파민이 계속 분비되면 우리는 필요 이상의 과도한 열량을 축적하기에 고도 비만이 생기게 된다. 비만은 알다시피 만병의 근원이다.

그러므로 "만족함을 알면(知足) 욕될 일이 없고(不辱) 그칠 줄 알면(知止), 위태롭지 아니하니(不殆) 가히(可) 길고 오래가는 이유로다(以長久)."

제45장.
大成若缺(대성약결)
크게 이루기 위해 부족함을 허락한다

大成若缺, 其用不弊. 大盈若沖, 其用不窮. 大直若屈, 大巧若拙, 大辯若訥. 躁勝寒, 靜勝熱, 淸靜爲天下正.

크게 이루어짐은(大成) 부족함을 허락하니(若缺), 그 쓰이고자 함에(其用) 폐단이 없다(不弊). 크게 충만함은(大盈) 비움을 허락하여(若沖), 그 쓰이고자 함에(其用) 부족함이 생기지 않는다(不窮). 크게 곧아짐은(大直) 굽혀짐을 허락하고(若屈), 크게 공교함은(大巧) 둔함을 허락하며(若拙), 크게 총명함은(大辯) 어눌함을 허락한다(若訥). 격렬함은(躁) 추위를 넘어서고(勝寒), 차분함은(靜) 열기를 넘어서니(勝熱), 탐욕이 없는 차분함으로(淸靜) 천하를 바르게(天下正) 다스릴 수 있다(爲).

❖ **大成若缺(대성약결), 其用不弊(기용불폐). 大盈若沖(대영약충), 其用不窮(기용불궁).**
크게 이루어짐은(大成) 부족함을 허락하니(若缺), 그 쓰이고자 함에(其用) 폐단이 없다(不弊). 크게 충만함은(大盈) 비움을 허락하여(若沖), 그 쓰이고자 함에(其用) 부족함이 생기지 않는다(不窮).

缺(모자랄 결/규) - 모자라다, 없다, 이지러지다, 부족하다, 빠뜨리다, 비다, 머리띠.
弊(폐단 폐/발) - 폐단, 부정행위, 피해, 비단, 자기, 해어지다, 나쁘다, 곤하다.
窮(궁할 궁) - 궁하다, 가난하다, 다하다, 달하다, 외지다, 작다, 좁다, 얕다.

서양의 사상과 동양의 사상을 구분하는 핵심은 이분법을 어떻게 보느냐에 있다고 본다. 이항대립(二項對立, binary opposition)은 대립하는 관련된 용어나 개념의 쌍을 의미하는데, 이 두 관계를 대립적으로 바라볼 것인가? 상보적으로 바라볼 것인가? 이 두 가지 문제라고 지적하고 싶다. 선과 악, 빛과 어둠, 경쟁과 협력, 본능과 본성, 열림과 닫음, 위와 아래, 좌와 우 같은 '개념쌍(槪念雙)'을 대립적 갈등의 문제로 삼을 것인가? 아니면 서로 상호보완의 관계로 바라보느냐에 따라 노자의 언어에 대한 해석이 나뉜다. 이 가치는 경제학과 생물학의 핵심 연구 주제이기도 하다. 만물은 투쟁하는가? 아니면 서로 공생하는 협력관계인가로 말이다. 이는 정치경제학에서도 중요한 문제로 이념 성향에 따른 시각 차이로 나타난다. 보수는 서열을 중시하기에 경쟁을 강조한다. 진보는 평등을 중시하기에 협력을 가치로 본다. 경제학은 시장실패의 원인인 독과점을 막기 위해 시장은 완전경쟁시장(完全競爭市場, perfectly competitive market)만이 가장 완벽한 시장이라고 규정했다. 생물학은 만물은 서로 공생(共生, symbiosis)하는 관계로 규정하고 있다.

도덕경에서 주해하거나 해석하는 역자들 간에 분명한 시각 차이가 드러나는 부분이 노자의 철학을 만물을 상반적(相反的) 관계로 해석하느냐? 상보적(相補的) 관계로 해석하느냐이다. 이 핵심 근간이 노자에 대한 이해를 넘어 인간 본성에 대한 본질적 접근이라고 나는 주장한다. 서양은 모든 만물을 다스리고 질서를 부여하는 존재를 신(神, GOD)으로 단정 지었다. 노자는 모든 만물을 다스리는 주체는 '다스리거나 지배하려 들지 않는 무위(無爲)'하는 '스스로 그러한 자연(自然)'이라고 한다. 그리고 그것을 움직이게 하는 물질과 에너지가 바로 도(道)다. 그리고 우주 만물을 움직이는 도의 작용에 따라 진화한 결과가 우리 인간이다. 덕(德)은 자연의 스스로 그러한 속성에 의해 인간이 획득한 천성(天性)이자 인간의 품성(品性)인 천명지성(天命之性)으로 하늘의 속성이다.

무위(無爲) ↔ 인위(人爲)가 대립하는 갈등 관계인가? 무위(無爲) = 인위(人爲)가 서로 같아 지배하려 하지 않아도 다스려지는 세상이 될 것인가?

"크게 이루어짐은(大成) 부족함을 허락하니(若缺), 그 쓰이고자 함에(其用) 폐단이 없다(不弊). 크게 충만함은(大盈) 비움을 허락하여(若沖), 그 쓰이고자 함에(其用) 부족함이 생기지 않는다(不窮)."

'若(약)'은 춘추전국시대까지 쓰였던 금문에는 같다는 의미보다는 순종하다, 온순하다, '허락하다'라는 뜻으로 쓰였다고 한다. (출처: 네이버 한자 사전) 도덕경을 주해하면서 '若'을 '허락한다'로 번역하였는데 그 뜻이 '~과 같다'보다 훨씬 자연스럽고 그 뜻이 순조롭게 통한다. '大成若缺(대성약결)' 크게 이루어진 것들은 부족함을 허락하니, 수동적인 의미보다 능동적 의미의 허락하는 것이다. 그게 여유이고 SCALE이다. SCALE이 크니 '其用不弊(기용불폐)' 그 쓰이고자 함에 폐단이 없게 되는 것이다.

'大盈若沖(대영약충)' 크게 충만함은 비움을 허락하여, '其用不窮(기용불궁)' 그 쓰이고자 함에 부족함이 생기지 않는다. 비어야 채워지는 법이다. 차고 넘치면 낭비이다. 필요한 만큼 채우고 비우는 지혜야말로 탐욕에서 벗어나 가장 가늘고 길게 갈 수 이는 인간의 길이다.

❖ **大直若屈(대직약굴), 大巧若拙(대교약졸), 大辯若訥(대변약눌).**
  크게 곧아짐은(大直) 굽혀짐을 허락하고(若屈), 크게 공교함은(大巧) 둔함을 허락하며(若拙), 크게 총명함은(大辯) 어눌함을 허락한다(若訥).

直(곧을 직/치) - 곧다, 굳세다, 바르다, 옳다, 부정이 없다, 펴다, 꾸미지 아니하다.
屈(굽힐 굴) - 굽히다, 굽다, 구부러지다, 움츠리다, 쇠하다, 꺾다, 억누르다, 섞다.
巧(공교할 교) - 공교하다, 솜씨가 있다, 예쁘다, 아름답다, 약삭빠르다, 재주, 책략.
拙(옹졸할 졸) - 옹졸하다, 졸하다, 둔하다, 어리석다, 질박하다, 서툴다, 불우하다.
辯(분별할 변) - 분별하다, 구분하다, 나누다, 밝히다, 따지다, 총명하다, 바로잡다.
訥(말 더듬거릴 눌) - 어눌하다, 더듬거리다, 바른말 하다, 입이 무겁다.

서로 대립하는 상반(相反)은 Go와 Stop의 역할을 한다. 빛과 어둠은 상반하나 시간을 만들어 낸다. 지구가 스스로 자전하면서 생기는 것이 빛과 어둠이다. 태양이 떠오르니 에너지를 받고 태양이 지면서 에너지가 식는다. 어둠이 찾아오니 낮 동안 활성화되었던 교감 신경계는 그 역할을 부교감 신경계에 물려주고 휴식을 취한다. 인간도 앞만 보고 달릴 수는 없다. 때로는 뒤도 돌아보고 후진도 해야 한다. 어디로 가는지 방향을 모르니 말이다. 경쟁은 사회의 구성원을 움직이게 하는 에너지원이다. 그러나 경쟁이 일상화되고 지속하면 쉼이 없고 휴식이 없어 피폐해진다. 낮에는 교감 신경이 활성화되어 있어야만 우리가 움직이듯 경쟁은 우리를 움직이게 만든다. 그러나 밤이 되면 부교감 신경계가 활성화되어 쉬고 휴식을 취하는 상태인 잠을 자게 되는 것이다. 잠을 자지 못하면 우리는 죽는다. 잠을 자지 못하면 뇌의 신경세포가 고사(枯

死)되고 만다.

서로 부족함을 채워주는 관계인 상보(相補)는 쓸모없는 에너지를 낭비하지 않게 만들어 주는 가성비(價性比)이다. 열역학 제2 법칙의 엔트로피를 감소시켜 주는 역할을 한다. 엔트로피 법칙의 핵심은 고립계를 열린계로 바꾸어 주는 것이다. 태양은 일방적이고 지속적이게 자신이 거느린 행성들에 에너지를 보급한다. 지구는 적적할 중력과 자기장으로 태양으로부터 유효한 에너지를 보급받는다. 인간의 협력 또한 에너지를 집중시키는 역할을 한다. 낭비되는 에너지를 최소화해 나가는 지혜를 모으는 것이다. 무질서를 질서로 바꿔주는 것이다.

"크게 곧아짐은(大直) 굽혀짐을 허락하고(若屈), 크게 공교함은(大巧) 둔함을 허락하며(若拙), 크게 총명함은(大辯) 어눌함을 허락한다(若訥)."
굽혀져야 곧아진다. 둔해져야 공교해진다. 어눌해져야 총명해진다. 이는 상반이 아닌 상보를 통해 나, 너, 우리, 사회, 지구를 변화시켜 주는 원동력이자 가성비이다.

❖ **躁勝寒(조승한), 靜勝熱(정승열), 淸靜爲天下正(청정위천하정).**
    격렬함은(躁) 추위를 넘어서고(勝寒), 차분함은(靜) 열기를 넘어서니(勝熱), 탐욕이 없는 차분함으로(淸靜) 천하를 바르게(天下正) 다스릴 수 있다(爲).

    躁(조급할 조) - 조급하다, 떠들다, 성급하다, 시끄럽다.
    寒(찰 한) - 차다, 춥다, 오싹하다, 어렵다, 가난하다, 식히다, 얼다, 삶다, 그만두다, 침묵하다.
    靜(고요할 정) - 고요하다, 깨끗하게 하다, 쉬다, 휴식하다, 조용하다, 조용히.
    熱(더울 열) - 덥다, 더워지다, 따뜻하다, 태우다, 몸이 달다, 흥분하다, 열, 더위.

인간이 죽는다는 것은 에너지 차원에서 설명하면 더 이상 열을 만들어 내지 못하는 상태이다. 진핵세포 안에 있는 미토콘드리아(Mitochondria)는 세포 호흡을 담당하는 세포 내 소기관을 말한다. 세포는 기본적으로 생명을 유지하는 데 에너지가 필요하다. 그런데 이 에너지라는 게 모든 종류의 에너지를 다 사용할 수 있는 게 아니므로 예컨대, 열에너지나 전기에너지 등은 세포가 사용하기에 불가능하다. 신체 안에 흩어져 있는 에너지를 실제로 세포가 사용할 수 있는 형태의 에너지로 바꾸는 작용이 필요하다. 화학작용은 ADP + 산소 + 인산 = 이산화탄소 + ATP이다. 이때 세포가 사용할 수 있는 에너지가 바로 ATP이며, 유기물의 화학에너지를 이용하여 ATP 만드는 작용이 세포 호흡이다. 따라서 미토콘드리아는 생명 활동에 필요한 ATP를 합성하는, 즉 세포 호흡을 담당하는 세포 소기관이라고 말할 수 있다. (출처: 나무위키) 우리가 살아있다는 것은 20억 년 전 우연히 세포와 공생하기 시작한 박테리아인 미토콘드리아가 열심히 에너지를 합성하기 때문이다.

태양에너지는 태양 내부에 원료가 되는 수소 핵이 핵융합하면서 생성되는 에너지로 수소 핵이 융합하여 헬륨이 되는 과정이다.

인간사회에서 전기에너지를 생성하는 핵발전소는 태양과 반대로 우라늄에 들어있는 양성자와 중성자를 강제로 떼어놓는 핵분열을 통해서 에너지를 얻는다. 전기에너지를 얻고 나면 핵분열 후 발생하는 쓰레기가 생기는데 이것이 우리를 공포에 떨게 하는 방사능 오염물질인 핵폐기물이다.

"격렬함은(躁) 추위를 넘어서고(勝寒), 고요함은(靜) 열기를 넘어서니(勝熱), 탐욕이 없는 차분함으로(淸靜) 천하를 바르게(天下正) 다스릴 수 있다(爲)."

인간이 수렵채집인 시절을 마친 신석기 시대 이후 불과 도구 그리고 풀의 씨앗을 다룰 줄 알면서부터 인간은 사냥감에서 지구상 최상위 포식자가 되었다. 자연의 무위에서 인간이 지배하고 다스리는 인위의 문명을 이루게 되었다. 양자의 힘이 지배하는 세계, 박테리아 단위의 세계, 인간 단위의 세계에서 에너지를 다루는 것은 생존을 위해 매우 중요한 일이다. 농업혁명과 산업혁명으로 더 많은 '잉여생산물'을 축적하게 되었다. 때로는 격렬함으로 때로는 고요함으로 에너지를 얻어 추위와 열기를 넘어서게 되었다. 그러나 자연의 이치는 하나를 얻으면 하나를 내어주는 법이다. 과도한 에너지 소비로 우리에게는 급격한 기후재난이라는 재앙을 얻게 되었다.

잠시 멈추고 집단지성과 이성으로 성찰하고 반성해야 한다. 이대로 계속 GO만 고수할 것인가? 이제는 우리의 과도하게 활성화된 교감 신경을 진정시키고 부교감 신경계가 우리를 주도하여 "탐욕이 없는 차분함으로(淸靜) 천하를 바르게(天下正) 다스릴 수 있다(爲)."

제46장.
天下有道(천하유도)
도가 사라진 세상은 무질서

天下有道, 卻走馬以糞. 天下無道, 戎馬生於郊. 禍莫大於不知足, 咎莫大於欲得. 故知足之足, 常足矣.

천하에(天下) 도가 생기면(有道) 달리는 말이(走馬) 쉼으로써(卻以) 거름을 준다(糞). 천하에(天下) 도가 사라지면(無道) 전쟁에 나간 말이(戎馬) 전쟁터에서 새끼를 낳아 기르게 된다(生於郊). 재앙은(禍) 만족할 줄 모르는 것(不知足)보다 더 큰 것은 없고(莫大於), 허물은(咎) 더 얻으려 탐욕을 부리는 것(欲得)보다 더 큰 것은 없다(莫大於). 도리어(故) 분수를 알아(知足) 만족하게 되면(之足) 항상 충족함이 따르는 것이로다(常足矣).

❖ **天下有道(천하유도), 卻走馬以糞(각주마이분). 天下無道(천하무도), 戎馬生於郊(융마생어교).**
천하에(天下) 도가 생기면(有道) 달리는 말이(走馬) 쉼으로써(卻以) 거름을 준다(糞). 천하에(天下) 도가 사라지면(無道) 전쟁에 나간 말이(戎馬) 전쟁터에서 새끼를 낳아 기르게 된다(生於郊).

卻(물리칠 각) - 물리치다, 물러나다, 피하다, 돌아가다, 쉬다, 사양하다, 뒤집다.
糞(똥 분) - 똥, 대변, 비료, 구별, 등급, 거름을 주다, 청소하다, 제거하다, 썩다.
戎(병장기 융) - 병장기, 병거, 군사, 싸움, 전쟁, 돕다, 크다, 난잡하다. 탄식하다.
郊(들 교) - 들, 야외, 성 밖, 근교, 시골, 메마르다, 교활하다.

도가 자리한다는 것은 평온한 질서가 생긴다는 의미이다. 세상이 太平聖代(태평성대) 하니 백성들은 정치와 경제에 관심을 둘 일이 생기지 않는다. 전쟁을 염려하지 않으니 전쟁 억지 정도의 국방비만 투입하고 나머지는 국민의 복지에 지출한다. 먹고 살려고 아등바등하지 않으니, 백성들의 삶의 질은 높아만 간다. 도서관에 가고, 동네마다 개최되는 음악회에 다닌다.
사람만 행복해지는 것만이 아니다. 주인이 행복하니 주인과 교감하는 가축들도 행복하다.

"천하에(天下) 도가 생기면(有道) 달리는 말이(走馬) 쉼으로써(却以) 거름을 준다(糞)." 천하에 도가 질서가 되면 달리는 말도 급한 일이 없으니 똥 구루마를 끌게 되는 것이다.

도가 사라지니 인간 세상이 흉흉하다. 모든 것이 급하게 돌아만 간다. 여유는 사라지고 신뢰는 물거품처럼 찾아볼 수 없다. 전쟁의 위협으로 삶은 더욱 팍팍해지고 민심은 흉흉하다. 가진 자들은 미리 나라를 떠나고 힘없는 민중들은 삭막해진 세상을 한탄하며 쓴 소주를 붓는다. 동물들의 삶도 팍팍하다. 경제적 여력이 사라지니 버려지는 개들과 고양이가 야생의 짐승들로 변한다. 그나마 전쟁에 필요한 군마는 전쟁터에 끌려가 그곳에서 새끼를 낳고 키우는 지경이 되었다. "전쟁에 나간 말이(戎馬) 전쟁터에서 새끼를 낳아 기르게 된다(生於郊)."

❖ 禍莫大於不知足(화막대어부지족), 咎莫大於欲得(구막대어욕득)

재앙은(禍) 만족할 줄 모르는 것(不知足)보다 더 큰 것은 없고(莫大於), 허물은(咎) 더 얻으려 탐욕을 부리는 것(欲得)보다 더 큰 것은 없다(莫大於). 도리어(故) 분수를 알아(知足) 만족하게 되면(之足) 항상 충족함이 따르는 것이로다(常足矣).

"재앙은(禍) 만족할 줄 모르는 것(不知足)보다 더 큰 것은 없고(莫大於)," 44장의 名與身孰親(명여신숙친)의 연장선이다. 행복을 추구한다는 아리스토텔레스의 말은 틀렸다. 행복은 추구의 대상이 아니다. 행복을 추구한다는 자체는 신에게 갈구하여 얻어지는 인간을 전제로 한다. 동양의 전통사상에서 인간은 도를 갈고 닦아 내가 신이 되는 경지에 이르는 것이다. 즉 행복은 추구하는 대상이 아니라 내 자체가 행복의 주체이자 행복 자체가 존재이다. 행복 = 만족이다. 행복은 갈구하고 누군가 채워주는 것이 아니라 내가 자발적 능동적으로 이루는 것이다. 이 이유가 결정적으로 신학을 때려치운 이유다. 내 어린 시절에는 눈 뜨자마자 주여, 주시옵소서! 나는 매 순간 그 무언가 갈구하는 신과 계약적 노예 상태였다. 나는 죄인으로서 늘 갈구하고 회개하고 울고불고 달라고 떼쓰는 존재, 그리고 우연히 그것을 이루었을 때 이 모든 것을 이루게 해준 하나님께 감사하고, 내가 소유하고 있는 모든 것을 아낌없이 바치는 존재로 사고하고 행동하는 노예로 세뇌되었다. 노자의 도덕경은 내가 도를 닦고 깨달아 성인과 군자의 경지에 이를 수 있다고 가르친다. 살아가는 이유가 다른 패러다임의 전환이자 진정한 영생을 얻게 되었다. 내가 살아있다는 것은 내부에너지가 보전되어 열을 스스로 대사하는 것이다. 내가 죽음은 내부에너지가 스스로 열을 만들지 못하고 외부 온도에 의해 수소, 산소, 탄소로 흩어져 또 다른 생명을 탄생시키니 영생을 얻는 것이다. 나는 만족한다. 고로 나는 행복하다.

"허물은(咎) 더 얻으려 탐욕을 부리는 것(欲得)보다 더 큰 것은 없다(莫大於)." 얼마나 미련하게 허물을 쌓으며 살아온 지난한 인생인가?

제47장.
不出戶(불출호)
깨달음의 지혜

不出戶, 知天下; 不窺牖, 見天道. 其出彌遠, 其知彌少. 是以聖人不行而知, 不見而明, 不爲而成.

집 밖을 나가지 않아도(不出戶) 천하가 돌아가는 것을 안다(知天下). 들창을 열지 않아도(不窺牖) 하늘이 돌아가는 이치를 볼 수 있다(見天道). 그러기에(其) 나감이(出) 멀어지면 멀어질수록(彌遠), 그(其) 두루 앎이(知彌) 줄어들게 되는 것이다(少). 그러므로(是以) 성인은(聖人) 행하지 않아도(不行) 알 수 있고(而知), 불투명함에도(不見) 질서가 잡히니(而明), 다스리려 하지 않아도(不爲) 스스로 이루어지는 것이다(而成).

❖ **不出戶(불출호), 知天下(지천하), 不窺牖(불규유), 見天道(견천도).**
  집 밖을 나가지 않아도(不出戶) 천하가 돌아가는 것을 안다(知天下). 들창을 열지 않아도(不窺牖) 하늘이 돌아가는 이치를 볼 수 있다(見天道).

  戶(지게 호) - 집, 가옥, 지게, 지게문, 출입구, 방, 거처.
  窺(엿볼 규) - 엿보다, 훔쳐보다, 살펴보다, 꾀하다, 반걸음.
  牖(들창 유) - 들어서 여는 창, 깨우치다.

그리 어렵지 않은 장이다. 집 밖에 나가지 않아도 천하 돌아가는 경지에 있는 사람들은 사건, 현상, 본질이 돌아가는 도의 순환 원리를 꿰뚫고 있기에 가능하다. 지구의 자전 속도를 알고, 내가 살고 있는 위도와 경도를 알게 되면 계절의 흐름을 읽게 된다. 들창을 열지 않아도 바람의 냄새와 방향에 따라 절기를 예측한다. 열 길 물속을 아니 물길이 지나는 자리와 마르는 자리를 구분하니 농사에 적당한 자리와 무덤에 쓸 자리를 아는 것이다. 사람 쓴 마음을 꿰뚫으니 스쳐 지나가는 인연과 반대로 더불어, 함께 할 수 있는 인연을 구분할 줄 아는 것이다. 절기를 알기에 농사의 시작과 끝을 알 수 있고, 바람을 알기에 우기와 건기와 나가야 할 때와 들어서야 할 때를 저절로 알게 되는 것이다.

공부에 본격적으로 몰입하기 전 나는 세상을 돌아다니면서 사람과 사회를 그리고 세상을 부대끼며 온갖 잡일을 경험해 봤다. 내가 살아온 모습을 지켜본 지인들의 공통된 견해는 저놈은 오늘 죽어도 여한이 없는 인간이다. 천하고 귀한 일을 떠나 남들이 쉽게 경험할 수 없는 그야말로 다양한 경험을 해보았기 때문이다. 비즈니스 경제활동을 떠나 20대는 사회복지의 일원으로 청소년 관련 일을 했다. 시도 써보고, 노래도 부르고 어느 정도 작곡도 할 줄 안다. 오랜 시간 차를 마신 관계로 내가 그동안 마신 보이차를 돈으로 따지면 벤츠가 몇 대다. 그동안 마신 술값은 빌딩을 사고도 남는다. 어두운 곳, 밝은 곳, 좁은 곳, 넓은 곳을 경험하고 나서 가장 밑바닥으로 떨어졌다. 파산도 해보고 이혼도 해봤다. 경제활동이 커지면 커질수록 반대로 작고 좁아질수록 영향을 주고받는 것이, 가장 가까운 가족과 부모 형제 그리고 지인들이다. 나로 인하여 주변인들에게 피해 드린 상처가 너무 크다. 그러기에 그 이유가 나를 세상 밖으로가 아니라 내 안으로 밀어 넣은 결과일지도 모른다는 생각이 들었다.

파산 후 십 년 동안은 사람 만나는 것에 가장 두려움을 느꼈다. 지금은 어떻게 지내느냐는 질문을 받을 때는 뭐라 답변해야 할지 막막했었고, 늘 내가 계산하는 일이 당연했던 술값과 밥값을 이제는 계산할 능력을 상실하여 누군가에게 얻어먹는 것을 상상할 수도 없었기 때문이다. 계산대에 서서 누군가 내 밥값을 계산하는 것은 내게 죽음보다 더한 치욕이었다. 그러나 지금은 뻔뻔해져서 늘 고마워만 하고 있다. 최근 지인들도 나를 만나면 늘 자신들이 계산하는 게 관례가 되어버렸다. 어린 시절 친구들 모임에 나가 어떤 한 친구가 말하기를 자신들의 연봉이 1,000만 원도 안 되던 시절, 나랑 술 마시면 2~3달 월급을 술값으로 썼던 적도 있었다고 했다. 요즘은 내가 마시는 술은 오로지 장수 막걸리 3병이니 가성비가 친구들의 주머니 사정에도 불구하고 나쁘지 않다. 나는 요즘 세상 소식을 닫고 산다. 그게 정신건강에 이롭기 때문이다. 그러나

가끔 내가 있는 국회 근처로 찾아와 술을 사주는 지인들은 내년 총선의 결과와 향후 기후 문제, 그리고 우크라이나와 러시아 전쟁의 결말 같은 무겁고 어려운 주제를 묻는다. 국회도서관 안에 처박혀 책만 읽는 놈에게 하는 질문치고는 예사롭지 않으나, 나는 전문가 못지않게 어려운 질문에 잘도 떠든다. 장수막걸리 3병이면 말이다.

"집 밖을 나가지 않아도(不出戶) 천하가 돌아가는 것을 안다(知天下). 들창을 열지 않아도(不窺牖) 하늘이 돌아가는 이치를 볼 수 있다(見天道)."

❖ 其出彌遠(기출미원), 其知彌少(기지미소).
그러기에(其) 나감이(出) 멀어지면 멀어질수록(彌遠), 그(其) 두루 앎이(知彌) 줄어들게 되는 것이다(少).

彌(두루 미) - 두루, 널리, 더욱, 멀리, 갓난아이, 장식, 미륵.
遠(멀 원) - 멀다, 심오하다, 멀리하다, 소원하다, 내쫓다, 추방하다, 싫어하다.

난 어릴 적부터 집을 벗어나는 것을 좋아했다. 방학이면 시골 할머니에게 가는 것이 어린 나의 삶에서 가장 중요한 목적이었다. 경쟁이 있는 삶에서 자연의 삶으로 나를 던지는 것이다.
20대 초반에 〈내가 아이의 꿈을 갖고 있을 때〉라는 제목의 시를 썼었던 것으로 기억된다. 겨울이면 비료 포대기에 짚을 잔뜩 쑤셔 넣어 언덕길마다 썰매길로 만들어 놓으면 동네 아줌니들이 부지깽이를 들고나와 혼내면서 아궁이 재를 뿌렸던 기억, 길이란 길은 죄다 발뒤꿈치로 파내어 그곳에서 자치기, 구슬치기하던 기억, 모르고 쇠똥 밟으면 공부 잘한다는 소리에 눈 감고 가던 등굣길 풍경. 내 어린 시절부터 주변에서 하는 소리가 어린놈이 역마살이 껴 가만히 있지 못하고 싸돌아다니기 좋아하는 나를 흉보았다. 90년대 중반에는 경희대에서 국내 최초로 두레 연구로 박사학위를 받았던 주강현 박사와 민예총에서 눈이 맞아 전국으로 민속문화 답사 여행을 다니는 인연을 맺은 적도 있었다. 민속학에 관심이 많았던 그 시절 안동대 임재해 교수의 강의를 듣기 위해 9시간 동안 안동까지 직접 운전하여 다녔다. 비즈니스를 시작하고서부터는 아예 국내를 벗어나 외국에서 하는 사업에 발을 들여놓고서는 역마살의 절정을 찍었다. 그래서 하나뿐인 딸아이가 아빠와의 추억이 별로 없었다고 말할 때마다 가슴이 저며오기도 한다. 정말 그때 내 인생의 유일한 목표는 3천억이었다. 3천억을 벌어서 내 주변 사람들 잘살게 만들어 주고 사회복지 단체에 거액을 기부하고 나는 차 마시고 음악 들으며 평생을 부족함 없이 살겠다는 것이 내가 가진 유일한 목표였다. 목표를 이루기 위해 나가고 또 나가기를 돌아옴이 어려울 정도로 나가기만 했다. "그러기에(其) 나감이(出) 멀어지면 멀어질수록(彌遠)," 들어오는 길을 찾지 못했다. 나가는 법만 알았지 멈추거나 방향을 트는 법을 배우지 못했다. 아니, 왜 배워야 하는지 이유조차 몰랐다.

❖ **是以聖人不行而知**(시이성인불행이지), **不見而明**(불견이명), **不爲而成**(불위이성).
그러므로(是以) 성인은(聖人) 행하지 않아도(不行) 알 수 있고(而知), 불투명 함에도 (不見) 질서가 잡히니(而明), 다스리려 하지 않아도(不爲) 스스로 이루어지는 것이다 (而成).

예측은 정확한 관측과 측정을 통해 알 수 있다. 관측이 정확하지 못하면 측정도 예측도 불가하다. 나는 경제적 파산 이후 나를 다시 관측하고 측정했다. 한 번도 해본 적 없는 방식으로 지난날 누가(who) 언제(when), 어디서(where), 무엇을(what), 왜(why), 어떻게(how) 잘못되었는지를 꼼꼼히 따져 물었다. 그러나 좋은 질문은 무엇을 제대로 알아야 한다는 것을 이때 또 깨달았다. 무지와 직관은 좋은 질문을 방해한다. 성찰과 반성 시스템이 작동하는 것은 제대로 된 道를 알았을 때나 가능한 이야기다. 도서관에 가서 무지막지하게 책을 읽었다. 특히 과학 서적을 중점적으로 읽고 배워나갔다. 인문학과 철학은 답이 없는 학문이란 생각 때문이었다. 서양이 세계를 지배한 여러 이유 중 하나는 '=' 이라 강조한다. 수학과 과학에 '='이 없었다면 인문학과 철학과 마찬가지로 정확한 답을 줄 수가 없다. 누가? 새로운 이론이 언제? 새로울 때 어디서? 학계에서 무엇을? 기존 이론을 왜? 틀렸다며 어떻게? 깡그리 무시한다. 그러면서 파벌을 나누고 학파를 나누고 카르텔을 형성한다. 그리고 배타적이면 집단 이기적 이익단체가 되어간다. 그게 한국사에서 일제 식민사학의 계보를 이루는 강단사학자들 아닌가? 주장한다.

본인이 옳다고 기득 카르텔을 형성하여 소수의 근거와 설득력 있는 학설을 집단의 힘으로 죄악시하거나 악마시한다. 이게 내가 인문학과 철학을 싫어하는 이유다. 싫어하나 증오하거나 없어져야 한다는 주장은 아니다. 감정이 없는 이성은 그야말로 기계. 여기저기 주워들은 이야기를 종합해서 비슷한 답을 내놓는다고 해서 AI가 사람이고 진리인가? 나는 그것에 대해서는 가장 반대론자이다. 유튜브에서 도올 선생의 주역 강의를 듣다가 태양에너지가 핵융합을 통해 스스로 빛과 열을 만들고 태양은 일방적으로 베푼다는 말씀을 들었다. 인문학이 스스로 정의하는 인문학을 내가 부정하는 것이다. 자연과학 역시 인간이 규정한 진정한 道法自然의 도를 아는 참다운 인문학이다. 자연과학을 모르는 인문학은 절름발이 인간 관점의 인간학이다.

고로 성인은 참다운 앎을 추구하고 실행하는 속에서 꽃을 피우고 열매를 맺는 것이다. 그 열매는 누군가에게 밥이요, 유전자의 확장을 도와주는 번짐이다. 많은 인간은 1초 후의 나를 예측하지 않고 행동한다. 인간을 유심히 관찰하는 인간 동물학자로서 자기를 예측하며 사는 사람을 많이 보지 못했다. 자기 예측은 자기 관측, 즉 정교한 성찰과 반성 능력에서 도출된다.

"그러므로(是以) 성인은(聖人) 행하지 않아도(不行) 알 수 있고(而知)," 자신을 만물과의 관계를 통해 관측하고 예측하니 섬세하고 정교해지는 것이다. 자기 예측이 가능한 사람은 타인의 관점에서도 예측이 쉽다. 칸트는 오전 5시가 되면 산책을 즐겼다고 한다. 동네 사람들은 5시를 걸어 다니는 시계, 칸트 시간이라 했다고 한다. 지구가 맘대로 자전하고 맘대로 공전했다면 지구에 생명체가 번성할 수 없다. 성인은 성실함에서 중용이 된다고 자사는 말했다. 꾸준한 성실함은 타인이 나를 예측하고 신뢰하게 만들어 주는 제일 조건이다.
"불투명함에도(不見) 질서가 잡히니(而明), 다스리려 하지 않아도(不爲) 스스로 이루어지는 것이다(而成)."

돈은 좇는 것이 아님을 파산하고 깨달았다. 돈은 싫다고 해도 내게 와서 붙는 것이다. 요즘이야말로 딱 살 수 있을 만큼의 돈이 내게 붙는다.

제48장.
爲學日益(위학일익)
배움을 다스려라

爲學日益, 爲道日損. 損之又損, 以至於無爲. 無爲而無不爲. 取天下常以無事, 及其有事, 不足以取天下.

배움을 다스림은(爲學) 날마다(日) 유익해지는 것이고(益) 도를 다스린다 함은(爲道) 날마다(日) 덜어내는 것이다(損). 덜어내고 또 덜어내니(損之又損) 무위의 다스림이 없는(無爲) 경지에 이르게 되는 까닭이다(以至於). 무위로 다스리려 하지 않으니(無爲而) 다스려지지 않는 것도 없게 되는 것이다(無不爲). 천하를 취한다 함은(取天下) 항상(常) 일을 꾸미지 않음으로써(以無事), 급기야(及其) 일이 생기는 것이니(有事), 억지로 채우려 하지 않기에(不足以) 천하를 취할 수 있는 것이다(取天下).

❖ **爲學日益**(위학일익), **爲道日損**(위도일손). **損之又損**(손지우손), **以至於無爲**(이지어무위).
   배움을 다스림은(爲學) 날마다(日) 유익해지는 것이고(益) 도를 다스린다 함은(爲道) 날마다(日) 덜어내는 것이다(損). 덜어내고 또 덜어내니(損之又損) 무위의 다스림이 없는(無爲) 경지에 이르게 되는 까닭이다(以至於).

   益(더할 익) - 더하다, 이롭다, 유익하다, 돕다, 많다, 넉넉해지다, 이익.
   損(덜 손) - 덜다, 줄이다, 감소하다, 잃다, 손해를 보다, 해치다, 헐뜯다.

"爲學日益(위학일익), 爲道日損(위도일손) 배움은 날마다 얻는 것, 도는 날마다 잃는 것이다." 직역하게 되면 이러한 뜻이 된다. 노자의 깊은 뜻을 헤아리지 못하고 번역하게 되면 노자는 이랬다저랬다 하는 웃긴 사람이 되게 된다.

이는 지능(知能)과 지식(知識), 지성(知性)과 지혜(智慧)를 구분하지 않고 사용하는 대표적인 사례이다. '지능과 지식'은 개체의 생존 능력에는 도움이 되나 집단의 생존 능력과는 무관하다. 일본 다마대학교의 '다사카 히로시' 교수는 지능과 지식은 답이 있는 것을 빠르게 찾아내는 개인에 국한된 능력이라고 규정한다. 자신의 시험점수를 높이는 입시나 고시 공부에는 도움이 되지만 지구의 환경 문제, 우주 생성의 원리, 인류의 지속성 문제 같은 거시적이고 공동체의 운명 같은 것에는 아예 관심이 없기 때문이라고 한다. 앎이란 개체의 생존에 유리한 이기(利己)와 집단과 공동의 운명에 유리한 이타(利他)가 구별되기에 그렇다. 지성과 지혜는 이타심을 근간으로 한다. 내가 개인의 도덕심과 이타심을 중요시하고 강조하는 이유 역시 인류 공동체의 운명이 걸려 있는 문제이기 때문이다. 인류가 지금처럼 자원을 낭비하고 소비해서는 지구가 더 이상 인류를 품을 수 있는 한계점에 도달했다. **화석연료의 소비 증가 = CO_2 증가 = 급격한 지구 온난화 = 동식물의 대멸종 = 식량 부족 문제 = 전쟁과 기근 = 인류 절멸**이라는 공식이 성립하기 때문이다. 답이 있는 문제를 빨리 찾아내는 인지 지능만 높은 인간이 이 문제에 대해 답을 내놓을 수 있을까? 아마 관심도 없을 것이다. 그러니 일본이 후쿠시마 오염수를 방류한다고 해도 마셔도 괜찮다고 보수의 탈을 쓴 짐승들이 떠든다. 얼마 전 국민의 힘(암)의 몇몇 철부지들이 노량진수산시장을 방문하여 수족관에 있는 물을 손으로 떠 마시는 퍼포먼스를 보여주었다. 이를 지켜보고 있던 노량진시장 상인이 언론과 인터뷰에서 하는 말이 상황 자체가 너무나 황당했었다. "아니! 광어, 도미도 아니고 그 물을 왜 떠 마시고 있냐고? 그리고 후쿠시마 바닷물을 마셔야지 그 물은 인천 앞바다에서 떠 온 물이여! 도대체 광어, 도미가 똥 싸놓은 물을 왜 마시고 있냐고?" 해삼, 멍게보다도 못한 신경계를 가지고 있는 연체동물이 국민을 대표해서 국회에 앉아있는 한심한 나라이자 저런 말미잘을 국회에 보내는 시민의식도 문제다.

배움은 나를 드러내고 남을 속이는 행위가 아니다. 배움을 통해 이기적 생존본능에서 이타적인 집단지성으로의 협력심을 키워나가는 것이다. 더 배웠기에 나를 낮추고 더 배웠기에 남을 더 배려하고 더 배웠기에 남을 위해 희생할 줄 아는 것이다.

그래서 능력 중심주의와 그에 따른 응당한 차별을 주장하는 사람들의 억지는 틀렸다. 힘이 지배하는 침팬지 사회와 뭐가 다른가 말이다. 지성과 지혜가 아닌 지능과 지식을 강조하는 이기적인 개체들이 생존에 유리한 사회는 공정과 상식과 거리가 먼 차별과 몰상식이 지배하기에 더더욱 그렇다.

"배움을 다스림은(爲學) 날마다(日) 유익해지는 것이고(益) 도를 다스린다 함은(爲道) 날마다(日) 덜어내는 것이다(損). 덜어내고 또 덜어내니(損之又損) 무위의 다스림이 없는(無爲) 경지에 이르게 되는 까닭이다(以至於)." 광어, 도미, 해삼, 멍게에게 이런 말이 뭔 소용이 있겠는가?

- ❖ **無爲而無不爲(무위이무불위).**
  무위로 다스리려 하지 않으니(無爲而) 다스려지지 않는 것도 없어진다(無不爲).

  益(더할 익) - 더하다, 이롭다, 유익하다, 돕다, 많다, 넉넉해지다, 이익.
  損(덜 손) - 덜다, 줄이다, 감소하다, 잃다, 손해를 보다, 해치다, 헐뜯다.

"無爲而無不爲(무위이불위)." 정말 어려운 말이다. 그리고 이를 실천하기는 더더욱 어렵다. 나도 자식을 키우고 있지만 자식 교육을 노자의 가르침처럼 하라고 한다면 대한민국 사회에서 무책임한 부모라고 손가락질을 받을 것이다.

"무위로 다스리려 하지 않으니(無爲而) 다스려지지 않는 것이 없어진다(無不爲)."

무위(無爲)는 인위적으로 다스리려고 의도하지 않은 찰스 다윈의 자연선택설이라 설명했다. '만물을 다스리는 주체가 자연인가? 인간인가?'의 질문에 대한 답은 〈나는 자연인이다〉가 왜 시청률이 높을까 하는 질문에서 나온다. 이 프로그램에 출연하는 자연인은 인위적으로 다스리지 않아도 부러울 정도로 자연 속에서 잘살기 때문에 그렇다. 나는 나만의 교육철학이 무척 강한 편이다. 자녀 양육에 부모의 입김과 손길이 최소화하여야 한다고 주장했다. 입김이 강하면 강할수록 나하고 똑같아진다는 것이 내 철학이다. 나하고 똑같은 인생을 살아가는 자식을 원하는 부모는 없을 것이다. 그러기에 Let it Be!

❖ **取天下常以無事(취천하상이무사), 及其有事(급기유사), 不足以取天下(부족이취천하).**
천하를 취한다 함은(取天下) 항상(常) 일을 꾸미지 않음으로써(以無事), 급기야(及其) 일이 생기는 것이니(有事), 억지로 채우려 하지 않기에(不足以) 천하를 취할 수 있다(取天下).

세상은 의도하고 설계하는 순간 현실과 동떨어진다. 돈은 좇는 것이 아니다. 돈은 내가 거부를 해도 붙는 것이다. 공부는 계급장을 따려고 하는 행위가 아니다. 진정한 공부는 내가 성인, 군자의 경지를 이루기 위함이다. 성공은 노력해서 되는 것이 아니며, 진정한 성공은 내가 만족하는 삶이다. 오늘 죽어도 여한(餘恨)이 없으면 된다. 만일 여한이 많을 것 같으면 자신을 한번 되돌아보라는 신호이다. 고혈압과 당뇨는 질병이 아닌 증상이다. 이러한 증상은 몸에 항상성의 불균형이 생겼으니 먹는 것, 싸는 것, 처한 상황, 불안 요소, 스트레스 같은 내재적, 외재적 요인들을 점검하고 습관을 고치라는 신호를 보내는 것이다.

마찬가지로 삶의 질에 대한 증상을 점검하는 방법이 오늘 죽어도 여한(餘恨)의 여부(與否)이다. 죽음이 두려운 것은 현실의 내 삶이 만족스럽지 않기 때문이다. 노자가 줄곧 가르치고자 하는 핵심은 쌓으려면 부숴야 하는 것이고, 채우려면 비워야 하는 것이고, 오르고자 하면 추락하는 것을 허락하는 것이다.

그러기에 내 삶의 목표는 죽음을 두려워하지 않는 삶이다. 그게 영생(永生)을 얻는 길(道)임을 진작에 깨달았다(德).

"천하를 취한다 함은(取天下) 늘(常) 일을 꾸미지 않음으로써(以無事), 급기야(及其) 일이 생기는 것이니(有事), 억지로 채우려 하지 않기에(不足以) 천하를 취할 수 있다(取天下)."

제49장.
聖人無常心(성인무상심)
미우나 고우나 품는 성인의 경지

聖人無常心, 以百姓心爲心. 善者, 吾善之; 不善者, 吾亦善之, 德善. 信者, 吾信之; 不信者吾亦信之, 德信. 聖人在天下歙歙[焉], 爲天下渾其心. [百姓皆注其耳目焉], 聖人皆孩之.

성인은(聖人) 늘 고정된 마음을 버리고(無常心), 백성의 마음으로써(以百姓心) 그 마음을 다스려야 한다(爲心). 선한 자를(善者) 내가(吾) 선하게 대하고(善之), 불선자를(不善者) 내가 역시(吾亦) 선하게 대하니(善之) 덕이 선함이다(德善). 진실한 자를(信者) 내가 진실하게 대하고(吾信之), 불신자를(不信者) 내가 역시(吾亦) 진실하게 대하니(信之), 덕이 진실함이다(德信). 성인은(聖人) 천하에 거하면서(在天下) 온갖 것들 다 거두어들이노니(歙歙[焉]), 천하를 다스림에(爲天下) 모든 마음을 하나로 혼합한다(渾其心). [만백성들이 이목을 집중하노니(百姓皆注其耳目焉)], 성인은(聖人) 백성들을 모두(皆) 아이와 같이 어르는 도다(孩之).

❖ **聖人無常心(성인무상심), 以百姓心爲心(이백성심위심).**
 성인은(聖人) 늘 고정된 마음을 버리고(無常心), 백성의 마음으로써(以百姓心) 그 마음을 다스려야 한다(爲心).

    정치를 하는 사람이라면 반드시 지켜야 할 것이 있다. 철학은 확고하되 똥고집을 부려서는 안 된다. 카이스트 뇌과학자 정재승 교수는 성공한 사람들이 의사 결정을 내릴 때의 공통점을 1. 심사숙고 2. 유연성을 꼽는다. 결정을 내리는 과정에는 신중에 신중을 기하나, 결정을 내리고부터는 주변의 말을 경청하면서 유연성을 잃지 않는다는 것이다.
그러므로 이 두 가지가 결여된 인간은 사업이나 정치를 절대로 못 하게 막아야 한다. 그 이유는 이와 반대되는 공통점을 보면 금방 알 수 있다.
1. 즉흥적이다. 2. 한번 결정을 내리면 똥고집과 아집으로 불변한다. 불도저!

권력을 가진 자가 쓸데없는 고집과 신념만 강하게 되면 20세기 최악의 대학살자 중공의 마오쩌둥과 캄보디아의 폴 포트 같은 인간 도살자들이 생긴다. 이에 대해서는 23장 希言自然(희언자연)에 자세히 설명해 놓았다. 인면수심을 하고 떠들어대는 '인민을 위하여, 국민을 위하여' 같은 정치인의 뻔한 거짓말에 놀아나지 말아야 한다. 특히 절대다수를 차지하는 국민의 의견을 묵살하고 자신의 이익과 신념 그리고 주관에 움직이는 놈들은 반드시 그 대가를 치르게 만들어야 한다. 국민감정을 묵살하고 제 맘대로 진행하는 윤석열과 그를 따르는 참모들은 후쿠시마 원전 오염수 방류에 찬동한 것에 대한 책임을 반드시 물어야 한다.
"성인은(聖人) 늘 고정된 마음을 버리고(無常心), 백성의 마음으로써(以百姓心) 그 마음을 다스려야 한다(爲心)." 나는 노자의 가르침을 따라 충고하는 것이다.

❖ 善者(선자), 吾善之(오선지); 不善者(불선자), 吾亦善之(오역선지), 德善(덕선).
선한 자를(善者) 내가(吾) 선하게 대하고(善之), 불선자를(不善者) 내가 역시(吾亦) 선하게 대하니(善之) 덕이 선함이다(德善).

도덕경 5장에서 노자는 "天地不仁(천지불인), 聖人不仁(성인불인). 천지와 성인은 감정이 없다"고 하였다. 감정은 표출하지 않으면 모른다. 천지가 진동하고 번개가 치고 폭풍우가 쏟아지니 의인화하여 인간은 하늘이 노했다고 표현한다. 인간의 감정은 표현되는 순간부터 누군가에 호불호(好不好)가 생기고 쾌불쾌(快不快)가 생겨난다. 다스리는 정치는 정치의 주체가 되는 자연이든 사람이든 감정은 표출의 대상이 아닌 담아야 하는 물과 같은 것이다. 대통령이란 자리는 감정을 드러내는 자리가 아니다. 도덕이 없는 인간들이 정치를 하게 되니 만백성이 피고름이 나고 곡소리가 끊기질 않게 되는 것이다. 노자가 살던 춘추전국시대에는 더하면 더 했지 못하지 않았다. 주나라의 왕조가 장악했던 중앙집권 세력이 약화 되자마자 봉건 제후국들이 서로의 패권(覇權)을 쟁취하기 위해 제후들 간의 세력 다툼이 격화되고 세력을 멸망시키지 않는다는 금기가 깨지면서 강한 힘만이 세상을 제패하는 정도가 되었다. 전쟁이 끊이질 않고 사람 목숨이 파리 목숨이니 도덕의 가치는 굴러다니는 짚으로 만든 개와 같은 추구(芻狗)와 같은 시기였다.

정치를 통해 백성을 다스리는 군주가 가져야 할 덕성은 "선한 자를(善者) 내가(吾) 선하게 대하고(善之), 불선자를(不善者) 내가 역시(吾亦) 선하게 대하니(善之) 덕이 선함이다(德善)." 백성을 가름 없이 선하게 대하니 덕선(德善)이 되는 것이다. "진실한 자를(信者) 내가 진실하게 대하고(吾信之), 불신자를(不信者) 내가 역시(吾亦) 진실하게 대하니(信之), 덕이 진실함이다(德信)." 다스리는 자는 백성을 가름 없이 대하니 덕신(德信)의 가치를 세우는 것이다.

❖ **信者(신자), 吾信之(오신지); 不信者吾亦信之(불신자오역신지), 德信(덕신).**
진실한 자를(信者) 내가 진실하게 대하고(吾信之), 불신자를(不信者) 내가 역시(吾亦) 진실하게 대하니(信之), 덕이 진실함이다(德信).

❖ **聖人在天下歙歙[焉](성인재천하흡흡[언]), 爲天下渾其心(위천하혼기심).**
성인은(聖人) 천하에 거하면서(在天下) 온갖 것들 다 거두어들이노니(歙歙[焉]), 천하를 다스림에(爲天下) 모든 마음을 하나로 혼합한다(渾其心).

歙(들이쉴 흡) - 들이쉬다, 줄이다, 움츠리다, 거두다, 줄어들다, 하품하다, 맞다.
渾(흐릴 혼) - 흐리다, 혼탁하다, 뒤섞이다, 혼합하다, 멍청하다, 온전하다, 질박함.

이 구절을 해석하기 쉽지 않았다. 제일 중요한 것은 이 장의 해석뿐 아니라 이를 언급한 모든 장과의 연결성이다. 여기서는 겨우 모면하여 간신히 해석을 갖다 붙였지만, 전문가들은 전체 장의 일관성 있는 호흡을 읽는다. 天下歙歙爲天下渾其心(천하흡흡천하혼기심)라는 구절의 천하를 '歙歙(흡흡)'하여 천하를 다스리는 것이 渾其心(혼기심) 한다. 내가 이렇게 고심하는 구절은 다른 분들도 해석에 애를 먹었다는 증거다. 위에 해석하신 학자들 말고도 다른 분들의 해석을 보니 천차만별(千差萬別)이다. 이럴 때는 다른 분들의 해석을 노트에 다 적어본다. 그리고 공통점을 찾는다. 들이쉴 '흡(歙)'은 하품할 때 불가항력으로 공기를 들이마실 때를 연상시킨다. '흡흡(歙歙)'한다는 것은 진공청소기처럼 쭉쭉 빨아들인다는 의미로 해석했다. 爲天下渾其心(위천하혼기심) 한다. 천하를 다스림은 세상 만물을 진공청소기처럼 빨아들여 흩어진 백성의 마음을 가져다 믹서기에 가는 것이다.

노자는 48장에서 "무위로 다스리려 하지 않으니(無爲而) 다스려지지 않는 것도 없어진다(無不爲)." 다스리려 하지 않기에 다스려진다고 했다. 고정되지 않은 마음을 갖고, 편협하지 않고 유연하니 다스려지지 않는 것이 없다. 바이든을 '날리면'이라 했다며, 되지도 않는 소리로 국민을 갈라치기 하고 바른말 하는 언론에 재갈을 물려 분열을 부추기는 윤석열은 백성을 다스리는 대통령 자격이 없다. 반성하지 않는 인간은 사람이라 할 수 없다. 道와 德이란 미안해하는 마음이다. 수오지심(羞惡之心)이 없는 인간은 털 없는 침팬지에 불과하다. 인간의 조건은 반성하고 미안해하고 부끄러워할 줄 아는 것을 전제로 한다. 맹자는 수치심을 인간의 근본 조건이라 하였다. 그러기에 침팬지와 다르게 사람이라 하는 것이다. 나라를 다스리는 참다운 군주는 백성을 지배하려 들지 않아도 백성들이 자발적으로 존경심을 표하고 친근감을 표하는 것이다. 인위적이고 작위적이고 악의적으로 발악하여 백성들의 마음을 다잡을 수 없다고 노자는 가르친다.

"성인은(聖人) 천하에 거하면서(在天下) 온갖 것들 다 거두어들이노니(歙歙[焉]), 천하를 다스림에(爲天下) 모든 마음을 하나로 혼합한다(渾其心)."

❖ **[百姓皆注其耳目焉](백성개주기이목언), 聖人皆孩之(성인개해지).**

[만백성들이 이목을 집중하노니(百姓皆注其耳目焉)], 성인은(聖人) 백성들을 모두(皆) 아이와 같이 이르는도다(孩之).

注(부을 주) - 붓다, 대다, 두다, 흐르다, 소통하다, 모으다, 내리다, 치다, 흐름.
孩(어린아이 해) - 어린아이, 어리다, 달래다, 어르다, 사랑하다, 웃다.

"[만백성들이 이목을 집중하노니(百姓皆注其耳目焉)], 성인은(聖人) 백성들을 모두(皆) 아이와 같이 어르는 도다(孩之)." 백성들이 '선(善)'하고 '신(信)'함을 떠나 성인은 백성들을 차별하지 않고, 덕(德)의 소양으로 '덕선(德善)'하고, '덕신(德信)'하니 만백성의 귀추와 이목이 저절로 쏠리게 되는 법이다. 그것이 노자가 강조하는 자연이 다스리는 이치인 도법자연(道法自然)이자, 다스리려 하지 않아도(無爲), 다스려지지 않는 것이 없는 무불위(無不爲) 하는 성인의 정치가 저절로 이루어지는 이치이다.
만국의 공통법은 상대의 의사에 반하여 강압적 또는 강제적으로 행하는 행위를 엄격하게 규제, 엄벌한다. 이는 통치자의 통치 행위에도 적용되는 것이다.

대한민국의 헌법 제1조 ① 대한민국은 민주공화국이다. ② 대한민국의 주권은 국민에게 있고, 모든 권력은 국민으로부터 나온다.
마찬가지로 대의민주주의 아래에서 준법을 생명처럼 여기는 통치자가 국민의 의사에 반하여 강제로 거행한다면, 그 말로는 자신이 직접 감옥에 보낸 전직 대통령들의 운명과 다르지 않을 것이다. 사람은 고쳐 쓸 수 없다는 말은 만고의 진리이다.

제50장.
出生入死(출생입사)
소풍 끝내는 날, 가서, 아름다웠더라고 말하리라…

出生入死. 生之徒十有三. 死之徒十有三. 人之生, 動之於死地, 亦十有三. 夫何故? 以其生生之厚. 蓋聞善攝生者, 陸行不遇兕虎, 入軍不被甲兵. 兕無所投其角, 虎無所用其爪, 兵無所容其刃. 夫何故? 以其無死地.

태어나 살다가(出生) 죽음으로 들어가는 것이다(入死). 삶의(生之) 무리가(徒) 열 중 셋이 있고(十有三), 죽음의 무리가(死之徒) 열 중 셋이 있다(十有三). 인간이 살면서(人之生) 죽음의 땅으로(死地) 끌려가는 것 또한(亦) 열에 셋이 있다(十有三). 어찌 그러한가(夫何故) 그 이유는(以其) 삶에 대한 애착이(生生之) 두텁기 때문이다(厚). 대체로 들리기에(蓋聞) 삶을 잘 다스리는(善攝生) 사람은(者), 음습한 길을 다녀도(陸行) 코뿔소와 호랑이를(兕虎) 만나지 않고(不遇), 입대를 하여도(入軍) 갑옷을(甲兵) 입지 않는다(不被). 코뿔소는(兕) 그 뿔을 들이 박을(投其角) 곳이 없고(無所), 호랑이는(虎) 그 발톱을 할퀼(用其爪) 곳이 없고(無所), 병사는(兵) 그 칼날을 휘두를(容其刃) 곳이 없다(無所). 어찌 그러한가(夫何故)? 그 이유는(以其) 죽음의 땅이 허락하지 않기 때문이다(無死地).

❖ **出生入死(출생입사). 生之徒十有三**(생지도십유삼). **死之徒十有三**(사지도십유삼).
  인생이란 태어나 살다(出生) 죽음으로 들어간다(入死). 삶으로 향하는(生之) 무리가(徒) 열 중 셋이 있고(十有三), 죽음으로 향하는 무리가(死之徒) 열 중 셋이 있다(十有三).

인생(人生)은 삶과 죽음(生死)을 처음으로 경험해 보는 것이다. 세상에 태어나는 것도 한 번이고, 죽는 것도 딱 한 번이다. 어미의 자궁에서 나와서 여행을 마치고 흙으로 되돌아 들어가기에 삶을 긴 여정이라고 한다. 여정은 사람 한 사람마다 다르다. 다르기에 다양하다. 제 수명을 다하고자 살아갈 날이 많은 무리가 3분의 1이요, 제 수명을 다하여 죽어갈 날이 가까운 무리가 3분의 1이다.

"인생이란 태어나 살다(出生) 죽음으로 들어간다(入死). 삶으로 향하는(生之) 무리가(徒) 열 중 셋이 있고(十有三), 죽음으로 향하는 무리가(死之徒) 열 중 셋이 있다(十有三)."

❖ **人之生**(인지생), **動之於死地**(동지어사지), **亦十有三**(역십유삼). **夫何故**(부하고)?
인간이 살다가(人之生) 죽음의 땅으로(死地) 끌려가는 것 또한(亦) 열에 셋이 있다(十有三). 어찌 그러한가(夫何故)?

나머지 3분의 1은 삶에 집착하여 살려고 아등바등 발버둥을 치지만 제 명을 다하지 못하고 죽음의 땅인 사지(死地)로 끌려가는 사람이 있다. 그러나 억울한 누명으로 고문을 당해 인생을 아프게 살아야만 했던 사람도 있다. 그러나 정적 자신은 행복한 삶을 살다 간 사람이라고 말하는 내가 존경하는 천상(天上) 같은 천상병(1930~1993) 시인은 삶을 소풍이라 비유했다.

1930년 일본에서 태어난 시인은 1954년, 서울대학교 상과대학 경제학과 4학년 1학기 때 중퇴하였다. 이후 1956년,《현대문학》지에 집필하였다. 외국 서적을 몇 권 번역하기도 하였다. 1964년에는 김현옥 당시 부산직할시장의 공보실장으로 재직하였는데 이것이 천상병의 생애에 월급쟁이로 직장생활을 한 유일한 이력이었다. 그러나 자유로운 성향으로 이리저리 돌아다니기를 좋아했던 천상병은 그마저도 2년 만에 그만두게 된다. 1967년, 천상병은 독일 동베를린 공작단 사건, 일명 동백림 사건에 연루되어서 6개월간 옥고를 치르게 되었는데 이 사건은 천상병의 삶을 송두리째 망가뜨리고 말았다. 천상병의 술친구 중 한 사람이 서독에 유학하던 시절, 동독을 드나들던 일이 있었는데 술자리에서 그 사실을 자랑삼아 천상병에게 말해주곤 했다. 그런 친구가 동백림 사건에 연루되자 천상병 또한 술자리에서 그 사실을 전해 듣고도 신고하지 않았다는 죄로 굴비처럼 엮여 들어가고 말았다. 특히나 천상병은 평소 친구들에게 푼돈을 뜯어 막걸리를 마시곤 했는데, 검사는 이를 간첩 노릇을 하면서 받은 공작금이라고 주장했다고 한다. 동백림 사건 항목에도 나와 있지만, 1967년 6.8 부정 총선 규탄 시위를 잠재우기 위해 정치적으로 계획된 간첩 조작 사건 중 하나였다. 황당하게도 당시 천상병에게 술자리에서 자신이 동독에 넘나든 것을 자랑하던 친구는 별 탈 없이 무사히 풀려났다고 한다. 결국 천상병은 선고 유예로 석방되었지만 졸지에 간첩으로 몰려 전기 고문을 당하는 바람에 심신이 크게 병들었다. 고문의 여파로 인해 체중이 40kg까지 줄었고 성 기능을 잃어 아이를 가질 수 없게 되었으며, 치아가 대부분 빠져버렸고 말을 더듬는 버릇까지 생겼다. 신체도 망가졌지만, 정신적인 충격도 커서 한동안 정신착란에 가까운 증세를 보여 주변 사람들을 놀라게 했다. 1970년, 절친했던 친구이자 동료 시인이었던 김관식이 사망하자 그를 추모하기 위해 〈김관식의 입관〉을 발표했다. 이 시기에 천상병은 유독 죽음을 소재로 하는 시를 많이 발표했는데, 동백림사건 당시에 받았던 정신적인 충격이 원인이 되었을 것이라 여겨진다. 그해 가을에 발표한 〈소릉조〉에 따르면, 그는 여비가 없어 추석에도 부모가 묻힌 산소에 성묘하지도 못하고 형제들을 만나지도 못하는 등 경제적으로도 매우 불우한 처지에 있었다. 1971년, 천상병은 행려 불자, 무연고자로 오해받아 '서울시립정신병원'에 수용되었다. 정신이 온전치 못했던 천상병은 무작정 자전거를 잡아타려다가 마침 그 근처에 있었던 자전거 주인에게 붙잡혀 절도죄로 성북경찰서에 끌려갔다. 그런데 그곳의 경찰들은 고문 후유증과 음주 및 영양실조로 꼴이 말이 아니었던 천상병을 그대로 택시에 태워 정신병원으로 보내버렸다고 한다. 이렇게 어처구니없는 일로 천상병이 실종되어 버리자, 동료 시인들은 그가 거리를 떠돌다 객사한 것으로 오해하고 그 해에 천상병의 작품들을 모아 유고 시집인 《새》를 출판하기도 하였다. 이렇게 하여 천상병은 살아생전에 유고 시집이 출간되는 진기록을 세웠다. 책이 출간되어 나온 지 얼마 되지 않아서 천상병이 정신병원에 수용되어 있다는 사실이 알려져 그의 생존이 확인되었다. 천상병의 친구의 여동생이었던 목순옥(1935~2010) 여사는 수년간 천상병 시인의 간병인 노릇을 하였다. 그것이 계기가 되어 1972년 결혼하였다. 그리고 김동리 선생이 주례로 결혼하였다. 천상병 시인은 아내 목순옥 여사의 지극한 보살핌을 받으며 동거하게 되면서 그의 오랜 방랑 생활도 끝을 맺을 수 있었다. (출처: 나무위키)

내가 막걸리만 마시게 된 연유도 천상병 시인을 흉내 내서다.

歸天(귀천)

나 하늘로 돌아가리라.
새벽빛 와 닿으면 스러지는
이슬 더불어 손에 손을 잡고,

나 하늘로 돌아가리라.
노을빛 함께 단둘이서
기슭에서 놀다가 구름 손짓하면은,

나 하늘로 돌아가리라.
아름다운 이 세상 소풍 끝내는 날,
가서, 아름다웠더라고 말하리라…

❖ **以其生生之厚(이기생생지후). 蓋聞善攝生者(개문선섭생자), 陸行不遇兕虎(육행불우시호), 入軍不被甲兵(입군불피갑병).**
  그 이유는(以其) 삶에 대한 애착이(生生之) 두텁기 때문이다(厚). 대체로 들리기에(蓋聞) 삶을 잘 다스리는(善攝生) 사람은(者), 음슴한 길을 다녀도(陸行) 코뿔소와 호랑이를(兕虎) 만나지 않고(不遇), 군에 입대를 하여도(入軍) 갑옷을(甲兵) 입지 않는다(不被).

厚(두터울 후) - 두텁다, 후하다, 두껍다, 짙다, 진하다, 지극하다, 친하다, 우대하다.
蓋(덮을 개/합) - 덮다, 덮어씌우다, 숭상하다, 뚜껑, 덮개, 하늘, 모두.
攝(다스릴 섭) - 다스리다, 거느리다, 가지다, 걷다, 돕다, 겸하다, 성내다, 당기다, 편안하다.
陸(뭍 육) - 뭍, 육지, 땅, 언덕, 길, 두텁다, 어긋나다.
行(다닐 행/항) - 다니다, 가다, 행하다, 하다.
遇(만날 우) - 만나다, 조우하다, 대접하다, 예우하다, 성교하다, 막다, 우연히, 예우.
兕(외뿔소 시) - 외뿔소, 무소의 암컷.
虎(범 호) - 범, 호랑이, 용맹스럽다.

"어찌 그러한가(夫何故)? 그 이유는(以其) 삶에 대한 애착이(生生之) 두텁기 때문이다(厚)."

내가 하나밖에 없는 외동딸에게 일찌감치 전해준 말이 있다. 인간이 가지지 말아야 할 두 가지에 대해서다. 바로 미련(未練)과 집착(執着)이다. 인간의 모든 재앙(禍)의 근원은 버리지 못하고 끊어내지 못해서 생기는 병이다. 살아갈 날이 얼마 남지 않았는데 삶에 대한 집착보다는 어떻게 죽을 것인가에 대한 고민이 우선이라 생각한다.

나는 작년에 부친이 췌장암으로 돌아가셨다. 삶에 대한 집착이 굉장히 강하신 분이었는데 황달로 온몸이 노래지시더니 췌장암 말기 판정을 받았다. 20번의 항암치료를 견뎌내시고 회복되는 듯하더니 다시 재발하여 항암치료 중에 돌아가셨다. 나는 부친께 그나마 여생을 드시고 싶은 것, 보고 싶은 것, 만나고 싶은 것, 가고 싶은 곳을 가보시고 여생을 마무리하시라 권했지만 결국은 못 먹고, 못 가보고, 병상에서 돌아가셨다. 코로나로 면회도 안 되었다. 죽은 자는 말이 없다. 오로지 남은 자의 슬픔이다. 나는 이별 연습을 권한다. 태어나는 건 순서가 있지만 가는 것은 순서가 없다고 말한다. 죽음은 공포와 불안의 대상이 되기에 죽음에 대해 말만 꺼내도 분위기가 싸해진다. 죽음을 연습하고 대비하는 문화가 우리 사회에서도 이루어져야 한다. 그리고 안락사가 법적으로 허용되어야 한다. 살아남은 자에게 주는 부담이 너무 크다.

- ❖ **兕無所投其角(시무소투기각), 虎無所用其爪(호무소용기조), 兵無所容其刃(병무소용기인).**

  코뿔소는(兕) 그 뿔을 들이 박을(投其角) 곳이 없고(無所), 호랑이는(虎) 그 발톱을 할퀼(用其爪) 곳이 없고(無所), 병사는(兵) 그 칼날을 휘두를(容其刃) 곳이 없다(無所).

  投(덜질 투/두) - 던지다, 뛰어들다, 가담하다, 편이 되다, 합치다, 의지하다, 멈추다.
  角(뿔 각) - 뿔, 곤충의 촉각, 모, 구석, 모퉁이, 각도, 총각, 상투, 짐승.
  爪(손톱 조) - 손톱, 갈퀴, 메뚜기, 긁다, 자르다, 움켜잡다, 돕고 지키다.
  刃(칼날 인) - 칼날, 칼, 병기의 총칭, 미늘, 길, 베다, 칼질하다.

"대체로 들리기에(蓋聞) 삶을 잘 다스리는(善攝生) 사람은(者), 음습한 길을 다녀도(陸行) 코뿔소와 호랑이를(兕虎) 만나지 않고(不遇), 군에 입대를 하여도(入軍) 갑옷을(甲兵) 입지 않는다(不被). 코뿔소는(兕) 그 뿔을 들이 박을(投其角) 곳이 없고(無所), 호랑이는(虎) 그 발톱을 할퀼(用其爪) 곳이 없고(無所), 병사는(兵) 그 칼날을 휘두를(容其刃) 곳이 없다(無所)."
삶을 잘 다스리는(善攝生) 사람은(者), 어떤 사람일까?

노자는 19장에서 "見素抱樸(견소포박), 少私寡欲(소사과욕). 넓은 세상 볼 줄 알고(見素), 작은 풀잎 사랑할 줄 아는 것(抱樸), 사사로운 감정을 통제하고(少私), 탐욕스럽지 아니한다(寡欲)." 할 줄 아는 사람이라고 했다. 흐름대로 사는 것이다. 도의 흐름에 따라 순리(順理)대로 살아가는 사람이다.

나는 내게 딱 필요한 만큼 돈이 붙어주어서 매일 국회도서관에서 책을 읽고, 글을 쓴다. 미련도 집착도 근심도 우환도 없다. 당연히 스트레스도 없다. 오늘은 비가 내리니 일찍 마치고 막걸리 한잔하러 가야겠다.

❖ 夫何故(부하고)? 以其無死地(이기무사지).

어찌 그러한가(夫何故)? 그 이유는(以其) 죽음의 땅을 허락하지 않기 때문이다(無死地).

내가 천상병 시인의 시를 좋아한 까닭이 읽기 쉽지만 시 한마디 한마디가 심장을 파고들었기에 그렇다. 나도 시를 쓰는 시인이지만 사람을 감동하게 만들 수 있는 정도의 내공은 없다. 억울한 누명으로 고문의 후유증으로 평생을 심신의 고통 속에 살았지만, 세상 가장 행복한 표정을 짓는 시인의 모습은 내게 깊은 감동을 주었다. "나 하늘로 돌아가리라. 아름다운 이 세상 소풍 끝내는 날, 가서, 아름다웠더라고 말하리라…."
그러기에 죽음은 슬픔과 고통이 아닌 또 다른 아름다움이자 소풍이 끝나는 날이다.

끝났다. 정리하고 막걸리 마시러 가자!

제51장.

道生之(도생지)

도의 작용으로 생성된 우연과 필연의 하모니

道生之, 德畜之, 物形之, 勢成之. 是以萬物莫不尊道而貴德. 道之尊, 德之貴, 夫莫之命而常自然. 故道生之, 德畜之; 長之, 育之,亭之, 毒之, 養之, 覆之. 生而不有, 爲而不恃, 長而不宰. 是謂玄德.

도는 만물을 낳고(道生之), 덕은 만물을 양육하니(德畜之), 만물이 형체를 드러내고(物形之), 만물이 형세를 완성하게 한다(勢成之). 이런 까닭에(是以) 만물은(萬物) 도를 높이고(尊道而) 덕을 귀하게 여기지(貴德) 않으면 안된다(莫不). 도의 존귀함(道之尊)과 덕의 고귀함(德之貴)은 대저(夫) 명령하지 않아도(莫之命而) 항상 스스로 그러한 것이다(常自然). 그러므로(故) 도는 만물을 낳고(道生之), 덕은 만물을 양육한다는 것은(德畜之); 자라게 하고(長之) 길러주고(育之), 머무르게 하고(亭之) 고통을 주며(毒之), 먹여주기도(養之) 엎어지게도 한다(覆之). 낳으나(生而) 소유하지 않고(不有), 다스리나(爲而) 통제하지 않으며(不恃), 자라게 하나(長而) 주재하지 않는다(不宰). 이를 일러(是謂) 심오한 덕이라 한다(玄德).

❖ **道生之(도생지), 德畜之(덕휵지), 物形之(물형지), 勢成之(세성지).**

도는 만물을 낳고(道生之), 덕은 만물을 기르니(德畜之), 만물이 형체를 드러내게 하고(物形之), 만물이 형세를 완성하게 한다(勢成之).

畜(기를 휵/축) - 기르다, 양육하다, 먹이다, 비축하다, 짐승, 가축, 비축, 쌓다.
勢(형세 세) - 형세, 권세, 기세, 기회, 동향, 시기, 불알, 고환, 언저리.

제51장은 道(도)와 德(덕)이 만나 常道(상도)의 用(용)이 되어 '玄德(현덕)'이

베풀어짐이다. 현대 우주론은 만물의 시작점은 우주대폭발을 거쳐 도를 탄생시켰다. 道는 억겁의 시공간을 통해 만물의 씨앗이 되는 주기율표에 있는 원소를 낳았다. 이 원소들이 서로 만나 만물이 형체를 드러내고, 만물이 형세를 완성하게 되는 것이다.

윤재근 한양대 명예교수는 "道는 德의 本이고, 德은 道의 用임을 깨우치는 章"이라 했다. 유도(由道), 즉 상도(常道)로 말미암아[由] 만물이 새기고, 유덕(由德), 즉 상덕(常德)으로 말미암아[由] 만물이 살아간다.

"도는 만물을 낳고(道生之), 덕은 만물을 기르니(德畜之), 만물이 형체를 드러내게 하고(物形之), 만물이 형세를 완성하게 한다(勢成之)."
자연(自然)은 스스로 그러한 도의 작용으로 생성된 우연과 필연의 하모니이다.

- ❖ **是以萬物莫不尊道而貴德**(시이만물막부존도이귀덕).
    도는 만물을 낳고(道生之), 덕은 만물을 기르니(德畜之), 만물이 형체를 드러내게 하고(物形之), 만물이 형세를 완성하게 한다(勢成之).

    尊(높을 존) - 높다, 높이다, 공경하다, 우러러보다, 중히 여기다, 소중히 생각하다.
    貴(귀할 귀) - 귀하다, 지위가 높다, 중요하다, 귀중하다.

    이렇게 생성된 만물은 자신을 낳아준 아버지인 道와 어머니인 德을 尊貴(존귀)하게 여긴다. 尊은 높이다, 공경하고, 우러러보고, 소중히 여기는 것이다. 그래서 謙遜(겸손)은 낮춘다는 의미가 아니라 높이 推仰(추앙)하는 尊의 의미이다. 道는 尊하고 恒(항)하고 常(상)하므로 우리를 떠나지 않는 것이다. 德은 어머니인 玄牝(현빈)한 존재로서 만물을 키우고 養育(양육)하니 貴한 존재이다. 貴는 넓고, 소중하고, 빼어나고, 고귀한 존재로서 항상 우리를 감싼다.

- ❖ **道之尊**(도지존), **德之貴**(덕지귀), **夫莫之命而常自然**(부막지명이상자연).
    道之尊(도지존), 德之貴(덕지귀), 夫莫之命而常自然(부막지명이상자연).

도와 덕은 서양의 moral과는 차원이 다른 개념이다. 서양의 moral이 인간이 지켜야 할 바람직한 행동규범으로서의 윤리적 개념이라면 노자가 강조하는 도덕은 그 자체가 神(신)이다. 自然 = 萬物 = 道德 = 父母 = 神(聖人) = 人間 = 天地人 사상이다. 인간은 自然(자연)이 만들어 낸 피조물로써 道德(도덕)인 父母(부모)를 통해 人間(인간)이 되고 그 인간이 스스로 神(성인)의 경지(境地)에 이르는 것이 바로 天地人(천지인)이 하나(一)가 되는 것이다.

앞서 나오는 장의 39장에서는 "예로부터(昔之) 하나를 얻어 충족되는 것들이 있는데(得一者)" 하나(一)를 얻어 완성되는 것들에 대해 예로부터 내려오는 중요성을 말하고 있다. 42장에서 "道生一, 一生二, 二生三, 三生萬物. 도는 하나를 낳고(道生一), 하나는 둘을 낳고(一生二), 둘은 셋을 낳으니(二生三), 셋은 만물을 낳는다(三生萬物)." 도의 생성에 대해 말하였다.
"도의 존귀함(道之尊)과 덕의 고귀함(德之貴)은 대저(夫) 명령하지 않아도(莫之命而) 항상 스스로 그러한 것이다(常自然)." 그러기에 스스로 그러한 함을 깨달은 인간만이 유일한(一) 도덕적인 존재이다. 그러기에 '사람만이 희망이다.'

❖ 故道生之(고도생지), 德畜之(덕휵지); 長之育之(장지육지), 亭之毒之(정지독지), 養之覆之(양지복지).
그러므로(故) 도는 만물을 낳고(道生之), 덕이 만물을 기른다는 것은(德畜之); 생장시키지만(長之) 어르기도 하며(育之), 머무르게 하지만(亭之) 생스럽기도(毒之), 봉양하지만(養之) 엎어지게도 한다(覆之).

亭(정자 정) - 정자, 여인숙, 초소, 한가운데, 고르다, 기르다, 머무르다, 균등하다.
毒(독 독) - 독, 독초, 해독, 해치다, 근심하다, 괴롭다, 미워하다, 거칠다, 키우다.
養(기를 양) - 기르다, 먹이다, 가꾸다, 수양하다, 봉양하다, 유목, 치료하다, 숨김.
覆(다시 복/부) - 뒤집히다, 엎어지다, 넘어지다, 되풀이하다, 알리다, 덮다, 덮개.

"그러므로(故) 도는 만물을 낳고(道生之), 덕이 만물을 기른다는 것은(德畜之); 생장시키지만(長之) 어르기도 하며(育之), 머무르게 하지만(亭之) 고생스럽기도(毒之), 봉양하지만(養之) 엎어지게도 한다(覆之)."

道와 德이 만물을 生畜(생육) 한다는 것은 長(장), 育(육), 亭(정), 毒(독), 養(양), 覆(복)하게 하는 것이다.

이 구절 역시 해석이 분분하다. 育(육), 亭(정), 毒(독), 覆(복)에 대한 해석을 어떻게 할 것인가에 따라 의미가 달라진다. 나는 만물을 낳고 양육하는 일이 긍정적인 부분만 있는 것이 아니라고 본다. 陰陽(음양)은 좋고 나쁨, 어둠과 빛, 즐거움과 괴로움이 공존하는 것이다. 서양철학의 관점에서 보면 이분법적 관계의 둘[二項]은 대립적 성격을 갖고 있지만 동양철학은 조화로 보아야 한다. 자식을 키우는 부모의 입장으로 보아도 자식에게 좋은 것만 줄 수는 없다. 때로는 회초리를 들어야 할 때도 있는 법이다. 아이도 온실 속의 화초로 키워서는 험한 세상에 적응할 수 없다. 모질 때는 모질게 거칠 때는 거칠게 그러나 온정과 사랑 없는 모짐과 거침은 학대에 가깝다. 그래서 조화(調和)가 필요하다. 毒(독)은 過(과)할 때만 독이 되어 생명을 위태롭게 한다. 그러나 적정한 양은 毒(독)이 아닌 葯(약)이 되기도 하는 법이다. 이를 '호르메시스 효과(Hormesis)'라고 한다.

❖ **生而不有(생이불유), 爲而不恃(위이불시), 長而不宰(장이부재). 是謂玄德(시위현덕).**
  낳으나(生而) 소유하지 않고(不有), 다스리나(爲而) 통제하지 않으며(不恃), 생장하게 하나(長而) 주재하지 않는다(不宰). 이를 일러(是謂) 심오한 덕이라 한다(玄德).

  恃(믿을 시) - 믿다, 의뢰하다, 자부하다, 가지다, 소지하다, 시어머니.
  宰(재상 재) - 재상, 가신, 우두머리, 주재자, 주관하다, 다스리다, 도살하다, 저미다.

도덕경의 맛이 반전에 있다. 어찌 보면 서로 대립하는 것처럼 다투다가 기가 막히게 조화를 이룬다. 타짜들의 화려한 카드 기술을 보는 것처럼 말이다.

"生而不有(생이불유) 낳았으나 소유하지 않는다." 내가 너무 좋아하는 말이다. 특히 자식을 소유물 또는 전유물로 여기는 사람들이 많다. 인간은 농업혁명 이후 장기간 보존이 가능한 탄수화물 결정체인 '잉여생산물(剩餘生産物)'을 축적하면서부터 불행이 시작된다. 수렵채집인에서 농사꾼이 되면서 개인 소유에 대한 권리를 주장하면서부터 개인 소유의 사적재가 끊임없이 탄생한다. 결국은 전쟁의 뿌리도 자원은 한정된 상태에서 더 많은 토지와 더 많은 식량을 차지하기 위한 결과물이다. 소유(所有)는 이기(利己)의 뿌리이자 탐욕(貪慾)의 뿌리이다. 남들보다 더 많은 자원을 차지하겠다고 경쟁(競爭)하는 순간 갈등(葛藤)은 인간사회를 지배(支配)한다. 사람과 사람 사이의 지배는 귀천(貴賤)을 만드는 계급(階級)을 탄생시켰다. 계급은 차별(差別)을 낳는다. 갑과 을의 기원은 소유물, 즉 사적재의 많고 적음으로 인하여 시작된 것이다. 힘이 정의가(Power is Justice) 되는 세상의 출현이다. 자식을 소유물로 여기게 되니 남의 자식과 비교하여 차별하게 되고, 한정된 자원을 차지하는 경쟁에서 우위를 만들기 위해서는 신분과 재산을 세습(世襲)해야 한다. 그러기에 인간 세상은 공정과 정의가 상식이 되지 않는 이유다.

다음 구절은 더욱 어렵다. 어떠한 행위에 대한 목적과 의도를 갖지 않는 것이다.

'爲而不恃(위이불시)' 다스리나 통제하지 않으며, '長而不宰(장이부재)' 생장하게 하나 주재하지 않는다.

서양철학의 궁극적인 목표는 인간의 이성(理性, reason)에 있다. 이성이 무엇인가? 플라톤 이후 서양철학을 지배하는 가장 중요한 학문 추구의 대상이다. 이성은 인간과 동물을 구분하는 기준이다. 인간만이 이성이 있다는 것이다. 그러면 감정(感情, emotion)은 무엇인가? 나는 오랜 시간을 들여 인간과 동물의 감정에 관하여 비교 연구하였다. 자식에게 젖을 먹여 키우는 포유(哺乳)동물로 진화하면서 강한 모성애가 생겼다. 그러나 인간과 다른 동물은 수유기가 있어서 젖을 떼는 동시에 독립해야 한다. 어미는 빨리 자식을 독립시켜야만 발정기에 또 다른 수컷의 유전자를 받아들여야 자신이 가진 유전자를 더 많이 퍼뜨릴 수 있게 된다. 낳았으나 소유하지 않는 것은 자연의 법칙이다. 그러나 고등하다고 하는 동물일수록 감정이 복잡하게 진화한다. 인간의 뇌가 폭발적으로 진화할수록 머리는 커지고 완벽한 직립보행으로 어머니의 자궁은 더 깊은 곳에 자리 잡았다. 인간 수컷은 대형 유인원 중 성기가 가장 길어지는 공진화를 이루었다. 포유동물 중 인간은 가장 미숙아를 낳는다. 제 목도 못 가누는 미숙아를 말이다. 그러다 보니 부모뿐 아니라 조부모, 고모와 삼촌들까지 양육을 거들어야만 했다. 사회가 복잡해질수록 배워야 할 것도 많아졌다. 사회적 지위와 성공은 아버지의 장시간 노동강도와 비용을 요구했다. 포유류 중 아버지가 자식의 양육을 돕는 동물은 손에 꼽는다. 상당 부분의 수컷들은 제 자식이 누군지 모른다. 인간에게 와서 부성애가 확고하게 자리하게 되어 책임감이라는 막중한 무게의 감정이 생긴다. 일부일처제와 오랜 기간의 양육 기간으로 가족애, 부부애, 부성애, 모성애 등이 진화하게 된다. 감정 중에 가장 강력한 감정들이 자리하고 있다. 바로 '욕(慾)' 자가 들어가는 욕망(慾望)이다. 성욕(性慾), 식욕(食慾) 탐욕(貪慾), 소비욕(消費慾), 소유욕(所有慾) 등이 있다. 생존과 번식에 관련된 욕구가 가장 강력하다. 이러한 욕구를 충족시키지 못하면 불안과 공포 또는 분노와 공격성을 표출한다. 욕망은 생존과 번식을 위해 진화한 불안 해소 + 공격성이다.

지능은 지혜가 되지 못한다. 지능은 시험점수는 높일 수 있지만 욕망을 길들이지는 못하기 때문이다. 지능이 높을수록 사이코패스는 늘어난다. 진자리 마른자리, 높은 자리 낮은 자리 마다하지 않았기에 사피엔스는 지혜를 얻을 수 있었다. 우리의 가장 가까운 유전적 사촌 침팬지와 보노보가 아직도 중앙 아프리카의 밀림을 벗어나지 못한 이유는 한자리를 고수했기 때문이다.

노자 철학의 핵심인 自然 = 萬物 = 道德 = 父母 = 神(聖人) = 人間 = 天地人 중 하나라도 = 의 법칙이 깨진다면 신생대, 중생대, 고생대에 살았던 원시 동물(動物)로 되돌아간다[復歸].

"낳으나(生而) 소유하지 않고(不有), 다스리나(爲而) 통제하지 않으며(不恃), 생장하게 하나(長而) 주재하지 않는다(不宰)." 이는 인간이 동물로 되돌아가지 않을 수 있는 유일한 방법이다.

인간은 自然(자연)이 만들어 낸 피조물로써 道德(도덕)인 父母(부모)를 통해 人間(인간)이 되고 그 인간이 스스로 神(성인)의 경지(境地)에 이르는 것이 바로 天地人(천지인)이 하나(一)가 되는 것이다.

그러므로 "이를 일러(是謂) 심오한 덕인 현덕이라 한다(玄德)."

제52장.
天下有始(천하유시)
아름다운 어머니 지구여!

天下有始, 以爲天下母. 旣得其母, 以知其子. 旣知其子, 復守其母, 沒身不殆. 塞其兌, 閉其門, 終身不勤. 開其兌, 濟其事, 終身不救. 見其小曰明, 守柔曰强. 用其光, 復歸其明, 無遺身殃. 是謂習[襲]常.

천하의(天下) 시작이 있었기에(有始), 천하의 어미가(天下母) 다스릴 수 있는 것이다(以爲). 이미(旣) 그것이 어미임을(其母) 깨달았기에(得), 그것이 아들임을(其子) 알 수 있는 연유다(以知). 이미(旣) 그것이 아들임을 알고(知其子), 거듭(復) 그 어미를 지키면(守其母), 죽을 때까지(沒身) 위태롭지 않게 된다(不殆). 그 육신의 구멍을 닫고(塞其兌), 그 정신의 문을 닫으면(閉其門), 죽을 때까지(終身) 힘쓰지 않아도 된다(不勤). 그러나 그 육신의 구멍을 열고(開其兌), 모든 일에 감정을 일으키면(濟其事), 죽을 때까지(終身) 구제받을 수 없다(不救). 미세함을 보는 것을(見小) 일러(曰) 밝음이라 하고(明), 부드러움을 지키는 것을(守柔) 일러(曰) 강함이라 한다(强). 그 빛을 활용하여(用其光), 그 밝음으로 되돌아감을(復歸其明) 몸에 재앙을 남기지 않게 된다(無遺身殃). 이를 일컬어(是謂) 영원한 도를 몸에 익히는 '습상'이라 함이다(習[襲]常).

❖ **天下有始**(천하유시), **以爲天下母**(이위천하모). **旣得其母**(기득기모), **以知其子**(이지기자).
  천하의(天下) 시작이 있었기에(有始), 천하의 어미가(天下母) 다스릴 수 있는 것이다(以爲). 이미(旣) 그것이 어미임을(其母) 깨달았기에(得), 그것이 아들임을(其子) 알 수 있는 연유다(以知).

  始(처음 시) - 비로소, 바야흐로, 먼저, 앞서서, 일찍, 옛날에, 처음.
  旣(이미 기/희) - 이미, 벌써, 원래, 이윽고, 다하다, 끝나다, 쌀, 녹미.

우주가 태어난 직후 1초 만에 우주의 운명은 결정이 났다. 어머니의 자궁에서 세상 만물의 씨앗이 쏟아져 나왔다. 어머니의 자궁은 너무도 뜨거운 상태에서 시작하여 만물의 씨앗이 쏟아져 나오는 순간부터 열은 식어갔고 시간과 공간은 팽창하기 시작했다. 어머니의 자궁에서 쏟아져 나온 자식, 즉 물질과 에너지는 사방으로 퍼져 어머니의 존재를 알렸다. 현대 우주론과 노자의 철학을 교섭하여 보았다. 무극(無極)에서 태극(太極)으로 음양(陰陽)이 퍼져 온 우주로 흩어진다. 천지가 나타나고 골마다 물이 차니 생명이 가득하다. 모이고 흩어지고를 거듭하니 생각이 출현한다. 생각의 출현은 "이미(旣) 그것이 어미임을(其母) 깨달았기에(得), 그것이 아들임을(其子) 알 수 있는 연유다(以知)."

- ❖ **旣知其子(기지기자), 復守其母(부수기모), 沒身不殆(몰신불태).**
  이미(旣) 그 아들임을 알고(知其子), 거듭(復) 그 어미를 지키면(守其母), 죽을 때까지(沒身) 위태롭지 않게 된다(不殆).

도는 어머니의 자궁에서 시작하여 "道生之(도생지) 德畜之(덕흑지)하니 도는 만물을 낳고, 덕은 만물을 기른다." 덕은 자식이요 도는 어머니이다. 51장에서 "是以萬物莫不尊道而貴德(시이만물막불존도이귀덕)이다. 그러므로 만물은 도를 높이고 덕을 귀하게 여겨야만 하는 것이다"라고 했다. 도와 덕을 알 수 있는 존재는 드넓은 우주에서 현재까지 확신할 수 있는 건 인간뿐이다. 그러한 우주의 신비와 비밀을 알아낸 인간이야말로 오래갈 수 있다. 생각의 출현은 인간을 시공간을 이해하고 도덕을 실천하는 존재로 진화했다. 사건 현상에서 벗어나 진정한 본질을 찾아 나서는 유일한 존재가 된 것이다. 근본을 얻음으로써 그 끝을 살필 수 있게 되었다. 그래야 감정에 휘둘리지 않아 죽을 때까지 위태로움이 없다.

"이미(旣) 그것이 아들임을 알고(知其子), 거듭(復) 그 어미를 지키면(守其母), 죽을 때까지(沒身) 위태롭지 않게 된다(不殆)."

- ❖ **塞其兌(색기태), 閉其門(폐기문), 終身不勤(종신불근).**
  그 육신의 구멍을 막고(塞其兌), 그 정신의 문을 닫으면(閉其門), 죽을 때까지(終身)

발버둥 치지 않아도 된다(不勤).

塞(막힐 색/새) - 막히다, 막다, 차다, 충만하다, 변방, 요새, 보루, 보답하다, 쌓다.
兌(바꿀 태/예/열) - 바꾸다, 기쁘다, 곧다, 통하다, 모이다, 구멍, 삶다, 기뻐하다.
閉(닫을 폐) - 닫다, 막다, 막히다, 가리다, 감추다, 마치다, 입추, 입동, 자물쇠.
終(마칠 종) - 마치다, 끝내다, 죽다, 다하다, 이루어지다, 채우다, 끝, 윤달.
勤(부지런할 근) - 부지런하다, 근무하다, 힘쓰다, 위로하다, 근심하다, 괴롭다. 근심.

    물리학과 철학은 어느 순간 만난다. 철학과 과학의 공통점은 끊임없이 질문하는 학문이다. 그리고 질문에 대한 답을 찾는다. 철학은 세계와 인간에 대한 보편적인 질문과 대상에 대한 탐구가 주가 되는 학문이다. 철학적 주제의 뒤에는 인류가 이해하지 못하는 무수한 현상과 사물의 기능에 대한 의혹, 궁금증, 회의, 호기심에 대한 왜라고 질문하는 것이 철학의 근본이다. (출처: 나무위키) 과학과 수학은 자연의 속성을 수학적 언어로 표현한다. 우주가 가지고 있는 수학적인 성질 때문이다. 현대우주론은 만물의 근원에 대한 호기심에서 시작했다. 인간을 쪼갤 수 있다면 가장 마지막에 어떤 물질이 나올까에 대한 호기심에서 출발한 학문이 소립자 물리학이다. 물리학은 이론은 수학으로 정리되고 실험과 관측 증거로 강력하게 뒷받침되는, 서로 밀접하게 연결된 생각과 예측의 그물이다. (출처: 토니 로스먼, 《빅뱅의 질문들》)
소립자 물리학이 밝혀낸 표준모형(標準模型, Standard Model)은 자연계의 기본 입자들의 강한 상호작용, 약한 상호작용, 전자기 상호작용을 다루는 게이지 이론이다. 단 중력은 제외된다. 아직 중력을 다루는 일반상대성이론과 양자역학을 하나로 이어주는 양자 중력이론은 미완성 상태이다.
나는 어디서 왔는가? 철학적인 이 질문에 대한 현대과학의 답은 빅뱅우주론이다. 내 육신과 정신을 이루는 모든 물질은 빅뱅이라는 대폭발을 통해 이루어졌다. 우주 초기에 만들어진 수소와 헬륨이 만물의 씨앗인 어머니 아들이다. 그리고 생명의 골격을 형성하는 유기체를 이루는 더 복잡한 물질은 초신성 폭발로 만들어졌다. 인간이 가진 생각의 출현은 20만 년 전이다. 현재의 고등사고는 채 1만 년도 안 되며, 우주 생성의 비밀을 알게 된 것은 고작 60년도 안 된다. 생각의 출현 이후 지난 20만 년 동안 인간을 지배한 우주 생성은 신의 섭리(攝理)로 창조된 것으로 믿는 것이 최고선이었다. 그 믿음의 결과에 대해 노자는 의구심을 제시한다. 자연과 인간은 도의 작용과 덕의 결과물이지 인격신에 의해 조정되고 만들어진 피조물이 아님을 일깨워 주는 것이다. 우리 스스로 자각하고 깨우침만이 우리를 스스로 구원할 수 있다. 그동안 우리의 육신과 정신을 지배했던 인간이 만든 상상을 버리고 도와 덕을 통해 경지에 올라 스스로 고통받지 않고 사는 방법을 알려주는 것이다.
"그 육신의 구멍을 막고(塞其兌), 그 정신의 문을 닫으면(閉其門), 죽을 때까지(終身) 발버둥 치지 않아도 된다(不勤)."

❖ **開其兌(개기태), 濟其事(제기사), 終身不救(종신불구).**
그러나 그 육신의 구멍을 열고(開其兌), 모든 일에 감정을 일으키게 되면(濟其事), 죽을 때까지(終身) 구제받을 수 없다(不救).

濟(건널 제) - 건너다, 돕다, 도움이 되다, 구제하다, 이루다, 더하다, 쓸모가 있다.

현대과학을 통해 노자의 도덕경을 내가 이해하게 된 것은 하루아침에 우연히 이루어진 결과가 아니다. 매일 10시간씩 도서관에서 과학책과 씨름한 결과다. 과학을 이해하기 위해 과학의 언어인 수학을 공부해야 한다. 수학을 모르고 우주를 알았음은 어불성설(語不成說)이다. 노자의 도덕경을 알고 제대로 설명하기 위해서는 수학을 알아야 한다는 결론에 도달한다. 그러나 나는 수학을 모른다. 수학은 증명하는 것이지 본질을 이해하려고 수학을 이용하는 것은 아니다. 수학을 모르고도 우주의 본질을 이해하고 설명할 수는 있다. 내가 노자의 도덕경을 현대과학과 접목하는 수준은 딱 거기까지이다. 이해를 통한 설명이다. 그래서 갈대와 같은 우리의 감정과 편안함과 편리성을 추구하는 우리의 육신을 학대(虐待)하는 것이다. 노자는 쾌락과 편리성을 추구하는 육신과 양극성으로 널뛰는 감정 상태를 경계하라 한다.
"그러나 그 육신의 구멍을 열고(開其兌), 모든 일에 감정을 일으키게 되면(濟其事), 죽을 때까지(終身) 구제받을 수 없다(不救)."
道와 德을 획득한 인간은 스스로 구원을 얻는 해탈(解脫)의 경지에 들어가는 것이다.

❖ **見小曰明(견소왈명), 守柔曰强(수유왈강).**
미세한 것을 볼 줄 아는 것을(見小) 일러(曰) 밝음이라 하고(明), 부드러움을 지키는 것을(守柔) 일러(曰) 굳세어짐이라 한다(强).

인간의 이기(利己)적 욕망이 지배하는 동물적 본능(本能)의 상태, 즉 식욕(食慾), 색욕(色慾), 탐욕(貪慾)을 다스리지 못하면 인간은 탈이 나게 되어있다. 식욕을 다스리지 못하면 비만과 모든 질병의 근원이 된다. 색욕을 다스리지 못하면 색마가 되어 쇠고랑 차기 십상이다. 탐욕을 다스리지 못하면 남의 물건을 빼앗고 권력을 갈취하고 살인을 일삼게 된다. 본능에 지배당하는 공포심, 증오심, 탐욕심은 인간의 시야를 좁게 만들어 버린다. 오로지 앞만 보고 액셀을 밟는다. 이런 감정은 아예 없어도 안 되겠지만 적당할 때 브레이크를 밟아야 한다. 그래야 오래 살 수 있다.
도덕심과 이타심 그리고 자비심의 획득은 자발적으로 평화로운 질서를 탄생시킨다. 가장 최근에 획득한 인간만의 본성(本性)인 도덕적 이타(利他)는 남을 위해 배려하고 희생할 줄 아는 섬세함과 따뜻함이다. 시야가 넓고 촘촘하기에 넓은 세상 볼 줄 알고 작은 풀잎 사랑하는 마음으로 살아간다. 식욕을 다스리니 비만할 일이 없다. 꾸준히 운동하고 자신을 가꾸니 건강 유지의 최선이다. 색욕을 다스리니 쇠고랑 찰 일이 없다. 부부관계에 충실하니 가정에 화목함이 유지된다. 탐욕을 다스리니 남의 물건을 빼앗기보다 남에게 도움을 주니 좋은 평판이 자자하다. 권력을 탐하지 않으니 오히려 추앙받는다. 사람을 사랑하고 아끼니 문전성시가 끊이질 않는다. 나를 구속하는 법 없이 살 수 있는 것이다.
도덕심 = 이타심 = 자비심 = 배려심 = 섬세함 = 공감 능력 = 지혜(智慧)로움이다.

"미세한 것을 볼 줄 아는 것을(見小) 일러(曰) 밝음이라 하고(明), 부드러움을 지키는 것을(守柔) 일러(曰) 굳세어짐이라 한다(强)."

- ❖ **用其光(용기광), 復歸其明(복귀기명), 無遺身殃(무유신앙). 是謂 習[襲]常(시위습[습]상).**

  그 빛을 활용하여(用其光), 밝음으로(其明) 되돌아가니(復歸), 몸에 재앙을 남기지 않 게 된다(無遺身殃). 이를 일컬어(是謂) 영원한 도를 몸에 익히는 '습상'이라 한다(習 [襲]常).

  殃(재앙 앙) - 재앙, 해치다, 괴롭히다.
  襲(엄습할 습) - 엄습하다, 치다, 인습하다, 잇다, 물려받다, 염하다, 입다, 덮다, 겹.

"미세한 것을 볼 줄 아는 것을(見小) 일러(曰) 밝음이라 하고(明), 부드러움을 지키는 것을(守柔) 일러(曰) 굳세어짐이라 한다(强). 그 빛을 활용하여(用其光), 밝음으로(其明) 되돌아가니(復歸), 몸에 재앙을(身殃) 남기지 않게 된다(無遺). 이를 일컬어(是謂) 영원한 도를 몸에 익히는 '습상'이라 함이다(習[襲]常)."

미세하고 섬세함을 보는 능력을 밝음 '명(明)' 하다고 했다. 明에는 '밝다, 밝히 다, 날이 새다, 나타나다, 똑똑하다, 질서가 서다, 희다, 깨끗하다'라는 뜻이 있 다. 나는 특히 '질서가 서다'는 뜻을 선호한다. 빛, 즉 광자(光子)는 우주 초기의 뜨거운 플라스마 상태에서 38만 년 동안 갇혀있다가 풀려났다. 그 흔적이 바 로 우주 배경복사이다. 물질이 상호작용하여 수소 원자와 헬륨 원자가 생성 되어 투명해지면 무질서의 혼돈에서 벗어나 질서가 서게 되어 광자가 눈에 있 는 시신경에 부닥쳐 빛을 보게 되는 것이다. 빛을 보니 밝아지는 것이다. 광 자는 질량도 없고 매우 작으며 빠르다. '用其光(용기광), 그 빛을 활용한다.' '光 (광)은 빛, 세월, 기세, 경치, 명예, 문화, 문물, 빛깔, 윤기, 영화롭다, 빛나다, 크 다.' 빛은 시간과 공간에 그대로 남아있다. 우주 배경복사는 138억 년 전 빅뱅 의 메아리를 듣는 것이다. 그러기에 세월을 그대로 간직하고 있다. 하늘에 반 짝이는 별은 현재의 모습을 보는 것이 아니다. 태양계에서 가장 가까운 별인 프록시마 켄타우루스 알파 자리는 광속으로 4.24광년이다. 4년 전의 빛을 보 는 것이다.

'復歸其明(복귀기명) 밝음으로(其明) 되돌아가니(復歸)' 그 빛의 밝음으로 되돌아 감은 도와 덕의 자연이 부여한 생각의 출현과 이타심을 통해 질서가 생기는 것이다. 인간의 무질서는 전쟁과 살육이다. 내가 상대가 가진 것을 뺏기 위해 살육한다.

강과 바다는 핏물이 고여 썩은 내음이 진동한다. 몸에 재앙이 끊이질 않는다. 인간의 본성인 인간성(人間性)은 거저 생기는 것은 아니다. 체득하여 훈련하는 것이다. 지능은 그것을 받아들이는 데 필요한 것이고, 지혜는 그것을 몸에 새기는 데 필요한 것이다.

"이를 일컬어(是謂) 영원한 도를 몸에 익히는 '습상'이라 함이다(習[襲]常)."

이기적으로 사는 것만큼 편리한 기생(寄生)은 없다. 남의 피를 빨아 생존하는 거머리이자 병을 옮기는 모기보다 못한 기생충 같은 존재들이다. 더군다나 기생충들이 권력을 갖거나 자본을 독점하면 그 결과는 끔찍하다. 습상(習常)은 나 홀로 하는 것뿐 아니라 집단이 하는 것이다. 이를 우리는 '집단지성'이라고 부른다. 무임승차하고자 하는 기생충을 제거하지 않으면 우리 사회는 무질서의 피비린내가 사라지지 않는다.

제53장.
使我介然有知(사아개연유지)
해 처먹으라 권력을 부여한 게 아님을 – 권력은 공공재

使我介然有知, 行於大道, 唯施是畏. 大道甚夷, 而人好徑. 朝甚除, 田甚蕪, 倉甚虛. 服文彩, 帶利劍, 厭飮食, 財貨有餘. 是謂盜夸. 非道也哉.

나로 하여(使我) 조그마한 지혜라도 허락하여(介然有知), 대도를(大道) 행하라 한다면(行於), 비록(唯) 두려움이 있더라도(是畏) 베풀 것이다(施). 대도는(大道) 심히 평탄해서 가기 쉬우나(甚夷而), 백성들은 그도 마다하여 샛길로 다니길 좋아한다(民好徑). 조정은(朝) 주야장천 쓸고 닦아 깨끗하나(甚除) 백성들의 전답은(田) 심하게 황무지화되었고(甚蕪), 창고는(倉) 심히 비었건만(甚虛), 화려한 비단옷을 걸치고(服文彩), 번뜩거리는 검을 허리띠에 차고(帶利劍), 음식을 물리도록 처먹는 구나(厭飮食), 금은보화는(財貨) 남아돌아 차고 넘치는데(有餘), 이를 일러(是謂) 나 도적놈이라 떠벌리는 것이다(盜夸). 도대체 이걸 도라고 할 수 있겠나(非道也哉)!

* ❖ **使我介然有知**(사아개연유지), **行於大道**(행어대도), **唯施是畏**(유시시외).
    나로 하여(使我) 조그마한 지혜라도 허락하여(介然有知), 대도를(大道) 행하라 함에(行於), 비록(唯) 두려움이 있더라도(是畏) 베풀 것이다(施).

    始(처음 시) - 비로소, 바야흐로, 먼저, 앞서서, 일찍, 옛날에, 처음.
    旣(이미 기/희) - 이미, 벌써, 원래, 이윽고, 다하다, 끝나다, 쌀, 녹미.

위정자(爲政者)는 정사를 다스리는 사람이란 뜻이다. 요즘 말로 정치인(政治人)이다. 나라를 누가 다스리느냐를 보고 인류의 발전사를 알 수 있다. 왕이 다스리면 군주제(君主制, Monarchy), 시민들의 협의체에 의해 공동으로 소유하

는 체제를 공화제(共和制, Republic)라고 한다. 국가의 주인이 바뀌어 가는 과정이다. 군주의 나라에는 백성은 군주의 사적재이다. 공화제에서는 국가가 시민들의 공공재로 전환된다. 우리는 이를 민주주의(民主主義, Democracy)라고 부른다. 이기심에서 이타심으로의 진화는 사적재에서 공공재로의 전환이다. 마르크스주의의 실패는 공공재를 프롤레타리아의 전유물로 여겼기 때문이다. 이는 서양 전통의 밑바닥에 깔린 이항대립(二項對立, binary opposition)의 산물이다. 부르주아와 프롤레타리아의 계급적 대립의 산물로 여겼기 때문이다. 부르주아 계급을 타도하고 프롤레타리아 계급의 독재는 또 다른 형태의 권력 독점이다. 프랑스의 경제학자 자크 아탈리(Jacques Attali, 1943~)가 주장한 "미래는 프롤레타리아가 아닌 이타주의자가 지배한다." 말에 전적으로 동의한다. **도덕심 = 이타심 = 자비심 = 평등심 = 협력심 = 공공성**이다. 경제학과 정치학을 전공한 상당수의 전문가라고 주장하는 사람들은 이타주의가 뭔지 모르는 것 같다. 도덕심은 더더욱 모른다. 경제학의 아버지라고 숭상하는 애덤 스미스의 《국부론》은 성경처럼 찬양하지만, 애덤 스미스가 가장 중요하게 여겼던 《도덕감정론》은 철저하게 외면했기 때문이다. 리처드 도킨스의 《이기적 유전자》를 읽지도 않고 인간은 이기적이라고 단정하는 사람과 매한가지다. 노자의 전국 시대에도 애민(愛民)은 땅에 떨어지고 오로지 백성들을 착취하여 위정자들의 배만 채우는 세상이었다. 백성들도 열심히 살아봤자 위정자들이 권위만 앞세우고 속은 썩었으니 바르고 정직하게 살아봐야 나만 손해 보는 세상임을 알았다. 본질은 사라지고 매일 터지는 사건만 남는 작금의 시대와 너무 닮아있다.

"나로 하여(使我) 조그마한 지혜라도 허락하여(介然有知), 대도를(大道) 행하라 함에(行於), 비록(唯) 두려움이 있더라도(是畏) 베풀 것이다(施)."

❖ **大道甚夷(대도심이), 而人好徑(이인호경).**
대도는(大道) 심히 평탄하고 곧아서 가기 쉬우나(甚夷而), 사람들은 그 도를 마다하고 샛길로 다니길 좋아한다(人好徑).

甚(심할 심) - 심하다, 지나치다, 깊고 두텁다, 초과하다, 사납다, 꾸짖다, 심히.
夷(평평할 이) - 평평하다, 베다, 온화하다, 크다, 오랑캐, 동이족, 무리, 상하다.

徑(지날 경) - 지나다, 통과하다, 다스리다, 통치하다, 주되다, 경영하다, 경전.

우주론자들은 우리 우주가 처음 시작되어서 현재와 같이 이루어지는 확률에 대해 계산했다. 놀라지 마시라! 10^{-47}의 확률이다. 동전을 던져 앞면이 연속으로 156번 나오는 것과 같다. 목적론적 사고와 결정론적 사고가 인간이 신을 창조한 이유다. 확률이 거의 0이기 때문이다. 세상이 우연과 우연의 결과임을 쉽게 동조하지도 인정하지도 않는다. 그러나 어머니의 자궁에서 나온 道는 0에 가까운 확률에서 시작하여 우리가 존재하는 거대 우주를 생성시켰다. 결정이 어려울 뿐이지 결정되어 시공간의 팽창이 시작되는 순간부터 도법자연(道法自然)은 일사천리로 달려나간다. 인간도 인간이 인지하는 세계도 대도(大道) 안에 있는 것이다. 자연은 목적을 향해 달려가지 않는다. 그럼, 스스로 그러한 자연(自然)은 성립되지 않는다. 우주와 삼라만상(森羅萬象)은 자연적으로 이루어지는 우연의 연속에 의한 결과물이다. "大道甚夷(대도심이) 대도는(大道) 심히 평탄하고 곧아서 가기 쉬우나(甚夷而)," 노자는 우주 만물의 이치를 꿰뚫고 있다. 138억 년을 쉼 없이 달려온 도법(道法)을 인간은 따르기만 하면 되는 것이다. 그게 믿음이고 신뢰다. 자연을 따르는 것, 그게 대도(大道)이다. 쉽고 평탄한 길을 걷어차고 "사람들은 그도 마다하여 샛길로 다니길 좋아한다(人好徑)." 인간이 하지 말아야 할 두 가지가 있다. 꼴값과 잔 대가리이다. 분수의 분모 값이 커지면 전체값이 작아진다. 전체 값이 커지려면 분자 값을 키워야 한다. 그게 대도의 평탄하고 곧은 길임에도 불구하고 인간의 우둔(愚鈍)함이 눈 앞을 가려 보지 못한다. 그러기에 아래 구절의 일들이 인간 세상에 끊이질 않고 반복되는 것이다. 특히 권력을 가진 위정자들이 꼴값과 잔 대가리를 굴리면 세상은 그야말로 아비규환(阿鼻叫喚)의 길로 가는 것이다.

❖ **朝甚除(조심제), 田甚蕪(전심무), 倉甚虛(창심허).**
조정은(朝) 주야장천 쓸고 닦아 깨끗하나(甚除) 백성들의 전답은(田) 심하게 황무지화되었고(甚蕪), 창고는(倉) 심히 비었건만(甚虛),

朝(아침 조) - 아침, 조정, 왕조, 하루, 배알하다, 문안하다, 부르다, 정사를 펴다.
除(덜 제) - 덜다, 없애다, 면제하다, 제외하다, 숙청하나, 임명하나, 다스리나, 가나.

田(밭 전) - 밭, 경작지, 봉토, 사냥, 농사일, 면적, 단전, 농사짓다, 사냥하다, 많다.
蕪(거칠 무) - 거칠다, 어지럽다, 난잡하다, 달아나다, 순무, 황무지.
倉(곳집 창) - 곳집, 곳간, 창고, 선창, 바다, 푸른색, 당황하다, 슬프다, 갑자기.
虛(빌 허) - 비다, 없다, 비워 두다, 헛되다, 공허하다, 약하다, 앓다, 구멍, 틈, 폐허.

왕이 거주하는 궁궐과 신하들이 정치하는 조정은 화려하고 깨끗하나 백성들의 전답은 물이 마르고 흉년이 들어 거칠게 황무지가 되었다. 농사를 지을 수 없어 곡식을 쟁여놓아야 할 창고는 비어있다. 위정자가 도덕심과 이타심이 사라지면 군주의 뱃속은 기름지나 백성들의 뱃속은 황무지가 되어 텅 비게 된다.

❖ **服文彩(복문채), 帶利劍(대리검), 厭飮食(염음식), 財貨有餘(재화유여). 是謂盜夸(시위도과). 非道也哉(비도야재)!**

화려한 비단옷을 걸치고(服文彩), 번뜩거리는 검을 허리띠에 차고(帶利劍), 음식을 물리도록 처먹는 구나(厭飮食), 금은보화는 (財貨) 남아돌아 차고 넘치는데(有餘), 이를 일러(是謂) 나 도적놈이라 떠벌리는 것이다(盜夸). 이건 도저히 도라 할 수 없도다(非道也哉)!

服(옷 복) - 옷, 의복, 일, 직책, 일용품, 구역, 복용, 입다, 들어맞다, 생각하다.
彩(채색 채) - 채색, 고운 빛깔, 무늬, 윤기, 모양, 도박, 노름.
帶(띠 대) - 띠, 뱀, 끈, 근처, 장식하다, 띠를 두르다, 꾸미다.
劍(칼 검) - 칼, 검법, 찌르다, 베다, 죽이다.
厭(싫어할 염/엽/암/읍) - 싫어하다, 물리다, 순종하다, 악몽, 누르다, 빠지다, 젖다.
飮(마실 음) - 마시다, 호흡하다, 마시게 하다, 먹이다, 머금다, 음식, 음료, 술자리.
食(밥 식) - 밥, 음식, 제사, 벌이, 생활, 생계, 먹다, 지우다, 먹이.
財(재물 재) - 재물, 재산, 재능, 재료, 겨우, 비로소, 재단하다.
貨(재물 화) - 재물, 재화, 화물, 상품, 돈, 화폐, 뇌물, 주다, 팔다, 사들이다.
餘(남을 여) - 남다, 남기다, 나머지, 여가, 여분, 다른.
盜(도둑 도) - 도둑, 도적, 도둑질, 훔치다.
夸(자랑할 과/후) - 자랑하다, 자만하다, 뽐내다, 공허하다, 아첨하다, 아름답다.

나는 서양의 정치학이 인간의 성향을 보수주의(保守主義, Conservatism)와 진보주의(進步主義, Progressivism)로 구분하는 것에 대한 강한 거부감을 가지고 있다. 이는 이념(理念, Ideology)을 강화하여 인류를 살육하는 명분으로 사용되어 이기적인 인간들이 보수의 탈을 쓰고 짐승 같은 일을 저지르면서 기계적 중립을 강요하여 면죄부를 주고, 지속적인 기득권을 주게 한 지구 위 최고의 사악함이다. 인간은 양극화하여 진화하였다. 이기적(利己的)인 인간과 이타적(利他的)인 인간으로 말이다. 보수의 탈을 쓴 짐승들을 솎아내고 무임승차하지 못하도록 집단지성과 제도가 하루빨리 바뀌어야 한다. 인간이 보수적으로 변하는 것이 합리적이고 당연한 것처럼 여기는 사회는 단언컨대, 이기적인 침팬지가 되도록 방임하는 것이다. 어찌 도적놈 같은 소인배와 성인, 군자가 동격이란 말인가!

지금도 정치라는 명분으로 털 없는 침팬지들이 벌이고 있는 만행이다. 국민이 부여한 권력을 자기 것인 듯 개인의 사적재로 사용하고 있다. 소인배들이 독차지하고 있는 언론을 탈을 쓴 침팬지는 이에 부화뇌동(附和雷同)하여 꼭두각시 춤을 추고 있다.

논어 자로 23편 子曰: "君子和而不同, 小人同而不和." 공자께서 말씀하셨다. "군자는 서로 생각이 다른 사람들과 어울리되, 말과 행동이 그 사람들과 같지 아니하고(和而不同), 소인은 말과 행동이 그 사람들과 한가지로 같아 보이나, 서로 생각이 다른 사람들과 진심으로 어울리지 못한다(同而不和)."

和者(화자), 無乖戾之心(무괴여지심). 화(和)는 한 치의 어긋남도 없는 마음이다.
同者(동자), 有阿比之意(유아비지의). 동(同)은 아첨하고 아양 떨려는 뜻이다.
尹氏曰(윤씨왈): 君子尙義(군자상의), 故有不同(고유부동). 윤순(尹淳)이 말했다. "군자는 의를 숭상하기(尙義) 때문에 아첨이나 아양 떨지 않는 것이다.
小人尙利(소인상리), 安得而和(안득이화)?
소인은 이익만을 숭상하니(尙利) 어찌 화합이 이루어질 수 있겠는가?"
'정당의 목적은 권력을 잡는 것이 최고의 선이라고 가르치는 정치학과 이익을 숭상하는 경제학을 내가 소인지학(小人之學)이라고 부르는 이유다.'
소인들이 지배하는 세상은 그야말로 무법천지(無法天地)이다. 깡패 같은 정치적 목적을 가진 일부 검사들이 합법적으로 절대권력을 행사하는 대한민국.

대도가 사라진 이 나라의 미래가 보이질 않는 도다!

"화려한 비단옷을 걸치고(服文彩), 번뜩거리는 검을 허리띠에 차고(帶利劍), 음식을 물리도록 처먹는 구나(厭飲食), 금은보화는(財貨) 남아돌아 차고 넘치는데(有餘), 이를 일러(是謂) 나 도적놈이라 떠벌리는 것이다(盜夸). 이건 도저히 도라 할 수 없도다(非道也哉)!"

제54장.
善建者不拔(선건자불발)
도에 통달하여 천하를 살핀다

善建者不拔. 善抱者不脫. 子孫以祭祀不輟. 修之於身, 其德乃眞. 修之於家, 其德乃餘. 修之於鄕, 其德乃長. 修之於邦, 其德乃豊. 修之於天下, 其德乃普. 故以身觀身, 以家觀家, 以鄕觀鄕, 以國觀國, 以天下觀天下. 吾何以知天下然哉? 以此.

도에 통달하여 세워진 것들은(善建者) 쉬이 뽑히지 않는다(不拔). 도에 통달하여 품어온 것들은(善抱者) 쉬이 풀려나오질 않는다(不脫). 그로 인해 자손들의(子孫) 제사가(祭祀) 그치질 않는 것이다(以不輟). 도를 수양하여(修之) 몸이 따르면(於身), 그 덕이(其德) 곧 참됨에 이른다(乃眞). 도를 수양하여(修之) 가정이 따르면(於家), 그 덕이(其德) 곧 유산이 된다(乃餘). 도를 수양하여(修之) 마을이 따르면(於鄕), 그 덕은(其德) 곧 길이 가리라(乃長). 도를 수양하여(修之) 나라가 따르면(於邦), 그 덕은(其德) 곧 풍요로 이어지고(乃豊), 도를 수양하여(修之) 천하가 따르면(於天下), 그 덕은(其德) 곧 천하에 두루 퍼진다(乃普). 그러므로(故) 참된 몸으로써(以身) 몸을 살피고(觀身), 유산으로 내려온 가풍으로(以家) 가정을 살피고(觀家), 전통 있는 마을로써(以鄕) 마을을 살피고(觀鄕), 풍요로운 나라로써(以國) 나라를 살피니(觀國), 널리 두루 퍼진 천하의 법도로써(以天下) 천하를 살피는 것이다(觀天下). 내가(吾) 어찌(何) 이런 연유를 알 수 있음은(以知) 천하가 늘 그러하게 작용하기 때문 아니겠는가(天下然哉)? 이런 연유에 알 수 있는 것이다(以此).

❖ **善建者不拔(선건자불발), 善抱者不脫(선포자불탈), 子孫以祭祀 不輟(자손이제사불철).**

　　도에 통달하여 세워진 것들은(善建者) 쉬이 뽑히지 않는다(不拔). 도에 통달하여 품어온 것들은(善抱者) 쉬이 풀려나오질 않는다(不脫). 그로 인해 자손들의(子孫) 제사가(祭祀) 그치질 않는 것이다(以不輟).

拔(뽑을 발/포) - 뽑다, 빼다, 공략하다, 빼어나다, 특출하다, 무성하다, 우거지다.
抱(안을 포) - 안다, 품다, 둘러싸다, 가지다, 받들다, 던지다, 품, 가슴, 마음, 생각.
脫(벗을 탈/태) - 벗다, 벗기다, 사면하다, 풀다, 나오다, 빠지다, 거칠다, 잃다, 매우.
祭(제사 제/채/쵀) - 제사, 제사를 지내다, 갚다, 나라 이름, 쵀주.
祀(제사 사) - 제사, 제사 터, 해, 년, 세, 대, 제사 지낸다.
輟(그칠 철) - 그치다, 버리다, 깁다, 고친 수레.

도에 통달한다. 도통(道通)하다는 것의 의미는 사물의 이치를 깨달아 잘 아는 것이다. 그게 바로 선(善)이다. 善의 사전적 의미는 착하고, 사이가 좋은 사람, 어질고, 잘 알아 통달한 사람, 옳고, 만사를 두루 잘 다스리며, 아름답고 훌륭하고 위대한 것들을 의미한다.
"도에 통달하여 세우니(建) 뽑히거나 쉬이 함락당하지 않는다(不拔). 도에 통달하여 품었으니(抱) 풀려나오거나 쉬이 잃어버리지 않는다(不脫). 그러기에 능히 오래갈 수 있는 것이다(能久). 오래가고 오래 유지되니 자손들의(子孫) 제사가(祭祀) 그치질 않는 것이다(以不輟)." 53장에서 대도는(大道) 심히 평탄하고 곧아서 가기 쉬우나(甚夷而), 사람들은 그 도를 마다하고 샛길로 다니길 좋아한다(人好徑). 방법을 알려줘도 정곡(正鵠)으로 가지 않는다. 샛길로 다니니 본질은 못 보고, 늘 가장자리만 맴도는 것이다. 코끼리의 발톱만 보는 개미는 절대 코끼리의 본질을 알 수 없다.

- ❖ **修之於身(수지어신), 其德乃眞(기덕내진). 修之於家(수지어가), 其德乃餘(기덕내여).**
  도를 수양하여(修之) 몸이 따르면(於身), 그 덕이(其德) 곧 참됨에 이른다(乃眞). 도를 수양하여(修之) 가정이 따르면(於家), 그 덕이(其德) 곧 유산이 된다(乃餘).

도에 통달하여 선(善)을 유지하기 위해서는 우리는 끊임없이 갈고 닦아야 한다(修). 닦고 기름칠하지 않은 기계는 오래 쓸 수도 오래갈 수도 없다. 인간의 마음가짐도 갈고 닦아야 오래 쓰고 오래간다. 습명(襲明), 습상(襲常)이라 했다.
억겁의 세월 동안 생긴 질서이다. 이 질서가 오래 유지되기 위해서는 선(善)

을 수양(修養)하고 몸에(於身) 수련(修練)하여야 덕이 참이 되는 덕진(德眞)의 경지에 오르게 되는 것이다. 덕진(德眞)한 사람들이 가정에 넘치니 가훈이 되고 가풍이 되어 대대로 이어지니 평판과 명성이 자자해진다. 독립운동가 이회영 선생 같은 뼈대 있는 집안의 자손들이 지금까지 존경받는 이유다.

❖ **修之於鄕(수지어향), 其德乃長(기덕내장), 修之於邦(수지어방), 其德乃豊(기덕내풍),**
도를 수양하여(修之) 마을이 따르면(於鄕), 그 덕은(其德) 곧 길이 가리라(乃長). 도를 수양하여(修之) 나라가 따르면(於邦), 그 덕은(其德) 곧 풍요로 이어지고(乃豊),

鄕(시골 향) - 시골, 마을, 고향, 곳, 장소, 접대, 메아리, 음향, 추세, 장차, 지난번.
邦(나라 방) - 나라, 서울, 수도, 봉토, 천라, 형, 봉하다, 여지를 주다.
豊(풍년 풍) - 풍년, 잔대, 부들, 왕골, 풍년이 들다, 넉넉하다, 가득하다, 크다.

道에 통달(善)하고 도를 수양(修)한 덕진(德眞)한 사람들이 집안과 마을에 그리고 국가에 차고 넘치니, 풍요로울 수밖에 없고 부강한 나라가 오래갈 수 있는 것이다. 도덕심과 이타심이 넘치는 국민이 있었기에 전 세계 어느 나라도 해내지 못한 코로나를 슬기롭게 극복한 나라로 전 세계의 인정을 받았다. 존경심(尊敬心)은 내가 도저히 할 수 없는 마음가짐과 행위를 하는 사람에게 갖는 자발적으로 높이 받들어 권위를 부여하는 것이다. 역사상 고구려 이후 그러한 권위를 받아보지 못한 민족으로 지금의 대한민국에 대한 전 세계적 위상은 당연한 결과이다. 검사 정권이 들어서서 하루아침에 그 위상이 일장춘몽(一場春夢)이 되었지만 말이다.

❖ **修之於天下(수지어천하), 其德乃普(기덕내보).**
도를 수양하여(修之) 천하가 따르면(於天下), 그 덕은(其德) 곧 천하에 두루 퍼진다(乃普).

《사피엔스》에서 유발 하라리는 인류의 통합에 대한 방법을 제시했다. 하나의 제국으로서 각양각색의 분화된 사피엔스를 통합하여 지구 공동체를 건설하고자 제안했다. 나는 사피엔스의 고유 전유물인 도덕이 바로 세워지게 되면 가능하다고 보고 노자의 도덕경을 통해 내 본심을 전하고 있다. 인간의 본성인 도덕심과 이타심 그리고 자비심만이 인간이 인간 스스로 구원할 수 있는 유일한 길(道)이라고 보았다. 그러기에 이기적인 인간 무임승차를 시도하는 '호모 에코노미쿠스'를 색출해야 한다. 호모 사피엔스가 지구에 오래 종 보전하기 위해서는 이타적이고 도덕적인 사피엔스들끼리 협력하여 연합하고 연대하여야만 한다. 더 이상 이기적인 털 없는 침팬지들에게 우리의 운명을 맡길 수 없다.

노자 역시 나와 같은 주장을 2,500년 전에 했었다.

"도를 수양하여(修之) 천하가 따르면(於天下), 그 덕은(其德) 곧 천하에 두루 퍼진다(乃普)." 비도덕적인 털 없는 침팬지와는 감정도 생각도 완전 반대이기 때문에 협력 그 자체가 불가능하다.

자신과 집단에 이익이 없는 일에는 관심이 없다고 공자는 이미 단정 지었다.

"君子喩於義(군자유어의) 小人喩於利(소인유어리) 군자는 의(義)에 밝고 소인은 이(利)에 밝다." - 《논어(論語)》 리인(里仁) 16.

"小人, 有勇而無義爲盜(유용이무의위도) 소인은 용맹만 있고 의가 없으면 도적질 할 것이다." -《논어(論語)》 양화(陽貨) 23.

❖ **故以身觀身(고이신관신), 以家觀家(이가관가), 以鄕觀鄕(이향관향), 以國觀國(이국관국), 以天下觀天下(이천하관천하).**
그러므로(故) 참된 몸으로써(以身) 몸을 살피고(觀身), 유산으로 내려온 가풍으로(以家) 가정을 살피고(觀家), 전통 있는 마을로써(以鄕) 마을을 살피고(觀鄕), 풍요로운 나라로써(以國) 나라를 살피니(觀國), 널리 두루 퍼진 천하의 법도로써(以天下) 천하를 살피는 것이다(觀天下).

자발적으로 의식화한 80년대 대학 시절부터 지금까지 나를 가장 분노하게 하는 것이야말로 기득권을 내려놓지 않고 그것을 지키기 위해 수단과 방법을 가리지 않는 적폐(積弊) 세력들 때문이다. 지능만 뛰어난 털 없는 침팬지들이 아직도 세상을 지배하고 있다. 엘리트 권력 집단인 정치권, 경제 세력, 법조계, 부패 관료, 친일 식민사학, 사대주의자, 기득권에 붙어 기생충 노릇을 하는 역겨운 언론들이 아직도 천하를 주무르고 있다. 道, 善, 修, 德, 眞, 觀이 없는 이기적이고 사악한 침팬지들이 세상을 멸망의 길로 인도하는 것이다.

인간이 인간일 수 있는 것은 성찰(省察)하고 반성(反省)하는 능력이다. 침팬지에게는 성찰과 반성하는 능력이 없다. 그래서 소리치고 성질 부리며 남 탓을 한다. 現 윤 씨 정부가 무슨 일만 일어나면 前 문 씨 정부를 탓하듯이 말이다. 바둑과 체스의 고수들은 복기(復棋)하는 능력이 뛰어나다. 지난 수를 다시 한 번 순서대로 한 수, 한 수 되짚어 보는 복습 과정이다. 인간의 도덕심 역시 상대와 관계를 통해 태어났다. "내가 무엇을 잘못했기에 저 사람이 저렇게 기분이 상했을까? 아! 내가 말실수해 그런가 보다. 이런 말은 저 사람이 감정이 상할 수 있구나! 다음부터는 조심해야지!" 그러나 소인인 털 없는 침팬지는 "저 새끼 저거 왜 성질을 부리고 지랄이야? 저 새끼 저거, 가만두면 안 되겠어? 감히 나한테 성질을 부려? 제까짓 게?" 내가 세상에서 가장 중요하다고 착각하는 자기중심적 사고는 나는 완벽하다는 전제에서 시작한다. 이기적(利己的)인 인간은 '나 중심적인 극단적으로 자기애(自己愛)'가 강한 사람을 일컫는다. 세상이 자기중심으로 돌아가지 않으면 그래서 분노와 화를 조절하지 않는다. 그러기에 매우 위험하고 조심해야 한다. 이런 사람들의 언행은 '지시 명령조'이다. 그래서 권위적이고 소통이 안 된다. 미안하다는 소리를 하지 않으니 절대로 먼저 상대에게 사과하지 않는다. 단, 이익관계에 있는 사람에게는 종종 한다. 미안해할 줄 모르니 매사가 남 탓이다. 그래서 성질이 더럽다. 몰염치하기에 불법, 탈법을 일삼으며 깐족거리는 법꾸라지다. 마지막으로 항상 내가 먼저가 습관화되었기에 절대 배려나 양보하지 않는다. 이런 침팬지 같은 인면수심의 인간들과 세상을 더불어 사니 피곤하고 힘들다. 국회에는 이런 짐승들이 수두룩하다.

노자가 바라는 세상이 나와 다르지 않다.

"그러므로(故) 참된 몸으로써(以身) 몸을 살피고(觀身), 유산으로 내려온 가풍으로(以家) 가정을 살피고(觀家), 전통 있는 마을로써(以鄕) 마을을 살피고(觀鄕), 풍요로운 나라로써(以國) 나라를 살피니(觀國), 널리 두루 퍼진 천하의 법도로써(以天下) 천하를 살피는 것이다(觀天下)."

❖ **吾何以知天下然哉(오하이지천하연재)? 以此(이차).**

내가(吾) 어찌(何) 이런 연유를 알 수 있음은(以知) 천하의 늘 그러함 때문이 아니겠는가(天下然哉)? 이런 연유에 알 수 있는 것이다(以此).

지식(知識)은 책을 통해서 얻어지지만, 고차원적인 지성(智性)과 지혜(智慧)는 그냥 얻어지는 것이 아니다. 답이 없는 답을 끊임없이 찾아 헤매고, 수없이 많은 다양한 경험을 통해 몸에(於身) 체득(體得), 체용(體用)하여 반복 수련, 수양하는 것이다. 그러기 위해서 지난 인생을 수없이 성찰과 반성하여 복기(復棋)하고 변화(變化)해야 한다. 내가 도덕경을 번역하고 주해할 수 있었던 연유도 수없는 경험을 통해서이다. 그리고 지난 10여 년 동안 도서관에 처박혀 수천 권의 책을 읽으면서 복기했다. 그리고 변화하였다. 몸을 변화시키고 마음과 정신을 변화시켰다. 하물며 주말에 쉬는 행위도 노트북에 글 쓰는 것을 접고 책을 읽거나 영화 또는 다큐멘터리를 보는 것이다. 그것을 10여 년을 쉬지 않고 했다. 그래서 노자와 통할 수 있었다.

"내가(吾) 어찌(何) 이런 연유를 알 수 있음은(以知) 천하의 늘 그러함 때문이 아니겠는가(天下然哉)? 이런 연유에 알 수 있는 것이다(以此)." 이기(利己)는 태만(怠慢)한 게으름과 나태함이다. 기독교는 이를 7대 악으로 규정하고 단죄한다.

제55장.
含德之厚(함덕지후)
도는 덕을 품은 갓난아이처럼

含德之厚, 比於赤子. 蜂蠆虺蛇[毒蟲]不螫, 猛獸不據, 攫鳥不搏. 骨弱筋柔而握固. 未知牝牡之合而全作, 精之至也. 終日號而不嗄, 和之至也. 知和曰常, 知常曰明, 益生曰祥, 心使氣曰强. 物壯則老, 謂之不道, 不道早已.

덕을 품어(含德之) 도타운 이는(厚), 갓난아이와(赤子) 견줄 수 있다(比於). 벌(蜂) 전갈(蠆) 도마뱀(虺) 독사도(蛇) [毒蟲(독충)] 독을 쏘지 않고(不螫), 맹수도(猛獸) 할퀴지 않고(不據), 맹금류도(攫鳥) 채어 가지 않는다(不搏). 뼈와 살은 유약하나(骨弱筋柔) 손에 쥐는 악력은 세다(而握固). 암수의 교합은(牝牡之合) 알지 못하지만(未知), 고추가 빳빳하니(而全作), 정기의(精之) 극치에 이르는 도다(至也). 종일(終日) 울어 재끼는 데도(號而) 목이 잠기지 않으니(不嗄), 조화의(和之) 극치로다(至也). 조화로움을 안다는 것은(知和) 늘 그러함이라 하고(曰常), 늘 그러함을 안다는 것은(知常) 깨우침이라 한다(曰明). 자신의 삶을 이롭게만 하는 것에 치중하는 것은(益生) 희생양이 따를 조짐이라 한다(曰祥). 마음에 일어나는 욕망이 기세를 부리니(心使氣) 이를 일러 거스름이라고 한다(曰强). 만물은(物) 장성하면(壯) 쇠하는 법이니(則老), 이를 일컬어(謂之) 도가 아니라고 하니(不道), 도가 아닌 것은(不道) 서둘러 그만두어야 한다(早已).

❖ **含德之厚(함덕지후), 比於赤子(비어적자).**
　덕을 품어(含德之) 도타운 이는(厚), 갓난아이와(赤子) 견줄 수 있다(比於).

　含(머금을 함) - 머금다, 품다, 참다, 견뎌내다, 싸다, 담다, 넣다, 꽃을 피우다.
　厚(두터울 후) - 두텁다, 후하다, 두껍다, 짙다, 진하다, 지극하다, 친하다, 우대하다.
　赤(붉을 적) - 붉다, 비다, 없다, 벌거벗다, 베다, 멸하다, 염탐하다, 실하다, 어린애.

맹자는 '赤子之心(적자지심)'을 갓난아이의 마음, 즉 세속에 찌들지 않은 순결한 마음을 뜻한다고 했다. 赤子는 사생결단으로 엄마의 질을 뚫고 나온 핏기가 채 가시지 않아 붉은 몸을 가진 갓난아이를 말한다. 갓난아이의 다른 표현인 嬰兒(영아)와 같이 쓰인다. 덕을 품어 지극한 사람을 노자는 갓난아이와 같다고 했다. 아이는 엄마 배 속에 있을 때부터 미소 짓는다 한다. 그리고 세상에 나오자마자 힘껏 울음을 터트린다. 하나뿐인 내 딸아이는 엄마 배 속에서 너무 자라 4.2kg으로 제왕절개로 태어났다. 처음으로 세상에 나와 아기 이름을 부르자 고개를 돌려 나를 쳐다봤다. 20여 년 전 그때의 모습이 지금도 눈에 선하다. 고개를 돌려 나를 보는 모습. 그 모습 그대로를 상상하며 아이의 마음으로 덕을 그려본다. 왜 노자가 덕이 두터운 후덕(厚德)한 사람을 갓난아이로 견주었을까? 자연을 그대로 닮아있기에 그렇다. 아직 氣의 희로애락(喜怒哀樂)에 대한 감정이 발현되기 전 천지와 같이 드넓은 아이의 마음. 모든 동물은 선하게 태어나는 것이 맞다. 미래에 어떤 경험을 겪는가에 따라 천사 또는 악마가 되어간다.

내가 아이의 웃음을 갖고 있을 때 내 인생 중 나는 가장 아름다웠으리!

❖ 蜂蠆虺蛇[毒蟲]不螫(봉채훼사[독충]불석), 猛獸不據(맹수불극), 攫鳥不搏(확조불박).

벌(蜂) 전갈(蠆) 도마뱀(虺) 독사도(蛇) [毒蟲(독충도)] 독을 쏘지 않고(不螫), 맹수도(猛獸) 할퀴지 않고(不據), 맹금류도(攫鳥) 채어 가지 않는다(不搏).

蜂(벌 봉) - 벌, 꿀벌, 봉망, 크다, 날카롭다.
蠆(전갈 채) - 전갈, 잠자리의 유충, 가시.
虺(살모사 훼/회) - 살무사, 큰 뱀, 도마뱀, 우렛소리, 많고 성하다, 고달프다.
蛇(뱀 사) - 긴 뱀, 자벌레, 별의 이름, 구불구불 가다, 느긋하다, 천박하다.
蟲(벌레 충) - 벌레, 구더기, 충해, 충서, 좀 먹다, 찌다, 그을다.
螫(쏠 석) - 쏘다, 성내다, 노하다, 독, 해독.
猛(사나울 맹) - 사납다, 굳세고 용맹하다, 건장하다.
獸(짐승 수) - 짐승, 가축, 야만, 하류, 포육, 야만스러운, 사냥하다.
據(근거 거/극) - 근거, 근원, 증거, 기댈 곳, 움키다, 할퀴다.
攫(움킬 확/국) - 움키다, 가로채다, 빼앗다, 당기다, 움키다.

鳥(새 조/도) - 새, 봉황, 섬.
搏(두드릴 박) - 두드리다, 치다, 때리다, 쥐다, 잡다, 빼앗다, 싸우다, 육시하다.

후덕하니 "벌(蜂봉) 전갈(蠆채) 도마뱀(虺훼) 독사도(蛇사) [毒蟲(독충도)] 독을 쏘지 않고(不螫불석), 맹수도(猛獸) 할퀴지 않고(不據불거), 맹금류도(攫鳥확조) 채어 가지 않는다(不搏불박)." 이 구절에 처음 보는 한자가 많았다. 전갈 채(蠆), 살무사나 도마뱀을 나타내는 훼(虺), 뱀 사(蛇), 쏠 석(螫), 움킬 확(攫), 두드릴 박(搏) 등 평상시 자주 사용하지 않는 한자들이다. 보기 드문 한자를 읽고 해석하는 맛이 고전에는 있다. 이런 맛과 멋을 독자들에게 생생하고 기깔나게 전달하는 것이 번역자와 주석자들이 해야 하는 역할일 것이다.

갓난아이는 감정이 발현되지 않은 상태(未發)이니 누구에게 해를 끼치지도, 해를 받지 않는다. 그저 먹고 자고, 먹고 자고만 되풀이할 때다. 부모는 노심초사(勞心焦思)하여 아이 곁을 잠시도 떠나지 못한다.

❖ **骨弱筋柔而握固**(골약근유이악고). **未知牝牡之合而全作**(미지빈모지합이전작), **精之至也**(정지지야).

뼈와 살은 유약하나(骨弱筋柔) 손에 쥐는 악력은 세다(而握固). 암수의 교합은(牝牡之合) 알지 못하지만(未知), 고추가 빳빳하니(而全作), 정기의(精之) 극치에 이르는 도다(至也).

骨(뼈 골) - 뼈, 골격, 기골, 골수, 몸, 인품, 굳다, 힘차다.
握(쥘 악/우) - 주다, 악착스럽다, 장악하다, 손아귀, 주먹, 줌, 악수, 휘장, 장막.
固(굳을 고) - 굳다, 단단하다, 완고하다, 독점하다, 감금하다, 진압하다, 고질병.
牝(암컷 빈) - 암컷, 골짜기, 계곡.
牡(수컷 모) - 수컷, 양, 양성, 자지, 남근, 열쇠, 언덕.

자연의 근본 원리는 음양(陰陽)의 조화(調和)이다. ⊕가 있으니 ⊖가 있다. + 양전하를 띠는 양성자와 - 음전하의 전자가 만나 원자가 된다. 갓난아이는 가르쳐 주지 않았는데도 손에 쥐는 악력이 세다. 엄마의 자궁에서 좁은 질을 통과하기 위해 두 손 불끈 쥐고 태어나서 그런가 보다. "뼈와 살은 유약하나(骨弱筋柔) 손에 쥐는 악력은 세다(而握固)." 움켜쥐고 태어나 커가면서 손바닥을 펴서 나간다. 오므리면 반드시 펴야 한다. 무술은 주먹으로만 하지 않는다. 손바닥으로도 충분한 공격과 방어 무기가 된다.

"암수의 교합은(牝牡之合) 알지 못하지만(未知), 고추가 빳빳하니(而全作), 정기의(精之) 극치에 이르는 도다(至也)." 알려주지 않아도 태어나면서부터 하는 선천적인 행동을 본능(本能)이라고 한다. 생존(生存)과 번식(繁殖)은 모든 생명의 근원 능력이다.

❖ **終日號而不嗄(종일호이불사), 和之至也(화지지야).**
종일(終日) 울어 재끼는 데도(號而) 목이 잠기지 않으니(不嗄), 조화의(和之) 극치로다(至也).

號(이름 호) - 이름, 별호, 부호, 기호, 차례, 번호, 명령, 부르짖다, 울다, 통곡하다.
嗄(잠길 사/아/하) - 잠기다, 목메다, 막히다, 아, 밥을 먹다, 반찬.

언어를 구사하지 못하는 아이에게 엄마를 맘대로 부릴 수 있는 유일한 방법은 울음이다. 배고프다고 울고, 졸리다 울고, 똥 쌌다고 운다. 울어야 자신의 욕구가 해소된다. 그렇게 울어 재낌에도 목이 잠기지 않는다. 이는 생존을 위한 아이의 본능이자 자연의 근원인 음양의 조화다. 생존을 위한 울음은 희로애락(喜怒哀樂)이 발현되어 감정에 의해 터지는 울음과는 다르다. 살기 위해 발버둥 치는 언어이자 신호이다.

❖ **知和曰常(지화왈상), 知常曰明(지상왈명), 益生曰祥(익생왈상), 心使氣曰強(심사기왈강).**
조화로움을 안다는 것은(知和) 늘 그러함이라 하고(曰常), 늘 그러함을 안다는 것은(知常) 깨우침이라 한다(曰明). 자신의 삶을 이롭게만 하는 것에 치중하는 것은(益生) 희생양이 따를 조짐이라 한다(曰祥). 마음에 일어나는 욕망이 기세를 부리니(心使氣) 이를 일러 거스름이라고 한다(曰強).

祥(상서 상) - 상서, 조짐, 제사, 복, 재앙, 희생양, 좋은 일, 상서롭다, 자세하다.
強(강할 강) - 강하다, 굳세게 하다, 힘쓰다, 억지로, 거스르다, 세차다, 세력, 강궁.

음양(陰陽)의 기본 원리는 조화(調和)이다. 조화는 서로 잘 어울리는 것이다. 잘 어울리기 위해서는 종속이 아닌 상보적이어야 한다. 호혜적 이타주의가 되어야 한다. 남녀의 운우지정(雲雨之情)도 합(合)이 조화(調和)를 이루어야 한다. 남녀 역시 종속이 아닌 상보적(相補的)으로 서로 도와 편익을 주고받는 호혜(互惠)를 이루는 것이 무엇보다 중요하다. 사랑도 맛과 멋이 어우러져야만 한다. 맛은 있으나 멋이 없으면 싱겁다. 뭔가 2%가 부족한 부조화다. 自然 = 調和이다. 和는 常이고 常은 明이다.

"조화로움을 안다는 것은(知和) 늘 그러함이라 하고(曰常), 늘 그러함을 안다는 것은(知常) 깨우침이라 한다(曰明)"라며 조화와 성실함을 통한 깨우침을 노자는 강조한다.

반대로 나 중심적 사고인 이기심을 늘(常) 경계하라고 가르친다. 이기심은 조화를 가로막는 절대악(絶對惡)이다. 이기적인 개체만이 존재하는 집단은 절멸(絶滅)한다. 이웃이 굶어 죽어도 관심이 없기 때문이다. 무리와 사회의 기원은 개체 생존의 유리함 때문이다. 우리 몸도 30조 개가 넘는 진핵세포들의 연합체이다. 만물은 서로 돕는 것이 자연의 원칙이기에 그렇다. 나만 잘살면 된다는 이기심과 개인의 쾌락인 욕망과 욕정을 잠재우고 양보와 배려 그리고 희생정신이 요구되는 세상이다.

"자신의 삶을 이롭게만 하는 것에 치중하는 것은(益生) 희생양이 따를 조짐이라 한다(曰祥). 마음에 일어나는 욕망이 기세를 부리니(心使氣) 이를 일러 거스름이라고 한다(曰强)."

❖ **物壯則老(물장즉노), 謂之不道(위지부도), 不道早已(부도조이).**
만물은(物) 장성하면(壯) 쇠하는 법이니(則老), 이를 일컬어(謂之) 도가 아니라고 하니(不道), 도가 아닌 것은(不道) 서둘러 그만두어야 한다(早已).

다시 한번 강조하면, 인간의 도덕심은 자기 길들이기(가축화[家畜化], self-domestication)의 결과물이다. 침팬지와 같은 공격성을 길들여 집단 안에 빈번하게 이루어지는 폭력성을 스스로 절제한 결과이다. 이기적인 본능을 절제하고 확장된 뇌와 정교한 언어와 더불어 이타적 본성을 발전시켰기 때문이다. 그러나 오랜 군주제와 신분제를 겪으면서 이타적 본성(利他的本性)보다는 계급

(階級)의 귀천(貴賤)으로 인간을 구분, 평가해 왔다. 서양의 정치학이 보편화되고부터는 인간을 보수와 진보로 나누어 구분 평가해 왔다. 자연선택을 벗어나 인간만의 고도한 문명을 이루면서 인간의 탐욕은 자연을 복종하고 섬겨야 대상이 아닌 정복과 극복의 대상으로 패러다임을 전환시켰다. 노자의 표현으로는 인위적(人爲的)이고 작위적(作爲的)으로 자연을 짓밟은 결과는 참혹했다. 급격한 화석연료의 사용으로 대기 중 이산화탄소의 농도가 폭발적으로 증가했기 때문이다. 280ppm이던 이산화탄소 농도가 421ppm으로 급격히 상승한 요인으로 400만 년 만에 가장 뜨거운 지구에 살고 있다. 이상 고온과 폭우 화산 폭발과 지진 그리고 대형 산불이 번지고 있다. 거기에 일본의 후쿠시마 원전 오염수 방류로 바다 생물까지 오염되게 생겼다. 지구 역사상 5번의 대멸종은 최상위 포식자를 최우선 Target으로 삼는다. 현재 지구의 최상위 포식자는 80억이 넘는 인간인 호모 사피엔스 단 한 종(種, species)뿐이다. 급격한 기후변화는 식량 문제를 유발한다. 식량 고갈에 최우선적 취약한 나라가 대한민국이다. 식량 문제는 필연적으로 전쟁을 낳는다. 인간의 도덕적이고 이타적인 본성에 호소하는 마음으로 나는 이 글을 쓰고 있다. 노자는 경고한다.

"만물은(物) 장성하면(壯) 쇠하는 법이다(則老), 이를 일러(謂之) 도가 아니라고 하니(不道), 도가 아닌 것은(不道) 서둘러 그만두어라(早已)."

제56장.
知者不言(지자불언)
말할 수 없는 것은 침묵하라

知者不言, 言者不知. 塞其兌, 閉其門, 挫其銳, 解其紛, 和其光, 同其塵. 是謂玄同. 故不可得而親, 不可得而疏; 不可得而利, 不可得而害; 不可得而貴, 不可得而賤. 故爲天下貴.

도를 아는 자는(知者) 말로만 떠들지 아니하니(不言), 도를 모르면서 말로만 떠드는 자는(言者) 제대로 아는 게 없다(不知). 그 오관의 구멍을 막고(塞其兌), 그 탐욕의 문을 닫아(閉其門), 그 공격성을 누그러뜨리고(挫其銳), 그 번잡함을 풀어 해치니(解其紛), 그 빛과 어우러지고(和其光), 그 먼지와 일체가 되었다(同其塵). 이를 일러(是謂) 항성(恒星)이 되는 현동이라 한다(玄同). 그러므로(故) 가까이 하려도(而親) 가까울 수 없고(不可得), 소통하려 하여도(而疏) 통할 수 없고(不可得), 이롭게 하려 해도 이로울 수 없고(不可得而利), 해롭게 하려해도 해롭게 할 수도 없으니(不可得而害), 귀히 여기려 해도 할 수 없고(不可得而貴), 업신여기려 해도 할 수 없는 것이다(不可得而賤). 그러므로(故) 천하를 고귀하게(天下貴) 다스릴 수 있는 것이다(爲).

❖ **知者不言(지자불언), 言者不知(언자부지).**
도를 아는 자는(知者) 말로만 떠들지 아니하니(不言), 도를 모르면서 말로만 떠드는 자는(言者) 제대로 아는 게 없다(不知).

"知者不言(지자불언)에 대한 해석을 아는 자는 말이 없다. 言者不知(언자부지) 말하는 사람은 아는 게 없다"라고 단정하여 해석하면 논란의 여지(餘地)가 생기기 마련이다. 어릴 때부터 아는 게 많을수록 입을 닫아야 한다는 소리를 귀에 못이 박히게 들었다. 왜냐하면 나는 말하는 것을 좋아해서 매일 설교하는 목사가 되려고 신학대학까지 다녔기 때문이다. 그런데 말을 하지 말라니 큰일이 난 것이다. 답은 바로 뒤 구절에 나와 있다. 말하는 자는 아는 게 없다. 아는 게 없이 말만 많은 사람을 일컫는 것이다. 바로 빈 수레가 요란하다는 표현을 대놓고 하는 것이다. 주선생은 큰소리치지 않는 것이라 하셨고, 도올 선생의 해석대로 도를 아는 사람은 함부로 말하지 않는 것이다. 나는 덧붙여 도를 아는 사람은 말과 혀로만 떠들지 않는다는 의미로 '행함이 없는 도는 도가 아니다'라고 해석하였다. 사도 바울은 행함이 없는 믿음은 진정한 신앙이 아니라고 가르쳤다. 오직 행함과 진실함이 있어야 하는 것이 예수를 본받는 길이라고 가르쳤다. 동서양을 막론하고 지혜의 정의는 힘들게 배워서 어떤 방식으로 선을 행하는가의 문제다. 지능과 지식은 나를 위한 이기적인 목적을 실현하기 위해 획득한 목적 지향성을 두기에 남을 지배하고 가르치기 위해 갖게 된 선천적 지능(知能) 그리고 후천적 지식(知識)의 습득이다. 이러한 종류의 앎은 도와 관련이 없는 자기 출세, 계급장 획득에 그 의미를 한정한다. 도는 세상 모든 만물을 포괄한다. 도를 깨우친 사람은 그래서 집단지향성, 공동지향성을 추구하기에 이타적이어서 지성과 지혜를 최고의 선으로 삼는 사람들이다. 그러니 함부로 떠들지 않으며, 말로만 하지 않고 오직 행함과 진실함이 체화(體化)된 것이다. 그런 도의 경지에 오른 성인은 말하지 않아도 알고 말로만 떠들지 않는 것이다. "도를 아는 자는(知者) 말로만 떠들지 아니하니(不言), 도를 모르면서 말로만 떠드는 자는(言者) 제대로 아는 게 없다(不知)." 유튜브가 만백성의 귀와 눈이 되고부터 함부로 떠들고 함부로 지껄이는 종자들이 너무 많아졌다. 이익을 위해 거짓 정보를 참인 양 호도하고 갈등을 부추긴다. 제대로 아는 것도 없는 식충(食蟲)이들이다.

- ❖ **塞其兌(색기태), 閉其門(폐기문), 挫其銳(좌기예), 解其紛(해기분), 和其光(화기광), 同其塵(동기진). 是謂玄同(시위현동).**
  그 도는(其) 물질이 서로 교환하여(兌) 충만해지면(塞), 그 문을 닫아 에너지를 생성하고(閉其門), 그 도(其)는 빠르게 움직이는 것을(銳) 잡아 무디게 하고(挫), 혼돈(紛) 속에 질서(其)를 찾아간다(解). 빛(光)이 모여(和) 별(其)이 되고, 먼지(塵)가 하나(同) 되어 만물(其)이 된다. 이를 일러(是謂) 현묘한 하나가 되는 현동이라 한다(玄同).

塞(변방 새/색) - 변방, 요새, 보루, 주사위, 보답하다, 쌓다, 막다, 차다, 충만하다.

兌(바꿀 태/예/열) - 바꾸다, 교환하다, 기쁘다, 곧다, 구멍, 모이다, 날카롭다, 삷다.
閉(닫을 폐) - 닫다, 막다, 막히다, 가리다, 감추다, 마치다, 입추, 입동, 자물쇠.
挫(꺾을 좌) - 꺾다, 부러지다, 창피를 주다, 손상시키다, 묶다, 결박하다, 문지르다.
銳(날카로울 예/태/열) - 날카롭다, 날래다, 빠르다, 민첩하다, 예리한 무기, 창.
解(풀 해) - 풀다, 풀이하다, 깨닫다, 통달하다, 가르다, 벗기다, 쪼개다, 주해, 핑계.
紛(어지러울 분) - 어지럽다, 번잡하다, 많다, 섞다, 깃발, 술, 패건, 실띠, 행주.
塵(티끌 진) - 티끌, 먼지, 때, 시간, 세속, 전란, 자취, 유업, 때가 묻다, 오래되다.

4장과 52장 도충(道沖) 장에 나오는 구절이 다시 나온다. 52장에서는 그 육신의 구멍을 막고(塞其兌), 그 정신의 문을 닫으면(閉其門), 그 육신의 구멍을 열고(開其兌), 그 빛을 활용하여(用其光), 밝음으로(其明) 되돌아가니(復歸), 몸에 재앙을 남기지 않게 된다(無遺身殃). 이를 일컬어(是謂) 영원한 도를 몸에 익히는 '습상'이라 함이다(習[襲]常). 56장은 도의 현동(玄同)에 관한 내용이다.

모두 도의 생성과 작용에 관하여 설명하고 있다. 도를 모르고 도를 이야기하니 헷갈리고 번잡하다. 빅뱅으로 138억 년 전 수소(H)와 헬륨(He) 원자들이 만들어지고 약간의 리튬(Li)과 베릴륨(Be)이 만들어졌다. 이보다 무거운 원소들은 죽은 별의 잔해에서 만들어진다. 양자역학을 이해하는 사람은 아무도 없다는 리처드 파인먼의 말처럼 그렇다. 현대물리학에서 말하는 도는 물질과 에너지이다. 아인슈타인의 너무나 유명한 $E = mc^2$ 물질과 에너지는 등가라는 공식이다. 도는 물질과 에너지의 스스로 그러한 생성과 작용이다. 중력, 전자기력, 강력, 약력 우주 자연의 이 네 가지 힘이 상호작용하면서 물질은 융합과 분열을 반복하여 에너지를 분출한다. 태양이 있어 지구에서 생명이 출현할 수 있었고, 여러분 그리고 내가 태어날 수 있는 도의 작용에 대한 결과물이다. 별은 수소와 헬륨가스가 뭉쳐있는 초대형 구름에서 만들어진다. 구름 속에서 수소 원자가 내부압력으로 뭉치면서 삼중수소 원자핵 그리고 헬륨 원자핵으로 핵융합하면서 $E = mc^2$만큼 에너지를 분출한다. 태양의 내부 온도는 1,000만도 이상이다. 태양의 표면 온도는 6,000K이다. 이 온도가 지구에 다 달아 지구 생명체가 물질대사를 할 수 있게 된다. 지구 대기에 20억 년 전 산소가 생긴 것도 식물세포들이 태양에너지를 이용하여 광합성을 했기 때문이다. 태양이 에너지를 잃게 되면 지구가 품어온 생명체는 끝난다. "그 도는(其) 물질이 서로 교환하여(兌) 충만해지면(塞), 그 문을 닫아 에너지를 생성하고(閉其門), 그 도(其)는 빠르게 움직이는 것을(銳) 잡아 무디게 하고(挫), 혼돈(粉) 속에 질서(其)를 찾아간다(解). 빛(光)이 모여(和) 별(其)이 되고, 먼지(塵)가 하나(同) 되어 만물(其)이 된다. 이를 일러(是謂) 현묘한 하나가 되는 현동이라 한다(玄同)."

- ❖ **故不可得而親(고불가득이친), 不可得而疏(불가득이소); 不可得而利(불가득이리), 不可得而害(불가득이해);**
  고로(故) 가까이할(而親) 수도 없고(不可得), 소통할(而疏) 수도 없고(不可得), 이롭게 할 수도 없고(不可得而利), 해롭게 할 수도 없으니(不可得而害),

자연의 거대 SCALE과 미시 SCALE은 인간의 뇌가 아무리 뛰어나게 진화했다 해도 쉬이 이해할 수도, 설명할 수도 없다. 그러나 지난 100년 동안 과학은 실로 엄청난 우주 생성과 태양계 생성에 대한 비밀의 열쇠를 열었다. 그러나 노자가 당시 사람들이 도에 대해 무관심함을 한탄하듯 현대과학이 밝혀온 엄청난 비밀에 대한 사람들은 무관심하다. 도를 말하면 미친놈 취급받듯 현대사회도 우주에 대해 말을 끝내면 돌아이 취급을 한다. 내 인생은 우주 생성의 비밀을 통해 우주와 내가 하나의 근원임을 알았을 때 그 경이로움은 이루 말할 수 없었다.

장자(莊子, BC369~BC286)는 제물론(齊物論)에서 "天地與我竝生(천지여아병생), 萬物與我爲一(만물여아위일). 천지와 내가 나란히 아우러져 생성됐고, 만물과 내가 하나로 다스려짐이다."
"天地同根(천지동근)이요, 萬物一切(만물일체)다. 천지는 하나의 뿌리요, 고로 만물은 하나다. Earth and Life as Natural Systems"

그러므로 도라는 것은 "고로(故) 가까이할(而親) 수도 없고(不可得), 소통할(而疏) 수도 없고(不可得), 이롭게 할 수도 없고(不可得而利), 해롭게 할 수도 없으니(不可得而害),"

- ❖ **不可得而貴(불가득이귀), 不可得而賤(불가득이천). 故爲天下貴**

(고위천하기).

귀하게도 할 수도 없고(不可得而貴), 천하게 할 수도 없다(不可得而賤). 그러므로(故) 천하에 가장 고귀한 가치로(天下貴) 삼는다(爲).

도법자연(道法自然)은 인간이 인위적(人爲的)으로 어찌할 수 없는 존재이다. 화성에 인간을 보내어 거주시킨다는 일론 머스크는 또 다른 재앙을 화성으로 전가(轉嫁)하는 발상이다. 이름을 항상 그러하게 이름 지을 수 없다고 했듯이 귀천(貴賤)도 인간의 선택이자 감정이다. 도는 스스로 그러한 작용이기에 항상(恒常) 그러하다. 항상 그러하기에 우리는 귀한지 천한지 사실 잘 모른다. 잘 모르면서 아는 척하지 말라고 경고했다.

"도를 아는 자는(知者) 말로만 떠들지 아니하니(不言), 도를 모르면서 말로만 떠드는 자는(言者) 제대로 아는 게 없다(不知)."

아는 게 없을 때는 눈치껏 해야 한다. 아는 게 없으면서 발악하고 깽판을 놓으면 자연의 질서와 인간사회의 질서가 모두 흔들린다. 도를 아는 성인들의 말씀을 그대로 따르니 "그러므로(故) 천하에 가장 고귀한 가치로(天下貴) 삼는다(爲)."

제57장.
以正治國(이정치국)
나눔과 섬김의 정치

以正治國, 以奇用兵, 以無事取天下. 吾何以知其然哉? 以此. 天下多忌諱, 而民彌貧. 民多利器, 國家滋昏. 人多伎巧, 奇物滋起. 法令滋彰, 盜賊多有. 故聖人云, 我無爲而民自化. 我好靜而民自正. 我無事而民自富. 我無欲而民自樸.

정도로써(以正) 나라의 질서를 잡고(治國), 기이함으로써(以奇) 군사를 다스리니(用兵), 부리려 하지 않음으로써(以無事) 천하를 얻을 수 있다(取天下). 내 어찌(吾何) 그러함을(其然) 알 수 있을까(以知哉)? 이로써 안다(以此). 천하에(天下) 꺼리고 피하는 것들이 많을수록(多忌諱), 백성들의 삶은(而民) 더욱 곤궁해진다(彌貧). 백성들을(民) 현혹하는 무기가 많아질수록(多利器), 국가는(國家) 혼란이 증가한다(滋昏). 사람에게(人) 간교한 재주가 많을수록(多伎巧), 괴상한 물건이(奇物) 더욱 쏟아져 나온다(滋起). 제재하는 규칙이(法令物) 생겨나 증가할수록(滋彰), 도둑들의 약탈 짓이(盜賊) 더욱 많이 발생한다(多有). 그러므로(故) 성인이(聖人) 이르기를(云), "내가(我) 다스리려 하지 않아도(無爲而) 백성들이(民) 스스로 교화되고(自化), 내가(我) 고요하고 깨끗함을 선호하니(好靜而) 백성들이(民) 스스로 정의로워진다(自正). 내가(我) 부리려 하지 않으려 하니(無事而) 백성들이(民) 스스로 풍요로워 진다(自富). 내가(我) 욕심을 가지려 하지 않으니(無欲而) 백성들이(民) 스스로 본디 순박한 바탕으로 되돌아간다(自樸)."

❖ **以正治國**(이정치국), **以奇用兵**(이기용병), **以無事取天下**(이무사취천하)

정도로써(以正) 나라의 질서를 잡고(治國), 기이함으로써(以奇) 군사를 다스리니(用兵), 부리려 하지 않음으로써(以無事) 천하를 얻을 수 있다(取天下). 내 어찌(吾何) 그러함을(其然) 알 수 있을까(以知哉)? 이로써 안다(以此).

정치(政治)의 근본은 올바르게 질서를 잡아가는 정치(正治)하는 것이다. 정도(正道)로서 나라의 질서(秩序)를 바로잡는 것이다. 도를 이루고 따르니 백성들이 법이 없어도 죄를 짓지 않는다. 그러나 털 없는 원숭이들의 정치(政治)는 힘이다. 힘으로 때려잡고 힘으로 지배한다. 원숭이 사회는 그게 정의이다. 왜냐하면 무리를 이루고 사는 개체들이 알아서 복종하기 때문이다. 가끔 서열이 낮은 개체들이 연합하여 쿠데타를 일으킨다. 성공하면 권력을 쥐고 실패하면 가장 낮은 서열로 추락하게 된다. 한마디로 원숭이는 이기적이다. 원숭이와 인간은 이타적이냐, 이기적이냐에서 차이가 난다. 인간이 이기적인 것은 원숭이의 뇌에 머물러 있다는 것이다. 단지 털만 없을 뿐이다. 하나 더 다른 것은 말할 줄 알고 생김새는 사람 얼굴을 하고 있다. 예로부터 이러한 원숭이를 인면수심(人面獸心)이라고 부른다. 인면수심의 털 없는 원숭이 사회는 힘이 정의이다. 국민이 부여한 대리 권력을 제 것인 것처럼 사적재로 마구 활용한다. 깡패들과 똑같이 집단 이기주의가 팽배해 국민을 대신하는 권력을 뺏기지 않기 위해 수단과 방법을 가리지 않고 원숭이들이 인간을 때려잡는다. 권력 카르텔을 공유하고 있는 언론 기레기들은 잘했다고 손뼉을 쳐주며 부패 권력에 기생해 국민의 피를 빨아먹는다. 그러기에 인간사회의 가치인 정의로운 사회는 사라지고 두들겨 패고 나만 잘 처먹고 잘살면 끝나는 무질서한 전근대 사회로 회귀하는 것이다. 서양이 만들고 발전시킨 정치학은 털 없는 원숭이들에게 '수구(守舊)' 또는 '보수(保守)'라는 그럴듯한 이름을 붙여주고 의회민주주의를 통해 정당성을 부여했다. 노자와 공자가 들으면 관뚜껑을 열고 뛰쳐나올 일이다. 그토록 소인과 군자를 구분하여 가르쳤거늘 2,000년이 넘도록 소인들이 세상을 지배하도록 서양 오랑캐가 털 없는 원숭이들에게 정치적인 입지와 명분을 주었기 때문이다. 대한민국의 현실이 통탄스럽다. 정도(正道)는 사라지고 기괴함으로 군사를 다스리니 일본제국주의의 하수인으로 전락하고 말았다. 일본제국주의의 상징인 욱일기에 경례하는 대한민국의 군인들이라니 백범 선생이 관뚜껑을 열고 뛰쳐나올 일이다. 근대를 벗어던지고 선거로서 엘리트 권력을 선출하는 대의민주주의는 지성인들의 피와 바꿔 이룩한 결과다. 그러한 결과물에는 집단지성이 필요하다. 도를 알고 도를 실천하는 사람이 많아질수록 원숭이들이 설 자리가 사라진다. 원숭이들이 사라진 도의 사람들이 세상에 많아지니 무위(無爲)와 무사(無事)하여도 저절로 다스려지니 백성들이 우러러 천하를 취하게 하는 이치이다. 그렇게 하지 않으면 권력을 박탈당하는 탄핵에 이르게 되고 결국은 감방에서 여생을 마무리해야 할 것이다. 권력을 정도(正道) 하게 되면 저절로 천하를 얻고 권력을 남발하면 저절로 감방에 가게 되는 이치다.

"정도로써(以正) 나라의 질서를 잡고(治國), 기이함으로써(以奇) 군사를 다스리니(用兵), 부리려 하지 않음으로써(以無事) 천하를 얻을 수 있다(取天下)." 할 수 있는 것이다. 내 어찌(吾何) 그러함을(其然) 알 수 있을까(以知哉) 이로써 안다(以此).

* **天下多忌諱(천하다기휘), 而民彌貧(이민미빈). 民多利器(민다이기), 國家滋昏(국가자혼).**
  천하에(天下) 꺼리고 피하는 것들이 많을수록(多忌諱), 백성들의 삶은(而民) 더욱 곤궁해진다(彌貧). 백성들을(民) 현혹하는 무기가 많아질수록(多利器), 국가는(國家) 혼란이 증가한다(滋昏).

  忌(꺼릴 기) - 꺼리다, 질투하다, 시기하다, 미워하다, 증오하다, 원망하다, 공경하다.
  諱(숨길 휘) - 숨기다, 꺼리다, 싫어하다, 피하다, 은닉하다, 두려워하다, 제삿날.
  民(백성 민) - 백성, 사람, 민심, 어둡다, 잠을 자다.
  彌(두루 미) - 두루, 널리, 멀리, 미륵, 갓난아이, 오래다, 다하다, 끝나다, 가득.
  滋(불을 자) - 붇다, 증가하다, 늘다, 번식하다, 우거지다, 무성하다, 많다, 여물다.
  昏(어두울 혼) - 어둡다, 날이 저물다, 요절하다, 장가, 현혹, 혼란하다.

물질이나 사람이나 능동에 의해 자발적으로 행동했을 때 무질서의 정도가 낮아진다. 이를 물리학에서는 엔트로피 법칙으로 설명한다. 세상이 몰상식과 편법, 불법이 판을 치면 인간의 자발성을 해치게 한다. 줄을 서서 한 사람, 한 사람 버스에 타야 빠른 시간에 안전하게 탈 수 있다. 이런 경우를 우리는 질서가 있다고 한다. 후진국일수록 사람들은 질서를 지키지 않는다. 동물일수록 질서를 지키지 않는다. 이기적일수록 질서를 지키지 않는다. 힘과 돈이 많을수록 질서를 지키지 않는다. 이를 우리는 새치기라고 부른다. 새치기 하는 인간이 많을수록 그 사회는 무질서하고 후진적이라고 표현한다. 바로 도가 사라진 사회이다. 질서를 지키면 손해를 보는 세상. 그러기에 무질서한 세상이 무서운 것이다. 아버지가 정치인이어서 군대에 안 가고 아버지가 재벌이어서 군대에 안 가는 세상을 우리는 무질서가 판을 치는 후진국이라 하는 것이다. 권력을 가진 정치인이라고 수사 또는 기소조차 하지 않는 나라는 무질서가 판치는 후진 나라이다. 백성들이 꺼리고 피하는 일일수록 권력을 가진 이가 돈 많은 부자가 솔선수범하여 행해야 하는 이유이다. 그것이 질서가 생기고 선진적인 나라가 되는 길이다. 그러므로 백성들이 부유해진다. 마스크 쓰라고 권고했더니 총을 가지고 나와서 위협하는 미국은 더 이상 선진국이 아니다. 자발적인 질서가 사라지니 나라가 혼란해지는 이유이다. 자발과 자율이 사라지고 통제와 감시가 질서가 된 북한이 영원히 후진국이 될 수밖에 없다.

"천하에(天下) 꺼리고 피하는 것들이 많을수록(多忌諱), 백성들의 삶은(而民) 더욱 곤궁해진다(彌貧). 백성들을(民) 현혹하는 무기가 많아질수록(多利器), 국가는(國家) 혼란이 증가한다(滋昏)."
세상에 道가 사라지면 백성들의 삶은 곤궁하고 상서로운 무기가 판치니 국가가 혼란에 빠지는 일은 인간 세상에서 일어나는 필연적인 현상이다. 노자는 사건의 본질을 꿰뚫어 보는 혜안(慧眼)이 뛰어나다.

- ❖ **人多伎巧(인다기교), 奇物滋起(기물자기). 法令[物]滋彰(법령[물]자창), 盜賊多有(도적다유).**
    사람에게(人) 간교한 재주가 많을수록(多伎巧), 괴상한 물건이(奇物) 더욱 쏟아져 나온다(滋起). 제재하는 규칙이(法令[物]) 생겨나 증가할수록(滋彰), 도둑들의 약탈 짓이(盜賊) 더욱 많이 발생한다(多有).

    伎(재간 기) - 재간, 재능, 재주, 광대, 배우, 기생, 음악, 천천히 걷다.
    巧(공교할 교) - 공교하다, 솜씨가 있다, 예쁘다, 약삭빠르다, 재주, 책략, 교묘하게.
    奇(기특 기/의) - 기특하다, 기이하다, 괴상하다, 불우하다, 사납다, 의지하다.
    彰(드러날 창) - 드러나다, 나타나다, 뚜렷하다, 선명하다, 게시하다, 가로막다, 문채.
    盜(도둑질 도) - 도둑, 도적, 도둑질, 훔치다.
    賊(도둑 적) - 도둑, 도적질, 역적, 사악한, 해치다, 학대하다, 그르치다, 죽이다.

자본주의는 경제활동의 주체가 경쟁적으로 이익을 취하는 것이 합법화되어 있다. 기업의 설립 목적은 이익 추구이다. 생산만 하면 소비는 무차별적으로 이루어진다. 그런데 여기에 모순이 발생한다. 지구 자원은 무진장 인간을 위해 무제한으로 퍼주는 것이 아니라 한정되어 있기 때문이다. 자원은 한정되어 있다. 무제한 생산이 불가하다. 만물은 최적점인 임계점이 존재한다. 생산과 소비가 균형점을 이루는 교차점이다. 자본주의와 경제활동은 인간의 본능인 이기심에 기반하고 있다. 하루가 다르게 핸드폰의 신모델이 쏟아져 나오고 하루가 다르게 자동차의 신모델이 쏟아져 나온다. 생산만 하면 소비는 저절로 이루어진다는 환상 속에 살아가고 있기에 그렇다. 인간의 이기심은 장기적 계획을 세우지 않는다. 이기심은 생존을 위한 본능이지만 만족할 줄 모르는 탐욕심이다. 인간이 인위적으로 생산해 내는 모든 생산품은 지구의 미래 세대를 위한 한정된 자원까지 현재 세대가 미리 당겨 사용하고 있는 셈이다.

　소비 역시 마찬가지다. 모든 지구에 사는 생명체는 지구가 제공하는 자원을 통해 한정된 생존 소비를 하게 되어있다. 소비에도 몇 가지 종류가 있다. 생존을 위해 필수재만 소비하는 생존 소비가 첫 번째이다. 쌀, 주거비, 공과금과 같은 생존에 필수적인 필수재만을 소비할 수 있다. 저축이나 보험료 같은 미래를 대비하는 돈은 사용할 수가 없다. 법에서는 기초생활수급자라고 한다. 개인과 가정에 생활을 유지하기 위한 교육비, 보험료와 같은 생활 소비가 있다. 이 이상의 소비를 경제학에서는 과소비(過消費)라고 한다. 자신의 수입을 초과하여 소비하는 것을 말한다. 미래의 소비를 미리 당겨서 하는 유형이다. 카드회사의 노예가 된다.

　사회적으로도 심각한 문제가 되는 것은 과시 소비(誇示消費)이다. 미국의 사회학자이자 경제학자 소스타인 베블런(1857~1929)이 제안한 개념이다. 자신의 경제력과 지위를 자랑할 목적으로 하는 소비이다. 필수재가 아닌 사치재를 소비하는 것이다. 자가용 중에서 소형차가 아닌 대형차, 프리미엄 자동차와 외제 차를 과사용으로 소비한다. 먹지 않아도 되는 랍스터와 킹크랩을 먹는다. 지역에 있는 마트 대신 백화점을 이용한다. 명품을 온몸에 휘두르고 다닌다.

집은 월세지만 자가용은 벤츠다. 가랑이가 찢어져도 골프는 쳐야 한다. 비행기도 비즈니스 아니면 일등석만 타야 직성이 풀린다. 내가 예전에 그랬다. 그러한 소비를 유지하기 위해서는 온갖 발악을 다 해야 한다. 탐욕심은 더욱 커지고 소득과 소비가 임계점을 벗어난다. 한 번 중독된 소비성향은 다시 제자리로 돌아가지 못한다. 경제학에서는 이를 '소비의 비가역성' 또는 '톱니 효과'라고 부른다. 소비에 중독되면 도적질도 삼가지 않게 된다. 특히 후진국일수록 국가에 내야 할 돈인 세금을 도둑질하는 인간이 많아진다. 북한같이 국민 전체를 통제, 감시하는 독재, 불량국가일수록 이런 짓거리가 많다. 유전무죄(有錢無罪), 유력무죄(有力無罪)인 돈과 권력만 있으면 죄가 되지 않는 세상, 즉 Power is Justice! 원숭이 사회가 되는 것이다.

"사람에게(人) 간교한 재주가 많을수록(多伎巧), 괴상한 물건이(奇物) 더욱 쏟아져 나온다(滋起). 제재하는 규칙이(法令[物]) 생겨나 증가할수록(滋彰), 도둑들의 약탈 짓이(盜賊) 더욱 많이 발생한다(多有)."

❖ 故聖人云(고성인운), 我無爲而民自化(아무위이민자화), 我好靜而民自正(아호정이민자정),

그러므로(故) 성인이(聖人) 이르기를(云), "내가(我) 다스리려 하지 않아도(無爲而) 백성들이(民) 스스로 교화되고(自化), 내가(我) 고요하고 깨끗함을 선호하니(好靜而) 백성들이(民) 스스로 정의로워진다(自正).

무리를 다스림은 지배와 복종을 요구한다. 동물들의 사회는 힘이 지배하는 수직적인 질서를 가지고 있다. 그러기에 강압적이다. 서열이 가장 높은 우두머리인 알파 수컷의 성향에 따라 복종에 대한 대가가 다르다. 爲(위)는 동물 중에 가장 길들이기 어려운 코끼리를 길들인다는 뜻이다. 야생의 동물을 가축화시키는 길들이기는 '공격성'을 다스리는 것이다. '야생성 = 공격성'이다. 아프리카의 코끼리는 공격성이 너무 강해 인간이 길들이기에 실패했다. 오로지 아시아코끼리만이 인간과 같이 살도록 가축화인 길들이기를 할 수 있다. 그것도 두 살 이하의 아주 어렸을 때 엄마로부터 떼놓고 파잔(Phajaan)을 통해 때리고 쇠꼬챙이로 쑤시고 정신적인 학대와 고문을 통해 복종시킨다. 조련사에 의해 일주일 이상 코끼리의 육체와 의식을 짓밟는다. 35장 執大象(집대상)편에서 자세히 설명하였다.

동물에게 자행한 것도 끔찍한 데 그것을 인간에게 행한다고 상상해 보라. 우리나라도 그런 짓을 저지른 게 얼마 되지 않는다. 영화〈1987〉에도 묘사되었지만 '박종철 고문치사' 사건이 일어난 지 40년이 안 되었다. 아직도 미개한 원숭이의 나라에서는 더욱 잔인한 방법으로 자행되고 있다. '빨갱이'라는 이름으로 '독립군'이라는 이름으로 20세기에 저질러진 인간이 인간에 행한 '파잔' 말이다. 그런 일본제국주의의 야심을 포기하지 않은 반지구적인 무지막지한 원숭이들과 손을 잡다니 대한민국의 道와 德을 팽개쳐 버린 윤석열은 그 죄에 대한 응당한 대가를 받아야 한다.

이타적인 본성을 획득한 사피엔스에게 스스로 자기절제를 할 줄 아는 도덕심의 획득은 성공적인 전략이었다. 이타심은 배려심과 양보심, 가족과 내집단을 위해 목숨을 아까워하지 않았기 때문이다. 법은 이기적인 원숭이들의 멈추지 않는 탐욕심과 공격성 그리고 무임승차를 잠재우기 위해 만들어져야 한다. 그래야 다수의 이타적이고 도덕적인 백성들이 안심하고 서로 협력하며 살 수 있게 된다. 우리나라의 지리적 여건이 주변국이 죄다 늑대들이 살다 보니 더욱 협력을 중요시한다. 전 세계 어디를 가도 대한민국의 백성들처럼 도덕적이고 이타적이고 남의 시선을 중요시하는 국민이 드물다. 정치 지도자만 성인(聖人)과 같은 군주를 만나면 지구를 리드하는 나라가 될 것이다.

"그러므로(故) 성인이(聖人) 이르기를(云), "내가(我) 다스리려 하지 않아도(無爲而) 백성들이(民) 스스로 교화되고(自化), 내가(我) 고요하고 깨끗함을 선호하니(好靜而) 백성들이(民) 스스로 정의로워진다(自正)."

❖ **我無事而民自富(아무사이민자부). 我無欲而民自樸(아무욕이민자박).**

내가(我) 부리려 하지 않으니(無事而) 백성들이(民) 스스로 풍요로워 진다(自富). 내가(我) 욕심을 가지려 하지 않으니(無欲而) 백성들이(民) 스스로 본디 순박한 바탕으로 되돌아간다(自樸).

국가와 정부가 할 일은 국민을 지배하고 통치하는 것이 아니라 섬기는 것이다. 그게 인간과 원숭이의 차이다. 원숭이는 무리를 통치하고 지배하는 북한 괴뢰 집단의 김 씨 일당과 같다. 보수의 탈을 쓴 극우들도 마찬가지다. 이기적인 원숭이들의 무임승차를 막는 것이 정치가 해야 할 역할이다. 선량하고 이타적이고 도덕적인 다수의 국민은 법이 없어도 살 수 있는 사람들이다. 그러기 위해서는 엘리트 권력이 도덕적이어야 한다. 대한민국의 엘리트 집단처럼 국민의 공동선과 괴리가 있는 나라도 드물다. 국민의 수준에 미치지 못하는 관료들과 언론은 그래서 자연 도태되는 것이다. 대한민국의 미래는 좋은 지도자를 선출하고 털 없는 원숭이를 정치에 참여하지 못하게 막는 집단지성이 필요하다.

"내가(我) 부리려 하지 않으니(無事而) 백성들이(民) 스스로 풍요로워 진다(自富). 내가(我) 욕심을 가지려 하지 않으니(無欲而) 백성들이(民) 스스로 본디 순박한 바탕으로 되돌아 간다(自樸)."

국민을 주권자로서 섬기고 관료들에게 엄격한 지도자가 필요한 이유다. 사리사욕 없는 도덕적 군주야말로 백성들을 본디 순박한 바탕의 통나무가 될 수 있게 하리라. 무사(無事)와 무위(無爲)의 정치는 이타적이고 도덕적인 본성을 획득한 인간사회에만 통용되는 길이라.

제58장.
其政悶悶(기정민민)
성인은 원칙을 지키되 융통성을 발휘한다

其政悶悶, 其民淳淳. 其政察察, 其民缺缺. 禍兮, 福之所倚. 福兮, 禍之所伏. 孰知其極? 其無正. 正復爲奇, 善復爲妖. 人之迷, 其日固久. 是以聖人方而不割. 廉而不劌, 直而不肆, 光而不耀.

그 임금이(其政) 무덤덤하니(悶悶), 그 백성이(其民) 순박하고 맑다(淳淳). 그 임금이(其政) 저리 돈을 밝히니(察察), 그 백성은(其民) 이지러지고 결핍된다(缺缺). 재앙에는(禍兮), 복이(福之) 깃들어 있다(所倚). 복에는(福兮), 재앙이(禍之) 도사리고 있다(所伏). 그 누가 알겠는가(孰知) 그 다함이 어딘지(其極)? 그렇다고(其) 결정된 것은 아무것도 없다(無正). 결정되어 지면(正) 괴상한 것이 설쳐 뒤집어 놓고(復爲奇), 통달하고 나면(善) 요망한 것이 설쳐서 뒤집어 놓는다(復爲妖). 사람의 마음을(人之) 환장하도록 헷갈리게 하는(迷) 그러한 날들이(其日) 오랜 시간 고착되었구나(固久). 그런 까닭에(是以) 성인은(聖人) 방향을 거스른다 하여(方而) 무 자르듯 자르지 않고(不割), 청렴하다 하여(廉而) 두부처럼 뭉개지 않으며(不劌), 올곧다 하여(直而) 고구마처럼 찌르지 않으며(不肆), 광채가 흐른다 하여(光而) 제비처럼 현혹하지 않는다(不耀).

❖ **其政悶悶(기정민민), 其民淳淳(기민순순). 其政察察(기정찰찰), 其民缺缺(기민결결).**
그 임금이(其政) 무덤덤하니(悶悶), 그 백성이(其民) 순박하고 맑다(淳淳). 그 임금이 (其政) 저리 돈을 밝히니(察察), 그 백성은(其民) 이지러지고 결핍해 진다(缺缺).

政(정사 정) - 정사, 정치, 구실, 조세, 법, 버규, 부역, 관직, 임금, 가르침, 바르다.
悶(답답할 민) - 답답하다, 깨닫지 못한다, 어둡다, 혼미하다, 민망하다, 번민.
淳(순박할 순/준) - 순박하다, 맑다, 도탑다, 크다, 소금기, 대다, 뿌리다, 폭, 너비.

察(살필 찰) - 살피다, 상고하다, 자세하다, 조사하다, 드러나다, 깨끗하다, 말다.
缺(이지러질 결) - 이지러지다, 없다, 모자라다, 부족하다, 빠뜨리다, 비다, 아니하다.

　　나라의 일을 맡아 한다는 정사 또는 정치 政의 뜻에 임금이란 뜻이 있어 임금으로 해석하니 뜻이 맞다. 어차피 왕권 시대에는 임금이 정사를 보는 자리니 정사라는 글에 임금이 있다는 것은 당연하다. '悶悶'하다는 20장에 한 번 나온다. "세상 사람들은(俗人) 저리 돈을 밝히는데(察察), 나만 홀로(我獨) 무덤덤하다(悶悶)." 자신의 신세를 비꼬아 한탄하는 내용이다. 20장의 번역을 58장에 가져다 해석해 보았다. 나쁘지 않아 주해를 이어간다. 무덤덤하다는 감정의 동요나 표정의 변화가 거의 없는 상태이다. 정치 지도자의 덕목은 감정을 드러내지 않는 것이 제일 중요하다고 판단하였다. 대통령이 진노했다는 언론 보도가 요즘 심심찮게 나온다. 훌륭한 리더는 자기감정을 통제하는 것이다. 자기감정을 통제하지 않고 틈만 나면 드러내는 지도자는 국가를 운영할 자격도 능력도 없다는 뜻이다. 가상코인인 도지코인이 일론 머스크 한마디로 코인 가격에 영향을 주는 것을 보았다. 지도자는 내재적으로나 외재적으로 영향을 주는 언사를 삼가야 한다. 트럼프라는 희대의 미국 대통령이 시도 때도 없이 트위터를 날려 전 세계에 얼마나 악영향을 주었는지 보았다. 감정을 숨기지 않고 날로 드러내 자신의 지지자에게는 흥분과 열광의 도가니를 선사했는지 몰라도 전 지구적으로 가장 위험한 미국 대통령 중 하나였다. 지도자는 무덤덤하게 자신의 속내를 감추고 참모와 관료들이 자발적으로 일할 수 있도록 격려와 위로가 중요하다. 지도자가 갖춰야 할 최고의 덕목은 그래서 올바른 처벌과 보상이다. 못하면 처벌하고 잘하면 보상해주는 것이다.
"그 백성이(其民) 순박하고 맑다(淳淳)."

　　그러나 "그 임금이(其政) 저리 돈을 밝히니(察察), 그 백성은(其民) 이지러지고 부족하다(缺缺)." 이 구절을 보고 떠오르는 남자가 있었다. "다스는 누구 겁니까?" "BBK는 누구 겁니까?" 내 자식임에도 내 자식이 아니라고 해야 하는 신세. 자기 회사임에도 자기 회사가 아니라고 해야만 하는 남자. 너무나도 꼼꼼하여 돈 냄새가 나는 곳에는 반드시 나타나는 저수지를 좋아하는 자원외교의 아버지, 국민의 혈세를 아무 의미 없이 강바닥에 쏟아부은 토목공사의 달인 이였던 장사꾼이다. 그런 남자가 대통령이 되니 "그 백성은(其民) 이지러지고 결핍해진다(缺缺)." 정치를 하면 안 되는 부류가 있다. 이익이 최우선의 가치가 되는 장사꾼들인 기업인, 국민 때려잡는 권력을 행사하는 권력기관 출신 검사는 정치를 시켜서는 안 된다. 잘못된 선거의 결과는 오로지 선택한 국민의 몫이다. 제대론 된 선택을 위해 만백성이 노자의 도덕경을 반드시 읽어야 하는 이유다.

- ❖ **禍兮(화혜), 福之所倚(복지소의). 福兮(복혜), 禍之所伏(화지소복). 孰知其極(숙지기극)?**
  재앙에는(禍兮), 복이(福之) 깃들어 있다(所倚). 복에는(福兮), 재앙이(禍之) 도사리고 있다(所伏). 그 누가 알겠는가(孰知) 그 다함이 어딘지(其極)?

대한민국의 역사는 지도자가 잘나서 이끌어가는 것보다 백성이 지도자를 이끌어가는 패턴을 보인다. 나라가 망할 기세가 보이면 기를 쓰고 백성들이 들고일어난다. 임진왜란이 일어난 시기도 병자호란이 일어난 시기도 의병들이 들고일어났다. 구한말 동학군은 어땠고, 나라도 뺏기고 힘도 없던 시절의 독립군은 어땠는가? 1945년 해방 이후 미 군정을 포함하여 15년을 빼놓고는 일명 보수정권이 정치권력을 잡아 통치했다. 요즘 젊은이들에게 80년대 군부정권 시절에 관해 이야기해 주면 믿질 않는다. 아마 우리 부모 세대가 6.25를 이야기하고 보릿고개 이야기를 들었을 때와 마찬가지일 것이다.
나는 그 기저에 국민성이라는 게 있다고 믿는다. 지금의 초등학교인 '국민학교'에 다녔던 우리 세대는 선생들에게 조선 놈들은 모래 알갱이와 같은 민족성을 갖고 태어났기 때문에 뭉치질 못한다고 늘 상 들었다. 지금 생각해 보면 그런 선생이야말로 식민사관에 찌든, 대한 왜놈 '나까무라'이다.
도덕성과 이타성이 뛰어난 민족이란 국가의 큰일이 일어났을 때마다 자기 목숨을 아끼지 않고 들고일어나는 의병 정신이다. 지도자들의 도덕성보다 국민의 집단지성이 늘 높은 수준에 있었다. 그 예가 지금처럼 조중동을 비롯한 사이비 언론이 저렇게 온종일 방송에 떠들어 대도 국민의 집단감정과 집단지성을 선동하여 주도하지 못한다. 그 많은 재앙을 겪고도 세계를 주도하는 선도국가가 된 이유는 나는 국민성에서 찾는다.

"재앙에는(禍兮), 복이(福之) 깃들어 있다(所倚). 복에는(福兮), 재앙이(禍之) 도사리고 있다(所伏). 그 누가 알겠는가(孰知) 그 다함이 어딘지(其極)?"

- ❖ **其無正(기무정), 正復爲奇(정복위기), 善復爲妖(선복위요). 人之迷其日固久(인지미기일고구).**

  그렇다고(其) 결정된 것은 아무것도 없다(無正). 결정되어 지면(正) 괴상한 놈이 설쳐 뒤집어 놓고(復爲奇), 익숙해지고 나면(善) 요망한 것이 설쳐서 뒤집어 놓는다(復爲妖). 사람의 마음을(人之) 환장하도록 헷갈리게 하는(迷) 그러한 날들이(其日) 오랜 시간 고착되었구나(固久).

  妖(요망할 요/교) - 요사하다, 요염하다, 아리땁다, 괴이하다, 재앙, 요괴.
  迷(미혹할 미) - 미혹하다, 헷갈리다, 헤매다, 유혹하다, 심취하다, 혼미하다, 잃다.

세상은 날마다 변화한다. 우주 진화사와 태양계, 지구에서 일어난 모든 역사를 연구하는 학문을 '빅히스토리(Big History)'라고 한다. 나는 빅히스토리에 관한 공부를 하는 역사학도이다. 지구가 생성된 45억 4,000만 년 동안 지구는 항상 변하였다. 결정론과 목적론적 사고에 익숙한 사람들은 이를 잘 이해하지 못한다. 진화론을 부정하는 사람들과 창조론을 맹신하는 사람들은 더더욱 인정하길 싫어할뿐더러 혐오한다. 과학이 아무리 증명하고 결과에 대해 보여줘도 확증편향에 사로잡혀 있는 우리의 뇌는 변하는 것이 가진 원리에 대한 본능적 거부감을 가지고 있다. 결정되어진 것은 올곧이 자연의 네 가지 힘이다. 시간과 공간은 처해있는 상황에 따라 다르게 작동한다. 블랙홀에서는 밀도와 질량이 너무 커서 빛조차 빠져나오지 못한다. 지구에 생명체가 태어날 수 있었던 것은 태양계가 우리은하 중심부와 절묘한 거리에 있기 때문이기도 하다. 은하 중심부와는 3만 광년 떨어져 있다. UT오스틴 천문학과 키스 호킨스 교수에 따르면 태양계는 우리은하 중심부를 2억 3,000만 년에 한 번 공전한다고 한다. 세상은 목적 없이 스스로 그러한 자연이다. 그러나 스스로 자전하는 지구가 하루 23시간 56분, 태양을 공전하는 365.2422일이 우리의 뇌에는 일정하게 적응하여 느끼지 못하도록 진화해 왔다. 1분 1초도 같은 것은 반복되지 않는다. 패턴은 있어도 세세하게 미묘하게 다르다. 인간의 삶이 100

년이라면 우주 SCALE에서 100년은 찰나(刹那)다. 하루살이 성충은 입이 없다. 짧은 시간 살다 가기에 짝짓기인 번식에 열중하므로 먹을 시간이 없다. 먹을 시간이 없기에 입을 퇴화시킨 것이다. 인간의 입장으로 보면 짧게 살다가는 하루살이에게 인간의 삶은 우주와도 같다. 이렇듯 자연의 결과물은 상대적이다. 결정지어진 것도, 목적도 없다. 오로지 인간만이 가지는 사고의 결과물이다.

"그렇다고(其) 결정된 것은 아무것도 없다(無正). 결정되어 지면(正) 괴상한 놈이 설쳐 뒤집어 놓고(復爲奇), 익숙해지고 나면(善) 요망한 것이 설쳐서 뒤집어 놓는다(復爲妖). 사람의 마음을(人之) 환장하도록 헷갈리게 하는(迷) 그러한 날들이(其日) 오랜 시간 고착되었구나(固久)." 오로지 착각의 오류를 살아갈 뿐이다.

❖ **是以聖人方而不割(시이성인방이불할), 廉而不劌(염이불귀), 直而不肆(직이불사), 光而不耀(광이불요).**
  그런 까닭에(是以) 성인은(聖人) 방향을 거스른다 하여(方而) 무 자르듯 하지 않고(不割), 청렴하다 하여(廉而) 두부처럼 뭉개지 않으며(不劌), 올곧으니(直而) 고구마처럼 찌르지 않으며(不肆), 광채가 흐른다 하여(光而) 제비처럼 현혹하지 않는다(不耀).

  割(벨 할) - 베다, 자르다, 끊다, 나누다, 가르다, 빼앗다, 재앙, 불행.
  廉(청렴할 염) - 청렴하다, 결백하다, 검소하다, 살피다, 모나다, 모퉁이, 구석, 곁.
  劌(상처 입힐 귀/궤) - 상처입히다, 쪼개다, 가르다, 만나다, 가시, 침.
  肆(방자할 사) - 방자하다, 늘어놓다, 늦추다, 시험하다, 곧다, 찌르다, 가게, 넉.
  耀(빛날 요) - 빛나다, 빛내다, 광휘를 발하다, 영광스럽다, 빛, 광채, 영광, 영예.

天地不仁(천지불인) 이라 했다. 천지는 인자하지 않다. 즉 천지는 감정이 없다는 뜻이다. 복잡한 감정은 호모 사피엔스의 전유물이다. 인간은 의인화에 익숙하다 했다. 번개가 치면 하늘이 怒(노)했다고 표현한다. 성인이 된다는 것은 감정에 지배당하지 않음을 의미한다. 불교의 해탈도 생존과 번식 그리고 인간의 탐욕으로부터 자유로워짐을 의미한다. 우리 인간은 의연 정당한 것들에 대한 착각을 통해 스스로 구속되어진다. 그 첫 번째 요인이 지나친 탐욕과 소유욕이다. 탐용과 소유욕으로부터 미련과 집착에 벗어날 때 우린 중심과 균형을 잡을 수 있다. 모든 병의 원의 근원은 치우침에 있다. 자연의 순환 원리는 평형을 이루어 균형을 맞추려 하고 균형을 이루어 안정화를 찾아가려는 속성이 있다.

자연을 닮은 인간은 고스톱의 달인이다. 갈 때 가고 설 때 잘 서는 사람이야말로 자연을 닮은 인생이라 할 수 있다. 노자 철학을 변증법으로 보는 학자들도 계신다. 정반합(正反合)을 통해 대립이 아닌 조화를 찾아나 갈 때 노자의 가르침이 더욱 우리를 변화시키고 겸손하게 만들리라 본다.

"그런 까닭에(是以) 성인은(聖人) 방향을 거스름으로(方而) 무 자르듯 자르지 않고(不割), 청렴하다 하여(廉而) 두부처럼 뭉개지 않으며(不劌), 올곧다 하여(直而) 고구마처럼 찌르지 않으며(不肆), 광채가 흐른다 하여(光而) 제비처럼 현혹하지 않는다(不耀)." 재미있다.

제59장.
治人事天(치인사천)
사람을 이끌고 하늘을 섬김

治人事天, 莫若嗇. 夫唯嗇, 是謂早服. 早服謂之重積德. 重積德, 則無不克. 無不克, 則莫知其極. 莫知其極, 可以有國. 有國之母, 可以長久. 是謂深根固柢, 長生久視之道.

사람을 이끌고(治人) 하늘을 섬기는데(事天), 검소함을 허락하는 것보다 좋은 것은 없다(莫若嗇). 검소함을 허락한다는 것은(夫唯嗇), 도에 조속히 복종하여 따름이라고(早服) 일컫는다(是謂). 도에 조속히 복종하여 따르게 되니(早服) 그것을 일러(謂之) 덕을 중하게 쌓는다고 한다(重積德). 덕을 중하게 쌓게 되니(重積德), 세상에 이뤄지지 않는 것이 없게 되는 법이다(則無不克). 세상에 이뤄지지 않는 것이 없어지니(無不克), 그 한계를(其極) 알 수 없게 되는 법이다(則莫知). 그 한계를 미루어 짐작하지 못하게 함으로(莫知其極), 가히 나라를 얻을 수 있게 된다(可以有國). 나라를 얻게 되니 도를 근본으로 삼아(有國之母), 길고 오래갈 수 있는 까닭이로다(可以長久). 이를 일러(是謂) 깊은 뿌리(深根)를 굳게 내려 근본을 다지니(固柢), 길게 유지되며(長生), 오래 받들 수 있는(久視) 도라 한다(之道).

❖ **治人事天(치인사천), 莫若嗇(막약색). 夫唯嗇(부유색), 是謂早服(시위조복).**

  사람을 이끌고(治人) 하늘을 섬기는데(事天), 검소함을 허락하는 것보다 좋은 것은 없다(莫若嗇). 검소함을 허락한다는 것은(夫唯嗇), 도에 조속히 복종하여 따름이라고(早服) 일컫는다(是謂).

  嗇(인색 색) - 인색하다, 아껴 쓰다, 아끼다, 탐내다, 거두다.

이준구, 이창용 공저《경제학원론》교과서 앞 장에 '경제적 자원'에 대한 언급을 시작한다. "경제적 자원(economic resources)이란 우리가 아껴 써야 할 만사를 뜻한다. 즉 희소하게 주어져 있으며 쓸모 있다고 생각되는 것을 모두 포함하는 개념으로 경제적 자원을 이해하면 된다. 이에 비해 좁은 의미의 경제적 자원은 노동이나 자본처럼 생산 과정에 투입되어 우리가 소비하는 상품으로 변화될 수 있는 생산 요소(factors of production)를 뜻한다. 좁은 의미에서 자원은 노동, 자본, 토지의 세 가지 그룹으로 구분할 수 있다. 노동은 일을 하려는 사람들에 의해 공급되는 서비스를 뜻하며, 자본은 생산하는 데 사용되는 건물, 기계, 설비, 공구 등이 제공하는 서비스를 가리킨다. 그리고 토지는 땅뿐 아니라 모든 자연 자원을 포괄하는 개념으로 사용하는 것이 일반적이다. 최근에는 '기업가적 노력(entrepreneurial efforts)'이라는 또 다른 자원을 중시하는 경향이 나오고 있다. 기업가는 새로운 아이디어를 내고 위험을 부담하는 행위를 통해 이윤을 만들어 낼 능력을 지닌 사람을 뜻하는데, 이들이 제공하는 노력을 기업가적 노력이라고 부르는 것이다. 이 경제적 자원은 생산 과정을 거쳐 상품(commodities)으로 변화한다. 상품은 사람들이 소비하기를 원해 시장에서 사고파는 모든 물건을 뜻한다. 상품에는 눈에 보이는 재화(goods)와 보이지 않는 서비스(service)의 두 종류가 포함되어 있다. 쌀이나 옷, 자동차처럼 우리 주위에서 보는 수없이 많은 물건이 모두 재화의 범주에 속한다. 상품으로 매매되는 서비스도 이발 서비스, 휴대폰 서비스, 보험서비스 등 그 종류가 무척 다양하다." 경제적 자원은 우리가 아껴 써야 하는 모든 것이라고 규정했다.

"사람을 이끌고(治人) 하늘을 섬기는데(事天), 검소함을 허락하는 것보다 좋은 것은 없다(莫若嗇). 검소함을 허락한다는 것은(夫唯嗇), 도에 조속히 복종하여 따름이라고(早服) 일컫는다(是謂)."
노자의 도덕경은 현재 경제학에서도 따르고 있는 기원이다. 노자의 도덕경을 따르고 실천하는 것이야말로 현대 경제학에서 가르치고 있는 가장 기본 중의 기본이다.

❖ **早服謂之重積德(조복위지중적덕). 重積德(중적덕), 則無不克(즉무불극).**

도에 조속히 복종하여 따르게 되니(早服) 그것을 일러(謂之) 덕을 중하게 쌓는다고 한다(重積德). 덕을 중하게 쌓게 되니(重積德), 세상에 이뤄지지 않는 것이 없게 되는 법이다(則無不克).

積(쌓을 적) - 쌓다, 많다, 누적되다, 머무르다, 더미, 부피, 넓이, 저축, 모으다.
克(이길 극) - 이기다, 해내다, 이루다, 참고 견디다, 능하다, 정하다, 죽이다, 같다.

경제학의 창시자이자 아버지 애덤 스미스(Adam Smith, 1723~1790)는 스코틀랜드 출신의 영국의 정치경제학자이자 도덕 감정론을 저술한 도덕철학자이다. 성균관대 경제학과 김광수 교수는 "스미스는 전 생애에 걸쳐 두 권의 저서를 출간했다. 글래스고대학교에서 도덕철학 교수로 재임하는 동안 윤리학 저술로 《도덕감정론》을 출간해 당시 유럽 대중에게 엄청난 호평을 받았다. 스미스의 윤리 이론은 도덕적 선(善)과 좋은 삶이 평범한 인간의 내재적 본성, 사회적 본능인 동감(同感, sympathy)의 작용에 따라 실현되고 점차 고도화된다고 본다. 예부터 동서양의 도덕철학자들은 시대별로 강조점은 조금 달랐을지라도 덕목을 실천하라고 꾸준히 권고해 왔다. 물론 이것은 사회공동체의 안녕과 평화를 위한 것일 뿐만 아니라, 개인의 안정과 행복을 도모하기 위해서다. 도덕철학자로서 스미스에게 도덕적 선(善)은 사람들의 본성이나 일상생활과 분리된 것이 아니다. 도덕적 선은 평범한 인간의 자질을 초월한 그 무엇이 아니라 각 개인의 본성에 내재되어 있으며 성장성을 지닌 것이다. 그러므로 도덕적 선의 원리는 인간의 본성을 철학적으로 탐구하는 가운데 발견될 수 있고, 덕목은 낮은 차원의 미덕에서부터 높은 차원의 최고선까지 위계를 지닌다. 훨씬 더 많은 노력과 수양이 필요한 최고선과 숭고한 도덕성은 가장 큰 행복을 주지만 그것만이 유일한 덕목은 아니다. 범부(凡夫)들이 각각의 처지와 환경에 걸맞은 덕목을 실천하는 것이야말로 세상사에서 필요하고 나름대로 중요한 의의를 지닌다. 그러므로 《도덕감정론》의 가장 명시적 목적은 도덕의 세계를 인간 본성에 의하여 과학적으로 설명하는 것이다. 인간 본성과 세상사를 인과관계에 따라 이해하려는 과학적인 태도를 취할 때 세상이 비로소 제대로 이해될 수 있을 뿐 아니라, 더 나아가 덕목을 배양하고 도덕성을 우아하게 가다듬는 데도 유용하다."
나는 18세기 영국의 도덕철학자이길 소원한 애덤 스미스에 이르러서야 동양이 추구하는 도덕 개념이 일부라도 주장하는 이가 있었다는 생각에서 매우 반가웠다.

"도에 조속히 복종하여 따르게 되니(早服) 그것을 일러(謂之) 덕을 중하게 쌓는다고 한다(重積德). 덕을 중하게 쌓게 되니(重積德), 세상에 이뤄지지 않는 것이 없게 되는 법이다(則無不克)." 아주 일부에 지나지 않지만 말이다.

❖ **無不克(무불극), 則莫知其極(즉막지기극).**
세상에 이뤄지지 않는 것이 없으니(無不克), 그 한계를(其極) 미루어 짐작할 수 없게 되는 법이다(則莫知).

자연적 힘은 인간이 인위적으로 할 수 없는 불가항력이다. 이번 여름 장마에도 인간은 자연의 폭발적인 힘에 속수무책으로 당했다. 오송에서 일어난 사건도 천재이기보다는 인재에 가까웠기에 자연에 도전하기보다는 자연을 예측하고 철저히 대비하였으면 막을 수 있었던 사고였다. 노자가 여러 번 지적했듯이 위정자가 백성을 아끼지 않고 오로지 먹고 마시고 노는 것에 정신이 팔려있으면 그 몫과 대가는 그대로 백성들이 떠안는다는 것은 이제 상식이 되었다. 관료들은 책임지지 않으려는 속성이 있다. 그러기에 위정자인 최고 권력자는 관료들이 스스로 일할 수 있도록 당근과 채찍을 사용하여, 때론 보상으로 때론 강력한 처벌로 다스리는 것이다. 한계와 경계는 그 끝을 알 수 있는 법이다. 세상이 이루어지는 正道는 우리가 그 한계와 경계를 이루어 짐작조차 하지 못할 때라 노자는 말한다.
"세상에 이뤄지지 않는 것이 없으니(無不克), 그 한계를(其極) 미루어 짐작할 수 없게 되는 법이다(則莫知)."

- ❖ 莫知其極(막지기극), 可以有國(가이유국). 有國之母(유국지모), 可以長久(가이장구).

    그 한계를 미루어 짐작하지 못하게 함으로(莫知其極), 가히 나라를 얻을 수 있게 되는 연유이다(可以有國). 나라를 얻게 되니 도를 어미로 삼음으로(有國之母), 길고 오래 갈 수 있는 까닭이로다(可以長久).

나라를 지키고 다스리지 못할 위인들이 나라를 통제하고 지배하려고 하니 제대로 되는 일이 없다. 나라를 다스리려면 그 한계와 경계의 깊이를 알 수 없는 도덕심과 이타심, 자비심으로 무장되어 있어야 하거늘 고속도로를 연결하느니 마느냐로 국가의 공공재를 낭비하고 있다. 민주주의는 대의를 통해 이루어진다. 이 땅에 노자의 가르침을 따르고 실천하는 사람들이 많아지면 많아질수록 털 없는 침팬지들이 정치를 할 수가 없게 된다. 가까운 섬나라 일본은 도를 잃었기에 백성들 스스로 자멸과 공멸의 길을 가고 있음을 잊지 말자.

"그 한계를 미루어 짐작하지 못하게 함으로(莫知其極), 가히 나라를 얻을 수 있게 되는 연유이다(可以有國). 나라를 얻게 되니 도를 어미로 삼음으로(有國之母), 길고 오래갈 수 있는 까닭이로다(可以長久)."

- ❖ 是謂深根固柢(시위심근고저), 長生久視之道(장생구시지도).

    이를 일러(是謂) 뿌리는 깊게 박고(深根) 근본을 굳게 다지니(固柢), 길게 유지되며(長生), 오래 받들 수 있는(久視) 도가 된다(之道).

    深(깊을 심) - 깊다, 깊어지다, 짙다, 심하다, 후하다, 무성하다, 우거지다, 많다.
    根(뿌리 근) - 뿌리, 근본, 밑동, 능력, 마음, 생식기, 근, 뿌리 박다, 뽑아 없애다.
    柢(뿌리 저) - 뿌리, 밑, 근본, 기초, 처마, 뿌리를 내리다, 싹이 트다.

여러 차례 반복하지만, 인간의 도덕심과 이타심, 자비심은 자연이 만들어낸 결과물이다. 노자 도덕경의 핵심이기에 반복하는 것이다. 자연의 섭리대로 세상을 살면 망할 수가 없다. 경제적 자원은 점점 더 고갈되어 가고 있다.

인간의 이기와 편리성 그리고 급속한 변화는 지구의 자원을 끊임없이 낭비하도록 설계되어 있다. 자연을 역행하고 버틸수록 우리는 옅고, 얇고, 짧아진다. 세상은 점점 무질서해지고 인간의 탐욕심이 세상을 지배해 자연의 길과 역행하고 있다. 그것을 노자는 도가 아닌 불도(不道)라 하였다. 불도가 지배하는 세상은 인간과 자연이 함께 공존하기 어려운 환경이 되는 것이다.

이제는 자각(自覺)할 때이다. 인간과 자연에 대해 우리의 자세는 더 관대(寬大)해지고, 더 깊어지며, 근시안적(近視眼的)인 사고를 버리고 장기적인 안목(眼目)을 가져야 할 때이다.

"이를 일러(是謂) 뿌리는 깊게 박고(深根) 근본을 굳게 다지니(固柢), 길게 유지되며(長生), 오래 받들 수 있는(久視) 도가 된다(之道)."

제60장.
治大國若烹小鮮(치대국약팽소선)
큰 나라의 정치는 작은 생선을 요리하듯

治大國, 若烹小鮮. 以道莅天下, 其鬼不神, 非其鬼不神, 其神不傷人. 非其神不傷人, 聖人亦不傷人. 夫兩不相傷, 故德交歸焉.

큰 나라를 이끈다는 것은(治大國) 작은 생선을 요리하는 것처럼 조심스럽게 하는 것이다(若烹小鮮). 도로써(以道) 천하에 임하면(莅天下), 그 귀신도(其鬼) 신령함을 부릴 수 없고(不神), 그 귀신이(其鬼) 신령함을 부리지 않을 뿐 아니라(非不神), 그 신령함이(其神) 사람을 상하지 않게 하리라(不傷人). 그 신령함이(其神) 사람을 상하지 않게 할 뿐만 아니라(非不傷人), 성인(聖人) 역시(亦) 사람을 상하지 않게 하니라(不傷[人]). 대저 양자가(夫兩) 서로 상하지 않게 하니(不相傷), 도리어(故) 서로가 덕을 주고받으며(德交) 의탁하는 것과 같도다(歸焉).

❖ **治大國(치대국), 若烹小鮮(약팽소선).**
  큰 나라를 이끄는 것은(治大國) 작은 생선을 요리하는 것처럼 조심스럽게 하는 것이다(若烹小鮮).

  烹(삶을 팽) - 삶다, 삶아지다, 죽이다, 불리다, 요리, 익힌 음식, 삶아서 죽이는 벌.
  鮮(고울 선) - 곱다, 빛나다, 선명하다, 깨끗하다, 싱싱하다, 적다, 드물다, 생선.

노자에게 나라를 다스린다고 함은 군림하고 지배하는 것이 아님을 여러 차례 강조해 왔다. 군주(君主)가 주인이던 시절은 힘이 정의(正義, Justice)이자 도리(道理)였다. 힘이 정의가 되는 세상은 소수의 힘 있는 자가 백성들 위에 군림(君臨)하여 지배(支配)하는 것이다. 그러하기에 힘의 상징인 권위(權威)가 가장 중요했다. 백성은 오로지 군주가 거느린 통치의 대상이자 지배하고 수탈을 위한 도구에 불과하다. 노자가 바라보는 세상은 늘 스스로 그러하기에 모두가 스쳐 가는 것뿐이지 누구에 의한 소유의 개념이 아니다. 소유가 지배하는 순간 세상은 불공평해지는 원리이다.

정치적으로 진보와 보수의 핵심적인 차이도 강력한 소유냐 세상을 공유의 문제로 바라보느냐이다. 강력한 소유를 위해 시장을 규제하는 정부의 힘이 약해져야 한다고 주장하는 것이다. 역시 강력한 소유를 위해 시장은 자유에 맡겨야 한다고 주장한다. 보수주의자의 자유 = 강력한 소유이다. 강력한 소유야말로 능력이고 능력을 통한 차별 대우는 자본주의 사회에서는 당연한 논리구조이다. 그게 시장 자유주의이자 자유를 강조하는 사람들의 절대 논리이다. 노자는 그러한 인간의 소유욕과 지배욕, 통치 욕구가 인간사회를 피폐하게 한다고 말하고 있다. 국가와 사회는 무리에서 시작한다. 무리는 동물에게 생존을 위해 중요한 수단이다. 그러나 무리는 여러 개체에 의해 구성되기에 지도자가 필요하다. 무리의 생존을 위해 집단을 지혜롭게 이끌어 줄 유능한 지도자는 무리를 이루고 사는 모든 동물의 자연적인 욕구에서 기원한다. 지혜가 필요 없는 동물 사회는 그래서 힘과 경험이 가장 중요한 무기가 되었다. 여기저기 얻어터지는 지도자는 무리를 이끌 자격이 없다.

노자가 살았던 춘추 시대도 중앙정부의 힘이 상실되고 제후국들의 패권 경쟁이 치열했던 시절이다. 더욱 강력한 힘을 갖기 위해 피 터지게 싸우던 시절이었으니 백성의 생활은 그야말로 작은 생선만도 못한 삶을 살아야 했다.

"큰 나라를 이끄는 것은(治大國), 작은 생선을 요리하는 것처럼 조심스럽게 하는 것이다(若烹小鮮)."

사람의 도리는 서로 죽이고 싸우는 동물이 아니다. 배려하고 양보하고 때론 희생하며 사는 이타적인 삶이다. 나만 잘살아서는 결국 다 죽는 길임을 폭발적으로 진화한 뇌를 통해서 깨닫는 것이다. 인간은 전등만 켜놓으면 온종일 먹어대는 양계장의 닭이 아니다.

❖ **以道莅天下(이도리천하), 其鬼不神(기귀불신), 非其鬼不神(비기귀불신), 其神不傷人(기신불상인),**

도로써(以道) 천하에 임하면(莅天下), 그 귀신도(其鬼) 신령함을 부릴 수 없고(不神), 그 귀신이(其鬼) 신령함을 부리지 않을 뿐 아니라(非不神), 그 신령함이(其神) 사람을 상하지 않게 하리라(不傷人).

莅(임할 리) - 임하다, 참가하다, 다스리다, 군림하다, 집행하다, 빨리 나는 모양.
傷(다칠 상) - 다치다, 해치다, 애태우다, 근심하다, 불쌍히 여기다, 상하다, 상처.

도를 획득한다는 진정한 의미는 자연이 부여한 인간성의 회복이다. 생존과 번식만이 생물학적으로 부여한 인간의 조건이 아니기 때문이다. 문화를 생산하고 문화를 즐기며 문화를 공유하는 것은 인간 고유의 능력이다. 그래서 인간을 다른 동물과 한 차원 높은 고등 동물이라 하는 것이다. 고등 동물은 그래서 이기적이고 나만 잘살면 된다는 침팬지와 같은 사고에서 벗어나는 것이다. 도덕적이고 이타적이고 자비심이 넓은 사람 사는 세상은 귀신도 신령함을 드러내지 못한다. 귀신이 판을 치고 사이비가 판을 치는 것은 인간사회가 부정부패와 무질서가 만연해 있다는 것이다. 세상이 살기 힘들고 퍽퍽해지면 온갖 귀신이 판을 친다. 인간을 못 믿으니 귀신이라도 믿어야 마음에 위안이라도 받는다. 고단한 현실세계를 부정하니 내세(來世)를 믿게 되는 이치이다. 미래에 인류를 구원해 줄 미륵과 예수는 인간사회가 피폐해지면 피폐해질수록 인간을 떠날 수가 없다.

"도로써(以道) 천하에 임하면(莅天下), 그 귀신도(其鬼) 신령함을 부릴 수 없고(不神), 그 귀신이(其鬼) 신령함을 부리지 않을 뿐 아니라(非不神), 그 신령함이(其神) 사람을 상하지 않게 하리라(不傷人)."

❖ 非其神不傷人(비기신불상인), 聖人亦不傷[人](성인역불상[인]).
그 신령함이(其神) 사람을 상하지 않게 할 뿐만 아니라(非不傷人), 성인(聖人) 역시(亦) 사람을 상하지 않게 하리라(不傷[人]).

자본주의가 공산주의와 사회주의를 물리치고 성공할 수 있었던 이유를 신뢰 때문이라고 했다. 자본주의의 뿌리가 됐던 은행이 맡긴 돈을 돌려주지 않았다면 자본주의는 그 어떤 것보다 빨리 망했을 것이다. 개인과 개인 사이는 신뢰하지 못해도 은행은 신뢰할 수 있었고 국가가 그 신뢰에 바탕이 될 수 있는 책임을 동반했기에 가능했다. 인간의 끝없는 욕망은 강압적으로 외부에서 제어와 통제하는 것은 불가능하다. 공산주의가 망한 이유는 국가와 공산당이 나서서 인간의 욕망을 강압적으로 통제했기 때문이다. 인간이 인간인 이유는 도덕성과 이타심 그리고 자비심이 있기 때문이다. 인간의 조건이자 인간의 품격인 도덕성과 이타심 그리고 넓은 도량의 자비심을 통해 인간이 자발적으로 자신을 통제하고 절제하는 능력을 키웠다. 건강한 공동체를 위해 개인의 자유를 희생할 줄 아는 유일한 민족이 대한민국이다. 신뢰와 신용은 공동체의 운명을 가르는 가장 중요한 덕목이다. 소수의 권력자와 권력을 행사하는 집단의 이기주의는 사회에 신뢰가 금을 가게 하는 가장 위험한 요소이자 사회악이다. 도덕심이 힘을 가진 권력자에게 가장 중요하고 없으면 안 되는 이유이기도 하다. 공동체의 운명을 책임져야 할 사람들이 가장 부패해서는 미래가 없기 때문이다.

"그 신령함이(其神) 사람을 상하지 않게 할 뿐만 아니라(非不傷人),"
사람을 상하게 하는 것은 신뢰가 무너진 사회다. 인간관계에서 가장 중요한 것은 죄 없는 사람에게 상처를 주지 않는 것이다. 육체뿐 아니라 정신적인 상처를 주는 것 역시 금기해야 할 가장 중요한 덕목이다. 더군다나 신의 이름으로 행해지는 악행이 역사적으로 죄 없는 많은 사람을 희생양으로 삼았다. 지금도 종교 간의 갈등은 식량 문제와 더불어 가장 강력한 인간에게 닥쳐올 재앙이다.

"성인(聖人) 역시(亦) 사람을 상하지 않게 하니라(不傷人)."
이 구절은 노자의 도덕경에서 가장 생뚱맞다. 내가 주해하는 노자의 도덕경은 삼국 시대 위나라의 천재 소년 왕필(王弼, 226~249)이 주해한 왕필본인 통행본을 근간으로 삼고 있다. 성인 역시 사람을 상하게 하지 않게 한다니 이상하여 왕필본보다 앞선 죽간본과 백서본을 대조해 보았다. 죽간본에는 내용이 없고 백서본에 聖人亦弗傷也(성인역불상야) 되어있다. 도가 세상에 골고루 미쳐서 귀신 역시 간교를 부리지 않으니, 성인 역시 귀신을 상하게 할 아무런 이유가 없다는 의미로 마무리한다.

❖ **夫兩不相傷(부양불상상), 故德交歸焉(고덕교귀언).**
대저 양자가(夫兩) 서로 상하지 않게 하니(不相傷), 도리어(故) 서로가 덕을 주고받으며(德交) 의탁하는 것과 같도다(歸焉).

   도가 세상에 고루 미침에 귀신과 성인이 서로 상하지 않을 만큼 인간 세상이 평화롭다는 뜻이다. 그러나 위 구절에 사람 人이 들어가 운율은 들어맞으나 의미가 상통하지 않는다. 귀신과 성인이 서로 으르렁거리지 않으니 "도리어(故) 서로가 덕을 주고받으며(德交) 의탁하는 것과 같도다(歸焉)." 종교 문제 역시 노자가 해답을 주고 있다. 으르렁거리지 않는 것이다. 내가 맞나 네가 맞나 모두 소용없다. 둘 다 답이 아니기 때문이다.
"도로써(以道) 천하에 임하면(莅天下), 그 귀신도(其鬼) 신령함을 부릴 수 없다(不神),"
도와 덕을 알고 깨달아 실천하는 것이 답이기 때문이다.
나는 대학 시절 신학을 공부했다. 그러나 지금은 철저한 무신론자이다. 세계적인 무신론자인 리처드 도킨스, 대니얼 데닛, 마이클 셔머, 샘 해리스보다 더 신을 부정한다. 도덕경을 접하게 된 이유도 신에 대한 부정에서 시작한다. 내가 도덕경을 빅뱅우주론과 접목해서 다루는 이유도 신에 대한 부정 때문이다. 그러나 난 마르크스와 같은 반종교주의자는 아니다. 종교와 인간은 나누려 해도 나눌 수 없는 불가분(不可分)의 관계에 있다고 생각하기 때문이다. 神의 대체재는 道다. 그러나 종교의 대체재는 마땅한 것이 없다.
노자의 가르침은 과학적으로 증명된 사실이지 종교가 될 수 없다. 종교는 못 믿을 것을 억지로 믿게 만드는 신앙의 대상이자 행위이지만, 노자의 가르침은 도와 덕을 따르고 깨우쳐 행하는 것이기에 그렇다.

제61장.
大國者下流(대국자하류)

대국의 자세 - 겸손은 사람만 하는 것은 아니다

大國者下流, 天下之交. 天下之牝. 牝常以靜勝牡. 以靜爲下. 故大國以下小國, 則取小國. 小國以下大國, 則取大國. 故或下以取, 或下而取. 大國不過欲兼畜人. 小國不過欲入事人. 夫兩者各得所欲, 大者宜爲下.

대국이라는 것은(大國者) 낮은 곳으로 흘러(下流), 천하가(天下之) 교류하는 것이다(交). 천하를 품은 어머니의 자궁이다(天下之牝). 자궁은(牝) 항상(常) 고요히(以靜) 남근이 힘을 발휘하도록(勝牡), 조용하게(以靜) 그 아래를 다스리는 것이다(爲下). 도리어(故) 대국은(大國) 소국에(小國) 스스로 낮춤으로써(以下), 소국을 취할 수 있는 법이니(則取小國) 소국은(小國) 대국에(大國) 스스로 낮춤으로써(以下), 대국에 받아들여질 수 있는 법이다(則取大國). 도리어(故) 혹(或) 스스로 낮추는 까닭에(下以) 취할 수 있고(取), 혹은(或) 낮아짐으로(下而) 받아들여질 수 있다(取). 대국은(大國) 과욕을 부리지 않음으로(不過欲) 사람을 아끼고 포용하는 것이고(兼畜人), 소국은(小國) 과욕을 부리지 않음으로(不過欲) 사람을 섬겨 들어올 수 있게 해주는 것이다(入事人). 무릇(夫) 양자가(兩者) 각자(各) 소원하는 바를 얻었으면(得所欲), 큰 나라는(大者) 스스로 낮추어 다스림이 마땅하다(宜爲下).

- ❖ **大國者下流**(대국자하류), **天下之交**(천하지교). **天下之牝**(천하지빈).

  위대한 나라라 가리켜 이르는 것은(大國者) 강의 하류와 같이 아래로 흘러(下流), 천하가(天下之) 교류할 수 있도록 품어주는 곳이다(交). 천하를 품는 어머니의 자궁과 같다 할 수 있다(天下之牝).

  크다고 하는 것의 진정한 의미는 외형의 덩치에 있는 것이 아닌 그 내공에 있는 법이다. 세상을 품어 안을 수 있는 넓은 어머니의 자궁과 같다. 미국과 중국이 세계의 지도 국가가 될 수 없는 이유는 넓은 품이 없기 때문이다. 땅과 돈이 많다고 위대한 나라가 아니다. 힘이 세고 가진 게 많다고 조직폭력배를 위대하다고 말하지 않듯 국가 또한 땅과 돈의 크기로 대국이라 할 수 없다. 세상을 품지 못하는 나라는 으르렁거릴 수는 있어도 위대하다고는 할 수 없다.

"위대한 나라라 가리켜 이르는 것은(大國者) 강의 하류와 같이 아래로 흘러(下流), 천하가(天下之) 교류할 수 있도록 품어주는 곳이다(交). 천하를 품는 어머니의 자궁과 같다 할 수 있다(天下之牝)."

❖ **牝常以靜勝牡(빈상이정승모), 以靜爲下(이정위하).**
자궁은(牝) 항상(常) 고요히(以靜) 남근이 힘을 발휘할 수 있도록(勝牡), 조용하게(以靜) 그 아래를 다스리는 것이다(爲下).

생명을 잉태시키는 어머니의 자궁은 사피엔스가 직립보행을 하면서 더욱 깊숙한 곳에 자리하도록 진화되었다. 수컷의 음경은 자기의 유전자를 어머니의 난자에 수정시키기 위해서는 점점 더 길어져야만 했다. 대형 유인원 수컷 중 음경의 길이가 가장 긴 동물 수컷이 바로 인간이다. 그러나 고환의 크기는 평균이다.
이화여대 행동 생태학자 최재천 교수의 설명이다. "대형 유인원, 즉 인간·침팬지·보노보·고릴라·오랑우탄 중에서 수컷의 음경이 가장 긴 동물은 바로 우리 인간이다. 고릴라는 대형 유인원 중에서 몸집은 단연 제일 크지만, 음경의 평균 길이는 불과 4㎝로 침팬지의 절반, 인간의 3분의 1에 지나지 않는다. 그러나 고환의 크기를 비교하면 서열이 좀 달라진다. 침팬지가 가장 큼직한 고환을 갖고 있고 보노보가 그 뒤를 바짝 쫓는다. 고릴라는 이 부분에서도 단연 꼴찌이다. 체격 대비 가장 왜소한 고환을 지니고 있다. 인간은 침팬지와 고릴라의 중간 정도에 자리한다. 고릴라 수컷은 어쩌다 체격에 걸맞지 않게 그처럼 작은 생식기를 갖게 되었을까? 생식기의 크기에 자존심까지 결부하는 인간 남성의 눈에는 초라해 보일지 모르지만 정작 고릴라 수컷들은 생식기의 크기 따위는 아랑곳하지 않는다. 다른 수컷들과 힘겨루기를 거쳐 일단 암컷들을 수중에 넣고 나면 일일이 암컷을 통해 검증받을 필요가 없다. 오히려 그렇지 못한 침팬지나 인간 수컷은 마지막 성행위 과정에서조차 자신의 남성성을 입증해야 한다. 유인원 중에서 가장 큰 음경을 지닌 까닭일까. 그동안 음경의 크기와 남성의 매력에 관한 연구는 여러 차례 수행되었다. 그러나 최근 '미국학술원회보'에 실린 논문에 따르면 고환의 부피가 음경의 크기보다 실질적으로 더 중요한 '남자의 물건'이란다. 이번 연구에서 미국 에모리대 인류학자들은 남성 70명의 두뇌와 고환의 자기공명영상(MRI) 자료를 분석한 결과 고환의 부피가 작은, 즉 사정되는 정액의 양이 적은 아빠일수록 자식 양육에 더 적극적으로 참여한다는 사실을 발견했다. 우리 인간은 침팬지·보노보·고릴라·오랑우탄과 마찬가지로 일부다처제의 성향을 타고났지만 실제로는 거의 일부일처제를 시행하는 유인원이다. 다른 유인원 아기들이 나무를 탈 무렵 겨우 몸을 뒤집는 데 성공하는 무기력한 아기를 기르려면 부모 모두의 양육 참여가 거의 필수적이다. 인간 남성의 대형 음경과 중형 고환은 남자와 아빠의 역할을 고루 해내기 위한 절묘한 중용 진화의 결과인 듯싶다."

결과론적으로 지구상에 존재하는 동물들은 수컷이 중심이 되어 돌아가는 듯이 외견상 드러난다. 그러나 많은 동물이 암컷 중심의 모계사회를 중심으로 살아간다. 대표적인 것이 개미사회이다. 개미사회에서 수컷은 그야말로 무용지물이다. 우리와 가장 가까운 보노보와 코끼리 사회 역시 암컷 중심의 모계사회를 이루고 산다. 위대한 힘은 외형상 드러나는 덩치가 아니라 드러나지 않는 고요함으로 다스림이다.

"자궁은(牝) 항상(常) 고요히(以靜) 남근이 힘을 발휘할 수 있도록(勝牡), 조용하게(以靜) 그 아래를 다스리는 것이다(爲下)." 깡패들이 문신을 그리고 칼부림을 벌여 힘을 과시해도 양아치는 그저 양아치일 뿐이다.

❖ **故大國以下小國**(고대국이하소국), **則取小國**(즉취소국). **小國以下大國**(소국이하대국), **則取大國**(즉취대국).
　도리어(故) 대국은(大國) 소국에(小國) 스스로 낮춤으로써(以下), 소국을 받아들일 수

있는 법이니(則取小國) 소국은(小國) 대국에(大國) 스스로 낮춤으로써(以下), 대국을 이길 수 있는 법이다(則取大國).

노자의 도덕경을 기존 해석에서 벗어나 변칙적으로 하고 있다. 처음에는 재미로 다른 분들과 조금씩 다르게 해석을 시도해 봤는데 크게 벗어남이 없었다. PGA 골프 선수 중에 짐 퓨릭(Jim Furyk, 1970~)이라는 선수가 있다. 세계적인 골프 선수이자 내가 좋아하는 골퍼이다. 좋아하는 이유 중 하나는 바로 그의 괴이한 8자 변칙 스윙이다. 그 괴이한 8자 스윙으로 PGA 통산 17승을 거뒀다. 국내 골퍼 중에는 최호성과 허인회 선수가 변칙 스윙으로 여러 번 우승을 차지했다.
그런 성향으로 인해 정통 클래식도 좋아하지만, 즉흥적이고 변칙적인 재즈를 조금 더 선호한다.
노자의 도덕경을 해석하고 주해하는 데 있어 내가 가진 성향이 그대로 드러난다. 이번 구절도 해석을 여러 번 수정하였다. 노자의 도덕경을 이미 하상공과 왕필이 거의 완벽하게 주해를 한 결과이기도 하다. 현재 출간되는 대부분의 도덕경이 백서본과 죽간본을 새롭게 해석한 학자들이 많다. 왕필과 어떻게 다른 관점으로 노자의 도덕경 고본을 노자의 목소리에 가깝게 번역하는 것에 초점을 잡고 있다. 그러나 나는 후대에 여러 사람에 의해 수정된 흔적이 있는 왕필의 문장이 세련되었다고 생각한다. 그리고 학구적이고 시적이어서 통행본을 중심으로 번역하고 있다.

"도리어(故) 대국은(大國) 소국에(小國) 스스로 낮춤으로써(以下), 소국을 받아들일 수 있는 법이니(則取小國) 소국은(小國) 대국에(大國) 스스로 낮춤으로써(以下), 대국을 이길 수 있는 법이다(則取大國)."
사람이나 국가나 도덕심은 드러내어 보여줌으로써 상대를 제압하는 방법이 아님을 알려준다. 힘이 정의가 아니라는 것이다. 대한민국은 강대국 사이에서 늘 상 힘없는 존재로 여기서 얻어터지고 저기서 얻어터진 역사를 갖은 나라로 여겨졌다. 그러나 노자는 힘이 정의가 아님을 끊임없이 가르쳐 주고 있다. 겸손은 사람에게만 필요한 것이 아니다. 나라와 나라 사이에도 필요함을 강조하고 있다. 한 나라의 격은 그 나라의 주권을 가진 국민의 도덕성이다. 집단지성(集團智性)과 공공선(公共善)에 있다고 나는 주장한다. 이는 칸트의 주장이 아니다. 이미 노자의 가르침을 통해 아니 그 이전 고조선의 홍익인간과 재세이화의 건국 이념에 이미 깃들여져 있다. 대한민국의 비전은 그 어떤 나라보다 뛰어난 도덕성과 집단지성이 발전할 수 있는 나라이다. 가까운 중국과 일본을 보고 집단지성과 공공선이 있는 나라라고 하지 않는다. 그저 덩치만 크고 문신한 깡패들이지 존경하고 우러러보는 이는 별로 없을 것이다.

- ❖ **故或下以取(고혹하이취), 或下而取(혹하이취).**
  도리어(故) 혹(或) 스스로 낮추는 까닭에(下以) 받아들일 수 있고(取), 혹은(或) 낮아짐으로(下而) 이길 수 있다(取).

노자의 정신은 하나를 얻으면 하나를 내어주는 것이고, 비워야 채울 수 있다고 그 방법을 알려준다. 현대의 국제관계는 약육강식에 의한 정글의 법칙이 지배하고 있다. 도는 사라지고 오로지 경제적 부와 군사적인 힘만이 정의가 되었다. 미국과 중국은 서로의 힘을 과시만 하고 정치적 이유에 의해 전 지구적으로 해결해야 할 문제들이 고개를 들지 못하고 있다. 20세기 초 세계대전으로 수많은 사람이 희생되었음에도 교훈을 얻지 못하고 총성 없는 전쟁을 이어가고 있다.

"도리어(故) 혹(或) 스스로 낮추는 까닭에(下以) 받아들일 수 있고(取), 혹은(或) 낮아짐으로(下而) 이길 수 있다(取)." 힘이 아닌 전 지구적으로 협력할 수 있는 집단지성과 지혜가 그 어느 때보다 필요하다.

- ❖ **大國不過欲兼畜人(대국불과욕겸축인), 小國不過欲入事人(소국불과욕입사인).**
  대국은(大國) 과욕을 부리지 않음으로(不過欲) 사람을 아끼고 포용하는 것이고(兼畜人), 소국은(小國) 과욕을 부리지 않음으로(不過欲) 사람을 섬겨 들어올 수 있게 해주는 것이다(入事人).

이 구절의 번역도 상당히 애를 먹었다. 노자의 핵심은 암컷이 수컷을 고요히 다스리는 것이 자연의 법칙이라 설명하고 있다. "자궁은(牝) 항상(常) 고요히(以靜) 남근이 힘을 발휘할 수 있도록(勝牡), 조용하게(以靜) 그 아래를 다스리는 것이다(爲下)." 지배하려 하지 않아도 다스려지는 이치다. 침팬지와 인간은 지난 700만 년 동안 다른 방향으로 진화했다. 동물학자들은 이를 공격성을 길들이는 방법의 차이라고 설명한다. 하버드대학교 인간 진화생물학과 리처드 랭엄 교수는 인간 고유의 도덕심과 이타심 그리고 자비심은 98.7%의 침팬지가 가진 생물학적인 본능인 공격성을 길들인 결과라고 말한다. 그리고 길들이기는 절제하는 방법을 체득한 결과이다. 그러나 인간이 모두 길들이기가 된 것은 아니다. 스스로 길들이기를 하지 않은 반응적이거나 때론 주도면밀한 공격성을 가진 탐욕스러운 털 없는 침팬지들이 예나 지금이나 많다. 전쟁과 학살 그리고 살인은 자기 길들이기를 거부한 침팬지들에 의해 저질러지는 만행이다. 공격성은 동물들에게 생존과 번식을 위해 생긴 절대적인 본능이다. 다른 개체들과 경쟁에서 살아남기 위해서는 야생에서의 공격성은 절대적으로 필요하다. 야생 상태의 동물은 그래서 위험하다. 그러나 인간은 야생이 아닌 문명 안에서 살아간다. 폭발적으로 진화한 인간의 뇌는 동료와의 관계에서 공격성이 생존과 번식에 도움이 안 된다는 것을 깨우친 유일한 동물이다. 그래서 자기 길들이기와 도덕심은 메타인지의 산물이다. 메타인지는 도덕심과 이타심, 자비심이 있는 사람만이 가능한 고등 능력이다. 자기 절제와 탐욕을 절제하는 능력은 사람만이 할 수 있는 것이다. 사람이기에 힘이 정의가 되어서는 안 된다. 메타인지의 지혜가 정의가 되어야 하는 것이다. 지혜로움이 정의가 되는 세상은 덩치가 크다고 무지막지하게 작은 나라를 잡아먹지 않는 것이다. 제국주의 시절, 국가 간의 전쟁은 사람이 저지른 짓이 아니다. 우리의 본능을 지배하고 있는 침팬지의 공격적인 본능이 인면수심을 숨기고 저지른 대량 학살이다. 공격성과 탐욕은 그래서 조절하고 통제해야 할 진정한 지배의 대상이다. 도덕경은 바로 인간의 길이자 도법자연을 가르치는 참된 이유이다.

"대국은(大國) 과욕을 부리지 않음으로(不過欲) 사람을 아끼고 포용하는 것이고(兼畜人), 소국은(小國) 과욕을 부리지 않음으로(不過欲) 사람을 섬겨 들어올 수 있게 해주는 것이다(入事人)."

❖ **夫兩者各得所欲**(부양자각득소욕), **大者宜爲下**(대자의위하).
무릇(夫) 양자가(兩者) 모두(各) 하고자 하는 바를 이루었으면(得所欲), 큰 놈은(大者) 스스로 낮추어 욕심을 다스림이 마땅하다(宜爲下).

各(각자 각) - 각자, 각각, 제가기, 따로따로, 여러, 서로, 모두, 다, 전부, 다르다.
宜(마땅할 의) - 마땅하다, 알맞다, 화목하다, 화순하다, 아름답다, 마땅히, 과연.

"무릇(夫) 양자가(兩者) 모두(各) 하고자 하는 바를 이루었으면(得所欲), 큰 놈은(大者) 스스로 낮추어 욕심을 다스림이 마땅하다(宜爲下)."
이토록 위대한 말이 어디에 있는가? 분수를 아는 것은 사람이나 국가나 마찬가지다. 만족을 모르면 그건 사람이 아니다. 내 안의 침팬지를 다스리지 않으면 인류의 미래는 없다.
국격(國格)은 힘에서 나오는 것이 아님을 코로나19로 배웠다. 인간의 이기심과 자기 절제심이 없는 나라를 우리는 생으로 보았다. 위기의 순간마다 우리 민족은 이기심을 버리고 국가를 지키기 위해 목숨을 아끼지 않았다. 주변의 큰 놈들이 탐욕심과 공격성을 끝도 없어 드러내니 나라가 살고 내 후손들이 살 수 있는 유일한 길은 자기 자신을 희생하는 이타심이다. 큰 나라들이 스스로 낮추지 못하고 욕심을 다스리지 않았기에 생긴 아픔이다.

제62장.
道者萬物之奧(도자만물지오)
도는 만물의 그윽함이다

道者萬物之奧, 善人之寶, 不善人之所保. 美言可以市. 尊行可以加人. 人之不善, 何棄之有. 故立天子, 置三公, 雖有拱璧以先駟馬, 不如坐進此道. 古之所以貴此道者何. 不曰：求以得, 有罪以免邪? 故爲天下貴.

도라는 것은(道者) 만물의 그윽함이니(萬物之奧), 도를 통달한 사람들의 보배요(善人之寶), 도에 통달하지 못한 사람도(不善人之) 지켜야 할 도리이다(所保). 도를 전하는 경사스러운 말은(美言) 시장에 사람이 모이듯 왁자지껄해야 맛이 나고(可以市), 도에서 우러나오는 존귀한 행동은(尊行) 사람들을 찬미하게 하도록 한다(可以加人). 사람들이(人之) 도에 통달하지 못했다 해서(不善), 어찌(何) 그러한 존재를 방치할 수 있겠는가(棄之有)? 그러므로(故) 천자가 즉위하여(立天子), 삼정승을 거느리려(置三公), 아무리(雖) 금과 옥으로 꾸며 화려하게 존재를 드러내고(有拱璧以) 네 마리의 말이 끄는 마차에 올라타 높임을 받는다 하더라도(先駟馬), 무릎 꿇고(坐) 이러한 도에(此道) 정진하니만도 못하다 할 것이다(不如進). 예로부터(古之) 이러한 도라는 것을(此道者) 귀히 여기는 까닭이 무엇인지 아는가(所以貴何)? 구한다고 해서 쉬이 얻어지는 것이(求以得) 아니라고 전해지니(不曰), 허물이 존재하는 까닭에(有罪以) 벗어날 수 있겠는가(免邪)? 그러므로(故) 도를 천하의 고귀함으로 삼는 것이다(爲天下貴).

❖ **道者萬物之奧(도자만물지오), 善人之寶(선인지보), 不善人之所保(불선인지소보).**
  도라는 것은(道者) 만물의 그윽함이니(萬物之奧), 도를 통달한 사람들의 보배요(善人之寶), 통달하지 못한 사람도(不善人之) 지켜야 할 도리이다(所保).

  保(지킬 보) - 지키다, 보호하다, 유지하다, 보존하다, 보증서다, 돕다, 기르다, 붙다.

서양의 철학사는 정반합(正反合)의 과정이다. 처음에 정(正)이라 규정되어졌던 것들이 시간이 흘러가면서 부정(反)되어진다. 그리고 과학이 등장하면서 정반(正反)의 합(合)이 이루어져 나간다. 그렇게 생긴 갈등이 창조론과 진화론이다. 진화론으로 생명현상의 모든 것들이 설명되었고, 증명되었지만 종교와 과학 간의 정반(正反)의 골은 지금도 깊어 인류가 떠안은 깊은 숙제가 되었다. 동양철학은 정정합(正正合)이다. 수천 년이 지난 지금 듣고 읽어도 오(奧), 현(玄), 묘(妙)하다. 奧의 본래 의미는 아궁이와 같이 깊고 따뜻한 곳이다. 앞장에서 표현한 어머니의 자궁과 같은 곳이다. 도덕경의 멋과 맛이 바로 정정합(正正合)에 있다. 맞고 또 맞으니 한순간에 깨달음으로 다가온다. 우주 자연의 섭리가 道 그 자체이기에 그렇다. 도의 작용이 오묘하고 현묘하고 기묘하니 신통방통하여 깨달음으로 다가오는 것이다. 일본의 세계적인 이론물리학자인 사지 하루오 박사는 세상의 모든 답은 우주에 있다고 한다. 우주와 자연의 섭리를 아는 것이 바로 道다. 道는 인간에게 德으로 다가왔고 덕을 통해 인간은 본성인 善을 획득한 것이다. 즉 善은 폭발적으로 진화한 뇌의 능력으로 획득한 德을 통해 道를 깨우쳐 통달(通達)하는 경지에 다다르는 인간의 본성인 善이 되는 것이다.

노자에게 도는 인간이면 반드시 알고 깨우쳐서 통달해야 할 필수재이다. 도를 모르고 도를 부정하는 인간은 인간이 아닌 침팬지보다 못한 파충류다. 도덕심과 이타심 그리고 자비심이 없는 인간을 인면수심의 짐승이라고 하는 이유다.

"도라는 것은(道者) 만물의 그윽함이니(萬物之奧), 도를 통달한 사람들의 보배요(善人之寶), 도를 통달하지 못한 사람도(不善人之) 지켜야 할 도리이다(所保)."

❖ **美言可以市(미언가이시), 尊行可以加人(존행가이가인).**
도를 전하는 경사스러운 말은(美言) 저잣거리에 사람들이 모여들어 와자지껄할수록 맛이 나고(可以市), 도에서 우러나오는 존귀한 행동은(尊行) 사람들이 찬미함으로써 더해진다(可以加人).

어릴 적부터 나는 시장에 살았고 시장을 자연스레 좋아했다. 장이 서는 날이면 원숭이를 데리고 약을 파는 약장수의 '개구라'는 그야말로 장날 최고의 재미다. 나처럼 많은 사람이 시장에 대한 추억 하나씩은 있을 것이다. 지금도 주말이면 안산의 시민 시장과 양평의 용문 시장에 가서 막걸리 한잔하며 사람 구경, 물건 구경하며 사는 재미를 느낀다. 시장은 인간이 문명을 이루고 살면서 가장 먼저 사람들이 모여 경제활동을 하는 곳이었을 것이다. 사람 구경과 물건 구경은 늘 설렘을 선사한다. 그리고 혹한다. 장사꾼의 호객행위에 넘어가 사지 않아도 되는 물건을 사서 들고 오는 경우도 허다하다. 들뜨고 기분 좋고 막걸리에 취해 흥건하니 사람들의 말이 아름답다. 혼자 다니다 보니 우연히 옆자리의 노신사와 말을 주고받는다. 말을 주고받고 막걸리를 주고받다 보면 상대의 말과 행동거지가 보통 사람이 아님을 알게 된다. 그렇게 우연히 장날마다 만나 술 한잔 기울였던 노신사는 한참 후에 모 대학의 총장님이라 걸 알게 되었다. 시장에는 그야말로 사람 공부, 인생 공부하는 곳이다. 인면수심의 짐승들도 꽤 있어서 단골집 주모는 우리 주변에 앉지도 못하게 막는다. 언행이 그야말로 상스럽고 무지막지하다.

"도를 전하는 경사스러운 말은(美言) 저잣거리에 사람들이 모여들어 왁자지껄할수록 맛이 나고(可以市), 도에서 우러나오는 존귀한 행동은(尊行) 사람들이 찬미함으로써 더해진다(可以加人)."

❖ 人之不善(인지불선), 何棄之有(하기지유)?

사람들이(人之) 도에 통달하지 못했다 해서(不善), 어찌(何) 그러한 존재를 방치할 수 있겠는가(棄之有)?

무지막지하고 무례한 사람을 나는 꽤 경계한다. 단, 힘 있고, 돈 있다고 뻐기는 사람들에 한해서다. 우리가 하는 행동은 45% 이상이 습관화되어 있다. 법륜 스님은 그런 사람을 가리켜 '첩'이 더럽다고 표현한다. 몰라서 없어서 첩이 된 사람들은 충분히 이해하지만, 힘 있고 돈 있고 많이 배워서 첩이 더러운 물건들은 고쳐 쓰는 것이 아니라 규정했다. 대한항공의 조가네처럼 힘 있고, 돈이 많다고 해서 직원들에게 갑질하는 사람들에게는 도가 아니라 온당한 처벌이 정답이다. 말을 못 하는 강아지는 훈련되어도 나쁜 첩이 삶이 되어버린 인간은 사고와 행동의 뇌가 경색되어 평생을 고치지 못한다. 인간은 제대로 된 부모로부터 받는 어릴 적 가정교육이 중요한 이유다. 올바른 습관을 들여주기 때문이다. 정치를 하는 사람은 더더욱 그렇다.

- ❖ **故立天子(고립천자), 置三公(치삼공), 雖有拱璧以先駟馬(수유공벽이선사마), 不如坐進此道(불여좌진차도).**

  그러므로(故) 천자가 즉위하여(立天子), 삼정승을 거느리며(置三公), 아무리(雖) 금과 옥으로 꾸며서 화려하게 존재를 드러내고(有拱璧以) 네 마리의 말이 끄는 마차에 올라타 높임을 받는다 하더라도(先駟馬), 무릎 꿇고(坐) 이러한 도에(此道) 정진하니만도 못하다 할 것이다(不如進).

  拱(팔짱낄 공) - 팔짱을 끼다, 마주 잡다, 껴안다, 떠밀다, 파헤치다, 휘다, 보옥.
  璧(구슬 벽) - 구슬, 둥근 옥, 주름, 쌓다, 되돌려 주다.
  駟(사마 사) - 사마, 사마의 수레, 말, 용 네 마리, 올라타다.

왕이 된들 재벌 총수가 된들 사람이 사람 같지 않으면 그들의 지배를 받아야 하는 백성과 직원들은 그야말로 생지옥이 따로 없다. 도덕심은 자기 내면을 스스로 길들이는 것이다. 특히 감정을 길들여야 한다. 분노와 화, 불안과 공포를 다스리지 못하면 인간의 도가 아니라 짐승의 길로 가게 된다. 분노를 조절하는 법을 배워야 도에서 우러나오는 존귀한 행동을(尊行) 할 수 있게 된다. 자사는 중용의 인간을 자기 절제라고 가르치고 있다. 그리고 그것을 오랜 시간 실천하여 능구(能久)하는 좋은 습관(習慣)을 들여야 사람들이 찬미함으로써 더해진다(可以加人). 미언(美言)과 존행(尊行)이야말로 사람들에게 칭찬과 평판으로 존경을 얻게 되는 인간의 덕성이다.

민주주의의 상징인 선거는 내면을 다스린 자를 선택하는 것이다. 자기 길들이기를 하지 못한 인면수심의 침팬지를 선택하는 것이야말로 스스로 밀림 속으로 걸어 들어가는 것이나 다름없다. 홀몸으로 탄자니아 곰베에서 침팬지를 연구한 제인 구달 박사가 아닌 이상 우리는 제대로 도를 통달하여 사람 사는 세상을 이끌어갈 도에 통달한 선자(善者)를 선택해야 한다. 의전이나 좋아하고 서열 중심의 줄 세우기와 아부 정치, 그리고 정적 제거는 침팬지 무리의 고유 특성이다.

"그러므로(故) 천자가 즉위하여(立天子), 삼정승을 거느리며(置三公), 아무리(雖) 금과 옥으로 꾸며서 화려하게 존재를 드러내고(有拱璧以) 네 마리의 말이 끄는 마차에 올라타 높임을 받는다 하더라도(先駟馬), 무릎 꿇고(坐) 이러한 도에(此道) 정진하니만도 못하다 할 것이다(不如進)."

❖ **古之所以貴此道者何**(고지소이귀차도자하)? **不曰求以得**(불왈구이득), **有罪以免邪**(유죄이면야)? **故爲天下貴**(고위천하귀).

예로부터(古之) 이러한 도라는 것을(此道者) 귀히 여기는 까닭이 무엇인지 아는가(所以貴何)? 구한다고 해서 쉬이 얻어지는 것이(求以得) 아니라고 전해지니(不曰), 허물이 존재하는 까닭에(有罪以) 벗어날 수 있겠는가(免邪)? 그러므로(故) 도를 천하의 고귀함으로 삼는 것이다(爲天下貴).

免(면할 면/문) - 면하다, 벗어나다, 용서하여 놓아주다, 벗다, 해직하다, 해산하다.
邪(간사할 사/야/여/서) - 간사하다, 사악하다, 기울다, 사기, 그런가, 나머지, 느릿함.

이 구절은 논란이 좀 있다. 도를 구원의 방식으로 종교화되어 있는 해석이 주를 이루기 때문이다. 불선한 자도 도를 구하면 죄가 면해진다고 해석되어 있다. 도는 구하는 것이 절대 아니기 때문이다. 기독교의 교리는 예수 믿고 천국 가는 것이다. 아무리 나쁜 놈이라도 죽기 전에 회개하고 예수를 받아들이면 천국에 간다. 내가 무신론자가 된 이유가 그런 놈들이 득실득실한 천국이라면 안 가는 게 낫다고 생각했기 때문이다. 리처드 랭엄의 연구대로 인간은 양극성으로 진화했다. 도덕심과 이타심을 가진 자비로운 인간과 사악하고 잔인하고 포악한 악마 같은 인간으로 말이다. 성선(性善)과 성악(性惡)은 인간에게 공존하는 본성과 본능이다. 침팬지의 길로 들어선 인간은 절대로 선하게 될 수 없다는 것이 내가 도덕경을 주해하는 이유다. 그런데 뜬금없이 도를 구하면 죄가 사해진다는 해석이 주를 이루니 의아해질 수밖에 없다.

도와 덕은 터득하여 오랜 시간 훈련하고 절제를 통해 뇌에 박히는 메타인지 능력이다. 공감 능력이 없는 사이코패스와 침팬지는 아무리 훈련해도 선한 인간이 되지 않는다. 성찰과 반성은 고도의 능력이다. 침팬지는 성찰과 반성하지 않는다. 그러기에 도덕적인 인간이 귀한 것이다.

"예로부터(古之) 이러한 도라는 것을(此道者) 귀히 여기는 까닭이 무엇인지 아는가(所以貴何)? 구한다고 해서 쉬이 얻어지는 것이(求以得) 아니라고 전해지니(不曰), 허물이 존재하는 까닭에(有罪以) 벗어날 수 있겠는가(免邪)? 그러므로(故) 도를 천하의 고귀함으로 삼는 것이다(爲天下貴)."

제63장.
爲無爲(위무위)
다스리려 하지 않기에 다스려지는 도

爲無爲, 事無事, 味無味. 大小多少, 報怨以德. 圖難於其易, 爲大於其細. 天下難事, 必作於易. 天下大事, 必作於細. 是以聖人終不爲大, 故能成其大. 夫輕諾必寡信, 多易必多難. 是以聖人猶難之, 故終無難矣.

다스리려 하지 않기에(無爲) 다스려지고(爲), 섬기려 하지 않아도(無事) 섬겨지니(事), 맛보려 하지 않아도(無味) 맛을 느끼게 된다(味). 크던 작든(大小) 많고 적어도(多少), 죗값을 치른(報) 원한은(怨) 덕을 베풀어야 한다(以德). 어려울수록(難於) 그 쉬운 것부터(其易) 그려나가고(圖), 커다랄수록(大於) 그 미미한 것부터(其細) 다스려 나간다(爲). 천하의(天下) 어려움도(難事) 반드시(必) 쉬운 것으로부터 일어나니(作於易), 천하의(天下) 큰일도(大事) 반드시(必) 미미한 것부터 일어나는 것이다(作於細). 그러므로(是以) 성인은(聖人) 크게 다스리려 하지 않기에(不爲大) 이룰 수 있고(終), 도리어(故) 그 큰 것부터(其大) 완성할 수 있게 되는 것이다(能成). 대저(夫) 가벼이 순응하는 것은(輕諾) 반드시(必) 신뢰가 부족해 지고(寡信), 지나치게 손쉬운 것은(多易) 반드시(必) 어려움이 많아진다(多難). 그러므로(是以) 성인은(聖人) 오히려(猶) 매사를 어렵게 여기니(難之), 도리어(故) 어렵지 않게 이루어질 수 있는 것이도다(終無難矣)!

❖ **爲無爲(위무위), 事無事(사무사), 味無味(미무미). 大小多少(대소다소), 報怨以德(보원이덕).**
   다스리려 하지 않아도(無爲) 다스려지고(爲), 섬기려 하지 않아도(無事) 섬겨지니(事), 맛보려 하지 않아도(無味) 맛을 느끼게 된다(味). 크고 작든(大小) 많고 적음도(多少), 죗값을 치른(報) 원한은(怨) 덕으로 되갚는 이유다(以德).

   味(맛 미/매) - 맛, 기분, 취향, 뜻, 의의, 맛보다, 맛 들이다, 광택, 윤, 빛깔.

報(갚을 보) - 갚다, 대답하다, 여쭈다, 죗값을 치르다, 판가름하다, 갚음, 처형.
怨(원망할 원/온) - 원망하다, 책망하다, 나무라다, 책망하다, 위배되다, 원한, 쌓다.

우주 자연은 스스로 그러한 우발적 사건에서 시작한다. 스스로 그러하기에 의도와 목적성이 없다. 의도와 목적성은 인간 고유의 능력이다. 의도와 목적성을 갖는 순간부터 자연 상태의 산물은 인간 손을 거쳐야만 의도와 목적성에 맞는 새로운 결과물이 되는 인위적(人爲的) 생산물이 된다. 그러므로 누군가의 소유물이자 사적재가 탄생하게 된다. 자연 상태의 모든 생산물은 지구에 사는 모든 동물과 함께하는 공공재이다. 무위(無爲)는 인간에 의해 길들이기 전의 자연 상태를 뜻한다. 인간이 들에 사는 소를 길들이고자 의도와 목적성을 갖게 되는 순간부터 소는 인간의 대체 노동력과 먹이가 되었다. 문명은 자연을 인위적으로 길들인 결과의 산물이다. 인간에게 유해(有害)와 무해(無害)는 인간이 대량으로 모여 살면서 문명과 함께 탄생한 인위적인 개념이다. 자연 상태가 아닌 인간이 자연을 정복의 대상으로 삼고 지배의 대상으로 삼기 시작하면서 자연을 다스리고자 하는 인위(人爲), 작위(作爲)가 생겨난 것이다. 자연이 정의가 아니라 인간의 의도와 목적성이 자연을 다스리고자 하는 욕망과 더불어 인간이 가진 힘이 정의로 둔갑한 것이다. 자연에 순응하는 상태가 바로 무위(無爲)이다. 자연에 순응하고 자연의 흐름대로 살아가니 길들이고자 하지 않아도 길들이는 것이다. 노자가 간파한 것은 爲의 주체가 누구냐의 문제다. 지난 200년 동안 인간은 마구잡이로 자연을 정복했다는 오만과 편견에 사로잡혔었다. 바로 과학과 기술을 통해서였다. 과학과 기술은 우리가 도의 본질과 본성에 대해 알려주었지만, 자연을 다스리고자 한 의도와 목적성인 인위가 지구에서 스스로 자멸하는 결과 또한 내어주었다. 자연의 이치와 섭리는 "다스리려 하지 않아도(無爲) 다스려지고(爲), 섬기려 하지 않아도(無事) 섬겨지니(事), 맛보려 하지 않아도(無味) 맛을 느끼게 된다(味)."

大小多少(대소다소), 報怨以德(보원이덕). 이 구절을 번역함에 고심이 많았다. 나는 맹목적 관용에 반대한다. 반응적 실수에 대한 관용은 성찰과 반성하여 처절히 심리적, 육체적 고통을 가진 사람에게 사회적으로 베푸는 마지막 용서 행위이다. 그런데 무조건 원한을 덕으로 갚으라는 것은 맞지 않는다고 본다.

이러한 고심을 갖게 만든 계기가 있었다.

영화 〈밀양〉에서 전도연이 자기 아기를 죽인 범인을 마음속으로 용서했다. 그런데 범인이 하나님을 믿고 회개하여 스스로 용서받았다는 말을 듣고 빡이 돈다. 이 작품의 여주인공 신애는 밀양에서 새 삶을 시작한다. 혼자 사는 여자로 남에게 얕잡아 보이지 않으려고 돈 좀 있는 행세를 하다가 아들 민이가 납치되고, 마침내 그 아들은 살해되고 만다. 납치범은 그 아들이 다니던 웅변학원 원장이었다. 너무 가슴이 아픈 그녀는 교회의 치유 집회에 참석하게 되고, 그 집회에서 하나님의 따스한 위로를 받고 치유를 받았다. 그리고 기독교인으로 새 삶을 시작한다. 자신의 아픔을 잊기 위해 열심히 전도도 하고, 신앙인들과 교제를 가지고, 열심히 기도도 하면서 살아가는 중 자기 아들을 죽인 살인범을 만나고자 한다. 하나님의 은혜를 알았기에 용서해주고 싶은 마음이 생긴 것이다. 그런데 교도소에서 면회한 그 자리에 그녀는 망연자실하고 만다. 그녀 생각에 이 납치범 교도소에서 많은 고통을 받고 살 것이며, 그런 사람 불쌍히 여겨 용서해 주려고 왔는데, 이 납치범도 그만 교도소에서 하나님을 믿고 새 삶을 살고 있는 것이었다. 그 납치범은 이렇게 죄 많은 저를 주님이 용서해 주셨다고 하며, "당신을 위해 매일 축복하고 있다며, 신애가 신앙인이 된 것을 감사한다"라는 말한다. 신애는 그의 말에 정말 충격을 받습니다. 그러자 그녀는 그때부터 하나님께 대항하기 시작한다. 그리고 이렇게 말했다. "어떻게 용서해요? 하나님이 벌써 용서하셨다는데. 내가 어떻게 용서해요? 어떻게 그럴 수가 있어요, 내가 용서해야지. 어떻게 하나님이 먼저 용서해요?" 용서하러 갔다가 도리어 시험에 들어버린 이 여인은 방황을 거듭하다 마침내 정신병원에 입원해 치료받는다. 그녀가 퇴원하며 자기 아들을 죽인 살인범의 딸이 운영하는 미용실에서 머리를 깎는 것으로 영화는 마무리된다. 죄와 용서에 대한 사회적 합의가 있어야 하는 이유다.

네이버 한자 사전을 살펴보니 報(보)에 대한 해석으로 報 자에는 又(또 우) 자가 있으므로 수갑을 차고 있는 죄수를 붙잡아 두고 있는 모습으로 해석하고 있다. 그런데 죄수를 붙잡아 둔 모습이 왜 '갚다'라는 뜻을 가지게 된 것일까? 報 자에서 말하는 '갚다'라는 것은 사실 벌을 받아 죗값을 치르라는 뜻이다. 성찰하고 크게 반성하는 이는 관용을 베풀어야 한다. 그러나 반성 없는 용서는 없다. 살인마 전두환을 죗값도 제대로 치르지 않고 사면해 줬기에 그 고통은 그대로 당한 자의 한으로 온전히 남아있다.

"크고 작든(大小) 많고 적어도(多少), 죗값을 치른(報) 원한은(怨) 덕으로 되갚는 이유다(以德)." 침팬지는 반성하지 않는다. 도덕성은 인간성이기 때문이다.

❖ **圖難於其易(도난어기이), 爲大於其細(위대어기세).**
어려울수록(難於) 그 쉬운 것부터(其易) 그려나가고(圖), 커다랄수록(大於) 그 미미한 것부터(其細) 다스려 나간다(爲).

圖(그림 도) - 그림, 지도, 도장, 법도, 규칙, 도장, 그리다, 헤아리다, 다스리다.
難(어려울 난) - 어렵다, 꺼리다, 싫어하다, 괴롭히다, 물리치다, 삼가다, 우거지다.
細(가늘 세) - 가늘다, 미세하다, 자세하다, 잘다, 미미하다, 작다, 적다, 가는 실.

사업 실패 이후 나는 엄청난 고통을 받았다. 경제적 어려움뿐 아니라 정신적인 고통을 어찌할 수가 없었다. 돈은 돌아서 돈이다. 돈의 흐름이 막히면 막힌 혈관이 터져 뇌졸중이 오듯 사람에게도 많든 적든 돈이 안 돌게 되면 엄청난 충격이 마중 나온다. 여기서 포기하게 되면 자살이 답이다. 자살은 성공한 실패다. 그리고 그 아픔은 오로지 남아있는 자의 몫이다. 이때 내게 떠오른 찰나의 이미지가 있었다. 엉킨 실타래이다. 실마리를 찾아 이 복잡한 것을 하나씩 하나씩 풀어나갈 것인가? 그냥 끊어버릴 것인가? 이때부터 나는 도서관에 다니기 시작했다. 성찰과 반성도 뭘 알아야 하는 것이라 깨달았기 때문이다.

"어려울수록(難於) 그 쉬운 것부터(其易) 그려나가고(圖), 커다랄수록(大於) 그 미미한 것부터(其細) 다스려 나간다(爲)." 실마리를 찾는 과정이 어렵지, 풀기 시작하면 만사가 술술 풀린다.

❖ **天下難事(천하난사), 必作於易(필작어이), 天下大事(천하대사), 必作於細(필작어세).**
천하의(天下) 어려움도(難事) 반드시(必) 쉬운 것으로부터 일어나니(作於易), 천하의(天下) 큰일도(大事) 필히(必) 미미한 것부터 일어나는 것이다(作於細).

도덕심은 성찰과 반성 능력이다. 침팬지에게 도덕심이 없는 것은 성찰과 반성할 수치심을 느끼는 대뇌피질이 진화하지 않았기 때문이다. 도덕심은 자기 자신을 끊임없이 들여다보고 수정해 나가는 것이다. 인생의 좌표와 목표를 정확하게 설정하고, 그 오차를 수정해서 나가면 되는 것이다. 훌륭한 사수는 영점을 맞춰나가는 것부터 시작한다. 그러기 위해서는 정확한 좌표를 찾아가는 것이 중요하다. 첫 단추를 잘못 채웠기에 옷이 태가 나질 않는다. 작은 것부터 소홀히 하지 않는다. 큰불은 반드시 작은 불씨 하나에서 시작한다. 침착함과 경계심은 이럴 때 필요한 감정인 것이다.

"천하의(天下) 어려움도(難事) 반드시(必) 쉬운 것으로부터 일어나니(作於易), 천하의(天下) 큰일도(大事) 반드시(必) 미미한 것부터 일어나는 것이다(作於細)."

❖ **是以聖人終不爲大(시이성인종불위대), 故能成其大(고능성기대).**
그러므로(是以) 성인은(聖人) 크게 다스리려 하지 않기에(不爲大) 이룰 수 있고(終), 도리어(故) 그 큰 것부터(其大) 완성할 수 있게 되는 것이다(能成).

도덕심은 자기 길들이기인 절제심과 자제심을 통해 이루어진다. 절제는 우리 안에 자리하고 있는 98.7%의 침팬지와 보노보를 길들이는 것이다. 우리는 그것을 본능을 잠재우는 능력이라고 한다. 내 안의 공격성과 내 안의 탐욕심, 내 안의 욕망을 다스릴 줄 아는 것이다. 즉 나만 잘 먹고 잘살면 된다는 이기심을 잠재우는 것이다. 노자가 말하는 성인은 자연의 흐름을 읽을 줄 아는 사람을 말한다. 의도하지 않아도 이루어지고 목적을 갖고 행하지 않아도 자연이 부여한 인간 고유의 능력인 도덕심과 이타심 그리고 자비심을 지키고 세상을 살면 도리어 세상이 나를 알아주는 것이다. 사회적인 평판과 여론이 자자하니 대통령의 자리에 오르려 하지 않아도 국민의 자발적 존경심을 얻어 최고 권력자의 자리에 오를 수 있는 것이다. 능력도 도덕심도 없는 침팬지가 대통령의 자리에 오르니 자기가 왕이라도 된 착각 속에 사는 사람은 결국 벌거벗은 임금이 되어 세상 모든 사람에게 손가락질과 업신여김을 당하는 격이다.

"그러므로(是以) 성인은(聖人) 크게 다스리려 하지 않기에(不爲大) 이룰 수 있고

(終), 도리어(故) 그 큰 것부터(其大) 완성할 수 있게 되는 것이다(能成)."
지난날의 나를 성찰을 통해서 반성해보니 문제는 만족하지 못하는 삶이었다. 더 많이 더 크게 더 넓게 같은 탐욕심이 나를 지배하고 있었기에 사소한 것을 볼 줄 몰랐다. 만족할 줄 모르니 만족하면 나오게 되는 세로토닌 분비가 안 되었다. 지금은 작은 것에 감사하고 만족하며 살아간다. 세로토닌이 다를 다스린다.

❖ **夫輕諾必寡信(부경낙필과신), 多易必多難(다이필다난).**
대저(夫) 가벼이 순응하는 것은(輕諾) 반드시(必) 신뢰가 부족해 지고(寡信), 지나치게 손쉬운 것은(多易) 반드시(必) 어려움이 많아진다(多難).

輕(가벼울 경) - 가볍다, 가벼이 여기다, 업신여기다, 천하다, 빠르다, 가벼이.
諾(허락할 낙) - 허락하다, 대답하다, 동의하다, 따르다, 순종하다, 허락, 승낙.
寡(적을 과) - 적다, 작다, 드물다, 외롭다, 과부, 홀아비.
信(믿을 신) - 믿다, 신임하다, 맡기다, 신봉하다, 성실하다, ~맡기다, 신의, 신용.

순리(順理)라는 말이 있다. 도의 이치, 자연의 섭리에 따르는 것이다. 그러기에 어렵다. 이치와 섭리가 뭔지도 모르는데 무엇을 따르고 무엇을 거스르겠는가?
이기심과 욕망은 가장 따르기 쉽고 편리하다. 귀가 얇다고 하는 말은 이기심과 욕망에 편승하는 말에 쉽게 결정하고 행동에 옮긴다는 의미이다. 그러기에 신뢰를 주지 못한다. 신뢰는 성실을 바탕으로 한다. 자사는 중용 20장에서 "성자(誠者)는 천지도야(天之道也)요 성지자(誠之者)는 인지도야(人之道也)"라고 하였다.
만물을 낳고 기르는 천지는 하루도 쉬지 않고 일한다. 지구는 끝없이 자전하고 공전한다. 쉬지 않고 성실하게 운행하니 자기의 몸 안에 모든 생명을 낳고 기른다. 그러한 성실함을 배우고 따르는 것이 인간의 성실함이라고 했다. 매일 공부하고 운동하고 자기를 수련하는 것이 어찌 말처럼 쉬운 일인가? 진정 쉽다고 하는 것은 오랜 수련을 통한 성실함에 대한 열매이다. 꽃의 유혹을 극복하고 열매를 기다리는 사람에게 주어지는 보상이다.

"대저(夫) 가벼이 순응하는 것은(輕諾) 반드시(必) 신뢰가 부족해 지고(寡信), 지나치게 손쉬운 것은(多易) 반드시(必) 어려움이 많아진다(多難)." 어렵고 가볍지 않기에 열매가 단 이유다.

- ❖ **是以聖人猶難之(시이성인유난지), 故終無難矣(고종무난의).**
  그러므로(是以) 성인은(聖人) 오히려(猶) 매사를 어렵게 여기니(難之), 도리어(故) 어렵지 않게 이루어질 수 있는 것이도다(終無難矣)!

  猶(오히려 유) - 오히려, 가히, 다만, 이미, 크게, ~부터, 그대로, 마땅히, 원숭이, 망설이다.

나는 공부에 중독됐다. 하루라도 책을 읽지 않으면 불안하고 죄짓는 기분이다. 도서관에서 매일 10시간을 앉아 책 읽고 글을 쓴다. 그러나 처음부터 그랬던 것은 아니다. 10년을 넘게 매일 하다 보니 재미가 늘었다. 책 읽고 글을 쓸 때가 어느 순간부터 내가 가장 익숙하고 잘하는 일이 되었다. 중독은 고통이 쾌락으로 바뀌는 것이다. 그 쾌락의 맛이 짧고 강할수록 중독은 강화된다. 공부는 그 중독 과정이 오래 걸리는 일이기에 쉽게 중독 현상까지 가지 못하게 되는 이유다. 그러나 공부는 중독 현상 중에 가장 안전하다. 지구도 처음부터 생명을 품을 수 있는 환경이 아니었다. 초기 지구는 소행성들과 잦은 충돌로 너무 뜨거웠다. 지구의 중심핵의 온도가 6,000도 이상 되는 이유도 소행성과 잦은 충돌에 의한 고체와 액체 상태로 보존된 철과 니켈의 응어리이기 때문이다. 지구가 식어서 안정화되기까지 8억 년이 걸렸고 바닷물이 충분히 식었기에 생명을 품을 수 있는 초기환경이 만들어진 것이다. 그리고 37억 년이 지나서야 사피엔스라고 불리는 두 발로 걷는 우리의 선조들이 아프리카 초원에 사자를 피해 뛰어다니고 있었다. 산전수전, 공중전, 온갖 어려움을 겪어야 운우지정(雲雨之情)에 이르는 극락의 맛을 알게 되는 것이다. 첫 경험은 늘 쓰라리고 아프다.

"그러므로(是以) 성인은(聖人) 오히려(猶) 매사를 어렵게 여기니(難之), 도리어(故) 어렵지 않게 이루어질 수 있는 것이도다(終無難矣)!"

제64장.
其安易持(기안이지)
그저 도울 뿐 함부로 다스리려 들지 않는다

其安易持, 其未兆易謀, 其脆易泮, 其微易散. 爲之於未有, 治之於未亂. 合抱之木, 生於毫末. 九層之臺, 起於累土, 千里之行, 始於足下. 爲者敗之, 執者失之. 是以聖人無爲故無敗, 無執故無失. 是以聖人無爲故無敗, 無執故無失. 民之從事, 常於幾成而敗之. 愼終如始則無敗事. 是以聖人欲不欲, 不貴難得之貨. 學不學, 復衆人之所過. 以輔萬物之自然而不敢爲.

안정된 상태에서는(其安) 유지하기가 쉽고(易持), 아직 조짐이 나타나지 않았을 때(其未兆) 도모하기가 쉬우며(易謀), 그 연약한 상태에서는(其脆) 풀기가 쉽고(易泮), 그 미미한 상태에서는(其微) 흩뜨리기가 쉽다(易散). 아직 발생하기 전부터(於未有) 제대로 다스리고(爲之), 아직 어지러워지기 전부터(於未亂) 질서를 잡아야 한다(治之). 아름드리나무도(合抱之木), 털끝 같은 싹에서부터(於毫末) 생겨났다(生). 구 층 높이의 누대는(九層之臺), 한 줌의 흙에서(於累土) 비롯한 것이다(起). 천 리를 다니는 것도(千里之行), 발아래에서 시작한다(始於足下). 다스리려 들고자 하면(爲者) 실패할 것이요(敗之), 집착하고자 하면(執者) 모든 것을 잃게 될 것이다(失之). 그러므로(是以) 성인은(聖人) 다스리려 하지 않기에(無爲) 도리어(故) 실패하지 않으니(無敗), 집착하지 않음으로(無執) 도리어(故) 잃을 게 없다(無失). 백성들이 섬겨 따르는 일을 보면(民之從事), 매번(常) 완성될 기미가 보이는데도(於幾成而) 실패하곤 한다(敗之). 마지막을 처음처럼 신중하게 한다면(愼終如始), 실패하는 일은 없는 법이다(則無敗事). 그러므로(是以) 성인은(聖人) 욕심을 부리지 않기에(不欲) 욕심이 생겨, 얻기 어려운 재물을(難得之貨) 귀히 여기지 않으며(不貴), 배우려 하지 않아도 배울 수 있으니(學不學), 뭇사람들이(衆人之) 지나쳐보지 못하는 바를(所過) 되돌아보게 되는 것이다(復). 만물의 스스로 그러함을 도울 뿐이지(以輔萬物之自然而) 함부로 다스리려 들지 않는다(不敢爲).

❖ **其安易持**(기안이지), **其未兆易謀**(기미조이모), **其脆易泮**(기취이반), **其微易散**(기미이산). **爲之於未有**(위지어미유), **治之於未亂**(치지어미란).

안정된 상태에서는(其安) 유지하기가 쉽고(易持), 아직 조짐이 나타나지 않았을 때(其未兆) 도모하기가 쉬우며(易謀), 그 연약한 상태에서는(其脆) 풀기가 쉽고(易泮), 그 미미한 상태에서는(其微) 흩트리기가 쉽다(易散). 아직 발생하기 전부터(於未有) 제대로 다스리고(爲之), 아직 어지러워지기 전부터(於未亂) 질서를 잡아야 한다(治之).

兆(조 조) - 조, 점괘, 빌미, 조짐, 제단, 묏자리, 백성, 사람, 처음.
謀(꾀할 모) - 꾀, 지략, 책략, 계략, 꾀하다, 도모하다, 모색하다, 묻다, 살피다.
脆(연약할 취) - 연하다, 가볍다, 무르다, 부드럽다.
泮(녹을 반) - 녹다, 풀리다, 물가.
微(작을 미) - 작다, 정교하다, 적다, 없다, 어둡다, 쇠하다, 숨다, 엿보다, 조금.
散(흩을 산) - 흩다, 한가롭다, 흩어지다, 헤어지다, 연하게 펴지다, 나누어 주다.

시중(時中)에 관한 이야기이다. 적절한 때와 장소에서 그에 맞는 조치가 이루어져야 하는 법이다. 소 잃고 외양간 고친다는 말이 있듯이 적정한 시간과 장소에 사전 대비를 통해 자연재해를 미리 예방할 수 있다. 인간의 기본 본능은 매 순간에 맞춰져 있다. 장기적인 선택이 아닌 단기적이고 초 순간에 결과가 나오는 일을 선호한다. 더 빠르게 처리하고 더 빨리 결과를 보는 것이다. 그래서 도박에 중독되기가 쉽다. 패를 받자마자 결과가 나오기 때문이다. 화투장 2장으로 순식간에 승부가 난다. 사람의 뇌는 흥분하거나 정황이 없거나 불안하면 정상적인 선택과 결정을 하기가 어렵다. 음주운전 상태와 같은 혼미하고 시야가 좁아지는 상태가 된다. 인생과 세상을 유지하기 위해서는 단기적인 계획과 중장기적인 계획이 동시에 균형을 이루어야 한다. 우리나라의 예로 부동산 정책이 그렇다. 문재인 정부 시절 내외적 여건으로 부동산 경기가 이상 과열을 보였다. 코로나19로 불확실성이 커졌고 그로 인해 안정한 자산이라고 인정받는 부동산과 주식, 가상코인에 돈이 몰렸고 기레기 언론들이 불쏘시개를 지폈다. 공급만이 답이라며 그린벨트를 해제하고 연일 신도시 계획이 쏟아져 나왔다. 그래서 지금 어떻게 되었는가? 미국 금리는 연일 최고로 오르고 있지만 한국은행은 제대로 금리조차 못 올리는 실정이다. 1,000조가 넘는 가계부채가 발목을 잡고 있기 때문이다. 전세 자금까지 포함하면 그야말로 천문학적인 액수가 집값 유지에 쓰인다. 그나마 코로나를 잘 대처한 정권마저 교체해 버렸다. 그리고 무능, 무식, 과격한 반사회적인 정치집단인 저들에게 선택권을 준 다수 국민의 선택이 있었다. 잘못된 선택은 공동체의 몫이다. 언론들은 하루가 멀게 고공 행진하는 아파트 가격에 젊은이들에게 지금 주택 구매를 하지 못하면 바보가 되듯이 선전을 해왔다. 그 이유가 무엇인가?

언론사들과 건설사의 카르텔에 있다. 경제학은 심리학이다. 경제를 움직이게 하는 것은 우리의 초조한 본능과 그러한 초조한 본능의 욕구를 부채질하는 언론사들이다. 정치는 백성들의 심리를 안정시키는 일이다. 외재적으로는 전쟁의 위협에서 불안감을 줄여주고 강대국과 균형 잡힌 외교를 통해 안정화되도록 만들어 주는 것이다. 내재적으로는 관료사회와 시민사회가 능동적으로 움직여 국가 전체 시스템이 제대로 작동하고 있는지 체크하고 점검하여 위험 요소를 사전에 막고, 발전 요소를 찾아내어 부흥시켜야 한다. 정치가 해야 할 일이 "아직 발생하기 전부터(於未有) 제대로 다스리고(爲之), 아직 어지러워지기 전부터(於未亂) 질서를 잡아야 한다(治之)."

대한민국은 언론의 질서를 잡지 않으면 미래가 없다고 단언한다. 언론이 털 없는 원숭이들이 지배하고 자기 절제 없는 반사회적인 여론을 형성하는 것은 가장 중한 벌로 다스려야 한다. 미국이 언론의 거짓 보도에 대해 막대한 배상을 청구하듯 기레기들이 패륜을 저질러 공동의 질서를 파괴하지 못하게 해야 한다. 그렇기에 공공성을 담당하는 엘리트 집단이 되기 위한 등용문으로서, 집단지성에 의한 공공선과 최고선의 가치가 높아지기 위한 교과서로서 바로 노자의 도덕경을 공부시켜야 한다.

"안정된 상태에서는(其安) 유지하기가 쉽고(易持), 아직 조짐이 나타나지 않았을 때(其未兆) 도모하기가 쉬우며(易謀), 그 연약한 상태에서는(其脆) 풀기가 쉽고(易泮), 그 미미한 상태에서는(其微) 흩트리기가 쉽다(易散)."

세상의 법칙이 이리 단순한 원리에 의해 돌아가고 있는 법인데, 개인의 이익과 집단의 이익을 위해 이를 막는 반사회적 정치집단과 언론을 규제하고 통제해야 한다. 그게 우리의 건전한 공동체를 지속할 수 있는 길이다. 저들은 수없이 나라를 팔아먹은 경험이 있는 유전자의 후손들이다. 나는 북한도 싫고 일본도 싫다. 그러나 대놓고 일본에 굴욕적인 외교를 일삼는 지도자의 만행을 도저히 참을 수가 없다. 우리 역사는 잔악무도한 털 없는 침팬지들에게 당한 일방적 학대였다. 안정된 상태를 유지하기 위해서는 지금이라도 깨어있어야 하며, 아직 조짐이 미약하고 연약한 상태였을 때 새로운 질서를 세우는 것만이 우리 미래 세대에게 그나마 안전한 대한민국을 물려줄 수 있게 된다.

❖ **合抱之木(합포지목), 生於毫末(생어호말), 九層之臺(구층지대), 起於累土(기어루토), 千里之行(천리지행), 始於足下(시어족하). 爲者敗之(위자패지), 執者失之(집자실지).**

아름드리나무도(合抱之木), 털끝 같은 싹에서부터(於毫末) 생겨났다(生). 구 층 높이의 누대는(九層之臺), 한 줌의 흙에서(於累土) 비롯한 것이다(起). 천 리를 다니는 것도(千里之行), 발아래에서 시작한다(始於足下). 다스리려 들고자 하면(爲者) 부서질 것이요(敗之), 집착하고자 하면(執者) 모두 잃을 수 있는 것이다(失之).

毫(터럭 호) - 터럭, 털, 잔털, 붓, 조금, 가늘다.
末(끝 말) - 끝, 꼭대기, 마지막, 하위, 늘그막, 말세.
九(아홉 구/규) - 아홉, 많은 수, 남방, 양효, 오래된 것, 늙다, 모으다.
層(층 층) - 층, 겹, 층집, 계단, 높다.
臺(대 대) - 대, 돈대, 무대, 받침대, 탁자, 사초, 마을, 성문.
累(묶을 누/나) - 묶다, 결박하다, 거듭하다, 포개다, 여러, 자주, 연좌, 연루, 허물, 벌거벗다.
里(마을 리) - 마을, 고향, 이웃, 인근, 리.

    우리 우주가 한 점에서 시작했듯이 모두가 티끌보다 작은 것으로 시작되었다.
천 리 길도 한걸음부터의 원전이 있는 구절이다. 뒤에 나오는 구절에서 나오지만 '처음처럼'이다. 첫 단추를 잘 끼어야 한다. 올바른 목표와 정확한 좌표 설정은 그래서 다시 한번 강조가 된다. 목표(目標)를 갖는 것의 의미는 내재적,

내면적 지향성을 갖추는 것이다. 주체가 나다. 내가 가진 목적을 달성하기 위하여 내재적으로 각오 또는 결심을 통해 목적성을 갖는 미래지향적이면서 내면이 이루고자 하는 욕구다. 그리고 인생이라는 긴 여정의 종착점이기도 하다. 그러나 좌표(座標, coordinate)는 찾는 것이다. 과거와 현재에 존재해 있던 정확한 한 점을 찾아내는 것이다. 점이 부분이라면 인공위성의 GPS는 전체를 바라보는 것이다. 부분과 전체가 만나 정확 길을 인도해 주는 것이다. 목표는 내가 가고자 하는 목적지와 같다. 그래서 미래지향적이다. 정확한 목적지에 도착하기 위해서는 목적지의 정확한 좌표가 필요하다. "아름드리나무도(合抱之木), 털끝 같은 싹에서부터(於毫末) 생겨났다(生). 구 층 높이의 누대는(九層之臺), 한 줌의 흙에서(於累土) 비롯한 것이다(起). 천 리를 다니는 것도(千里之行), 발아래에서 시작한다(始於足下)." 좌표를 찾았으면 목표를 향해가는 것이다. 자연의 흐름도 자연의 한 부분인 인생의 흐름도 매한가지로 다르지 않다고 노라는 가르친다. 그러기에 자연이 다스리려 하지 않아도 다스려지듯 인간 역시 다스리려고 지배하려고 안간힘쓰지 않아도 이루어진다고 하는 것이다. 오히려 다스려 집착하면 실패하고 그나마 가진 것까지 다 잃게 됨이다.

"다스리려 들고자 하면(爲者) 산산이 부서질 것이요(敗之), 집착하고자 하면(執者) 모두를 잃을 수 있는 것이다(失之)." 내 경험이 이를 증명한다.

- ❖ **是以聖人無爲故無敗**(시이성인무위고무패), **無執故無失**(무집고무실).
  그러므로(是以) 성인은(聖人) 다스리려 하지 않기에(無爲) 도리어(故) 깨지지 않으니(無敗), 집착하지 않음으로(無執) 도리어(故) 잃을 게 없다(無失).

지배와 통제는 인위적이고 작위적인 인간의 강압적 통치 행위이다. 노예제와 신분제 사회 그리고 무리를 이루고 사는 모든 동물 사회에서 이루어지는 힘이 정의(正義)가 되는 수직 구조를 가진 사회이다. 'Power is Justice!'는 전근대 사회에서 통용되는 통치 이념이다. 자연은 다스리려 하거나 통제하려 하지 않는다. 오로지 스스로 살아남거나 스스로 도태되어 사라지는 것이다. 다윈은 이를 '자연선택'이라는 이론으로 《종의 기원》에서 설명하였다. 자연은 스스로 그러함으로 거대 우주를 탄생시키고 진화시켰다. 실패도 집착도 모두 인간이 만들어 낸 개념들이기에 자연을 그대로 닮은 성인의 삶은 다스리려 하지 않는 무위(無爲)를 통해 깨지지 않으며 박살 나지 않게(無敗) 되는 것이다. 태양도 언젠가는 자신이 거느린 행성들을 놓아준다. 자기의 에너지를 전부 나누어 주고 자신이 만들어 내는 연료가 고갈되면 조용히 죽음을 맞는다. 미련과 집착의 해방은 놓아줌이다.

❖ **民之從事**(민지종사), **常於幾成而敗之**(상어기성이패지). **愼終如始**(신종여시), **則無敗事**(즉무패사).
사람들이 섬겨 따르는 일을 보면(民之從事), 매번(常) 완성될 기미가 보이는 데도(於幾成而) 깨지곤 한다(敗之). 마지막을 처음처럼 신중하게 한다면(愼終如始), 섬겨서 깨지는 일은 없는 법이다(則無敗事).

從(따를 종) - 따르다, 좇다, 나아가다, 모시다, 일하다, 놓다, 모이다, 시종, ~부터.
常(항상 상) - 항상, 영원하다, 일정하다, 범상하다, 숭상하다, 행하다, 항상, 늘.
幾(몇 기) - 몇, 얼마, 그, 거의, 어찌, 자주, 바라건대, 언저리, 낌새, 기틀, 기회.
愼(삼갈 신) - 삼가다, 근신하다, 조심스럽다, 두려워하다, 삼감, 진실로, 부디, 제발.
始(비로소 시) - 비로소, 바야흐로, 먼저, 앞서서, 일찍, 옛날에, 처음, 시초, 근원.

이 구절의 핵심은 처음에 가진 마음을 끝까지 유지한다는 초지일관(初志一貫)과 같은 뜻의 愼終如始(신종여시)이다. 신영복 선생의 《강의》와 담론을 읽게 되면 감옥에서 노촌 이구영 선생을 스승으로 모시고 도덕경을 비롯한 한학에 관련된 책을 한 자, 한 자 짚으며 배우셨다고 한다. 내가 한학을 깊게 공부하게 된 이유도 도올 선생과 신영복 선생의 책을 탐독한 게 계기가 되었다. 천지지시(天地之始), 신종여시(愼終如始)와 같은 구절이 신영복 선생을 세상에 알리게 된 소주의 이름인 '**처음처럼**'이 되었다. "사람들이 섬겨 따르는 일을 보면(民之從事), 매번(常) 완성될 기미가 보이는 데도(於幾成而) 깨지곤 한다(敗之). 마지막을 처음처럼 신중하게 한다면(愼終如始), 섬겨서 깨지는 일은 없는 법이다(則無敗事)." 마무리가 중요하다. 마무리되지 않으면 품평이 되지 않는다. 지속적인 성찰과 반성도 마무리를 위한 중요한 좌표를 찍을 수 있게 해준다. 그리고 기록과 사색이다.

- **是以聖人欲不欲**(시이성인욕불욕), **不貴難得之貨**(불귀난득지화), **學不學**(학불학), **復衆人之所過**(복중인지소과), **以輔萬物之自然而不敢爲**(이보만물지자연이불감위).

    그러므로(是以) 성인은(聖人) 욕심을 부리지 않기에(不欲) 욕심으로 인해, 얻기 어려운 재물을(難得之貨) 귀히 여기지 않으며(不貴), 배우려 하지 않아도 배울 수 있으니(學不學), 뭇사람들이(衆人之) 지나쳐 보지 못하는 바를(所過) 돌아보게 되는 것이다(復). 만물의 스스로 그러함을 도울 뿐이지(以輔萬物之自然而) 함부로 다스리려 들지 않는다(不敢爲).

    輔(도울 보) - 돕다, 도움, 광대뼈, 재상, 아전, 경기.
    敢(감히 감) - 감히, 구태여, 함부로, 감행하다, 굳세다, 용맹스럽다, 결단성이 있다.

"그러므로(是以) 성인은(聖人) 욕심을 부리지 않기에(不欲) 욕심으로 인해, 얻기 어려운 재물을(難得之貨) 귀히 여기지 않으며(不貴),"
세상 사람들이 모두 바라는 욕심을 성인은 바라지 않는다. 세상 사람들이 바라는 욕심은 무엇인가? 재물이다. 재물을 얻기 위해 배운다. 배워서 남들이 오르지 못할 좋은 직업을 갖는 것이 뭇사람들이 생각하는 욕심이다. 그러나 성인은 "배우려 하지 않아도(不學) 배울 수 있으니(學), 뭇사람들이(衆人之) 지나쳐보지 못하는 바를(所過) 되돌아보게 되는 것이다(復)."

뭇사람이 하고자 하는 공부는 엄밀히 공부가 아니다. 시험을 보기 위해 머릿속에 잠시 담아두는 공부는 성인이 되기 위한 깨우침과 관련이 없다. 그래서 아무리 고시 출신의 날고 기는 사람도 깊은 얘기를 해보면 자기만의 주관적인 지식과 경험 말고는 아는 게 별로 없다.
도서관 책상 내 앞에 앉아있는 학생이 읽는 책의 제목을 보니 《공부는 왜 하는가》이다. 또 한 권은 2002년 노벨 경제학상 수상자 대니얼 카너먼의 《생각에 관한 생각이다》라는 책이다. 수준이 있는 학생이다. 누가 나에게 공부가 무엇이냐고 물으면 나는 공부란 지적 사기를 당하지 않기 위해 적극적으로 정보를 획득하는 행위이자 그 행위의 반복이라고 말하고 싶다. 그리고 그러한 지식에 관한 축적이다. 그리고 이 세상에서 그 어떤 누구에게도 흔들리지 않고 세상을 내가 주체적으로 살고 죽기 위해서다.

나는 전문가라는 타이틀로 치는 사기(詐欺)에 수없이 당했다. 정치인이라는 이름으로, 경제전문가라는 이름으로, 교수라는 이름으로, 법률가라는 이름으로, 의사라는 이름으로, 목사라는 이름으로, 스님이라는 이름으로 거짓말을 밥 먹듯 해댄다. 그런 거짓말을 찾아내서 일차적으로는 내가 스스로 사기당하지 않는 것이다.

내 인생에서 사기라고 생각한 첫 번째 지적 사기는 목회자들과 성경의 저자들이 친 사기이다. 이 사기 때문에 난 목사가 되기 위해 신학대학까지 갔다. 내가 양자역학과 천체물리학, 생물학, 화학을 공부한 이유가 성경을 통해서 사기 친 자들에 대한 저항이다. 그리고 그것에 대한 반박 논리를 갖기 위함이다. 두 번째는 자식에게 쪽팔린 아버지가 되지 않는 것이다. 돈은 없어도 무식하다는 소리는 듣고 싶지 않았다. 최소한 지식적으로 자식에게 당하는 무시는 돈 없어서 당하는 무시보다 더욱 서럽다. 마지막으로 세상에 내 이름으로 된 책 한 권이라도 남기고 싶었다. 10여 년을 도서관에 다니면서 남의 이름으로 된 책만 수천 권을 읽었다. 내 이름으로 된 책이 도서관에 꽂혀 사람들이 읽는 생각만 하면, 지금 하는 일이 행복하고 짜릿하다. 뭇사람들이 보지 못했던 배움을 나누고 싶었을 뿐이다.

"만물의 스스로 그러함을 도울 뿐이지(以輔萬物之自然而) 함부로 다스리려 들지 않는다(不敢爲)."

세상에 빛과 소금이 되는 것은 모든 성현이 하는 공통의 말씀이다. 도와 덕을 획득함은 내가 드러남이 아니다. 드러내려 하지 않아도 드러남을 아는데 굳이 나서지 않는 법이다.

제65장.
善爲道者(선위도자)
통달하여 도로써 다스리니 - 대순환의 경지에 도달하다

古之善爲道者, 非以明民, 將以愚之. 民之難治, 以其智多. 故以智治國, 國之賊; 不以智治國, 國之福. 知此兩者, 亦稽式. 常知稽式, 是謂玄德. 玄德深矣, 遠矣! 與物反矣, 然後乃至大順.

예로부터(古之) 도에 통달하여(善) 도로써 다스리는 사람은(爲道者), 백성들에게 영민함을 강요하지 않는 것은(非以明民), 오히려(將) 원숭이처럼 약삭빨라지기 때문이다(以愚之). 백성을 다스리는 것이 어려움은(民之難治), 그러한 잔꾀가 많이 생기기 때문이다(以其智多). 도리어(故) 꾀로써(以智) 나라를 다스리니(治國), 나라에 도적이 들끓는다(國之賊). 꾀로써 나라를 다스리지 않는 것은(不以智治國), 나라의 복이다(國之福). 이 두 가지를 아는 것(知此兩者), 역시(亦) 세상을 다스리는 하늘이 내린 법도이다(稽式). 항상 하늘이 내린 법도를 안다는 것을(常知稽式), 일컬어(是謂) 현덕이라 한다(玄德). 현덕은(玄德) 깊고도(深矣), 심오하도다(遠矣). 모든 사물은 함께 하여 되돌아가는구나(與物反矣), 틀림없이 그런 연후에(然後) 비로소(乃) 대순환의 지극한 경지에 도달하는 이치로다(至大順)!

❖ **古之善爲道者**(고지선위도자), **非以明民**(비이명민), **將以愚之**(장이우지).

예로부터(古之) 도에 통달하여(善) 도로써 다스리는 사람은(爲道者), 백성들에게 영민함을 강요하지 않는 것은(非以明民), 오히려(將) 원숭이처럼 약삭빨라지기 때문이다(以愚之).

愚(어리석을 우) - 어리석다, 우직하다, 고지식하다, 어리석게 하다, 나, 어리석은 마음.

가끔 도덕경을 해석하다 보면 첫 구절부터 당혹스러울 때가 있다. 3장의 불상현(不尙賢)에서도 현인을 숭상하지 말라는 표현으로 애를 먹은 적이 있었다. 20장의 절학우민(絶學愚民) 장도 그렇고 우민화(愚民化)에 대한 논란을 불러일으킬 오해의 소지가 있는 장들이 있다. 65장에서도 將以愚之(장이우지) 백성들을 똑똑하게 만들면 안 되고 오히려 어리석게 만들라고 한다. 우리 노자 형님께서는 한 번씩 요렇게 전하시는 말씀에 대한 해석에 골탕을 먹이시는 걸 즐기신다. 그게 노자의 도덕경을 해석하고 주해하는 맛이다. 이 구절에서 '우(愚)' 자에 대한 해석을 두고 고민이 많았다. 단순히 글자 그대로 어리석게 만든다고 해석함은 노자 철학과 맞지 않는다고 생각한다. 그래서 후대에 이 장에 대한 해석을 두고 말이 많았고 노자를 공격하는 수단으로 이용했다고도 한다. 이런 경우에는 글자가 만들어진 기원에 대해 살펴보는 것이 좋은 방법이다. 네이버 한자 사전을 살펴보니 "우(愚) 자는 '어리석다'나 '고지식하다'라는 뜻을 가진 글자이다. 우(愚) 자는 禺(원숭이 옹) 자와 심(心) 자가 결합한 모습이다. 옹(禺) 자의 사전적 의미는 '꼬리가 긴 원숭이'이다. 원숭이는 사람과 닮았지만, 사람처럼 지능이 뛰어나지는 못하다. 그래서 우(愚) 자는 원숭이처럼 머리가 나쁘고 어리석은 행동을 하는 사람이라는 의미에서 '어리석다'를 뜻하게 되었다." (출처: 네이버 한자 사전)

원숭이를 연구한 전문가로서 원숭이는 이기적이고 약삭빠르다. 그러한 원숭이를 지혜롭다고 하지는 않았을 것이다. 자신의 목적을 완수하기 위해서는 수단과 방법을 가리지 않는 영민함을 가지고 있다. 자기 손에 넣기 위해 도적질을 서슴지 않는 잔꾀의 달인이다. 다음 구절을 살펴보자.

- ❖ **民之難治(민지난치), 以其智多(이기지다). 故以智治國(고이지치국), 國之賊(국지적).**

  백성을 다스리는 것이 어려움은(民之難治), 그러한 잔꾀가 많이 생기기 때문이다(以其智多). 도리어(故) 꾀로써(以智) 나라를 다스리니(治國), 나라에 도적이 들끓는다(國之賊).

이 구절의 지(智) 자는 지혜로 번역하면 오해의 소지가 다분하다. 일을 교묘하게 잘 꾸미는 생각이나 수단 같은 계책(計策)을 뜻하는 꾀 또는 모략으로 번역해야 전체 맥락에 맞게 떨어진다.

"백성을 다스리는 것이 어려움은(民之難治), 그러한 잔꾀가 많이 생기기 때문이다(以其智多). 도리어(故) 꾀로써(以智) 나라를 다스리니(治國), 나라에 도적이 들끓는다(國之賊)."

중국에서 7년을 생활하면서 상류층의 중국 친구들이 평소에 자주 하는 소리를 들었다. 중국 공산당이 정책(政策)을 내놓으면 국민은 곧바로 그에 대한 대책(對策)을 내놓는다고 말이다. 백성들의 꾀를 국가가 계책으로 다스리면 백성은 나라에 낼 세금을 도둑질할 궁리만 한다는 것이다. 계책(計略)과 책략(策略)이 지혜로 바뀌는 세상을 우리는 경계해야 한다. 정치라는 이름으로 꾀를 벌어지는 권모술수(權謀術數)를 대한민국에 도를 깨우친 국민은 손바닥 보듯이 훤히 보고 있다. 스스로 바보인지 모르는 우매(愚昧)한 잡것들!

❖ **不以智治國(불이지치국), 國之福(국지복). 知此兩者(지차양자), 亦稽式(역계식).**
 꾀로써 나라를 다스리지 않는 것은(不以智治國), 나라의 복이다(國之福). 이 두 가지를 아는 것(知此兩者), 역시(亦) 세상을 다스리는 하늘이 내린 법도이다(稽式).

稽(상고할 계) - 상고하다, 헤아리다, 점치다 법식, 의지.
式(법 식) - 법, 제도, 의식, 정도, 절도, 형상, 본뜨다.

자연의 도가 아닌 인간의 인위적이고 작위적인 계책으로 나라를 운영하고 다스리고자 함은 그러므로 국가의 재앙이 된다는 뜻이다. 도와 덕이 상식이 되는 세상을 만들어 나가는 것으로 질서를 바르게 잡는 법이다. 편법과 불법이 판치는 세상은 도를 넘어 원칙도 규칙도 없는 무질서의 세상이 되니 도적놈이 판을 치고 국가의 기강(紀綱)은 엉망이 되니 나라가 망할 징조(徵兆)이다. 청나라 말기 서태후의 섭정(攝政)에 의한 폭정(暴政)으로 청나라가 엉망이 됐다. 매관매직이 일상화되고 관리들은 해 처먹기 바빴다. 여기저기에서 민란이 끊이질 않았고 백성들은 아편에 중독되었다. 결국 나라가 망했다.

"꾀로써 나라를 다스리지 않는 것은(不以智治國) 그러므로 나라의 복이다(國福)."

도를 알고 행하는 것이 슬기로운 지혜(智慧)이다. 지혜는 내가 행한 결정이 만물과 상생(相生)하는 것이라고 나는 정의한다. 권모술수가 아닌 道와 德으로써 정치(政治)를 정치(正治)하는 것이다.

"이 두 가지를 아는 것(知此兩者), 역시(亦) 세상을 다스리는 하늘이 내린 법도이다(稽式)."

❖ **常知稽式(상지계식), 是謂玄德(시위현덕). 玄德深矣(현덕심의), 遠矣(원의)! 與物反矣(여물반의), 然後乃至大順(연후내지대순).**
항상 하늘이 내린 법도를 안다는 것을(常知稽式), 일컬어(是謂) 현덕이라 한다(玄德). 현덕은(玄德) 깊고도(深矣), 심오하도다(遠矣). 모든 사물은 더불어 되돌아가는구나(與物反矣), 틀림없이 그런 연후에(然後) 비로소(乃) 대순환의 지극한 경지에 도달하는 이치로다(至大順)!

"항상 하늘이 내린 법도를 아는 것을(常知稽式), 일컬어(是謂) 현덕이라고 한다(玄德). 현덕은(玄德) 깊고도(深矣), 심오하도다(遠矣)."

안다는 것은 인지 능력이다. 65장에서 智와 知가 서로 다른 의미로 사용되고 있다. '지(智)' 자가 잔꾀 또는 모략 같은 계책이라면 이 구절에서 지(知)는 하늘이 내린 법도(法道)인 계식(稽式)을 아는 '깨닫는 능력'으로 사용하고 있다. 사피엔스가 획득한 그러한 인지 능력을 깊고도(深矣), 심오하여(遠矣) 현덕(玄德)이라고 한다고 표현한다. 그러므로 도덕심은 암기력이 아니다. 깨달음을 통해 하늘이 내린 법도에 따라 행하고 다스리는 것이다. 또한 51장에서 현덕은 "낳으나(生而) 소유하지 않고(不有), 다스리나 (爲而) 통제하지 않으며(不恃), 생장하게 하나(長而) 주재하지 않는다(不宰). 이를 일러(是謂) 심오한 덕인 현덕이라 한다(玄德)." 하였다.

용산에서 여의도에서 하는 정치는 현덕(玄德)이 아니다. 원숭이들이 자기들 잔꾀에 맞추어 사람 흉내를 내는 계책과 모략이 판을 치는 이유다. 도를 알고 덕을 얻어 하늘이 내린 법도(法道)인 계식(稽式)을 행함과는 거리가 멀어 역겨운 것이 견딜 수가 없다.

그러므로, "모든 사물은 '더불어서 함께(與物)' 되돌아가는구나(反矣), 틀림없이 그런 연후에(然後) 비로소(乃) 대순환의 지극한 경지에 도달하는 이치로다(至大順)!"

언제 즈음 우리는 도를 알고 깨친 성인의 정치를 맛볼 수 있을까? 그 맛과 멋을 아는 이들과 '더불어서 함께' 노니는 소요유(逍遙遊)를 경험하고 싶다.

제66장.
百谷王者(백곡왕자)
다스리지 말고 따르게 하라! - 솔선수범의 정치

江海之所以能爲百谷王者, 以其善下之, 故能爲百谷王. 是以聖人欲上民, 必以言下之. 欲先民, 必以身後之. 是以聖人處上而民不重, 處前而民不害. 是以天下樂推而不厭. 以其不爭, 故天下莫能與之爭.

강과 바다가(江海之) 온갖 골짜기의 왕이 되어 능히 다스릴 수 있는 소이연은(所以能爲百谷王者), 도에 통달하여(以其善) 자신을 스스로 낮추니(下之), 그러므로(故) 모든 계곡의 왕이 되어(百谷王) 능히 다스릴 수 있게 되는 것이다(能爲). 그런 까닭에(是以) 성인은(聖人) 백성 위에 서고자 한다면(欲上民), 반드시(必) 언사가 겸손해야만 하는 이유다(以言下之). 백성들 앞에 서고자 한다면(欲先民), 반드시(必) 자신이 물러나 있어야만 하는 것이다(以身後之). 그러므로(是以) 성인은(聖人) 위에 머물러도(處上而) 백성들이 중압감을 느끼지 못하게 하고(民不重), 앞에 머물러도(處前而) 백성들이 위해를 느끼지 못하게 하는 것이다(民不害). 그러므로(是以) 천하 사람 모두가(天下) 즐거워하며 받드니(樂推而) 싫어할 수가 없다(不厭). 다투려 하지 않음으로(以其不爭), 도리어(故) 천하 사람 모두가(天下) 성인과 더불어 견줄 수가 없게 된다(莫能與之爭).

❖ **江海之所以能爲百谷王者**(강해지소이능위백곡왕자), **以其善下之**(이기선하지), **故能爲百谷王**(고능위백곡왕).
   강과 바다가(江海之) 온갖 골짜기의 왕이 되어 능히 다스릴 수 있는 소이연은(所以能爲百谷王者), 도에 통달하여(以其善) 자신을 스스로 낮추니(下之), 그러므로(故) 모든 계곡의 왕이 되어(百谷王) 능히 다스릴 수 있게 되는 것이다(能爲).

노자는 물과 같이 아래로 흐르는 것에 도의 기본 작동 원리로 강조하고 있다. 대기의 수중기가 응축하여 중력에 의해 비가 내리면 육지의 빗물은 골짜기로 흐르고 그렇게 모인 물이 강과 바다로 흘러 모이게 된다. 道는 자연의 4가지 힘이다. 자연의 4가지 힘 중에 거대 우주를 지배하는 힘인 중력에 대해 좀 더 깊은 이해가 필요하다. 지구는 태양계 행성 중 유일하게 표면에 액체 상태의 물을 간직하고 있다. 모든 생명의 어머니 바다. 모두 다 중력에 비밀이 있다. 인간은 자연을 닮고 도를 따르는 존재이기에 물이 중력에 의해 지구 표면 가장 낮은 곳을 흐르는 물을 최상의 선이라고 표현했다.

8장에서 "최상의 선(上善)이란 물을 허락하는 것이다(若水). 물은(水) 만물(萬物)을 참으로(善) 이롭게(利) 하지만 다투는 법이 없다(不爭). 세상 모든 것들이(處衆[人]) 꺼리는 곳도 마다치 않으니(之所惡), 고로(故) 그 자체로(於幾) 도(道)가 아닌가!" 만물의 어머니(萬物之母)가 백곡의 왕이 되는 이치는 낮은 곳에 임하기에 가능한 道(법)이다. 지구 표면의 70%는 바다로 덮여있다. 바다의 깊이는 평균 3.7km이며, 바닷물의 양은 13.5억km³나 된다. 이것은 지구에 있는 물의 양의 97.4%나 된다. 육지의 물은 35,987,000km³로, 2.6%에 불과하다. 그것도 대부분은 빙하에 27,500,000km³가 존재한다. 전체 바닷물의 질량은 135경 톤으로 추정된다. 이것은 전체 대기의 질량인 약 0.5경 톤의 277배이다. 압도적인 수량을 자랑하는 바다에서는 대량의 수증기가 증발해 대기로 공급된다. 수증기를 포함한 대기는 땅으로 이동해 비를 내리게 하므로, 바다는 대기를 통해 육지에 물을 공급하는 셈이다. 바다에서의 증발량은 연간 42.5만km³에 이른다. 이것은 해수면이 1.2m(하루 3.3mm) 내려갈 정도의 양이다. 그러나 거의 같은 양의 물이 비나 눈으로 바다와 육지에 내린다. 그리고 육지에 내린 물의 대부분은 40,000km³ 하천 등을 통해 바다로 유입되므로 실제로 해수면이 내려가는 일은 없다. 그러나 이런 바닷물도 지구 전체 무게에 비하면 0.02% 밖에 안 된다. (출처: 아이뉴턴[뉴턴코리아] 편집부, 《바다의 모든 것》)

"강과 바다가(江海之) 온갖 골짜기의 왕이 되어 능히 다스릴 수 있는 소이연은 (所以能爲百谷王者), 도에 통달하여(以其善) 자신을 스스로 낮추니(下之), 그러므로(故) 모든 계곡의 왕이 되어(百谷王) 능히 다스릴 수 있게 되는 것이다(能爲)."
자연이 그러한데 聖人이 아니어도 자기를 낮추고 세상을 높이는 것이 경이로운 지구에 빌붙어 사는 하나의 微物(존재)로서 마땅함이다. 겸손은 하나의 미물로서 세상을 높임은 만고의 진리이다.

❖ **是以聖人欲上民**(시이성인욕상민), **必以言下之**(필이언하지). **欲先民**(욕선민), **必以身後之**(필이신후지).
   그런 까닭에(是以) 성인은(聖人) 백성 위에 서고자 한다면(欲上民), 반드시(必) 언사가 겸손해야만 하는 이유다(以言下之). 백성들 앞에 서고자 한다면(欲先民), 반드시(必) 자신이 물러나 있어야만 하는 것이다(以身後之).

자연에서는 한낱 인간이란 게 겸허해질 수밖에 없다. 그러나 거대한 지구도 태양계에서는 그저 작은 점인 칼 세이건이 명명한 The Pale Blue Dot(창백한 푸른 점)에 불과하다. 1광년 크기의 태양계도 10만 광년의 우리은하에 비하면 한 점이다. 약 1,000억 광년의 지름을 가진 우리 우주에 비하면 우리은하는 한점이다. 이러한 우주 안에 거하는 인간이 잘나 봐야 얼마나 잘났고 높아 봐야 얼마나 높다고 유한한 우주에서 무한한 탐욕심을 가지고 사는가 말이다. 이러한 도와 덕을 통해 획득한 깨달음으로 조용히 살다 조용히 가는 것이다.
"그런 까닭에(是以) 성인은(聖人) 백성 위에 서고자 한다면(欲上民), 반드시(必) 언사가 겸손해야만 하는 이유다(以言下之). 백성들 앞에 서고자 한다면(欲先民), 반드시(必) 자신이 물러나 있어야만 하는 것이다(以身後之)."

❖ **是以聖人處上而民不重**(시이성인처상이민부중), **處前而民不害**(처전이민불해). **是以天下樂推而不厭**(시이천하락추이불염). **以其不爭**(이기부쟁), **故天下莫能與之爭**(고천하막능여지쟁).
   그러므로(是以) 성인은(聖人) 위에 머물러도(處上而) 백성들이 중압감을 느끼지 못하게 하고(民不重), 앞에 머물러도(處前而) 백성들이 위해를 느끼지 못하게 하는 것이다(民不害). 그러므로(是以) 천하 사람 모두가(天下) 즐거워하며 받드니(樂推而) 싫어할 수가 없다(不厭). 다투려 하지 않음으로(以其不爭), 도리어(故) 천하 사람 모두가(天下) 성인과 더불어 견줄 수가 없게 된다(莫能與之爭).

推(밀 추/퇴) - 밀다, 옮다, 변천하다, 천거하다, 넓히다.
厭(싫어할 염/엽/암/읍) - 싫어하다, 물리다, 조용하다, 누르다, 빠지다, 젖다.
爭(다툴 쟁) - 다투다, 논쟁하다, 간하다, 경쟁하다, 다툼, 싸움, 하소연.

노자가 말한 성인이 되고자 했던 사람이 있었다. 바보 노무현이다. 강한 자에게 강하고 약한 자에게 한없이 약했던 남자이다. 사람같이 사는 세상 한번 만들어 보겠다고 자신을 헌신했던 우리의 영원한 대통령이다. 그러나 도리어 보잘것없는 부하 검사들과 짐승 같은 언론에 무시당했다. 아니 학살당했다. 짐승들이 성인을 이 세상에서 씨를 말리는 것이 힘이 지배하는 사회이다. 조선 말의 나라를 팔아먹은 노론 세력과 역적 친일파들이 사람인 성인을 때려잡는 나라가 일제강점기 이후 지속된 대한민국의 역사이자 권력 카르텔을 형성해 온 과정이다. 성인이 다스리는 나라가 아닌 원숭이가 지배했던 나라가 바로 대한민국이 가진 뼈아픈 현대사이다. 지금도 떳떳하게 친일을 외치고 주장하는 자들을 단죄하지 않는다면 우리의 미래도 없다. 그리고 그것을 동조하고 협력하는 극우 보수의 탈을 쓴 추종자들이 아직도 많다. 노자의 전국 시대도 마찬가지다. 눈에서 피눈물이 나고 피가 거꾸로 솟는 느낌으로 노자 역시 도덕경을 저술했을 것이다. 나도 그렇다. 겁 많고 무서운 편도체가 지배하는 포유류로다!

"그러므로(是以) 성인은(聖人) 위에 머물러도(處上而) 백성들이 중압감을 느끼지 못하게 하고(民不重), 앞에 머물러도(處前而) 백성들이 위해를 느끼지 못하게 하는 것이다(民不害). 그러므로(是以) 천하가(天下) 즐거워하여 받드니(樂推而) 싫어할 수가 없다(不厭). 다투려 하지 않음으로써(以其不爭), 도리어(故) 천하 모두가(天下) 성인과 더불어 견줄 수가 없게 되는 것이다(莫能與之爭)."

제67장.
天下皆謂我道大(천하개위아도대)
자애로움은 최고의 정치 도덕

天下皆謂我道大, 似不肖. 夫唯大, 故似不肖. 若肖, 久矣! 其細也夫. 我有三寶, 持而保之, 一曰慈, 二曰儉, 三曰不敢爲天下先. 慈故能勇, 儉故能廣, 不敢爲天下先, 故能成器長. 今舍慈且勇, 舍儉且廣, 舍後且先, 死矣! 夫慈以戰則勝, 以守則固. 天將救之, 以慈衛之.

천하가 모두 이르기를(天下皆謂) 내 도가 크다 하니(我道大), 도와 큼이 닮지 않은 것 같음에도 서로 유사하다(似不肖). 대저 오직 도가 크다고 하니(夫唯大), 그러므로(故) 닮지 않은 것 같아도 서로 같음이다(似不肖). 도가 닮음을 허락하니(若肖), 오래가는 도다(久矣)! 그 미세하게 흐르는 도의 흐름이여(其細也夫)! 내겐 세 가지 보물이 있는데(我有三寶), 가지고(持而) 지킨다(保之). 하나는(一曰) 자비로움이요(慈), 둘은(二曰) 검소함이며(儉), 셋은(三曰) 천하를 먼저(天下先) 함부로 다스리려 들지 않는 것이다(不敢爲). 자비로움은(慈) 도리어(故) 용맹함이며(能勇) 검소함은(儉) 도리어(故) 너그러움이며(能廣), 천하를 먼저(天下先) 함부로 다스리려 들지 않는 것은(不敢爲), 도리어(故) 오래 쓸 수 있는 그릇으로(器長) 완성되는 것이다(能成). 이제(今) 자비로움을 버리고(舍慈) 용맹하기만 한다면(且勇), 검소함을 버리고(舍儉) 너그럽기만 한다면(且廣), 훗날을 도모하지 않고(舍後) 먼저 나서기만 한다면(且先), 죽음을 맞이할 것이로다(死矣)! 대저(夫) 자비로움으로써(慈以) 전쟁에 임하면(戰) 반드시 이기는 법이고(則勝), 자비로움으로써 지키고자 한다면(以守) 굳건해지는 법이다(則固). 하늘의(天) 도움으로 이끄니(將救之), 자비로움으로써(以慈) 능히 지켜낼 수 있는 것이니라(衛之).

❖ **天下皆謂我道大(천하개위아도대), 似不肖(사불초). 夫唯大(부유대), 故似不肖(고사불초). 若肖(약초), 久矣(구의)! 其細也夫(기세야부).**

천하가 모두 이르기를(天下皆謂) 내 도가 크다고 하니(我道大), 도와 큼이 닮지 않음에도 서로 유사하다고들 한다(似不肖). 그저 오로지 도가 크다고만 하는구나(夫唯大), 그러므로(故) 닮지 않는데 서로 유사하다(似不肖). 도가 닮음을 허락하니(若肖), 오래가는구나(久矣)! 미세하게 흐르는 도의 흐름이여(其細也夫)!

皆(다 개) - 다, 모두, 함께, 다 같이, 두루 미치다, 견주다.
似(닮을 사) - 닮다, 같다, 비슷하다, 흉내 내다, 잇다, 상속하다, 보이다.
肖(닮을 초/소) - 닮다, 모양이 같다, 본받다, 꺼지다, 쇠약하다, 흩어지다, 작다.

주해를 시작하면서부터는 해석한 본문 내용에 대해 이렇거나 저렇거나를 피해 왔다. 다른 학자분들이 충분히 하셨기 때문이고, 대부분의 도덕경을 해석하고 주해하는 방식이 타인의 해석에 대하여 비판적 시각에서 옳고 그름을 주로 전개하기 때문이다. 그러나 이 구절의 해석이 난해하고 말이 잘 이어지질 않아 상당히 애를 먹었다. 하나의 글자가 내용을 완전히 엉뚱한 방향으로 흐르게 하기 때문이다. 특히 사불초(似不肖)에 대한 해석이 상당히 난해하다. 닮고 안 닮고 대상이 없다. 사불초(似不肖)를 말 그대로 해석하면 뭔가 '닮았는데 안 닮았다'이다. 우리의 천재 소년 왕필이 무언가를 뺏거나 고쳤을 것 같아 백서본을 찾아보았다. 전북대 교수를 역임한 이석명(李錫明) 선생이 역주하여 민음사에서 출간한《노자》의 도움을 많이 받았다. 이 책은 고맙게도 죽간본, 백서본 갑, 을, 왕필본을 비교하여 실어놓았다. 백서본 을에 기록된 원문은 '天下皆謂我大, 大而不宵, 夫唯不宵(肖), 故能大'로 적혀있었다. "천하가 모두 나를 크다고 하니, 크다는 것은 닮지 않았다는 것이다. 대저 오로지 닮지 않았기에, 도리어 크게 될 수 있는 것이다." 이를 왕필본과 비교해 보면 "천하가 모두 이르기를(天下皆謂) 내 도가 크다고 하니(我道大), 닮지 않음에도 서로 유사다고 한다(似不肖). 대저 오로지 크다고만 하는구나(夫唯大), 그러므로(故) 닮지 않은 것 같은데 서로 유사하다(似不肖)." 둘 다 뭐와 닮았다는 건지 비교 대상이 없다. 그래서 크다는(大) 것을 道와 비교하였다.

"천하가 모두 이르기를(天下皆謂) 내 도가 크다고 하니(我道大), 도와 큼이 닮지 않음에도 서로 유사하다고 한다(似不肖). 대저 오로지 도가 크다고만 하는구나(夫唯大), 그러므로(故) 닮지 않은 것 같음에도 서로 유사하다(似不肖)."

도덕경이 위대한 글인데 일반인이 이해하기에 사실 너무 어렵다. 해석한다는 것은 더더욱 어렵다. 함축하는 것도 많고 역주하는 사람의 성향에 따라 일부의 장은 전혀 다른 내용이 된다. 그래서 송(宋)나라의 정이천(程伊川, 1033~1107)은 노자를 백성들을 우민화시키고 바보로 만든다면서 노자를 "노 씨는 늙은 영감탱이"라 칭하며 수구꼴통으로 몰아갔다. 정이천의 영향을 받아 성리학의 창시자가 된 남송의 주희(朱熹, 1130~1200)는 그래서 도덕경을 아예 취급도 안 하게 된 것이다. 그 영향으로 도가와 유가가 서로 상보적임에도 불구하고 서로 대립관계가 되어버렸다. 그래서 성리학은 노자를 배척한다. 남송 이후 불온서적이 되어버린 위대한 도덕경이다.

마지막 구절 가늘다, 작다, 미세하다는 뜻을 가진 세(細)자에 대한 해석이 또 문제다. 若肖(약초), 久矣(구의)! 其細也夫(기세야부). 만약 닮았다면 오래전에 하찮아졌다. 이렇게 해석하는 방법이 좀 석연찮았다. 그러기에는 짧은 문장에 矣, 也, 夫와 같은 어조사와 감탄사가 많았기 때문이다.

네이버 한자 사전을 찾아보니 "세(細)자는 '가늘다'나 '작다', '드물다'라는 뜻을 가진 글자이다. 細 자는 糸(가는실 사) 자와 田(밭 전) 자가 결합한 모습이다. 그러나 細 자의 소전을 보면 田 자가 아닌 囟(정수리신) 자가 쓰여 있었다. 囟 자는 아이의 정수리에 있는 혈 구멍을 표현한 것이다. 옛사람들은 눈에는 보이지 않지만, 사람의 머리에는 미세한 기가 흘러나온다고 믿었다. 囟 자가 쓰인 腦(뇌 뇌) 자가 만들어진 형태만 봐도 그러한 인식을 엿볼 수 있다. 이렇게 미세한 기의 흐름을 연상케 하는 囟 자에 糸 자가 결합한 細 자는 본래 '가는 실'을 뜻하기 위해 만든 글자였다. 이러한 뜻이 확대되면서 지금은 '작다'나 '드물다'라는 뜻으로 쓰이고 있다."

미세하게 기가 흐르는 것 같다는 의미로 "도가 닮음을 허락하니(若肖), 오래가는 도다(久矣)! 도의 미세하게 흐르는 흐름이로다(其細也夫)!"

미세하게 흐르는 道가 커다란 大가 닮음을 허락했기에 오래갈 수 있고 도의 미세함이 커다란 온 우주를 흐를 수 있는 것이다. 道와 大가 드디어 만나 중력과 양자의 세 가지 힘이 합쳐지는 대통일장이론이 완성되었으면 하는 바람이다. 이 부분의 해석으로는 서강대 최진석 명예교수의 해석이 가장 합리적이라 옮겨본다. 최 교수는 백서본을 따랐다.

"온 세상 사람들이 모두 나를 위대하다고 하는데 위대하다 하더라도 그렇게 보이지는 않는다. 오직 그렇게 보이지 않기 때문에 능히 위대해질 수 있다. 만약 그렇게 보였다면 오래전에 이미 별 볼 일 없는 사람이 되었을 것이다.(天下皆謂我大, 大而不肖, 夫唯不肖(肯), **故能大. 若肖, 久矣其細也夫**)"(출처: 최진석, 《노자의 목소리로 듣는 도덕경》)

❖ **我有三寶(아유삼보), 持而保之(지이보지). 一曰慈(일왈자), 二曰儉(이왈검), 三曰不敢爲天下先(삼왈불감위천하선).**
  내겐 세 가지 보물이 있어서(我有三寶), 가지고(持而) 지킨다(保之). 하나는(一曰) 자비로움이요(慈), 둘은(二曰) 검소함이며(儉), 셋은(三曰) 천하를 먼저(天下先) 함부로 다스리려 들지 않는 것이다(不敢爲).

  寶(보배 보) - 보배, 보물, 옥새, 돈, 전폐, 높임말, 도, 진귀한, 보배로 여기다.
  持(가질지) - 가지다, 쥐다, 지니다, 버티다, 보전하다, 지키다, 유지하다, 관장하다.
  保(지킬 보) - 지키다, 보호하다, 유지하다, 보존하다, 보증서다, 돕다, 기르다, 붙다.
  慈(사랑 자) - 사랑, 어머니, 자비, 인정, 동정.
  儉(검소할 검) - 검소하다, 낭비하지 않는다, 가난하다, 적다, 부족하다, 험하다.

'三寶'인 세 가지 보물은 모든 지도자가 갖춰야 할 덕성이다. 첫째, 자애로움, 둘째, 검소함, 셋째, 함부로 지배하려 들지 않는 것이다. 자(慈), 검(儉), 불감위(不敢爲)이다. 국가정치를 하든 회사경영을 하든 인간이면 반드시 요구되는 덕성으로 이 세 가지를 보물로 꼽고 있다. 이토록 중요한 세 가지가 없기에 '싸가지'가 없는 것이고 갑질을 하며 침팬지로 돌변하는 것이다. 침팬지와 인간의 차이는 이 세 가지 보물을 지니고 있느냐 없느냐이다. 보수건 진보건 간에 이 세 가지 보물을 지니고 있지 않다면 인간이 아닌 침팬지다. 주변에 이런 三寶가 없는 인면수심의 침팬지를 만나면 사기를 당해 나처럼 인생의 쓴맛을 반드시 보게 되어있다. 침팬지와 보노보는 세 가지 보물을 갖지 못했기에 아프리카 밀림을 벗어나지 못하게 된 것이다.

- ❖ **慈故能勇**(자고능용), **儉故能廣**(검고능광), **不敢爲天下先**(불감위천하선), **故能成器長**(고능성기장).
  자애로움은(慈) 도리어(故) 용맹함이며(能勇) 검소함은(儉) 도리어(故) 너그러움이며(能廣), 천하를 먼저(天下先) 함부로 다스리려 들지 않는 것은(不敢爲), 도리어(故) 오래 쓸 수 있는 그릇으로(器長) 완성되는 것이다(能成).

첫 구절을 해석하면서 너무 많은 시간과 에너지를 썼다. 내 맘에 성이 차지 않으면 쉬이 일을 마무리하지 못하는 성향이 공부하고부터 생겼다. 고진감래(苦盡甘來)라고 뒤 구절을 해석하기 시작하면서 감격해서 눈물까지 났다. 어찌 이토록 위대한 말씀이 있는가! 도덕경은 단순히 읽어서는 그 깊이를 제대로 느낄 수가 없다. 내가 시간이 걸려도 해석하는 방법에 대하여 한자의 뜻을 사전 찾아가며 올리는 것은 독자들이 직접 해석해서 그 깊이를 좀 더 깨닫기를 바라서이다. 매일 10시간씩 쉼 없이 도덕경을 역주한 시간이 8개월이나 됐다. 우주의 시작과 끝을 다룬 그 어렵다는 과학책도 40일이면 썼다. 어렵고 힘들어도 도덕경을 읽고 해석하는 일이 내게는 천국보다 더한 행복 그 자체이다. 다음 글을 읽어보면 도덕경의 위대함에 절로 감탄사가 나온다.
"자애로움은(慈) 도리어(故) 용맹함이며(能勇) 검소함은(儉) 도리어(故) 너그러움이며(能廣), 천하를 먼저(天下先) 함부로 다스리려 들지 않는 것은(不敢爲), 도리어(故) 오래 쓸 수 있는 그릇으로(器長) 완성되는 것이다(能成)."

- ❖ **今舍慈且勇**(금사자차용), **舍儉且廣**(사검차광), **舍後且先**(사후차선), **死矣**(사의)!
  이제(今) 자애로움을 버리고(舍慈) 용맹하기만 한다면(且勇), 검소함을 버리고(舍儉) 너그럽기만 한다면(且廣), 훗날을 도모하지 않고(舍後) 먼저 나서기만 한다면(且先), 죽음을 맞이할 것이로다(死矣)!

노자의 도덕경을 어떤 이는 상충(相衝)하고 대립하는 철학이라고 한다.

헤겔 철학의 변증법적 사고인 정반합(正反合)을 벗어나지 못한 사고의 결과이다. 노자의 도덕경은 서로 부딪혀 충돌하여 상충하는 철학이 아니다. 이번 도덕경을 역주하면서 느낀 점은 제도권 교육의 한계이다. 아무리 날고기는 대학에서 석박사 학위를 받아서 도덕경을 역주하더라도 기존의 프레임을 벗어나지 못한다. 프레임에서 벗어나 패러다임의 전환이 이루어져야 만이 노자를 통해 세상을 바꿀 수 있다. 노자의 철학은 러시아의 '표트르 크로포트킨(Peter Kropotkin, 1842~1921)'이 강조한 상호부조론이다. 서양철학은 노자의 사상을 19세기에 와서야 주장하고 있다. 노자 철학의 본질은 만물이 서로 돕고 협력하는 상보(相補) 철학이다. 하나만 있어서 이루어지는 것은 절대 없다. 만물은 원자들이 전자기 상호작용으로 서로 공유결합하여 이루어진 것이다. 태양 중심부는 양성자와 양성자가 내부 온도와 압력으로 서로 결합하여 $E = mc^2$ 에너지를 방출한다. 그 온도가 자그마치 10만도 단위다. 지구의 모든 생명체는 태양이 만들어 준 에너지를 사용하여 생존한다. 그게 自然이자 道 그 자체다. 거대 초신성이 폭발하면 원자들이 흩어지는 것 같지만, 폭발하면서 생긴 초고온의 찰나에 양성자와 중성자가 결합하여 철 이상의 무거운 원소가 결합하여 생성된다. 우라늄은 양성자와 전자 92개가 만나 생성된 자연계에서 가장 무거운 원자다. 경제학이 목숨처럼 여기는 경쟁은 덕성을 가진 인간이 하는 게 아니라 침팬지들이 하는 것이다. 인간은 경쟁할 때가 아니라 협력할 때 위대해진다. 경쟁이 허용되는 유일함은 1등을 뽑는 것이 아니다. 서로 협력하는 선의에 의해 경쟁할 때만이 가장 찬란하게 빛나는 것이다. 그게 도이자 자연의 법칙이다.

"이제(今) 자애로움을 버리고(舍慈) 용맹하기만 한다면(且勇), 검소함을 버리고(舍儉) 너그럽기만 한다면(且廣), 훗날을 도모하지 않고(舍後) 먼저 나서기만 한다면(且先), 죽음을 맞이할 것이로다(死矣)!"

단기기억은 인간이 침팬지를 따라가지 못한다. 동물과 인간이 다른 능력은 장기기억을 통해 시간을 예측하고 계획하는 것이다. 현재를 위해 사는 것이 아니라 미래를 내다보며 살 줄 아는 유일한 동물이 인간이다. 미래를 내다보지 못하면 인류에게 남은 결과는 지구 안에서 사라지는 대량 멸종이다.

❖ **夫慈以戰則勝(부자이전즉승), 以守則固(이수즉고). 天將救之(천장구지), 以慈衛之(이자위지).**

대저(夫) 자애로움으로써(慈以) 전쟁에 임하면(戰) 반드시 이기는 법이고(則勝), 자애로움으로써 지키고자 한다면(以守) 굳건해지는 법이다(則固). 하늘의(天) 도움으로 이끄니(將救之), 자비로움으로써(以慈) 능히 지켜낼 수 있는 것이다(衛之).

衛(지킬 위) - 지키다, 보위하다, 호위하다, 도모하다, 경영하다, 덮다, 지킴, 경영.

나는 이 구절을 해석하면서 눈물이 났다. 삼보(三寶)인 세 가지 보물은 하늘이 인간에게 선사한 자연선택의 결과물이다.
"하늘의(天) 도움으로 이끄니(將救之), 자비로움으로써(以慈) 능히 지켜낼 수 있는 것이니라(衛之)."

인간이 인간일 수 있는 조건이 바로 三寶를 통한 도덕심과 이타심 그리고 자비심이다. 인간의 이기(利己)는 편리(便利)에서 나온다. 편리를 위해 사용하고 남은 찌꺼기인 이산화탄소와 메탄이 지금 우리들의 목을 조르고 있다. 오늘 한낮 온도가 35도이다. 체감온도는 44도에 이른다. 대기 중 이산화탄소 농도가 424ppm으로 연일 최고를 경신하고 있다. 지구의 평균 온도가 17도를 넘겨 하루가 다르게 역대 최고 기록을 갈아치우고 있다. 20도가 넘으면 우리는 멸종한다. 지구의 이산화탄소 농도는 최상위 포식자의 운명을 좌우하기 때문이다. 현재 지구의 최상위 포식자는 호모 사피엔스인 인간이다. 인간 스스로 우리 종을 지구에서 사라지게 하고 있다. 지금 우리는 화석연료 사용으로 급격하게 변화한 기후와 전쟁이다. 그러나 아이러니하게도 그 대상은 우리다. 인간의 도덕심과 이타심 그리고 자비심이 우리를 스스로 지켜줄 수 있는 유일한 방법임을 노자는 일깨워준다. 우리가 스스로 나서면 하늘이 돕기 때문이다.

"대저(夫) 자비로움으로써(慈以) 전쟁에 임하면(戰) 반드시 이기는 법이고(則勝), 자비로움으로써 지키고자 한다면(以守) 굳건해지는 법이다(則固). 하늘의(天) 도움으로 이끄니(將救之), 자비로움으로써(以慈) 능히 지켜낼 수 있는 것이다(衛之)."

제68장.
善爲士者不武(선위사자불무)
부쟁의 미덕

善爲士者不武, 善戰者不怒. 善勝敵者不與. 善用人者爲之下. 是謂不爭之德. 是謂用人之力. 是謂配天, 古之極.

도에 통달하여 다스리는(善爲) 무사는(士者) 무용을 과시하지 않으며(不武), 통달하여 전쟁에 임한다 함은(善戰者) 노여워하지 않는 것이다(不怒). 적을 이기는 것에 통달하였다 함은(善勝敵者) 겨루지 않는 것이다(不與). 사람을 부리는 것에 통달하였다 함은(善用人者) 자기를 낮추어야 함이다(爲之下). 이를 일러(是謂) 다툼이 없는 부쟁의 미덕이라 한다(不爭之德). 이를 일러(是謂) 사람을 다루는 부림의 힘이라 한다(用人之力). 이를 일러(是謂) 하늘과 짝을 이룬다 하니(配天), 예로부터 전해지는 지극한 경지이다(古之極).

❖ **善爲士者不武(선위사자불무). 善戰者不怒(선전자불노). 善勝敵者不與(선승적자불여). 善用人者爲之下(선용인자위지하).**
  도에 통달하여 다스리는(善爲) 무사는(士者) 무예를 과시하지 않으며(不武), 통달하여 전쟁에 임한다는 것은(善戰者) 흥분하지 않는 것이다(不怒). 통달하여 적에게 승리를 거둔다 함은(善勝敵者) 겨루지 않는 것이다(不與). 통달하여 사람을 부린다 함은(善用人者) 자신을 낮추어 다스림이다(爲之下).

武(호반 무) - 호반, 무관, 무인, 무사, 무위, 병법, 무예, 무술, 병장기, 굳세다.
怒(성낼 노) - 성내다, 화내다, 흥분하다, 나무라다, 기세가 힘쓰다, 성, 화, 기세.
勝(이길 승) - 이기다, 훌륭하다, 경치가 좋다, 낫다.
敵(대적할 적) - 대적하다, 겨루다, 대등하다, 필적하다, 맞서다, 거역하다, 원수.

도덕경을 역주하면서 선(善)과 위(爲)에 대한 해석을 '도에 통달하였다'하는 의미와 '다스리다'로 일관되도록 해석하였다. 그랬더니 나만의 해석 방식이 되었다. 그 이유는 앞장에서 설명하였지만, 인간의 도덕적 본성인 善은 20만 년 전 아프리카에서 호모 사피엔스가 자연선택을 통해 획득한 인간 고유의 메타인지 능력이다. 동물과 인간을 구분하는 가장 중요한 덕목이자 덕성이다. 노자의 도덕경에 관한 내용은 최근에서야 만들어진 동물행동학(Ethology)으로 해석하면 인간과 침팬지, 보노보와 비교 연구하는 것이다. 이는 미국 에모리대학교 심리학과 프란스 드 발의 명저《침팬지 폴리틱스》와《내 안의 유인원》에서 충분히 다뤘다. 독일 '막스 플랑크 인류진화연구소'의 게놈 분석에 따르면 인간과 침팬지, 보노보는 98.7%의 유전자가 동일(同一)하게 배열되어 있다고 2012년 발표하였다. 노자의 성인론(聖人論)은 도덕심을 획득한 이타적이고 자비로운 인간상을 제시한다. 현대과학으로 이를 설명하면 이기적이고 공격적인 본능을 가진 침팬지와 이타적인 본성을 획득한 인간을 비교 연구하는 것이다. 미국과 영국, 독일, 일본은 영장류 연구에 대해 가장 앞선 나라들이다. 특히 일본의 교토대학교는 아시아에서 유일하게 영장류 연구가 가장 앞선 대학이다. 특히 교토대학교의 현 총장인 야마기와 주이치(1952~) 교수는 인간 폭력의 기원을 영장류에서 찾아 연구하는 영장류학의 세계적인 석학이다. 그는 저서《인간 폭력의 기원 - 폭력의 동물적 진화를 탐구하다》에서 인간의 폭력성과 전쟁의 기원을 우리의 가까운 친척들 영장류와 공통점과 차이점을 비교해서 설명하고 있다. 원숭이와 고릴라, 침팬지 사회를 관찰하여 행동주의적이고 진화론적 관점에서 설명한다. 먹이와 짝짓기 그리고 높은 서열을 유지하기 위해서 자원 경쟁을 벌일 때 폭력성이 증가한다고 말한다. 침팬지들도 30~100마리 이상 무리를 이루고 살면서 다른 집단과 전쟁을 벌인다. 그러나 무리의 숫자가 적기에 대량 학살은 아니고 몇 마리 희생당한 개체를 죽여 같이 나눠 먹는다. 사회심리학에서는 전쟁을 벌이는 이유에 대해 여러 다양한 실험을 통해 내집단과 외집단에서 찾는다. 내집단을 견고하게 결속시키기 위한 의도적으로 외집단을 설정하여 유대감과 결속력을 강화하는 정치적 본능이 숨겨져 있다고 한다. 전쟁을 통해 지도자의 역량을 강화하고 그로 인해 내집단의 공격성을 치솟게 하고 분노를 조장해 하나로 결속시키는 방법을 사용한다. 히틀러가 게르만 민족을 선동했고, 일본제국주의가 자국민을 선동한 방식으로 사용하였다.

지금도 미국이 중국을 일본이 한국을 한국이 북한을 그런 방식으로 정치 지도자들은 이용해 먹는 것이다. 특히 털 없는 침팬지들의 공식 전략이다.

같은 종끼리 대량으로 살육하고 약탈하는 동물은 인간과 개미뿐이다. 개미들도 제국을 만들어 전쟁을 벌여 대규모 학살과 약탈을 하고 잡아온 다른 개체를 노예로 만들기도 한다. 결국 가장 고등하다는 인간과 개미가 뭐가 다른가?

노자는 이렇게 행동해야만 다르다고 한다.

"도에 통달하여 다스리는(善爲) 무사는(士者) 무용을 과시하지 않으며(不武), 통달하여 전쟁에 임한다는 것은(善戰者) 흥분하지 않는 것이다(不怒). 통달하여 적에게 승리를 거둔다 함은(善勝敵者) 겨루지 않는 것이다(不與). 통달하여 사람을 부린다 함은(善用人者) 자신을 낮추어 다스림이다(爲之下)."

도덕성을 통해 획득한 선(善)은 나를 다스리고 길들이는 능력인 위(爲)이다. 자기 길들이기(Self-Domestication)는 바로 내면의 공격성과 폭력성을 길들이는 것이고, 자기 절제와 겸손할 줄 아는 도에 통달한 사람만을 지칭한다.

❖ **是謂不爭之德(시위부쟁지덕). 是謂用人之力(시위용인지력). 是謂配天(시위배천), 古之極(고지극).**
   이를 일러(是謂) 다툼이 없는 부쟁의 미덕이라 한다(不爭之德). 이를 일러(是謂) 사람을 다루는 부림의 힘이라 한다(用人之力). 이를 일러(是謂) 하늘과 짝을 이룬다 하니(配天), 예로부터 전해지는 지극한 경지이다(古之極).

   力(힘 역) - 힘, 하인, 일꾼, 인부, 군사, 힘쓰다, 심하다, 힘주다, 애써.
   配(나눌 배) - 나누다, 짝짓다, 걸맞다, 견주다, 귀양보내다, 종사하다, 보충하다, 짝.

침팬지와 인간의 뇌 용적은 450cc:1,500cc이다. 약 3배의 용적 차이가 인간과 침팬지를 구분한다. 나는 3배의 뇌 용적 차이가 바로 도덕성의 진화라고 본다. 이것은 내 주장이 아니라 막스 플랑크 인류진화연구소 공동 소장이자 듀크대 심리학과 마이클 토마셀로(Michael Tomasello, 1950~) 교수가 펴낸《도덕의 기원》과 《생각의 기원》에서 주장하는 내용이다. 핵심은 인간의 시뮬레이션 능력이다. 바둑의 18급과 1급의 실력은 하늘과 땅 차이만큼의 능력이다. 1단과 9단 역시 하늘과 땅 차이만큼의 능력이다. 그 능력 차이를 우리는 빠른 시간 동안 뇌 속에서 이루어지는 시뮬레이션 능력이라고 한다. 도덕심 역시 시뮬레이션 능력이다. 시공간 안에서 이루어지는 모든 상황을 시뮬레이션하는 것이다. 이를 대니얼 카너먼은 《생각에 관한 생각》에서 직관적 사고와 심사숙고형 사고를 하는 뇌의 작용을 'System 1'과 'System 2'라고 구분했다.

임진왜란 당시 우리는 직관적 사고의 대두 원균(元均, 1540~1597)과 심사숙고형 사고를 하는 이순신(李舜臣, 1545~1598)을 비교한다. 원균이 직관의 뇌인 'System 1'의 뇌를 사용하는 18급의 장수라면 이순신은 심사숙고하여 시뮬레이션하는 'System 2'의 뇌를 사용하는 전쟁의 9단이다. 직관과 습관은 'System 1'을 좋아한다. 항상 내가 먼저이기에 우리는 이런 유형의 사람을 이기적이고 독선적인 독불장군(獨不將軍)이라고 한다. 요즘 뉴스에 나오는 양평 고속도로 사건도 본질은 'System 1'을 습관적으로 사용하는 침팬지들의 작품이다. 직관적이고 감정적이고 특히 흥분을 잘하고 화를 자주 낸다. 그리고 툭하면 거짓말을 밥 먹듯이 한다. 이런 사람들은 나이가 들면서 얼굴 중 눈 주변에 특징이 나타난다. 눈과 눈 주위의 근육은 인간의 감정과 관련된 아주 예민한 근육이다. 이런 표정을 연구하는 심리학자가 있다. 미국의 폴 에크먼(Paul Ekman, 1934~) 교수이다. 침팬지와 인간이 가진 특징 중 또 다른 하나가 바로 눈동자의 색이다. 침팬지는 갈색이지만 인간의 눈동자는 맑고 희다. 그래서 인간의 감정은 눈과 눈 주변 근육으로 나타난다. 눈을 보고 대화하라는 이유가 여기에 있다. 감정적이고 직관적이고 음흉하고 공격적이고 거짓말에 익숙한 사람들은 그 눈빛에서 차이가 난다. 지금의 내 눈동자는 충혈되고 피로하다. 그러나 아이의 눈동자를 바라보면 지극히 맑고 곱다.

하버드대학교 인간 진화생물학과 리처드 랭엄 교수는 자라면서 우리는 자기 길들이기를 능동적으로 수행하는 천사와 능동적으로 회피하는 악마로 양극성으로 변신해 간다고 주장한다. 그러기에 싸움을 좋아하고 공격적인 인간은 침팬지의 공격적인 본능을 다스리지 못한 것이다. 자기를 길들이기(爲) 하지 못했기에(不善) 위험하고 반사회적이다. 머리 안에 폭력과 전쟁만 들어있기에 침팬지가 가진 전쟁본능은 그들을 떠나지 못한다. 노자는 전쟁하지 않고 이기는 'System 2'를 넘어 18단의 'System 3'의 지극(至極)의 경지에 다다른 뇌를 가진 사람을 聖人이라고 하는 것이다.

道와 德을 통해 통달한 '善'을 가진 사람은 다툼이 없는 평화의 미덕이라고 한다. 전쟁보다 평화를 더 사랑하고 사람을 귀히 여기는 것은 그것이 자연이 인간에게 부여한 고유 능력이기 때문이다.

"이를 일러(是謂) 다툼이 없는 부쟁의 미덕이라 한다(不爭之德). 이를 일러(是謂) 사람을 다루는 부림의 힘이라 한다(用人之力). 이를 일러(是謂) 하늘과 짝을 이룬다 하니(配天), 예로부터 전해지는 지극한 경지이다(古之極)."

제69장.
用兵有言(용병유언)
전쟁은 내 안의 침팬지가 가진 공격적 본능

用兵有言: 吾不敢爲主而爲客, 不敢進寸而退尺. 是謂行無行, 攘無臂, 扔無敵, 執無兵. 禍莫大於輕敵, 輕敵幾喪吾寶. 故抗兵相加, 哀者勝矣.

병법에 다음과 같은 말이 있다(用兵有言): 내가(吾) 함부로 주체가 되어 다스리려 하지 않으므로(不敢爲主而) 객이 다스리도록 배려하고(爲客), 감히 한 치라도 나가려 하지 않으므로(不敢進寸而) 물러날 때는 한 자만큼 물러서는 것이다(退尺). 이를 일러(是謂) 진군하지 않음에도 진군한 것 같고(行無行), 팔뚝이 없어도 휘두르는 것 같고(攘無臂), 적이 없는데도 깨부순 것 같고(扔無敵), 병기 없이도 이겨 다스릴 수 있다 한다(執無兵). 재앙이란(禍) 적을 가벼이 여기는 것보다(於輕敵) 큰 것은 없고(莫大), 적을 가벼이 여기면(輕敵) 내가 가진 보배를 거의 다 잃게 된다(幾喪吾寶). 도리어(故) 대항하는 병사가(抗兵) 서로 비등할 때는(相加), 애통해하는 쪽이(哀者) 승자라 할 수 있도다(勝矣).

❖ **用兵有言(용병유언); 吾不敢爲主而爲客(오불감위주이위객), 不敢進寸而退尺(불감진촌이퇴척).**
  병법에 다음과 같은 말이 있다(用兵有言): 내가(吾) 함부로 주체가 되어 다스리려 하지 않으므로(不敢爲主而) 객이 다스릴 수 있도록 열어주고(爲客), 감히 한 보라도 나가려 하지 말고(不敢進寸而) 물러날 때는 열 보만큼 물러서는 것이다(退尺).

도덕경 전체에서 전쟁에 관하여 서술하는 장은 모두 7개 장으로 30장, 31장, 36장, 46장, 67장, 68장, 69장이다. 69장인 이 장에서는 예로부터 나오는 병법을 예로 들면서 전쟁에 임하는 자세에 관해 설명하고 있다. 노자의 전쟁에 관한 일관된 주장은 부쟁론(不爭論)이다. 전쟁하지 않는 것이 최상이고 다음은 싸우지 않고 승리하는 것이다. 그러나 공격해 들어오는 적을 가만히 맞이하라는 얘기는 아니다. 먼저 공격하지 않아도 방어는 최선의 지혜를 다한다.

30장에서 "전쟁으로써 천하를 강제하지 않도록 해야 한다. 전쟁하는 것을 좋아하면 그 대가를 치르는 법이다."

31장에서는 "대저 아무리 훌륭한 병기라도 그것은 상서롭지 못한 도구이니, 만물이 모두 불길하게 여기므로 도를 터득한 자는 거기에 머물지 않는다."

36장에서는 "장차 축소하려면, 반드시 먼저 확장해야 한다. 장차 쇠퇴시키려면, 반드시 먼저 강해져야 한다. 소멸시키려 한다면, 반드시 먼저 흥하게 해준다. 장차 취하고자 하려 한다면, 반드시 먼저 내어준다. 이를 일러 미명이라(微明) 한다. 부드럽고 약한 것이 단단하고 강한 것을 이기는 법이다."

46장에서는 "재앙은 만족할 줄 모르는 것보다 더 큰 것은 없고, 허물 더 얻으려 탐욕을 부리는 것보다 더 큰 것은 없다."

67장에서는 "대저 자비로움으로써 전쟁에 임하면 반드시 이기는 법이고, 자비로움으로써 지키고자 한다면 굳건해지는 법이다. 하늘의 도움으로 이끄니, 자비로움으로써 능히 지켜낼 수 있는 것이다."

68장에서는 "도에 통달하여 다스리는 무사는 무예를 과시하지 않으며, 도에 통달하여 전쟁에 임한다는 것은 흥분하지 않는 것이다. 도에 통달하여 적에게 승리를 거둔다는 것은 겨루지 않는 것이다. 도에 통달하여 사람을 부린다는 것은 자신을 낮추어 다스림이다. 이를 일러 다툼이 없는 부쟁의 미덕이라 한다(不爭之德)."

69장에서 전쟁에 임하는 자세는 "병법에 다음과 같은 말이 있다(用兵有言): 내가(吾) 함부로 주체가 되어 다스리려 하지 않으므로(不敢爲主而) 객이 다스릴 수 있도록 열어주고(爲客), 감히 한 보라도 나가려 하지 말고(不敢進寸而) 물러날 때는 열 보만큼 물러서는 것이다(退尺)."

세상에 완벽한 승리는 없다. 전쟁은 피하면 피할수록 좋은 것이다. 의미 없는 희생은 또다시 재앙으로 돌아오는 법이다. 러시아와 우크라이나 전쟁이 주는 교훈이 무엇인지 되새겨 볼 필요가 있다. 과연 누구를 위한 전쟁인가? 침팬지는 자기 집단을 결속시키고 좋은 먹이를 차지하기 위하여 정기적으로 남의 무리를 침략한다. 대한민국이 보수라는 이름으로 권력을 잡으면 반드시 북한과 적대적으로 긴장 상태를 유발하는 이유도 마찬가지다. 긴장과 전쟁에 대한 공포는 'System 1'의 뇌를 가진 집토끼를 결집해 주는 정치적인 효과가 있다. 러시아와 우크라이나 전쟁의 본질은 집토끼의 결집에 있고 미국과 중국 중심의 세계 질서에서 헤게모니를 거머쥐고자 하는 푸틴이 가진 야망에 있다. 우크라이나와 역사적 배경은 명분이고 핑계다. 침팬지 알파 수컷이 되고픈 System 1의 욕망에 지나지 않는다. 한완상 선생은 즉자적(卽自的) 민중과 대자적(對自的) 민중으로 구분하였다. 직관이고 감정적인 System 1의 민중과 도덕적이고 이성적인 System 2의 민중으로 구분한 것이다. 전 세계를 통틀어 대한민국은 도덕적이고 이성적인 뇌를 사용하는 System 2를 사용하는 민중이 가장 많이 분포하는 나라이다. 집단지성과 공공선의 지속적 우상향만이 전 세계를 다스리려 하지 않아도 다스릴 수 있다고 우리에게 나침반을 제시해 준다.

- ❖ **是謂行無行(시위행무행), 攘無臂(양무비), 扔無敵(잉무적), 執無兵(집무병).**
    이를 일러(是謂) 진군하지 않음에도 진군한 것 같고(行無行), 팔뚝이 없어도 휘두른 듯하고(攘無臂), 겨루지 않고도 깨부순 듯하고(扔無敵), 병기가 없어도 이겨 다스릴 수 있다 한다(執無兵).

    攘(물리칠 양) - 물리치다, 내쫓다, 제거하다, 훔치다, 가로채다, 사양하다, 어지럽다.
    臂(팔 비) - 팔, 팔뚝, 쇠뇌 자루.
    扔(당길 잉) - 당기다, 끌어당기다, 부수다, 깨뜨리다, 내버리다, 버리다.
    敵(대적할 적) - 대적하다, 겨루다, 대등하다, 필적하다, 맞서다, 거역하다, 원수.
    執(잡을 집) - 잡다, 가지다, 맡아 다스리다, 죗값을 치르다, 두려워하다, 사귀다.

깨어있는 시민 의식은 집단지성과 공공선에 있다고 노무현은 일찍이 깨달았다. 사람 사는 세상 한번 만들어 보고 싶다며, 양지보다 음지를, 편함보다는 불편함을, 고속도로보다는 시골 오솔길을 선택했다. 나는 그때 처음으로 깨달았다. 사람이라고 다 같은 사람이 아님을 말이다. 월드컵의 열기가 한창이던 2002년 여름과 그해 12월 19일을 노무현이 그 어려운 역경을 겪고 대통령에 당선되던 날과 2009년 5월 23일을 그의 마지막 선택을 나는 잊지 못한다. 내 인생에 가장 기쁜 날과 가장 원통하고 분하고 슬퍼했던 날이기 때문이다. 난 내 부친이 돌아가셨을 때도 눈물 한 방울을 안 흘렸다. 그러나 그가 극단적인 선택한 날부터 3개월을 펑펑 울었고 지금도 노무현이라는 이름만 들어도 한 맺힌 뜨거운 분노와 슬픔의 눈물이 난다. 왜 그러했는지 이유를 몰랐다. 지금에야 그 이유를 알겠다. 그가 바로 노자였기 때문이다.

"이를 일러(是謂) 진군하지 않음에도 진군한 것 같고(行無行), 팔뚝이 없어도 휘두른 것 같고(攘無臂), 겨루지 않고도 깨부순 듯하고(扔無敵), 병기가 없어도 이겨 다스릴 수 있다 한다(執無兵)."

노무현을 잃은 이후로 우리는 천하의 대도(大盜) 이명박, 천하의 양푼이 꼭두각시 박근혜를 겪었다. 그리고 광화문 광장에서 대자적인 민중은 두 번 다시는 속지 않을 것을 맹세했다. 침팬지의 속마음을 가진 인면수심의 즉자적인 지도자에게 말이다. 그리고 그들을 감옥에 보냈다. 그러나 현실은 다시 냉혹해졌다. 이런들 어떠리 저런들 어떠리 중간에 어중간하게 자리한 사람들 바로 극중주의를 선호하는 사람들의 선택에 의해서다. 침팬지와 인간의 중간에 선다고 중립이 아니다. 그것은 서구의 보수와 진보라는 정치학이 구분한 일직선 위에 놓고의 좌와 우에 대한 해석이다. 이기적이고 공격적인 침팬지와 성인, 군자를 일직선 위에 놓고 가운데가 중립이라며 같다 한다. 계급의 의미인 Class와 인간의 품격을 이르는 Grade를 구분하지 않고 마구잡이로 사용한 결과이다. 소인과 군자는 Grade를 구별하여 나눠 차별하는 것이 노자와 공자의 가르침이다.

❖ **禍莫大於輕敵(화막대어경적), 輕敵幾喪吾寶(경적기상오보). 故抗兵相加(고항병상가), 哀者勝矣(애자승의).**

재앙이란(禍) 적을 얕잡아 보는 것보다(於輕敵) 더 큰 것은 없고(莫大), 적을 얕잡아 보면(輕敵) 내가 가진 보배를 거의 다 잃게 된다(幾喪吾寶). 그러므로(故) 대항하는 병사가(抗兵) 서로 비등할 때는(相加), 애통해할 줄 아는 쪽이(哀者) 승자라 할 수 있을 뿐이다(勝矣).

抗(겨룰 항) - 겨루다, 대항하다, 대적하다, 들다, 막다, 저지하다, 높다, 감추다.

加(더할 가) - 더하다, 보태다, 올리다, 포개다, 가입하다, 입다, 맛있다, 힘쓰다.
哀(슬플 애) - 슬프다, 가엾다, 가련하다, 불쌍히 여기다, 마음을 아파하다, 슬픔.

  도덕적이고 이성적, 대자적인 민중은 직관적이고 감정적인 즉자적 민중에 대해 너무 모른다. 그 이유는 한 번도 그런 사고를 해본 적이 없기 때문이다. 애덤 스미스가 《도덕감정론》에서 강조했듯이 인간은 동정심에 의해 도덕심이 생긴다. 동정(同情)은 같은 감정을 느낄 줄 아는 공감(共感) 능력이다. 영어로는 sympathy, empathy이다. 침팬지들의 연맹은 자기 이익이다. 내게 이익이 있을 때만 협력한다. 이익은 생존에 절대 유리함이다. 단, 이익은 평등하지 않다. 평등의 기원은 그리 오래되지 않은 사피엔스가 아프리카 초원에서 20만 년 전 획득한 도덕심에서 나온다. 여담이지만 요즘 유시민 작가가 온 방송에 출연해 침팬지와 보노보를 비교하면서 인간의 정치 행위에 관해 설명해 내가 좀 편해졌다. 몇 년 전까지 침팬지와 인간을 비교해서 얘기하면 미친 놈 취급을 받았기 때문이다. 뜬금없는 소리를 한다고 말이다. 진화생물학이란 학문이 있는지도 모르기에 일부 생물학 전공자들만 알아듣고 공감하는 얘기였다. 그런 연유에 내 여식은 아버지를 통해 침팬지 전문가가 되었다. 어렸을 때부터 침팬지 행동학에 대해 들었기에 직장생활을 하면서 동료들에게 침팬지를 비유해서 인간 행동의 원인에 대해 설명해 주면 이제 많은 사람이 공감하고 이해해 준다고 한다. 감정이란 느끼는 능력을 말한다. 화가 나는 상황에서 같이 화를 내는 것을 우리는 공분(公憤)이라고 한다. 기쁠 때 같이 기뻐하고 슬플 때 같이 슬퍼하는 능력을 우리는 공감 또는 동정이라고 개념화한다. 사이코패스는 공감 능력이 없다. 세월호 침몰로 내 자식 같은 꽃다운 청춘의 아이들이 죽어도 아무 느낌을 받지 못하는 것은 공감 능력이 없는 사이코패스 성향이기 때문이다. (출처: 사이먼 배런코언, 《공감 제로》) 문제는 정치권에 사이코패스가 너무 많다는 것이다. 그러니 맨날 핵 타령이나 하고 있다. 그리고 그것을 비판하고 바른길로 즉자적 민중들을 인도해야 할 언론 역시 사이코패스들이 지배하고 있다. 전쟁을 즐기는 자는 살인을 즐기는 놈이라고 노자는 말한다.
  "전쟁에서 이겼더라도(勝而) 찬미하지 마라(不美)! 그것을(而) 찬미하려는(美之) 놈은(者) 무릇(是) 살인을 즐기는 놈이다(樂殺人)."

고사성어에는 사이코패스나 이기적인 인간을 지칭하는 단어가 많다. 사람의 얼굴이나 마음이나 행동이 몹시 흉악한 인면수심(人面獸心), 자기에게만 이롭게 한다는 아전인수(我田引水), 도둑이 도리어 매를 든다는 적반하장(賊反荷杖), 탐욕적이고 사리사욕을 나타내는 탐부순재(貪夫徇財), 눈 아래에 사람이 없다는 뜻의 안하무인(眼下無人), 낯짝이 두꺼워서 부끄러움을 못 느끼는 후안무치(厚顔無恥), 아부와 아첨으로 줄을 잘 서야 성공한다는 아유추종(阿諛追從), 남의 불행이 나의 행복이 된다는 행재낙화(幸災樂禍) 같은 말이 수천 년 동안 만들어진 말이다.

노자의 언어로 정치 지도자인 위정자를 구분하면 알파 수컷과 같은 침팬지의 지배 본능을 가진 지배자와 선한 도덕심을 획득한 인간의 본성인 성인의 섬김의 정치로 크게 양극단으로 구분할 수 있다.

지배하고자 하는 놈은 반드시 복종을 요구하기에 서열과 의전을 강조한다. 그러나 도덕심과 이타심 평등심과 자비심을 획득한 성인의 정치는 다스리려 하지 않아도 다스려지기에 백성들을 섬기고 편안하게 하는 것이다. 노자는 최상의 군주는 다스리는 자가 누군지도 모르는 상황이라고 했다. 편안하니 정치에 관심을 가져야 할 이유가 없다. 전쟁을 즐기고 인류를 전쟁의 공포에 떨게 하는 지도자는 침팬지의 공격적 본능을 지닌 사람이 아닌 동물이다.

"재앙이란(禍) 적을 얕잡아 보는 것보다(於輕敵) 더 큰 것은 없고(莫大), 적을 얕잡아 보면(輕敵) 내가 가진 보배를 거의 다 잃게 된다(幾喪吾寶). 그러므로(故) 대항하는 병사가(抗兵) 서로 비등할 때는(相加), 애통해할 줄 아는 쪽이(哀者) 승자라 할 수 있을 뿐이다(勝矣)."

제70장.
吾言甚易知(오언심이지)
겉은 남루하나 마음에는 덕을 품다

吾言甚易知, 甚易行. 天下莫能知, 莫能行. 言有宗, 事有君. 夫唯無知, 是以不我知. 知我者希, 則我者貴. 是以聖被褐懷玉.

내가 전하고자 하는 말은(吾言) 알기도 매우 쉽고(甚易知), 행하기도 매우 쉽다(甚易行). 천하의 사람들은(天下) 알아먹지도 못하고(莫能知), 행하려 하지도 않는다(莫能行). 말에는 도의 기본 원리가 존재하고(言有宗), 하고자 함에는(事) 도를 따르는 기가 존재한다(有君). 대저 오로지(夫唯) 알아보지 못하기에(無知), 그런 연유로(是以) 나를 알지 못한다(不我知). 나를 알아보는 사람들이(知我者) 드물기에(希), 도의 법칙을 따르는(則) 나 같은 사람이(我者) 귀한 것이다(貴). 그런 연유로(是以) 성인은(聖人) 겉은 베옷을 걸쳐 남루하나(被褐) 마음속에는 아름다운 덕을 품고 있는 것이다(懷玉).

❖ **吾言甚易知(오언심이지), 甚易行(심이행). 天下莫能知(천하막능지), 莫能行(막능행). 言有宗(언유종), 事有君(사유군).**
   내가 전하고자 하는 말은(吾言) 알기도 매우 쉽고(甚易知), 행하기도 매우 쉽다(甚易行). 천하의 사람들은(天下) 알아먹지도 못하면서(莫能知), 행하려 하지도 않는다(莫能行). 말에는 도의 기본 원리가 존재하고(言有宗), 하고자 함에는(事) 도를 따르는 주인이 존재한다(有君).

깨달음을 통해 얻게 되는 지식은 단순하다. 우리 우주는 물질과 에너지의 상호작용이다. 물질과 에너지는 등가이다. 세상은 이러한 기본 원리인 도에 의해 작동한다. 이렇게 쉽고, 도는 행하기도 매우 쉽다. 물질을 많이 가지려면 그만큼 많은 에너지가 소모된다. 많이 먹으면 많이 싸고, 싸고 내보내지 못하면 지방세포에 저장한다. 그게 비만이다. 들어가면 나오는 법이다.

UN 사무총장이 기후변화와 관련해 '지구 온난화(global warming)'가 아니라 그 심각성이 '지구 가열화(global heating)'가 본격적으로 시작되었다고 발표하였다. 그 원인 역시 지구에 80억 인간이 사용하는 물질과 에너지를 지구가 자정 능력으로 처리할 수 있는 임계점을 초과한 것이다. 자연은 스스로 그러함인데 인간이 저지른 인위적이고 작위적인 소이연(所以然)으로 지구가 자정 능력인 회복탄력성(Resilience)을 대기 중 급격한 이산화탄소 농도의 증가로 인해 상실했다. 너무 많은 인구가 너무 많은 물질을 생산하고 소비했기에 생긴 에너지 과열 현상으로써, 이산화탄소를 가장 많이 뿜어대는 자식들을 자멸시키고 몇 십만 년의 휴식기를 갖는다. 그리고 몇백만 년에 걸쳐 지구 환경에 적응하는 다른 종들로 교체해 버린다. 비만하면 덜 먹고 열심히 운동하면 된다. 그러나 인간의 利己(편도체 주도형)는 멈출 줄 모른다. 배가 불러 구역질이 나올 지경임에도 처먹고 또 처먹는다. 덜 가지고 덜 움직이면 된다. 덜 먹고 덜 쓰면 그게 답이다. 노자는 울부짖는다.

"내가 전하고자 하는 말은(吾言) 알기도 매우 쉽고(甚易知), 행하기도 매우 쉽다(甚易行). 천하의 사람들은(天下) 알아먹지도 못하면서(莫能知), 행하려고조차 않는구나(莫能行)."

많은 사람이 인류 멸종과 지구 종말을 구분하지 않고 무지막지하게 같은 뜻으로 사용한다. 지구는 아직 50억 년은 문제가 없다. 문제는 지구에서 살고 있는 최상위 포식자인 인간이다. 대기 중 이산화탄소의 급격한 증가는 최약자 계층에 가장 큰 충격을 주게 된다. 전 세계적으로 더위로 인한 사망자가 늘고 있다. 영화 〈설국열차〉처럼 가진 자들은 어떻게 든 돈과 권력으로 또 다른 곳에서 특권을 누리며 생존해 갈 것이다. 어차피 세상은 공평하지도 평등하지도 않다고 생각하는 것이 저들이 가진 가치관에 의한 공명정대(公明正大)한 세상이다. 내가 가진 능력과 힘이 바로 정의의 척도가 되기 때문이다. 지금 외치는 공정과 정의는 가지지 못하고 힘없는 자들의 마지막 동정 어린 호소에 지나지 않는다. 나만 잘살면 된다는 목적으로 세상을 살아가는 이들에게 차별은 능력의 유무에 대한 당연한 결과이다. 이게 극우들의 가치관이자 지배 이념이다.

"말에는 도의 기본 원리가 존재하고(言有宗), 하고자 함에는(事) 도를 따르는 주인이 존재한다(有君)."

세 치밖에 안 되는 혀에서 나오는 언어는 그 사람의 평상시 생각이다. 뇌에서 시뮬레이션 되는 평상시 관념화 개념화 과정을 통해서 입 밖으로 나오는 것이다. (출처: 마이클 토마셀로, 《생각의 기원》) 도덕적이고 이타적인 인간의 생각과 말은 이기적이고 탐욕적이고 공격적인 사람들의 언어와 그래서 다른 이유다. 언어의 품위와 행동의 격은 도의 원리와 도를 따르는 기를 통해 발현되기 때문이다.

- ❖ **夫唯無知(부유무지), 是以不我知(시이불아지). 知我者希(지아자희), 則我者貴(즉아자귀). 是以聖人被褐懷玉(시이성인피갈회옥).**

  대저 오로지(夫唯) 알아보지 못하기에(無知), 그런 연유로(是以) 나를 알지 못한다(不我知). 나를 알아보는 사람들이(知我者) 드물기에(希), 도의 법칙을 따르는(則) 나 같은 사람이(我者) 귀한 것이다(貴). 그런 연유로(是以) 성인은(聖人) 겉은 베옷을 걸쳐 남루하나(被褐) 마음속에는 아름다운 덕을 품고 있는 것이다(懷玉).

褐(갈색 갈) - 갈색, 베옷, 굵은 베, 털옷, 다색, 천한 사람.
懷(품을 회) - 품다, 임신하다, 생각하다, 싸다, 둘러싸다, 위로하다, 품, 가슴, 마음.

내가 하는 도덕경에 대한 주해는 다른 분들보다 좀 장황한 면이 있다. 그 의도는 내가 하고 싶은 말들을 노자의 권위와 도덕경의 위엄에 편승하기 위해서다. 작금의 우리가 처해있는 현실이 다급하고 심각하다. 그러나 사람들은 그 심각성을 느끼지 못하고 체감하지 못하고 있다. 내가 책이 나오기도 전에 서둘러서 먼저 '다음(Daum)'에 본인이 만든 동호인 Cafe '남향명차(南香茗茶-도와 차를 사랑하는 사람들)'에 글을 먼저 올려서 사람들이 읽을 수 있게 하고 있다. 그 이유는 내가 생각해도 내가 쓴 책을 누가 읽겠는가 싶어서이다. 31장의 夫佳兵者(부가병자) 장은 350명이 넘게 읽었다. 카페의 회원 수가 220명이고 활동 회원은 고작 15명뿐이다. 일반 게시글의 평균 조회수가 20회인데 실로 엄청난 반향이다. 올리는 장마다 하루 평균 100회 이상의 조회수가 나온다. 회원이 아닌 외부에서 검색해서 읽어주시는 분들이다. 그러나 지금까지 쓴 글자 수가 80만 자이다. 300페이지 책 7권 분량이다. 아직도 11장이나 남았다. 책의 분량이 문제. 글의 시작은 단순했으나 결과는 실로 나도 모르게 엄청났다. 나도 나 자신이 이토록 하고 싶은 말이 많은 줄 몰랐다. 역주를 시작하면서 알게 되었지만 내가 하고 싶은 말을 노자와 왕필이 2,000년 전부터 울부짖으며 하소연하고 있었다. 제발 자연이 부여한 도덕성을 깨달아서 사람이면 사람답게 살라고 말이다. 그래야 지구가 너희들을 오래 품을 수 있다고 말한다. 출간을 결정하고는 내용의 3분의 2를 덜어냈다.

"대저 오로지(夫唯) 알아보지 못하기에(無知), 그런 연유로(是以) 나를 알지 못한다(不我知). 나를 알아보는 사람들이(知我者) 드물기에(希), 도의 법칙을 따르는(則) 나 같은 사람이(我者) 귀한 것이다(貴)."

내가 본문의 내용이 해석이 이렇고 저렇고 하지 않는 이유는 그게 뭔 의미가 있나 싶어서이다. 그런 것은 고전학자나 철학자들이 하는 일이고 나 같은 138억 년 우주 빅히스토리를 공부하면서 깨달음으로 다가온 인류의 미래에 대한 경고를 노자의 목소리를 빌려 할 뿐이다.
내 꼬락서니와 마음이 딱 이렇다.

"그런 연유로(是以) 성인은(聖人) 겉은 베옷을 걸쳐 남루하나(被褐) 마음속에는 아름다운 덕을 품고 있는 것이다(懷玉)."

제71장.
知不知上(지부지상)
동네 바보 형이 안 되는 법

知不知上, 不知知病. [夫唯病病, 是以不病]. 聖人不病, 以其病病. 夫唯病病, 是以不病.

알지 못하는 도를 알아 가는 것이(知不知) 최상이요(上), 알지도 못하면서(不知) 아는 척하는 것은 등신이로다(知病). 그저 오로지(夫唯) 등신임을 병으로 여기면(病病), 그런 것은(是以) 병이 되지 않는다(不病). 성인은(聖人) 결점이 없는 게(不病), 그런 이유가(其) 등신 같은 짓이(病) 병이 되는 줄 알기 때문이다(以病). 그런 연유로(是以) 결점이 없는 것이다(不病).

❖ **知不知上[尙矣](지부지상[상의]), 不知知病[也](부지지병[야]). [夫唯病病, 是以不病][부유병병, 시이불병].**
> 알지 못하는 도를 알아 가는 것이(知不知) 최상이요(上), 알지도 못하면서(不知) 아는 척하는 것은 등신이로다(知病). 그저 오로지(夫唯) 등신임을 병으로 여기면(病病), 그런 것은(是以) 병이 되지 않는다(不病).

이 구절에 대한 해석은 크게 둘로 나뉜다. 知不知上을 '아는 것을 모른 척하는 것이 최상이다'와 不知를 먼저 해석하여 '알지 못하는 것들을 알아가는 것. 그것이 최상이다.' 나는 후자를 선택했다. 아는 것에는 두 가지가 있다. 도의 원리를 제대로 알고 실천하는 도와 잔꾀나 모략 같은 잔머리를 일컫기 때문이다.
제대로 알고 실천하는 사람을 우리는 선각자(先覺者), 선구자(先驅者), 도사(道士)라고 한다. 동양고전에 전혀 문외한이 내가 도올 선생의 강의 듣고 그게 계기가 되어 도덕경을 역주하듯 선각자들의 앎은 우리가 늘 청해서 들어야 한다. 유시민 작가의 말을 우리가 왜 듣고 싶어 하는가? 제대로 알고 제대로 말하기 때문이다. 그러나 누구처럼 "알지도 못하면서(不知) 아는 척하는 것은 등신이로다(知病)." 제대로 알지도 못하면 확신과 신념에 차 있는 것을 행동으로 옮기는 것이 가장 위험하다. 북한 핵을 전술핵으로 누르겠다고 하는 용산의 생각은 반노자적이기도 하지만 그 초래하는 결과가 너무나 끔찍하기에 그래서 더욱 위험하다. 단, 노자는 조롱도 하지만 답도 제시한다. "대저 오로지(夫唯) 등신임을 병으로 여기면(病病), 그런 것은(是以) 병은 되지 않는다(不病)."

❖ **聖人不病(성인불병), 以其病病(이기병병). 是以不病(시이불병).**
 성인은(聖人) 결점이 없는 게(不病), 그런 이유가(其) 등신 같은 짓이(病) 병이 되는 줄 알기 때문이다(以病). 그런 연유로(是以) 결점이 없게 된다(不病).

이 장과 구절에 대한 해석과 주해는 쉬는 장으로 가볍게 넘어가고자 한다. '동바형'이란 신조어가 있다. 동네 바보 형이다. 동네 바보 형인데 정작 자신만 바보인 줄 모른다. 작금에 돌아가는 대한민국의 집권자와 집권 정당이 행하는 수준이 이와 같다. 힘과 돈이 정의인 줄 아는 System 1의 뇌로 할 수 있는 정치는 들키지 않고 적당히 해 먹고, 그리고 방해되는 정적들을 똘마니 시켜서 제거하는 거밖에 할 줄 모른다. System 2의 뇌를 사용하는 국민 상식과는 수준 이하이니 국민이 업신여기는 것이다. '생으로 체험하여 얻는 집단경험은 집단지성을 향상한다.' 내 평소에 가진 지론이다. 지난 대선은 감정적인 응징의 성격이 강했다. 중도 성향의 유권자들이 코로나19에 대한 방역 대응에 불만을 드러내어 행한 감정이 표출된 선거 결과이다. 그러나 20만 표도 안 되는 차이로 당선됐음을 저들은 모른다. 오로지 왕 놀이와 왕의 남자가 누구인지에 대한 충성 경쟁으로 귀한 시간을 보낸다. 오로지 목표 달성을 이루어 왕이 되는 것에만 혈안이 되어있었으니 집권 내내 대충 시간 때우기(wasting time), 그리고 장차 미래의 안위를 위해 친한 검사들 요직에 앉히기이다. 침팬지들이 날뛰면 나라가 망한다.

"성인은(聖人) 결점이 없는 게(不病), 그런 이유가(其) 등신 같은 짓이(病) 병이 되는 줄 알기 때문이다(以病). 그런 연유로(是以) 결점이 없는 것이다(不病)."

올바른 성찰과 반성 능력은 System 2의 뇌를 사용하는 사람들이 하는 메타인지 기능이다. 노자의 도덕경은 윤석열 대통령과 집권 여당 그리고 빨갱이와 주사파 척결을 외치는 털 없는 침팬지들을 위해 바치는 노자와 왕필이 전하는 충고의 메시지이다.

제72장.
民不畏威(민불외위)
권위는 위에서 세우는 것이 아닌 아래에서 세워주는 것

民不畏威, 則大威至. 無狎其所居, 無厭其所生. 夫唯不厭, 是以不厭. 是以聖人自知, 不自見. 自愛, 不自貴. 故去彼取此.

백성들이(民) 통치자의 권위를 두려워하지 않게 하면(不畏威), 위대한 위엄에(大威) 이르게 되는 법이다(則至). 통치자가 거처하는 곳을(其所居) 조롱하지 않으며(無狎), 통치자의 존재를(其所生) 싫어할 이유가 없다(無厭). 대저(夫) 오로지(唯) 싫어해야 할 이유가 없기에(不厭), 그런 까닭에(是以) 싫어하지 않는다(不厭). 그런 까닭에(是以) 성인은(聖人) 스스로 깨닫기에(自知), 스스로 드러내지 않는 법이다(不自見). 스스로 사랑하나(自愛), 스스로 귀히 여기지 않는다(不自貴). 도리어(故) 과시와 잘난 척을 버리고(去彼) 스스로 깨닫고, 스스로 사랑함을 취한다(取此).

❖ **民不畏威(민불외위), 則大威至(즉대위지). 無狎其所居(무압기소거), 無厭其所生(생염기소생).**
   백성들이(民) 통치자의 권위를 두려워하지 않게 하면(不畏威), 위대한 위엄에(大威) 이르게 되는 법이다(則至). 통치자가 거처하는 곳을(其所居) 조롱하지 않으며(無狎), 통치자의 존재를(其所生) 싫어할 이유가 없다(無厭).

이번 장의 첫 구절도 내가 의도하고자 하는 해석과 다르다. 99%는 왕필본에 따라 백성들이 군주의 위엄을 두려워하지 않으면 큰 화가 따른다고 번역되어 있다. 그런데 이는 노자의 평소 언어와는 사뭇 다르다. 66장에서 "성인은(聖人) 백성 위에 서고자 한다면(欲上民), 반드시(必) 언사가 겸손해야만 하는 이유다(以言下之). 백성들 앞에 서고자 한다면(欲先民), 반드시(必) 자신이 물러나 있어야만 하는 것이다(以身後之). 그러므로(是以) 성인은(聖人) 위에 머물러도

(處上而) 백성들이 중압감을 느끼지 못하고(民不重), 앞에 머물러도(處前而) 백성들이 위해를 느끼지 못하는 것이다(民不害). 그러므로(是以) 천하가(天下) 즐거워하여 받드니(樂推而) 싫어할 수가 없다(不厭)"라고 하였다.

그런데 이를 백성들이 통치자의 위엄을 두려워하지 않으면 그 화를 입게 된다고 하는 것은 석연찮다. 이는 공포정치를 옹호하게 된다. 17장에서 노자는 군주의 단계를 네 가지 단계로 나누었다. "천자라 이름은 백성들이 그가 통치하고 있다는 것만을 알 뿐이. 그다음 단계는 백성들이 어버이처럼 따르는 군주이고, 그다음은(次) 백성들이 두려워하는 군주이고 최악의 단계는 백성들이 업신여기는 군주이다."

세 번째 단계의 백성들이 두려워하는(畏) 군주를 비난하고 있다. 그러므로 다음과 같이 번역하는 것이 합리적이라 본다.

"백성들이(民) 통치자의 권위를 두려워하지 않게 하면(不畏威), 위대한 위엄에(大威) 이르게 되는 법이다(則至)."

백성들이 통치자가 존재하는지도 모르게 하는 것이 최상의 군주라고 하였다. 통치자가 권위를 드러내지 않아 백성들이 존귀하고 위대하게 따른다는 이치다. 질서에는 크게 두 가지가 있다. 자발적 질서와 강압적 질서이다. 도덕적이고 대자적 민중들에 의한 자발적으로 생성된 질서는 존경과 섬김을 통해 이루어진다. 민주주의 형태에서 추구해야 할 이상적인 대동(大同) 세상이다. 강압적 질서는 독재와 왕이 백성들을 위에서 찍어 눌러 힘으로 통치하는 것이다. 코로나19에 대한 대응에 대하여 한국과 중국을 비교해 보면 명료해진다. 한국에서 코로나에 대한 대응을 정부와 국민이 비교적 자발적으로 극복했다. 정부의 협조 요구에 국민의 자발적인 희생과 절제가 없었다면 불가능했다. 그러나 중국은 공산당 정부에 의해 강압적으로 통제되었다. 도시를 봉쇄하고 아예 폐쇄해 버렸다. 거주지에서 한 발도 못 나오게 문에 아예 못질을 한 곳도 있었다. 통제 사회주의의 대표적인 모범 사례였다. 일본은 아예 통계 자체를 숨겼다.

강압적인 상태에서 통제되는 시스템을 열역학에서는 효율적 에너지로 전환할 수 없는 무질서의 척도인 엔트로피가 증가한다고 한다. 엔트로피가 감소하는 조건은 백성들이 도덕적이고 이타적이어야 자발적인 상태가 된다. 자발적으로 질서를 지키고 따르는 상태가 되어야 노자가 추구하는 무위자연의 상태가 되는 법이고 도법자연의 이상사회가 이루어질 수 있다. 도덕적이고 이타적인 군주라야 백성들이 권위를 세워주고 존경하여 따르는 것이다.
"통치자가 거처하는 곳을(其所居) 조롱하지 않으며(無狎), 통치자의 존재를(其所生) 싫어할 이유가 없다(無厭)."
그러나 작금의 대한민국은 정권 초기부터 통치 장소와 관저 문제로 국민의 염증과 조롱을 한몸에 받았다. 기존의 청와대를 하루도 안 있겠다며 사저에서 출근 소동을 벌이고 쓸데없는 세금과 인력을 낭비하였다. 그 몫은 그대로 국민이 떠안는 것이다. "통치자의 존재를(其所生) 싫어할 이유가 충분하다(有厭)."

- ❖ **夫唯不厭(부유불염), 是以不厭(시이불염). 是以聖人自知(시이성인자지), 不自見(부자현),**
  대저(夫) 오로지(唯) 싫어해야 할 이유가 없기에(不厭), 그런 까닭에(是以) 싫어하지 않는다(不厭). 그런 까닭에(是以) 성인은(聖人) 스스로 깨닫기에(自知), 스스로 드러내지 않는 법이다(不自見).

의식의 출현과 생각의 출현은 타자에 대한 인지와 자연에 대한 인지이다. 동물과 인간의 차이는 시간에 개념의 유무이다. 인간은 시간에 개념을 갖는 동물이다. 시간에 대한 개념은 미래를 예측하는 능력이다. 미래를 예측하는 응력을 우리는 시뮬레이션 능력이라고 한다. 시뮬레이션 능력 중 인간사회에서 중요한 것은 관계에 대한 예측 능력이다. 공자는 인의예지를 중시하면서 모든 관계에 대해 법도를 규정해 놓았다. 자연과 인간, 부자 관계, 부부 사이의 관계, 군신 관계, 형제 관계, 이웃 관계, 친구 관계 등에서 해도 되는 언사와 하지 말아야 언사를 규정해 놓은 것이다. 위정자와 국민과의 관계는 수직 관계인가? 수평 관계인가가 현대 정치학에서는 중요한 문제가 된다. 내가 규정하는 바는 크게 두 가지다. 국민과의 관계는 수직 관계이다. 대통령은 국민을 대표하는 대표 머슴이다. 그러므로 대통령은 국민을 섬기는 자리이기에 수직적이다. 그러나 대통령은 관료 사회에서는 그들을 다스리고 통치하는 우두머리 권력자이다. 그러므로 수직적 구조의 최상위에 있다. 관료를 다스리고 지배하지 못하면 국민이 위임한 권력을 제대로 다룰 줄 모르는 허수아비라 할 수 있다.

"대저(夫) 오로지(唯) 싫어해야 할 이유가 없기에(不厭), 그런 까닭에(是以) 싫어하지 않는다(不厭)."

그러한 대원칙과 사회계약이 이루어진다면 국민이 대통령을 싫어할 이유가 없다. 오히려 자랑스러워하고 존경하니 갈등과 분란이 일어날 이유가 없다. 또한 대통령은 끊임없이 자기 스스로 성찰과 반성하고 뽐내고 드러내지 않으니

"그런 까닭에(是以) 성인은(聖人) 스스로 깨닫기에(自知), 스스로 드러내지 않는 법이다(不自見)."

- ❖ 自愛(자애), 不自貴(부자귀). 故去彼取此(고거피취차).
  스스로 사랑하나(自愛), 스스로 귀히 여기지 않는다(不自貴). 도리어(故) 과시와 잘난 척을 버리고(去彼) 스스로 깨달아 자애를 취한다(取此).

도덕적이고 이타적인 국민의 지지와 존경을 받았으니, 대통령 스스로 자신을 사랑하지 않을 수가 없다. 국민을 섬기고 받드니 스스로 자신을 귀히 여길 수가 없다. 내 안의 침팬지 본능을 다스리니 과시하지 않고 잘난 척하지 않는 법이다.

이토록 쉬운 방법이 있음에도 대한민국의 집권자와 집권 여당은 행하여 따르지 않는가? 자신 안의 침팬지 본능을 버리지 못하니 인간 다수의 국민이 싫어하는 이유다. 동네 바보들!

제73장.
勇於敢則殺(용어감즉살)
하늘의 그물은 성긴 듯하나 놓치지 않는다

勇於敢則殺, 勇於不敢則活. 此兩者, 或利或害. 天之所惡, 孰知其故. 是以聖人猶難之, 天之道, 不爭而善勝. 不言而善應. 不召而自來. 繟然而善謀. 天網恢恢, 疏而不失.

망설임 없이 결단력 있게 행할 때(勇於敢) 죽을 수도 있는 법이고(則殺), 주저 없이 결단력 있게 감행하지 않았을 때(勇於不敢) 살 수도 있는 법이다(則活). 이 두 가지는(此兩者), 혹은 이익이 될 수도 있고(或利) 혹은 해가 될 수도 있다(或害). 하늘이(天之) 싫어하는 바를(所惡), 누가 알겠는가(孰知) 그 연유를 말이다(其故). 그런 까닭에(是以) 성인도(聖人) 오히려(猶) 어려워하는 것이다(難之). 하늘의 도는(天之道), 경쟁하지 않아도(不爭而) 도에 통달하여 승리할 수 있고(善勝), 말하지 않아도(不言而) 통달하여 응답할 수 있고(善應), 부르지 않아도(不召而) 스스로 돌아오니(自來), 느릿느릿하여 그러한 듯해도(繟然而) 통달하여 본보기가 된다(善謀). 하늘의 그물은(天網) 넓고 광활하여(恢恢), 성긴 듯해도(疏而) 놓치지 않는다(不失).

❖ **勇於敢則殺(용어감즉살), 勇於不敢則活(용어불감즉활). 此兩者(차양자), 或利或害(혹리혹해).**

망설임 없이 결단력 있게 행할 때(勇於敢) 죽을 수도 있는 법이고(則殺), 주저 없이 결단력 있게 감행하지 않았을 때(勇於不敢) 목숨을 보전할 수도 있는 법이다(則活). 이 두 가지는(此兩者), 혹은 이로움이 될 수도 있고(或利) 혹은 해로움이 될 수도 있다(或害).

내가 즐겨 부르는 노래 중 하나가 김민기가 작사 작곡한 〈친구〉란 노래가 있다. 그중 2절의 첫 구절의 가사를 특히 좋아한다. "눈앞에 보이는 수많은 모습 그 모두 진정이라 우겨 말하면 어느, 누구 하나가 홀로 일어나 아니라고 말할 사람 누가 있겠소?" 김민기가 고 3 시절 동해로 잼버리 야영대회에 후배들과 함께 참가하였다가 후배 하나가 사고로 목숨을 잃었다고 한다. 그런데 사고에 대해 집행부 관계자 중 어느 누구도 책임지지 않고 회피하여 분노에 차 만든 노래라고 한다. 글을 다 쓰고 교정 보는 순간 50년이나 지난 지금 그런 일이 대한민국 한복판 새만금에서 또 벌어졌다.

살아보니 인생은 수많은 선택과 결정에 대한 결과물이다. 매 순간 어떤 선택을 하고 어떤 결정을 내려 쌓이고 쌓인 결과가 우리의 삶이고 인생의 결과물이 된 것이다. 좋든 싫든 내가 닥친 현실은 오로지 내 몫이자 내가 선택하고 결정해서 만들어 놓은 공든 탑이다. 그 결과가 나를 죽일 수도 나를 살릴 수도 있는 법이다.

"망설임 없이 결단력 있게 행할 때(勇於敢) 죽을 수도 있는 법이고(則殺), 주저 없이 결단력 있게 감행하지 않았을 때(勇於不敢) 목숨을 보전할 수도 있는 법이다(則活). 이 두 가지는(此兩者), 혹은 이로움이 될 수도 있고(或利) 혹은 해로움이 될 수도 있다(或害)."

❖ **天之所惡(천지소오), 孰知其故(숙지기고)? 是以聖人猶難之(시이성인유난지).**

하늘이(天之) 어느 결과를 싫어하는 지(所惡), 누가 알겠는가(孰知) 그 연유를 말이다(其故)? 그런 까닭에(是以) 성인도(聖人) 오히려(猶) 어려워하는 것이다(難之).

노자는 '天地不仁'이라고 하였다. 천지는 인자하지 않다. 즉 천지는 감정이 없다. 엄하기도 때론 따스하기도 하다. 인자함을 아는 것은 인간의 감정이지 하늘의 감정이 아니다. 나는 이것을 중심론(中心論)이라고 부른다. 인간 중심과 자연 중심인가? 사회복지 정책론에서는 국가 중심론(國家中心論, state centered theory)을 다룬다. 사회복지 정책의 산출을 여러 집단의 요구가 반영된 것이 아니라 독립된 위치에 있는 정부 관료제 따위의 국가가 문제를 인식하고 대안을 찾는 일련의 정책 과정으로 보는 이론이다.

결과적으로 보면 자연 안에 인간이 있다. 인간은 자연이 만든 여러 결과물 중에 일부이다. 노자의 핵심 사상이자 다윈의 자연선택 이론과 그 맥이 닿아있다. 자연에 순응하고 복종하고 따르는 것이다. 다윈은 이를 환경에 대한 적합도(適合度, fitness) 또는 적응도(適應度, Adaptation)라 표현하였다. 자연에 적응하여 적합한가 못한가의 문제이다. 인간이 자연에 적응하기 위해 인위적으로 몸부림한 결과가 문명이다. 그리고 문명의 편리와 안위를 위해 우리는 자연환경을 그야말로 쑥대밭을 만들어 놓았다. 그 결과는 그대로 인간의 몫으로 돌아왔다. 세상의 중심은 인간이 아니다. 인간이 세상의 중심이라는 착각과 오류.

"하늘이(天之) 어느 결과를 싫어하는 지(所惡), 누가 알겠는가(孰知) 그 연유를 말이다(其故)? 그런 까닭에(是以) 성인도(聖人) 오히려(猶) 어려워하는 것이다(難之)."

- ❖ **天之道(천지도), 不爭而善勝(부쟁이선승), 不言而善應(불언이선응), 不召而自來(불소이자래), 繟然而善謀(천연이선모).**
  하늘의 도는(天之道), 경쟁하지 않아도(不爭而) 도에 통달하여 승리할 수 있고(善勝), 말하지 않아도(不言而) 통달하여 응답할 수 있고(善應), 부르지 않아도(不召而) 스스로 돌아오니(自來), 느릿느릿하여 그러한 듯해도(繟然而) 도에 통달하였기에 본보기가 된다(善謀).

應(응할 응) - 응하다, 대답하다, 응답하다, 맞장구, 승낙하다, 응당 ~하다, 받다.
召(부를 소/조) - 부르다, 초래하다, 불러들이다, 알리다, 청하다, 부름, 대추.
繟(띠 늘어질 천/단) - 띠가 늘어지다, 느릿느릿하다, 연달아 대다.
謀(꾀할 모) - 꾀, 지략, 책략, 계략, 본보기, 꾀하다, 도모하다, 모색하다, 살피다.

자연이 인간에게 부여한 생각하는 인지 능력은 결국 세상의 중심이 내가 아니라는 것이다. 세상의 중심은 내 가족도 내 조직도 내 국가도 아니다. 오로지 우주에서 인간이라는 존재는 수소 원자핵 하나도 안되는 미물이다. 그 이치를 깨닫고 실천할 수 있는 유일한 존재가 그저 인간일 따름이다.

"하늘의 도는(天之道), 경쟁하지 않아도(不爭而) 도에 통달하여 승리할 수 있고(善勝), 말하지 않아도(不言而) 통달하여 응답할 수 있고(善應), 부르지 않아도(不

召而) 스스로 돌아오니(自來), 느릿느릿하여 그러한 듯해도(繟然而) 도에 통달하였기에 본보기가 된다(善謀)."

- ❖ **天網恢恢(천망회회), 疏而不失(소이불실).**
  하늘의 그물은(天網) 넓고 광활하지만(恢恢), 성긴 듯해도(疏而) 놓치는 법이 없다(不失).

  網(그물 망) - 그물, 포위망, 계통, 그물질하다, 그물로 잡다, 싸다, 덮다, 가리다.
  恢(넓을 회) - 넓다, 넓히다, 광대하다, 크다, 돌이키다, 회복하다, 원래로 돌아가다.
  疏(소통할 소) - 소통하다, 트이다, 드물다, 성기다, 순조롭다, 새기다, 상소하다.

'天網(천망)'은 하늘의 그물이다. 우리 우주에서 눈에 보이는 물질은 고작 4~5%다. 나머지 우주를 지배하는 힘은 중력인 암흑물질(Dark Matter)과 또 다른 힘인 암흑에너지(Dark Energy)다. 어둡고 캄캄하다는 암흑(暗黑)의 뜻은 노자가 즐겨 쓰는 표현으로 검을 현(玄), 즉 Dark이다. Dark의 정확한 뜻은 너무 위대해서 무엇인지 잘 모르겠다는 뜻이다. 우리 우주에서 우리를 품어주는 지구는 수소 원자핵 하나보다도 작다. 그 속에 우리가 있다. 노자의 언어를 제대로 이해하고 깨달아 독자들에게 그 맛이 전해졌으면 바람이 없다.

"하늘의 그물은(天網) 넓고 광활하지만(恢恢), 성긴 듯해도(疏而) 놓치는 법이 없다(不失)." 천지 만물은 Dark하고 또 Dark하도다!

제74장.
民不畏死(민불외사)
노자의 사형론

民不畏死, 奈何以死懼之? 若使民常畏死而爲奇者, 吾得執而殺之, 孰敢. 常有司殺者殺, 夫代司殺者殺, 是謂代大匠斲. 夫代大匠斲者, 希有不傷其手矣.

백성들이(民) 죽음조차 두려워하지 않게 된다면(不畏死), 어찌 무엇으로(奈何) 사형에 처함으로써(以死) 경계할 수 있겠는가(懼之)? 만약 백성들로 하여(若民使) 항상 죽음을 두렵게 느끼도록 하니(常畏死), 괴상한 짓거리를 일삼는 자들을(使爲奇者), 내 손으로(吾得) 죗값을 치르도록(執而) 죽여 없앤다면(殺之), 누가(孰) 감히 괴상한 짓을 저지를 수 있겠는가(敢)? 항상(常) 사형을 집행하는 망나니가(司殺者) 있어(有) 살해토록 하니(殺), 대저(夫) 괴상한 짓을 저지른 자를 죽이는 일은 망나니를 대신해서(代司殺者) 살인을 저지르는 일이다(殺). 이를 일러(是謂) 대목장을 대신하여 자귀질한다 함이다(代大匠斲). 대저(夫) 위대한 목수를 대신하여(代大匠) 자귀질하는 자는(斲者), 그 손에 상처를 입지 않기가(不傷其手) 매우 드문 일이니라(希有矣).

- ❖ **民不畏死(민불외사), 奈何以死懼之(내하이사구지)?**

  백성들이(民) 죽음조차 두려워하지 않게 된다면(不畏死), 어찌(奈何) 사형에 처함으로써(以死) 경계하게 할 수 있겠는가(懼之)?

  懼(두려워할 구) - 두려워하다, 걱정하다, 염려하다, 경계하다, 조심하다, 두려움.

세상을 살면서 보니 가장 두려운 사람은 '배 째라 형' 인간이다. 잃을 게 전혀 없는 사람이다. 가장 가벼운 사람은 반대로 지킬 게 많은 사람이다. 지켜야 할 것이 많다 보니 노상 잃을까 노심초사(勞心焦思)하게 된다. 가장 자연스러운 것은 적당하게 먹고 싸는 것이 좋다. 그러나 백성들이 죽음을 두려워하지 않을 정도로 현실에서 착취와 억압을 당하니 삶이 생지옥이요, 사는 것이 사는 게 아니다. 탐관오리들의 착취와 수탈이 과도하니 사는 게 무슨 낙이 있으리오. 백성들이 살기 어려우니 도적이 되고 민란이 끊이질 않는 법이다.

노자는 53장에서 이러한 상황을 묘사했다. "조정은(朝) 주야장천 쓸고 닦아 깨끗하나(甚除) 백성들의 전답은(田) 심하게 황무지화되었고(甚蕪), 창고는(倉) 심히 비었건만(甚虛), 화려한 비단옷을 걸치고(服文彩), 번뜩거리는 검을 허리띠에 차고(帶利劍), 음식을 물리도록 처먹는구나(厭飮食), 금은보화는(財貨) 남아돌아 차고 넘치는데(有餘), 이를 일러(是謂) 나 도적놈이라 떠벌리는 것이다(盜夸). 도대체 이걸 도라고 할 수 있겠는가 말이다(非道也哉)!"

힘을 가진 놈들이 해 처먹는 게 많으면 "백성들이(民) 죽음조차 두려워하지 않게 된다면(不畏死), 어찌(奈何) 사형에 처함으로써(以死) 경계하게 할 수 있겠는가(懼之)?" 혁명은 권력자들이 부패하고 강압적이었을 때 반드시 일어나는 법이다.

❖ **若使民常畏死(약사민상외사), 而爲奇者(이위기자), 吾得執而殺之(오득집이살지), 孰敢(숙감).**
  만약 백성들로 하여(若使民) 항상 죽음을 두렵게 느끼도록 하니(常畏死), 괴상한 짓거리를 일삼는 자들을(而爲奇者), 내 손으로(吾得) 죗값을 치르도록(執而) 죽여 없앤다면(殺之), 누가(孰) 감히 괴상한 짓을 저지를 수 있겠는가(敢)?

이 구절을 해석하는 데 있어 좀 억지스러움이 들었다. 이런 구절이 주해하기가 제일 난감하다. 죽음을 두려워하는데 괴상한 짓을 하는 놈을 잡아다 죽이면 누가 감히 괴상한 짓을 하겠는가? 왜 잡아 죽여야 하는지에 대한 당위성이 없다. 그리고 노자의 평소 목소리와 다르게 무위를 외치는 사람이 자신이 잡다가 자기 손으로 잡아 죽인다는 것도 납득(納得)이 쉽게 가지 않는다. 이럴 때는 왕필본보다 먼저 필사된 백서본을 살펴봐야 한다.
백서 갑에 若民恒是死 則而爲者, 吾將得而殺之 夫孰敢矣? "만약 백성들이 죽

음을 기꺼이 받아들인다면 이치로서 행하는 자가 있는 법이다. 내가 장차 잡아 죽인다면 대저 누가 감히 그런 무모한 짓을 하겠는가?" 백서 을은 使民恒且畏死 而爲畸者, 吾將得而殺之 夫孰敢矣? "백성들로 하여 항상 그러하면서 또 죽음을 두려워한다면 기이하게 행동하는 자를 내가 잡아 죽임으로써 대저 누가 감히 그러하겠는가?"

백서 을도 말이 안 되기는 마찬가지다. 아마도 느낌표보다는 물음표의 문제로 해석해야 할 것 같다. 백서 갑에 따라서 "백성들이 죽음을 기꺼이 받아들이니(옳을 是) 기이한 짓을 하는 이가 있더라도 성인인 나 또한 아니면 누가 어찌 감히 인위적으로 사람을 잡아 죽일 수 있는가?"

백성들이 죽음조차 두려워하지 않는 상황과 죽음을 기꺼이 받아들이는 상황으로 구분해야 나중 구절과 그나마 연결이 될 듯하다. 즉 위정자에 의한 정치적인 희생으로 행해지는 사형제도와 그 어떤 명분으로도 사람을 인위적으로 해할 수 없다는 의미로 해석한다.

❖ **常有司殺者殺(상유사살자살), 夫代司殺者殺(부대사살자살). 是謂代大匠斲(시위대대장착).**
> 항상(常) 사형을 집행하는 망나니가(司殺者) 있어(有) 살해토록 하니(殺), 대저(夫) 괴상한 짓을 저지른 자를 죽이는 일은 망나니를 대신해서(代司殺者) 살인을 저지르는 일이다(殺). 이를 일러(是謂) 대목장을 대신하여 자귀질한다 함이다(代大匠斲).

匠(장인 장) - 장인, 바치, 기술자, 고안, 궁리, 우두머리, 가르침.
斲(깎을 착) - 깎다, 쪼개다, 베다, 새기다, 아로새기다, 꾸미다, 연장.

앞 구절과 지금 구절도 맥락이 닿지 않는다. 이럴 때 도덕경이 가장 어렵다. 뭔가 석연찮은 구석이 계속될 때다. 백서본 갑을을 살펴보니 다음에 한 구절이 누락되어 있었다.

若民恒且必畏死(약민항차필외사), 則有恒司殺者殺(칙유항사살자살). "만약 백성들이 항상 그러하게 반드시 죽음을 두려워한다면 법에 따라서 항상 사형을 집행하는 망나니에게 맡겨 살해하면 된다."

이어서 다음 구절인 "항상(常) 사형을 집행하는 망나니가(司殺者) 있어(有) 살해토록 하니(殺), 대저(夫) 괴상한 짓을 저지른 자를 죽이는 일은 사형을 집행하는 망나니를 대신해서(代司殺者) 살인을 저지르는 일이다(殺). 이를 일러(是謂) 대목장을 대신하여 자귀질한다 함이다(代大匠斲)." 자연스레 이어진다.
1973년 마왕퇴 무덤에서 백서본이 발견되지 않았다면 74장은 절름발이 장이 되었을 것이다. 도대체가 뭔 말을 하려고 하는지를 모르는 오리무중(五里霧中) 장이 될 뻔했다.

- ❖ **夫代大匠斲者(부대대장착자), 希有不傷其手矣(희유불상기수의).**
  그저(夫) 대목장을 대신하여(代大匠) 자귀질하는 자는(斲者), 그 손에 상처를 입지 않기가(不傷其手) 매우 드문 일이니라(希有矣).

  希(바랄 희) - 동경하다, 희망하다, 사모하다, 앙모하다, 드물다, 성기다, 적다.
  傷(다칠 상) - 다치다, 해치다, 애태우다, 근심하다, 불쌍히 여기다, 상하다, 상처.

74장을 정리하면 첫째는 위정자가 엉망진창이어서 백성들이 왕을 업신여겨(侮之) 죽음을 두려워하지 않을 지경이고, 둘째는 백성들에게 죽음을 두려워하게 인위적으로 느끼게 하는 공포정치를 하는 지경이고, 셋째는 어진 임금이 다스리는 태평성대(太平聖代)한 세상이므로 정의로운 사회여서 법에 따라 처리하므로 반드시 스스로 죽음을 두려워하는 상태이다.
17장에 언급한 군주의 4단계에 따라 최상의 군주는 존재하는지도 모르는 이고, 그다음 단계는 백성들이 어버이처럼 따르는 군주이고, 그다음은 백성들이 두려워하는 군주이고 최악의 단계는 백성들이 업신여기는(侮) 군주이다.
나라가 태평성대하여 법에 따라 처리하여 망나니가 사형을 집행하지만, 사람의 목숨은 사람이 다스리는 것이 아니라는 노자의 가르침이다. 사람의 목숨은 하늘의 몫이지 인간의 몫이 아니라는 걸 대목장에 비유해서 설명하고 있다.
"만약 백성들이 항상 그러하게 반드시 죽음을 두려워한다면 법에 따라서 항상 사형을 집행하는 망나니에게 맡겨 살해하면 된다. 항상(常) 사형을 집행하는 망나니가(司殺者) 있어(有) 살해토록 하니(殺), 대저(夫) 망나니를 대신해서(代司殺者) 살인을 저지르는 일이다(殺). 이를 일러(是謂) 대목장을 대신하여 자귀질한다 함이다(代大匠斲). 그저(夫) 대목장을 대신하여(代大匠) 자귀질하는 자는(斲者), 그 손에 상처를 입지 않기가(不傷其手) 매우 드문 일이니라(希有矣)."
인간이 저지른 학살은 그래서 더욱 잔인하고 끔찍하다. 러시아와 우크라이나 사이에 치러지는 전쟁의 기저에도 극우 우크라이나 민족주의자들이 벌인 끔찍한 유대인과 이민족 학살이 있었다. 그리고 스탈린에 의해 우크라이나에서 강제적으로 저질러진 일 때문이다. 가족 중심의 개별 농사를 소련의 식량을 책임질 집단 농장 시행으로 우크라이나에서 살고 있던 농민 수백만 명이 굶어 죽는 일이 있었다. 인간의 목숨이 하늘이 아닌 인간의 손에 맡겨졌을 때 일어나는 대량 학살을 노자는 2,500년 전에 이미 알고 있었다.
정호승 시인의 〈새벽 편지〉라는 시를 옮겨본다.

새벽 편지

나의 별에는 피가 묻어있다.
죄는 인간의 몫이고
용서는 하늘의 몫이므로
자유의 아름다움을
지키기 위하여
나의 별에는 피가 묻어있다.

제75장.
民之饑(민지기)
삶에 집착하지 않기에 존귀하다

民之饑, 以其上食稅之多, 是以饑. 民之難治, 以其上之有爲, 是以難治. 民之輕死, 以其求生之厚, 是以輕死. 夫唯無以生爲者, 是賢於貴生.

백성들의(民之) 굶주림은(饑) 그 위에 있는 놈들이(其上) 세금을 너무 많이 받아 처먹기(食稅之多) 때문이다(以). 이런 연유로(是以) 굶주리는 것이다(饑). 백성들의(民之) 질서 잡기 어려운 것은(難治), 그 위에 있는 놈들이(其上之) 지나치게 군림하려 들기(有爲) 때문이다(以), 그런 연유로(是以) 질서를 잡기 어려운 것이다(難治). 백성들이(民之) 목숨을 가벼이 여기는 것은(輕死), 그 위에 있는 놈들이(其) 지나치게 탐욕스러운 삶을 추구하기(求生之厚) 때문이다(以). 그런 연유로(是以) 삶에 애착이 없는 것이다(輕死). 대저 오로지(夫唯) 삶에 집착하지 않으므로(無以生) 스스로 다스릴 줄 아는 자는(爲者), 이토록(是) 현명하기에(賢於) 삶이 존귀한 것이다(貴生).

❖ **民之饑**(민지기), **以其上食稅之多**(이기상식세지다), **是以饑**(시이기).

백성들의(民之) 굶주림은(饑) 그 위에 있는 놈들이(其上) 세금을 너무 많이 받아 처먹기(食稅之多) 때문이다(以). 이런 연유로(是以) 굶주리는 것이다(饑).

饑(주릴 기) - 주리다, 굶다, 흉년이 들다, 凶年.
稅(세금 세/탈/열) - 세금, 구실, 거두다, 세내다, 벗다, 풀다, 기뻐하다, 바꾸다.

세금(稅金, Tax)은 주권(主權)이 누구에 있느냐에 따라 그 쓰임과 용도가 다르다. 현대 민주주의는 주권이 국민에게 있다. 주권이 국민에게 있기에 세금은 복지비용 등과 같이 소득의 공평한 재분배에 그 목적성을 갖는다. 그러나 왕조 시대에는 주권이 왕과 특권계층이 소유한다. 그래서 왕권(王權)이라고 한다. 짐이 곧 국가요, 주인인 시대다. 프랑스의 사자 왕이자 안 씻기로 유명한 루이 14세(1638~1715)가 한 말로 유명하다. "L'État, c'est moi." 주권이 왕권인 시절에 세금은 왕권을 유지하기 위한 유지비용으로 사용된다. 그러기 때문에 왕과 귀족들이 사치가 심하면 심할수록 백성들에게 착취하는 세금은 강제로 빼앗아 징수하는 수탈(收奪)이 된다. 왕가가 전쟁이라도 벌이게 되면 백성들의 삶은 그야말로 곡소리가 난다. 프랑스 대혁명이 발발한 원인도 빈번한 전쟁으로 인해 과도한 세금과 기근에 있었다. 18세기에 들어와서 혁명 전야까지 스페인 왕위 계승 전쟁(1701~1714), 미국 독립 전쟁(1775~1783)을 비롯한 여섯 차례의 큰 전쟁에 참여했다. 참전의 결과는 프랑스의 국익에 도움이 되지 못하고 재정만 낭비하는 결과를 초래했다. 루이 14세(재위 1643~1715)의 말년에 국가 재정은 위기 양상을 나타내기 시작했는데, 그 후 더욱 심각해지고 만성화되어 갔다. 또한 루이 14세의 낭트 칙령의 폐지(1685)와 위그노 추방은 프랑스 산업 발전에 심각한 악재로 작용했다. 귀족 계급은 성직자와 함께 봉건적 특권을 누리고 있었는데, 18세기에는 여러 그룹으로 갈라져 있었다. 군대에 복무하는 군인 귀족과 법무에 종사하는 법조 귀족이 대표적인 귀족이었지만, 일부 귀족을 제외하고 거의 상당수의 귀족은 궁정(宮廷)에 빌붙어 영지 경영을 하지 않고 나태한 생활을 보냈으며, 대부분 사람은 막대한 부채를 짊어지고 있었다. 18세기 후반에는 절대왕권 제도와 이를 지지하였던 귀족들 대부분 재정적 곤란에 처해있었다. 그들은 농민을 더욱 착취하여, 농촌을 거의 황폐화로 만들었다. 프랑스에서 자본가 계급인 부르주아가 발전하려면 사회적 대변혁이 불가피하였다. 계몽 사상가들은 이와 같은 결함이 된 사회 제도를 맹비난하면서 합리적인 사회 제도의 출현을 선동했다. 당시 프랑스는 계몽주의 사상가인 장 자크 루소(Jean-Jacques Rousseau, 1712~1778)와 백과전서파인 볼테르로 알려진 프랑수아 마리 아루에(François-Marie Arouet, 1694~1778) 등 사회 계약론이 많은 지식인에게 영향을 주었고 그것을 국민이 공감하여, 당시의 사회 제도(구체제)에 대한 반발심을 가지게 되었다. 부르봉 왕가 정부, 특히 국왕 루이 16세는 이를 완화하기 위해 점진적인 개혁을 목표로 했지만, 특권 계급과 국민과의 괴리를 채울 수 없었다. 프랑스 혁명은 이런 구체제(앙시앵 레짐)의 모순에서 발생하였다. 구체제 하에서는 인구의 2% 정도밖에 안 되는 제1계급인 성직자와 제2계급인 귀족은 전체 토지의 40%를 차지하고 있으면서 면세 등의 혜택을 누리는 등 주요 권력과 부와 명예를 독점하였다. 인구의 약 98%를 차지하던 제3계급(평민)은 무거운 세금을 부담해야 했다. 제3계급이 정치에 참여할 수 있는 삼부회가 있었지만 175년간 소집되지 않았기 때문에, 실질적으로 정치에서 배제되었다. (출처: 위키백과)

"백성들의(民之) 굶주림은(饑) 그 위에 있는 놈들이(其上) 세금을 너무 많이 받아 처먹기(食稅之多) 때문이다(以). 이런 연유로(是以) 굶주리는 것이다(饑)."

❖ **民之難治(민지난치), 以其上之有爲(이기상지유위). 是以難治(시이난치).**

백성들의(民之) 질서를 잡기가 어려운 것은(難治), 그 위에 있는 놈들이(其上之) 지나치게 군림하려 들기(有爲) 때문이다(以), 그런 연유로(是以) 질서를 바로 세우기가 어려운 것이다(難治).

노자 정치철학의 핵심인 無爲와 有爲를 구분해야 한다. 이를 구분하기 위해서는 '爲'를 어떻게 해석하는지에 달려있다. 나를 위를 동물행동학에서 사용하는 용어로서 가축화(家畜化, Domestication)의 뜻인 길들인다는 의미로써 사용하였다. 실제로 '爲'는 코끼리를 길들이는 '파잔 행위'를 뜻한다. 동물들의 본능인 야생에서의 공격성을 발휘하지 못하도록 몸과 정신을 지배하는 행위이다. 인간의 도덕심은 스스로 자기를 길들이는 자발적 절제심과 인내심이다. 자기 내면의 공격성과 폭력성을 자발적으로 다스리는 개인의 능력이다. 지배(支配)는 내가 타인인 남과 집단을 복종시켜 다스리는 것이다. 개인의 도덕심이 자발적인 자기 길들이기라면 지배는 강압적으로 타인과 집단을 복종시켜 다스리는 것이다. 결국 지배 행위는 노자가 말하는 유위(有爲)에 해당한다. 지배와 복종은 동물 사회에서 주를 이루는 차별을 전제로 하는 인간 불평등의 기원이 된다.

무위(無爲)는 상대적으로 인간이 자연선택에 의해 선택 진화되어 온 도덕심을 신뢰하여 지배하지 않는 것이다. 질서(秩序, order)는 인간의 도덕심과 이타심 그리고 자비심이 발현될 때 스스로 그러하게 지켜지는 인간 고도의 메타인지에서 나오는 자발적으로 규칙을 지키는 능력이다. 노자는 인간의 본능과 본성을 구분하여 제대로 파악한 것이다. 두들겨 패서 강압적으로 세우는 질서는 비인간화에 기인한 불평등 사회의 계급적 질서 속에 나온다. 북한이라는 불량국가 미래가 없는 이유가 바로 자발적 질서에 의해 스스로 질서를 세우지 않는 강압적 통제 국가이기 때문이다.

"백성들의(民之) 질서를 잡기 어려움은(難治), 그 위에 있는 놈들이(其上之) 지나치게 지배하려 들기(有爲) 때문이다(以), 그런 연유로(是以) 질서를 바로 세우기가 어려운 것이다(難治)."

난치(難治)에 대한 해석을 질서를 잡기가 어렵다고 번역하니 뜻이 더욱 통한다. 국민은 통치와 지배의 대상이 아니다. 섬김과 배려의 대상이 되어야 함이고 통치자는 국민을 섬기는 머슴이 되어야 하는 마땅하다.

- ❖ **民之輕死**(민지경사), **以其求生之厚**(이기구생지후), **是以輕死**(시이경사).

  백성들이(民之) 목숨을 가벼이 여기는 것은(輕死), 그 위에 있는 놈들이(其) 지나치게 탐욕스러운 삶을 추구하기(求生之厚) 때문이다(以). 그런 연유로(是以) 삶에 애착이 없는 것이다(輕死).

인간의 깊숙한 본능에 자리한 자연과 사람을 지배하고자 하는 욕구인 본능은 여러 형태로 나타난다. 단, 폭력성의 유무다. 대표적인 유형이 식물을 길들이는 농사다. 우리는 풀을 길들여서 먹이활동을 하는 거의 유일한 동물이다. 개미 중에서도 농사를 짓는 250종의 가위개미 등이 있다. 개미가 농사를 시작한 것이 무려 6,000만 년 전이니 1만 년 전에 농사를 시작한 사피엔스와는 비교 대상이 되지 않는다.

고조선의 후예인 우리는 척박한 땅을 개간하여 부지런히 농사짓는 민족이다. 카레이스키는 강제 이주 정책으로 1937년에서 1939년 사이, 스탈린은 고려인이 일본군의 Spy로 행동하는 것을 두려워하였다. 그래서 고려인 지도자 500명을 체포하고 그중 40~50명을 숙청하여 처형하였고 연해주에 살던 172,000명의 고려인을 카자흐스탄 소비에트 사회주의 공화국과 우즈베키스탄 소비에트 사회주의 공화국으로 강제 이주시켰다. 당시 소련의 극동지역 위원장이었던 '리우시코프'는 1937년 8월 하바롭스크에 머물면서 스탈린의 지령을 받고 강제 이주 정책을 추진했는데, 접경에 살고 있는 한인들은 간첩의 소지가 있으니, 일본인과 접할 수 없게 하는 정책이 필요하다며 강제 이주 정책을 건의했다고 한다. 여러 공동체의 지도자들은 추방 및 유배되었고, 이주 도중 많은 사람이 희생되었다. 글라스노스트 이전까지는 이주에 대해 발언하는 것조차 금지되었다. 이주민들은 협력하여 관개 시설을 설치하였고, 척박한 땅에서 벼농사를 시작하였다. 3년이 채 지나지 않아 그들은 그들의 삶의 방식을 회복하였다. 하지만 수십 년 동안 한국어 사용이 금지되었기 때문에 그다음 세대는 한국어를 거의 잘 사용하지 않게 되었다. (출처: 위키백과)

이오시프 스탈린(1878~1953)은 인류 역사에서 히틀러 이상으로 가장 많은 사람을 학살한 '조지아의 인간 백정'이라는 별명이 붙은 내가 싫어하는 코털 난 침팬지이다. 7살 때 걸린 천연두로 사경을 헤맸을 때 그냥 죽었으면 인류의 역사가 달라졌을 것이다. 지배에는 평화적인 지배와 폭력적인 지배가 있다. 이 둘 다 수백만 년 동안 우리 안에 원초적인 본능으로 자리하고 있다. "그 위에 있는 놈들이(其) 지나치게 탐욕스러운 삶을 추구하기(求生之厚) 때문이다(以)."

독일계 미국 사회심리학자이자 정신분석학과 인문주의 철학자인 에리히 프롬(Erich S. Fromm, 1900~1980)은 그의 저서 《파괴란 무엇인가》에서 다음과 같이 인간을 정의했다. "인간은 살인자라는 점에서 동물과 다르다. 인간은 자기 종족인 동료를 아무런 생물학적, 경제적 이유도 없이 죽이고 괴롭히며 또 그렇게 함으로써 만족감을 느끼는 유일한 영장류일 것이다."

"백성들이(民之) 목숨을 가벼이 여기는 것은(輕死), 그런 연유로(是以) 삶에 애착이 없는 것이다(輕死)."

❖ 夫唯無以生爲者(부유무이생위자), 是賢於貴生(시현어귀생).

대저 오로지(夫唯) 삶에 집착하지 않으므로(無以生) 스스로 다스릴 줄 아는 자는(爲者), 이토록(是) 현명하기에(賢於) 삶이 존귀한 것이다(貴生).

내가 추구했던 공부는 결국 인간이 왜 도덕심을 진화시켰을까? 자연은 왜 인간에게만 도덕적 본성을 진화하도록 허락했을까? 이 어려운 질문에 자신 있게 대답하는 것만이 노자의 도덕경을 만나고 역주할 수 있었던 원동력이었다. 영장류학자들을 통해 600~700만 년 사이에 침팬지와 보노보 그리고 제3의 침팬지인 인간의 공통 조상인 사헬란트로푸스 차덴시스와 분화되었다는 것을 알았다. 대형 영장류 사촌들과의 공통점을 통해 인간의 폭력성과 평화가 공존하는 야누스적인 본능을 보았다. 또한 그들과 다른 점은 바로 강력한 인간의 도덕심과 이타심 그리고 자비심이다. 그리고 그 도덕심 안에 인간의 가장 강력한 절제심과 인내심이 있다. 절제와 인내가 주는 중용의 맛과 멋은 인간을 미련과 집착이라는 굴레에서 벗어나게 해주는 것이다. 물질의 소유에 대한 미련과 집착, 계급과 서열에 대한 미련과 집착, 사람에 대한 미련과 집착, 삶에 대한 미련과 집착을 끊어내야만 "대저 오로지(夫唯) 삶에 집착하지 않으므로(無以生) 스스로 다스릴 줄 아는 자는(爲者), 이토록(是) 현명하기에(賢於) 삶이 존귀한 것이다(貴生)."

삶이 현명해지니 더욱 존귀하고 존귀해 도리어 오래가는 법이다.

제76장.
人之生也柔弱(인지생야유약)
자연의 順理 그대로

人之生也柔弱, 其死也堅強. 草木之生也柔脆, 其死也枯槁. 故堅強者死之徒, 柔弱者生之徒. 是以兵強則不勝, 木強則折. 強大處下, 柔弱處上.

사람이 살아있을 때에야(人之生也) 부드럽고 연약하지만(柔弱), 사람이 죽으면야(其死也) 굳어서 단단해진다(堅強). 초목도 살아있을 때야(草木之生也) 부드럽고 연하지만(柔脆), 초목이 죽어있을 때야(其死也) 야위어서 파리해진다(枯槁). 도리어(故) 굳어서 단단해지는 것은(堅強者) 죽음의 무리요(死之徒), 부드럽고 연약해지는 것은(柔弱者) 삶의 무리이다(生之徒). 이런 까닭에(是以) 병기만 강하다고(兵強) 승리할 수 없는 법이고(則不勝), 나무가 단단하기만 해서야(木強) 잘려 나가는 법이다(則折). 강하고 큰 것은(強大) 아래에 거하고(處下), 부드럽고 연약한 것은(柔弱) 위에 거하는 법이다(處上).

❖ **人之生也柔弱**(인지생야유약), **其死也堅強**(기사야견강). **草木之生也柔脆**(초목지생야유취), **其死也枯槁**(기사야고고).
사람이 살아있을 때에야(人之生也) 부드럽고 연약하지만(柔弱), 사람이 죽으면야(其死也) 굳어서 단단해진다(堅強). 초목도 살아있을 때야(草木之生也) 부드럽고 연하지만(柔脆), 초목이 죽어있을 때야(其死也) 야위어서 파리해진다(枯槁).

脆(연할 취) - 연하다, 가볍다, 무르다, 부드럽다.
枯(마를 고) - 마르다, 시들다, 말리다, 약해지다, 쇠하다, 야위다, 마른나무, 해골.
槁(마를 고) - 마르다, 여위다, 위로하다, 쌓다, 축적하다, 짚, 말라 죽은 나무.

76장을 주해하기 위해 글 쓰는 것을 잠시 중단하고 노자에 관련된 책들을 접고 원래 내 본업인 과학에 관련된 책 읽기에 들어갔다. 나는 지난 10여 년 동안 자연과학을 독학했다. 노자의 도덕경을 처음 접하고 내가 독학한 자연과학과 통섭해 보고자 시도를 했다. 특히 인간 본성에 있어서 도덕에 관한 연구를 하면서 동물행동학자들이 인류의 진화 과정에서 생긴 도덕이 동아시아를 지배한 관념인 노자의 도덕경과 일치한다는 것을 알았다. 내가 처음 저술한 책이 우주 만물의 시작과 끝에 관한 내용이었다. 그리고 그다음으로 기획한 책이 우주의 시작과 끝이 있듯이 지구에서 일어나는 삶과 죽음에 관한 내용이다. 그러나 노자의 도덕경을 먼저 역주해야겠다는 생각으로 저술 순서를 바꾸었다. 우주의 시작과 끝에 대한 세상의 반응이 너무 냉담했기 때문이었다. 사람들은 그런 것에 별로 관심도 없으며 너무 어려워했다. 76장을 해석하면서 이장을 내가 쓰고자 했던 삶과 죽음에 관한 내용을 조금이라도 독자들에게 전달하고 싶은 욕구가 생겼다. 삶과 죽음에 관한 인식 역시 종교와 철학의 영역에서 벗어나지 못하고 있다는 것에 대한 아쉬움 때문이다. 과학의 역할은 종교와 철학의 고유영역을 확장하여 관찰하고 증명해 온 역사이다. 우리 우주의 시작을 과학은 지난 100년 동안 밝혀왔다. 천문학적인 돈과 지식 그리고 인력이 동원되었다. 이 과정에서 양자역학과 소립자 물리학, 빅뱅 우주론, 우주 팽창론, 은하의 탄생과 태양계의 탄생에 대하여 인류는 우주에 있는 그 어떤 존재보다 기원에 대해 알아가고 있다. 우주에서 지구라는 행성은 매우 독특하고 다양한 유기체를 품은 곳이다. 삶과 죽음은 지구라는 행성을 더욱 다양하고 특별나게 해주는 메커니즘이다. 삶과 죽음이라는 한계수명을 통한 생성과 소멸은 인간을 탄생하게 만든 주요 기능이었다. "人之生也柔弱(인지생야유약), 其死也堅強(기사야견강)"은 지구가 물을 품은 행성이기에 가능한 일이다. '창백한 푸른 점' 지구는 대지 표면의 물이 있었기에 모든 생명의 기원이 되었다. 다음은 《죽음이란 무엇인가(Newton HIGHLIGHT 140)》에 나오는 내용을 옮겨본다. 삶과 죽음에 대한 과학적 정의이다.

삶과 죽음의 차이 1
죽은 생물은 살아있을 때와 무게도 원소도 같다.
현재 자연계는 90종의 원소가 존재한다. 그중 생물의 몸을 만드는 데 쓰이는 원소는 극히 일부분이다. 예컨대 인체는 몸무게의 약 98%가 산소(O), 탄소(C),

수소(H), 질소(N), 칼슘(Ca), 인(P)의 6종의 원소로 이루어져 있다. 원소의 질량으로 치면 산소 65%, 탄소 18%, 수소 10%, 질소 3%, 칼슘 1.5%, 인 1%, 기타 원소 1.5%이다. 생물의 몸을 구성하는 원소의 조성은 물(H_2O)을 가장 많이 포함하기 때문에 원소의 개수로는 수소(H)가 가장 많다. 그러나 수소는 매우 가벼운 원자이기에 무게로 비교하면 산소(O)가 가장 많다.

지구상의 생물이라면 몸을 구성하는 원소의 비율은 모두 비슷하다. 모든 생물은 생물 이외의 물체와는 다른 특유한 원소 조성을 하고 있다는 뜻이다. 그렇다면 어떤 생물이 살아있을 때와 죽은 다음에는 몸을 구성하는 원소의 조성에 차이가 있을까? 생물이 죽으면 단백질이 분해되는 등의 변화가 일어나 원소의 조합 방식(화합물의 종류)은 변하지만, 원소의 조성 자체는 변하지 않는다. 또 살아있을 때와 죽은 다음에 몸무게를 비교해도 차이가 없다. 살아있는 생물과 죽은 생물은 구성하고 있는 원소의 종류나 양에 차이가 없다. 즉 생물을 원소까지 세밀하게 분해해 나가도 거기에서 삶과 죽음의 차이를 알아낼 수는 없다. 생물을 살아있는 상태로 하는 것은 어떤 원소를 얼마나 쓰는지가 아니라, 원소의 조합 방식이나 사용 방식이다. 생물을 살아있는 상태로 하는 원소의 조합 방식이나 사용 방식이란 과연 무엇일까? 그것은 무엇을 가져다주는 것일까?

삶과 죽음의 차이 2

생물은 자연의 법칙에 반하는 것처럼 보인다.

죽은 직후의 생물은 보기에는 살아있을 때와 거의 다르지 않다. 그러나 시간이 지남에 따라 살아있는 생물과 죽은 생물의 상태는 크게 달라진다. 죽은 생물은 이제는 밖에서 영양소를 얻을 수(대사, 代謝) 없다. 밖에서 영양소가 들어오지 않으면, 몸을 움직일 에너지를 합성하는 일이나 자기의 몸을 새로 만드는 일도 할 수 없다. 결과적으로 죽은 생물은 그 몸의 구조를 유지할 수 없다. 시간이 지남에 따라 그때까지 유지되고 있던 몸의 구조가 무너지게 된다.

이 세계에서는 형태를 가진 것은, 시간이 지남에 따라 무너져 가는 경향이 있다. 이것을 물리학에서는 엔트로피 증가의 법칙이라고 한다. 엔트로피(Entropy)란 알기 쉽게 말하면 무질서한 정도를 말한다. 엔트로피는 부피나 압력, 온도 등과 마찬가지로 물질 또는 공간의 상태를 나타내는 양의 하나이다.

더 질서 있는 상태일수록 엔트로피가 낮고, 더 무질서한 상태일수록 엔트로피가 높다.

예컨대 모래사장에 만든 모래성(질서 있는 구조물)을 방치하면 서서히 무너진다(무질서해진다). 죽은 생물도 모래성과 마찬가지로 물리법칙에 따라 시간의 흐름과 질서를 가졌던 구조가 무너진다. 한편 살아있는 개체는 시간이 지나도 질서 있는 몸의 구조를 유지하면서 계속 활동한다. 물리학의 언어로 표현하면 시간의 흐름과 더불어, 죽은 생물은 엔트로피가 증가하지만, 살아있는 생물은 엔트로피가 증가하지 않는(또는 감소하는) 것처럼 보인다. 살아있는 생물은 얼핏 보면 자연의 법칙(엔트로피 증가의 법칙)에 반하는 것처럼 보인다. 어떻게 된 것일까? 왜 생물에 이러한 일이 생기는 것일까?

삶과 죽음의 차이 3
생물의 몸속에서는 끊임없이 세포의 탄생과 죽음이 일어나고 있다.

생물이 몸의 구조를 유지하기 위해 끊임없이 하는 일이 있다. 매일매일 새로운 세포를 계속 만들어 낡은 세포와 교환하는 일이다. 이 현상이 이른바 '신진대사(新陳代謝)'이다. 새로운 세포 만드는 방법은 세포분열이다. 단, 세포가 늘어나기만 하면 건강한 몸을 유지하는데 문제가 생긴다. 실제로 암세포는 제멋대로 분열해서 증식하기 때문에 우리 몸에 나쁜 영향을 미친다. 그래서 중요한 것이, 세포의 삶(탄생)과 죽음의 균형이다. 이 균형을 유지하기 위해 생물은 일부의 세포를 일부러 죽게 하는 메커니즘을 갖고 있다. 이것이 '아포토시스(Apoptosis)'라 불리는 방식이다. 아포토시스는 세포의 자살이다. 한편 세포는 화상(火傷)이나 산소부족, 병원체에 의한 충격에 의해서도 죽는다. 이와 같은 세포의 죽음(사고나 병사)을 '네크로시스(Necrosis)'라고 한다. 새로 만들어지는 세포가 많으면 몸은 성장하고, 죽는 세포가 많으면 반대로 몸이 작아진다. 젊었을 때는 몸이 커지고 나이를 먹으면 몸이 작아지는 것은, 세포의 탄생과 죽음의 균형에 의한 것이다. 상처가 회복될 때도 세포의 탄생과 죽음의 메커니즘이 이용된다. 예컨대 손에 상처가 났을 때 상처에서는 이를 복구하려고 활발히 세포분열이 일어난다. 이때 우선은 넉넉하게 세포가 만들어지고, 여분의 세포는 나중에 아포토시스로 죽게 된다.

삶과 죽음의 차이 4

밖에서 얻은 재료를 바탕으로 더욱 복잡한 구조를 만들어 낸다.

생물은 몸을 구성하는 세포를 새로 만들어 낡은 세포와 바꾼다. 세포가 분열할 때는 유전정보가 기록된 DNA도 복제되어 같은 것이 2배로 늘어난다. 그 재료는 밖에서 얻은 영양소와 불필요해진 세포를 분해한 것에서 유래한다. 즉 DNA나 세포가 늘어날 때마다 몸을 구성하는 물질은 새로 교체되는 것이다. DNA는 구조가 고도로 복잡한 분자이다. DNA의 복제는 밖에서 얻은 영양소와 불필요해진 세포를 분해한 물질을 재료로 해서 고도의 구조를 만들어 내는 작업이다. 이러한 DNA의 복제처럼 '질서 있는 몸의 구조를 새로 만드는' 작업은 바로 '엔트로피를 감소시키는 일'이다.

물리학자 슈뢰딩거는 자신의 저서 《생명이란 무엇인가》에서 "생물은 마이너스 엔트로피를 먹으며 살아간다"고 지적했다. 이 말은 생물이 밖에서 얻은 물질과 에너지를 써서 질서 있는 구조를 만든다(엔트로피를 감소시킨다)는 뜻으로 방치하면 자연적으로 증가하는 엔트로피를 어떻게 해서라도 증가하지 않도록 유지한다는 것을 의미한다. 질서 있는 몸의 구조를 만들기 위한 방법은 '생명의 설계도'인 DNA(유전정보)에 기록되어 있다. 생물은 DNA의 정보에 따라, 밖에서 얻은 소재(무기물)를 이용해 자기의 몸(유기물)을 계속 만들어 나간다.

그러기에 사람이 살아있다는 것은 "사람이 살아있을 때에야(人之生也) 부드럽고 연약하지만(柔弱)" 물을 스스로 순환시키고 에너지를 대사해 가는 자발적 엔트로피의 감소 과정이다. 반대로 "사람이 죽으면야(其死也) 굳어서 단단해진다(堅强)"라는 사후 경직 과정은 다음과 같다.

사후 경직(死後硬直)

죽은 뒤 몇 시간이 지나면 온몸의 근육이 경직(硬直)된다.

사람이 죽으면 몸에는 여러 가지 변화가 일어난다. 그중 하나로 알려진 것이 '사후 경직'이다. 사후 경직이란 사후에 온몸의 근육이 굳어서 다른 사람이 관절을 움직이려 해도 움직이지 않는 상태를 말한다.

사후 경직은 머리에서 발 쪽을 향해 진행된다. 먼저 사후 2~3시간 만에 턱이나 목에 경직이 일어나고 어깨, 팔, 다리, 손가락, 발가락의 순서로 경직이 진행된다. 그리고 6~8시간 정도 만에 온몸의 관절이 경직되며, 12~15시간 만에 경직이 최고조에 이른다. 경직은 사후 24~36시간 정도 계속되고, 그 후 경직이 나타난 순서로 경직이 풀린다. 사후 경직의 시간이나 정도는 기온이나 개개인의 근육의 양에 따라 차이가 있다. 그렇다면 사후 경직은 왜 일어날까? 근육세포 내부에는 액틴 섬유와 미오신 섬유라는 2종의 섬유가 번갈아 늘어서 다발을 이루고 있다(근원섬유). 살아있을 때 근육을 수축시키는 경우 근원섬유를 에워싸는 '근소포체'라는 자루에서 칼슘 이온(Ca^-)이 방출된다. 그러면 칼슘 이온의 작용과 세포의 에너지원인 아데노신3인산(adenosine triphosphate, ATP)를 소비함으로써 미오신 섬유로부터 뻗은 팔아 액틴 섬유와 결합한다. 이때 근육은 전체적으로 수축한다. 한편 근육을 느슨하게 할 때는 ATP를 소비해 액틴 섬유와 미오신 섬유의 결합이 풀어지고 칼슘 이온이 근소포체로 회수된다. 이리하여 근육이 느슨해진다. 하지만 사후에 혈류가 끊어져 산소와 영양이 공급되지 않으면 ATP가 고갈된다. 나아가 근소포체가 파괴되어 근원섬유 안의 칼슘 이온이 회수될 수 없게 된다. 그 결과 액틴 섬유와 미오신 섬유의 결합이 풀어지지 않고 수축이 된 상태를 유지하게 되어 근육이 경직되는 것이다.

"사람이 살아있을 때에야(人之生也) 부드럽고 연약하지만(柔弱), 사람이 죽으면야(其死也) 굳어서 단단해진다(堅強). 초목도 살아있을 때야(草木之生也) 부드럽고 연하지만(柔脆), 초목이 죽어있을 때야(其死也) 야위어서 파리해진다(枯槁)." 상선약수(上善若水) 최상의 선은 물이 있어야 가능한 일이다. 도에 통달하여 자연의 이치대로 물을 허락해야 삶과 죽음의 경계에서 살아남을 수 있는 법이다.

❖ **故堅強者死之徒(고견강자사지도), 柔弱者生之徒(유약자생지도).**
   도리어(故) 억세고 굳는 것은(堅強者) 죽음의 무리요(死之徒), 부드럽고 연해지는 것은(柔弱者) 삶의 무리이다(生之徒).

식물이나 동물이나 물을 허락하지 않으면 대사활동이 멎는다. 무생물과 생물의 차이는 호흡에 있다. 스스로 호흡할 수 있느냐 없느냐이다. 스스로 호흡을 하지 못하면 굳는다. 호흡을 통해 물을 허락하기에 물이 순환하면서 생명을 유지하는 것이다. 식물이나 동물이나 진핵세포 수십조 개가 연합하는 다세포이다. 모든 세포는 호흡으로 에너지를 획득한다. 생물의 호흡은 전자의 조절된 이동으로 에너지를 획득하는 과정이다.

우리와 같은 진핵세포를 가진 다세포 동물의 세포 호흡식이다.

$C_6H_{12}O_6 + 6O_2 → 6CO_2 + 6CO_2 + 6H_2O + ATP$ 포도당과 산소를 들이마시면 포도당이 이산화탄소로 **산화**(酸化)된다. 들이마신(吸, 흡) 산소는 물로 **환원**(還元)된다.

반대로 식물세포는 $12H_2O + 6CO_2$ 빛(엽록체) $→ C_6H_{12}O_6 + 6H_2O + 6O_2$가 된다. 식물세포는 물과 이산화탄소를 들이마셔서 태양에너지를 받아 광합성을 통해 포도당과 물 그리고 산소를 쓰레기로 배출한다. 동물과 식물은 서로 호흡을 나누며 상생한다. 식물은 포도당을 이용하여 열매를 키워 동물에게 먹이로 내어주는 것이다. 그게 스스로 그러한 자연의 이치다. 그리하니 서로에게 너그러울 수밖에 없다.

"도리어(故) 억세고 굳는 것은(堅强者) 죽음의 무리요(死之徒), 부드럽고 연해지는 것은(柔弱者) 삶의 무리이다(生之徒)." 삶과 죽음은 태양계의 행성에서도 드러난다. 물을 허락한 지구는 삶의 행성이 되었고, 물을 허락하고 지키지 못한 화성은 죽음의 행성이 되었다.

❖ 是以兵强則不勝(시이병강즉불승), 木强則折[兵](목강즉절[병]).

이런 까닭에(是以) 병기만 강하다고(兵强) 승리할 수 없는 법이고(則不勝), 나무가 단단하기만 해서야(木强) 잘려 나가는 법이다(則折).

折(꺾을 절/제/설) - 꺾다, 값을 까가다, 할인하다, 부러지다, 타협하다, 쪼개다.

너른 품으로 포용하지 못하면 달아나는 화성의 물처럼 달아나는 법이다. 진정 강한 법은 두루 품는 것이다. 두들겨 패고 고문하고 학살한다고 '不善'이 '善'이 되지 못하는 법이라 노자는 말한다. 내가 사랑하고 좋아하는 시인 김수영의 〈풀〉이라는 시를 옮겨본다.

풀

비를 몰아오는 동풍에 나부껴
풀은 눕고
드디어 울었다.

날이 흐려서 더 울다가
다시 누웠다.
풀이 눕는다.
바람보다도 더 빨리 눕는다.

바람보다도 더 빨리 울고
바람보다 먼저 일어난다.
날이 흐리고 풀이 눕는다.
발목까지
발밑까지 눕는다.

바람보다 늦게 누워도
바람보다 먼저 일어나고
바람보다 늦게 울어도
바람보다 먼저 웃는다.
날이 흐리고 풀뿌리가 눕는다.

❖ **強大處下(강대처하), 柔弱處上(유약처상).**
강하고 큰 것은(強大) 아래에 거하고(處下), 부드럽고 연한 것은(柔弱) 위에 머무르는 법이다(處上).

"강하고 큰 것은(強大) 아래에 거하고(處下), 부드럽고 연한 것은(柔弱) 위에 머무르는 법이다(處上)." 이는 자연의 힘인 중력에 의해 이루어지는 현상이다. 지구 생성 시뮬레이션에 의하면 46억 년 전, 초기 지구의 직경(直徑)이 현재의 5분의 1 수준이었을 때 최초의 대기층이 형성되었다. 초기 지구에는 미행성 속 수증기와 가스 성분이 방출되어 중력에 구속된 상태로 대기층을 형성했다. 대기층은 주로 기체 상태의 수증기(H_2O), 일산화탄소(CO), 질소(N_2) 분자로 구성되었다. 수증기는 기체 상태의 물 분자이고, 기체는 눈에 보이지 않는다. 초기 지구 대기에는 수증기가 약 100기압 이상이었고, 물 분자가 자외선으로 분해되어 생성되는 산소 원자와 일산화탄소(CO)가 결합하여 이산화탄소(CO_2)가 생성되었다. 계속되는 미행성 충돌로 지구 반경이 현재의 절반 정도가 되면서부터 지구 표면층이 충돌에너지로 녹아 마그마 바다가 형성되었다. 지구 표면의 마그마 바다는 대기 중의 수증기를 흡수했는데, 그로써 수증기에 의한 온실효과가 줄어들면서 온도가 일시적으로 낮아져 그 면적이 줄어들었다. 운석 충돌이 계속됨에 따라 대기 중의 수증기가 증가했고, 온실효과가 커져 다시 마그마 바다가 확장되었다. 마그마 바다가 확장되면서 대기 중의 수증기를 더 많이 흡수하고, 그에 따라 다시 온도가 낮아지는 음의 피드백 과정이 진행되었다. 그로 인해 지구의 온도가 급격히 증가하지 않아 암석질 행성의 핵을 감싸는 두꺼운 고체층인 '맨틀(mantle)층' 전체가 용해되지 않았다. 운석 충돌이 줄어들면서 지구 표층의 마그마 바다가 식어 굳으면서 지각이 형성되었다. 지구 최초의 지각(地殼)은 감람암(橄欖巖) 지각으로 추정된다.

감람암으로 이루어진 초기 지각은 이후 현무암(玄武巖)으로 대체되어 지구는 단단한 현무암 지각을 갖게 되었다. 45억 년 전, 대략 1억 년이 지나기 전에 마그마 바다가 식어 현무암 지각이 형성되었다. 응축(凝縮)된 대기 중의 수증기가 강한 폭우로 쏟아져 바다가 되었다. 최초의 바다는 150도 정도의 뜨겁고 강한 산성 바다였을 것이라 추정된다. 지구 생성 초기에는 지구 전체가 바다로 덮여있었고, 바다 가운데 작은 섬이 줄줄이 있는 호상열도(弧狀列島)가 존재했다. 바다 가운데 활등처럼 굽은 모양으로 널려 있는 섬의 집합체인 호상열도는 점차 성장하여 대륙의 핵심부 역할을 했다. 여러 학설 중 하나에 의하면, 대륙의 크기는 30억 년 이전에는 현재의 10% 정도였으며, 25억 년 전 원생대(原生代)가 시작되면서 지금의 90%가 되었다고 한다. 지구의 대륙은 주로 화강암(花崗巖)으로 구성되어 있다. 지구 대륙과 같이 규모가 큰 화강암은 태양계의 행성과 위성에서 발견되지 않고, 지구에만 존재한다. 태양계 행성에서 현무암은 흔하지만, 화강암이 아직 발견되지 않는 이유는 화강암이 대규모로 생성되기 위해서는 바다가 존재해야 하기 때문이다. 45억 년 전 지구가 생성되고 1억 년 내에 지구는 대기(大氣), 대양(大洋), 지각(地殼), 맨틀(mantle), 가장 무겁고 뜨거운 핵(核)으로 분화되었다.

초기 지구의 핵은 내핵과 외핵으로 구분되지 않은, 주로 철(Fe)과 니켈(Ni)로 구성된 액체 상태의 단일 핵이었다. 대략 27억 년 전 지구 중심부가 내핵(inner core)과 지금 650km의 최심부 내핵(innermost inner core) 그리고 외핵(outer core)으로 분화되었다고 추정된다. 지구 중심부는 5,000도 고온에 350만 기압이다. 지구 중심부는 압력이 매우 높기에 지구 중심핵인 내핵은 5,000도 이상에서도 고체 상태이다. 내핵의 외부는 압력이 내핵보다 낮아 액체 상태의 철로 구성된 외핵이 유동하면서 27억 년 전부터 지구에 자기장이 생성되었다. 약 24억 년 전에는 자기장의 방어 작용으로 오존(O_3)층이 생성되었다. 지구 자기장(磁氣場)은 강한 태양풍을 막아주는 지구 방어막이 되었다.

태양풍은 주로 고속으로 이동하는 양성자와 전자로 구성되며, 남극과 북극 상공에서 충돌하여 오로라(Aurora)를 만든다. 극지방을 제외한 대부분 지역에서는 지구 자기장이 태양풍을 막아준다. 수억 년 동안 태양풍에 노출된 화성은 태양풍에 의해 대부분의 대기층이 사라져 대기압이 매우 낮아졌다. 대기압이 낮아져 화성 표면에는 액체 상태의 물의 거의 없다.

지구도 자기장이 화성처럼 미약했다면 대기층과 바다가 사라질 수 있었다. 태양에서 지구까지의 거리가 지구가 받는 태양에너지의 양을 결정한다. 이 거리가 지구에서 물이 액체 상태를 유지하는 데 결정적인 역할을 했다. 또한 초기 지구는 100기압 이상의 대기층과 자기장이 태양풍을 막아주어 대규모의 액체 상태 물이 바다를 형성하는 행성이 된 것이다.

태양계의 행성과 위성에서 물 분자는 고체 상태인 얼음 형태로 있다. 진공(眞空)상태에서 물 분자는 대개 기체 상태이고, 액체 상태의 물은 태양계 전체에서 매우 드문 현상이다. 목성의 위성인 유로파(Europa)에는 얼음 표층 밑에 바다가 존재할 가능성이 높다. 초기 지구의 표면은 바다였고, 그 바다은 현무암(玄武巖) 지각이었다. 무게순으로 검고 단단한 현무암 지각 아래 감람암의 맨틀 층, 액체 상태의 외핵, 고체의 내핵으로 지구의 층상 분화가 진행되었다. 지구의 화강암은 마그마 결정 분화, 섭입대(Subduction zone) 해양 지각의 용융(鎔融), 대륙 지각 하층부 용융의 세 가지 지질 과정을 거쳐 생성되었다.

마그마 결정 분화는 액체 상태의 마그마가 식어가면서 그 속에서 현무암질 마그마가 결정으로 성장하고 농축(濃縮)되는 과정이다. 마그마가 굳어져 생성되는 화성암(火成巖) 광물의 구성 성분에 이산화규소(SiO_2)는 50~70%로 광물 성분의 반 이상이며, 이산화규소 함량이 많을수록 광물의 녹는 온도는 낮아진다. 이산화규소는 실리카(Silica), 유리, 흑요석(黑曜石), 모래, 사암(砂巖), 규암(硅巖), 석영(石英), 수정(水晶)의 주성분이며, 지각과 맨틀 층에서도 이산화규소가 핵심 광물이다. (출처: 박문호,《박문호 박사의 빅히스토리 공부》) 생명현상은 광물과 생물의 공진화한 결과이다.

제77장.
天之道(천지도)
노자의 사회복지 정책론

天之道, 其猶張弓與. 高者抑之, 下者擧之. 有餘者損之, 不足者補之. 天之道, 損有餘而補不足. 人之道, 則不然, 損不足以奉有餘. 孰能有餘以奉天下, 唯有道者. 是以聖人爲而不恃, 功成而不處, 其不欲見賢!

하늘의 도라 함은(天之道), 아마도(其猶) 활시위를 당기는 것과 같을 것이다(張弓與). 높은 곳은(高者) 억누르고(抑之), 낮은 것은(下者) 들어 올린다(擧之). 남은 것이 있으면(有餘者) 덜어주고(損之), 부족한 것이 있으면(不足者) 보태는 것이다(補之). 하늘의 도라 함은(天之道), 남은 데서 덜어내어(損有餘而) 부족한 것을 보태 주는 것이다(補不足). 그러나 사람의 도라 함은(人之道), 그러하지 않은 법이니(則不然), 부족한 것을 덜어내어(損不足以) 차고 넘쳐흐르는 데도 갖다 바친다(奉有餘). 누가(孰) 능히(能) 차고 넘쳐흐르는 데도(有餘以) 천하에 갖다 바칠 수 있겠는가(奉天下)? 오로지(唯) 도를 체득한 사람만이 가능하다(有道者). 이런 까닭에(是以) 성인은(聖人) 다스리고자(爲而) 집착하지 않으며(不恃), 공을 이루고도(功成而) 그 안에 거하지 않으며(不處), 그렇게(其) 자신의 어진 면을 드러내어 과시하려 하지 않는다(不欲見賢)!

❖ **天之道**(천지도), **其猶張弓與**(기유장궁여), **高者抑之**(고자억지), **下者擧之**(하자거지), **有餘者損之**(유여자손지), **不足者補之**(부족자보지).

　　하늘의 도라 함은(天之道), 그것은 아마도(其猶) 활시위를 당기는 것과 같을 것이다(張弓與). 높은 것은(高者) 억눌러 사용하고(抑之), 낮은 것은(下者) 들어 올려 주는 것이다(擧之). 남은 것이 있으면(有餘者) 덜어내어 주고(損之), 부족한 것이 있으면(不足者) 보태어 쓰게 하는 것이다(補之).

抑(누를 억) - 누르다, 억누르다, 굽히다, 숙이다, 물러나다, 물리치다, 막다, 우울.
擧(들 거) - 들다, 일으키다, 낱낱이 들다, 빼어 올리다, 들추어내다, 흥기하다, 모든.
餘(남을 여) - 남다, 남기다, 나머지, 여가, 여분, 정식 이외의, 다른.
損(덜 손) - 덜다, 줄이다, 잃다, 손해를 보다, 해치다, 비난하다, 낮추다, 겸손하다.
補(기울 보) - 깁다, 돕다, 꾸미다, 고치다, 개선하다, 보태다, 맡기다, 채우다, 보탬.

현대적 관점에서 경제학이 추구하는 가치는 크게 두 가지이다. 효율성(效率性, efficiency)과 공평성(公平性, equitability)이다. 하이에크와 밀턴 프리드먼과 같은 자유주의 시장 경제와 신자유주의 가치 경제를 중시한 이후 경제학은 효율성에만 치중해 소인들의 전유 학문으로 변질이 되었다. 탐욕적인 이기주의자들이 노동 착취를 위한 전유물이 되었다. 노자의 하늘의 도(天之道)는 자원의 공정한 배분과 소득의 균등한 분배를 중시하는 공평성에 관해 예시를 들고 있다. 공평성은 지구의 대기를 순환하는 대류와 같다. 높은 곳에서 흘러 낮은 곳으로 임하는 것이 천지의 도이자 "하늘의 도이다(天之道). 그것은 아마도(其猶) 활시위를 당기는 것과 같을 것이다(張弓與). 높은 것은(高者) 억눌러 사용하고(抑之), 낮은 것은(下者) 들어 올려 주는 것이다(擧之)." 적도의 뜨거운 공기가 차가운 북극과 남극으로 흐름으로써 온도를 조절한다. "남은 것이 있으면(有餘者) 덜어내어 주고(損之), 부족한 것이 있으면(不足者) 보태어 쓰게 하는 것이다(補之)." 영국의 경제학자이자 신고전학파의 시초인 앨프리드 마셜(Alfred Marshall, 1842~1924)은 '차가운 머리와 뜨거운 가슴'이야말로 경제학자들이 가져야 할 필수 덕목이라 하였다. 차가운 머리가 효율성이라면 따뜻한 가슴은 공평성과 공정성이라고 할 수 있다. 공평과 공정한 분배와 배분만이 노자가 그리도 복지국가이자 실현해야 할 하늘의 도이다. 그게 정의(正義, Justice)다. 공정한 자원의 배분(配分, Allocation)과 소득의 재분배(再分配, Distribution)는 바로 '正義' 그 자체이자 하늘의 道가 된다.

"남은 것이 있으면(有餘者) 덜어내어 주고(損之), 부족한 것이 있으면(不足者) 보태어 쓰게 하는 것이다(補之)." 서양보다 2,400년이나 앞서 이런 주장이 있었다.

❖ **天之道(천지도), 損有餘而補不足(손유여이보부족), 人之道(인지**

도), 則不然(즉불연), 損不足以奉有餘(손부족이봉유여).
하늘의 도라 함은(天之道), 남은 데서 덜어내어(損有餘而) 부족한 것이 있으면 보태 주는 것이다(補不足). 그러나 사람의 도는(人之道), 그러하지 않은 법이니(則不然), 부족한 것을 덜어내어(損不足以) 차고 넘쳐흐르는 데도 갖다 바친다(奉有餘).

奉(받들 봉) - 받들다, 바치다, 섬기다, 힘쓰다, 지내다, 기르다, 이바지하다, 돕다.

이 구절에서 노자는 하늘의 도와 인간의 도가 다른 것에 대해 통탄한다. 높은 곳으로부터 낮은 곳으로 흐르고 낮은 곳에서 다시 높은 곳으로 순환하는 것이 하늘의 도이지만 인간의 도는 그 반대로 흐른다는 것이다.
"하늘의 도라 함은(天之道), 남은 데서 덜어내어(損有餘而) 부족한 것이 있으면 보태 주는 것이다(補不足)."
이기주의자와 이타주의자는 양극성의 반대 경향성을 가지고 있다. 침팬지는 자기 자신을 위한 이익만을 위해서 정치하는 동물이다. 인간과 침팬지가 다른 점은 하늘의 도를 깨달아 침팬지처럼 행동하지 않는 것이다. 인간의 도가 점점 자신의 출세와 영면 그리고 이익을 위해서 수단과 방법을 가리지 않는다.
"그러나 사람의 도라 함은(人之道), 그러하지 않은 법이니(則不然), 부족한 것을 덜어내어(損不足以) 차고 넘쳐흐르는 데도 갖다 바친다(奉有餘)."
대한민국과 세계 곳곳의 정치권력, 죄다 양심을 팽개친 침팬지들이 정치와 경제를 움직이니 곳곳에 못 살겠다고 난리다. 도를 잃은 정치권력과 그 정치권력을 선택하고 결정하는 이기적인 인간의 도가 지배하는 나라는 그래서 미래가 없는 법이다.

❖ **孰能有餘以奉天下(숙능유여이봉천하)? 唯有道者(유유도자).**
누가(孰) 능히(能) 차고 넘쳐흐르는 것을 가지고(有餘以) 천하 사람들을 섬길 수 있겠는가(奉天下)? 오로지(唯) 도를 체득한 사람만이 가능하다(有道者).

서울대 화학과 김희준 명예교수는 "자연은 평형을 이루어서 균형을 맞추려 하고, 균형을 이룸으로써 안정을 찾아가려는 경향성을 갖고 있다"라고 말한다. 노자가 품은 도의 핵심을 짚은 철학적이고 과학을 아우르는 명언이다. 차고 넘쳐흐르면 쏠리지 않게 두루 분배와 배분을 하는 게 자연의 이치와 원리다.

인지 기능에는 크게 세 가지가 있다. 자기인지, 타자인지, 사회와 자연에 대한 인지 기능이다. 자기인지가 가능한 동물은 말, 코끼리, 침팬지, 보노보, 오랑우탄, 고래류 정도이다. 자기인지는 거울을 통해 자기 자신을 알아보는 동물을 말한다. 그러나 타자인지는 불가능하다. 타자인지를 위해서는 전전두엽이 고도로 발달해야 한다.

사회적이고 이성적 영역을 담당하는 전전두피질을 통해 타인을 이해하고 감정이입(感情移入)하여 시뮬레이션할 줄 아는 능력이다. 사이코패스는 남의 감정을 읽지 못하고 오로지 자신의 감정과 고통에만 예민하게 반응하며 타인을 교묘히 지배한다. 침팬지는 남의 고통을 모른다. 고통에 대한 공감 능력이 부족하다. 사회를 이루고 살지만 철저하게 자기 생존을 위한 서열 중심의 권력이 지배하는 사회이기에 그렇다. 그래서 공격성과 폭력성이 정당화된다. 나는 너와 싸울 의사가 없을 때만 서로에게 털 고르기 행동을 통해 평화를 유지할 뿐 언제 내 뒤통수를 칠지 모르는 사회에서 산다. 천하를 유지하고 천하를 섬기는 사람은 자기인지, 타자인지, 사회와 자연에 대한 인지 능력이 탁월한 사람들이다. 누구는 쓰레기를 버리지만 누군가는 그 버린 쓰레기를 아무 대가 없이 줍는다. 사람이 배려심이 깊고 섬세함은 고도의 인지 능력을 통해 시뮬레이션하고 실천하는 사람들이다. 바로 메타인지가 가능한 도덕심을 체화했기에 가능한 것이다. 영국에서 탄생한 경제학이 효율과 효능, 효과를 외칠 때 동아시아의 어느 나라에서는 콩 한 쪽도 나눠 먹으라고 가르쳤다.

"누가(孰) 능히(能) 차고 넘쳐흐르는 것을 가지고(有餘以) 천하 사람들을 섬길 수 있겠는가(奉天下)? 오로지(唯) 도를 체득한 사람만이 가능하다(有道者)."

❖ 是以聖人爲而不恃(시이성인위이불시), 功成而不處(공성이불처), 其不欲見賢(기불욕현현)!

이런 까닭에(是以) 성인은(聖人) 다스리고자(爲而) 집착하지 않으며(不恃), 공을 이루고도(功成而) 그 안에 거하지 않으며(不處), 그렇게(其) 자신의 어진 면을 드러내어 과

시하려 하지 않는다(不欲見賢)!

　　사람 사는 세상과 살기 좋은 세상은 나눔과 섬김, 책임과 배려, 배려와 양보, 성찰과 반성, 이해와 협력, 연민과 공감, 동정과 인정, 분배와 배분, 환희와 희망, 용서와 관용, 덤과 풍요, 협력과 공존, 공존과 공생과 같은 가치가 상식이 되어 공공선이 되는 것이다.

사람 사는 세상이 아닌 침팬지가 지배하는 세상의 가치는 독점과 지배, 군림과 복종, 무책임과 무질서, 무질서와 새치기, 무시와 억압, 억압과 통제, 무책임과 남 탓, 회피와 공격, 능력과 차별, 서열과 경쟁, 경쟁과 투쟁, 간섭과 방해, 견제와 간섭, 분열과 전쟁, 절망과 좌절, 환각과 중독으로 도태(淘汰)되는 처참한 세상이다. 사람이 사람을 지배하고 억압하고 강압적으로 불선함을 선하다고 강요하는 세상. 배움과 못 배움으로 차별하고, 직업으로 차별하고, 돈이 있고 없음으로 사람을 나누는 세상은 인간이 아닌 침팬지가 지배하는 영화 혹성탈출에서나 가능한 이야기가 되어야만 한다.

"이런 까닭에(是以) 성인은(聖人) 다스리고자(爲而) 집착하지 않으며(不恃), 공을 이루고도(功成而) 그 안에 거하지 않으며(不處), 그렇게(其) 자신의 어진 면을 드러내어 과시하려 하지 않는다(不欲見賢)!"

내 평소에 착한 사람들에게 강조하는 말이 있다. 사람은 사람끼리 침팬지는 침팬지끼리 함께 사는 것이 진정한 사람 사는 세상이라고 말한다. 그게 내가 지난 생활 고통을 겪으며 얻은 결론이자 내가 내리는 정의다. 벼는 벼끼리 살아야 하고 피는 피끼리 사는 것이 법도이다. 그러나 이 세상은 피가 벼를 지배하고 억압하려 든다. 하종오 시인의 〈벼는 벼끼리 피는 피끼리〉라는 시를 옮겨본다.

벼는 벼끼리 피는 피끼리

　　우리야 우리끼리 하는 말로

태어나면서 넓디넓은
평야 이루기 위해 태어났제
아무 데서나 푸릇푸릇 하늘로 잎 돋아내고
아무 데서나 버려져도 흙에 뿌리박았는기라
먼 곳으로 흐르던 물줄기도 찾아보고
날뛰던 송장 메뚜기 잠재우기도 하고
농부들이 흘린 땀을 거름 삼기도 하면서
우리야 살기는 함께 살았제
오뉴월 하루볕이 무섭게 익어서
처음으로 서로 안고 부끄러워 고개 숙였는기라
우리야 우리 마음대로 할 것 같으면
총알받이 땅 지뢰밭에 알알이 씨앗으로 묻혔다가
터지면 흩어져 이쪽 저쪽 움돋아
우리나라 평야 이루며 살고 싶었제
우리야 참말로 참말로 참말로
갈라설 수 없어 이 땅에서 흔들리고 있는기라.

제78장.
天下莫柔弱於水(천하막유약어수)
천하의 왕은 물처럼

天下莫柔弱於水. 而攻堅強者莫之能勝. 以其無以易之. 弱之勝強. 柔之勝剛. 天下莫不知, 莫能行. 是以聖人云, 受國之垢, 是謂社稷主. 受國不祥, 是爲天下王. 正言若反.

천하에는(天下) 물처럼(於水) 부드럽고 약한 것이 없다(莫柔弱). 그러나(而) 견고하고 강한 것을 뚫는 데는(攻堅強者) 물을 능히 이길만한 것이 없다(莫之能勝). 그 이유는(以其) 물의 본성을 바꿀만한 것이 없기 때문이다(無以易之). 약한 것이(弱之) 강한 것을 이기고(勝強), 부드러운 것이(柔之) 단단함을 이기는 법이다(勝剛). 천하가(天下) 이를 모르지 않거늘(莫不知), 능히 실천하는 자가 없다(莫能行). 이런 까닭에(是以) 성인은 이르노니(聖人云), "나라의 수치를(國之垢) 수용할 줄 알아야(受), 이를 일러(是謂) 사직의 주인이라고 한다(社稷主). 나라의 상서롭지 못한 일도 수용할 줄 알아야(受國不祥), 천하의 왕이 되어 옳게 다스리는 것이다(是爲天下王)." 바른말은(正言) 그 반대되는 것을 허락함이다(若反).

❖ **天下莫柔弱於水(천하막유약어수). 而攻堅強者莫之能勝(이공견강자막지능승). 以其無以易之(이기무이역지).**
  천하에는(天下) 물처럼(於水) 부드럽고 약한 것이 없다(莫柔弱). 그러나(而) 그 견고하고 강한 것을 뚫는 데는(攻堅強者) 물을 능히 이길만한 것이 없다(莫之能勝). 그 이유는(以其) 물의 본성을 바꿀만한 것이 없기 때문이다(無以易之).

78장은 통치자의 자세에 관한 장이다. 천하의 왕이 되려는 자는 불이 아니라 물처럼 되는 것이라 강조하고 있다. 노자는 8장에서 물에 대하여 "최상의 선(上善)이란 물을 허락하는 것이다(若水). 물은(水) 만물(萬物)을 참으로(善)

이롭게(利) 하지만 다투는 법이 없다(不爭). 세상 모든 것들이(處衆[人]) 꺼리는 곳도 마다치 않으니(之所惡), 도리어(故) 그 자체로(於幾) 도(道)가 아닌가!"라고 물을 정의했다. 한 방울의 물이 억겁의 시간을 통해 바위에 구멍을 뚫는다. 아주 오래전 안기부에 근무하는 요원에게 들은 이야기이다. 사람을 가장 공포를 느끼도록 만드는 것은 전기 고문 같이 무식한 방식이 아니라, 캄캄하고 아무도 없는 방에 손발을 고정하여 눕히고 이마에 물을 한 방울 한 방울씩 떨어뜨리는 방법이라고 했다. 몸 외형에 상처도 없이 공포를 주는 방법이라고 들었을 때 충격과 함께 고개가 끄덕여졌다. 인간의 진정한 공포는 예측이 불가할 때이다. 불확실성이 커지면 커질수록 인간의 공포와 불안도 커진다. 물은 가장 연약하고 흔하지만, 세상을 구할 수도 세상을 쓸어버릴 수도 있다. "천하에는(天下) 물처럼(於水) 부드럽고 약한 것은 없다(莫柔弱). 그러나(而) 그 견고하고 강한 것을 뚫는 데는(攻堅强者) 물을 능히 이길만한 그 어떤 것도 없다(莫之能勝). 그 이유는(以其) 물의 본성을 바꿀만한 것이 없기 때문 아니겠는가(無以易之)." 물은 생명을 잉태했고 생명을 품어준 어머니이다(萬物之母). 그러기에 물을 대체할 그 어떤 것도 우리 우주 안에는 존재하지 않는다.

❖ **弱之勝强(약지승강), 柔之勝剛(유지승강), 天下莫不知(천하막부지), 莫能行(막능행).**
약한 것이(弱之) 강한 것을 이기고(勝强), 부드러운 것이(柔之) 단단함을 이기는 법이니(勝剛), 천하가(天下) 이를 모르지 않거늘(莫不知), 능히 실천하는 자가 없다(莫能行).

36장의 "**柔弱勝剛强**(유약승강강) 부드럽고 약한 것이(柔弱) 단단하고 강한 것을 이기는 법이다(勝剛强)." 40장에서는 "되돌아오는 것은(反者) 도의 운동이다(道之動). 약한 것은(弱者) 도의 작용이다(道之用). 천하에는(天下之) 지극히 유약한 것이(至柔) 지배하여(馳騁) 천하에 영향을 미치니(天下之) 더욱이 견고하게 한다(至堅)." 43장에서는 "천하에는(天下之) 지극히 유약한 것이(至柔) 지배하여(馳騁) 천하에 영향을 미치니(天下之) 더욱이 견고하게 한다(至堅)"라고 하였다. 노자에게 세상을 이기는 법은 유약(柔弱)한 것이 강하고 견고한 것을 이긴다고 점진적으로 강조한다. "천하가(天下) 이를 모르지 않거늘(莫不知), 능히 실천하는 자가 없다(莫能行)." 감각기관인 눈에 보이는 것만으로 평가하고 판단하는 직관적 사고가 우선인 가시(可視) 세계에서 인간에게 보이지 않는 세계인 가지(可知) 세계를 본다는 것은 고도의 메타인지를 통해서만 가능하다. 서양에서는 인간 본성에 대해 본성(本性, nature)과 양육(養育, nurture)에 대한 논쟁을 지금도 하고 있다. 인간은 선천적으로 선하게 태어난다. 그러나 후천적으로 어떤 환경에서 가정교육을 받고 친구를 만나 뇌의 배선 회로가 어떻게 생성되느냐에 따라 유전자의 발현이 다르게 된다. 노자의 도덕은 바로 후천적으로 이루어지는 양육의 중요성을 일깨워 준다. 교육의 목적과 질은 좋은 대학이 아니라 높은 메타인지 능력인 도덕성으로 평가되어야 하는 이유이다.

❖ **是以聖人云**(시이성인운), **受國之垢**(수국지구), **是謂社稷主**(시위사직주), **受國不祥**(수국불상), **是爲天下王**(시위천하왕). **正言若反**(정언약반).

이런 까닭에(是以) 성인은 이르노니(聖人云), '나라의 허물인들(國之垢) 수용할 줄 알아야(受), 이를 일러(是謂) 사직의 주인이라 하느니(社稷主), 나라에 닥친 상서롭지 못한 일도 수용할 줄 알아야(受國不祥), 천하의 왕이 되어 옳게 다스린다고 할 수 있다(是爲天下王)." 바른말은(正言) 그 반대되는 것을 허락함이다(若反).

云(이를 운) - 이르다, 일컫다, 성하다, 같다, 다다르다, 도착하다.
垢(때 구) - 때, 티끌, 수치, 부끄러움, 때묻다, 더럽다, 나쁘다.
社(모일 사) - 모이다, 제사를 지내다, 토지신, 땅귀신, 단체, 모임, 사창, 사학, 회사.
稷(피 직) - 피, 기장, 곡신, 농관, 빠르다, 삼가다, 합하다, 기울다.

마지막으로 국민이 선출한 위정자에 대한 자세에 대해 성인의 말씀으로 끝맺음하고 있다. 이 구절의 핵심은 '正言若反(정언약반)'이다. '올바른 말은 반대되는 것과 같다.' '바른말은 거꾸로 들린다.' '진실의 목소리는 들리는 것과 반대다.' '바른말은 반대처럼 들린다.' '바른말은 반대로 들린다.' 나는 '바른말은(正言) 그 반대되는 것을 허락함이다(若反)'라고 번역하였다. 다 같은 의미이다.
위정자의 자세 중 가장 중요한 덕목이다. 충고를 수용할 줄 알고 허락하는 것이다. 미련하고 어리석고 극악무도한 지도자일수록 남의 말을 안 듣고 저 혼자만 떠든다. 침팬지 무리의 알파 수컷은 명령과 지시로만 무리를 통제한다. 무리의 구성원들이 명령과 지시에 따르지 않으면 한바탕 난리가 난다. 두들겨 패고 괴성을 지르고 돌이나 나뭇가지를 집어 상대에게 집어 던진다. 우리가 알고 있던 타잔의 다정한 친구였던 '치타'를 잊어버려라!

56장에서 노자는 "도를 아는 자는(知者) 말로만 떠들지 아니하니(不言), 도를 모르면서 말로만 떠드는 자는(言者) 제대로 아는 게 없다(不知)"라고 하였다.

"이런 까닭에(是以) 성인은 이르노니(聖人云), "나라의 허물인들(國之垢) 수용할 줄 알아야(受), 이를 일러(是謂) 사직의 주인이라 하느니(社稷主), 나라에 닥친 상서롭지 못한 일도 수용할 줄 알아야(受國不祥), 천하의 왕이 되어 옳게 다스린다고 할 수 있다(是爲天下王)." 바른말은(正言) 그 반대되는 것을 허락함이다(若反)."

노자에 대하여 깊이 들어가면 들어갈수록 대한민국의 현실 정치를 예언한 것 같다.

제79장.
和大怨(화대원)
하늘의 도는 억울함이 없게 만드는 것

和大怨, 必有餘怨, 安可以爲善. 是以聖人執左契, 而不責於人. 有德司契, 無德司徹. 天道無親, 常與善人.

깊은 원한은(大怨) 화해해도(和), 반드시(必) 원망의 찌꺼기가 남게 마련인 법이니(有餘怨), 어찌(安[焉]) 도에 통달하여 다스렸다 할 수 있겠는가(可以爲善)? 이런 까닭에(是以) 성인은(聖人) 차용증을 가지고 있어도(執左契), 채무자에게 요구하지 않는다(而不責於人). 덕이 있는 사람은(有德) 약속을 지키고(司契), 덕이 없는 놈은(無德) 빤스까지 벗겨서 가져간다(司徹). 하늘의 도는(天道) 가깝지 않아도(無親), 항상(常) 도에 통달한 사람과 더불어 함께 하는 것이다(與善人).

❖ **和大怨(화대원), 必有餘怨(필유여원), 安可以爲善(안가이위선)?**
   깊은 원한을 사는 것은(大怨) 화해해도(和), 반드시(必) 원망의 찌꺼기가 남게 마련인 법이니(有餘怨), 어찌(安[焉]) 옳다고 할 수 있겠는가(可以爲善)?

"깊은 원한을 사는 것은(大怨) 화해해도(和), 반드시(必) 원망의 찌꺼기가 남게 마련인 법이니(有餘怨),"
이런 상황을 현대 의학에서는 트라우마(TRAUMA)라고 한다. 트라우마란 재난, 사고, 전쟁, 성폭력, 폭력 등과 같이 몸과 마음이 감당할 수 있는 수준을 넘어서는 사건을 겪은 것을 말한다. 트라우마 사건을 경험한 후 많은 사람이 극심한 스트레스 반응을 경험한다.
포유류는 변연계(邊緣系, limbic system)를 공통으로 가지고 있다. 대뇌피질과 시상하부 사이에 위치하는 일련의 구조물들을 가리키며 주로 감정, 행동, 욕망 등의 조절에 관여하며 특히 기억에 중요한 역할을 한다. 변연계 내에서도 편도체(扁桃體, Amygdala)와 해마(海馬, hippocampus)는 기억부호와 인출(memory encoding and retrieval)을 위해 서로 연계되어 작동하지만, 매우 다른 역할을 한다. 편도체는 기억의 감정적인 내용을 담당하는데 주로 감정을 조절하고, 공포에 대한 학습 및 기억하는 역할을 한다. 위험 상황이나 공포 상황에서 대뇌피질이 관여하기 전에 신속히 반응하여 피해야 할지 부딪혀 봐야 할지 판단을 내린다. 신속한 결정을 내리는 직관(直觀)이 이에 해당한다. 해마는 사실에 대한 장기적인 기억에서 필수적이다. 맥락 의존적 기억(context-dependent memory)에 뛰어난 사람은 자신과 직접적으로 관련 깊은 것은 잘 기억하게 되는 것이다. 감정의 생성과 발현에 중심적인 대뇌변연계는 시상, 시상하부, 편도체, 해마, 전대상피질(ACC, anterior cingulate cortex)로 이루어져 있다. 시상은 감각 정보를 대뇌피질로 스트레스를 받으면 바로 편도체로 전달한다. 시상하부는 땅콩만 한 크기지만 뇌하수체와의 연결을 통해 자율신경계를 조절한다. 시상과 편도체가 스트레스를 받아 활성화되면 시상하부는 내분비계에서 일련의 작용을 일으켜 코르티솔 같은 호르몬을 분비하고 인체의 스트레스 관련 반응을 유발한다. 호르몬과 신경전달물질은 신경 경로와 혈류 내 화학적 반응을 일으킨다. (출처: Joseph E. LeDoux, 《The Emotional Brain》)

미국의 신경 과학자로 주로 두려움과 불안과 같은 감정에 미치는 영향을 포함하여 생존 회로에 관한 연구로 유명한 뉴욕대 의대의 조지프 르두(Joseph E. LeDoux 1949~) 교수는 편도체를 "공포 바퀴에서의 허브(Hub)"라고 표현하는데, 이는 필요할 때 뇌와 몸에 경고 시스템 역할을 하기 때문이다. 편도체는 사랑, 황홀, 두려움, 공포 등 다양한 경험을 담당한다. 또한 편도체는 학습된 감정적 반응에 대한 기억도 가지고 있다. 반복되어 자극되는 감정반응이 조건화될 수 있다. 조건화(conditioning)는 동물이 환경 자극에 반응하여 시간이 지남에 따라 이러한 자극과 반응이 반복하면서 자동적 습관화한다. 이런 트라우마는 두려움의 감정이 외부 자극과 함께 일어나는 강한 감정들과 짝을 이뤄 공포를 반복적이고 지속해서 느끼게 되는 정신적 육체적 고통이다. 스트레스 호르몬에 대한 지속적인 노출로 공포와 불안, 고통의 억제 붕괴를 초래하게 된다. 트라우마 경험을 가진 사람과 특히 외상후스트레스장애(PTSD, Post-traumatic Stress Disorder)를 가진 사람은 '감정적인 홍수(emotional flooding)' 또는 '감정적인 납치(emotional hijacking)'라고 부르는데, 편도체는 신피질이 무슨 일이 일어났는지를 완전히 평가하기 전에 전신 방어 반응을 일으킨다. 이러한 트라우마의 후유증으로 나타나는 반응을 얼어붙기, 도피(flight), 투쟁(fight), 겁에 질림(fright), 늘어짐(flag), 기절(faint)이라 일컫는다. (EMDR Therapy and Somatic Psychology)
자연에 의한 사고나 불가항력에 의한 트라우마는 인간의 힘으로 어쩔 수 없다. 그러나 노자가 말하는 트라우마는 인간에 의해 저질러진 인위적이고 작위적인 결과로 발생하는 사건을 말한다. 5.18 광주 민중 항쟁, 세월호 참사, 이태원 참사, 서현역 흉기 난동 사건, 신림역 흉기 난동 사건 등 피해자와 피해자의 가족들에게 남겨진 불안과 고통 그리고 분노는 어떤 방식으로 남아 상처가 되어 곪아가는 것이다. "어찌(安[焉]) 옳다고 할 수 있겠는가(可以爲善)?"

- ❖ **是以聖人執左契**(시이성인집좌계), **而不責於人**(이불책어인). **有德司契**(유덕사계), **無德司徹**(무덕사철).

  이런 까닭에(是以) 성인은(聖人) 차용증을 가지고 있어도(執左契), 채무자에게 요구하지 않는다(而不責於人). 덕이 있는 사람은(有德) 약속을 지키고(司契), 덕이 없는 놈은(無德) 빤스까지 벗겨 빼앗아 간다(司徹).

契(맺을 계/결/글/설) - 맺다, 약속하다, 각하다, 들어맞다, 계약, 약속, 계, 애쓰다.
責(꾸짖을 책) - 꾸짖다, 나무라다, 책망하다, 헐뜯다, 취하다, 받아내다, 책임, 빚.
司(맡을 사) - 맡다, 엿보다, 살피다, 지키다, 관아, 마을, 벼슬, 벼슬아치, 관리.
徹(통할 철) - 통하다, 관통하다, 꿰뚫다, 뚫다, 벗기다, 버리다, 거두다, 치우다.

북경중의약대학교 경영대학원 원장 장기성(張其成, 1959~) 교수는 이 구절에 대한 주해로 다음과 같이 말한다. "여기서 맺을 '계(契)'는 오늘날의 차용증서(借用證書)에 해당한다. 고대에는 돈이나 양식, 재물을 빌릴 때 차용증서를 썼다. 차용증서는 대나무를 좌편(左便)과 우편(右便)의 두 조각으로 쪼개고 양쪽에 각각 빌린 금전이나 양식 종류, 재물의 이름과 수량, 인명 등의 정보를 동일하게 기재한 뒤 중간을 가로지르는 표시를 하였다. 좌편에는 채무자(債務者)의 성명을 적고 채권자(債權者)가 보관하였으며, 우편에는 채권자의 성명을 적은 뒤 채무자가 보관하였는데, 채권물(債權物)을 청구할 때는 좌계와 우계의 양계를 합하여 근거를 삼았다. 그래서 이 좌편을 좌계(左契)라고 하고 우편을 우계(右契)라고 불렀다." 즉 여기서 좌계(左契)라 하는 것은 채권자(債權者)가 가진 차용증(借用證)을 말한다. 집좌계(執左契)란 채무자의 차용증을 가지고 있는 채권자를 뜻하는 것이다.

"이런 까닭에(是以) 성인은(聖人) 차용증을 가지고 있어도(執左契), 채무자에게 요구하지 않는다(而不責於人)." 성인의 인자함과 관대함, 자비심과 너그러움을 가진 덕의 사람이다.

"덕이 있는 사람은(有德) 약속을 지키고(司契), 덕이 없는 놈은(無德) 빤스까지 벗겨서 뺏어간다(司徹)."

사계(司契)는 차용증서를 관리한다는 뜻이라 한다. 덕이 있는 사람은 규범에 따라 차용증서를 들고만 있지 빌려 간 양식이나 재물을 갚으라고 하지 않는다. 여담이지만 내가 저렇게 했다가 수십억 원을 못 받고 알거지가 되었다. 팬티까지 벗겨서 받아냈어야 하는데 그렇지 못한 유덕한 사람이라, 그래서 노자 형님의 말씀처럼 노자 형님이 쓰신 도덕경을 역주하고 있나 보다. Oh! My 道여!

- ❖ **天道無親(천도무친), 常與善人(상여선인).**
  하늘의 도는(天道) 가깝지 않아도(無親), 항상(常) 도에 통달한 사람과 '더불어서 함께' 하는 것이다(與善人).

덕이 있는 사람처럼 유덕(有德)으로 알거지가 되었지만, 하늘의 도(天道)를 배우고 깨우쳤다고 자부한다. 어젯밤 딸아이와 보이차를 마시면서 깊은 이야기를 나누었다. 알거지가 되어 아버지가 제대로 해준 게 없어 늘 미안한 마음이 컸다. 책 읽고 글 쓰는 작가를 직업으로 삼은 이유도 하나뿐인 딸에게 물질적인 유산은 못 남겨줘도 지적 유산이라도 남겨주고 싶은 가난한 아비의 마음이었다. 돈은 없어도 자식에게 언제든 미래지향적인 목표(目標)를 제시해주고, 언제든 좌표(座標)를 잃었을 때 내비게이션의 GPS가 되어주겠다고 했다.

내게 상처를 준 사람들 그리고 혹여 내가 상처를 드린 사람들에게 원한이 생겨 원망이 있더라도 용서와 관용을 빕니다. 트라우마 되지 않았길 바라면서 나도 그동안 쌓였던 원한과 원망을 버리고자 한다. 다 내가 못나 일어난 내 큰 탓 아니겠는가! 마지막 구절을 통해 노자 형님을 통해 그동안 고생한 보람에 대해 크나큰 위로를 받는다.

"하늘의 도는(天道) 가깝지 않아도(無親), 항상(常) 도에 통달한 사람과 '더불어서 함께'하는 것이다(與善人)."

제80장.
小國寡民(소국과민)
백성이 정치에 관심을 가질 필요가 없게 하니 최고의 정치

小國寡民. 使有什伯之器而不用. 使民重死而不遠徙. 雖有舟輿, 無所乘之. 雖有甲兵, 無所陳之. 使民復結繩而用之. 甘其食, 美其服, 安其居, 樂其俗. 鄰國相望, 雞犬之聲相聞. 民至老死不相往來.

국가의 규모는 작게 하고(小國) 백성의 수는 적은 것이 좋다(寡民). 가령(使) 다종다양하고 훌륭한(什伯之) 기물이 많더라도(有器而) 낭비하지 않도록 한다(不用). 가령(使) 백성들이(民) 죽는 것을 큰일로 여겨(重死而), 멀리 피난 갈 일이 없도록 만든다(不遠徙). 비록(雖) 배와 수레가 있더라도(有舟輿), 그것을 탈 일이 없도록 한다(無所乘之). 비록(雖) 갑옷과 병기가 있어도(有甲兵), 진법에 사용하는 바가 없게 한다(無所陳之). 가령(使) 백성들이(民) 노끈을 묶어 차용증을 대신하니(復結繩) 그런 식으로 사용하게 한다(而用之) 백성들이 음식을 달게 먹고(甘其食), 그 입는 옷이 아름답고(美其服), 그들이 사는 곳을 편안하게 여기니(安其居), 그들의 풍속이 즐거운 것이다(樂其俗). 인접한 나라가(鄰國) 서로(相) 바라보고 있어(望), 닭과 개의(雞犬之) 울음소리가(聲) 서로 들린다(相聞). 백성들이(民) 늙어서 죽을 때까지(至老死) 서로 왕래하고 싶어 하지 아니한다(不相往來).

❖ **小國寡民(소국과민). 使有什伯之器而不用(사유십백지기이불용).**
국가의 규모는 작게 하고(小國) 백성의 수는 적은 것이 좋다(寡民). 가령(使) 다종다양하고 훌륭한(什伯之) 기물이 많더라도(有器而) 낭비하지 않도록 한다(不用).

什(열 사람 십/집) - 열 사람, 열 집, 열, 십, 다종다양한, 여러 가지, 무엇, 가구.
伯(맏 백/패/맥) - 맏이, 첫, 남편, 큰아버지, 백작, 일백, 뛰어나다, 우두머리, 길.

'小國寡民(소국과민)'을 읽고 신자유주의(新自由主義, Neo-Liberalism)를 신봉하는 털 없는 침팬지들이 신나 하지 않을까 우려가 된다. 시장 자유방임주의를 목 놓아 외치면서 작고 강한 정부, 자유시장경제의 중시, 규제 완화, 자유무역협정(FTA)의 중시, 노동 시장의 유연화 등의 형태를 앞세워 대처와 레이건, 이명박과 박근혜가 추진했던 이념이다. 노동 시장 유연화를 앞세워 정규직을 축소하여 발주 용역회사를 통해 노동자의 해고를 자유롭게 만들고, 국영기업을 민영화하여 검은 머리 외국인에게 넘겨주려는 시커먼 속내를 가진 털 없는 침팬지들의 신보수주의 정치, 경제이념이다.

나는 인간사회가 타락의 길로 접어든 이유를 익명성(匿名性, Anonymous) 때문이라고 생각한다. 사피엔스가 도덕성을 획득한 결정적인 이유가 생각과 언어가 출현한 이후 무리에 평판(評判)과 여론(與論) 기능이 제대로 작동했기 때문이라는 미국 동물학자이자 미시간대학교의 리처드 알렉산더(Richard D. Alexander, 1928~2018)의 '평판 가설(reputation hypothesis)'이 있었다. 평판 좋은 사람은 사회적으로 성공할 가능성이 높고, 유전자를 후손에 남길 가능성도 높으므로 인류는 덜 공격적으로 진화하게 됐다는 설명이다. 그리고 이를 뒷받침하는 연구인 진화인류학자인 크리스토퍼 보엠(Christopher Boehm, 1931~2021) 교수와 하버드대학교 인간 진화생물학과 리처드 랭엄(Richard Wrangham, 1948~) 교수의 '사형 가설'을 지지하기 때문이다. 사형 가설은 '공격적이고 규범을 파괴하는 자들에 대한 처벌'과 관계된다. 공격적인 자들을 처단하기 위해 인간은 언어로 모의했고, 연합을 꾀했다. '주도적인 연합 공격'은 처형과 전쟁, 학살, 노예제, 약탈, 숙청을 낳았고 사회적 처벌로서 시민사회의 기반이 됐다. 나아가 자신이 처단될 수 있다는 두려움은 집단의 규범에 대한 순응, 즉 도덕성을 강하고 정교하게 진화시켰다는 설명이다.

노자가 꿈꾸었던 세상은 익명성이 통하지 않는 좋은 평판을 통해 통치자와 백성 모두 자기 길들이기(Self-Domestication)가 이루어진 도덕이 넘실대는 참사람이 사는 세상이 아니었나 여겨진다. 거대 文明 사회는 필연적으로 익명성을 낳고 익명성에 기대어 이기적이고 공격적인 힘이 정의가 되는 세상으로 전복된다. 지난 정권 때 만해도 전 세계에서 칭송받던 대한민국이 지금 꼬락서니 어떻게 되었나 보라! 무책임하고 무계획적인 이기적인 침팬지들이 나라를 다스리니 무정부 상태다. 이타적 인간들의 유용한 에너지가 이기적이고 공격적인 털 없는 침팬지들을 통해 아무짝에도 쓸모없는 에너지로 전환되어 가는 무질서의 척도인 엔트로피가 최고조로 증가하고 있다. 이를 오귀스트 콩트가 제안한 용어인 '사회 물리학(社會物理學, Social physics)'이라고 정의한다.

이러한 무질서를 부추기는 최고조 집단이 또 있다. 올바른 평판을 통해 여론을 올바른 길로 몰아가야 할 스피커 역할을 하는 언론집단이다. 권력을 통제하고 감시하여 올바른 길로 인도해야 할 정의로워야만 하는 집단의 구성원들이 시험만 잘 보는 이기적인 침팬지들로 그득히 채워졌다. 스스로 자신들의 본분과 직분 그리고 사명을 내팽개쳐 버렸다. 그들로 인하여 처단해야 할 불선(不善)한 것들이 선(善)이 되고 불의(不義)가 정의(正義)로 탈바꿈하였기 때문이다.

박근혜 국정 농단 때 광화문에서 "이게 나라냐?"를 외치며 갈아치웠는데 또다시 적폐 세력들에 의해 침팬지들이 날뛰는 세상이 되어버렸다. 착각하면 안 된다. 이는 보수와 진보의 대립도 좌파와 우파의 대립도 아니다. 오로지 극악무도하고 불선한 자들과 한없이 관대하고 온정이 넘치는 선한 자, 비도덕적 인간과 도덕적인 인간, 그리고 인면수심의 털 없는 침팬지와 착한 사피엔스와의 대결이자 대립이다. 강압적이고 수직적인 차별이 정당화되는 전근대사회를 만들 것인가? 자발적이고 수평적인 공정과 평등이 정의가 되는 세상을 만들 것인가는 결국 깨어있는 시민의 한 표에 달려있다.

❖ **使民重死而不遠徙(사민중사이불원사). 雖有舟輿(수유주여), 無所乘之(무소승지),**
　가령(使) 백성들이(民) 죽는 것을 큰일로 여겨(重死而), 멀리 피난 갈 일이 없도록 한다(不遠徙). 비록(雖) 배와 수레가 있더라도(有舟輿), 그것을 탈 일이 없도록 한다(無所乘之).

　舟(배 주) - 배, 선박, 반, 끌채, 배 타고 건너다, 싣다, 띠다, 배주.
　輿(수레 여/예) - 수레, 가마, 차상, 하인, 노비, 땅, 대지, 기본, 정기.
　乘(탈 승) - 타다, 오르다, 헤아리다, 이기다, 꾀하다, 곱하다, 불법, 수레, 넷.

나는 이 구절에 대한 해석으로 전쟁을 일으키거나 내란을 선동하지 말라는 뜻으로 풀이하였다. 노자는 전쟁 반대론자이다 아니 불가론자이다. 노자는 31장에서 "병기란(兵者) 상서롭지 못한(不祥) 도구라(之器) 군자가 아닌 자가(非君子) 사용하는 물건이다(之器). 부득이할(不得已) 때만 사용해야 하며(而用之), 평온하고(恬) 담박하게(淡) 다스리는 염담이 최상이다(爲上). 전쟁에서 이겼더라도(勝而) 찬미하지 마라(不美)! 그것을(而) 찬미하려는(美之) 놈은(者) 살인을 옳다며 즐기는 놈이다(是樂殺人). 무릇(夫) 살인을 즐기는 놈이(樂殺人者) 천하가(天下) 뜻대로 이루어지는 것이야말로(得志於) 불가한 법이니라(則不可)!"라고 전쟁을 부득이한 경우가 아니면 하지 않는 것이 최상의 방법이라 했다. 위정자가 전쟁을 좋아하지 않으니 "가령(使) 백성들이(民) 죽는 것을 큰일로 여겨(重死而), 멀리 피난 갈 일이 없도록 한다(不遠徙). 비록(雖) 배와 수레가 있더라도(有舟輿), 그것을 탈 일이 없도록 한다(無所乘之)." 백성들이 사는 곳을 떠나서 멀리 갈 이유가 없다는 것이다.

❖ 雖有甲兵(수유갑병), 無所陳之(무소진지). 使民復結繩而用之(사민복결승이용지).

비록(雖) 갑옷과 병기가 있어도(有甲兵), 진법에 사용하는 바가 없게 한다(無所陳之). 가령(使) 백성들이(民) 노끈을 묶어서 문자를 대신하니(復結繩) 옛 방식으로 계속 사용하게 한다(而用之).

陳(베풀 진) - 베풀다, 묵다, 늘어놓다, 늘어서다, 말하다, 많다, 펴다, 방비, 진법.
復(회복할 복/부) - 회복하다, 돌아가다, 돌려보내다, 갚다, 겹치다, 대답하다, 다시.
結(맺을 결/계) - 맺다, 모으다, 묶다, 매다, 꾸미다, 짓다, 다지다, 매듭, 상투.
繩(노끈 승) - 노끈, 줄, 먹줄, 法, 바로잡다, 통제하다, 제재하다, 잇다, 계승하다.

다른 나라와 평화롭고 사이좋게 지내니 비록(雖) 갑옷과 병기가 있어도(有甲兵), 진법에 사용하는 바가 없게 한다(無所陳之). 병기가 있어도 상서롭지 못하니 사용하지 말라고 했다. 무기는 공격용이 아니 방어용으로 충분하다. 46장에서도 비슷한 말이 나오는데 "천하에(天下) 도가 생기면(有道) 달리는 말이(走馬) 쉼으로써(卻以) 거름을 준다(糞). 천하에(天下) 도가 사라지면(無道) 전쟁에 나간 말이(戎馬) 전쟁터에서 새끼를 낳아 기르게 된다(生於郊)."라고 전쟁을 극도로 비판한다.

結繩(결승)은 문자가 탄생하기 이전에 새끼줄의 매듭을 꼬아서 셈하던 셈법이라고 한다. 중국의 《역(易)》 계사전(繫辭傳)에 의하면 "상고에는 結繩(결승)에서 시작하여 후세의 성인이 이것을 서계(書契, 刻記)로 바꾸었다"라는 기록이 있는데, 이것은 동양 문화권에서 셈에 관한 가장 오래된 기록이다.

"가령(使) 백성들이(民) 노끈을 묶어서 문자를 대신하니(復結繩) 옛 방식으로 계속 사용하게 한다(而用之)."

다툼도 적고 갈등도 적었던 문자가 없던 태고 시대에 노끈으로 매듭을 묶어 부호를 삼아서 행한 소박하고 질박한 小國寡民(소국과민) 노자가 이상으로 추구하는 정치 형태로 돌아가자고 말한다.

❖ **甘其食(감기식), 美其服(미기복), 安其居(안기거), 樂其俗(락기속).**

백성들이 음식을 달게 먹고(甘其食), 그 입는 옷이 아름답고(美其服), 그들이 사는 곳을 편안하게 여기니(安其居), 그들의 풍속이 즐거운 것이다(樂其俗).

甘(달 감) - 달다, 달게 여기다, 맛 좋다, 익다, 만족하다, 들어서 기분 좋다, 감귤.
俗(풍속 속) - 풍속, 관습, 속인, 범속하다, 평범하다, 대중적이다, 저속하다, 신기하지 않다.

"자연으로 돌아가자(Retour à l'état de nature)!"라고 외쳤던 스위스 태생 프랑스의 장 자크 루소(Jean-Jacques Rousseau, 1712-1778)는 그의 저서 《에밀》에서 인간세상, 인간 불평등의 기원에 대해 고찰하면서 불평등한 사회 속에서도 자신의 자연성을 잃지 않은 인간, 곧 자유로운 자연인을 길러내고자 하는 교육론을 펼쳤다. 그는 원시 공동체 사회를 불평등이 존재하지 않는 이상사회로 보았다. 즉 자연 상태에서 차별 없고 평등한 삶이 이루어지고, 간혹 배는 곯아도 행복한 인간이 추구해야 할 세상으로 노자의 정치사상과 맥을 같이 하는 듯하다. "백성들이 음식을 달게 먹고(甘其食), 그 입는 옷이 아름답고(美其服), 그들이 사는 곳을 편안하게 여기니(安其居), 그들의 풍속이 즐거운 것이다(樂其俗)."

❖ **鄰國相望(린국상망), 雞犬之聲相聞(계견지성상문). 民至老死(민지노사), 不相往來(불상왕래).**
인접한 나라가(鄰國) 서로(相) 바라보고 있어(望), 닭과 개의(雞犬之) 울음소리가(聲) 서로 들린다(相聞). 백성들이(民) 늙어서 죽을 때까지(至老死) 서로 왕래하고 싶어 하지 아니하도록 한다(不相往來).

鄰(이웃 린) - 이웃, 이웃한 사람, 보필, 수레의 소리, 이웃하다, 인접한.
望(바랄 망) - 바라다, 기다리다, 기대하다, 바라보다, 망보다, 엿보다, 전망, 희망.
雞(닭 계) - 닭, 화계, 물의 이름.
犬(개 견) - 개, 겸칭, 하찮은 것의 비유, 남을 멸시하는 말.
聲(소리 성) - 소리, 풍류, 노래, 음악, 이름, 명예, 명성, 사성, 읊다, 말하다, 펴다.
聞(들을 문) - 듣다, 들리다, 깨우치다, 소문나다, 맡다, 방문하다, 아뢰다, 식견.

인간이 비참한 순간은 남과의 비교해서 느끼는 박탈감과 부러움이다. 북한에서 끊임없이 탈북자가 생기는 이유는 그 이웃한 나라가 내가 사는 곳보다 자유롭고 평화로우며, 잘 살기 때문이다. 하고 싶은 것을 할 수 있는 자유가 있는 나라, 요람에서 무덤까지 내 인생을 책임지어 주는 복지국가이기 때문이다.
"인접한 나라가(鄰國) 서로(相) 바라보고 있어(望), 닭과 개의(雞犬之) 울음소리가(聲) 서로 들린다 해도(相聞). 백성들이(民) 늙어서 죽을 때까지(至老死) 서로 왕래하고 싶어 하지 아니하도록 한다(不相往來)."

일찍이 동양사상에는 사회복지에 대한 이론적인 뿌리가 깊다. 공자는 《예기》 예운편에서 다음과 같이 자기가 이루고 싶어 하는 세상에 대하여 설파하였다.

"**大道之行也**(대도지행야), **天下爲公**(천하위공). 큰 도가 행하여진 세상은 천하를 온 세상 사람들이 공정히 다스린다. **選賢與能**(선현여능), **講信修睦**(강신수목). 어질고 유능한 인물을 선발하였고 진실을 강조하고 화목을 위해 애썼다. **故人不獨親其親**(고인불독친기친), **不獨子其子**(불독자기자). 그러므로 사람들은 오로지 자기의 부모만을 부모라 여기지 않았으며, 자기의 자식만 자식으로 여기지 않았다. 使老有所終(사노유소종), 壯有所用(장유소용), 幼有所長(유유소장).
노인들은 그 생을 편안히 마칠 수 있게 해주고, 장정들은 본인들의 능력을 충분히 발휘할 수 있게 해주고, 아이들은 따스한 보살핌을 받으며 성장할 수 있게 해주었다. 矜寡, 孤獨, 廢疾者, 皆有所養(궁과, 고독, 폐질자, 개유소양). 홀아비와 과부, 고아와 병든 자들도 모두 보살핌을 받을 수 있게 하였다. 男有分(남유분), 女有歸(여유귀). 남자는 사·농·공·상의 직분이 있고 여자는 모두 가정이 있게 하였다. 貨惡其弃於地也(화오기기어지야), 不必藏於己(불필장어기), 사람들은 재물이 헛되이 낭비되는 것을 혐오했지만, 반드시 자기에게만 사사로이 감추어 두지 않았으며, 力惡其不出於身也(역오기불출어신야), 不必爲己(불필위기). 사람들은 힘쓰지 않고 빈둥거리는 놈팽이들은 혐오했지만, 자기들에게 득이 되지 않아서 그런 것만은 아니었다. 是故謀閉而不興(시고모폐이불흥), 盜竊亂賊而不作(도절난적이불작). 그런 까닭에 간사한 모략이 막혀 일어나지 못했으며, 도둑과 절도, 난적이 일어나지 않았다. 故外戶而不閉(고외호이불폐), 是謂大同(시위대동). 그러므로 바깥 문을 닫는 일이 일절 없었으니 이러한 세상을 **대동 세상**이라고 일컫는 것이다."

제81장.
信言不美(신언불미)
믿을만한 말은 달콤하지 않다

信言不美, 美言不信. 善者不辯, 辯者不善. 知者不博, 博者不知. 聖人不積. 既以爲人己愈有, 既以與人己愈多. 天之道, 利而不害, 聖人之道, 爲而不爭.

믿을만한 말은(信言) 달콤하지 아니하고(不美), 달콤한 말은(美言) 믿음이 가질 않는다(不信). 도에 통달한 자는(善者) 밝히지 아니하고(不辯), 밝히는 놈은(辯者) 도를 통달하지 못한 나쁜 놈이다(不善). 제대로 아는 자는(知者) 한방에 얻으려 하지 않고(不博), 한방에 얻으려는 놈은(博者) 제대로 아는 게 없다(不知). 성인은(聖人) 쌓으려 하지 않기에(不積), 이윽고(既) 사람들을 위함으로써(以爲人), 자기에게 점점 있게 되는 것이고(己愈有), 이윽고(既) 사람들에게 베풀기에(以與人) 자기에게 점점 더 늘게 되는 것이다(己愈多). 하늘의 도는(天之道), 이로울 뿐(利而) 해롭지 아니하니(不害), 성인의 도는(聖人之道), 스스로 다스림으로써(爲而) 다툼이 없게 되는 법이다(不爭).

❖ **信言不美(신언불미), 美言不信(미언불신). 善者不辯(선자불변), 辯者不善(변자불선).**
   믿을만한 말은(信言) 달콤하지 아니하고(不美), 달콤한 말은(美言) 믿음이 가질 않는다(不信). 도에 통달한 자는(善者) 밝히지 아니하고(不辯), 밝히는 놈은(辯者) 도는커녕 오로지 나쁜 놈이다(不善).

   辯(분별할 변) - 분별하다, 구분하다, 나누다, 밝히다, 따지다, 총명하다, 바로잡다.

   나 역시 수많은 사기를 당해봤지만, 사기꾼의 말은 기가 막히게 달콤하다. 몇 마디 나눠보면 금방 떼부자가 된 듯한 느낌이 든다. 조금 있으면 벌써 나는 자가용 비행기를 타고 다닐 것 같이 붕 떠 있는 기분이 든다. 그때 내가 노자의 도덕경을 알았더라면 한 번은 의심해 보고, 의심이 아니라 아예 과욕과 탐욕을 부리지 않았을 것이다. 그때 나는 눈이 멀고 귀가 먹고 혀가 뽑혔었다. 보고 싶은 것만 보았고, 듣고 싶은 말만 들었다. 그것이 나중에 확증편향(確證偏向)임을 알았을 때, 가히 해머로 뒤통수를 세게 맞은 기분이 들었다. 그때부터 공부해야겠다는 맘을 먹었다. 알아도 제대로 알아야 어떤 인간이 어떤 말로 달콤하게 사기 치는 거짓말인지 알 수 있다. 다시는 그런 일을 반복하지 말아야지 다짐했다. 그때부터 정말이지 죽는 힘을 가지고 결심하여 공부했다. 지난 13년 동안 매일 최소 7시간 이상 도서관에서 책을 읽고 짬이 나는 시간마다 유튜브로 명사들의 강의를 찾아서 들었다. 잘 때도 강의를 틀어놓고 갔다. 그렇게 쌓이고 쌓이게 되어 지금의 수준에 이르렀다. 지금은 어떤 사람의 말투, 행동만 봐도 그 사람이 어떤 사람이고, 어느 정도의 지식수준인가가 거짓말 많이 보태 0.3초 안에 견적이 나온다. 과학은 자연을 정량화, 수량화해 온 과정이다. 나는 인간도 정량화, 수량화가 가능하다고 생각하고 있다. 여력이 된다면 에드워드 윌슨 교수가 탄생시킨 사회생물학(Sociobiology)처럼, 나는 인간 동물학(Human animalogy)이라는 학문을 진화인류학적 관점에서 인간을 인문학과 자연과학을 통섭(統攝)하여 인간을 관측하고 예측하는 교과서를 저술하고 싶다.

"믿을만한 말은(信言) 달콤하지 않고(不美), 달콤한 말은(美言) 믿음이 가질 않는다(不信). 도에 통달한 자는(善者) 밝히지 않고(不辯), 밝히는 놈은(辯者) 도는커녕 오로지 나쁜 놈이다(不善)."

❖ **知者不博(지자불박), 博者不知(박자부지).**
제대로 아는 자는(知者) 한방에 얻으려 하지 않고(不博), 한방에 얻으려는 놈은(博者) 제대로 아는 게 없는 것이다(不知).

博(넓을 박) - 넓다, 깊다, 많다, 크다, 넓히다, 얻다, 무역하다, 노름하다, 넓이, 폭.

노자는 앎에 대해 구분하고 있다. 이를 단순히 앎을 지혜라고 번역하면 지능, 지식, 지성, 지혜를 구분하지 않고 사용하는 것이다. 48장에서 지식과 지혜의 차이에 대해 충분히 설명하였다. 지능은 있는 답을 빠른 시간에 찾는 능력이다. 지식은 정보를 통해 습득하는 것이다. 지능과 지식이 바로 노자가 말하는 유형들이다. 직관적 지식을 통해 시험 문제만 잘 푸는 지능만 좋은 사람들 그리고 내가 얻은 정보가 참인지 거짓인지 구분하지 못하는 부류들을 분별해야 한다고 일컫는다. 제대로 안다는 의미의 지성과 지혜는 답이 없는 문제를 평생을 걸고 찾아가는 순고한 능력이다. 이러한 앎에 대한 정확한 구분이 이루어져야 사람을 제대로 파악할 수 있게 된다. 외우는 것만, 시험 성적이 우수하고 명문 대학을 졸업하고 박사학위를 받았다고 그 사람의 도덕성과 인간성까지 좋다고 생각하는 것은 커다란 오산이다. 나라를 팔아먹은 이완용도 국비 유학생으로 2년 동안 미국 연수까지 다녀왔다. 안중근에게 암살당한 이토 히로부미 역시 1863년 국비 유학생으로 1년간 영국 런던대학교 화학과에 다녔다.

공부를 잘한다고 그 사람이 인격이 완성되고 품성이 바르다는 착각과 오류에서 벗어나야 사람을 제대로 볼 수가 있다. 사람을 제대로 알기 위해서는 가시 세계가 아닌 가지 세계의 메타인지 능력으로 인면수심을 한 원숭이와도 같은 인간과 선하고 이타적인 참사람인지 볼 수 있다.

"제대로 아는 자는(知者) 한방에 얻으려 하지 않고(不博), 한방에 얻으려는 놈은(博者) 제대로 아는 게 없는 것이다(不知)."

❖ **聖人不積(성인부적), 既以爲人(기이위인), 己愈有(기유유), 既以與人(기이여인), 己愈多(기유다).**

성인은(聖人) 쌓으려 하지 않기에(不積), 이윽고(既) 사람들을 위함으로써(以爲人), 자기에게 점점 있게 되는 것이고(己愈有), 이윽고(既) 사람들에게 베풀게 되니(以與人) 자기에게 점점 더 늘어나게 되는 것이다(己愈多).

積(쌓을 적) - 쌓다, 많다, 누적되다, 머무르다, 더미, 부피, 넓이, 주름, 저축, 모으다.
愈(나을 유) - 낫다, 뛰어나다, 고치다, 유쾌하다, 즐기다, 근심하다, 점점, 더욱, 취하다, 가지다.

《숲속의 평등》을 저술한 서던캘리포니아대학교 인류학과 크리스토퍼 보엠 교수를 비롯하여 진화인류학자들의 비교적 공통된 견해는 사피엔스가 가장 행복하고 평화로운 시절을 수렵채집인(狩獵採集人, hunter-gatherer) 시절로 보고 있다.

남자들은 주로 수렵을 통해 동물 단백질을 공급했고 여성들은 채집을 통해 비타민과 포도당의 집합체인 탄수화물을 공급했다. 배고프면 나가서 잡아먹고 배고프면 나가서 주워 먹거나 잘 익은 열매를 따 먹으면 되었다. 유발 하라리는 《사피엔스》에서 인류의 불행은 풀을 길들이면서 시작되었다고 한다. 밀, 보리, 쌀을 재배하는 농사를 시작하면서 인간은 수렵채집을 끝내고 한곳에 정착하여 생활하는 정주생활(定住生活)을 시작했으며, 인류 역사상 최초로 잉여(剩餘)생산물인 식량을 축적(蓄積)할 수 있었다. 인류는 배고픔은 사라졌으나 잉여생산물이 많고 적음으로써 신분을 나누는 새로운 계급 질서가 탄생하게 된 것이다. 사피엔스는 스스로 풀의 노예가 됨으로써 같은 사피엔스에게 지배와 복종을 요구할 수 있게 되었다. 노자는 인간 불행의 시작과 끝에 대한 인과(因果)를 핵심적으로 통찰(洞察)하고 있었다.

"성인은(聖人) 쌓으려 하지 않기에(不積), 이윽고(旣) 사람들을 위함으로써(以爲人), 자기에게 점점 있게 되는 것이고(己愈有), 이윽고(旣) 사람들에게 베풀게 되니(以與人) 자기에게 점점 더 늘어나게 되는 것이다(己愈多)."

- ❖ **天之道(천지도), 利而不害(리이불해), 聖人之道(성인지도), 爲而不爭(위이부쟁).**
  하늘의 도는(天之道), 이로울 뿐(利而) 해롭지 아니하니(不害), 성인의 도는(聖人之道), 스스로 다스림으로써(爲而) 다툴 일이 없게 되는 법이다(不爭).

하늘의 도는(天之道), 이로울 뿐(利而) 해롭지 아니하니(不害), 성인의 도는(聖人之道), 스스로 다스림으로써(爲而) 다툴 일이 없게 되는 법이다(不爭). 노자 81장의 마지막 구절이다. 마지막 구절을 어떻게 주해할 것인가 많은 생각을 하고 잠시 시간을 두고 쉼표로 놔두었다. 1장에서 우주의 시작을 알렸으니 81장에서는 인간의 종말에 대한 경고의 글로 마무리하려 한다.

호모 사피엔스인 우리는 동물 계통학적으로 영장류(靈長類)에 속한다. 그런데 다른 영장류보다 특이점이 많다. 몸집에 비해 엄청나게 커다란 뇌를 가지고 있고 복잡한 언어를 구사하며, 그 어떤 영장류 사촌들보다 손가락을 자유자재로 사용할 수 있다. 엄청나게 복잡한 사회구조를 이루고 살고 있다. 그러나 우리는 명백한 영장류에 속한다. 누군가는 우리가 영장류에 속하며 제3의 침팬지라는 사실이 불쾌하고 받아들이기 힘들 수도 있다. 그러나 그것은 명백한 사실이다.

오늘날 영장류는 아주 작은 안경원숭이부터 거대한 고릴라까지 약 400종이 알려져 있다. 호모 사피엔스는 이 영장목, 특히 유인원 계통에서 신체적, 유전적 특성을 물려받았다. 하지만 유인원은 생명의 나무에서 아주 가장 최근에 등장했다. 6,600만 년 전에 멕시코 유카탄반도에 떨어진 소행성과의 충돌로 공룡이 멸종한 후 지구 대륙에는 포유류가 새로운 주인이 되었다. 작은 쥐를 닮은 원시 영장류인 푸르가토리우스(Purgatorius, 6,500만 년 전)가 여우원숭이를 닮은 다르위니우스마실레(Darwiniusmasillae, 4,500만 년 전)로 진화하는 데 2,000만 년이 걸렸다. 이후 두 계통의 영장류가 번성하였다. 하나는 로리스와 여우원숭이로 다른 하나는 안경원숭이로 진화했다. 4,000만 년 전에 좀 더 진화한 영장류인 유인원 아목이 나타났고, 여기에서 원숭이, 유인원, 인류가 나왔다. 이런 유인원 아목은 아시아에서 생겨났을 것으로 추정되며, 그 화석을 보면 코와 입 언저리가 튀어나온 영장류 특유의 얼굴이 이미 짧아지기 시작했음을 알 수 있다.

2,500만 년 전, 숲은 다양한 종류의 원숭이로 채워졌다. 꼬리가 없는 프로콘술(Proconsul)은 2,500~2,300만 년 전에 동부 아프리카에 살았는데, 유인원과 원숭이의 특징을 모두 가졌다. 곧 진정한 의미의 유인원이 여럿 등장해 유럽과 아시아로 퍼져 나갔다. DNA 분석 결과, 이들이 갈라져 오랑우탄과 고릴라가 된 것은 각각 1,600만 년 전과 900만 년 전이다. 또한 각각은 아시아의 시바피테쿠스(Sivapithecus)와 아프리카 대륙에 자리한 에티오피아의 코로라피테쿠스(Chororaphitecus)와 친척관계였다. 약 900만 년 전 아시아에 등장한 거대 유인원 기간토피테쿠스(Gigantopithecus)는 아주 최근까지 존재했다. 사람족인 호미닌(hominin)에 속하는 최초의 아프리카 영장류 중 하나인 사헬란트로푸스 차덴시스(Sahelanthropus tchadensis, 700만~600만)는 우리 조상이 침팬지로부터 분리

될 무렵에 살았다. 초기 유인원은 손재주와 지능, 유연한 적응 능력을 지녔다. 그리고 강한 유대 관계와 복잡한 의사소통이 특징인 다양한 집단을 이뤘다. 그중 일부는 오늘날 여러 유인원과 꼬리 감는 원숭이처럼 도구를 썼을 것으로 추정된다. 체구가 작은 오스트랄로피테쿠스 속은 약 400~300만 년 전에 출현했고, 그 후 다양해져 강력한 이빨을 지닌, 거구 형태가 등장했다. 최초의 호모 하빌리스는 약 240만 년 전에 나타났다. 상당한 시차가 존재하는 둘 사이를 연결해 주는 턱뼈 화석이 2015년에 에티오피아에서 발견됐다. 연대가 280~275만 년 전인 이 화석은 호모 속(屬)의 대표적인 특징을 잘 보여주지만 뇌의 크기를 추정해 볼 만한 두개골(頭蓋骨)의 나머지 부분이 없어서 어떤 인류 계통에 있는지는 알 수가 없다. 호모 속의 가장 핵심적인 특징은 식단을 바꿔서 다른 환경에 적응하는 능력이다. 특히 고기의 섭취는 진화에 결정적인 영향을 끼쳤다. 그로 인해 인간은 사냥 도구를 적극적으로 사용했고 200만 년 전부터는 인간의 뇌가 커졌다. 그 결과 사회 구성과 크기가 바뀌면서 최초의 지구탐험가인 호모 에렉투스(Homo erectus)와 우리 종(種)과 가장 가까운 친척인 호모 네안데르탈렌시스(Homo neanderthalensis) 그리고 드디어 호모 사피엔스가 등장했다. (출처: 빅 히스토리 연구소, 《빅 히스토리》)

138억 년 전 한 점에서 시작하여 호모 사피엔스인 인류의 탄생까지 무한하게 오랜 억겁(億劫)의 시간이 걸렸다. 지구에 등장한 지 가장 막내뻘인 호모 사피엔스는 이제 자신들을 품어준 거대 자연에 맞서 지구를 정복하고 우주를 정복하겠다고 교만과 오만과 꼴값을 떨고 있다. 호모 사피엔스는 지구상에 나타난 20만 년을 수렵과 채집으로 연명하며 살았다. 농사를 시작한 건 아무리 길게 잡아도 1만 2,000년 전이다. 이때만 해도 우리는 이 시대를 신석기 시대(BC 10000~BC 2200)라고 부른다. 청동기 시대(BC 3300~BC 1200)를 거쳐 철기 시대(BC 1200~BC 550)를 거치면서 역사 시대로 문을 열면서 본격적인 문명국가를 만들어 나갔다. 노자가 살던 춘추 시대(春秋時代, BC 770~BC 403)는 중국 역사에서 가장 혼란스럽고 약육강식이 질서가 되는 정글의 법칙이 지배하던 시절이었다. 이 시기 36명의 군주가 신하의 손에 시해당하고 140개의 제후국 가운데 10여 개만 가까스로 살아남을 정도로 극도의 무질서와 대혼란이 이어졌다. (출처: 문성재, 《처음부터 새로 읽는 노자 도덕경》)

2,500년이 흐른 지금, 노자가 살던 시대와 별반 다르지 않다. 전쟁은 끊이질 않고 인간들의 삶은 더욱 팍팍해졌다. 정치와 경제는 시시각각으로 변화무쌍하고 인간사회는 좌와 우, 진보와 보수로 나뉘어 끝없이 대립하고 갈등한다. 급격하게 변화는 과학과 기술의 발전은 또 다른 소외를 낳고 수많은 사람이 환각과 중독에 빠져있다. 자본주의가 만들어 낸 소비와 공급은 대기 중 이산화탄소를 급증시켜 지구의 기온을 급격히 올려 더워 죽는 사람들이 점점 늘어나고 기후에 적응하지 못한 동식물이 점점 증가하고 있다. 몇 년 후면 우리의 식량을 담당하는 풀들의 멸종이 시작될 것이다. 밀과 옥수수, 쌀 등 풀들은 기후변화에 가장 영향을 많이 받는 종들이다. 지금처럼 인류가 소비와 공급을 늘려나가고 2030년 지구의 인구가 100억 명을 넘기면 지구의 자정 능력인 리질리언스를 상실한다. 식량 위기는 필연적으로 전쟁을 낳는다. 인류의 종말이 그리 오래 남지 않았다.

내가 인간이 가진 본성을 공부하면서부터 인간만이 가진 도덕(道德)의 진화에 관해 관심을 가지게 되었다. 그 결정적인 이유가 코로나 전염병이었다. 도덕심은 자기 자신을 길들이기 하는 것이다. 그러므로 스스로 자기를 통제하고 절제하는 고도의 인지 능력이다. 가장 선진적이라고 느꼈던 서구 문명이 코로나 전염병 앞에서 맥없이 무질서해지는 것을 보고, 마스크 하나 쓰는 게 그렇게 어려울까 하는 의구심이 들었기 때문이었다.

전 국민이 자발적으로 마스크를 썼던 대한민국과 차이점이 무엇일까? 그것은 높은 도덕심과 개인의 자유를 중요시하는 개인지향성이 아닌 우리는 집단지향성, 공동지향성을 유전자 안에 각인(刻印)되어 있다는 것이다. 도덕을 진화론적으로 접근한 다수의 진화인류학자의 저술을 읽고 노자의 도덕경을 노자의 언어 그대로 내가 번역해서 제대로 알고 싶다는 욕구를 실현한 것이 이 책의 결과이다. 인류를 스스로 구원할 수 있는 유일한 방법이 노자의 가르침을 인간 개체들과 공동체가 실현하는 것이다. 유발 하라리가 통일된 지구 제국을 건설하여 지구 안에 닥친 위기를 공동으로 극복해야 한다고 역설했다. 나는 그 대안으로 노자의 가르침을 지금 당장 지구 구성원들이 실천해야 한다. 내가 노자가 되어 외쳐본다.

"하늘의 도는(天之道), 이로울 뿐(利而) 해롭지 아니하니(不害), 성인의 도는(聖人

之道), 스스로 다스림으로써(爲而) 다툴 일이 없게 되는 법이다(不爭)."

지금 우리에게 닥친 공통의 위기는 우리 스스로 만든 것이다.

부록 附錄

도덕적 인간, 노자가 추구하는 성인(聖人)의 정치란?

※

2장. 성인(聖人)은 억지로 다스리려 하지 않으니 섬김(無爲之事)에 임(處)하고, 말과 혀로만 떠들지 말고 오직 행함과 진실함(行不言)으로 실천한다(之敎).

3장. 성인의 정치는(聖人之治) 그 사사로운 탐욕을 없애고(虛其心) 백성들의 배를 든든하게 채워주고(實其腹), 내 맘대로의 사사로움을 버리며(弱其志) 그 마음속 깊은 내면을 강건하게 한다(強其骨). 항상 백성들로 하여(常使民) 성인이 다스리는 정치에 관심을 가지지 않도록(無知無欲) 편안하게 다스린다면 대저 힘 있고 꾀만 많은 놈들로 하여(使夫智者) 감히 함부로 권력을 행사하지 못할 것이로다(不敢爲也). 정치란 그렇듯 지배하려는(爲) 억지 다스림이 아니어야 함이다(無爲). 그리한다면 따르지 않는 것이 없는 법이다(則無不治).

7장. 성인은(聖人) 스스로 나서지 않아도(後其先而) 앞서고(身先), 겉으로 드러내지 않아도(外其身) 스스로 존재하는 것이다(而身存). 그 도(其)는 사사로움이 없기(無私) 때문이 아닐런가(非以邪)? 그러하기에(故) 도는 능히(能) 사사로움을 갖게 되는 것이다(成其私).

8장. [성인의 '道라 함은] 물이 머물 듯이(居) 대지의(地) 흐름대로 따르는 것이요(善), 물이 채우듯 마음은(心) 속 깊은 연못이(淵) 되는 것이 좋고(善), 물이 모여 더불어(與) [바다가 되듯] 품어주는 인자함이(仁) 좋고(善), 물은 정직하니 말에는(言) 거짓이 없어야(信) 좋고(善), 물이 세상을 다스리듯 올바르게(正) 세상의 질서를 바로잡는 것이(治) 좋다(善). 물이 거침없듯이 일을 할(事) 때는 에너지

(能) 넘치게 함이 좋고(善), 물이 때에 맞춰 흐르듯 행동은(動) 때를(時) 맞춰 움직인다(善). 대저(夫) 세상과 다투지 아니하니(不爭) 그러므로(故) 허물이 없다(無尤).

12장. 성인(聖人)은 제 배만 채우려 힘쓰지 않고(爲腹), 보고 싶은 것만 골라 보려 하지 않는다(不爲目). 그러므로 저것(彼)을 버리고(去) 이것(此)을 취한다(取).

22장. 성인(聖人)은 모든 것을 하나로(一) 품어(抱), 천하(天下)의 기준으로 삼고 따르는 것이다(爲式). 스스로 드러내지 않아도(不自見) 도리(故)에 맞게 질서가 생기고(明). 스스로 옳다고 하지 않아도(不自是) 도리(故)어 더욱 선명하게 가려진다(彰). 혼자서 북 치고 장구 치는 일이 없으니(不自伐) 훈장이 쏟아지고(有功), 스스로 뻐기지 아니하니(不自矜), 도리어(故) 승승장구(乘勝長驅)한다. 대저(夫) 누구와도(唯) 경쟁하려 하지 아니하니(不爭), 도리어(故) 만천하(天下)가 더불어 서로 도우려 경쟁을 벌인다(能與). 쓸데없이 다툴 일이 아예 생기질 않는 것이다(莫之爭).

26장. 성인은(聖人) 온종일(終日) 행하여도(行) 치중을(輜重) 멀리하지 않는다(不離).

27장. 성인은(聖人) 항상(常) 선을 베풀어(善) 사람들을 구제하기에(救人), 고로(故) 버려지는 사람이(棄人) 없는 것이다(無). 고로(故) 선을 베푸는 사람을(善人) 가리켜 일러(者), 선을 행하지 않는(不善) 인간들의(人) 스승이라(師) 하는 것이다.

28장. 성인은(聖人) 이 도구를 제대로 사용함으로써(用之), 세상의 본보기로(則) 다스리니(爲) 오래 통치할 수 있는 것이다(官長). 도리에(故) 맞는 위대한 제도로(大制) 자리하게 되니 사라지지 않는 것이다(不割).

47장. 성인은(聖人) 행하지 않아도(不行) 알 수 있고(而知), 불투명함에도(不

見) 질서가 잡히니(而明), 다스리려 하지 않아도(不爲) 스스로 이루어지는 것이다(而成).

49장. 성인은(聖人) 늘 고정된 마음을 버리고(無常心), 백성의 마음으로써(以百姓心) 그 마음을 다스려야 한다(爲心). 선한 자를(善者) 내가(吾) 선하게 대하고(善之), 불선자를(不善者) 내가 역시(吾亦) 선하게 대하니(善之) 덕이 선함이다(德善). 진실한 자를(信者) 내가 진실하게 대하고(吾信之), 불신자를(不信者) 내가 역시(吾亦) 진실하게 대하니(信之), 덕이 진실함이다(德信). 성인은(聖人) 천하에 거하면서(在天下) 온갖 것들 다 거두어들이노니(歙歙[焉]), 천하를 다스림에(爲天下) 모든 마음을 하나로 혼합한다(渾其心). [만백성들이 이목을 집중하노니(百姓皆注其耳目焉)], 성인은(聖人) 백성들을 모두(皆) 아이와 같이 어르는 도다(孩之).

57장. 성인이(聖人) 이르기를(云), "내가(我) 다스리려 하지 않아도(無爲而) 백성들이(民) 스스로 교화되고(自化), 내(我) 고요하고 깨끗함을 선호하니(好靜而) 백성들이(民) 스스로 정의로워 진다(自正). 내가(我) 부리려 하지 않으니(無事而) 백성들이(民) 스스로 풍요로워 진다(自富). 내가(我) 욕심을 가지려 하지 않으니(無欲而) 백성들이(民) 스스로 본디 순박한 바탕으로 되돌아 간다(自樸)."

58장. 성인은(聖人) 방향을 거스른다 하여(方而) 무 자르듯 자르지 않고(不割), 청렴하다 하여(廉而) 두부처럼 뭉개지 않으며(不劌), 올곧다 하여(直而) 고구마처럼 찌르지 않으며(不肆), 광채가 흐른다 하여(光而) 제비처럼 현혹하지 않는다(不耀).

60장. 성인(聖人) 역시(亦) 사람을 상하지 않게 하니라(不傷[人]). 대저 양자가(夫兩) 서로 상하지 않게 하니(不相傷), 도리어(故) 서로가 덕을 주고받으며(德交) 의탁하는 것과 같도다(歸焉).

63장. 성인은(聖人) 오히려(猶) 매사를 어렵게 여기니(難之), 도리어(故) 어렵지 않게 이루어질 수 있는 것이도다(終無難矣)!

64장. 성인은(聖人) 욕심을 부리지 않기에(不欲) 욕심이 생겨, 얻기 어려운 재물을(難得之貨) 귀히 여기지 않으며(不貴), 배우려 하지 않아도 배울 수 있으니(學不學), 뭇사람들이(衆人之) 지나쳐보지 못하는 바를(所過) 되돌아보게 되는 것이다(復). 만물의 스스로 그러함을 도울 뿐이지(以輔萬物之自然而) 함부로 다스리려 들지 않는다(不敢爲).

66장. 성인은(聖人) 백성 위에 서고자 한다면(欲上民), 반드시(必) 언사가 겸손해야만 하는 이유다(以言下之). 백성들 앞에 서고자 한다면(欲先民), 반드시(必) 자신이 물러나 있어야만 하는 것이다(以身後之). 그러므로(是以) 성인은(聖人) 위에 머물러도(處上而) 백성들이 중압감을 느끼지 못하고(民不重), 앞에 머물러도(處前而) 백성들이 위해를 느끼지 못하는 것이다(民不害). 그러므로(是以) 천하가(天下) 즐거워하여 받드니(樂推而) 싫어할 수가 없다(不厭). 다투려 하지 않음으로써(以其不爭), 도리어(故) 천하 모두가(天下) 성인과 더불어 견줄 수가 없게 되는 이치이다(莫能與之爭).

70장. 성인은(聖人) 겉은 베옷을 걸쳐 남루하나(被褐) 마음속에는 아름다운 덕을 품고 있는 것이다(懷玉).

71장. 성인은(聖人) 결점이 없는 게(不病), 그런 이유가(其) 등신 같은 짓이(病) 병이 되는 줄 알기 때문이다(以病). 그런 연유로(是以) 결점이 없다(不病).

72장. 성인은(聖人) 스스로 깨닫기에(自知), 스스로 드러내지 않는 법이다(不自見). 스스로 사랑하나(自愛), 스스로 귀히 여기지 않는다(不自貴). 도리어(故) 과시와 잘난 척을 버리고(去彼) 스스로 깨닫고, 스스로 사랑함을 취한다(取此).

73장. 성인도(聖人) 오히려(猶) 어려워하는 것이다(難之). 하늘의 도는(天之道), 경쟁하지 않아도(不爭而) 도에 통달하여 승리할 수 있고(善勝), 말하지 않아도(不言而) 통달하여 응답할 수 있고(善應), 부르지 않아도(不召而) 스스로 돌아오니(自來), 느릿느릿하여 그러한 듯해도(繟然而) 통달하여 본보기가 된다(善謀). 하늘의 그물은(天網) 넓고 광활하여(恢恢), 성긴 듯해도(疏而) 놓치는 법이 없다(不失).

77장. 성인은(聖人) 다스리고자(爲而) 집착하지 않으며(不恃), 공을 이루고도(功成而) 그 안에 거하지 않으며(不處), 그렇게(其) 자신의 어진 면을 드러내어 과시하려 하지 않는다(不欲見賢)!

78장. 성인은 이르노니(聖人云), "나라의 수치를(國之垢) 수용할 줄 알아야(受), 이를 일러(是謂) 사직의 주인이라고 말이다(社稷主). 나라의 상서롭지 못한 일도 수용할 줄 알아야(受國不祥), 천하의 왕이 되어 옳게 다스린다 할 수 있을 것이다(是爲天下王)." 바른말은(正言) 그 반대되는 것을 허락함이다(若反).

80장. 성인은(聖人) 차용증을 가지고 있어도(執左契), 채무자에게 요구하지 않는다(而不責於人). 덕이 있는 사람은(有德) 약속을 지키고(司契), 덕이 없는 놈은(無德) 빤스까지 벗겨서 뺏어간다(司徹). 하늘의 도는(天道) 가깝지 않아도(無親), 항상(常) 도에 통달한 사람과 '더불어 함께'하는 것이다(與善人).

81장 성인은(聖人) 쌓으려 하지 않기에(不積), 이윽고(旣) 사람들을 위함으로써(以爲人), 자기에게 점점 있게 되는 것이고(己愈有), 이윽고(旣) 사람들에게 베풀게 되니(以與人) 자기에게 점점 더 늘어나게 되는 것이다(己愈多). 하늘의 도는(天之道), 이로울 뿐(利而) 해롭지 아니하니(不害), 성인의 도는(聖人之道), 스스로 다스림으로써(爲而) 다툴 일이 없게 되는 법이다(不爭).

노자가 말하는
선(善)과 불선(不善)이란?

❀

8장. 선자(善者) - 최상의 선(上善)이란 물을 허락하는 것이다(若水). 물은(水) 만물(萬物)을 참으로(善) 이롭게(利) 하지만 다투는 법이 없다(不爭). 세상 모든 것들이(處衆[人]) 꺼리는 곳도 마다치 않으니(之所惡), 그러므로(故) 그 자체로(於幾) 도(道)가 아닌가! 물이 머물 듯이(居) 대지의(地) 흐름대로 따르는 것이 좋고(善), 물이 채우듯 마음은(心) 속 깊은 연못이(淵) 되는 것이 좋고(善), 물이 모여 더불어(與) [바다가 되듯] 품어주는 인자함이(仁) 좋고(善), 물은 정직하니 말에는(言) 거짓이 없어야(信) 좋고(善), 물이 세상을 다스리듯 올바르게(正) 세상의 질서를 바로잡는 것이(治) 좋다(善). 물이 거침없듯이 일할(事) 때는 에너지(能) 넘치게 함이 좋고(善), 물이 때에 맞춰 흐르듯 행동은(動) 때를(時) 맞춰 움직인다(善). 대저(夫) 세상과 다투지 아니하니(不爭) 그러므로(故) 허물이 없다(無尤).

27장. 선자(善者) - 도에 통달하여(善) 선을 행하는(行) 사람은 흔적을 남기는 법이 없고(無轍跡), 통달하여(善) 예측하는(言) 사람은 허물을 잡아 책망할 일이 없다(無瑕謫). 도의 이치를 통달한 사람은(善數) 점을 치는 산가지를(籌策) 사용할 필요가 없고(不用), 방어의 이치를 통달한 사람은(善閉) 빗장을 걸지(關楗) 않아도(無而) 열리지 않게 한다(不可開). 매듭에(結) 통달한(善) 사람은 노끈을(繩) 묶지(約) 않아도(無而) 풀 수가 없다(不可解). 그런 까닭에(以是) 성인은(聖人) 항상(常) 도를 베풀어(善) 사람들을 구제하기에(救人), 고로(故) 버려지는 사람이(棄人) 없는 것이다(無). 고로(故) 도를 베푸는 사람을(善人) 가리켜 일러(者), 도를 행하지 않는(不善) 나쁜 인간들의(人) 스승이라(師) 하는 것이다.

불선자(不善者) - 도를 행하지 않는(不善) 인간 같지 않은 놈들은(人者) 도를 베푸는 사람들의(善人之) 근심거리이다(資[齎]). 그러한 도를 베푸는 스승들을(其師) 귀히 여길 줄도 모르고(不貴), 아낄 줄도 모르니(不愛) 아! 오로지 탄식만 나올 뿐이다(其資). 아무리(雖) 재능이(智) 뛰어나더라도(大) 마음이 흐려 쉽게 홀리니(迷), 이를 여인네가 풍기는 유혹의 오묘함에 휘감긴다고 일컫는다(是謂要妙).

30장. 선자(善者) - 도를 통달한 자는(善有) 전쟁하지 않고도 해결할 따름이지(果而已), 구태여(敢) 무력을 행사함으로써 이기려 하지 않는다(不以取强).

62장. 선자(善者) - 도라는 것은(道者) 만물의 그윽함이니(萬物之奧), 도를 통달한 사람들의 보배요(善人之寶), 도를 전하는 경사스러운 말은(美言) 시장에 사람이 모이듯 왁자지껄해야 맛이 나고(可以市), 도에서 우러나오는 존귀한 행동은(尊行) 사람들을 찬미하게 하도록 한다(可以加人).

불선자(不善者) - 도에 통달하지 못한 사람도(不善人之) 지켜야 할 도리이다(所保). 사람들이(人之) 도에 통달하지 못했다 해서(不善), 어찌(何) 그러한 존재를 방치할 수 있겠는가(棄之有)?

65장. 선자(善者) - 도에 통달하여(善) 도로써 다스리는 사람은(爲道者), 백성들에게 영민함을 강요하지 않는 것은(非以明民), 오히려(將) 원숭이처럼 약삭빨라지기 때문이다(以愚之).

66장. 선자(善者) - 도에 통달하여(以其善) 자신을 스스로 낮추니(下之), 그러므로(故) 모든 계곡의 왕이 되어(百谷王) 능히 다스릴 수 있게 되는 것이다(能爲).

68장 선자(善者) - 도에 통달하여 다스리는(善爲) 무사는(士者) 무예를 과시하지 않으며(不武), 도에 통달하여 전쟁에 임한다는 것은(善戰者) 흥분하지 않는 것이다(不怒). 도에 통달하여 적에게 승리를 거둔다 함은(善勝敵者) 겨루지 않는 것이다(不與). 도에 통달하여 사람을 부린다 함은(善用人者) 자신을 낮추어 다스림이다(爲之下). 이를 일러(是謂) 다툼이 없는 부쟁의 미덕이라 한다(不爭之德). 이를 일러(是謂) 사람을 다루는 부림의 힘이라 한다(用人之力). 이를 일러(是謂) 하늘과 짝을 이룬다 하니(配天), 예로부터 전해지는 지극한 경지이다(古之極).

79장. 선자(善者) - 하늘의 도는(天道) 가깝지 않아도(無親), 항상(常) 도에 통달한 사람과 함께 하는 것이다(與善人).

81장. 선자(善者) - 도에 통달한 자는(善者) 밝히지 않고(不辯),

불선자(不善者) - 밝히는 놈은(辯者) 도는커녕 오로지 나쁜 놈이다(不善).

참고문헌

- EBS 〈인간의 두 얼굴 제작팀〉《인간의 두 얼굴 : 내면의 진실》지식너머, 2010.
- EBS 〈인간의 두 얼굴 제작팀〉, 김지승《인간의 두 얼굴 : 외부 조종자》지식너머, 2010.
- EBS 자본주의 제작팀, 《EBS 다큐프라임 자본주의》가나출판사, 2013.
- Newton Highlight 108, 뉴턴코리아 편집부 옮김, 《최신 태양계 대 도감 : 태양계 구성원의 탄생·현재·미래를 철저 분석》, 뉴턴코리아, 2017.
- Newton highlight 110 - 바다의 모든 것 : 바다의 탄생, 해류와 기상, 해양 자원부터 심해의 세계까지 / 강금희, 이세영 번역 서울 : 아이뉴턴, 2017.
- Newton highlight 140 - 죽음이란 무엇인가 : 죽어 가는 몸에서는 무슨 일이 일어날까? 죽음에 맞서 극복하는 방법은? / 번역: 강금희, 이세영 서울 : 아이뉴턴, 2021.
- Newton highlight 암흑물질과 암흑에너지 : 우주의 96%를 차지하는 미확인 질량과 에너지 / 번역: 강금희 서울 : 뉴턴코리아, 2013.
- Newton Highlight, 뉴턴코리아 편집부 옮김, 《쿼크에서 초끈이론까지 - 소립자란 무엇인가?》, 뉴턴코리아, 2012.
- Newton Highlight, 뉴턴코리아 편집부 옮김, 《시간과 공간 : 상대성 이론으로 보는 시간·공간·우주의 원리》, (주)아이뉴턴, 2010.
- Newton Highlight, 뉴턴코리아 편집부 옮김, 《암흑물질과 암흑에너지 : 우주의 96%를 차지하는 미확인 질량과 에너지》, 뉴턴코리아, 2013.
- Newton Highlight, 뉴턴코리아 편집부 옮김, 《완전도해 주기율표 : 화학의 비밀을 정복한다》, 뉴턴코리아, 2017.
- Newton Highlight, 뉴턴코리아 편집부 옮김, 《우주의 68가지 비밀》, (주)아이뉴턴, 2014.
- Newton Highlight, 뉴턴코리아 편집부 옮김, 《우주의 형상과 역사》, 뉴턴코리아, 2008.
- Newton Highlight, 뉴턴코리아 편집부 옮김, 《우주를 지배하는 불가사의한 힘 : 중력이란 무엇인가?》, (주)아이뉴턴, 2013.
- Newton Highlight, 뉴턴코리아 편집부 옮김, 《지능과 마음의 과학 : 지능이란 무엇인가? 의식이란 무엇인가?》, 뉴턴코리아, 2013.
- Newton Highlight, 뉴턴코리아 편집부 옮김, 《현대의 우주 모습을 알게 되기까지 천문학 발 전 400년》, 뉴턴코리아, 2014.

- Newton Highlight, 뉴턴코리아 편집부 옮김, 《파동의 사이언스 : 소리, 빛, 전파, X선, 지진파 근본 원리》 (주)아이뉴턴, 2010.
- 강준만, 《감정독재 : 세상을 꿰뚫는 50가지 이론》 인물과 사상사, 2013.
- 계연수, 안경전 옮김, 《桓檀古記》 상생출판, 2012.
- 고은진, 《도덕경 산책》 한그루, 2022.
- 고홍명, 김창경 옮김 《中國人의 精神》 예담차이나, 2004.
- 곽영직, 《열과 엔트로피》 동녘, 2008.
- 곽영직, 《양자역학의 세계》 동녘, 2008.
- 곽영직, 《빛 물리학》 동녘, 2008.
- 곽영직, 《힘, 운동량, 에너지의 삼각관계》 동녘, 2008.
- 곽영직, 《과학자의 종교 노트. 기독교편 : 과학자의 시선으로 본 기독교 역사 이야기》 MiD, 2020.
- 곽영직, 《지구와 생명의 역사는 처음이지?》 북멘토, 2020.
- 곽영직, 《칼 세이건의 코스모스 읽기》 세창미디어, 2021.
- 곽영직, 《열과 엔트로피는 처음이지?》 북멘토, 2021.
- 郭在九 詩集, 《沙平驛에서》 創作과 批評社, 1981.
- 곽재식, 《지구는 괜찮아 우리가 문제지》 어크로스, 2022.
- 게일 허드슨, 김지선 옮김 《희망의 자연/제인 구달》 사이언스북스, 2010.
- 김광수 옮김 애덤 스미스 저, 《도덕 감정론》 한길사, 2016.
- 김명자, 《팬데믹과 문명》 까치, 2020.
- 김명자, 《원자력, 무엇이 문제일까?》 동아엠앤비, 2023.
- 김병수, 《감정의 온도-지금 당신의 감정은 몇 도인가요?》 레드박스, 2017.
- 김수영, 《시여, 침을 뱉어라》 民音社, 1975.
- 김영길, 《인권의 딜레마 : 인권의 기원과 실체 : 인간은 존귀하지만 인권의 남용은 인간을 파기한다》 보담, 2021.
- 김정현, 《에릭 번의 감정수업-내 안의 감정을 어떻게 다스릴 것이가》 유노북스, 2022.
- 김용옥, 《노자 : 길과 얻음》 통나무, 2000.
- 김용옥, 《노자와 21세기-상, 하》 통나무, 1999.

- 김용옥, 《우린 머무 몰랐다-해방, 제주 4.3과 여순 민중항쟁》 통나무, 2018.
- 김용옥, 《노자가 옳았다》 통나무, 2020.
- 김용옥, 《중용, 인간의 맛》 통나무, 2011.
- 김용옥, 《도올 주역 강해》 통나무, 2022.
- 김용옥, 《동경대전 1,2》 통나무, 2021.
- 김용일, 《노자 도덕경 재해석》 다비앤존, 2016.
- 김용표, 《노자의 역설》 좋은 땅, 2020.
- 김영, 《생태 위기 시대에 노자 읽기》 청아출판사, 2022.
- 김인호, 《바보가 되어 버린 사피엔스-본성이 문제고 本性이 쫌이다》 예성, 2019.
- 김정탁, 《노자 도덕경》 성균관대학교출판부, 2021.
- 김지승, 《인간의 두 얼굴-상황 속에 숨겨진 인간의 진짜 모습》 지식채널, 2010.
- 김진의, 폴 프램튼, 최기영 옮김 《입자 이론의 역사-다윈과 셰익스피어 사이에서》 동아시아, 2021.
- 김충렬, 《김충렬 교수의 노자 강의》 예문서원, 2004.
- 김학의, 《감정의 역사》 푸른역사, 2023.
- 김학진, 《이타주의자의 은밀한 뇌구조-뇌과학, 착한 사람의 본심을 말하다》 갈매나무, 2017.
- 김형효, 《사유하는 도덕경》 소나무, 2011.
- 김홍표, 《산소와 그 경쟁자들》 지식을 만드는 지식, 2014.
- 나카노 노부코, 김해용 옮김 《우리는 차별하기 위해 태어났다》 동양북스, 2018.
- 남회근, 《노자타설-상, 하》 부키, 2013.
- 노리나 허츠, 《누가 내 생각을 움직이는가-일상을 지배하는 교묘한 선택의 함정들》 비즈니스북스, 2014.
- 노리나 허츠, 홍정인 역 《고립의 시대》 웅진지식하우스, 2021.
- 노은혜, 《관계는 감정이다》 유노북스, 2022.
- 노자, 김원중 옮김 《노자 도덕경》 휴머니스트, 2018.
- 노자, 김학목 옮김 《노자 도덕경과 왕필의 주》 홍익, 2015.
- 노자, 박삼수 옮김 《노자 도덕경》 문예출판사, 2022.
- 노자, 야스토미 아유미, 김현영 옮김 《초역 노자의 말》 삼호미디어, 2022.
- 노자, 양회석 옮김 《노자 도덕경-아름다운 말 성스러운 길》 마로니에, 2022.

- 노자, 이봉희 옮김 《공학도의 논리로 읽는 노자》 북랩, 2021.
- 닉 레인, 김정은 옮김 《미토콘드리아-박테리아에서 인간으로 진화의 숨은 지배자》 뿌리와이파리, 2009.
- 닉 레인, 양은주 옮김 《산소》 뿌리와이파리, 2016.
- 닉 레인, 김정은 옮김 《바이털 퀘스천-생명은 어떻게 탄생했는가》 까치, 2016.
- 닉 레인, 김정은 옮김 《생명의 도약》 글항아리, 2011.
- 다리오 마이스트리피에리, 최호영 역 《영장류 게임》 책 읽는 수요일, 2013.
- 다사카 히로시, 최연희 옮김 《슈퍼제너럴리스트 : 지성을 연마하다》 싱긋, 2016.
- 다이앤 포시, 최재천, 남현영 옮김 《안개 속의 고릴라》 승산, 2007.
- 대니얼 카너먼, 이진원 옮김 《생각에 관한 생각》 김영사, 2012.
- 대니얼 카너먼, 에드 디너 외, 임종기 옮김 《행복의 과학 : 쾌락 심리학 해부》 아카넷, 2020.
- 대니얼 카너먼 외, 장진영 역 《노이즈 : 생각의 잡음-판단을 조종하는 생각의 함정》 김영사, 2022.
- 댄 애리얼리, 장석훈 옮김 《상식 밖의 경제학》 청림출판사, 2008.
- 댄 애리얼리, 이경식 옮김 《거짓말하는 착한 사람들》 청림출판, 2012.
- 댄 애리얼리, 김원호 옮김 《경제 심리학-경제는 감정으로 움직인다》 청림출판, 2011.
- 더글라스 그라함, 김진영 옮김 《산 음식, 죽은 음식》 사이몬북스, 2020.
- 데이비드 버레쉬, 주디스 이브 립턴, 이한음 옮김 《일부일처제의 신화》 해냄, 2002.
- 데이비드 보더니스, 김민희 옮김 《$E=mc^2$ 생각의 나무, 2001.
- 데이비드 보더니스, 이덕환 역 《아인슈타인 일생 최대의 실수》 까치글방, 2017.
- 데이비드 크리스천, 신시아 브라운 외, 이한음 역 《빅히스토리》 웅진지식하우스, 2022.
- 데이비드 핸드, 전대호 옮김 《신은 주사위 놀이를 하지 않는다》 더퀘스트, 2016.
- 도메 다쿠오, 우경봉 옮김 《지금 애덤 스미스를 다시 읽는다》 동아시아, 2010.
- 디아고니스트 동물연구회, 홍우택 옮김 《침팬지》 랜덤하우스, 2016.
- 디팩 초프라, 미나스 카파토스, 조원희 번역 《당신이 우주다》 김영사, 2023.
- 라이오넬 타이거, 마이클 맥과이거, 김상우 《신의 뇌-신은 뇌의 창조물》 와이즈북, 2012
- 래리 고닉 그림, 앨리스 아웃워터 글, 이희재 옮김 《세상에서 가장 재미있는 지구환경》 궁리, 1996.
- 래리 영, 브라이언 알렉산더, 권예리 옮김 《끌림의 과학》 케미스토리, 2017.
- 랜돌프 네스, 안진이 옮김 《이기적 감정-나쁜 감정은 생존을 위한 합리적 선택이다》 더퀘스트, 2020.

- 랜디 타란, 강이수 옮김 《감정은 패턴이다》 유노북스, 2020.
- 랠프 워커, 이상헌 역 《칸트 : 칸트와 도덕법칙》 궁리출판사, 2002.
- 로버트 치알디니, 이현우 옮김 《설득의 심리학》 21세기북스, 2002.
- 루시 쿡, 조은영 옮김 《방탕하고 쟁취하며 군림하는 암컷들》 웅진지식하우스, 2013.
- 루트비히 비트겐슈타인, 이영철 옮김 《논리-철학 논고》 책세상, 2006.
- 레오나르드 블로디노프, 김명남 옮김 《새로운 무의식 : 정신분석에서 뇌과학으로》 까치, 2015.
- 레너드 블로디노프, 장혜인 옮김 《감정의 뇌과학》 까치, 2022.
- 레리첼 카슨, 김은령 옮김 《침묵의 봄》 에코리브르, 2011.
- 레온 빈트사이트, 이덕임 옮김 《감정이라는 세계》 웅진지식하우스, 2022.
- 레프 톨스토이, 최재목 역주 《톨스토이가 번역한 노자 도덕경》 21세기문화원, 2021.
- 로버트 라이트, 박영준 옮김 《도덕적 동물》 사이언스북스, 2003.
- 로버트 액설로드, 이경식 옮김 《협력의 진화-이기적 개인의 팃포탯 전략》 마루벌, 2009.
- 로버트 트리버스, 이한음 옮김 《우리는 왜 자신을 속이도록 진화했을까》 살림출판사, 2013.
- 로저 파우츠, 스티븐 투겔 밀스, 허진 옮김 《침팬지와의 대화》 열린책들, 2017.
- 류동민, 《마르크스가 내게 아프냐고 물었다》 위즈덤하우스, 2012.
- 리링, 김갑수 옮김 《노자-실증적 노자 읽기》 글항아리, 2019.
- 리사 펠드먼 배럿, 최호영 옮김 《감정은 어떻게 만들어지는가?》 생각연구소, 2017.
- 리사 펠드먼 배럿, 변지영 역 《이토록 뜻밖의 뇌과학》 더퀘스트, 2021.
- 리처드 도킨스, 이한음 옮김, 《악마의 사도-도킨스가 들려주는 종교, 철학 그리고 과학 이야기》 바다출판사, 2005.
- 리처드 도킨스, 이한음 옮김 《이기적 유전자》 을유문화사, 2010.
- 리처드 도킨스 외, 존 브록만 엮음, 김명주 옮김 《왜 종교는 과학이 되려고 하는가 : 창조론이 과학이 될 수 없는 16가지 이유》 바다출판사, 2011.
- 리처드 도킨스, 홍영남, 장대익, 권오현 《확장된 표현형》 을유문화사, 2016.
- 리처드 도킨스, 김정은 옮김 《진화론 강의 : 생명의 역사, 그 모든 의문에 답하다》 옥당, 2016.
- 리처드 랭엄, 조현욱 옮김 《요리 본능-요리하는 자 지구를 지배하다》 사이언스북스, 2011.
- 리처드 랭엄, 이유 옮김 《한없이 사악하고 더없이 관대한-인간본성의 역설》 을유문화사, 2021.

- 리처드 파인만, 홍승우 옮김 《미스터 파인만》 사이언스북스, 1997.
- 리처드 탈러, 박세연 옮김 《행동경제학》 웅진지식하우스, 2021.
- 린 마굴리스, 도리언 세이건, 김영 옮김 《생명이란 무엇인가》 리수, 2016.
- 린 마굴리스, 도리언 세이건, 홍욱희 옮김 《마이크로 코스모스 : 40억 년에 걸친 미생물의 진화사》 김영사, 2017.
- 마사 스타우트, 이원천 옮김 《그저 양심이 없을 뿐입니다》 사계절, 2020.
- 마이클 가자니가, 김효은 옮김 《윤리적 뇌 : 뇌과학으로 푸는 인간 본성과 생명윤리의 딜레마》 바다출판사, 2009.
- 마이클 샌델, 강명신 옮김 《생명의 윤리를 말하다》 동녘, 2010.
- 마이클 샌델, 안진환, 이수경 옮김 《왜, 도덕인가?》 한국경제신문, 2010.
- 마이클 샌델, 김명철 옮김, 《정의란 무엇이가》 와이즈베리, 2014.
- 마이클 샌델, 안진화 옮김 《정치와 도덕을 말하다》 와이즈 베리, 2016.
- 마이클 샌델, 함규진 옮김 《공정하다는 착각》 와이즈베리, 2020.
- 마이클 토마셀로, 김창구 옮김 《언어의 구축》 한국문화사, 2011.
- 마이클 토마셀로, 허준석 옮김 《이기적 원숭이와 이타적인 인간 : 인간은 왜 협력하는가?》 이음, 2011.
- 마이클 토마셀로, 이현진 옮김 《인간의 의사소통 기원》 영남대학교출판부 2015.
- 마이클 토마셀로, 이정원 옮김 《생각의 기원》 이데아, 2017.
- 마이클 토마셀로, 유강은 옮김 《도덕의 기원 : 영장류학자가 밝히는 도덕의 탄생과 진화》 이데아, 2018.
- 마커스 초운, 김소정 옮김 《중력에 대한 거의 모든 것》 현암사, 2022.
- 마크 넬리슨, 최진영 옮김 《다윈의 안경으로 본 인간 동물 관찰기》 푸른지식, 2014.
- 마크 라이너스, 김아림 옮김 《최종경고 : 6도의 멸종》 세종, 2022.
- 마크 모펫, 김성훈 옮김 《인간무리, 왜 무리지어 사는가》 김영사, 2020.
- 마크 브래킷, 임지연 역 《감정의 발견 - 예일대 감성지능 센터장 마크 브래킷의 감정 수업》 북라이프, 2020.
- 마틴 러드윅, 김준수 옮김 《지구의 깊은 역사》 동아시아, 2021.
- 말콤 포츠, 토머스 헤이든, 박경선 역 《전쟁의 유전자-전쟁의 생물학적 기원》 개마고원, 2011.
- 매튜 리버먼, 최호영 역 《사회적 뇌 : 인류 성공의 비밀》 시공사, 2015.
- 매트 리들리, 신좌섭 옮김 《이타적 유전자》 사이언스북스, 2001.

- 매트 리들리, 김명남 옮김 《프랜시스 크릭 : 유전부호의 발견자》 을유문화사, 2011.
- 매트 리들리, 김한영 옮김 《본성과 양육 : 인간은 태어나는가 만들어지는가》 김영사, 2004.
- 매트 리들리, 김윤택 옮김 《붉은 여왕 : 인간의 성과 진화에 담긴 비밀》 김영사, 2006.
- 매트 리들리, 하영미, 전성수 외 《생명 설계도, 게놈》 반니, 2016.
- 문성재, 《처음부터 새로 읽는 노자 도덕경》 책미래, 2015.
- 미헬 라이몬, 크리스티안 펠버, 김호균 《미친 사유화를 멈춰라》 시대의 창, 2010.
- 민승기, 《인성이 경쟁력이다》 나비의활주로 2016.
- 박노해, 《노동의 새벽》 풀빛, 1984.
- 박노해, 《사람만이 희망이다》 해냄출판사, 1997.
- 박문호, 《뇌, 생각의 출현》 휴머니스트, 2008.
- 박문호, 《그림으로 읽는 뇌 과학의 모든 것》 휴머니스트, 2013.
- 박문호, 《생명은 어떻게 작동하는가》 김영사, 2019.
- 박문호, 《박문호 박사의 빅히스토리 공부》 김영사, 2022.
- 박영호, 류영모, 《노자와 다석-다석 사상으로 다시 읽는 노자》 교양인, 2013.
- 박용철, 《감정은 습관이다》 유노책주, 2023.
- 박인주, 정재윤, 《침팬지- 사람과 닮았어요》 이수, 2017.
- 박재용, 《이렇게 인간이 되었습니다-거꾸로 본 인간의 진화》 MiD, 2022.
- 박창범, 김형도 외, 《기원, 궁극의 질문들》 반니, 2020.
- 박형성, 정수남, 《감정은 사회를 어떻게 움직이는가-공포 감정의 거시사회학》 한길사, 2015.
- 버트런드 러셀, 황문수 옮김 《러셀의 행복론》 문예출판사, 2001.
- 버트런드 러셀, 《나는 왜 기독교인이 아닌가》 사회평론, 2005.
- 버트런드 러셀, 서상복 옮김 《러셀 서양철학사》 을유문화사, 2009.
- 버트런드 러셀, 이순희 옮김 《러셀 북경에 가다》 천지인, 2009.
- 베르너 하이젠베르크, 김용준 옮김 《부분과 전체》 지식산업사, 2005.
- 브라이언 헤어, 버네사 우즈, 이민아 옮김 《다정한 것이 살아남는다》 디플롯, 2021.
- 브라이언 헤어, 버네사 우즈, 김한영 옮김 《개는 천재다》 디플롯, 2022.
- 브뤼노 블라셀, 권명희 옮김 《책의 역사》 시공사, 1999.

- 비루테 갈디카스, 《에덴의 벌거숭이들》 디자인하우스, 1996.
- 빅히스토리연구소, 윤신영 외 《138억 년 거대사 백과사전 빅히스토리》 사이언스북스, 2017.
- 사이먼 루이스, 마크 매슬린, 김아림 옮김 《사피엔스가 장악한 행성》 세종, 2020.
- 사이먼 배런코언, 홍승효 옮김 《공감제로-분노와 폭력, 사이코패스의 뇌과학》 사이언스북스, 2013.
- 사이 몽고메리, 김홍옥 옮김 《유인원과의 산책 : 제인 구달과 침팬지, 비루테 골디카스와 오랑우탄, 다이안 포시와 고릴라》 르네상스, 2003.
- 셸리 케이건, 박세연 옮김, 《죽음이란 무엇인가》 엘도라도, 2012.
- 송만호, 안중호 《사피엔스의 깊은 역사-과학이 들려주는 138억 년 이야기》 바다출판사, 2022.
- 수전 데이비드, 이경식 옮김 《감정이라는 무기》 북하우스, 2017.
- 슈테판 클라인, 장혜경 옮김 《이타주의자가 지배한다》 웅진지식하우스, 2011.
- 슈테판 클라인, 유영미 옮김 《우연의 법칙-세상을 움직이게 하는 열린 가능성의힘》 웅진지식하우스, 2006.
- 스반테 페보, 김명주 옮김 《잃어버린 게놈을 찾아서 : 네안데르탈인에서 데니소바인까지》 부키, 2015.
- 스피노자, 강영계 옮김 《에티카》 서광사, 2007.
- 스티븐 미슨, 김명주 옮김 《노래하는 네안데르탈인 : 음악과 언어로 보는 인류의 진화》 뿌리와 이파리, 2008
- 스티븐 미슨, 윤소영 역 《마음의 역사 : 인류의 마음은 어떻게 진화되었는가?》 영림카디널, 2001.
- 스티븐 와인버그, 장회익 외 옮김 《우주와 생명》 김영사, 1996.
- 스티븐 와인버그, 신상진 옮김 《최초의 3분》 양문, 2005.
- 스티븐 와인버그, 이종필 옮김 《최종 이론의 꿈-자연의 최종법칙을 찾아서》 사이언스북스, 2007.
- 스티븐 포지스, 노경선 옮김 《다미주 이론》 위즈덤하우스, 2020.
- 스티븐 핑커, 김한영 옮김 《빈서판 : 인간은 본성을 타고나는가》 사이언스북스, 2004.
- 스피븐 핑커, 김한영, 문미선, 신한영 옮김 《언어본능》 소소, 2006.
- 스티븐 핑커, 김한영 옮김 《마음은 어떻게 작동하는가》 소소, 2007.
- 스티븐 핑커, 김한영 외 역 《언어본능-마음은 어떻게 언어를 만드는가?》 동녘사이언스, 2008.
- 스티븐 핑커, 김명남 옮김 《우리 본성의 선한 천사-인간은 폭력성과 어떻게 싸워왔는가》 사이언스북스, 2014.
- 스티븐 핑커, 김한영 옮김 《지금 다시 계몽 : 이성, 과학, 휴머니즘, 그리고 진보를 말하다》 사이언스북스, 2021.

- 신동화, 《침팬지 사람을 말하다》 자연과 자유, 2008.
- 아리스토텔레스, 천병희 옮김 《니코마코스윤리학》 숲, 2013.
- 안토니오 다마지오, 임지원 옮김 《스피노자의 뇌-기쁨, 슬픔, 느낌의 뇌과학》 사이언스북스, 2007.
- 안토니오 다마지오, 임지원, 고현석 옮김 《데카르트의 오류》 arte, 2017.
- 안토니오 다마지오, 임지원, 고현석 역 《느낌의 진화》 arte, 2019.
- 안토니오 다마지오, 고현석 역 《느끼고 아는 존재》 흐름출판사, 2021.
- 안토니오 다마지오, 고현석 역 《느낌의 발견》 arte, 2023.
- 알랭 드 보통, 말콤 글래드웰 외, 전병근 옮김 《사피엔스의 미래》 모던아카이브, 2016.
- 알베르트 아인슈타인, 레오폴트 인펠트, 조호근 옮김 《물리는 어떻게 진화했는가》 서커스, 2017.
- 알프레드 노스 화이트헤드, 김용옥 옮김 《이성의 기능》 통나무, 1998.
- 알프레드 아들러, 라영균 옮김 《인간이해》 일빛, 2015.
- 야마기와 주이치, 한승동 옮김 《폭력은 어디에서 왔나-인간성 기원의 탐구》 곰출판사, 2015.
- 야마기와 주이치, 이은주 옮김 《삶에서 가장 중요한 것들은 고릴라에게서 배웠다》 마르코폴로, 2022.
- 야마기와 주이치 외, 강수현 옮김 《마음은 어디에서 와서 어디로 가는가》 청어람미디어, 2018.
- 야무차, 김은진 옮김 《철학적 사고로 배우는 과학의 원리》 Gbrain, 2008.
- 양광숙, 마쓰자와 테쓰로, 허재원 《침팬지에게 말을 가르치다》 웅진주니어, 2007.
- 양방웅, 《노자 왜 초간본인가》 이서원, 2016.
- 애드리언 포사이스, 진선미 옮김 《성의 자연사》 양문, 2009.
- 앤드루 젠킨스, 제효영 옮김 《식욕의 과학》 현암사, 2021.
- 앤서니 기든스, 필립 서튼, 김용학 외 역 《현대 사회학》 을유문화사, 2018.
- 에드먼드 버크, 이태숙 옮김 《프랑스 혁명에 관한 성찰》 한길사, 2017.
- 에드먼드 버크, 정홍섭 옮김 《에드먼드 버크 보수의 품격》 좁쌀한알, 2021.
- 에드워드 윌슨, 이한음 역 《인간 본성에 대하여》 사이언스북스, 2011.
- 에드워드 윌슨, 이한음 역 《인간 존재의 의미》 사이언스북스, 2016.
- 에드워드 윌슨, 로버트 휠도블러 공저 《초유기체》 사이언스북스, 2017.
- 에드워드 윌슨, 최재천 장대익 역 《통섭-지식의 대통합》 사이언스북스, 2005.
- 에른스트 피셔, 박규호 옮김 《사람이 알아야할 모든 것- 인간》 들녘, 2005.

- 에릭 프롬, 김남석 역 《자유에서의 도피》 서음출판사, 1983.
- 에리히 프롬, 이은자 옮김 《여성과 남성은 왜 서로 투쟁하는가》 부북스, 2009.
- 에리히 프롬, 최재봉 옮김 《에리히 프롬, 마르크스를 말하다》 에코의 서재, 2007.
- 에바 일루즈, 김정아 옮김 《감정 자본주의》 돌베게, 2010.
- 에른스트 마이어, 최재천 외 옮김 《이것이 생물학이다》 바다출판사, 2016.
- 엘리엇 애런슨, 캐럴 태브리스, 박웅희 역 《거짓말의 진화-자기 정당화의 심리학》 추수밭, 2007.
- 엘리자베스 헤스, 장호연 옮김 《님 침스키》 백년후, 2012.
- 여운 이준호, 《시작과 끝》 부크크, 2021.
- 여운 이준호, 《예기 예운편》 남향명차, 2023.
- 오강남, 《노자 도덕경》 현암사, 1995.
- 오강남, 《장자》 현암사, 1999.
- 오카다 다카시, 정미애 옮김 《소셜 브레인》 브레인월드, 2010.
- 왕필, 임채우 옮김 《왕필의 노자주》 한길사, 2005
- 우베 반트라이, 이필렬 옮김 《미래 에너지, 태양》 푸른나무, 2005.
- 유발 하라리, 조현욱 역 《사피엔스》 김영사, 2015.
- 유발 하라리, 김명주 역 《호모 데우스 : 미래의 역사》 김영사, 2017.
- 유발 하라리, 전병근 역 《21세기를 위한 제언》 김영사, 2018.
- 유성경, 《감정 어휘》 앤의 서재, 2022.
- 윤재근, 《노자 81장 1, 2》 동학사, 2020.
- 윤평준, 《급진 자유주의 정치철학》 아카넷, 2009.
- 이기동, 정창건, 《환단고기-환단고기의 철학과 사상》 행촌, 2019.
- 이부영, 《노자와 융》 한길사, 2012.
- 이상희, 윤신영 《인류의 기원》 사이언스북스, 2015.
- 이상희, 《우리는 어떻게 우리가 되었을까?》 우리학교, 2021.
- 이상희, 《인류의 진화-아프리카에서 한반도까지, 우리가 되어온 여정》 동아시아, 2023.
- 이석명, 《역주 노자》 민음사, 2020.
- 이석영, 《모든 사람을 위한 빅뱅 우주론 강의》 사이언스북스, 2009.

- 이석영, 《초신성의 후예-나는 천문학자입니다》 사이언스북스, 2014.
- 이시이 마레히사, 추지나 역 《유대인의 말》 라르고, 2016.
- 이시카와 마사토, 박진열 옮김 《감정은 어떻게 진화했나》 라르고, 2016.
- 이시형, 《세로토닌하라!》 중앙북스, 2010.
- 이시형, 《면역이 암을 이긴다》 한국경제신문, 2017.
- 이시형, 《면역 혁명》 매일경제신문사, 2020.
- 이언 모리스, 최파일 옮김 《왜 서양이 지배하는가》 글항아리, 2013.
- 이언 모리스, 이재경 옮김 《가치관의 탄생》 반니, 2016.
- 이언 모리스, 김필규 옮김 《전쟁의 역설 : 폭력으로 평화를 일군 1만 년의 역사》 지식의날개, 2015.
- 이용범, 《인간 딜레마 : 인간에 대한 절망, 혹은 희망》 생각의 나무, 2009.
- 이이다 무쓰지로, 임승원 옮김 《기상학 입문-내일의 날씨를 알기 위하여》 전파과학사, 2016.
- 이정식 외, 《정치학》 대왕사, 1997.
- 이주환, 《노론 3000년의 비밀》 역사의 아침, 2011.
- 이준구, 이창용 공저 《경제학 원론》 문우사, 2010.
- 이준희, 《공자와 논어 군자학》 어문학사, 2012.
- 이지영, 《나는 왜 감정에 서툴까?》 청림출판, 2014.
- 이케우치 사토루, 홍상현 옮김 《핵을 넘다》 나름북스, 2017.
- 이토 도시카주, 존 프랜시스, 《침팬지》 애플비, 2007.
- 이한용, 《왜 호모 사피엔스만 살아남았을까?》 채륜서, 2020.
- 일자 샌드, 김유미 옮김 《서툰 감정》 다산지식하우스, 2017.
- 임마누엘 칸트, 이명성 역 《순수 이성 비판》 홍신문화사, 1993.
- 임신재, 《응용동물행동학》 ㈜라이프사이언스, 2019.
- 임헌규, 《한자의 원리와 개념으로 풀이한 노자 도덕경》 파라아카데미, 2023.
- 자밀 자키, 정지인 옮김 《공감은 지능이다-신경과학이 밝힌 더 나은 삶을 사는 기술》 심심, 2012.
- 장대익, 《인간에 대해 과학이 말해준 것들》 바다출판사, 2016.
- 장대익, 《울트라 소셜》 휴머니스트, 2017.
- 장대익, 《다윈의 정원》 바다출판사, 2017.

- 장대익, 《공감의 반경 : 느낌의 공동체에서 사고의 공동체로》 바다출판사, 2022.
- 장 지글러, 유영미 역 《왜 세계의 절반은 굶주리는가》 갈라파고스, 2016.
- 장치청, 오수현 옮김 《도덕경 완전 해석》 판미동, 2022.
- 재러드 다이아몬드, 김정흠 옮김 《제3의 침팬지 : 인류는 과연 멸망하고 말 것인가》 문학사상사, 2012.
- 재러드 다이아몬드, 김진준 번역 《총, 균, 쇠》 문학사상사, 2005.
- 재러드 다이아몬드, 강주헌 옮김 《문명의 붕괴》 김영사, 2005.
- 재러드 다이아몬드, 노승영 옮김 《왜 인간의 조상이 침팬지인가》 문학사상, 2015.
- 저우춘차이 글 그림, 김명신, 김해경 옮김 《만화 주역》 가갸날, 2021.
- 저우춘차이 글 그림, 박영재 옮김 《만화 노자》 가갸날, 2021.
- 정대철, 《노자의 마음으로 읽는 도덕경》 안티쿠스, 2022.
- 정이천 주해, 심의용 옮김 《주역》 글항아리, 2017.
- 정홍, 양재오 역 《도덕경-노자 사상의 새로운 해석》 파랑새미디어, 2023.
- 제러미 리프킨, 최현 역 《엔트로피》 범우사, 1998.
- 제러미 리프킨, 이희재 역 《소유의 종말》 민음사, 2001.
- 제러미 리프킨, 이진수 역 《수소 혁명》 민음사, 2003.
- 제러미 리프킨, 이경남 역 《공감의 시대-경쟁과 적자생존에서 협력과 평등으로》 민음사, 2010.
- 제러미 리프킨, 안진환 역 《한계비용 제로 사회》 민음사, 2014.
- 제러미 리프킨, 안진환 역 《회복력 시대》 민음사, 2022.
- 제인 구달, 최재천, 이상임 공역 《인간의 그늘에서》 2001, 사이언스북스, 2001.
- 제인 구달, 햇살과 나무꾼 옮김 《내가 사랑한 침팬지》 두레아이들, 2003.
- 제인 구달, 박순영 옮김 《침팬지와 함께 한 나의 인생》 사이언스북스, 2005.
- 제인 구달, 마크 베코프, 최재천, 이사임 옮김 《제인 구달 생명의 시대》 바다출판사, 2021.
- 제이콥 부라크, 윤미나 《침팬지도 벤츠를 꿈꾸는가?》 위즈덤하우스, 2010.
- 조너선 하이트, 강인구 옮김 《도덕적 판단에 관한 사회적 직관주의 모델》 서현사, 2003.
- 조너선 하이트, 왕수민 옮김 《바른 마음》 웅진지식하우스, 2014.
- 조너선 하이트, 왕수민 옮김 《나쁜 교육》 프시케의 숲, 2019.
- 조엘 레비, 이재필 옮김 《사과는 왜 떨어졌을까?-호기심이 낳은 위대한 발견》 씨네스트, 2013.

- 조지 레이코프, 로크리지연구소, 나익주 옮김 《프레임 전쟁》 창비, 2007.
- 조지 레이코프, 나익주 옮김 《자유 전쟁》 프레시안북, 2009.
- 조지 레이코프, 손대오 옮김 《도덕, 정치를 말하다》 김영사, 2010.
- 조지 레이코프, 유나영 옮김 《코끼리는 생각하지마》 와이즈베리, 2015.
- 조지 레이코프, 엘리자베스 웨흘링, 나익주 옮김 《나는 진보인데 왜 보수의 말에 끌리는가?》 생각의 정원, 2018.
- 조지프 루드, 강봉균 옮김, 《시냅스와 자아-신경세포의 연결방식이 어떻게 자아를 형성하는가》 동녘, 2005.
- 조지프 루드, 임지원 옮김 《불안》 인벤션, 2017.
- 조지프 르두, 박선진 옮김 《우리 인간의 아주 깊은 역사》 바다출판사, 2021.
- 조지프 헨릭, 주명진 이병권 옮김 《호모 사피엔스, 그 성공의 비밀》 뿌리와이파리, 2019.
- 존 핸즈, 김상조 옮김 《코스모 사피엔스》 ㈜소미미디어, 2022.
- 조지프 히스, 김승진 옮김 《계몽주의 2.0-감정의 정치를 어떻게 바꿀 것인가》 이마, 2017.
- 정인경, 《내 생의 중력에 맞서》 한겨레출판사, 2022.
- 제임스 펠런, 김미선 옮김 《사이코패스의 뇌과학자》 더퀘스트, 2020.
- 조지프 슈워츠, 이충호 옮김 《아인슈타인》 김영사, 2005.
- 존 로이드, 존 미친슨, 전대호 옮김 《동물 상식을 뒤집는 책》 해나무, 2007.
- 조천호, 《파란 하늘 빨간 지구 : 기후변화와 인류세》 동아시아, 2019.
- 진주현, 《제인 구달, 루이스 리키 : 인간과 유인원, 경계에서 만나다》 김영사, 2008.
- 짐 배것, 박병철 옮김 《힉스, 신의 입자 속으로-무엇으로 세상은 이루어져 있는가》 김영사, 2016.
- 짐 배것, 배지은 옮김 《물질의 탐구》 반니, 2018.
- 차경남, 《노자-최상의 덕은 물과 같다》 글라이더, 2018.
- 찰스 로버트 다윈, 장대익 역 《종의 기원》 사이언스북스, 2019.
- 찰스 로버트 다윈, 김성환 옮김 《인간과 동물의 감정표현》 사이언스북스, 2020.
- 찰스 로버트 다윈, 이종호 엮음 《인간의 유래와 성 선택》 지식을 만드는 지식, 2012.
- 찰스 프레드 앨퍼드, 이만우 옮김 《인간은 왜 악에 굴복하는가》 황금가지, 2004.
- 천경호, 《리질리언스 : 다시 일어서는 힘》 교육과 실천, 2018.
- 천상병, 《아름다운 이 세상 소풍 끝내는 날》 미래사, 1996.

- 천자잉, 이지은 옮김 《사람은 왜 도덕적이어야 하는가》 사람인, 2017.
- 최익용, 《인성교육학-이것이 인성이다》 행복에너지, 2016.
- 최재목, 《老子》 을유문화사, 2006.
- 최재천, 《개미 제국의 발견》 사이언스북스, 1999.
- 최재천, 《인간과 동물》 궁리, 2007.
- 최재천, 《통섭의 식탁》 움직이는 서재, 2015.
- 최재천, 장하준, 최재붕, 홍기빈 외 《코로나 사피엔스》 Influential, 2020.
- 최재천, 안희경 공저 《최재천의 공부》 김영사, 2022.
- 최정규, 《이타적 인간의 출현》 뿌리와 이파리, 2008.
- 최정규, 《게임이론과 진화다이내믹스》 이음, 2013.
- 최정규 상수 외 《이타주의자 : 사피엔스에서 인공지능까지》 사회평론 2018.
- 최진석, 《노자의 목소리로 듣는 도덕경》 소나무, 2001.
- 최진석, 《생각하는 힘, 노자 인문학》 위즈덤하우스, 2015.
- 최진석, 《나 홀로 읽는 도덕경》 시공사, 2021.
- 카를 마르크스, 김수행 역 《資本論, 第1卷(上下)》 비봉출판사, 1991.
- 카를로 로벨리, 김현주 번역 《모든 순간의 물리학》 쌤앤파커스, 2016.
- 카를로 로벨리, 김정훈 번역 《보이는 세상은 실재가 아니다》 쌤앤파커스, 2018.
- 카를로 로벨리, 이중원 번역 《시간은 흐르지 않는다》 쌤앤파커스, 2019.
- 칼 세이건, 임지원 옮김 《에덴의 용 : 인간 지성의 기원을 찾아서》 사이언스북스, 2012.
- 칼 세이건, 홍상수 역 《코스모스》 사이언스북, 2005.
- 칼 세이건, 앤 드류얀, 김동광 옮김 《잊혀진 조상의 그림자》 사이언스북스, 2017.
- 칼 포퍼, 이명현 옮김 《열린 사회와 그 적들. 2, 헤겔과 마르크스》 민음사, 2015.
- 크리스토퍼 보엠, 김성동 옮김 《숲속의 평등》 토러스북, 2017.
- 크리스토퍼 보엠, 김아림 옮김 《도덕의 탄생》 리얼부커스, 2019.
- 크리스토퍼 챠브리스, 대니얼 사이먼스, 김명철 옮김 《보이지 않는 고릴라》 김영사, 2011.
- 탬신 콘스터블, 윤소영 옮김 《침팬지》 다림, 2002.
- 클라우디나 해먼드, 이상원 옮김 《감정의 롤러코스트》 사이언스북스, 2007.

- 크로드 레비 스트로스, 박옥줄 옮김 《슬픈 열대》 한길사, 2017.
- 토니 크랩, 정명진 옮김 《내 안의 침팬지 길들이기》 토트, 2014.
- 토머스 쿤, 김명자 옮김 《과학혁명의 구조》 까치글방, 1999.
- 토비 오드, 하인해 옮김 《사피엔스의 멸망》 커넥팅, 2021.
- 팀 플래너리, 이충호 옮김 《기후온난화 이야기》 지식의 풍경, 2007.
- 폴 에크먼, 함규정 역 《언마스크 : 얼굴 표정 읽는 기술》 청림출판, 2014.
- 프란스 드 발, 프란스 랜팅 사진, 김소정 옮김 《보노보》 새물결, 2003.
- 프란스 드 발, 《내 안의 유인원》 김영사, 2005.
- 프란스 드 발, 장대익외 역 《침팬지 폴리틱스-권력투쟁의 동물적 기원》 바다출판사, 2004.
- 프란스 드 발, 오준호 옮김 《착한 인류-도덕은 진화의 산물인가》 미지북스, 2014.
- 프란스 드 발, 최재천 역 《공감의 시대》 김영사, 2017.
- 프란스 드 발, 이충호 역 《동물의 감정에 관한 생각-동물에게서 인간사회를 읽다》 세종서적, 2019.
- 프란츠 부케티츠, 이은희 옮김 《진화는 진화한다 : 다윈에서 도킨스까지》 도솔출판사, 2007.
- 프랑크 세지이, 뤽 알랭, 지라도, 기 테롤라즈, 이수지 역 《동물들의 사회-사자, 개미, 마모셋원숭이》 알마, 2009.
- 프리초프 카프라, 이성범, 김용정 옮김 《현대 물리학과 동양사상》 범양사, 1998.
- 프리초프 카프라, 김용정, 김동광 옮김 《생명의 그물》 범양사, 1999.
- 프리초프 카프라, 우고 마테이 저, 박태현, 김영준 옮김 《최후의 전환》 경희대출판부, 2019.
- 피터 리처슨, 로버트 보이드, 김준홍 옮김 《유전자만이 아니다》 이음, 2017.
- 피토 코닝, 박병화 옮김 《공정사회란 무엇인가?》 에코리브르, 2011.
- 하종오, 《벼는 벼끼리 피는 피끼리》 創作과 批評社, 1981.
- 한스 이저맨, 이경식 옮김 《따뜻한 인간의 탄생-체온의 진화사》 머스트리드북, 2021.
- 황영주, 《노자의 역설》 문사철, 2022.
- 헬레나 크로닌, 홍승효 옮김 《개미와 공작 : 협동과 성의 진화를 둘러싼 다윈주의 최대의 논쟁》 사이언스북스, 2017.
- 후지타 고이치로, 혜원 옮김 《유감스러운 생물, 수컷》 반니, 2020.
- 휴 바커, 김일선 《경제적 자유를 위한 최소한의 수학 : 수학은 어떻게 돈이 되는가》 프시케의숲, 2023.

- 황성현, 이창한, 이강훈, 이완희, 이승현 《한국 범죄심리학》 피앤씨미디어, 2020.

현대과학과 노자 도덕경

초판 1쇄 발행 2024년 05월 23일

주해 이준호

펴낸이 류태연

펴낸곳 렛츠북
주소 서울시 마포구 양화로11길 42, 3층(서교동)
등록 2015년 05월 15일 제2018-000065호
전화 070-4786-4823 I **팩스** 070-7610-2823
홈페이지 http://www.letsbook21.co.kr I **이메일** letsbook2@naver.com
블로그 https://blog.naver.com/letsbook2 I **인스타그램** @letsbook2

ISBN 979-11-6054-705-4 03140

* 이 책은 저작권법에 따라 보호를 받는 저작물이므로 무단전재 및 복제를 금지하며, 이 책 내용의 전부 및 일부를 이용하려면 반드시 저작권자와 도서출판 렛츠북의 서면동의를 받아야 합니다.
* 잘못된 책은 구입하신 서점에서 바꾸어 드립니다.